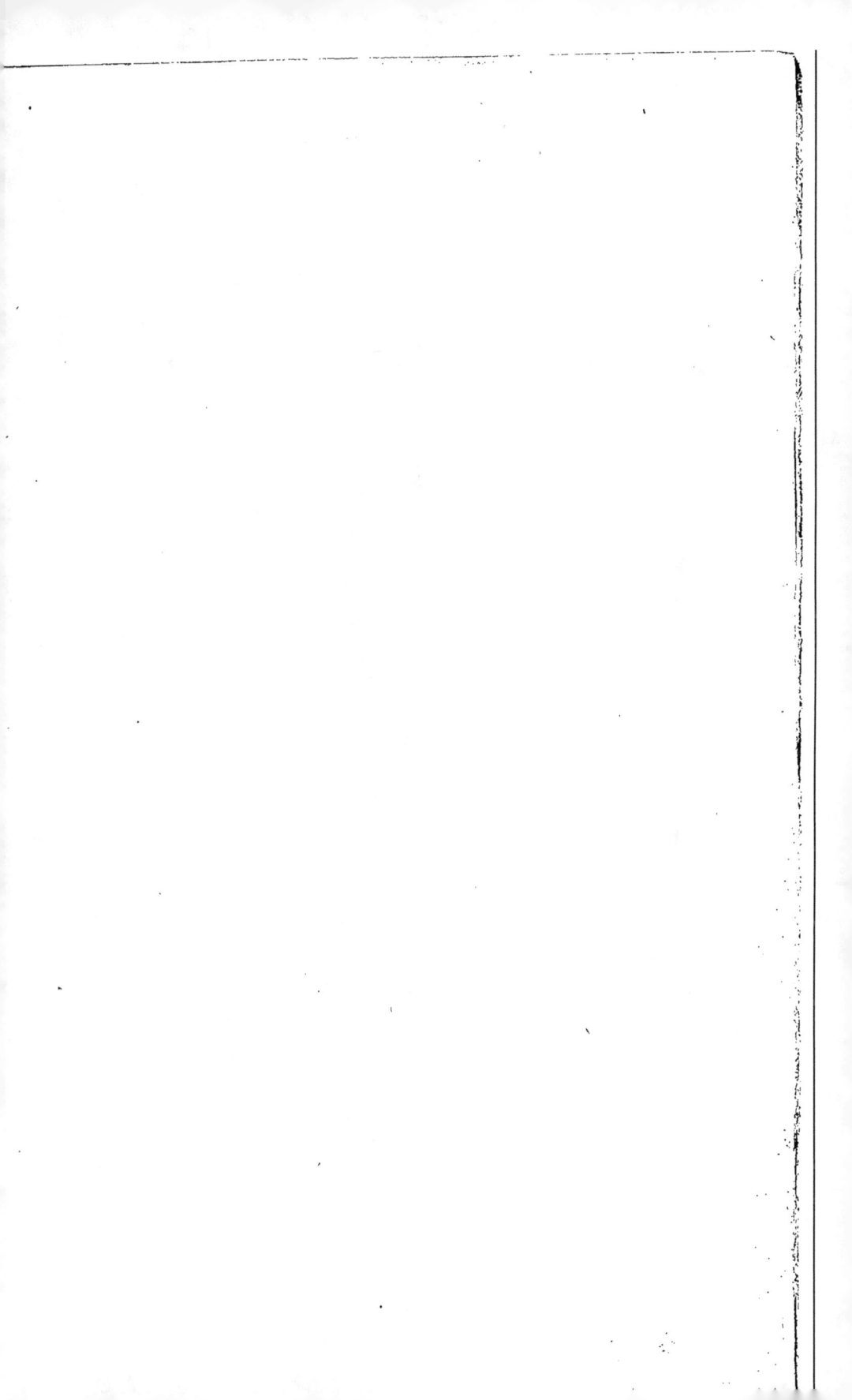

SAISIES IMMOBILIÈRES

ET

PROCÉDURE D'ORDRE

AVIS DE L'ÉDITEUR.

Ce livre, qui paraît sous le nom de deux auteurs, n'est pourtant pas le résultat d'une collaboration commune.

Le Commentaire de la loi du 21 mai 1858 est l'œuvre propre et personnelle de M. Seligman, qui s'y trouvait tout préparé par ses travaux antérieurs sur la procédure, et notamment par le mémoire que l'Institut a récemment jugé digne d'une mention spéciale (1), et dans lequel on voit indiquées plusieurs des réformes que la loi nouvelle *Sur la Procédure d'Ordre* a consacrées.

A côté du Commentaire vient se placer le travail de M. Paul Pont, travail de révision annoncé à diverses reprises par M. Paul Pont lui-même dans son *Traité sur les Priviléges et Hypothèques et sur l'Expropriation forcée* (voy. notamment aux pages 1175 et 1320), et dont il a fait en quelque sorte le complément de ce dernier ouvrage, comme, dans la législation, les lois de procédure qui règlent l'ordre et la distribution du prix des immeubles, et la manière d'y procéder, sont le complément des lois civiles qui instituent et organisent les droits et les causes de préférence entre créanciers.

Chacun des deux auteurs a donc sa part distincte dans ce livre ; et cette part sera faite aisément par le lecteur, M. Paul Pont ayant signé des initiales de son nom (P. P.) les annotations nombreuses qu'il a faites sur le Commentaire.

(1) *Quelles sont, au point de vue juridique et au point de vue philosophique, les réformes dont notre procédure civile est susceptible ?* — 1 vol. in-8 ; prix, 5 francs.

EXPLICATION THÉORIQUE ET PRATIQUE

DE LA LOI DU 21 MAI 1858

SUR LES ARTICLES MODIFIÉS DES

SAISIES IMMOBILIÈRES

ET SUR LA

PROCÉDURE D'ORDRE

PAR M. SELIGMAN

Juge au Tribunal civil de Laon, auteur d'un Mémoire sur les Réformes de la procédure
et Lauréat de l'Institut.

OUVRAGE EXAMINÉ ET ANNOTÉ

PAR M. PAUL PONT

Conseiller à la Cour impériale de Paris

ET MIS EN RAPPORT AVEC

SON COMMENTAIRE SUR LES PRIVILÉGES ET HYPOTHÈQUES

ET SUR L'EXPROPRIATION FORCÉE.

PARIS

COTILLON, LIBRAIRE DU CONSEIL D'ÉTAT

ÉDITEUR DE LA REVUE CRITIQUE DE LÉGISLATION ET DE JURISPRUDENCE, &c.

Rue Soufflot, 23, près du Panthéon.

—

1860

RAPPORTS

EXPOSÉ DES MOTIFS ET DISCUSSION

DE LA LOI DU 21 MAI 1858

SUR

LA SAISIE IMMOBILIÈRE

L'ORDRE

ET

LA SURENCHÈRE SUR ALIÉNATION VOLONTAIRE.

RAPPORT A L'EMPEREUR.

---

1. SIRE, la procédure d'ordre a pour objet de faire judiciairement distribuer entre de nombreux créanciers le produit de la vente des immeubles, gages de leurs créances. Depuis longtemps s'élèvent de toutes les parties de l'Empire les plaintes les plus vives contre la lenteur des ordres : conseils généraux, magistrats, publicistes, ne cessent de demander que des réformes soient introduites dans la réglementation de cette procédure.

Lors de l'enquête sur le Crédit foncier, à laquelle le conseil d'État a procédé en 1850, il a été reconnu que si les capitaux s'éloignaient de la propriété foncière pour se porter de préférence vers les entreprises industrielles, c'était non-seulement par l'espérance de bénéfices plus élevés, mais surtout par la facilité des réalisations, tandis que le remboursement des placements hypothécaires ne peut être obtenu qu'après une longue évolution de formalités compliquées et coûteuses.

La statistique civile constate que moins du quart des ordres sont terminés dans les six mois de l'ouverture, le tiers du septième au douzième mois, le quart du treizième au vingt-quatrième, et le septième environ après deux ans. Les mercuriales signalent des ordres qui ne durent pas moins de cinq, huit et même dix ans. Par suite, le montant des sommes restant à distribuer à la fin de chaque année est considérable : au 31 décembre 1851, il s'élevait à 162 millions ; au 31 décembre 1854, il était

1

de 110 millions seulement. Cette amélioration s'est produite sous l'influence des instructions pressantes que je n'ai cessé d'adresser aux tribunaux.

Mais en présence de la persistance et de l'unanimité des vœux exprimés, il devenait nécessaire de remédier plus efficacement à un état de choses si fâcheux. J'ai convoqué une commission (1) pour examiner la question sous toutes ses faces, et, après de longues délibérations, le résultat de ses travaux a été résumé dans le projet de loi que j'ai l'honneur de soumettre à Votre Majesté, et dont je vais exposer les principales innovations.

2. L'institution d'un juge spécialement chargé des ordres et des contributions, dans chaque tribunal, aura pour effet de concentrer entre les mains d'un seul cette partie du service, qui est le plus souvent répartie entre tous les membres d'un même siège. La responsabilité, n'étant plus disséminée, deviendra plus effective, surtout lorsque le juge sera placé sous l'autorité du procureur général et obligé de lui rendre compte de l'état des ordres et des contributions chaque fois qu'il en sera requis. D'un autre côté, le juge spécial sera plus versé dans la connaissance des questions qui se présentent dans ces sortes de matières, l'expérience lui aplanira les difficultés, et il présentera ainsi plus de garanties d'aptitude. La désignation par le président du tribunal sera la règle; mais dans des circonstances exceptionnelles, quand il s'agira de mettre un terme à de mauvaises situations, à des abus réels dans certains tribunaux, la nomination sera faite par décret impérial.

3. La faculté de produire tant que l'ordre n'est pas clos n'est, dans la pratique, qu'un expédient à l'aide duquel les ordres sont traînés en longueur; et l'absence de fixation de délais pour l'accomplissement des formalités ne favorise que trop la négligence des officiers ministériels. Désormais tout créancier sera tenu, sous peine de forclusion, de produire dans les trente jours de la sommation, et toute formalité devra être accomplie dans le délai imparti, sous peine de déchéance à l'égard de l'avoué poursuivant; cette déchéance sera encourue de plein droit, et le juge pourvoira au remplacement.

4. Le principe de la consignation du prix, rendue obligatoire, éloignera des ventes les adjudicataires non sérieux, qui emploient tous les moyens pour entraver la distribution du prix des immeubles. Ce principe garantira tous les intérêts : toutefois on a dû en subordonner l'application à la double condition de l'ouverture de l'ordre et d'une mise en demeure signifiée à l'adjudicataire. La nouvelle règle trouvera son complément nécessaire dans la disposition qui permet de fixer l'ouver-

---

(1) Cette commission était ainsi composée : — *Président :* M. TROPLONG, président du Sénat, premier président de la Cour de cassation. — *Membres :* MM. ROULAND, procureur général près la Cour impériale de Paris; DUVERGIER, conseiller d'État; COMBETTE, administrateur des domaines et de l'enregistrement; COPPEAUX, juge au Tribunal civil de la Seine; le baron DE SIBERT DE CORNILLON, secrétaire général du ministère de la justice; DE DALMAS, directeur des affaires civiles et du sceau au même ministère. — *Secrétaire :* M. PIOGEY, avocat à la Cour impériale de Paris.

ture de l'ordre d'une manière indépendante de l'accomplissement, par l'adjudicataire ou l'acquéreur, des formalités de purge des hypothèques légales et des hypothèques inscrites.

5. Admettre le prélèvement des frais de contestation sur le prix, c'est les faire supporter par les créanciers sur lesquels les fonds manquent, et aggraver ainsi leur situation ; ces prélèvements, trop facilement ordonnés, portent d'ailleurs les parties à élever souvent des contredits téméraires. Il importe, dans l'intérêt de la masse des créanciers, de prohiber d'une manière générale ces sortes de prélèvements, sauf de rares exceptions, et de simplifier la procédure d'offres réelles et de demandes en validité de consignation, qui donne lieu à des frais énormes.

6. La jurisprudence et la doctrine sont profondément divisées sur plusieurs questions relatives à la procédure d'ordre : faire cesser cette divergence par des dispositions législatives précises, c'est venir en aide aux justiciables et prévenir une foule de procès.

7. Parmi les questions que résout le projet de loi, il en est une que je dois mentionner spécialement à raison de son importance : c'est celle d'après laquelle l'adjudication sur expropriation forcée purgera désormais les hypothèques légales. Cette innovation a été entourée de toutes les précautions propres à assurer la conservation des droits des incapables.

Telles sont, Sire, les idées dominantes du projet ; elles sont complétées par d'autres améliorations de détail qui tendent également à accélérer la marche de la procédure d'ordre et à en diminuer les frais.

Si Votre Majesté daigne approuver ce travail, je la prie de vouloir bien ordonner le renvoi au conseil d'État, tant du présent rapport que du projet de loi qui s'y trouve joint.

Je suis, etc.

Le garde des sceaux, ministre de la justice,

Signé : ABBATUCCI.

EXPOSÉ DES MOTIFS.

Considérations générales.

8. Lorsque les immeubles hypothéqués d'un débiteur sont vendus, si le prix doit faire face à toutes les charges qui les grèvent, il faut empêcher cette heureuse situation d'être altérée par une accumulation d'intérêts que la lenteur dans le règlement de tous les droits ne manquerait pas d'amener. La célérité dans la distribution des deniers est même, dans ce cas, un besoin pour tout le monde : pour l'acquéreur, dont la propriété devient dans ses mains libre et sans péril ; pour le vendeur, à qui sa position liquidée va permettre de se livrer avec toute

sécurité à de nouveaux travaux, à de nouvelles entreprises; pour les
créanciers, que cette célérité va garantir contre toutes chances de perte.

Mais quand le prix définitivement fixé et sans fraude est inférieur aux
créances dont il est le gage, quand l'intervention de la justice est provoquée pour décider entre les créanciers où s'arrêteront les prétentions
des uns, où commenceront les pertes des autres, la protection de la
loi peut devenir funeste et tourner contre ceux-là mêmes qui l'invoquent, si elle se borne à assurer que les créanciers, qui pourront recevoir un jour, ne recevront que ce qui leur est dû. La prévoyance du
législateur doit s'étendre plus loin : il faut qu'il assure, en même temps,
la prompte expédition des ordres. *Bonne et brièvejustice:* c'est en cette
matière surtout que nous devons appliquer cette maxime de nos pères.
Des dispositions sagement combinées pour l'avantage de tous doivent
rendre impuissantes les querelles mal fondées d'une partie, les lenteurs
calculées d'une autre, prévenir par la menace les retards dans la production des titres, empêcher qu'une somme considérable de dépens ne
vienne diminuer le capital à répartir, rejeter les frais frustratoires sur
ceux qui les ont faits, ne point permettre au zèle du magistrat de s'arrêter, provoquer l'attention et l'activité des officiers ministériels par
des délais rigoureusement imposés; en un mot, fixer promptement et
au meilleur marché possible le sort de tous les ayants droit.

Animé des intentions les plus sages, le législateur de 1807 crut avoir
rempli cette tâche : il s'était inspiré de l'esprit de nos anciennes ordonnances, rendues à des époques où les capitaux n'étaient pas appelés à
une circulation que l'industrie, le commerce, l'agriculture et les entreprises de tous genres ont rendue aujourd'hui si nécessaire.

Une expérience de cinquante années a démontré les imperfections de
son œuvre; l'abus, qui se place toujours à côté des meilleures choses,
n'a pas tardé à se glisser dans les interstices un peu trop larges laissés
par l'agencement des articles composant le titre XIV (liv. v) du Code de
procédure civile. Le mal en est venu à ce point que les capitalistes les
moins aventureux, ceux qui recherchent plus la sûreté que l'élévation du
bénéfice, s'éloignent du placement hypothécaire. Les droits de la veuve,
du mineur, de l'interdit, de ceux que la loi couvre d'une protection pa-
ternelle, ne sont plus réalisés assez tôt pour que des occasions favorables de placement puissent être saisies; celui dont la modique fortune
est engagée dans un ordre éprouve les privations les plus rudes en présence d'un capital dont il avait cru, sur la foi du législateur, faire l'emploi le plus utile et le plus solide pour sa famille et pour lui.

9. Les lenteurs et les incertitudes d'un ordre ouvert en justice ne
sont point, sans doute, les seules causes qui ont rendu le prêt sur hypothèque plus rare : diverses circonstances ont pu indiquer aux capitaux une autre direction; mais enfin elles ont été, à bon droit, signalées
comme les principales, et les faits sont venus confirmer l'exactitude de
cette accusation. Ainsi, sans remonter jusqu'à la promulgation du Code
de procédure, et ne prenant l'état des ordres que depuis 1841 jusques
et y compris l'année 1853, nous trouvons que, sur 228,706 ventes ju-

diciaires (licitations et expropriations), il a été ouvert 118,706 ordres, la très-majeure partie par suite de ventes sur saisie immobilière; et il a été constaté que ceux qui n'ont donné lieu à aucune difficulté, c'est-à-dire moins du quart, ont été à peine terminés dans les six mois, non pas de la vente, mais de leur ouverture, qui n'a toujours lieu que long-temps après; un tiers dans l'année, un quart en deux ans, un septième après deux ans, et les mercuriales prononcées tous les ans en Cours impériales signalent des ordres qui ne durent pas moins de cinq, six, huit et même dix années. Ces derniers, certainement, ont été prolongés pendant cette durée par des incidents multipliés, des procédures nombreuses, des pourvois devant toutes les juridictions. Alors le retard est encore le moindre malheur; il en est un plus grand : c'est l'absorption du prix de l'immeuble par la masse des dépens, l'accumulation des intérêts échus, les honoraires et les frais de déplacement, qui viennent ajouter une perte considérable aux inquiétudes que donnent toujours les affaires d'une aussi longue poursuite.

Ces documents vous préparent à apprendre sans surprise qu'au 31 décembre 1851 le chiffre des capitaux retenus par les ordres non terminés s'élevait à 162 millions, et que, malgré les circulaires les plus pressantes émanées du ministère de la justice, il s'élevait encore, à une date récente, à près de 110 millions. C'est une situation regrettable dont vous apercevez à l'instant les nombreux inconvénients; ils n'affectent pas seulement les ayants droit qui en sont cause, le vendeur, l'acquéreur et les créanciers, ils affectent aussi la chose publique; car le pays est intéressé à la libre circulation des capitaux, surtout si ces capitaux, trop longtemps retenus, sont destinés, par les habitudes de ceux qui doivent les recouvrer, à des placements que réclament instamment la propriété immobilière et l'agriculture, et qu'elles ne peuvent obtenir aujourd'hui.

Les plaintes les plus vives se sont élevées de toutes les parties de l'Empire contre la lenteur de notre procédure actuelle en matière d'ordre. Les conseils généraux, les magistrats, les publicistes, n'ont pas cessé de demander une réforme favorable à des intérêts compromis. L'Empereur a dû les entendre avec sa volonté résolue d'améliorer tout ce qui doit l'être : par son ordre, une commission, composée des hommes les plus spéciaux, fut chargée de rechercher les défauts réels de cette procédure et d'indiquer les prescriptions qui pourraient les faire disparaître. Les idées émises par cette commission furent, après rapport à l'Empereur, soumises au conseil d'État. Une élaboration aussi longue et aussi consciencieuse que l'exigeait une innovation en pareille matière a fait découvrir les sources du mal, et a inspiré, comme remède efficace, le projet de loi dont nous avons l'honneur de soumettre les diverses dispositions à votre examen.

10. Empressons-nous d'abord de placer sous vos yeux, et dans un point de vue synoptique, l'ensemble des imperfections signalées. Quand elles auront frappé distinctement vos esprits, quand vous serez pénétrés de l'exactitude du reproche qui pèse sur chacune d'elles, vous suivrez

avec plus d'intérêt le développement des modifications apportées aux articles réformés.

1° En matière d'ordres ouverts après vente sur expropriation forcée (et ces ordres sont les plus nombreux et les plus compliqués), lorsque la loi a dispensé l'adjudicataire de la purge à l'égard des créanciers inscrits, les formalités de la purge des hypothèques légales, commencées et accomplies seulement après l'adjudication, entraînent des délais inutiles. Elles retardent, sans aucun avantage pour les créanciers à hypothèques légales, l'ouverture d'un règlement d'autant plus urgent que la saisie immobilière a révélé l'insolvabilité du débiteur. Les avertissements prescrits par les art. 2194 et 2195 peuvent être donnés plus utilement pendant la procédure d'expropriation.

2° La répartition des ordres à régler entre tous les juges d'un même tribunal, sans considération du plus ou moins d'aptitude que cette sorte d'affaires exige, dégage trop les magistrats de toute responsabilité morale. Une délégation plus spéciale, en faisant peser sur le commissaire aux ordres une responsabilité plus directe, l'exciterait à remplir sa mission avec toute l'activité désirable.

3° Malgré les termes impératifs de l'art. 754, les productions ne sont jamais faites dans le délai ; la pénalité établie par l'art. 757 est illusoire et sans effet.

4° L'opposition à l'ordonnance de clôture n'a pas été prévue : la jurisprudence l'a admise ; mais la nature de cette ordonnance a été définie de diverses manières. Le silence de la loi sur ce point a donné lieu à des procédures dispendieuses et dilatoires.

5° La règle qui met les dépens à la charge de la partie qui succombe dans une contestation n'est pas souvent observée dans le règlement des ordres : sous prétexte de bonne foi et de contestation faite dans l'intérêt de tous, on obtient trop facilement l'emploi de ces dépens en frais de poursuite d'ordre.

6° Le défaut de demande en subrogation permet au poursuivant de laisser sommeiller la procédure suivant sa négligence ou sa volonté. Cette subrogation doit être prononcée d'office, comme attachée à l'inobservation de certains délais.

7° L'acquéreur, après la délivrance des bordereaux, n'est pas toujours en mesure de payer son prix. Souvent il soulève dans la poursuite de l'ordre les contestations les plus téméraires pour en retarder le règlement définitif. Quelquefois même il oblige à une revente sur folle enchère. Par le dépôt du prix dans un délai déterminé, on éviterait toutes ces difficultés.

8° L'acquéreur qui veut, avant la clôture de l'ordre, obtenir la libre disposition de sa propriété et sa complète libération de toute charge hypothécaire, est obligé d'introduire et de suivre aujourd'hui une procédure d'offres réelles et de consignations ruineuse pour la masse des créanciers. Il est nécessaire de régler les formes à suivre en pareil cas.

9° La revente sur folle enchère ne doit pas donner lieu à l'ouverture d'un nouvel ordre.

11. C'est en examinant ces différentes propositions que nous avons cru reconnaître et devoir signaler tous les obstacles qui se sont opposés jusqu'ici à la prompte expédition des ordres. Les nouveaux articles que nous vous apportons nous ont paru propres à les surmonter sans dommage pour qui que ce soit, si ce n'est pour la négligence et le mauvais vouloir. Nous n'avons pu nous le dissimuler, ces innovations en une matière si délicate, et qui a déjà soulevé tant de controverses, viennent se heurter contre des habitudes invétérées, contre des préjugés qu'on a vus se dresser à la hauteur de convictions consciencieuses. Quelque respectables qu'elles aient été, nous n'avons pas hésité à combattre ces convictions quand elles se sont produites, et c'est dans ces luttes que s'est fortifiée notre opinion sur la justice et l'efficacité des moyens que nous proposons. En expliquant chacun de ces nouveaux articles, nous rendrons compte des objections qu'ils ont rencontrées et des réponses qu'on doit y faire.

12. Nous avons dit plus haut que les ordres les plus nombreux et les plus difficiles étaient ceux qui suivaient une expropriation. Il y a toujours des droits en péril. La saisie immobilière est une mesure extrême, à laquelle on n'arrive qu'après avoir tenté d'autres moyens de salut ; la situation du débiteur s'est aggravée, les intérêts des créanciers qui ne sont pas les premiers en rang sont compromis ; c'est pour ces ordres que la célérité est indispensable, et l'on a pensé qu'il fallait tout d'abord les débarrasser des formalités de la purge des hypothèques légales, qui en retardent toujours l'ouverture de deux mois au moins ; qu'en conséquence il fallait rattacher à la procédure d'expropriation les créanciers à hypothèques légales, comme on y avait rattaché les créanciers soumis à l'inscription.

ART. 692.

13. Pour bien saisir la portée du nouvel art. 692 et réfuter les vives objections qu'il a subies, il est nécessaire de faire un retour sur toutes les phases qu'a parcourues la question.

C'était une règle incontestée de notre ancien droit français que le *décret forcé purgeait tous les droits, hormis les droits seigneuriaux.* Elle avait d'ailleurs été consacrée par les art. 11 et 13 de l'édit de Henri II, de 1551. Elle avait été proclamée par arrêts du Parlement des 17 mars 1588 et 27 février 1626. Aux grands jours de Clermont, elle avait reçu une sanction solennelle ; aussi Loysel écrivait-il : *Décret forcé nettoye toutes les hypothèques;* et après lui, Pothier ajoutait : « Quand même ces droits auraient appartenu à des mineurs, même dans le cas d'insolvabilité de leurs tuteurs, même dans le cas où ils auraient été absolument destitués de tuteurs; car la foi publique, *fiscalis hastæ fides,* doit l'emporter sur la faveur de ces personnes. »

Ce droit était si incontestablement établi, que tout acquéreur sur aliénation volontaire qui voulait assurer sa propriété contre les suites d'hypothèques légales inconnues n'achetait que sous forme de décret forcé ; on simulait une saisie et on procédait à une adjudication. Un édit de juin 1771 vint mettre fin à cet abus et régla les formalités de la purge des hypothèques légales, mais en matière de vente volontaire seulement, laissant au décret forcé tous les effets qui lui avaient été attribués à l'égard des hypothèques de toute nature.

La loi de brumaire an 7 trouva les choses en cet état ; elle mit toutes les hypothèques sur le même niveau, en les soumettant toutes à la nécessité de l'inscription ; et dès lors, la procédure d'expropriation forcée interpellant les créanciers à hypothèque légale aussi bien que les autres, et les mettant en demeure de faire valoir leurs droits, le jugement d'adjudication purgeait toutes les hypothèques de la même manière, sans qu'il fût besoin de formalités postérieures.

Le Code Napoléon intervint : il fit tomber la loi de brumaire et rendit à l'hypothèque légale le privilége d'être indépendante de l'inscription. Il rétablit tous les principes de l'ancien droit. Il ne s'occupe, dans le chapitre VIII du titre XVIII, que du mode de purger les hypothèques inscrites en matière d'aliénation volontaire ; la procédure d'expropriation forcée continuera et continue encore aujourd'hui, personne ne le conteste, à les purger virtuellement.

Dans le chapitre IX, il s'occupe des hypothèques légales et du mode de les purger ; mais, comme dans le chapitre VIII, toujours dans le cas de vente volontaire, il ne parle que de l'acquéreur, jamais de l'adjudicataire ; ce chapitre n'est d'ailleurs que la reproduction de l'édit de 1771, qui n'avait prescrit les formalités du purgement que pour le même cas.

Le Code de procédure civile à son tour vint, par ses diverses dispositions, confirmer cette intention du législateur. S'agit-il d'un ordre après adjudication sur saisie immobilière, l'art. 750 permet de commencer la poursuite sans prescrire le purgement d'aucune sorte d'hypothèques et à l'expiration du délai d'un mois accordé aux créanciers pour le règlement amiable. Si les hypothèques légales n'avaient pas été purgées comme les autres, il aurait fallu reculer le premier acte de procédure de plus de deux mois. L'art. 750 se sert du mot *adjudicataire*. S'agit-il, au contraire, d'un ordre sur aliénation volontaire, l'art. 775, qui emploie le mot *acquéreur* comme les art. 2194 et 2195, ne permet de l'ouvrir qu'un mois après l'accomplissement des formalités voulues pour purger les hypothèques inscrites et les *hypothèques légales*.

14. La doctrine admit cette interprétation de notre Code, qu'elle crut toujours conforme en ce point à notre ancienne législation, et, sous la loi nouvelle, tous nos auteurs les plus accrédités répétèrent ce qu'avaient dit Loysel et Pothier sous les édits de 1551 et de 1771 : *Décret forcé nettoye toutes les hypothèques.*

La jurisprudence ne résista point dans l'origine à cette unanimité. Les Cours impériales d'abord proclamèrent l'application du principe ; selon elles, il ne procédait pas seulement des lois qui avaient précédé le Code, il résultait aussi de l'économie du Code Napoléon et de la concordance de ses dispositions avec celles du Code de procédure civile.

La Cour de cassation elle-même vint ajouter à ces imposants témoignages toute la puissance de son autorité, et plusieurs arrêts de rejet et même de cassation auraient pu décourager les contradicteurs.

Mais enfin, le 22 juin 1833, un arrêt solennel vint leur donner raison. La Cour suprême, faisant retour sur sa jurisprudence, pensa que la loi n'avait fait aucune distinction entre les ventes volontaires et les ventes par expropriation forcée ; que la protection que la loi a voulu accorder aux femmes et aux mineurs, en établissant en leur faveur l'hypothèque légale avec la dispense de l'inscrire, deviendrait illusoire et tournerait même contre eux.

En effet, disent les partisans de cette opinion, les créanciers inscrits, liés à la poursuite d'expropriation par tous les actes qu'on leur signifie, sont interpellés et mis en demeure de faire valoir leurs droits ; ils sont parties dans l'instance, la saisie leur est commune. Mais la dispense d'inscription fait qu'on n'appelle pas les créanciers à hypothèques légales ; il faut donc les avertir après l'adjudication, puisqu'on ne l'a pas fait avant.

Il faut en convenir, l'argument est pressant ; et s'il ne répond pas à tous ceux qu'on tirait de l'état ancien et nouveau de la législation, il signale du moins un danger pour des intérêts chers et sacrés, que nos lois ont toujours voulu protéger d'une manière efficace.

15. Certes, si aujourd'hui le législateur venait de sa haute autorité, par une disposition claire et précise, rétablir la vieille règle de nos anciens édits, et maintenir l'interprétation donnée à nos Codes jusqu'en 1833, il trouverait encore bien des partisans de cette opinion ; car la doctrine n'a cessé de protester contre la nouvelle jurisprudence, qui a subi la critique des jurisconsultes les plus renommés. Mais il ne répondrait pas dignement à la grande raison qui a inspiré la Cour suprême ; il fermerait les yeux sur un péril dénoncé, et laisserait sans défense des droits qui méritent sa faveur.

Que faut-il donc faire pour donner satisfaction à toutes les opinions comme à tous les intérêts, et ne pas placer les créanciers à hypothèques légales dans une position plus désavantageuse que celle des créanciers inscrits, tout en rendant au jugement d'expropriation la vertu de purger toutes les hypothèques ? Il faut faire disparaître l'argument de la Cour de cassation ; il faut donner aux créanciers à hypothèques légales un avertissement tout spécial ; il leur sera donné en même temps qu'aux créanciers inscrits ; la publicité, qui frappe ceux-ci d'une manière générale et particulière, s'adressera à ceux-là plus directement encore ; elle les touchera en personne et au domicile réel. C'est le but que nous croyons avoir atteint par des innovations introduites dans l'art. 692 du projet.

16. Veuillez comparer, Messieurs, les précautions prises par ces nouvelles dispositions à celles qui sont tracées par l'art. 2194 du Code Napoléon. Cet article ne prescrit l'avertissement qu'après l'adjudication. Aucun effort n'est tenté pour éveiller les intéressés d'une manière sensible et leur donner une connaissance personnelle. Une signification

dont rien n'assure la remise, et un simple extrait affiché dans l'auditoire d'un tribunal souvent éloigné de leur domicile, extrait que personne n'a la curiosité de lire, les avertissent qu'un contrat translatif de
propriété est déposé au greffe. Il a fallu qu'un Avis du conseil d'État,
du 1er juin 1807, inséré au *Bulletin des Lois*, ajoutât à l'insuffisance
de ces prescriptions la mesure plus efficace d'une insertion dans un
journal. Il faut remarquer encore qu'aucun acte n'intime formellement à la femme et au subrogé tuteur l'obligation de prendre inscription; si une notification est faite au procureur impérial, c'est pour lui
dire, sans insistance, *qu'il sera reçu à requérir, s'il y a lieu;* et comme
on était alors persuadé que l'art. 2194 n'était relatif qu'aux aliénations volontaires, une circulaire du ministre de la justice, en date
de 1806, défendit aux procureurs impériaux d'user de cette faculté,
dans la crainte de prendre inscription sur des biens dont les femmes
ou les familles auraient consenti ou devraient ratifier les aliénations,
et de jeter le trouble là où la concorde devait régner.

Aussi serait-il difficile de citer une seule inscription requise par le
ministère public en conformité de cet article.

Au contraire, le nouvel art. 692, combiné en vue du péril qu'amène
une expropriation forcée, prévient les intéressés longtemps avant la
vente. Ils peuvent en temps utile veiller à la conservation de leurs
droits, prendre connaissance du cahier des charges, faire changer les
conditions qui leur nuisent, surveiller la vente, pourvoir à l'élévation
des enchères. Les termes de l'article ordonnent une sommation, une
mise en demeure de faire inscrire l'hypothèque légale *avant la transcription du jugement,* et, de peur que la communauté de domicile ne
permette au mari de se faire délivrer la sommation destinée à la femme,
et de lui en dérober la connaissance, la copie sera remise *à la personne*
de la femme.

17. Quant au procureur impérial, ce n'est plus une faculté qui lui
est donnée, c'est un devoir impérieux qui lui est imposé. La circulaire
ministérielle ne peut plus paralyser l'ordre donné par la loi; car la
situation est bien différente : le danger est évident, l'insolvabilité notoire; et, dans une expropriation forcée, il n'y a plus à supposer le
consentement de la femme ou d'un conseil de famille à l'aliénation
d'un gage devenu plus que jamais nécessaire. Lorsqu'on lit cette dernière prescription, on demeure convaincu que les intérêts qu'on a voulu
sauvegarder ne peuvent plus être compromis par la négligence ou la
complaisance, et qu'ils sont couverts d'une protection bien autrement
salutaire et plus appropriée au cas spécial qu'ils ne l'avaient été jusqu'à présent.

18. On ne répétera plus sans doute ce qui a été dit lors de la discussion de la loi du 3 juin 1841 : « Qu'on veut enlever aux femmes et
aux mineurs les garanties que leur avait assurées le Code Napoléon, en
supprimant les formalités qu'il avait établies. » On ne supprime pas
ces formalités, on ne fait que les déplacer; on en reporte l'accomplissement à une époque beaucoup plus favorable à l'exercice des droits

qu'elles concernent; et, loin de contenir une critique de la jurisprudence nouvelle et de la haute autorité qui l'avait inaugurée, la proposition de l'art. 692 est un hommage rendu à la vigilance de la magistrature, puisqu'il vient combler une lacune qu'elle avait signalée.

19. Des contradicteurs du projet ont dit : « L'innovation n'est pas
à sa place; ce n'est pas dans une loi de procédure que doit se trouver
la réforme du Code Napoléon. » La réponse est facile. Premièrement,
ce n'est pas une réforme, car les art. 2194 et 2195 restent entiers, et
continueront à recevoir leur exécution; ce n'est qu'une exception faite
pour le cas de saisie immobilière, et qui se trouve parfaitement à sa
place au titre de la saisie immobilière dans le Code de procédure.
L'innovation y avait déjà été introduite pour les créanciers soumis à
l'inscription, à l'égard desquels on ne purge pas comme le veulent
les art. 2183 et suivants du Code Napoléon. Secondement, ce n'est
pas la loi de procédure qui fait invasion dans le Code civil, c'est plutôt
ce dernier qui, en réglant par anticipation les formalités de la purge,
avait fait invasion dans le domaine de la procédure.

20. Enfin, a-t-on dit, le projet, en remettant au poursuivant de l'expropriation le soin d'interpeller les créanciers à hypothèque légale, l'a
confié à un créancier intéressé à ne pas le faire, et à ne pas appeler des
ayants droit qui viendront avant lui sur leur gage. Cette confiance est
bien mieux placée dans l'adjudicataire, qui a intérêt à ne payer qu'aux
créanciers venant aux premiers rangs.

Mais quel avantage pourrait-il revenir au poursuivant d'une procédure vicieuse et d'une omission frauduleuse? La nullité de la poursuite
entraînerait pour lui une grave responsabilité et la représaille des dommages-intérêts; et puis ne voit-on pas que c'est à lui que la loi a déjà
imposé le devoir d'avertir et d'appeler tous les autres créanciers inscrits, parmi lesquels se trouvent tous ceux qui le priment en ordre
d'hypothèques, et même les créanciers privilégiés, au nombre desquels
se trouve souvent le vendeur? La loi n'a cependant pas hésité à lui confier l'accomplissement de cette formalité; celle qu'on lui impose aujourd'hui n'est que le complément de la première. On verra, au surplus,
dans l'analyse de l'art. 753 ci-après, que le devoir de sommer la femme
et les mineurs sera aussi rempli par l'adjudicataire, et que l'avertissement donné ainsi de toutes parts doublera les garanties que la loi leur
avait accordées.

21. On a demandé, en dernier lieu, comment le poursuivant connaîtra l'existence des femmes, des mineurs ou interdits, pour leur faire
les significations prescrites. Nous répondons : il la connaîtra comme
l'aurait connue l'adjudicataire si la procédure de la purge restait à sa
charge, dans les termes de l'art. 2194 du Code Napoléon.

22. Nous n'avons plus d'objections à prévoir, et nous croyons que
la nouvelle rédaction de l'art. 692 concilie avec bonheur les deux
opinions qui avaient partagé le monde judiciaire, et permet d'avancer,
au profit de tous, l'ouverture des ordres qui sont les plus fréquents, et
dont le règlement exige la plus prompte expédition.

ART. 696.

23. L'Avis du conseil d'État du 1er juin 1807 avait ajouté aux formalités prescrites par l'art. 2194 la seule mesure qui pouvait être utile et faire parvenir la connaissance du danger à ceux qui auraient un droit à conserver. C'était l'insertion au journal. Le législateur devait encore compter sur cette publicité. Déjà l'art. 696 du Code de procédure en fait usage pour tous ceux dont la vente peut appeler l'attention, pour les créanciers de toute nature, pour le public enchérisseur, pour les parents et amis des intéressés; l'addition qui est proposée aujourd'hui aura pour effet de remplacer l'interpellation aux créanciers à hypothèque légale, qu'avait demandée l'Avis du conseil d'État : ils seront avertis qu'ils devront requérir leur inscription avant la transcription du jugement d'adjudication. Le délai accordé à ces ayants droit sera bien suffisant; car l'avertissement sera toujours donné quarante jours au plus, mais vingt jours au moins avant l'adjudication; et, après cette adjudication, il pourra s'écouler encore quarante-cinq jours; en sorte qu'ils auront souvent un délai de quatre-vingt-cinq jours, quand le Code Napoléon ne leur donnait que deux mois.

ART. 717.

24. La dernière disposition ajoutée à l'art. 717 n'introduit pas un droit nouveau. Elle détermine d'une manière claire et précise le sens de la loi, interprété diversement par la doctrine et la jurisprudence, et fait cesser une divergence dont les variations amènent souvent, au grand regret de tous, la perte du droit de la femme, des mineurs ou interdits. Selon les uns, l'addition proposée ne fera que confirmer et rendre indubitable ce que le législateur avait déjà dit; selon les autres, elle fera exprimer au texte nouveau la véritable intention du législateur, qu'on regrettait de voir contrariée et même contredite par la combinaison des textes actuels. Une courte explication fera comprendre la portée de cette disposition.

25. Deux droits bien distincts dérivent de toute espèce d'hypothèques légales, judiciaires ou conventionnelles : le droit de suite sur l'immeuble si le détenteur ne paye pas son prix; le droit de collocation sur le prix quand il est payé.

L'hypothèque légale existe indépendamment de l'inscription, et vis-à-vis du tiers détenteur qu'elle grève du droit de suite, et vis-à-vis des autres créanciers inscrits qu'elle grève d'un droit de préférence sur le prix. Chacun de ces divers intéressés a connu l'existence de l'hypothèque légale, quoique non inscrite, et s'est soumis à ces deux conséquences respectives, et non liées l'une à l'autre.

Si le tiers détenteur veut se débarrasser du droit de suite, il purge l'hypothèque légale, il remplit les formalités de l'art. 2194. Si la femme ou le mineur ne prennent pas inscription dans les deux mois, le droit de suite n'existe plus; le tiers détenteur offre son prix, et dit à tous les créanciers hypothécaires : Réglez entre vous les droits de préférence et de collocation. La purge qu'il a opérée, il ne l'a faite que pour lui seul, dans son intérêt unique; il n'est pas chargé, et il ne s'est pas chargé de défendre les droits des créanciers les uns à l'égard des autres. Il ne peut que payer son prix. Il n'a voulu par la purge que soustraire son immeuble au droit de suite; il a exercé l'action particulière qu'il avait contre la femme ou le mineur. Tout est consommé sur ce point.

Quant aux créanciers inscrits, qui s'étaient bien sciemment soumis au droit de préférence de la femme ou du mineur même sans inscription, quelle action a été exercée par eux? Comment se sont-ils débarrassés de ce droit, qu'aucune loi ne leur a permis de faire disparaître, parce qu'ils l'ont accepté jusqu'au payement du prix? Comment la femme ou le mineur, qu'ils n'ont pas interpellés ni mis en demeure, relativement au droit indépendant de l'inscription, ont-ils pu le perdre? Que s'est-il passé entre eux qui ait pu changer leur position? On ne le voit pas : le droit de suite a péri parce que la loi, dans un cas déterminé, en avait soumis l'exercice à l'inscription; le droit de préférence demeure, parce qu'il dépend de la nature de l'hypothèque et non de l'inscription.

26. Cette solution, qui était conforme à la faveur dont le législateur de 1804 avait entouré l'hypothèque légale, avait été adoptée par la très-grande majorité des auteurs. Seize Cours impériales sur dix-huit, qui avaient eu à s'occuper de la question, l'avaient consacrée par vingt-huit arrêts consécutifs. Mais le 23 février 1852, un arrêt solennel, rendu par la Cour de cassation, proclama, contrairement au réquisitoire du procureur général, que le texte de l'art. 2180, déclarant en termes absolus que l'hypothèque s'éteint par l'accomplissement des formalités et conditions prescrites aux tiers détenteurs pour purger les biens acquis, ne fait aucune distinction entre les différentes natures d'hypothèques, et que l'hypothèque légale, une fois éteinte, l'est tout aussi bien vis-à-vis des créanciers inscrits que du tiers détenteur.

27. Puisque le texte est trop général et trop impératif pour permettre une distinction cherchée, désirée par tous ceux à qui la question a été soumise, il faut faire cette distinction par un texte nouveau, qui complétera la pensée du législateur. Il faut la faire parce qu'elle est juste, parce qu'elle ne donnera à chacun que le droit sur lequel il a dû compter, maintiendra des situations acceptées de bonne foi, et ne jettera plus ce qui est dû à la femme et au mineur, comme une aubaine ou une épave, à des créanciers qui n'ont jamais dû l'espérer.

· Voilà le but de la disposition ajoutée à l'art. 717. Cet article avait déjà, en 1841, modifié l'exercice de l'action résolutoire établie par le Code Napoléon. Aujourd'hui, il ne modifie rien; il confirme seulement une interprétation qui était dans la conscience de tous.

28. Nous quittons maintenant le titre XII (liv. v) du Code de procédure civile; les changements que nous apportons aux trois articles que nous venons de vous soumettre doivent exercer une grande influence sur

les propositions qui vont suivre. Vous comprendrez donc notre insistance, et vous excuserez la longueur des développements que nous avons donnés, quand vous aurez vu que le rejet de ces changements entraînerait de graves modifications à tout ce qui, dans le projet, concerne l'ouverture de l'ordre et le commencement de la procédure.

Art. 749.

29. La terminaison plus ou moins prompte d'un ordre dépend, il faut le reconnaître, de différentes causes. La délicatesse des questions qu'il soulève, les incidents introduits, la mauvaise volonté des créanciers, la résistance du débiteur, les entraves de l'acquéreur, souvent la négligence des officiers ministériels, viennent tour à tour embarrasser sa marche et retarder sa conclusion. Mais le caractère du magistrat préposé à son règlement pourrait opposer à tous ces obstacles un puissant contre-poids.

30. Le règlement des ordres exige une aptitude particulière, une connaissance plus approfondie, non-seulement de la procédure, mais aussi du régime hypothécaire, matière la plus explorée et pourtant encore la plus ardue de nos codes. Si le juge-commissaire a acquis, par l'habitude de ces sortes d'affaires, une certaine expérience ; s'il est actif, exact observateur des délais ; si, au jour indiqué par la loi, il accomplit l'acte qu'elle lui impose, sans complaisance pour les remises toujours demandées par les parties ou les officiers ministériels, l'ordre suit un cours régulier, et les difficultés disparaissent promptement. La désignation du juge-commissaire devrait donc être le résultat d'un choix. L'importance, toujours annoncée, d'un règlement à suivre devrait dicter l'indication à faire par le président.

Il n'en est pas ainsi, et l'on peut affirmer que dans tous les tribunaux les ordres sont regardés comme des charges dont chacun des juges doit supporter une part égale ; ils sont distribués à tour de rôle, sans autre considération : aussi leur marche est-elle très-inégale, non-seulement entre les différents tribunaux de l'Empire, mais encore dans un même tribunal. Il y a, en outre, des habitudes établies qui sont contraires aux attributions faites par la loi ; les documents statistiques nous montrent des tribunaux d'un ressort peu étendu, et appartenant à la dernière classe, devant lesquels, au 31 décembre 1854, on ne comptait pas moins de 150, 200, 220, et même 256 ordres ouverts, tandis que, devant d'autres plus importants, on n'en comptait pas plus de 50. En général, et dans la majeure partie des arrondissements, on ouvre, chaque année, plus d'ordres qu'on n'en termine. Les affaires soumises à un tribunal collectivement sont jugées assez promptement ; les ordres confiés à chaque juge isolé, indépendant de la poursuite, et sans contrôle, languissent, et l'encombrement en rend bientôt la conclusion impossible. Les censures de la magistrature supérieure arrivent au tribunal en retard ; mais elles ne frappent pas individuellement, et les diligents souffrent pour ceux qui ne le sont pas.

31. L'art. 749 est destiné à changer cet état de choses. La mesure n'est que facultative, elle n'est pas générale, et ne sera mise en usage que là où l'abus sera rencontré. On a pensé que, dans ce cas, la désignation faite par le Souverain imprimerait une obligation plus solennelle, ferait peser une responsabilité plus directe, et stimulerait le zèle du magistrat qui serait l'objet de cette distinction. On a bien objecté que, dans beaucoup de tribunaux à trois juges, le choix ne pourrait tomber que sur celui qui reste après le président et le juge d'instruction. Mais à ces mêmes tribunaux sont attachés deux juges suppléants; et parmi eux on rencontre souvent, soit un ancien officier ministériel qu'une longue pratique de ce genre d'affaires rend plus apte à les traiter, soit un jeune magistrat désireux de signaler sa capacité et d'acquérir les droits à l'avancement par d'utiles travaux et d'honorables services.

32. La durée de cette mission spéciale permettra au magistrat d'acquérir l'expérience nécessaire pour la continuer avec avantage; elle lui sera renouvelée s'il a justifié la confiance qu'on a placée en lui : elle pourra aussi être transférée à un autre s'il y a lieu.

33. L'obligation de rendre compte de l'état des ordres, soit au tribunal, soit au procureur général, n'enlève rien à l'indépendance et à la dignité du magistrat. Elle est une garantie pour les justiciables ; elle fera retomber la responsabilité sur qui de droit ; elle exercera même une heureuse influence sur les officiers ministériels, qui tiendront à honneur de n'être pas signalés comme coupables de négligence. C'est pour cela que l'article proposé impose cette obligation à tout juge chargé du règlement d'un ordre, qu'il soit désigné par décret impérial ou nommé par le président.

L'administration, qui tiendra la main à l'exécution de cette dernière prescription, en attend les plus heureux résultats.

Art. 750, 751.

34. L'art. 6 de la loi du 23 mars 1855 a rendu nécessaire l'innovation introduite par le nouvel art. 750. L'ordre doit s'ouvrir et se régler entre tous les créanciers hypothécaires inscrits. Or des créanciers ayant hypothèque peuvent être ignorés au moment de la vente et se révéler jusqu'au jour de la transcription. Ce n'est plus la vente qui, aux yeux des tiers, transporte la propriété, c'est la transcription qui seule peut arrêter le cours des inscriptions; on se rappelle que les art. 834 et 835 du Code de procédure sont abrogés. Il importe donc, quand l'ordre doit s'ouvrir sur une vente après expropriation forcée, de ne pas laisser l'adjudicataire maître de faire transcrire quand bon lui semble ; car il dépendrait de lui de reculer indéfiniment l'ordre, qui ne peut être utilement ouvert tant que de nouveaux créanciers peuvent intervenir. La loi de 1855 ayant accordé quarante-cinq jours à certains créanciers qu'elle désigne, il convenait, en respectant ce délai, de l'imposer rigoureusement pour opérer la transcription, et de ne pas charger

de ce soin l'adjudicataire seul, mais d'en conférer également le droit au poursuivant intéressé à la prompte ouverture de l'ordre.

35. L'art. 749, tel qu'il est dans la procédure actuelle, donne aux créanciers et à la partie saisie un mois pour se régler entre eux. Mais il fait partir ce délai du jour de la signification du jugement d'adjudication. Aux termes de l'art. 716 du Code de procédure, modifié par la loi de 1841, le jugement n'est plus signifié qu'à la partie saisie. Les créanciers inscrits, sommés aux termes de l'art. 692 d'assister à la vente, sont censés connaître ce jugement du jour où il a été prononcé : on peut donc aujourd'hui rendre ce délai plus court, et avec d'autant plus de raison qu'il est précédé de celui de quarante-cinq jours dont nous venons de parler. Nous le réduisons à quinze jours, et en l'accordant, même dans cette mesure, nous n'espérons pas obtenir, moins que par le passé, un avantage resté si incertain qu'on n'en citerait peut-être que de très-rares exemples. Nous rendons plutôt hommage à la bonne intention du législateur, qui veut toujours tenter une conciliation.

36. Les formalités prescrites par les art. 750 et 751 du Code de procédure devaient être conservées. Aucune autre ne pouvait les remplacer ; nous les renfermons aujourd'hui en une seule disposition. Une légère innovation est à signaler. Le Code n'accorde le droit de requérir l'ouverture de l'ordre qu'à l'adjudicataire ou au créancier le plus diligent. Nous avons pensé qu'il était juste de l'accorder aussi à la partie saisie. Elle peut avoir un grand intérêt à sortir d'affaire, à voir sa libération établie et à connaître sa situation ; nous n'apercevons pas le danger que cette faculté pourrait amener.

Art. 752, 753.

37. Une fois le juge-commissaire nommé par le président, sur la réquisition du poursuivant, on peut, avec le Code actuel, s'arrêter autant qu'on le veut ; aucun délai fixé ne vient presser ni le juge-commissaire ni le poursuivant : c'est une des nombreuses lacunes qu'on avait signalées. La réforme proposée ne permettra plus ce temps d'arrêt ; l'ordre sera ouvert par le juge-commissaire dans les trois jours de sa nomination, et, s'il y a un juge spécial, dans les trois jours de la réquisition. Quelle sera la garantie de l'observation de ce délai ? C'est ici que l'obligation de rendre compte trouve son utilité ; si le magistrat n'a pas accompli son devoir dans le délai, il sera plus tard appelé à en donner le motif.

38. Aujourd'hui, le poursuivant l'ordre peut faire sommer les créanciers de produire par l'huissier de son choix. Nous demandons que ces sommations ne soient plus faites que par l'huissier ou les huissiers que commettra le juge. La raison de cette disposition est facile à saisir. Quand la loi attache la déchéance, la perte d'un droit à l'inobservation d'un délai, qu'elle charge une partie de faire courir contre celui qui pourra être frappé de la déchéance, elle ne veut pas que cette interpel-

lation soit faite par un huissier qu'elle suppose dévoué à cette partie. La sommation doit être délivrée par l'officier ministériel qu'elle investit d'une confiance spéciale. Ainsi, s'agit-il de faire courir le délai de l'opposition contre un défaillant que la loi suppose n'avoir pas reçu la copie de l'assignation, le jugement par défaut ne sera signifié que par huissier commis. (Art. 156 du Code de procédure.)

S'agit-il de faire courir le délai fatal de la surenchère par les notifications aux créanciers inscrits, prévues aux art. 2183 et 2185 du Code Napoléon, ces notifications ne pourront être valablement faites que par huissier commis. (Art. 832 du Code de procédure.)

Or les nouveaux art. 754 et 755, soumis à votre examen, proposent de déclarer déchus les créanciers sommés qui n'auront pas produit dans les trente jours de la sommation. La fatalité du délai commandait impérieusement la précaution dont vous pouvez maintenant apprécier la sagesse.

39. Les créanciers inscrits sont sommés aux mêmes domiciles qu'avait indiqués le code actuel. Mais on a pensé, et avec raison, qu'il était juste de prévenir l'adjudicataire de l'ouverture de l'ordre. Sans vouloir anticiper sur des développements qui ne seraient pas donnés en temps utile, il nous suffit de vous prévenir qu'une grande obligation lui sera imposée par l'art. 776, et qu'il doit se préparer à la remplir ; car le délai imparti prend sa date du jour où l'ordre est ouvert. Vous vous rappelez, d'ailleurs, qu'on a reproché à notre nouvel art. 692 de confier le devoir d'avertir les créanciers à hypothèques légales au poursuivant, qui a intérêt, dit-on, à les écarter, tandis que ce soin était bien mieux confié à l'adjudicataire, si intéressé à les avertir valablement.

Par un surcroît de garantie, qui devra imposer silence à la critique, l'adjudicataire va être chargé d'ajouter sa sommation de produire à celle que doit faire le poursuivant à la femme du saisi, aux femmes des précédents propriétaires, au subrogé tuteur des mineurs et interdits, aux mineurs devenus majeurs, et copie en est notifiée au procureur impérial.

On peut dire après cette dernière précaution, rapprochée du droit de préférence à exercer sur le prix, même en l'absence d'inscription, que jamais l'hypothèque légale n'aura été mieux protégée.

40. L'état des inscriptions, joint à l'original de la sommation par le poursuivant, permet au juge de s'assurer que l'huissier par lui commis a accompli sa mission vis-à-vis de tous les créanciers portés en l'état.

ART. 754.

41. L'art. 754 du projet n'est que la reproduction littérale du même article du Code de procédure civile.

ART. 755.

42. Le projet propose de déclarer déchus, de plein droit, les créan-

ciers qui n'ont pas produit dans le délai de trente jours, à compter du
jour de la sommation. Au premier aspect, cette résolution a pu paraître
trop sévère et entraîner des conséquences trop graves. Un examen plus
attentif et la conviction intime que le mauvais vouloir des créanciers
était la plus grande cause du mal ont bientôt ramené les opinions et
fait adopter la mesure que nous allons justifier.

43. Le législateur de 1807 a dit par son art. 754 : « Dans le mois
de la sommation, chaque créancier *sera tenu* de produire, etc... » Et,
comme pour annoncer que la désobéissance à cette prescription sera
punie avec une rigueur que la remise des titres aura seule le pouvoir
d'éviter, il ajoute : « Le commissaire fera mention de la remise sur
son procès-verbal ; » mais, après cette rédaction si impérative, si me-
naçante, il a détruit son œuvre par l'art. 757 et ouvert la porte aux
abus les plus multipliés : la production après le mois, et même après
la confection de l'état de collocation, est devenue la règle ; la production dans le mois est devenue l'exception. Le juge-commissaire qui ne
veut pas avoir à remanier continuellement son règlement provisoire,
dont l'établissement n'entraîne pas seulement l'examen de tous les
titres et des bordereaux, mais aussi des calculs d'intérêts qui se modi-
fient tous les jours, ne s'empresse pas de le dresser ; il retarde indéfiniment son travail en attendant la production des retardataires. Le
temps s'écoule, et l'ordre est arrêté provisoirement à une époque où il
devrait être terminé. Enfin le commissaire se décide à dresser l'état de
collocation, et alors la lice est ouverte aux contredits ; le mois qui
leur est accordé par l'art. 756 expire ; les créanciers diligents n'ont
plus rien à dire : c'est alors que les retardataires se montrent ; leurs
productions s'échelonnent par intervalles, il faut les déclarer aux autres
créanciers, et l'œuvre du juge recommence ; de nouveaux délais s'ouvrent pour contredire, les intérêts s'accumulent, la situation du débiteur s'aggrave, et le danger augmente pour les créanciers sur lesquels
les fonds doivent manquer.

Quelle peine sera donc appliquée à ces créanciers négligents, ou
plutôt de si mauvais vouloir ? La loi dit qu'ils supporteront les frais de
leur production tardive. C'est bien peu de chose, et d'ailleurs cela
n'indemnise personne de tout le préjudice causé, qui peut être considérable. La loi ajoute, il est vrai, qu'*ils seront garants des intérêts qui
auront couru à compter du jour où ils auraient cessé, si la production
eût été faite dans le délai fixé*. Mais qui ne sait que cette menace est
d'une exécution difficile, pour ne pas dire impossible ? Et qui pourrait
dire à quelle époque ces intérêts auraient cessé, surtout si des contestations portées jusqu'en appel se sont élevées ; à quelle époque le juge-
commissaire, qui n'est pressé par aucun délai obligatoire, aurait terminé son règlement définitif ?

La mesure est illusoire et ne remplit pas le but.

44. Qu'est donc devenue l'égalité devant la loi entre tous ceux à qui
cette loi commande ? De quel droit un ou plusieurs créanciers négligents
ou mal disposés peuvent-ils ainsi, à leur gré, empêcher les créanciers

diligents et qui ont obéi de recevoir ce qui leur est dû ? Est-ce que la protection de la loi ne doit pas couvrir de préférence les intérêts du créancier vigilant ? *Jura vigilantibus subveniunt*. Comment des créanciers qui, en matière d'ordre, ne sont jamais éloignés, puisqu'ils sont obligés d'avoir un domicile élu dans l'arrondissement, interpellés par huissier commis à ce même domicile qu'ils ont eux-mêmes indiqué et où ils ont un mandataire, peuvent-ils impunément s'abstenir de se présenter dans le délai, lorsqu'en produisant plus tard ils viennent avouer que la sommation leur a été véritablement remise ?

45. Dira-t-on que la loi serait bien sévère si, pour l'inobservation d'un délai, elle faisait perdre la créance ? Il faut dire alors qu'elle est plus que sévère quand, en matière correctionnelle, elle rend définitive une condamnation parce qu'on n'a pas formé, dans les cinq jours de la signification, opposition à un jugement par défaut. Cette condamnation peut cependant prononcer une amende et des dommages-intérêts considérables, et même cinq ans d'emprisonnement : elle frappe le condamné dans sa fortune, dans son honneur et sa liberté, et ne lui est pas notifiée par huissier commis (art. 187 et 188 du Code d'instruction criminelle). En affaire civile, quand la partie a constitué avoué, la condamnation est également définitive si l'opposition n'est pas formée dans la huitaine (art. 157 du Code de procédure civile).

Mais, dans la matière même qui nous occupe, le législateur a déployé contre la négligence une sévérité qui serait une injustice si on ne l'étendait pas aux créanciers non produisants.

En effet, l'état de collocation provisoire ayant rejeté, réduit ou placé défavorablement la créance d'un créancier diligent qui a obéi à la loi, s'il ne contredit pas dans le mois, il est forclos, et cette forclusion est définitive, absolue ; son droit est à jamais perdu, alors même que, par des productions faites ultérieurement par des créanciers retardataires, le rang auquel il avait été colloqué viendrait à n'être plus utile. La jurisprudence a appliqué cette forclusion avec une telle rigueur qu'il faut reconnaître que toute la défaveur est pour ceux qui ont été d'abord diligents, et tout l'avantage pour ceux qui ne se présenteront qu'à la dernière extrémité.

46. On explique cette différence en disant que ceux qui ont produit ont prouvé qu'ils avaient reçu l'avis en temps utile, qu'ils sont déjà dans la cause, et qu'ils deviennent inexcusables s'ils ne contredisent pas dans le délai, tandis que le retard des non-produisants vient peut-être de ce que la sommation ne leur a pas été communiquée avec exactitude par le mandataire qu'ils ont au domicile élu. Mais alors qu'ils s'en prennent à leur mandataire, et lui fassent supporter la peine de la faute qu'il a commise ; car, dans l'état actuel de nos moyens de communication, les facilités merveilleuses de correspondance et de locomotion que les nouvelles découvertes ont mises à la disposition des justiciables doivent exercer une juste influence sur l'accomplissement des devoirs imposés par la loi. Lorsqu'en 1807 le législateur a fixé des délais, il a considéré les distances, les moyens qu'on avait alors pour les parcourir

la difficulté des communications, et l'on peut affirmer avec certitude que les délais, tout en restant dans les mêmes limites, sont aujourd'hui relativement plus considérables qu'il y a cinquante ans.

47. L'indulgence pour les retardataires va jusqu'à prétendre que le délai d'un mois est trop court pour le créancier qu'une sommation vient surprendre à l'improviste; il n'a pas le temps de chercher, de préparer son titre et de l'envoyer.

C'est ici que la justice de la déchéance proposée par le projet éclate dans tout son jour, et démontre l'erreur de cette dernière excuse.

Il n'est pas vrai que le créancier puisse être surpris inopinément par la sommation de produire, et qu'il n'ait qu'un mois pour chercher et envoyer les pièces nécessaires. L'ordre est ouvert sur une aliénation volontaire ou sur une vente par expropriation. Nous ne pouvons prévoir que ces deux cas.

48. Si la vente est volontaire, l'acquéreur, soit de son propre mouvement, soit sur la sommation à lui faite par un créancier, est obligé de notifier son contrat à tous les créanciers inscrits, conformément aux art. 2183 et 2185 du Code Napoléon. La notification est faite par huissier commis; il est en outre obligé de purger les hypothèques légales (art. 2194). L'ordre ne peut s'ouvrir que trente jours après les délais prescrits par ces articles, ainsi le veut le Code de procédure civile (art. 775).

Le délai pour la surenchère fixé par l'art. 2185 étant de quarante jours, et le délai pour la purge des hypothèques légales étant de soixante, il est évident que, près de trois mois avant la sommation de produire, tout créancier inscrit connaît par une notification spéciale la vente de l'immeuble, le prix de cette vente, la volonté de l'acquéreur de se libérer et la nécessité de l'ordre qui va s'ouvrir; ajoutez à ces délais le mois qui suit la sommation, et vous serez convaincus que, s'il ne produit pas, il est coupable de négligence ou de mauvaise volonté.

49. Si la vente a eu lieu sur saisie immobilière, sa faute est encore plus impardonnable : en effet, il a connu l'insolvabilité de son débiteur, la poursuite, l'adjudication, et même l'époque où l'ordre sera ouvert, longtemps avant la nécessité de produire. Par l'art. 692 du Code de procédure actuel, il est lié à l'instance en expropriation ; il est sommé de prendre communication du cahier des charges et d'assister à la vente, dont le jour lui est indiqué : qu'on suppose tous les délais prévus par les art. 694, 695 et 696 du Code de procédure ; qu'on y réunisse les autres délais fixés après l'adjudication par les art. 750 et suivants de notre projet, l'on sera forcé de convenir que le créancier inscrit n'est pas surpris à l'improviste, qu'il est partie en cause, et qu'il est depuis plus de trois mois préparé à la sommation et à la production qui doit la suivre.

Nous ne comprenons donc pas l'intérêt qu'il excite et l'indulgence dont on veut couvrir sa désobéissance à la loi. Nous sommes plus vivement touchés de la position des créanciers vigilants, du besoin qu'ils ont de retirer leurs capitaux et du devoir de rendre prompte justice à ceux à qui elle est due.

50. Dans la procédure de l'ordre telle qu'elle est aujourd'hui réglée par le Code, s'il ne s'élève aucune contestation entre les créanciers qui ont produit dans le mois, le juge-commissaire peut et doit même, s'il veut accomplir exactement sa mission, prononcer la déchéance des créanciers non produisants. Cette déchéance est donc encourue (art. 759). Pourquoi les contestations qui s'élèvent entre les créanciers vigilants tourneraient-elles contre eux-mêmes et viendraient-elles relever les négligents de la peine méritée? C'est un fait qui est étranger à ceux-ci. Pourquoi l'inaction du commissaire leur rendrait-elle un droit périmé? La conservation ou la perte d'un droit ne peut dépendre de la complaisance ou de la négligence du magistrat : la loi doit être la seule règle en pareille matière; et c'est afin de faire cesser cet arbitraire que le nouvel art. 755 pose une limite commune, infranchissable, dont l'apparente sévérité ne doit plus être qu'une justice aux yeux des hommes impartiaux.

Qu'importe, d'ailleurs, une part d'intérêts au créancier qui attend son capital, qui en a besoin, qui le demande depuis longtemps, et qui souvent n'en est venu au moyen extrême de l'expropriation que parce que, depuis plusieurs années, le terme est échu?

51. Aucun délai fixé, pour dresser l'état de collocation, ne stimulait le zèle du juge et ne réglait l'accomplissement de ses devoirs. C'était d'ailleurs une lacune remarquée pour chacune des opérations qui lui sont confiées. L'omission est réparée, l'état devra être dressé dans le délai de trente jours.

Art. 756.

52. Nous avons emprunté l'art. 756 avec ses dispositions, et même sa rédaction, au Code de procédure : il contient, pour les créanciers produisants, la sanction de l'obligation de contredire dans le mois.

Art. 757 (758) (1).

53. Le Code de procédure avait prévu les contestations; mais il ne traçait aucune marche pour arriver promptement à leur solution. Il ne disait pas comment le tribunal en était saisi. Selon l'usage adopté, le juge-commissaire faisait un rapport à telle audience qu'il jugeait convenable, sans indication préalable aux intéressés; tous les créanciers et tous leurs avoués avaient le droit de se croire intéressés. Le poursuivant devait figurer comme partie principale. Cette absence de règlement devait amener des lenteurs et des frais plus considérables.

Désormais la contestation sera limitée par le dire : elle sera resserrée entre les contestants; le poursuivant, s'il n'est pas l'un d'eux, n'y sera

---

(1) Ce chiffre indique l'article correspondant de la loi.

plus partie, et la fixation de l'audience obligera le juge aussi bien que les contestants. L'avertissement sera commun.

54. Il faut encore signaler dans l'art. 757 une amélioration favorable aux créanciers postérieurs. S'il est évident que le résultat des contestations doit laisser encore une somme disponible pour les créances venant après celles contestées, il sera permis de donner satisfaction aux ayants droit, en réservant somme suffisante pour l'éventualité des contestations.

ART. 758 (759).

55. L'art. 758 du projet reproduit dans les mêmes termes les prescriptions portées au Code sous le numéro 759. Il n'y ajoute que la détermination du laps de temps imposé au juge-commissaire pour faire la clôture de l'ordre. La garantie de l'exactitude se trouve toujours dans l'obligation de rendre compte.

ART. 759 (760).

56. L'art. 759 a été emprunté aux principales dispositions de l'art. 760 aujourd'hui en vigueur. Il en est une que nous en avons éliminée, celle qui est relative aux frais des contestations individuelles; elle se trouvera comprise dans une disposition plus générale dont nous parlerons en nous occupant de l'art. 765 du projet.

ART. 760 (761).

57. Il fallait compléter la procédure qui doit amener le jugement des contestations et le règlement définitif de l'ordre, en complétant l'art. 757. La prétendue nécessité de se procurer de nouvelles pièces servait de prétexte à de nombreux jugements de remise et à des frais. C'est un abus depuis longtemps reconnu : l'art. 760 proposé devra le faire cesser.

ART. 761 (762).

58. Le Code de procédure commandait impérieusement l'appel dans les dix jours de la signification du jugement à avoué; mais il laissait la faculté de s'arrêter entre le jugement et la signification, dont il ne fixait pas l'époque; et ce repos permis aux contestants était nuisible aux autres créanciers; il fallait aussi mettre fin aux doutes qui se sont élevés sur la détermination des sommes qui doivent limiter le premier et le dernier ressort. Le projet préviendra, pour l'avenir, toute difficulté sur ce point.

ART. 762 (763).

59. L'art. 762 n'a point innové; on retrouve ses prescriptions dans la procédure suivie aujourd'hui pour l'instance sur l'appel.

Art. 763 (764).

60. Mais quand la Cour a statué, la procédure peut encore sommeil-ler. On laisse rendre arrêt par défaut pour faire perdre du temps, lasser la patience d'un adversaire, et forcer les autres créanciers à acheter la créance compromise. Il n'y a point d'excuse pour celui qui fait défaut en pareille matière. On doit toujours être prêt; et, d'ailleurs, trop de ménagements pour les ruses employées par les plaideurs est un oubli du respect dû à la position malheureuse de la masse des créanciers et à celle du débiteur, dont les ressources se dissipent par les intérêts et les dépens. Il faut surtout, après avoir abrégé les délais, diminuer la charge des frais. L'arrêt sera donc signifié dans la quinzaine; il ne sera signifié qu'à avoué : on ne pourra y former opposition, et la signification à avoué fera courir le délai du pourvoi en cassation.

Art. 764 (765).

61. Le Code de procédure avait, pour la première fois, imparti un délai au juge-commissaire pour continuer les opérations de l'ordre, après le jugement ou l'arrêt rendus sur les contestations. L'art. 764 a le même but. Mais nous avons cru devoir diminuer, sans dommage pour aucun des ayants droit, la longueur de ce délai : nous l'avons ré-duit à huit jours.

Art. 765 (766).

62. Il est une règle absolue en procédure : toute partie qui succombe doit être condamnée aux dépens. L'art. 130 du Code de procédure en avait fait un principe qui ne souffrait d'exceptions que celles admises par l'art. 131. Mais on avait compris, en lisant l'art. 766 du Code de procédure, que, pour les ordres, cette règle ne reprenait son empire que contre la partie qui succombait *en appel*. On croit qu'en première instance on peut se permettre les contestations les plus téméraires; on se les fait pardonner par le prétexte des intentions les plus louables. On n'a jamais plaidé dans un intérêt égoïste; on veut n'avoir jamais fait de contestations que dans l'intérêt de la masse; et si l'on vient à perdre le procès, on obtient toujours l'emploi de ses dépens en frais de poursuite d'ordre. Telle est la conclusion que l'on a tirée de la disposition bien restreinte de l'art. 766; en sorte qu'il est permis de se tromper aux dé-pens des autres, mais on ne peut persévérer qu'à ses dépens. Nous avons pensé qu'il fallait rétablir la règle générale, même pour la première in-stance, parce que, sous la couleur d'une contestation de bonne foi et dans l'intérêt de tous, on se livrait à des contestations plus que témé-raires, qui, à l'inconvénient d'entraver la marche de l'ordre, ajoutaient la diminution de la somme à distribuer.

63. On devait cependant rejeter sur la masse les frais faits par un créancier dont la collocation rejetée d'office aura été rétablie par le tri-

bunal ; mais si un adversaire s'est constitué, s'il s'est approprié la décision du juge-commissaire, il sera passible des dépens.

64. Nous avons consacré de nouveau, dans le projet, les principes posés par les art. 768 et 769, aujourd'hui appliqués ; mais nous avons aussi voulu punir la négligence dans la production des pièces, même de la part de celui qui gagne son procès, si la production faite en temps utile avait pu avoir pour effet d'éviter la contestation.

65. Enfin, la dernière disposition de l'art. 765 proposé assure le recouvrement des frais dus par un créancier pour contestation mal fondée ; la condamnation aux dépens ne sera pas illusoire, et la charge n'en retombera pas sur la masse.

Art. 766 (767).

66. Le silence du législateur de 1807 sur le caractère de l'ordonnance de clôture, sur le droit de se pourvoir contre elle, et sur la voie de recours à prendre, a donné lieu aux questions les plus controversées et aux décisions les plus nombreuses et les plus contradictoires. Les uns ont soutenu que l'ordonnance de clôture n'était qu'une simple décision rendue par un seul juge, et qui pouvait être attaquée par opposition devant le tribunal ; les autres ont dit qu'une décision qui était exécutoire et revêtue du mandement souverain, qu'une décision qui prononçait la déchéance de créanciers, ordonnait la radiation d'inscriptions, était un jugement en premier ressort qui ne pouvait être attaqué que par la voie de l'appel ; d'autres enfin, ne rencontrant dans cette ordonnance aucune nature bien définie, ne lui ont reconnu que le caractère d'un acte dont il fallait demander la réforme par action principale.

Nous n'entrerons pas dans l'examen de ces trois systèmes, dont les deux premiers ont été défendus avec une opiniâtreté qui n'est pas encore apaisée. Qu'il nous suffise de dire que plus de cinquante arrêts de Cours impériales ont été rendus ; que la Cour de cassation, après avoir jugé, par un premier arrêt du 9 avril 1839, que l'ordonnance de clôture devait être attaquée par l'appel, a décidé, le 14 janvier 1850, qu'on ne pouvait l'attaquer que par la voie de l'opposition. La question est sans importance quant au fond ; mais elle a signalé une lacune qui a donné et donne encore lieu à bien des procès : nous proposons de trancher la question dans le sens du dernier arrêt de la Cour suprême, et nous adoptons le système qui ouvre la voie de recours la plus prompte et la moins dispendieuse. Nous proposons d'admettre l'opposition. Il nous restait à en régler les délais et les formes, et nous pensons l'avoir fait utilement par l'art. 766 du projet.

Art. 767 (768).

67. L'art. 767, que nous avons l'honneur de vous proposer, reproduit les termes du Code de procédure, art. 770 ; c'est une disposition

qui doit trouver sa place dans toute loi relative au règlement des ordres.

Art. 768 (769).

68. Ce même code avait bien dit, par son art. 759, que le juge-commissaire ordonnerait la radiation des inscriptions des créanciers non colloqués; mais il ne s'était pas occupé de faire opérer cette radiation. Cependant l'acquéreur y a droit, et cette mesure est pour lui d'un grand intérêt; elle doit même être opérée avant tout. Les art. 772, 773, du Code de procédure n'ont trait qu'à la radiation des inscriptions des créanciers colloqués, et l'art. 774 ne parle que de l'inscription d'office. L'art. 768, que nous vous soumettons, s'explique d'une manière plus spéciale.

Art. 769, 770 (770, 771).

69. Nous avons pu alors, pour compléter tout ce système de radiation, reprendre dans le Code les articles que nous venons de citer, et les transcrire dans le projet en ajoutant, dans notre art. 769, une prescription favorable à l'acquéreur et qui lui garantit que la radiation des inscriptions des créanciers non colloqués sera exactement exécutée par les soins de l'avoué poursuivant.

Art. 771 (772).

70. Tout ce que nous avons prévu et réglé jusqu'ici n'est relatif qu'aux ordres ouverts après saisie immobilière. Ces ventes ne sont pas les plus fréquentes; mais elles sont régulièrement suivies d'un ordre inévitable. Si l'on en excepte les mesures préparatoires, les ordres à suivre sur aliénation volontaire doivent emprunter les formalités des ordres sur expropriation forcée. En effet, quelle que soit la nature de l'aliénation, dès qu'elle donne lieu à un ordre, elle met en jeu les mêmes droits, les mêmes intérêts; le vendeur, l'acquéreur et les créanciers ont entre eux les mêmes situations. Il n'y a qu'une différence, c'est que, dans les ordres après expropriation, il y a toujours insuffisance de deniers et des pertes presque certaines, ce qui rend l'intervention de la justice toujours nécessaire, quel que soit le nombre des créanciers; tandis que, dans les ordres sur ventes volontaires, la possibilité de donner satisfaction à tous rend les contestations plus rares, et permet, si les créanciers sont moins nombreux, d'arriver à un règlement par des formes plus simples.

On a vu plus haut que le projet propose de conférer à la partie saisie le droit de provoquer l'ouverture de l'ordre; nous avons démontré qu'elle pouvait y avoir un grand intérêt. Mais lorsqu'un propriétaire d'immeubles grevés d'hypothèques a lui-même, et de son propre mouvement, vendu ses biens pour se libérer, n'a-t-il pas un intérêt aussi puissant, et ne doit-on pas lui donner la même faculté? L'art. 775 du Code de procédure semble ne l'attribuer qu'au créancier le plus diligent, ou à l'acquéreur. Mais si les créanciers ne s'accordent pas entre eux pour en recevoir le prix, ou si l'acquéreur, à l'échéance du terme, ne se libère pas entre leurs mains, le vendeur doit pouvoir requérir l'ouverture de l'ordre, et demander à sortir d'affaire le plus tôt qu'il sera possible.

71. Toutefois, si l'art. 2184 peut permettre aux créanciers de provoquer la distribution du prix, sans distinction de dettes exigibles ou non exigibles, si même l'acquéreur doit toujours tenir le prix à leur disposition, on ne peut permettre au vendeur d'obliger l'acquéreur à devancer le terme que lui-même a stipulé : il ne pourra provoquer l'ordre que lorsque le prix sera exigible aux termes du contrat.

Art. 772 (773).

72. Une autre lacune existe aussi dans l'art. 775 du Code. Après avoir dit que l'ordre ne pourra être provoqué s'il n'y a plus de trois créanciers, le législateur a gardé le silence sur le mode à suivre pour parvenir au règlement. Si les parties ne peuvent pas s'entendre, l'ordre devra-t-il être introduit et suivi par action principale avec la procédure des matières ordinaires? Nous avons cru devoir réparer cet oubli. La distribution sera réglée par le tribunal jugeant en matière sommaire, sur assignation à personne ou domicile réel, sans autre procédure que des conclusions motivées. Le jugement sera signifié à avoué seulement, s'il y a avoué constitué.

Art. 773 (774).

73. L'emploi des dépens faits par l'acquéreur, tant pour la délivrance de l'extrait des inscriptions que pour les dénonciations aux créanciers, tel qu'il est ordonné et pratiqué aujourd'hui, n'appelait aucune réforme.

Art. 774 (775).

74. Il en est de même de la faculté accordée à tout créancier de prendre inscription pour la conservation des droits de son débiteur. Elle restera réglementée comme elle l'a été jusqu'à ce jour et dans les mêmes conditions.

Art. 775 (776).

75. Mais nous avons cru devoir nous montrer plus sévères pour la subrogation dans la poursuite de l'ordre que ne l'avait été le législateur de 1807. On comprend que, dans les termes où avait été organisée cette poursuite, on ait dû subordonner la subrogation à la nécessité d'une demande formée et d'une décision à rendre par la Chambre du conseil; la négligence et le manquement à des devoirs étaient difficiles à constater; aucun délai pour l'accomplissement des formalités n'avait

été posé absolument par le Code ; il n'en sera plus ainsi. Tous les actes de cette procédure sont jalonnés et placés à des intervalles bien déterminés ; le mécanisme de cette poursuite est, pour ainsi dire, monté avec un engrenage qui doit fonctionner régulièrement. Le ralentissement ne peut provenir que d'une faute, d'une négligence, que le calcul des dates mettra le juge-commissaire à même de constater et d'apprécier seul. Ce pouvoir que lui donnera la loi n'aura pas seulement pour effet d'épargner les frais d'une contestation portée devant le tribunal ; la faculté de pourvoir d'*office* au remplacement de l'avoué retardataire évitera l'embarras d'une demande en subrogation devant laquelle reculait toujours le sentiment d'une bonne confraternité, sentiment honorable sans doute, mais quelquefois en opposition avec l'intérêt des parties. Au surplus, l'exercice de ce pouvoir est limité à des cas peu nombreux, à l'inobservation de délais vraiment nécessaires à la marche de l'ordre. L'officier ministériel en faute ne devra être payé des frais avancés par lui qu'après le règlement définitif.

ART. 776 (supprimé).

76. Au nombre des mesures depuis longtemps demandées pour la prompte expédition des ordres, et le recouvrement plus facile des capitaux par les créanciers, on a réclamé avec instance le dépôt du prix par l'acquéreur dans un délai plus ou moins rapproché de l'ouverture de l'ordre, et tout au moins avant sa clôture. Les avantages de cette précaution sont aperçus au premier examen. L'acquéreur ne pourra jamais être qu'un acheteur sérieux et solvable ; on ne courra plus le risque de n'avoir pour débiteur du prix qu'un spéculateur qui a espéré réaliser un bénéfice sur son acquisition pendant le long intervalle de temps que lui promet le règlement d'un ordre à suivre. L'adjudicataire ou acquéreur qui n'a pas son argent disponible n'interviendra plus dans la procédure avec la seule intention d'entraver son cours, sans s'inquiéter des pertes qu'il occasionne aux créanciers. La loi dit que les bordereaux seront exécutoires contre l'acquéreur ; la vente n'a été faite que pour payer les créanciers, et souvent ces créanciers ne sont pas plus avancés après qu'auparavant ; ils ont attendu longtemps ; les intérêts se sont ajoutés au prix et en ont rendu le payement plus difficile par l'acquéreur. On a même remarqué que chez les habitants de la campagne la manie de posséder des terres les pousse à acheter sans avoir l'argent nécessaire pour payer ; que le rendement de la terre, n'étant jamais au niveau de l'intérêt du prix, amenait presque toujours la nécessité de nouvelles poursuites, d'une seconde vente et de nouveaux frais. Enfin, la vente sur folle enchère a souvent lieu pour obtenir l'exécution des bordereaux.

Si ces faits sont vrais, il faut dire que le but de l'aliénation, soit sur expropriation forcée, soit volontairement faite pour payer les créanciers, peut être souvent manqué, et que la mesure du dépôt est une précaution efficace.

77. Cependant, comme le moyen proposé a rencontré de vives contradictions, il faut en examiner la valeur.

On a dit : l'obligation de déposer le prix éloignera nécessairement les amateurs dans les ventes par adjudication; les enchérisseurs seront effrayés, et on nuira souvent aux créanciers, surtout dans les adjudications forcées. Nous répondons : ce n'est pas un malheur si l'on éloigne des adjudicataires qui ne peuvent payer dans un court délai, car l'expropriation n'a lieu que par la raison qu'il y a déjà retard dans le payement, et parce que les créanciers impatients veulent être payés le plus tôt possible.

On insiste sur la gravité de l'inconvénient en matière de ventes volontaires; souvent, dit-on, on anéantira des conventions faites de bonne foi, et l'on contraindra au dépôt un acquéreur qui avait dû compter sur les délais stipulés.

Cette objection vient d'un oubli de la loi. Celui qui achète un immeuble a dû s'assurer avant tout de la situation hypothécaire de cet immeuble. Il en a connu les charges, il a connu l'obligation pour lui de notifier son contrat aux créanciers inscrits. Il a su que les créanciers ne seraient pas plus tenus de respecter les délais qu'il a stipulés qu'ils ne seraient tenus d'en accorder à leur débiteur qui a vendu; et l'art. 2184 du Code Napoléon lui ordonne de déclarer aux « créanciers qu'il est prêt à acquitter, *sur-le-champ,* les dettes et charges hypothécaires, jusqu'à concurrence seulement du prix, sans distinction des dettes exigibles ou non exigibles. » Le dépôt du prix est pour ainsi dire la conséquence de cette exigence de la loi; il est la garantie de l'exécution. S'il n'y avait qu'un créancier, l'acquéreur ne serait-il pas obligé de payer immédiatement? Si, en quelque nombre qu'ils soient, les créanciers s'entendaient sur la distribution du prix le lendemain même des notifications, il serait obligé de payer *sur-le-champ.* Le nombre et les contestations entre les créanciers sont des faits qui doivent lui rester étrangers : et lui accorder soixante jours *après l'ouverture de l'ordre,* c'est lui donner un temps plus que suffisant; car il faut se rappeler que ce moment sera précédé du délai pour faire les notifications, et des quarante jours pour la surenchère, et qu'en fait l'acquéreur aura plus de quatre mois.

Mais enfin, dit-on, le dépôt sera préjudiciable aux créanciers eux-mêmes; la Caisse des dépôts et consignations ne donnera pas le même taux d'intérêt que le débiteur du prix.

Cette considération ne regarde que les créanciers personnellement, et l'article du projet leur permet de renoncer à l'obligation du dépôt.

78. Si l'acquéreur est en même temps créancier devant venir en ordre utile, il sera dispensé de consigner la somme qui doit lui revenir sur le prix, et chaque créancier pourra consentir individuellement que la part pour laquelle il sera colloqué reste dans les mains de cet acquéreur.

79. Si l'ordre étant réglé sans contestation, et par le bon accord des créanciers, le nouveau propriétaire ne payait pas, on aurait, sous la loi

actuelle, le droit de faire revendre sur folle enchère. Il doit en être de même lorsque le dépôt du prix sera exigible par l'expiration des soixante jours; et si le cas échéait, il donnerait raison à la sage prévoyance de la disposition qui vous est proposée.

ART. 777.

80. Dans la procédure suivie aujourd'hui pour le règlement des ordres, il a été fait souvent usage du moyen mis par la loi à la disposition de l'acquéreur pour obtenir la libération complète de l'immeuble acheté avant la clôture de l'ordre : le désir naturel de disposer de sa propriété par revente, donation ou autrement, de l'améliorer, de la partager, d'y construire, ne pouvant être réalisé qu'en obtenant la radiation des charges hypothécaires, l'acquéreur a eu recours aux offres réelles et aux dispendieuses formalités que cette voie entraîne. ·

Les offres réelles faites au milieu et pendant le cours d'un ordre sont illusoires pour tous les créanciers; aucun d'eux ne peut les accepter dans les termes où la loi veut qu'on les accepte; une instance en validité est nécessaire, et si l'acquéreur obtient enfin la liberté de son immeuble, ce n'est qu'au prix de frais énormes, qui sont supportés par la somme à distribuer.

Si le projet de loi est adopté, l'accélération de la procédure et le terme plus promptement amené éviteront au nouveau propriétaire le recours au moyen des offres réelles. S'il arrivait cependant que des retards imprévus aient suggéré au débiteur du prix la pensée de prendre cette voie, nous avons voulu qu'elle fût plus courte et qu'elle menât au but d'une manière moins onéreuse pour les créanciers.

Tel est le résultat qu'on espère atteindre par le nouvel art. 777.

81. La vente a-t-elle eu lieu sur saisie immobilière? Si l'ordre n'est pas ouvert, l'acquéreur en requiert l'ouverture, consigne le prix, et, par une procédure simple et expéditive, fait prononcer la validité de sa consignation et la radiation des inscriptions; sa déclaration, faite sur le procès-verbal d'ordre, interpelle tous les créanciers et la partie saisie, sans notifications individuelles.

Si l'ordre est ouvert, il fait immédiatement la déclaration de sa consignation, en y joignant le récépissé de la Caisse des dépôts, et forme en même temps sa demande sur le procès-verbal.

Si l'aliénation n'a pas eu lieu par suite d'expropriation forcée, l'acquéreur, après avoir rempli les formalités de la purge et sommé le vendeur de lui rapporter la mainlevée des inscriptions existantes, consigne son prix, requiert trois jours après l'ouverture de l'ordre, dépose son récépissé, et forme, toujours sur le procès-verbal, sa demande en validité et en radiation

ART. 778.

82. L'art. 778 règle la procédure en cas de contestation, ainsi que le sort des dépens.

ART. 779.

83. Le législateur de 1807 avait oublié de s'expliquer sur l'effet que pouvait produire la revente sur folle enchère intervenant dans le cours de l'ordre et même après le règlement définitif et la délivrance des bordereaux. La différence dans le prix, en plus ou en moins, devrait-elle donner lieu à une nouvelle procédure ? Non, sans doute ; il suffit que le juge-commissaire modifie l'état de collocation et rende les bordereaux exécutoires contre le nouvel adjudicataire.

84. Nous vous avons exposé les motifs graves et sérieux qui ont engagé le gouvernement à vous soumettre les réformes qu'il croit indispensables dans cette partie de notre législation civile. La protection dont la loi veut couvrir les faibles doit y trouver plus d'énergie, le crédit public et particulier plus de confiance, les débiteurs une libération plus prompte, les créanciers une garantie plus sûre de leurs intérêts, et des risques moins grands de perdre ce qu'ils ont attendu longtemps.

Le gouvernement, en vous présentant ce projet, croit avoir répondu à un vœu depuis longtemps émis par les organes des intérêts généraux et par tous ceux qui, à des titres divers, ont acquis l'expérience des choses judiciaires.

Signé à la minute :

> E. DE PARIEU, vice-président du conseil d'État ;
> SUIN, conseiller d'État, rapporteur ;
> Baron DE SIBERT DE CORNILLON, conseiller d'État ;
> DUVERGIER, conseiller d'État.

RAPPORT

FAIT

AU NOM DE LA COMMISSION DU CORPS LÉGISLATIF (1),

PAR M. RICHÉ, DÉPUTÉ.

Considérations générales.

85. Le projet de loi qui vous est soumis a été accueilli, dans vos bureaux et par votre commission, avec un sentiment de satisfaction et de

---

(1) Cette commission était composée de MM. GUYARD-DELALAIN, président ; TESNIÈRE, secrétaire ; DU MIRAIL, JOSSEAU, RICHÉ, NOGENT SAINT-LAURENS, CORTA. — Les conseillers d'État, commissaires du gouvernement, chargés de soutenir la discussion du projet de loi, étaient : MM. DE PARIEU, vice-président du conseil d'État ; SUIN, le baron DE SIBERT DE CORNILLON et DUVERGIER.

gratitude, non-seulement comme progrès, mais comme promesse : on y a vu le signal de réformes plus étendues dans la procédure civile.

Attentif au mouvement des esprits et à l'état actuel de la société, heureux de doter successivement le pays de toutes les améliorations qu'un pouvoir stable peut seul donner, mais qu'il doit donner dans l'intérêt de sa force morale, le gouvernement ne pouvait rester indifférent au désaccord que chaque jour révèle de plus en plus entre nos mœurs nouvelles et de nombreuses dispositions de notre Code de procédure.

Nous ne voulons contester ni le mérite relatif de ce code, ni ce qu'ont de savant et d'ingénieux, au point de vue théorique, la plupart de ses formes, dont l'intention est de protéger des droits. Ce code est un notable bienfait si on le compare au chaos de l'ancien régime ou à la simplicité chimérique des improvisations judiciaires de la Convention. Mais, préparé surtout par un commentateur optimiste des anciens usages du Châtelet *de Paris,* très-rapidement examiné au conseil d'État et au Tribunat, voté sans discussion par le Corps législatif, passif auditeur de harangues d'apparat, élaboré loin des yeux du grand homme dont le bon sens, illustré par le génie, avait jeté de si vives lueurs dans les débats préliminaires du Code Napoléon, le Code de procédure civile ne fut pas, dès son apparition, populaire parmi les justiciables ; et, depuis, les modifications qu'a subies la société et la division indéfinie de la propriété ont encore augmenté la distance entre le Code de 1806 et les besoins de notre époque.

86. Beaucoup de ces anciennes lois et traditions sont faites, s'écrie le public moderne, pour une société aristocratique, formaliste, patiente, ignorante ou dédaigneuse des intérêts de la petite propriété. Un procès, avant 1789, était souvent pour un homme le compagnon d'une partie de sa vie : on passait des années dans la ville parlementaire, sollicitant ses juges, son rapporteur et leurs secrétaires ; un procès était une espèce d'habitude ; il n'est plus qu'un accident importun. L'ère des chemins de fer veut plus de rapidité en toutes choses que l'époque du coche ; la justice criminelle et la justice commerciale sont simples et promptes ; les lenteurs et les formalités en matière civile impatientent la génération actuelle (1) !

En tenant compte de ces aspirations des masses, le législateur ne doit pas cependant suivre les hommes étrangers aux affaires jusqu'aux vœux excessifs de leur inexpérience. Les nécessités absolues d'une bonne justice ne peuvent être sacrifiées au désir d'abréger ; au milieu des rapports compliqués dont la société se compose, une simplicité primitive n'est qu'un rêve ; nous ne devons pas, novateurs rétrogrades, supprimer celles des formes qui représentent des garanties indispensables, et les plaideurs du dix-neuvième siècle ne peuvent être ramenés au chêne de Vincennes.

---

(1) Parmi les plus éloquentes expressions des vœux de la magistrature à cet égard, citons le discours du procureur général de Lyon à la rentrée de 1856. L'Académie des sciences morales et politiques a couronné des mémoires en faveur de réformes très-radicales.

D'ailleurs, l'existence même des formes inévitables, la passion ou l'inexpérience des parties, la nécessité de tenir la balance égale entre le plaideur riche et instruit et son adversaire ignorant et pauvre, exigent le concours, dans la procédure civile, d'officiers ministériels représentant les intéressés. Quand même ces officiers n'auraient pas acheté leurs titres sous l'égide de la loi et acquis ainsi une situation qui, quelle que soit sa définition légale, ne pourrait être gravement altérée sans indemnité, il faudrait encore que leur intervention fût convenablement rémunérée ; car, après tout, leur moralité et leur intelligence sont encore, pour les justiciables, la meilleure des économies. Une réforme judicieuse et équitable peut, sans changer sensiblement les conditions de leur existence actuelle, proportionner la rétribution de ces officiers à l'importance de la cause, plutôt que de l'attacher au mécanisme de la procédure ; accorder une prime au succès, qui suppose à la fois le discernement dans le choix et l'intelligence dans la direction de l'affaire. Une réforme ainsi faite rehausserait encore la dignité de ces intermédiaires, et laisserait à leur travail, à leur habileté, à leur responsabilité, la juste rémunération sans laquelle le public se trouverait à la merci de capacités au rabais.

D'ailleurs, c'est moins dans les perceptions des officiers ministériels que dans la mauvaise assiette de certaines taxes fiscales que gît l'abus qui rend si souvent la justice trop dispendieuse.

87. Quoique les institutions judiciaires ne profitent pas seulement au plaideur, puisque leur seule existence prévient souvent la violence ou la fraude, nous admettons qu'un impôt particulier soit, pour ceux qui comparaissent devant les tribunaux, le prix de la protection qu'ils invoquent ; mais il faut que l'impôt soit ménagé de manière à ne pas rendre cette protection inaccessible ou dévorante pour les intérêts des petits propriétaires, des pupilles, de ceux qui ont le plus de titres à la sollicitude publique ! Il faut aussi que l'impôt ne contrarie pas la bonne administration de la justice, en rendant dispendieux les moyens qu'elle a de s'éclairer. Ainsi les droits d'enregistrement et de timbre étant admis, il semble désirable que l'état des finances permette bientôt d'exonérer les ventes sur expropriations forcées, triste liquidation du gage des créanciers, et les ventes de biens de mineurs, des droits fiscaux proportionnels de greffe, superposés en 1808 aux droits proportionnels d'enregistrement ; d'affranchir les bordereaux de collocation dans les ordres d'un autre droit fiscal proportionnel de greffe ; de décharger les expéditions d'expertises et d'enquêtes des droits bursaux de greffe qui, rendant ces mesures d'instruction plus chères, contribuent souvent à faire repousser par le juge le moyen de vérifier les faits.

88. D'impôts raisonnables dans leurs principes, certaines applications paralysent souvent, au détriment de la petite propriété, les dispositions les plus sages de nos codes. Ainsi, le Code Napoléon est favorable à l'acquéreur qui veut, par la purge, affranchir l'immeuble des hypothèques qui le grèvent, en payant le prix d'achat aux créanciers ou en les appelant à faire revendre l'immeuble si le prix leur paraît insuffi-

sant. Eh bien ! les héritages ruraux sont souvent vendus en détail ; chaque acquéreur veut purger, et il y a plusieurs hypothèques inscrites sur chaque partie : l'enregistrement perçoit sur les notifications, même collectives de purge, autant de droits qu'il y a d'acquéreurs et de créanciers : dix acquéreurs de petits lots notifiant à dix créanciers, il est perçu cent droits de 2 fr. plus le décime.

Sans doute, la loi sur l'assistance judiciaire est un grand bienfait ; mais elle n'embrasse que les indigents, et ainsi ne s'applique guère qu'aux demandes d'aliments et aux séparations entre époux. Mais pour ceux qui ne sont ni indigents ni riches, c'est-à-dire pour la grande majorité des Français, l'accès de la justice devrait être aplani dans des cas bien fréquents.

Que, par exemple, un procès s'élève sur la *propriété* d'un champ valant seulement 60 fr. de revenu, la procédure sera *sommaire* et le jugement en dernier ressort. Mais, cas plus habituel, qu'il ne s'agisse que d'une servitude sur ce même fonds, ou d'une haie intermédiaire, le procès sera susceptible d'appel, et *ordinaire,* c'est-à-dire surchargé, en première instance et même à la Cour, d'écritures, première plaidoirie obscure et stérile, dont les avoués signifient des copies en très-fins caractères, et gardant pour eux l'original *grossoyé.*

Heureux le perdant quand le tribunal n'a pas été obligé d'ordonner une expertise, confiée à trois experts si l'un des plaideurs n'a pas consenti à se contenter d'un seul expert, qu'il n'est pas permis d'entendre à l'audience dans la cause la plus simple, et qui déposent au greffe un rapport, que l'on grossoie et que l'on signifie après avoir déjà grossoyé et signifié le simple jugement d'instruction qui ordonnait l'expertise !

89. Mais c'est surtout en ce qui concerne les ventes judiciaires, ventes de biens de mineurs, licitations, partages, que la petite propriété est hors la loi, ou victime de la loi. Et la petite propriété, qu'est-ce en France ? Sur douze millions de cotes foncières, plus de cinq millions sont au-dessous de 5 fr., plus de huit millions au-dessous de 20 fr. « Le coût moyen de chaque vente judiciaire (1), dit M. le garde des sceaux dans son compte rendu de la justice civile de 1850, est d'environ 6 pour 100 du produit de la vente. Mais quand on distingue les ventes selon l'importance des immeubles, on constate une inégalité choquante dans le coût de ces procédures. Les frais de la procédure commune, qui doit précéder toutes les ventes, ne peuvent être évalués à moins de 300 fr., et beaucoup d'immeubles vendus par autorité de justice ne valent pas davantage. Or, comme les frais sont payés par les adjudicataires en sus du prix, il en résulte que ces immeubles sont adjugés à une somme trop faible, au préjudice des intéressés. Pour les ventes d'immeubles de 2,000 à 5,000 fr., les frais sont de 15 à 16 pour 100, de 10 à 11 pour 100 pour ceux de 5,000 à 10,000. Le gouvernement, ajoute le

---

(1) Quoique la loi de 1841 ait simplifié la procédure sur l'expropriation, il reste encore beaucoup à faire, dit le chef éminent de la Cour de cassation, dans la préface de la dernière édition de son *Traité des Hypothèques.*

ministre, devra rechercher les moyens d'atténuer les déplorables effets de l'état de choses actuel. »

Le compte rendu de 1855 est plus significatif encore. Il mentionne vingt mille ventes judiciaires (sur saisies immobilières, licitations, ventes de biens de mineurs, etc.), dont moitié à la barre, moitié renvoyées devant notaire. La moyenne des frais est de 478 fr. par vente. Or il y a mille six cent quarante ventes au-dessous de 500 fr., deux mille vingt-trois de 500 à 1,000 fr., trois mille cinq cent trente-sept de 1,000 à 2,000 fr., cinq mille cinq cent quarante-six de 2,000 à 5,000 fr.; total, au-dessous de 5,000 fr., environ treize mille sur vingt mille !

90. Aussi le gouvernement, et nous applaudissons à cette entreprise à la fois nécessaire et difficile, s'occupe d'une législation nouvelle sur les ventes judiciaires et les partages. Le projet actuel sur les ordres appelle une loi analogue sur la distribution du prix des ventes mobilières et sur la saisie-arrêt, au seuil de laquelle on rencontre trois exploits dont le nombre est réduit par les codes de Genève et de Piémont. Les temps sont propices pour ces réformes, et même, selon nous, pour une révision complète et mesurée de l'ensemble de notre procédure. Le mécanisme de la législation fonctionne, loin des ambitions politiques, animé par la seule impulsion du bien public; il admet toutes les idées utiles et progressives. Ce mécanisme vient de produire sans effort un Code militaire qui, sous les derniers règnes, avait paru devoir être morcelé en plusieurs lois. Cet imposant exemple nous prouve qu'il serait possible aujourd'hui de reviser prudemment l'ensemble du Code de procédure, afin que la même harmonie en puisse accorder et conduire tous les mouvements. Sans troubler la situation des officiers ministériels, indemnisés par un tarif plus simple et mieux combiné avec la valeur des contestations ou des liquidations, il semble possible de réaliser, au profit des justiciables peu riches, les grandes et populaires intentions du nouvel Empire. La procédure est l'instrument du droit, et un Code judiciaire Napoléon III, béni de ces millions de paysans qui soutiennent d'un bras robuste le pavois impérial, serait encore un grand service rendu au Code civil Napoléon.

Dès à présent, pourvoyant à des besoins urgents, le gouvernement vous a proposé quelques dispositions importantes sur les saisies immobilières et la révision du titre du Code de procédure sur les ordres.

91. Chargée de l'examen de ce projet, votre commission a voulu répondre à votre confiance par un travail assidu et scrupuleux. Nonseulement elle a entendu les honorables députés qui lui ont envoyé des amendements, mais aussi, comme c'était son devoir consciencieux, les délégués des notaires et des avoués de Paris et des départements, des notaires de Lyon et de Marseille, etc.; elle a reçu beaucoup d'observations, notamment celles de plusieurs magistrats, des notaires de Lyon, des huissiers de Paris. Elle a eu avec les commissaires, puis avec l'assemblée générale du conseil d'État, de longues et utiles conférences. Elle va vous soumettre le résultat de ces travaux combinés.

PREMIÈRE PARTIE.

VENTES SUR SAISIES IMMOBILIÈRES. — HYPOTHÈQUES LÉGALES.

ART. 692.

92. Le vendeur non payé a deux droits : un privilége sur le prix de l'immeuble revendu, la faculté de faire résilier la vente. Ce dernier droit a été enfin soumis, par la loi du 23 mars 1855, aux mêmes conditions d'extinction que le premier. Avant cette réforme, la loi qui, en 1841, a amélioré l'étrange législation de 1807 sur les saisies immobilières, avait déjà senti le besoin de ne pas laisser éternellement le droit de résolution d'un précédent vendeur menacer l'adjudicataire sur expropriation forcée : à un moment donné de la poursuite, le vendeur est interpellé de déclarer s'il entend exercer son droit de résolution ; sinon, il en est déchu. L'art. 692, qui consacre cette disposition, étant soumis à notre révision, nous avons saisi l'occasion d'en perfectionner l'application pratique.

93. Les sommations prescrites par cet article doivent être faites aux créanciers inscrits au domicile élu par l'inscription dans l'arrondissement du bureau ; cette règle reparaît à l'art. 753, lorsqu'il s'agit des sommations de produire à l'ordre. Mais le vendeur peut n'avoir pas de domicile élu dans son inscription, à moins qu'il ne l'ait renouvelée. Sa première inscription n'est pas, en général, prise par lui, mais d'office par le conservateur, lors de la transcription de la vente. Ce conservateur peut ne pas trouver dans l'acte de vente, surtout s'il est sous seing privé, les éléments d'une élection de domicile dans l'arrondissement du bureau ; il n'a pas d'ailleurs qualité pour élire domicile au nom du vendeur : aussi, dans le cas des sommations de produire à l'ordre, des arrêts ont décidé (1) que la sommation au vendeur devait être faite à son domicile réel. Votre commission a voulu trancher irrévocablement la difficulté pour les deux cas des art. 692 et 753, et donner une garantie de plus au droit si respectable du vendeur, pourvu que son domicile soit situé dans la France continentale. Celui qui habite aux colonies ou à l'étranger doit avoir son mandataire en France. Le conseil d'État a adopté cet amendement.

94. Mais le législateur de 1841 n'avait délivré l'adjudicataire sur saisie immobilière que de la crainte d'un retour offensif de la part de l'ancien vendeur. L'adjudication ne le mettait pas à l'abri des hypothèques légales. En vain la saisie immobilière avait retenti, consommé beaucoup de frais et de temps ; en vain elle avait dû être le plus souvent connue de la femme du saisi, l'adjudicataire pouvait toujours être contraint à délaisser ou à payer le montant des créances des femmes ou des pupilles du saisi ou des anciens propriétaires contre leurs maris ou

---

(1) Paris, 31 mai 1813 ; Rennes, 24 juin 1823.

tuteurs, à moins que cet adjudicataire ne fit la purge des hypothèques légales organisée par les art. 2194 et 2195 du Code civil. Le décret ne purgeait plus comme avant la révolution; le doute qui, sur ce point, avait d'abord agité la jurisprudence était difficile à concevoir en présence d'une législation qui, n'appelant que les créanciers inscrits à prendre part à la procédure d'expropriation forcée, ne permettait logiquement d'en opposer les résultats qu'à ces créanciers inscrits.

Mais rien n'était plus naturel que d'appeler les créanciers à hypothèques légales à intervenir dans cette procédure, et à prendre inscription avant l'adjudication; de lier ainsi la purge de l'hypothèque légale à une phase déterminée de la poursuite sur saisie. Néanmoins cette pensée fut rejetée en 1841, par des motifs que le conseil d'État en 1858, et l'unanimité de votre commission, n'ont pas trouvés prépondérants.

95. Objectera-t-on que la purge légale ordinaire est confiée à l'adjudicataire, désireux de découvrir les hypothèques occultes pour en affranchir l'immeuble, et qu'il est étrange de charger de cette purge le créancier qui poursuit l'expropriation, intéressé à ne pas provoquer l'apparition d'hypothèques qui peuvent primer la sienne? L'exposé des motifs a répondu d'un mot : la purge des hypothèques inscrites, dans le cours de l'expropriation, n'est pas confiée à un autre que le poursuivant, que ces hypothèques inscrites, ces privilèges du vendeur peuvent également primer! D'ailleurs, si sa purge est nulle, le poursuivant sera responsable envers l'adjudicataire, que le droit, resté entier, de l'hypothèque légale, viendrait plus tard surprendre et forcer à purger; responsable envers les créanciers à hypothèques légales si, par sa faute, leur inscription n'a pu être prise qu'après le délai que fixe l'art. 8 de la loi du 23 mars 1855; responsable envers tous ceux que lèserait la nullité de la poursuite prononcée par l'art. 715, pour violation ou mauvaise exécution équivalente à la violation de l'art. 692.

Non, la purge associée à la poursuite de saisie par le nouvel art. 692 n'offre pas moins de garantie que la purge postérieure à la vente, dont les art. 2194 et 2195 du Code civil décrivent les formalités. Cette dernière purge, héritage d'un édit de 1771, n'emprunte aucune efficacité à un obscur extrait, placé sous un grillage, dans le vestibule ou le prétoire d'un tribunal, où aucune femme, ni même le procureur impérial, ne va essayer de le lire. Le projet hypothécaire préparé pour la troisième lecture par la commission de l'Assemblée législative avait supprimé ce vieux simulacre de publicité. La mesure principale, c'est la notification à la femme, au subrogé tuteur, au procureur impérial, du dépôt au greffe de l'acte d'acquisition. Le nouvel art. 692 adopte cette mesure sous la forme d'une sommation à la femme, au subrogé tuteur, avec copie au procureur impérial, sommation de manifester l'hypothèque; il ajoute la menace de la déchéance, quoique cette déchéance, comme nous le verrons, ne soit attachée en fait qu'à une autre omission postérieure.

Si le poursuivant ne connaît pas la femme ou le mineur (et c'est le titre qui déterminera la connaissance ou l'ignorance, de manière à éviter sur ce point l'arbitraire ou les recherches coûteuses), l'interpellation adressée par la voie d'un journal, aux termes de l'art. 696, à tous les créanciers à hypothèques légales, reproduit la garantie indiquée par l'Avis du conseil d'État du 1er juin 1807.

96. Donc la purge créée par le nouvel art. 692 vaut celle de l'art. 2194 du Code civil. Nous ne nions pas qu'il y ait parfois autant de présomption légale d'efficacité que d'efficacité réelle dans l'un et l'autre mode de purge. Dès que l'hypothèque légale est, à son origine, dispensée d'une inscription confiée aux soins et à la responsabilité du notaire rédacteur du contrat de mariage, ou du juge de paix ou greffier qui préside ou rédige la première délibération de famille, tous les systèmes inventés pour provoquer l'inscription au moment de l'aliénation auront quelque chose d'un peu fortuit, d'un peu subordonné au degré de lumières ou d'indépendance de la femme, aux habitudes de la famille. Nous ne disons pas que la purge prescrite par le nouvel art. 692 soit d'une sûreté et d'une bonté absolues. Nous disons seulement que cette purge vaut autant que celle de l'art. 2194 et coûte moins cher; et cela nous suffit pour substituer l'une à l'autre, dans l'intérêt de l'adjudicataire.

97. La purge instituée par l'art. 692 étant soumise à notre examen, nous avons essayé de la préserver de quelques formalités trop coûteuses, qu'un sentiment, légitime au fond, de responsabilité, a successivement introduites dans la purge légale de l'art. 2194.

98. Ainsi, le mineur est dépourvu de subrogé tuteur, cas assez fréquent, surtout dans les campagnes. L'exécution, excessive selon nous, de l'art. 2194, fait provoquer par l'acquéreur la nomination d'un subrogé tuteur, ce qui exige recherche du lieu où le conseil de famille doit s'assembler, des membres qui doivent le composer, sommations pour les faire comparaître, etc., retards et frais. Ces frais sont employés comme frais de purge, car il serait dur de les mettre à la charge du mineur que l'on veut protéger. Pour sauvegarder l'application du nouvel art. 692 contre ces inconvénients, votre commission avait proposé d'ajouter aux mots *subrogé tuteur*, ceux-ci : *s'il en existe un*. Le conseil d'État n'a pas accueilli cet amendement, ce qui ne nous paraît pas impliquer la nécessité de faire nommer un subrogé tuteur, peu conciliable avec le délai imparti par l'art. 692 pour les sommations.

99. Autre cas. La femme ou le mineur, mort, est représenté par des héritiers. L'intérêt de ceux-ci à prendre inscription sera souvent problématique; car si l'inscription est prise plus d'un an après le décès, l'hypothèque légale n'aura rang que du jour de cette inscription (loi du 23 mars 1855). Néanmoins, la pratique, comme elle l'a fait quelquefois, au cas de l'art. 2194, ne voudra-t-elle pas sommer tous les héritiers, qui peuvent être très-dispersés, les héritiers, non-seulement de la femme du saisi, mais des femmes des anciens propriétaires? Nous pensons qu'il ne doit pas en être ainsi en ce qui concerne l'application de l'art. 692; le poursuivant, ne connaissant le mariage ou la tutelle que d'après les titres, et ignorant légalement les décès, n'aura à sommer qu'au dernier domicile de la femme ou du mineur, sans se préoc-

cuper de l'existence d'héritiers. C'est sans doute sous l'impression de cette idée que le conseil d'État a rejeté un amendement par lequel, voulant donner à la pratique une boussole infaillible, votre commission avait proposé de dire que la signification serait faite collectivement aux héritiers, comme dans l'hypothèse que prévoit l'art. 447 du Code de procédure.

100. Sous l'influence de la même pensée que celle d'un amendement de M. le comte de Sainte-Hermine, votre commission a demandé la suppression des mots : « La sommation sera remise à la personne de la femme. » Si le projet a entendu prescrire cette remise directe autant qu'elle serait praticable, s'en référant, pour le cas d'impossibilité, au droit commun (art. 68 du Code de procédure), rien de plus sage et de plus inutile à dire. Mais si la disposition est impérative, il est évident qu'elle rencontrera souvent les impossibilités matérielles ou morales des absences ou des inviolabilités de la vie domestique. Si le saisi, par intérêt ou par humeur, veut retarder l'adjudication, il rendra la femme introuvable, et alors la disposition est inexécutable. Si le saisi a intérêt à ce que la femme fasse valoir une hypothèque légale dont le résultat sera une ressource utile au mari, il fera parvenir l'exploit à la femme, ou agira pour elle, et alors la précaution de l'article est superflue.

Votre commission a préféré la radiation de ces mots à un amendement de M. Millet, qui portait que la sommation ne serait pas remise à la personne du mari ; ce qui signifiait qu'en cas d'absence de la femme, la copie serait remise au domestique, au voisin ou au maire, et plaçait ces auxiliaires dans l'alternative, ou de transmettre au mari contre le vœu de la loi, ou de chercher à transmettre à la femme à l'insu du mari, espèce de protection qui serait peu dans nos mœurs.

Le retranchement a été consenti par le conseil d'État.

101. Le projet du gouvernement portait : « Copie de la sommation sera notifiée au procureur impérial de l'arrondissement où les biens sont situés, lequel *sera tenu* de requérir l'inscription des hypothèques appartenant aux femmes, mineurs, interdits, leurs héritiers ou ayants cause. »

Ainsi la femme n'a évidemment nul intérêt à s'inscrire, les engagements personnels qu'elle a pris ne lui laissent rien à espérer, elle ne veut pas disputer le gage à des créanciers légitimes ni figurer parmi ceux qui poursuivent son mari : le procureur impérial fera inscrire quand même ! Il faudra que la femme se hâte de protester contre cette protection par une mainlevée, si toutefois le régime dotal n'enchaîne pas sa capacité à cet égard !

Cette inscription va s'opposer à des arrangements amiables, si la femme dotale ne peut donner mainlevée.

Mais que sera-ce s'il y a, comme il arrive souvent, plusieurs parcelles expropriées dont chacune est d'origine différente et a subi, en remontant à trente ans, trois ou quatre mutations par vente ! Supposez seulement dix petits biens saisis, chacun ayant eu trois vendeurs successifs : voilà trente inscriptions du chef des femmes ou pupilles de ces anciens vendeurs.

En supposant qu'on puisse, par des mainlevées, se débarrasser de ce chaos, voilà, en sus du coût des inscriptions, environ 400 fr. de frais de mainlevée.

Le vendeur le plus solvable, le jour où il voudra aliéner, emprunter, marier son enfant, découvrira qu'il est grevé d'inscription au nom de sa femme ou de ses enfants, parce que l'un des acquéreurs successifs d'un de ses biens a fait de mauvaises affaires!

En prévision de ces résultats, les notaires reculeront devant l'établissement de la filiation de la propriété dans les trente dernières années; et l'obscurité s'étendant sur ces renseignements si nécessaires, la rédaction, si parfaite aujourd'hui, remontera au berceau du tabellionage.

Les inconvénients seraient les mêmes si l'obligation était imposée aux juges de paix, comme l'a proposé M. le comte de Sainte-Hermine, ou aux conservateurs, selon une autre variante.

Votre commission a demandé au conseil d'État de rendre facultative la réquisition d'inscription par le procureur impérial, et, dans tous les cas, de borner cette inscription à celle de l'hypothèque de la femme ou du pupille du saisi. Ces deux idées étaient conformes à un amendement de M. Duclos, et la deuxième à un amendement de M. Millet.

Le conseil d'État a maintenu l'obligation pour le procureur impérial, exprimée par les mots : *sera tenu*. Mais il a adopté la restriction de l'inscription aux hypothèques légales existant du chef du saisi seulement, et sur les biens compris dans la saisie.

102. Selon l'opinion de votre commission, le procureur impérial n'aura qu'à requérir l'inscription; la désignation spéciale sera faite sous sa responsabilité, mais sans difficulté, par le conservateur, qui a sous les yeux la transcription de la saisie. Les instructions régleront ces détails.

ART. 696.

103. Nous avons dit qu'un avertissement par la voie d'un journal s'ajouterait à la sommation ou la suppléerait. Cet avertissement est associé, par le nouvel art. 696, à la publicité instituée par l'ancien article, et destinée à provoquer les acquéreurs et les créanciers.

104. Mais il faut que ces avis soient insérés dans les journaux qui jouissent de la plus grande clientèle locale. Le législateur de 1841 donna aux Cours le droit de désigner ces journaux. L'opposition ayant vu dans cette mesure une intention politique, une décision de 1848 laissa le choix des journaux aux parties : cette liberté permettait au poursuivant qui voulait acquérir lui-même à bon marché de fourvoyer l'annonce dans le journal le moins connu. Le décret loi du 17 février 1852, art. 23, a donné aux préfets la mission de choisir le journal ou les journaux de l'arrondissement, ou, à défaut, du département, désignés pour l'insertion obligatoire des annonces légales.

Il a paru à votre commission difficile de s'écarter, dans un cas spécial, de cette disposition générale, dans laquelle est compris évidemment le nouvel art. 696, comme l'ancien, quoique cet article et le décret de 1852 ne reproduisent pas littéralement les mêmes termes. Tel est l'unique motif qui a empêché votre commission de s'approprier le texte d'un amendement de l'honorable M. O'Quin, qui obligeait le préfet à désigner le journal local ayant le plus d'abonnements constatés par l'administration du timbre, ou au moins un journal politique, les journaux étrangers à la politique ayant rarement, en province, un cercle suffisant d'abonnés, ou ne s'établissant qu'en vue des annonces, sans offrir aux lecteurs un autre attrait.

L'esprit qui a dirigé M. O'Quin est complétement partagé par votre commission : aucun motif sérieux ne peut aujourd'hui détourner les préfets de désigner, pour être le propagateur des annonces judiciaires, le journal politique local le plus répandu dans l'arrondissement, et, à défaut, dans le département.

Notre honorable collègue avait aussi formulé en loi un usage suivi par quelques préfets, qui désignent le journal du chef-lieu départemental pour être dépositaire des annonces, à la charge par ce journal d'en faire insérer un résumé à ses frais dans les feuilles d'arrondissement; d'autres préfets ont adopté le procédé inverse.

Ces mesures, utiles à la publicité, nous ont paru devoir être vivement recommandées à l'attention de l'administration, d'après les instructions de laquelle agissent MM. les préfets.

ART. 717 (dernier alinéa), et ART. 772 (dernier alinéa).

105. Les créanciers hypothécaires de toute espèce ayant été ainsi appelés à la procédure de saisie, la transcription du jugement d'adjudication affranchira l'immeuble de leurs hypothèques, dont l'effet, s'ils sont inscrits avant cette transcription, s'exercera sur le prix de cette adjudication. Mais ce droit sur le prix appartiendra-t-il à ceux qui, quoique avertis, aux termes des art. 692 et 696, n'auront pas fait inscrire leurs hypothèques *légales* avant cette transcription?

Cette question se lie à l'un des plus grands problèmes qui aient tourmenté le monde judiciaire. La purge de l'hypothèque légale par l'acquéreur, conformément aux art. 2194 et 2195 du Code civil, exonère l'immeuble du droit de suite qui appartenait à cette hypothèque; mais la femme ou le mineur peut-il encore exercer sur le prix le droit de préférence? Les jurisconsultes les plus nombreux et les plus éminents, et la plupart des Cours d'appel, ont soutenu l'affirmative; la Cour de cassation, Chambres réunies, a, au contraire, décidé que le droit de préférence tombe avec le droit de suite. C'est là une question d'interprétation de la loi actuelle, ce n'est pas la question de la loi à faire.

Celle-ci ne doit s'inspirer que de deux principes : l'intérêt de l'incapable, et l'intérêt du crédit; elle doit opter entre eux s'ils sont incompatibles, ou chercher à les concilier si une combinaison intermédiaire peut satisfaire la raison et entrer aisément dans la pratique.

106. Le crédit est évidemment intéressé à ce que la prompte distri-

bution du prix de la vente et sa disponibilité, ainsi que la circulation des créances inscrites, ne soient pas longtemps entravées. Quoi! après avoir refusé ou négligé de se manifester, malgré un appel dispendieux, l'hypothèque légale se perpétuera à l'état latent; pourra, pendant trente ans, sortir des ténèbres pour venir troubler et rendre plus coûteux un ordre qui se fait, ou remettre en question un ordre réglé; pourra, en tenant leur rang hypothécaire en suspens, empêcher les créanciers de céder leurs créances! Et s'il n'y a pas d'ordre, tant que le prix ne sera pas payé par l'acquéreur, l'hypothèque légale pourra venir le disputer! il faudra que, pour affranchir ce prix, le vendeur le transporte, et se dessaisisse d'un bon placement, si toutefois il est certain que le transport ferait échapper à cette hypothèque le prix non payé! ou bien il faudra provoquer un ordre d'ailleurs inutile! Ces inconvénients ne sont-ils pas considérables, surtout dans les pays où le régime dotal empêche les femmes de céder leur hypothèque légale?

Une solution qui, dans l'intérêt du crédit, repousserait l'idée subtile de prolonger l'existence d'un des éléments de l'hypothèque légale après la destruction de l'autre, une telle solution, ajoutent ses partisans, parmi lesquels figurent tous les organes du notariat, serait-elle donc contraire à l'équité, à la sollicitude qui doit entourer les femmes et les mineurs? Peu importe que la femme ait été appelée à s'inscrire par un acquéreur indifférent à l'intérêt des créanciers, le fait est qu'elle a été appelée à s'inscrire. Avertie par l'acquéreur au cas de l'art. 2194 du Code civil, par le poursuivant aux termes de notre nouvel art. 692, l'hypothèque légale est restée dans l'inertie : elle est présumée n'avoir pas d'intérêt à se produire, ou y renoncer pour des motifs d'harmonie conjugale ou par respect pour les droits des créanciers. L'avantage d'une inscription sera d'ailleurs bien réduit par l'effet de l'art. 8 de la loi du 23 mars 1855, si cette inscription ne doit être prise qu'après l'expiration de l'année qui suit la cessation du mariage ou de la tutelle.

Et, d'ailleurs, est-il toujours vrai que la femme soit victime de la ruine de son mari? Est-ce qu'on n'a pas vu souvent l'hypothèque légale protéger des créances collusoires, des apports fictifs reconnus par un mari songeant à dresser par les reprises de la femme une tente qui serve d'abri au ménage après faillite possible? Ne signale-t-on pas l'abus des séparations de biens concertées? Mais les art. 559 et suivants du Code de commerce sont fondés sur l'observation de ce fait quotidien, c'est que le mari et la femme, fussent-ils d'ailleurs peu unis, s'entendent fort bien pour frustrer les créanciers!

Les défenseurs de la survivance du droit de préférence répondent que les purges d'hypothèques légales, quels qu'en soient le procédé et l'époque, ne sont pas toujours un mode d'interpellation assez sûr et assez compris pour qu'on puisse garantir que l'incapable a été averti, et que son ignorance ou sa dépendance lui a laissé la faculté de profiter de l'avertissement; que le mari ou le subrogé tuteur peut être négligent, peu éclairé, ou avoir des intérêts opposés à celui de l'incapable; qu'il ne faut donc pas assimiler la femme et le mineur à des créanciers ordinaires; et que, s'il est possible encore de leur réserver un droit de préférence sur le prix, il faut s'empresser de le faire, sous peine de leur retirer la protection précisément au moment où elle devient nécessaire.

D'ailleurs, cette prorogation du droit de préférence, de l'aveu de ses champions, ne peut être un droit absolu et illimité; il n'y a point de tels droits sur une terre civilisée! Ce droit rencontre une borne, ce sont les faits accomplis, les droits acquis à des tiers. Il ne s'agit, après tout, que de fixer cette borne. Faudra-t-il, pour que le droit de la femme s'éteigne, que l'ordre soit exécuté par le payement des bordereaux? Ne suffira-t-il pas qu'il soit clos, et même, s'il est judiciaire et a ainsi des phases déterminées, la femme ne pourra-t-elle pas être déchue au moment même où le seraient les créanciers inscrits? S'il n'y a pas d'ordre, le droit de la femme subsistera-t-il jusqu'au payement du prix de l'immeuble, et ne devra-t-il pas s'incliner devant un transport régulier de ce prix?

107. Réduite à une question de limites, la difficulté semble pouvoir être résolue par une transaction entre l'intérêt de l'incapable et l'intérêt du crédit, sans que les sectateurs les plus prononcés du droit de préférence puissent accuser d'inconséquence la combinaison qui le serrerait dans des limites étroites, puisque ces partisans eux-mêmes acceptent, dans des faits auxquels la femme n'a pas pris part, des limites à son droit, et qu'il ne s'agit plus que de limites plus ou moins reculées.

Le projet du gouvernement, pour le cas de saisie immobilière suivie d'ordre judiciaire, posait cette limite au moment où l'état de collocation provisoire est dressé par le juge. Il nous a semblé plus convenable de la fixer au moment où les créanciers inscrits ne sont plus admis à se présenter : pousser la faveur au delà de ce terme, ce serait exposer le juge à recommencer, ou l'engager à retarder son état provisoire; ce serait contraire à l'esprit de la réforme nouvelle.

108. Mais le projet laissait à la controverse la possibilité de se rallumer pour les cas d'ordre amiable après saisie immobilière, d'ordre judiciaire ou amiable après vente volontaire, les cas où il n'intervient pas d'ordre. Les uns, avec l'exposé des motifs, auraient vu dans l'art. 717 de ce projet une simple application d'un droit de préférence persistant en général; les autres, une exception motivée sur le peu de temps qui s'écoule entre la vente sur saisie et l'ordre, mais exception à la proscription générale de ce droit de préférence. On aurait pu, d'ailleurs, ne pas s'entendre sur les caractères des faits conférant à des tiers ces titres devant lesquels le droit de préférence doit céder.

Votre commission a pensé que tarir ces sources de contentions serait rendre un service réel, quand même la combinaison adoptée ne rallierait pas tous les suffrages. Tandis que trois de ses membres concluaient à l'abolition du droit de préférence quand il n'y a pas eu d'inscription malgré l'appel fait à l'hypothèque légale, la majorité, obligée d'ailleurs de tenir compte des tendances qui lui ont paru dominer au conseil d'État, a cru devoir laisser surnager ce droit, mais à des conditions dé-—

terminées et dans un délai de faveur limité. Cette majorité a indiqué un système que le conseil d'État a fortifié de son adhésion et dont il a modifié la formule.

109. Deux cas se présentent : celui de l'adjudication sur saisie réelle, art. 717; celui de toute autre vente, prévu par un alinéa ajouté à l'art. 771 devenu 772.

Quel que soit le mode de vente, si elle est suivie d'un ordre, cet ordre peut être judiciaire ou amiable. S'il est judiciaire, le droit de préférence de l'hypothèque légale ne pourra s'exercer que dans le délai accordé aux créanciers inscrits par les art. 754 et 755 : inutile d'ajouter qu'au cas de jugement d'attribution prévu par l'art. 773, les hypothèques légales ne pourront élever de réclamation qu'autant que les hypothèques inscrites auraient encore ce droit. Si l'ordre est amiable, comme il ne présente pas ces faits successifs bien marqués à l'un desquels on peut attacher la déchéance, le droit de préférence pourra être invoqué tant que l'ordre ne sera pas clos.

La loi nouvelle institue une espèce d'ordre amiable, réglé devant le juge, conformément aux art. 751 et 778. Le cas de l'art. 751 est prévu expressément par la rédaction du conseil d'État qui termine l'art. 717; mais le principe que le droit de préférence s'exerce jusqu'à la clôture d'un ordre amiable ne s'appliquerait pas moins aux formes extra-judiciaires de l'ordre consensuel.

Si la vente n'est pas une expropriation forcée, il faudra, selon le paragraphe final de l'art. 772, pour que l'hypothèque légale puisse trouver place dans l'ordre, que cet ordre s'ouvre dans les trois mois qui suivront l'expiration des délais accordés par l'art. 2195, après purge.

On a voulu abréger la durée de la période d'incertitude et d'anxiété qui peut paralyser la circulation du prix de vente et des diverses créances inscrites : l'épée ne fut suspendue que pendant quelques heures sur la tête de Damoclès.

De cet art. 772 résultent, à nos yeux, plusieurs conséquences :

Si cet ordre prompt n'intervient pas, s'il n'y a pas d'ordre, le droit de préférence est éteint, sans qu'on ait besoin de lui opposer la barrière d'un transport du prix de vente.

Si les créanciers inscrits, voulant laisser le droit de préférence s'écouler et se perdre par le laps de temps, retardent l'ordre à dessein, nul doute que le titulaire ou le défenseur de l'hypothèque légale ne puisse provoquer cet ordre.

Si, même avant l'expiration des trois mois, les créanciers inscrits font entre eux un ordre amiable notarié ou sous seing privé, que l'art. 772 n'interdit pas, la clôture de cet ordre ayant date certaine pourra être opposée à l'hypothèque légale. Les partisans du droit de préférence ne peuvent murmurer de ce résultat, car, nous le répétons, ils reconnaissent eux-mêmes dans les faits consommés émanés des tiers, consommés même au lendemain de la purge, une barrière au droit de préférence. Cette seconde vie accordée au droit de préférence après la purge exige qu'au moins alors l'hypothèque légale se réveille à temps, qu'elle ne laisse pas terminer à ses côtés un ordre amiable, ni des faits graves et respectables se consommer sur la foi de son silence. Le droit de préférence peut obtenir la faveur d'être prorogé quand les situations sont encore entières; il ne pourrait, sans la perturbation la plus étrange, sans devenir révolutionnaire, être admis à renverser un ordre, d'autant plus digne dans l'esprit de la loi qu'il est amiable et qu'il est prompt, qui se serait loyalement accompli, après la purge, en présence de l'inertie de l'hypothèque légale ou dans l'ignorance de son existence.

Les principes que nous venons d'établir pour les cas de vente volontaire nous semblent régir le cas d'expropriation forcée.

L'art. 717, dans ses expressions finales, exige, pour l'admissibilité du droit de préférence, que l'ordre où ce droit se produira suive de près l'expropriation, dans les délais enchaînés qui résultent de l'art. 751 et de l'art. 752. Il ne s'agit pas seulement de l'ordre amiable réglé par l'art. 751, la rédaction renvoyant également à l'art. 752, qui est relatif à l'ouverture de l'ordre judiciaire.

Au surplus, si un doute s'élevait sur ce point, la question aurait peu d'importance pratique, l'expropriation forcée étant presque toujours suivie de près d'un ordre.

110. Les explications que nous venons de donner nous dispensent d'entrer dans l'examen d'amendements qui nous été adressés. Celui de l'honorable M. Duclos obtient satisfaction au delà de ses espérances, puisque, défavorable en principe au droit de préférence, il se résignait à tracer autour de lui des frontières moins étroites que celles par nous fixées. L'honorable M. Millet, au contraire, admettait la longévité du droit de préférence, « tant que le prix ne serait pas judiciairement distribué ou amiablement réglé, » c'est-à-dire jusqu'à la clôture de l'ordre, même judiciaire, et à quelque époque que cet ordre intervînt. Nous avons préféré à ce système des combinaisons moins simples, moins satisfaisantes peut-être aux yeux des théories inflexibles et tout d'une pièce, mais qui nous ont paru plus favorables à l'intérêt du crédit : nous laissons à l'hypothèque légale la faculté de sortir de sa torpeur au bruit d'un ordre voisin de l'aliénation, mais sans lui permettre de planer indéfiniment sur le crédit, comme un nuage qui crève rarement, mais effraye toujours.

ART. 838.

111. L'art. 838 du Code de procédure, relatif à l'adjudication après surenchère sur vente volontaire, renvoie à l'art. 717. Mais ce renvoi ne pouvait embrasser le paragraphe ajouté par le présent projet à l'art. 717, car l'adjudication après surenchère de ce genre ne peut purger les hypothèques légales. Cette purge doit être faite, si elle ne l'a été, conformément aux art. 2194 et 2195 du Code civil. Le droit de préférence qui reste après la purge doit être réglé, dans ce cas, comme après une vente volontaire, et conformément à l'art. 772, alinéa final.

Un amendement en ce sens, présenté par votre commission, a été ratifié par le conseil d'État ; le nouvel art. 838 a pris rang dans les dernières dispositions de la loi, mais son explication appartenait à l'ordre d'idées que nous exposons ici.

DEUXIÈME PARTIE.

DE L'ORDRE.

État de choses actuel.

112. L'immeuble hypothéqué étant vendu, l'organisation d'une bonne procédure pour la distribution du prix présente un problème difficile et important : difficile, car il faut satisfaire à la fois trois intérêts : la sûreté, la célérité, l'économie ; important à résoudre, car un excellent régime hypothécaire avec une mauvaise organisation des saisies et des ordres vaudrait moins par le fait qu'un régime hypothécaire ayant, comme le nôtre, des parties défectueuses (1), mais qui serait servi par un mécanisme sûr, prompt et peu coûteux pour l'expropriation et pour l'ordre.

La meilleure loi du crédit immobilier, c'est la loi la plus dédaignée, c'est la loi de procédure ! C'est la loi de procédure surtout qui fondera le crédit de la petite propriété, qui la sauvera de l'usure par le crédit !

113. Jusqu'à présent, en France, la solution du problème n'a pas été satisfaisante. Les usages antérieurs à la révolution variaient selon les provinces ; la loi de l'an 7 n'était qu'une ébauche ; le Code de 1807 s'est rapproché de l'ancienne pratique du Châtelet, faite pour Paris surtout, et l'exécution a trahi l'espoir du législateur.

D'abord les frais, quoique la rétribution des officiers ministériels ne soit pas exagérée, si on la compare à leurs soins, sont, grâce surtout au fisc, trop considérables pour les ordres qui portent sur des petites valeurs. Là reparaît le mal que nous avons signalé pour les ventes judiciaires. Il faut que la petite propriété, la petite créance, devenues le fait dominant en France, aient leur régime à part ; chacun dit *qu'il y a quelque chose à faire,* et, sous un gouvernement résolu et pratique, ce mot ne peut plus être la devise de l'inertie !

---

(1) La loi du 23 mars 1855, quoique fort importante, et les art. 692, 717, 722 du présent projet, ne peuvent solder la dette d'un législateur préoccupé de procurer au crédit hypothécaire une part suffisante dans la distribution des capitaux. Ces lois laissent encore subsister dans notre régime hypothécaire de graves imperfections, telles que la non-détermination du rang entre les priviléges sur les meubles, l'absence de règles sur le concours des hypothèques générales et des hypothèques spéciales, l'obligation trop fréquente de renouveler l'inscription et l'incertitude sur le moment où ce renouvellement cesse d'être nécessaire, la trop grande difficulté de la restriction et de la réduction des hypothèques légales et judiciaires, les frais, trop considérables pour les petites acquisitions, de la purge des hypothèques. On pourrait remédier à ces inconvénients sans aller aussi loin dans la voie des innovations que le projet de la commission de l'Assemblée législative, ou que la Belgique, qui, en 1851, a eu l'honneur de faire une loi hypothécaire complète, mais qui a aboli l'hypothèque judiciaire, et subordonné l'hypothèque légale à l'inscription dès l'origine.

Eh bien ! on a calculé qu'une somme de plus de 50 fr., en province, résume le minimum des frais d'ordre pour chaque créance, non compris le droit proportionnel de greffe sur chaque collocation, mais y compris l'expédition et la signification des bordereaux. Ces frais sont prélevés sur la somme à distribuer ; en admettant qu'il n'y ait que quatre créanciers en rang utile et qu'il ne s'élève aucune contestation, les frais seraient d'au moins 200 fr., sans compter ceux de l'expropriation, que nous avons vus évalués par le garde des sceaux à 478 fr. en moyenne : total, 600 fr. pour un immeuble qui peut ne valoir que 600, les deux tiers des ventes ne dépassant pas 600 fr. D'un autre côté, sur trois cent mille prêts hypothécaires annuels, il y en a cent cinquante mille qui n'excèdent pas 400 fr., et quatre-vingt-dix mille de 400 fr. à 1,000 fr.

114. Mais un mal qui n'épargne pas les grands intérêts plus que les petits, c'est la lenteur proverbiale des ordres. D'après le compte rendu civil de 1850, sur mille ordres ou contributions, deux cent soixante-douze seulement ont été terminés dans les six mois (non de la vente, mais de l'ouverture de l'ordre), deux cent quarante-trois du dix-neuvième au vingt-quatrième mois, et cent cinquante-six après deux ans. L'exposé des motifs du projet ajoute qu'il y a des ordres qui ont duré cinq, même dix ans.

Depuis 1850, l'abus a diminué sous l'impulsion du ministre et des chefs de la magistrature. Il est des siéges où les ordres se sont toujours réglés assez promptement ; mais le mal est encore considérable, et les capitaux frappés d'immobilité par les ordres qui languissent s'élèvent encore, d'après l'exposé des motifs, à 110 millions. L'exposé des motifs signale éloquemment les conséquences de ce désordre : stagnation de fonds, dégoût des capitalistes pour le placement hypothécaire qui vivifierait l'agriculture et l'industrie ; ajoutons l'attraction plus grande exercée par les spéculations aléatoires de la Bourse, dont l'excès pourrait altérer les mœurs de la province.

115. A qui la faute ? Un peu à quelques avoués, parfois aux créanciers eux-mêmes, à quelques magistrats, mais avant tout à la loi. Aucune loi ne peut marcher sans la bonne volonté des hommes ; mais la loi ne doit pas compter trop aveuglément sur cette bonne volonté ; elle doit un stimulant à l'activité, un maximum aux lenteurs et une peine à la négligence.

Or le vice du système actuel, dont l'ensemble est théoriquement bien conçu, c'est que si la loi détermine certains délais, ils partent de formalités dont elle n'a pas précisé l'époque. C'est que le mouvement de l'ordre dépend presque exclusivement de l'avoué poursuivant, parfois, en certains lieux, plus préoccupé de s'assurer l'avantage de la poursuite que d'en accélérer la marche ; c'est que quatre fois le fil se rompt sans que le poursuivant soit forcé de le renouer sur-le-champ ; c'est que le magistrat n'a pas sur l'avoué d'influence armée, et que ce magistrat lui-même n'est pas astreint à fonctionner dans un laps de temps circonscrit.

116. Le projet du gouvernement propose de très-utiles mesures pour obvier à ces abus. Mais s'il enchaîne les délais et les formalités les uns aux autres, attache une sanction à certaines prescriptions et la déchéance à certains retards, punit les contestations téméraires et tranche heureusement des questions relatives aux voies de recours, son ensemble ne s'écarte pas beaucoup des bases posées par le Code. Avant d'examiner de plus près ce projet, votre commission a dû se demander si la réforme ne devait pas être plus hardie ; elle a consulté à cet égard les législations étrangères, les observations qu'elle a reçues et certaines préoccupations de l'opinion ambiante.

Simultanéité de la saisie immobilière et de l'ordre.

117. La première idée étrangère au projet qui sollicitait nos méditations, c'était la jonction de la procédure d'ordre avec celle de saisie immobilière.

Dans les ressorts de quelques Parlements, la saisie et l'ordre marchaient de front. Le célèbre code de procédure par lequel Genève, rendue à l'indépendance, protesta contre les complications de la loi française, ne place après l'adjudication que la clôture de l'ordre et la délivrance des mandats de collocation.

Ce système accélère la réalisation du gage, permet à chacun d'apprécier l'intérêt qu'il aura à enchérir, emploie les actes qui convoquent les créanciers à la saisie pour les appeler en même temps à l'ordre, et peut réunir le jugement sur l'ordre au jugement d'adjudication.

Néanmoins, la majorité de votre commission n'a pas voulu proposer à l'examen du conseil d'État un contre-projet en ce sens. L'ordre s'ouvrant avant que le prix fût connu, les créanciers ne sauraient pas s'ils ont intérêt à contester le règlement, et, par précaution, le contesteraient souvent. Les lenteurs résultant de ces débats retarderaient la procédure d'expropriation si elle était liée à la procédure d'ordre. Ce système diminuerait le nombre des enchérisseurs, en démontrant d'avance à tel créancier qu'il n'a plus d'intérêt à enchérir. L'ordre amiable serait rendu plus difficile. La commission de l'Assemblée législative qui préparait la réforme hypothécaire a bien proposé d'avertir les créanciers, au moment où on les appelle dans la procédure de saisie, qu'ils auront à produire à l'ordre, mais produire après l'adjudication.

Ordres confiés aux notaires.

118. La pensée de confier les ordres aux notaires a été étudiée dans votre commission, au nom d'une opinion extérieure assez imposante pour mériter l'hommage de la discussion la plus sérieuse. Cette opinion s'appuie sur l'aptitude des notaires dans les questions hypothécaires, sur l'analogie qui rapproche les recherches nécessaires aux placements de celles qu'exige l'ordre, sur l'exemple donné par le législateur quand il charge les notaires des liquidations, enfin sur un abus qui, en cer-

tains lieux, fait préparer, dit-on, les ordres par un greffier ou un avoué, et non pas par le juge lui-même.

Votre commission n'a pas cru qu'une telle innovation, qui déplacerait les limites des attributions des diverses classes d'officiers, fût suffisamment motivée. Le travail d'un juge-commissaire ne coûtera rien aux justiciables. Les honoraires des notaires devraient être fixés par un tarif peu aisé à faire, puisque ni l'importance de la somme à partager, ni le nombre des créances ne sont une mesure exacte de la difficulté du travail, et qu'on n'a pu encore tarifer les liquidations, qui parfois coûtent assez cher.

Si les avoués sont rémunérés pour leur concours aux ordres judiciaires, l'ordre confié aux notaires ne dispenserait pas toujours les parties de se faire assister d'avoués, de notaires ou autres gens d'affaires dont le ministère ne serait pas gratuit.

Qui sait si la crainte, souvent invincible quoique injuste, de partialité du notaire en faveur des créanciers ses clients; si la présence, comme conseil d'une partie, d'un notaire voisin, ne seraient pas des sources d'embarras ou de contestations?

Les contestations, le notaire ne pourrait qu'en donner acte; il faudrait toujours un juge-commissaire et des avoués pour préparer les décisions du tribunal, un juge pour ordonner les radiations.

Pour assurer aux ordres la célérité qui manque quelquefois aux liquidations, il faudrait des déchéances, des amendes, et des avoués pour les provoquer, un juge pour les appliquer.

Votre commission a donc cru, comme le conseil d'État, que la rédaction des ordres devait rester confiée à un juge, surtout en présence des précautions nouvelles prises pour que le juge opère toujours lui-même, et que son activité soit stimulée.

Le juge spécial.

ART. 749.

119. Nous nous associons aux espérances qui ont inspiré l'art. 749 du projet. Un juge spécial, créé partout où cette institution sera utile et possible, ancien magistrat expérimenté, ou nouveau magistrat acquérant bientôt l'expérience par la pratique quotidienne; choisi souvent parmi ceux qui, au début de leur carrière, chercheront à obtenir l'avancement par la voie la plus noble; rendant compte aux chefs de la Cour (1), au Tribunal, au public même, si on généralise l'usage de faire périodiquement à l'audience un compte rendu sur la situation des ordres; pouvant opposer sa responsabilité aux appels faits à sa tolé-

---

(1) Votre commission a ajouté le premier président au procureur général indiqué par le projet (art. 749).

Ne voulant pas enchaîner l'administration, et sûre d'ailleurs des intentions de celle-ci, votre commission n'a pas adopté un amendement de M. le comte de Sainte-Hermine rendant obligatoire la nomination d'un juge spécial dans tous les tribunaux.

rance, — un tel juge spécial nous a paru un bon instrument de la prompte expédition des ordres ou de leur règlement amiable.

Essai de règlement amiable.

Art. 751.

120. Provoquer ce règlement amiable a été l'une des inspirations dominantes de votre commission.

Tout la conviait à étudier cette question :

L'exemple de la loi qui a exigé une tentative de conciliation avant d'ouvrir la barrière aux procès ; le vœu du législateur en matières d'ordres, qui impose un délai pendant lequel les créanciers doivent se régler amiablement ; les aspirations de l'opinion publique ; le précédent des codes de pays voisins.

Ces codes présentent deux systèmes en ce qui concerne le moment auquel doit être fixé l'essai de conciliation. Selon la loi genévoise et le code sarde de 1854, conformes aux vœux de plusieurs promoteurs français d'améliorations, tels que le président Chardon (1), les titres et demandes sont produits, le juge-commissaire dresse un ordre provisoire, les contestations se révèlent sur le procès-verbal.

C'est alors que les contestants se réunissent en présence du juge.

Sous l'influence d'une discussion contradictoire et de la médiation du magistrat, on abjure quelquefois des prétentions peu fondées qu'on avait d'abord inscrites solitairement sur le papier passif du procès-verbal. Si l'arrangement ne peut se conclure ou n'est que partiel, les points à juger sont déterminés contradictoirement, et la décision renvoyée à l'audience. Ce mode a le triple avantage de n'appeler l'intervention du juge comme médiateur qu'au moment où la situation des choses lui est parfaitement connue, d'arrêter au passage bien des conflits, de tracer nettement le champ clos des débats sérieux.

121. Mais cette conférence a le grave inconvénient de n'arriver qu'au moment où beaucoup de frais sont déjà faits. Votre commission a préféré le principe de la loi belge de 1854, qui place la tentative de règlement amiable avant l'ouverture de l'ordre, précisément au moment marqué par le Code de procédure actuel et par le projet du gouvernement pour les tentatives de règlement amiable.

Notre Code de procédure, ancien art. 749, ajournait l'ordre judiciaire pendant un mois après la signification de l'adjudication, en invitant les créanciers à s'entendre durant cet intervalle ; le projet du gouvernement, art. 750, contient la même disposition en réduisant le délai ; mais l'exposé des motifs exprime peu d'espoir d'obtenir la conciliation plus que par le passé. Votre commission a voulu tirer de ce délai un parti plus fécond, en créant ce qui manquait, c'est-à-dire le

---

(1) *Réformes désirables dans la procédure civile.* 1837.

centre commun, l'agent désigné de la conciliation, le rendez-vous obligatoire auprès de cet agent.

122. Mais ce ministre de la conciliation, quel doit-il être?

Nos honorables collègues M. Millet et M. Duclos ont proposé de confier cette mission à un notaire commis par le juge (commis par le jugement même d'adjudication, selon le projet de M. Millet); ces députés ont organisé cette pensée en articles savamment coordonnés. Sans méconnaître la valeur des raisons qu'ils ont invoquées, et que les interprètes du notariat ont aussi développées, votre commission, par les mêmes motifs que les Chambres belges, qui, malgré le ministre, préférèrent le président au notaire, a chargé de cette fonction le juge-commissaire. Sans doute on ne retrouve pas ici toutes les objections qui peuvent combattre l'idée de déléguer aux notaires le règlement non amiable des ordres; sans doute le magistrat sera plus réservé, moins pressant, moins intéressé que le notaire; mais on ne verra pas un créancier peu éclairé soupçonner le juge de préférence secrète pour un client; le juge exercera un certain ascendant dû à sa position; les juges de paix concilient beaucoup de litiges sans avoir le mobile de l'intérêt personnel; un jeune magistrat aimera à se distinguer par le succès des arrangements aussi bien que par la célérité des ordres; enfin, aucun honoraire n'est attaché à l'intervention du juge.

123. Nous n'avons pas entouré d'espérances exagérées le berceau de cette innovation, surtout pour le cas où de grands intérêts seront engagés. Mais n'y eût-il qu'un ordre amiable sur dix tentatives, ce préliminaire très-peu dispendieux serait justifié; et il est permis d'attendre un succès plus grand, surtout dans les petits ordres, puisque la statistique nous révèle qu'il n'y a de contestations que dans un ordre sur quatre (1), et qu'ainsi il suffirait souvent d'un agent indiqué et d'une réunion obligatoire pour faire terminer à bon marché cet ordre qui doit être aujourd'hui réglé à grands frais, sans qu'il y ait même lieu à débats. M. le ministre de la justice de Belgique a répondu à nos questions qu'il y a eu, sur deux cent trois tentatives, soixante-dix conciliations, c'est-à-dire plus du tiers; et, non satisfait encore de ce résultat, il croit que la loi fonctionnerait mieux sans quelques imperfections que votre commission avait d'elle-même évitées (2). M. le ministre de la justice de Sardaigne nous a informés que, en 1856, sur mille trente-neuf procédures d'ordre, il y avait eu quatre cent trente-deux accords

---

(1) D'après un document émané de la chancellerie, il y a eu :

En 1853.....	12,799 ordres et contributions.....	3,291 incidents.	
1854.....	11,144	—	..... 2,849 —
1855.....	10,134	—	..... 2,648 —

(2) Dans quelques arrondissements belges, l'essai a obtenu les plus beaux résultats, notamment à Bruxelles : 14 ordres amiables sur 20 tentatives; à Gand, 6 sur 7; à Namur, 3 sur 3. On a été moins heureux dans d'autres pays : ainsi, à Arlon, un seul arrangement sur 21 tentatives. Ces différences peuvent tenir au personnel des magistrats ou des avoués : nul doute, en France, que chaque juge-commissaire ne cherche à avoir un beau chiffre sur le compte rendu du garde des sceaux.

totaux ou partiels, et, en 1857, trois cent quatre-vingt-seize sur mille soixante-dix-sept.

Nous avons vu avec bonheur le conseil d'État donner à notre pensée l'autorité de son assentiment.

L'article additionnel qui organise ce système a pris le n° 751.

124. Le juge-commissaire convoque les créanciers inscrits par lettres chargées à la poste, mode en harmonie avec celui des invitations devant la justice de paix. La convocation sera faite, et au domicile réel s'il est connu, et au domicile élu. Un règlement concerté entre les administrations de la justice et des postes devra, dans la pensée de votre commission, qui n'a pas cru que la loi comportât ces détails, prescrire la remise à la personne chez laquelle est élu le domicile, et, si c'est un officier ministériel, à cet officier ou à son successeur.

125. L'adjudicataire et le saisi sont convoqués, mais sans que leur absence puisse être un obstacle à l'arrangement et sans que la voix délibérative permette à l'adjudicataire voulant retarder le payement, ou au saisi dominé par l'humeur, de s'opposer au règlement amiable entre les créanciers.

126. Il nous a paru inutile de dire que les parties peuvent être représentées par des fondés de procurations ou assistées de conseils ; inutile d'exprimer, comme la loi belge, que le juge pourra ordonner plusieurs réunions, dans le courant du mois, sans nouvelles lettres et sans frais.

127. La loi belge permet de condamner aux frais de l'ordre les créanciers non comparants. Cette sanction avait paru nécessaire à votre commission ; le conseil d'État lui a substitué une amende.

128. La loi belge n'a pas prévu le cas où, parmi les créanciers, se trouve un incapable. Votre commission avait considéré le consentement au règlement amiable beaucoup moins comme une transaction que comme un acte d'administration.

Le tuteur peut, sous sa responsabilité, aliéner les valeurs mobilières, ne pas produire à un ordre pour une créance qui lui semble perdue ; il peut de même consentir à un règlement amiable pour épargner des frais et lenteurs d'ordre judiciaire qui empêcheraient, réduiraient ou retarderaient la collocation de la créance. Le conseil d'État ayant éliminé cette partie de notre article, l'ordre amiable, devant le juge, sera sans doute considéré, sous ce rapport, comme l'est aujourd'hui un ordre devant notaire.

Les petits ordres.

129. Votre commission ne s'était pas contentée d'organiser un essai de règlement amiable, qui doit surtout être efficace pour les petits ordres. A défaut d'arrangement, si le capital à distribuer n'excédait pas 1,500 fr., l'ordre devait être réglé définitivement par le juge-commissaire. Les parties comparaissaient de nouveau devant celui-ci, convoquées comme pour l'essai de conciliation ; les pièces lui étaient re-

mises; le ministère public donnait son avis; et, à très-peu de frais, dans le délai d'un mois, l'ordre était terminé. Le recours devant le tribunal n'était ouvert que dans des cas exceptionnels.

L'avantage de ne pas dépenser 200 fr. au moins pour régler entre quatre créanciers l'ordre sur une somme totale de 1,500 n'était acheté par le sacrifice d'aucun des principes de notre droit; car ni le juge unique, ni le dernier ressort et la procédure simple jusqu'à une certaine somme, ni la convocation par invitation, ne sont choses inconnues dans nos mœurs judiciaires. Au cas prévu par l'art. 661 du Code de procédure, le juge-commissaire statue seul sur un privilége de bailleur qui peut embrasser un intérêt de plus de 1,500 fr. — Le jugement, sans productions préalables au greffe, et sur observations suivies de la remise des pièces aux juges, n'était pas non plus une innovation excentrique; car au cas de l'art. 773, quoique la somme à distribuer puisse être de 100,000 fr., il n'est pas procédé autrement.

Le conseil d'État ayant rejeté cet article sans lui substituer d'autre combinaison dans le même esprit, il ne nous reste qu'à déposer dans ce rapport l'expression de nos intentions et de nos regrets.

130. Après avoir rendu compte des quatre principales innovations en matière d'ordre que nous avons dû étudier hors du système du projet primitif, rapprochons-nous de celui-ci, et empressons-nous de constater que nous en avons respecté et fort approuvé l'ensemble, à l'exception de la consignation obligatoire.

Préliminaires de l'ordre.

ART. 750.

131. La signification du jugement d'adjudication ne tend plus qu'à déposséder le saisi (1); tous les créanciers sont censés présents à l'adjudication, et ainsi il n'y a plus de raison pour que la signification soit le point de départ du délai dans lequel l'ordre doit être ouvert.

132. La transcription seule du jugement d'adjudication peut, d'après la loi du 23 mars 1855, mettre un terme à l'inscription des hypothèques; elle est donc le préliminaire nécessaire de l'ordre. Pour que la solution de continuité entre l'adjudication et l'ordre ne puisse pas être élargie au gré d'un adjudicataire peu empressé de payer, il faut que la transcription imposée à l'adjudicataire se fasse dans un bref délai après la vente. Ce délai doit prendre en considération celui qui est accordé par la loi de 1855 au vendeur et au copartageant pour faire inscrire leur privilége dans le cas de revente; ils ont quarante-cinq jours, à dater de la vente ou du partage, nonobstant toute transcription antérieure : il était donc inutile de faire transcrire avant les quarante-cinq jours de l'adjudication.

133. Si l'adjudicataire ne fait pas transcrire, le projet ordonnait à

---

(1) La loi future se contentera sans doute de faire signifier un simple extrait.

celui qui veut poursuivre l'ordre de faire opérer la transcription. Mais la jouissance entière du délai de quarante-cinq jours semblant accordée à l'adjudicataire, souvent le poursuivant aurait attendu l'expiration du délai avant d'agir, et aurait eu besoin lui-même d'un nouveau délai pour faire transcrire, à défaut de l'adjudicataire. Votre commission avait pensé qu'une division du délai total de quarante-cinq jours entre les deux promoteurs successifs de la transcription serait utile pour prévenir des retards additionnels, des mises en demeure ou des doubles emplois, et avait aussi réglé le sort des frais avancés par d'autres que l'adjudicataire.

L'obligation du poursuivant de faire transcrire au besoin ne pouvait altérer les principes de l'art. 713, en ce qui concerne la sanction des obligations de l'adjudicataire. Si celui-ci ne paye pas dans les vingt jours les frais de poursuite, les droits sur la mutation de la propriété, s'il ne lève pas le jugement, on pourra poursuivre la revente à sa folle enchère; il en résultera une révolution qui ne laissera pas place à l'obligation du poursuivant de faire transcrire à défaut de l'adjudicataire déchu.

Le conseil d'État a donné une satisfaction excellente aux amendements de la commission en supprimant l'obligation imposée au poursuivant de faire transcrire à défaut de l'adjudicataire:

L'adjudicataire devra faire transcrire dans quarante-cinq jours, sous peine de folle enchère, et sans préjudice des cas de folle enchère prévus par l'art. 713.

134. Le délai destiné à la transcription étant expiré, l'ordre peut être requis. Le projet de loi admet judicieusement la partie saisie à faire ouvrir l'ordre, afin de liquider sa situation.

135. L'ordre requis, et un juge-commissaire étant donné par la loi ou nommé par le président, intervient la tentative d'ordre amiable dont nous avons parlé art. 751.

Pour éclairer cette tentative, l'état des inscriptions doit être déposé lors de la réquisition de l'ordre, sauf au poursuivant à en garder par devers lui une copie pour faciliter la rédaction de la sommation de produire. Il est évident que l'état des inscriptions a dû être délivré par le conservateur dès le lendemain de la transcription faite dans les quarante-cinq jours.

Ouverture de l'ordre.

ART. 752.

136. La tentative d'ordre amiable n'ayant pas abouti, le juge-commissaire, dès l'expiration du mois, déclare ouvert l'ordre judiciaire.

Désormais le juge commettra les huissiers chargés de sommer les créanciers de produire. La gravité de la déchéance encourue à défaut de produire dans le délai, et l'analogie de ce qui est exigé en matière de purge et de jugement par défaut, ont porté le projet à donner aux créanciers cette garantie de la remise fidèle de la sommation, quoique le personnel actuel des huissiers et la surveillance qui les entoure rendent cette précaution des huissiers commis moins utile qu'au vieux temps des *copies soufflées*.

137. Nous avons proposé d'obliger le greffier à faire connaître, sans délai et sans frais, à l'avoué poursuivant, l'ouverture de l'ordre et la commission des huissiers. Le conseil d'État a rejeté cette addition, s'en rapportant, sans doute, aux nécessités de la pratique ou à des instructions à donner aux greffiers. Il est certain, du reste, que l'avoué poursuivant devra être sans cesse au greffe à épier les divers faits qui s'y révèlent : la qualité de poursuivant, sous la nouvelle loi, ne sera pas « une tente dressée pour le sommeil. »

Sommation de produire.

ART. 753.

138. Cette sommation aux créanciers sera adressée, comme sous la loi préexistante, aux domiciles élus par les inscriptions, ou à leurs avoués s'il y en a de constitués, sauf l'exception, en certains cas, en ce qui concerne le vendeur, expliquée sous l'art. 692.

139. La sommation avertira de la déchéance qui doit frapper la production tardive : le conseil d'État a accueilli cette addition de votre commission.

140. Il sera utile que la sommation indique les biens saisis, afin de dispenser les créanciers qui veulent en comparer la désignation à celle de leur inscription de faire rechercher au greffe ces détails, sur la réquisition d'ouverture, qui ne sera point signifiée désormais.

141. L'ouverture de l'ordre sera dénoncée à l'adjudicataire. Votre commission a proposé, et le conseil d'État a admis le mode le plus économique de dénonciation à l'avoué, une seule copie à chaque avoué pour tous les adjudicataires qu'il représenterait. L'utilité d'avertir l'adjudicataire de l'ouverture de l'ordre s'explique par l'intérêt qu'il a à pressentir le moment de la délivrance des bordereaux ou de la consignation exigée par le cahier des charges, par le droit qui peut appartenir à l'acquéreur de se faire colloquer pour les frais de purge.

Cette dénonciation était plus nécessaire encore dans le projet, en vue de la consignation forcée, et de l'obligation imposée à l'adjudicataire, dans la huitaine de la dénonciation de l'ouverture, de faire sommation de produire à la femme du saisi, même aux femmes des précédents propriétaires et aux subrogés tuteurs ou aux mineurs devenus majeurs, avec copie au procureur impérial.

Le motif de cette innovation était « un surcroît de garantie qui devra imposer silence à la critique, » garantie en faveur des créanciers à hypothèques légales, déjà avertis par la purge associée à la procédure de saisie (art. 692), ou par la purge de l'art. 2194 du Code civil. Cette dernière sommation était une rançon payée à l'opinion des contradicteurs de la mesure qui confère la purge au poursuivant la saisie, art. **692.**

Votre commission a trouvé cette rançon trop chère. On raisonne toujours comme s'il n'y avait qu'un adjudicataire d'un domaine ; qu'un ordre sur un domaine. Mais très-souvent on vend à la fois plusieurs petites parcelles, qui peuvent venir de propriétaires différents. Il faudra donc que chacun des adjudicataires fasse sommation, et à qui ? Aux femmes ou subrogés tuteurs des pupilles de deux ou trois anciens propriétaires étagés sur le passé de cette molécule de terre. Supposez seulement dix lots différents d'origine, et chacun vendu trois fois en trente ans : voilà trente sommations. Et pour cela, lorsque déjà les sommations prescrites par l'art. 692 ont été faites, ou les coûteuses formalités de l'art. 2194 remplies !

Et cette copie au procureur impérial, pourquoi ? Il n'a pas d'inscription à requérir ! Croit-on qu'il écrira souvent aux femmes ou aux subrogés tuteurs épars dans son arrondissement ?

Où est la sanction de cette obligation imposée à l'adjudicataire ? S'il ne la remplit pas, sera-t-il responsable envers ceux des créanciers à hypothèque légale qui n'auront pas produit, pour les indemniser des droits, des reprises qu'ils auraient pu faire valoir ? Ces reprises sont-elles liquidées ? La sanction sera-t-elle la nullité de l'ordre ? Mais l'adjudicataire pourrait n'être pas fâché de ce retard. Il sera responsable des conséquences de cette nullité ; comment les apprécier ?

Mieux vaudrait, certes, au moins en ce qui concerne la femme et le pupille du saisi, les appeler à l'ordre avec le saisi lui-même, comme le proposait un amendement de M. Millet, qui supprimait l'obligation imposée par le projet à l'adjudicataire. L'intérêt de l'économie nous a seul éloignés de cet amendement, et nous avons proposé purement et simplement l'élimination de l'alinéa relatif à ces sommations exigées de l'adjudicataire.

La suppression a été consentie par le conseil d'État.

Productions. — Forclusion.

ART. 754, 755.

142. Le créancier sommé doit produire l'original ou l'expédition de ses titres au greffe, avec acte constatant le produit et demandant collocation. Cet acte doit distinguer le principal de la créance, les intérêts, les frais. Si le créancier n'a pas inscription sur tous les biens soumis à l'ordre, il doit désigner ceux sur lesquels il réclame collocation, afin de faciliter la ventilation. Votre commission avait proposé d'exiger cette désignation dans le texte de l'article, afin d'appeler le rejet de la taxe comme sanction de l'infraction à une prescription légale : le conseil d'État a cru cette addition inutile.

143. Le délai accordé par cette production, fixé à trente jours par le projet, a été porté à quarante sur la proposition de votre commission, à cause de la gravité de la déchéance qui doit résulter de la non-production dans le délai. La conclusion de l'ordre ne sera pas reculée, parce

que votre commission a fait réduire à vingt jours les trente qui étaient accordés au juge-commissaire pour dresser l'état de collocation.

144. Cette déchéance encourue par les créanciers non produisants dans le délai est l'une des plus graves innovations du projet de loi. Elle a excité des réclamations de la part de quelques officiers ministériels. Votre commission a pensé, avec le gouvernement, que l'efficacité de la loi était surtout au prix de cette déchéance.

L'expérience a condamné l'inconséquence du code actuel, qui, après avoir prescrit la production dans le mois de la sommation, permet en fait de ne produire qu'après ce délai, et même qu'après la confection de l'état de collocation. Le juge-commissaire, avant de faire cet état, attend les productions arriérées ; les retardataires attendent que le commissaire ait fait l'état. « Enfin, dit l'exposé des motifs, le commissaire se décide à dresser l'état de collocation, et alors la lice est ouverte aux contredits ; le mois qui leur est accordé expire ; les créanciers diligents n'ont plus rien à dire : c'est alors que les retardataires se montrent ; leurs productions s'échelonnent par intervalles ; il faut les déclarer aux autres créanciers, et l'œuvre du juge recommence ; de nouveaux délais s'ouvrent pour contredire ; les intérêts s'accumulent ; la situation des débiteurs s'aggrave, et le danger augmente pour les créanciers, sur lesquels les fonds doivent manquer. »

L'état de choses actuel présente même une singulière iniquité : le créancier qui a produit à l'époque voulue sera déchu du droit de critiquer un état provisoire qui le froisse, mais le créancier tardif aura ce droit !

La négligence est, en fait, impunie ou seulement effleurée d'une peine insignifiante qui, d'ailleurs, atteint la partie et non l'avoué, souvent seul coupable. La réparation du dommage est également illusoire, et est d'application difficile

La seule sanction sérieuse du délai est la forclusion !

145. Mais, dit-on, il peut arriver que les intéressés ignorent la sommation, que l'élection de domicile, déjà ancienne, ait été faite chez un officier qui a ignoré cette élection, qui a cessé ses fonctions.

Nous répondons que la loi ne peut être faite pour dispenser les citoyens de toute attention à leurs intérêts ; qu'elle seconde et suppose la vigilance, mais ne peut la suppléer ; qu'elle ne peut prendre à sa charge l'administration des fortunes privées ; que chacun doit s'occuper lui-même de ses affaires ou s'assurer de mandataires exacts, et pourvoir au remplacement des mandataires qui cessent leurs fonctions ; que la loi doit être conçue de manière à payer à ceux qui lui obéissent la dette d'une prompte justice, et non à sacrifier les diligents aux oisifs qui sont aux eaux ou en voyage, sans avoir laissé derrière eux d'agents ou d'instructions pour l'expédition de leurs affaires ; qu'il est bien rare de voir un notaire ou un avoué dédaigner ou ignorer une élection de domicile prise chez lui, germe ou suite de relation ; que si, par hasard, une partie a choisi un officier ministériel aussi indifférent à la clientèle, on peut dire à cette partie : *Cur talem elegisti?*

De quelle manière, d'ailleurs, épargnerait-on à un créancier les suites de son défaut de souci, auquel la loi ne doit point protection, surtout protection aux dépens d'autrui? Ni un délai plus long, ni de secondes sommations au domicile élu, ne donneraient de sérieuses garanties pour le cas d'ignorance de la partie, de disparition ou d'incurie du mandataire. D'ailleurs, exiger de nouvelles sommations, point de départ d'un second délai, n'est-ce pas amener les habitudes du Palais sur la pente de l'abus, et rendre bientôt classique l'usage de ne produire que pendant le second délai? Sommer tous les créanciers au domicile réel, c'est ouvrir une source de frais et de lenteurs à raison des distances, c'est risquer de faire arriver l'exploit à l'absent, au voyageur, qui précisément a un domicile élu parce qu'il a un homme d'affaires.

Enfin, est-ce que la sommation de produire est le seul avertissement donné aux intéressés? Les notifications résultant de la purge sur vente volontaire, les sommations d'intervenir dans la procédure de saisie immobilière, et le retentissement de cette saisie, n'ont-ils pas éveillé l'attention des créanciers ou de leurs agents? Ajoutons qu'un des avantages de la tentative d'ordre amiable, introduite par votre commission, est de créer encore une double interpellation, l'une au domicile élu, l'autre au domicile réel.

L'exposé des motifs rappelle que la déchéance d'un droit, attachée à l'inobservation d'un délai, n'est pas, dans nos lois, un phénomène solitaire. Aux exemples qu'il cite, ajoutons le cas, tout voisin de notre sujet, de l'art. 660 du Code de procédure. Si les créanciers, en matière de distribution mobilière, n'ont pas produit dans le mois, ils sont forclos!

146. S'associant ainsi au système du projet, votre commission n'a pu admettre un amendement de M. Millet, permettant au commissaire de proroger le délai pour causes graves. Ce serait exposer le juge à des obsessions, les obsessions pourraient conduire à des tolérances, les tolérances à la tolérance pour tous ou au privilége pour quelques-uns.

État de collocation provisoire.

Art. 755.

147. Les délais sont expirés. Le commissaire, quarante jours après la date des sommations, dont l'original est sous ses yeux, constate les déchéances. Puis, sur les pièces produites, il dresse l'état de collocation : il le dresse dans un délai que détermine la loi nouvelle et que l'ancienne abandonnait à son libre arbitre. Les pièces n'erreront pas dans les études d'avoués, le juge fera son travail lui-même; s'il chargeait un autre de remplir son devoir, ce juge devrait être averti disciplinairement, comme compromettant la dignité de son caractère.

148. Dans les dix jours de la confection de cet état, le poursuivant dénonce cette confection aux créanciers produisants et à la partie saisie :

c'est la première fois que celle-ci est appelée au débat, où elle peut avoir intérêt à contester l'existence ou la quotité d'une créance.

149. Pour connaître l'existence de l'état, il faut que le poursuivant soit à l'affût au greffe ou qu'il soit averti par le greffier : un de nos amendements prescrivait cet avertissement sans frais. Le conseil d'État n'a pas souscrit à cet amendement.

Diverses circonstances des ordres.

Art. 757.

150. Au risque de voir la loi critiquée par tel praticien, parce qu'elle n'aura pas réglé tel cas qu'il a rencontré dans sa carrière, la commission n'a pas eu la dangereuse ambition de tout prévoir : il faut laisser à la pratique la liberté de se plier à la diversité des occurrences. Néanmoins, nous avons pensé qu'il serait utile de poser des règles pour trois circonstances qui se présentent fréquemment : la simultanéité des ordres, les créances conditionnelles ou indéterminées, la ventilation du prix.

151. La purge des hypothèques inscrites étant le préalable nécessaire à l'ouverture de l'ordre après vente autre que sur expropriation forcée, il peut arriver que plusieurs acquéreurs de lots soumis aux mêmes hypothèques ne purgent pas en même temps, et qu'ainsi l'ordre ne puisse être ouvert en même temps. Le premier acquéreur purge, et l'ordre s'ouvre; si le deuxième acquéreur ne purge pas assez tôt pour que le deuxième ordre s'entame avant la conclusion du premier, il y aura deux ordres successifs; ce sera l'inconvénient d'une célérité si avantageuse en général; mais si le deuxième ordre s'ouvre avant que le premier soit terminé ou très-avancé, la jonction sera chose utile et économique. Qui la prononcera? Votre commission n'avait pas cru oiseux de régler cette matière de la façon la plus simple; mais son article additionnel n'a pas franchi la barrière du conseil d'État.

152. La présence, dans un ordre, de créances dont la quotité est subordonnée à l'événement d'une liquidation de succession ou de communauté, d'un compte de tutelle, etc., place les juges dans l'alternative du sursis ou de mesures provisoires. Sans pouvoir prohiber d'une manière absolue le sursis, surtout s'il est consenti par tous les intéressés, et si l'événement de la liquidation est prochain, reconnaissons que le sursis n'est nullement dans l'esprit de la loi nouvelle! Il nous a donc paru sage de fixer le moyen de pourvoir aux éventualités, comme les codes genevois et sarde n'ont pas dédaigné de le faire. Le juge évaluera la créance indéterminée, et, selon les circonstances, attribuera la somme au titulaire de cette créance, à charge de rendre l'excédant de l'évaluation sur la liquidation, ou aux créanciers postérieurs, à charge de rendre l'excédant de la liquidation sur l'évaluation. S'il s'agit de créance subordonnée à une condition suspensive, l'attribution sera faite aux créanciers qui suivent celui dont le droit n'est pas encore réalisé;

si la condition est résolutoire, l'attribution sera faite à celui auquel appartient la créance menacée par cette condition.

L'obligation de rendre sera garantie par une caution ou par l'emploi de la somme, laissée aux mains de l'adjudicataire, ou placée en rentes sur l'État. Le conseil d'État a rejeté cet amendement, laissant ainsi à la pratique les avantages de la liberté et les inconvénients de l'incertitude.

153. On a adjugé collectivement pour un seul prix divers petits immeubles grevés d'hypothèques diverses, ou bien un domaine vendu en bloc est formé de parcelles qui ont des origines et des hypothèques distinctes. Il faut que le prix afférent à chaque parcelle soit déterminé. Il a dû l'être s'il y a eu purge, aux termes de l'art. 2192. Mais si la ventilation n'a pas été faite, il est bon que la loi détermine la manière de procéder à cette opération préliminaire à l'état provisoire, et la détermine dans les conditions les plus simples et les plus économiques, en la confiant au juge-commissaire, et n'exigeant qu'un seul expert si les productions et les pièces ne suffisent pas, etc. Tel est l'objet d'un amendement que le conseil d'État a modifié et a classé comme art. 757.

Contredits.

Art. 756, 758.

154. Avertis de l'existence de l'état de collocation, les créanciers et le saisi peuvent en prendre communication au greffe et le contredire dans le délai de trente jours. L'expiration du délai entraîne déchéance de plein droit, comme sous la loi préexistante.

155. Les réclamations contre l'état provisoire sont inscrites sur le procès-verbal. Elles doivent être motivées, afin d'éclairer les parties adverses et le juge rapporteur. A défaut de cette conférence devant le juge qu'organise le code piémontais, pour préciser les difficultés et en éliminer quelques-unes, l'obligation de motiver peut être un frein pour des contestations trop irréfléchies : les motifs sont la pudeur des contestations, comme ils sont l'honneur des jugements. Si l'obligation de motiver n'est pas imposée ici à peine de nullité, comme au cas de l'art. 762 pour les griefs d'appel, le juge taxateur pourrait ne pas accorder l'émolument d'un contredit qui ne serait pas formulé suivant les prescriptions de la loi.

156. L'audience à laquelle les contestations seront vidées sera désormais fixée et les intéressés avertis. Les contestants figureront seuls dans le débat, où le poursuivant n'a pas de rôle comme tel. Ces dispositions laissent moins de marge à la lenteur et aux frais inutiles que celles de l'ancien code.

157. A la faculté de régler l'ordre partiellement pour ceux dont le rang est antérieur aux créances contestées, le projet ajoute celle de colloquer les créances postérieures, si la mesure paraît sans danger. Dans le premier cas comme dans le second, il n'y aura d'ordre partiel que si

un intérêt raisonnable l'exige. Néanmoins, dans la crainte qu'on ne tirât une fausse conclusion du contraste des mots : *Il peut arrêter l'ordre,* employés dans le second cas, et des mots : *Il arrête l'ordre,* empruntés à l'ancienne loi pour le premier cas, votre commission, avec l'honorable M. Duclos, a proposé de se servir, dans les deux cas, des mêmes expressions facultatives. Le conseil d'État s'en est tenu à l'ancien texte du Code.

Clôture de l'ordre.

ART. 759.

158. S'il ne s'est élevé aucune contestation, le juge fait la clôture de l'ordre et observe des règles transportées de l'ancienne loi dans la nouvelle.

Mais, fidèle à son esprit, celle-ci a fixé le laps de temps dans lequel le juge devra faire cette clôture : l'obligation de rendre compte est la sanction morale de cette prescription. Pour que le juge, voulant liquider les frais, ne soit pas retardé par la lenteur des avoués à remettre leur état, votre commission avait demandé la division du délai en deux : le premier, imposé aux avoués pour remettre leur état de frais; le second, au juge pour faire son travail : le conseil d'État a rejeté cet amendement.

Jugement sur les contredits.

ART. 760, 761, 762.

159. Le nouvel art. 760 reproduit les bases de l'ancien.

Les variations que présente la nature des contredits peuvent rendre quelquefois ces dispositions incomplètes; mais la loi ne peut pénétrer dans toutes ces sinuosités.

160. Le nouvel art. 761 met un terme à l'abus des remises sollicitées sous prétexte de recherche ou de production de nouvelles pièces.

161. Le contredit ayant été motivé, les contestés seuls ont à formuler des conclusions motivées : votre commission a demandé et obtenu que la loi s'en expliquât.

162. Mais l'affaire sera-t-elle taxée comme sommaire ou ordinaire ? Distinguera-t-on, à cet égard, les cas où la somme contestée excédera ou n'excédera pas 1,500 fr. ? La rédaction proposée de l'art. 760, devenu 761, ne nous a pas semblé trancher assez nettement cette question de pratique quotidienne. Cet article ne reproduisait pas, différant en ce point de l'art. 763 devenu 764 du même projet, la disposition de l'ancien art. 762 du Code, qui dit que le jugement contiendra liquidation des frais : art. 762, dont le rapprochement avec l'art. 543 avait fait, dans la plupart des provinces, prévaloir la taxe comme en matière sommaire. Néanmoins, cette taxe semblait bien être dans la pensée intime de l'art. 761 ; car, au cas de l'art. 772 devenu 773, où le petit nombre des créanciers n'empêche pas les sommes et les difficultés d'être

quelquefois considérables, il est dit que l'affaire est sommaire; car l'art. 766 devenu 767, relatif au cas d'opposition à l'ordonnance de clôture, cas évidemment de la famille des affaires sommaires, renvoie pour l'instruction à l'art. 760 devenu 761. Adoptant littéralement un amendement de l'honorable M. Guillaumin, nous avons proposé de résoudre formellement la question dans le sens de la pratique la plus répandue et de la manière la plus en harmonie avec une loi qui veut rapidité et économie. Le conseil d'État a ratifié cet amendement interprétatif.

Nous reconnaissons néanmoins que la taxe sommaire, nécessaire pour la plupart des ordres, ne sera pas rémunératoire dans les cas où de grands intérêts sont en jeu et exigent un grand travail. Il y a là une raison de plus pour appeler de nos vœux un système de tarif qui, dans une certaine mesure, proportionne l'émolument du travail à la somme en distribution ou à l'intérêt que le travail défend. Le décret du 24 mai 1854 fixe les émoluments des greffiers d'après l'importance de la somme à distribuer.

163. Le jugement sera rendu comme ci-devant, sur le rapport du commissaire, qui aurait nécessairement voix délibérative encore qu'il ne fût que juge suppléant et que le tribunal fût au complet sans son concours. Nous n'avons pas cru indispensable d'imposer, avec un amendement de M. Millet, un délai au ministère public pour conclure et au tribunal pour juger.

Voies de recours contre le jugement.

Art. 762, 763, 764.

164. La jurisprudence n'était pas fixée sur la recevabilité de l'opposition contre le jugement, au cas de défaut. Applaudissons au projet, qui n'admet pas l'opposition.

Ces défauts, quand il y a avoué engagé dans l'affaire, et les oppositions qui en sont la suite, sont, en général, un abus que plusieurs codes modernes ont banni de toutes les procédures. Nous avons donc préféré le projet de loi à un amendement de M. Millet, qui autorisait l'opposition, sauf à mettre, comme cela devrait être dans tous les cas, les frais occasionnés par le défaut à la charge de l'opposant.

165. La jurisprudence flotte sur la question de savoir si la somme de 1,500 fr., qui ouvre la faculté d'appel, est la somme à distribuer, ou la créance de l'appelant, ou celle de l'intimé, ou la somme contestée. Le projet de loi prend pour base la somme en contestation. On prétend qu'une créance de 1,500 fr. doit être réduite à 1,000 fr.; la somme contestée est de 500 fr. On dispute à une créance de 500 fr. son rang hypothécaire : la somme contestée sera de 500 fr., parce que l'un ne perdra et l'autre ne gagnera le rang que pour 500 fr. Néanmoins, ce système peut donner, dans certaines hypothèses, des résul-

tats bizarres ; mais la base de la somme en distribution aurait autorisé un appel pour un intérêt de 100 fr.

166. Comme l'ancienne loi, l'art. 762 n'accorde pour appeler que dix jours après la signification ; mais, plus prévoyant, il fixe un délai pour appeler à partir du jugement qui sera signifié à avoué seulement.

167. L'avoué du dernier créancier colloqué sera intimé s'il a un intérêt dans la contestation ; par exemple, si les contredits ne portent pas seulement sur le rang des premiers créanciers eux-mêmes, mais sur l'existence ou sur la quotité de leurs créances.

168. A la Cour aussi, la procédure sera sommaire, ce qui était contesté. L'appelant ayant formulé ses griefs dans son exploit, les intimés seuls auront à signifier des conclusions motivées, comme l'exprimait l'ancien art. 765, dont votre commission a fait ramener la disposition dans le nouveau texte. Pas d'opposition. Il suffira d'une signification à avoué pour faire courir le délai du pourvoi en cassation. Le délai pour la signification de l'arrêt sera plus restreint que pour celle du jugement, et nous avons maintenu sur ce point la disposition du projet contre un amendement de M. Millet.

169. Le greffier de la Cour ne pourra différer l'expédition sous prétexte qu'il a vingt jours pour faire enregistrer l'arrêt. L'appel d'un seul peut-être a assez tenu en échec tous les créanciers. Que les objections et les lenteurs traditionnelles disparaissent emportées par le torrent de l'urgence !

170. Le juge-commissaire, à son tour, doit, dans un bref délai, adapter son état de collocation aux dispositions de l'arrêt ; mais il faut qu'il connaisse cet arrêt qui ne lui est pas signifié, qu'il connaisse le fait de la signification, puisque ce fait est le point de départ du délai. Votre commission voulait charger le greffier de la Cour de transmettre sur-le-champ au juge copie sans frais du dispositif. Le conseil d'État a rejeté l'amendement, réservant sans doute cette prescription au pouvoir réglementaire, ainsi que l'obligation pour l'avoué près la Cour d'avertir le juge de la signification.

171. A ce moment de la clôture définitive de l'ordre, les intérêts dus par le saisi cessent et font place aux intérêts dus par l'adjudicataire ou par la Caisse des consignations. C'est ce que votre commission, dont la rédaction est devenue plus substantielle entre les mains du conseil d'État, a exprimé par une disposition moins équivoque que celle de l'ancienne loi, qu'avait copiée le projet.

Peines des contestations rejetées.

ART. 766 et 768.

172. En première instance, l'usage à peu près général employait les dépens des contestations en frais d'ordre, et encourageait ainsi les contredits les plus téméraires. Une excellente réforme va rendre les contredits plus circonspects, en rétablissant la règle générale qui fait des

dépens la peine des prétentions mal fondées, et ainsi de la crainte des dépens le frein des plaideurs. Quand même, dans certains cas, le contredit profiterait à la masse commune, le mobile de ce contredit n'en était pas moins l'intérêt du contredisant. Néanmoins la masse supportera les frais faits par un créancier dont la collocation, rejetée d'office par le commissaire, aura été rétablie par le tribunal, pourvu qu'aucun adversaire n'ait assumé, en le soutenant, la responsabilité du rejet.

173. Le projet reproduit les anciens art. 768 et 769, qui s'expliquent d'eux-mêmes. Le mot *exécutoire*, employé à la fin de la dernière disposition, paraît impropre : la matière étant sommaire, le dispositif du jugement contient la liquidation des dépens.

174. Le projet punit même le gagnant qui a mis de la négligence dans la production des pièces, ce qui peut s'appliquer au cas, prévu par un amendement de M. Millet, de production insuffisante.

175. Les frais à la charge du contestant téméraire sont prélevés sur sa collocation; mais s'il n'est pas colloqué, et s'il est insolvable, où sera la garantie? Votre commission l'avait cherchée dans la contrainte par corps, que le tribunal aurait eu la faculté de prononcer contre un chicanier sans vergogne ou contre un prête-nom sans consistance : le conseil d'État n'a pas cru qu'il fût possible d'autoriser la contrainte par corps pour des dépens, même à titre de dommages-intérêts.

176. Pendant le laps de temps qu'ont absorbé les contestations, les créances destinées à être colloquées ont produit des intérêts, accroissement qui réduit la masse à distribuer telle qu'elle eût été au jour de la clôture s'il n'y avait pas eu d'incidents. Cette diminution de la masse s'est opérée au détriment des créanciers sur lesquels les fonds manquent ou de la partie saisie. Indemnité leur est due par les contestants qui ont succombé, à moins que les intérêts dus par l'adjudicataire n'aient couvert cette différence. Tel est le sens d'un article fort sage de l'ancienne loi, qui reparaît dans la nouvelle sous le numéro 768.

Recours contre l'ordonnance de clôture.

ART. 767.

177. La clôture définitive de l'ordre a été faite par le commissaire, soit parce qu'il ne s'est élevé aucun contredit, soit après qu'ils ont été jugés irrévocablement. Cette ordonnance sera-t-elle susceptible de recours?

Il est évident que les créanciers qui n'ont pas contredit l'état de collocation provisoire ne pourront, sous prétexte d'attaquer l'ordonnance de clôture, remettre en question, directement ou indirectement, les bases de cet état, ses décisions sur la somme à distribuer, l'existence, la quotité et le rang des créances. Autrement, l'art. 756 ne serait qu'un vain mot.

Mais il peut se faire que cette ordonnance de clôture, par erreur ou par excès de pouvoir, ne se trouve pas entièrement conforme à l'état provisoire non contesté, applique ou interprète mal le jugement ou arrêt qui a statué sur les contredits. Là possibilité de ces erreurs est démontrée par les procès mêmes qui se sont élevés au sujet de l'espèce de recours qui pouvait être ouvert. Les motifs et les limites de ce droit de recours nous ont paru tellement évidents que nous avons jugé inutile de les déterminer dans le texte de la loi, malgré le vœu d'un amendement de M. Millet.

178. Quant aux cas où un créancier inscrit n'aurait pas été appelé à l'ordre, où un contestant n'aurait pas été appelé au jugement des contestations, il nous semble qu'outre le recours contre l'ordonnance, il a le droit radical d'attaquer l'ordre ou le jugement par voie de nullité ou de tierce opposition.

179. Ce recours contre l'ordonnance de clôture, devant quelle juridiction sera-t-il porté?

Une longue controverse, non encore épuisée, s'est élevée sur cette question; les uns tenant pour la voie d'appel, les autres pour celle d'opposition. Le projet de loi rend un triple service aux justiciables en tranchant la difficulté, en choisissant le mode d'opposition devant le tribunal même comme le plus économique, et en organisant une procédure assez simple pour la juger. Quelques membres de votre commission auraient même voulu refuser la faculté d'appel contre le jugement qui statue sur l'opposition.

180. D'après le projet de loi, l'opposition devait être formée dans la huitaine de l'ordonnance; mais cet acte étant fait au greffe ou dans le cabinet du juge, il faudra donc que le créancier, qui peut ne pas soupçonner une irrégularité, se trouve sans cesse au greffe pour guetter l'apparition de l'ordonnance? Votre commission a pensé que cette attitude d'observation quotidienne ne pouvait guère être imposée qu'au poursuivant, mais qu'il faudra que celui-ci dénonce aux autres l'existence de l'ordonnance, le délai d'opposition courant de cette dénonciation. L'amendement a été adopté par le conseil d'État.

Radiation et payement.

ART. 769, 770, 771.

181. L'ordre a séparé les créanciers en deux catégories.

Les inscriptions de ceux qui ne sont pas colloqués doivent être radiées; le projet charge l'avoué poursuivant de faire opérer cette radiation, et veut qu'il n'obtienne qu'après cette radiation le bordereau des frais qui lui sont dus; mais il ne faut pas que le conservateur fasse attendre cette radiation, sous le seul prétexte de multiplicité de ses travaux, auxquels il peut toujours attacher un plus grand nombre d'auxiliaires. Votre commission avait proposé d'imposer au conservateur un délai, à partir du dépôt de l'extrait, pour opérer cette radiation : l'amendement n'a pas été accepté.

182. Chaque créancier colloqué recevra un bordereau exécutoire

contre l'adjudicataire, ou contre la caisse s'il y a eu consignation. La commission n'a pas cru nécessaire, malgré un amendement de M. Millet, la signification des bordereaux à l'adjudicataire, qui, averti de l'ouverture de l'ordre, peut aisément en connaître l'issue et doit être prêt à payer s'il ne fait pas d'arrangements avec les porteurs de bordereaux.

Ordre après aliénation autre que sur expropriation forcée.

ART. 772, 774.

183. Après une vente volontaire, l'ordre est moins fréquent qu'à la suite d'une saisie immobilière; mais il doit être régi par les mêmes dispositions. Comme le saisi, le vendeur aura qualité pour donner le signal de cet ordre, mais sans pouvoir forcer l'acquéreur à devancer le terme d'exigibilité fixé par le contrat ou par les art. 1188 et 2131 du Code civil.

184. L'ancien art. 775 se bornait à ne permettre d'ouvrir l'ordre qu'après les délais fixés pour la purge des hypothèques inscrites et des hypothèques légales. On ne voulait pas que l'ordre troublât cette purge, ou qu'elle vînt suspendre l'ordre; mais la purge des hypothèques légales n'était pas un préliminaire indispensable de l'ouverture de l'ordre, et la pratique l'entendait ainsi. Le nouvel art. 772 semble plus formel comme prescription, quoiqu'on puisse remarquer qu'il ne parle pas nommément de la purge d'hypothèques légales.

Votre commission comprend la purge des hypothèques inscrites comme précurseur de l'ordre. Il faut bien rendre irrévocable la fixation du prix; mais pourquoi forcer l'acquéreur, surtout l'acquéreur d'un petit immeuble, à purger les hypothèques légales, si l'intérêt de sa sécurité ne lui paraît pas l'exiger, ou s'il recule devant les frais de cette purge, assez rare dans la pratique?

Veut-on, avant de laisser ouvrir l'ordre, fixer irrévocablement et complétement la situation hypothécaire de l'immeuble? Ce serait là une grande pensée; mais elle aurait exigé la suppression du droit de préférence des hypothèques légales purgées; car si ce droit de préférence peut, malgré la purge, s'exercer dans l'ordre, la purge aura bien servi à fixer le prix au point de vue de la surenchère, mais non à fixer le nombre et la situation des créanciers hypothécaires !

Ne permettre d'entamer l'ordre qu'après la purge des hypothèques légales, c'est ou mettre l'ouverture de l'ordre à la merci d'un acquéreur peu empressé de payer, ou entrer dans une voie inconnue. Cet acquéreur qui ne purge pas, il faut ou l'évincer par la folle enchère, si le mode de vente comporte cette voie, et si l'on se risque à frapper ainsi un acquéreur uniquement parce qu'il n'use pas d'une faculté de purger instituée dans son intérêt, ou autoriser le poursuivant l'ordre à faire cette purge légale pour l'acquéreur, après l'avoir mis en demeure. Si les frais de cette purge sont employés dans l'ordre, voilà un petit ordre surchargé d'une dépense de plus; voilà l'acquéreur encouragé à ne pas purger, à attendre que l'on purge pour lui. Si ces frais retombent sur l'acquéreur, voilà l'acheteur de quelques ares peut-être grevé d'une chárge qui peut excéder le prix de son acquisition.

Ne vaudrait-il pas mieux laisser ouvrir l'ordre sans exiger ce prélude ? Si, plus tard, des hypothèques légales se révèlent, elles ne remettront pas en question un ordre consommé ; elles ne troubleront que l'acquéreur qui a couru volontairement cette chance. Si un acquéreur veut faire cette purge légale, qu'elle ne suspende pas les opérations de l'ordre, à moins qu'elle n'ait été commencée dans un bref délai après la vente.

Un amendement rédigé dans cet esprit n'a pas obtenu le succès que le conseil d'État a accordé à nos autres propositions importantes.

Votre commission le regrette vivement ; elle n'aurait pas hésité à vous proposer le rejet de l'article pour en amener le remaniement partiel, si elle n'eût remarqué qu'en fait les inconvénients redoutés pourraient être peu fréquents, parce que la prescription de la purge antérieure des hypothèques légales n'a pas pour sanction la nullité de l'ordre ; parce qu'aucun créancier inscrit ne l'exigera, puisqu'elle ne le préserverait pas de la survivance du droit de préférence ; parce que nul n'aura la pensée de réclamer si elle est évidemment inutile, à raison d'une purge antérieure ou du célibat notoire du vendeur, et du payement prouvé d'anciens vendeurs ; et parce qu'ainsi l'application de l'art. 772 deviendra aussi judicieuse que celle de l'ancien art. 775, dont le précédent est peut-être la seule cause inspiratrice de cette partie du nouvel art. 772.

Quant au dernier alinéa de l'art. 772, voy. *supra*, p. 43 (n° 109).

Procédure exceptionnelle.

ART. 773.

185. S'il y a moins de quatre créanciers inscrits, le projet, conforme à l'ancienne loi, substitue à la filière des sommations, productions, état provisoire, contredits, jugement, une discussion *de plano* devant le tribunal, qui examine les pièces et fait l'attribution. Le projet organise d'une manière économique cette procédure, dont l'ancienne loi ne décrivait pas la forme.

Mais le projet n'admettait ce mode qu'en cas d'aliénation autre que celle sur expropriation forcée. Votre commission n'a découvert aucune raison de cette différence, si ce n'est qu'elle était exprimée dans l'ancien texte. Mais pourquoi était-elle dans l'ancien texte ? Sur la proposition de votre commission, le conseil d'État a effacé la distinction.

186. Mais l'institution d'une tentative de règlement amiable, préalable à l'ordre ordinaire, devait être appliquée au cas qui nous occupe, avec d'autant plus de raison que le petit nombre de créanciers semble rendre l'arrangement plus probable ; des dispositions ont donc été ajoutées à cet art. 773, en harmonie avec celles de l'article additionnel 751. Aux détails dans lesquels était entrée votre commission, qui n'avait voulu omettre aucun poteau indicatif à l'entrée d'une route nouvelle, le conseil d'État a substitué une rédaction plus simple, ren-

voyant à l'art. 751. Le système de votre commission, qui, à l'issue d'une tentative avortée d'ordre amiable, faisait porter d'emblée l'affaire au tribunal à jour fixé par le magistrat, ne laissait pas, comme la rédaction du conseil d'État, la possibilité d'une solution de continuité entre le dénoûment négatif de l'épreuve amiable et l'assignation devant le tribunal. Votre commission avait aussi proposé que cette assignation n'eût lieu au domicile réel qu'autant qu'il serait situé en France.

Déchéance de la poursuite.

Art. 776.

187. Les art. 777 et 778 de l'ancienne loi sont restés intacts à leur passage dans la nouvelle; mais l'art. 775, devenu 776 de celle-ci, a essayé de rendre plus efficace la peine, si rarement appliquée, dont l'ancien art. 779 menaçait la négligence de l'avoué poursuivant. On pouvait lui subroger un successeur par décision judiciaire qui devait être provoquée : les délicatesses de la confraternité, ou le besoin d'une mutuelle tolérance, empêchaient presque toujours les avoués de la cause de demander la subrogation. La question de négligence était d'ailleurs soumise à une appréciation arbitraire.

D'après le projet, la négligence sera matériellement prouvée par la seule inobservation des formalités et délais prescrits par des articles déterminés, parmi lesquels figure l'art. 768, devenu 769, en tant que la négligence est celle de l'avoué et ne résulte pas de la lenteur du greffier. Le juge pourra destituer d'office l'avoué retardataire, qui ne sera payé de ses frais qu'après le règlement définitif. L'avoué désigné pour remplacer son confrère déchu ne pourra évidemment refuser la mission de poursuivant : autrement, la disposition de l'article serait aisément paralysée par la coalition des avoués du siége.

Consignation obligatoire.

188. Le projet du gouvernement obligeait (art. 776) l'acquéreur ou adjudicataire, sous peine de folle enchère, à déposer le capital et les intérêts du prix à la Caisse des consignations dans les soixante jours de l'ouverture de l'ordre; et même il ne pouvait être dérogé à cette obligation dans les conditions de la vente, mais seulement par conventions postérieures.

Cette grave innovation, conçue dans des régions très-élevées, a excité, parmi les hommes qui vivent à une hauteur moindre et aux prises avec les réalités de la pratique, des terreurs dont les notaires, les avoués de Paris comme de la province, et des magistrats de première instance, se sont rendus les organes auprès de votre commission, qui avait déjà recueilli les mêmes impressions au sein de vos bureaux.

Sans s'arrêter à des palliatifs proposés par MM. Millet et Duclos; sans examiner si les dispositions secondaires de l'article, en autorisant l'acquéreur à retenir ce qui pourrait lui être dû comme créancier, n'ouvraient pas une arène de contestations, votre commission, à l'unanimité, a proposé le rejet de la consignation forcée.

Cette consignation accélérera-t-elle la réalisation du gage? Mais que le prix soit déposé ou qu'il reste aux mains de l'acquéreur, le créancier ne pourra jamais le percevoir qu'après la clôture de l'ordre!

Contraint de consigner, l'acquéreur, dit-on, n'aura plus d'intérêt à intervenir dans la procédure avec la seule intention d'entraver son cours. Mais comme il ne pourrait l'entraver que par des contestations dont le cercle est borné quand elles viennent des acquéreurs, l'innovation qui met les frais à la charge des contestants téméraires amoindrit cet inconvénient; et la consignation forcée, dont le moment est subordonné à celui de l'ouverture de l'ordre, fera naître un autre danger, en donnant à l'acquéreur intérêt à retarder cette ouverture.

Ainsi la consignation ne garantit pas contre les incidents qui peuvent ralentir le mouvement de l'ordre; et, pendant ces retards, la consignation inflige une perte aux créanciers, puisque la Caisse ne paye pas d'intérêts pendant les deux premiers mois, et ne paye ensuite que 3 pour 100.

D'ailleurs est-il exact de dire que le créancier, qui a provoqué la saisie parce qu'il n'était pas payé, veut toujours le payement immédiatement après la vente? Ce qu'il veut, c'est la sûreté du capital et l'exactitude des intérêts; souvent il n'a provoqué la vente que parce qu'il ne recevait pas les intérêts. Lorsque l'acquéreur lui présente toute sécurité à cet égard, fréquemment le créancier laisse le prix entre les mains de ce nouveau débiteur, et est satisfait de trouver un placement dans la créance privilégiée du bordereau.

Le principal intérêt du créancier hypothécaire, c'est d'être payé: tout ce qui peut altérer la valeur vénale de l'immeuble viendra tromper les calculs de bien des créanciers actuels, et tarir la source de bien des prêts futurs!

Or il est évident que l'obligation de consigner le prix total, quelques mois après la vente, réduira la valeur vénale de l'immeuble en resserrant le cercle des amateurs!

La présence réelle du capital dans le coffre de l'acquéreur, c'est un fait rare, c'est l'enfance de la civilisation: pour transformer ses titres en numéraire, il faut le temps, l'opportunité; au paysan, pour se libérer, il faut le temps, l'économie.

Mais, s'écrie-t-on, c'est un mal de voir un paysan acheter sans avoir les moyens de payer! Nous répondrons que la tendance du paysan à devenir propriétaire n'est ni sans utilité morale, ni sans opportunité politique; que si le paysan emprunte quelquefois pour payer l'immeuble à un taux supérieur au revenu de celui-ci, le paysan affamé de terre sera encore bien plus en proie à l'usure lorsqu'il devra consigner sur-le-champ.

La statistique dément d'ailleurs des impressions exagérées; à l'exposé des motifs, qui proclame que *souvent* la folle enchère a lieu pour le payement des bordereaux, nous répondons qu'il n'y a *guère plus d'une folle enchère sur cent ventes judiciaires* (1).

Cet exposé fait remarquer qu'en cas de purge, l'acquéreur qui notifie doit se déclarer prêt à payer sur-le-champ (art. 2181). Mais c'est là une exigence qui, jointe à l'excès des frais, rend les purges rares ; pour éviter les purges, souvent le contrat délègue le prix aux créanciers hypothécaires. On a si bien reconnu que l'obligation de payer comptant pouvait décourager la purge ou diminuer la valeur vénale de l'immeuble, que le projet hypothécaire de la Législative portait que l'acquéreur purgeant jouirait des délais accordés au débiteur originaire. « Souvent, dit M. de Vatimesnil (Rapport du 25 avril 1850), l'acquéreur trouve de l'avantage à ne pas être forcé de payer intégralement son prix, et les ventes en deviendront plus faciles. » La loi hypothécaire belge (art. 113) accorde à l'acquéreur purgeant les mêmes termes qu'au débiteur en l'acquit duquel il paye.

Si la loi de Genève, faite pour une population urbaine et riche, exige la consignation, les lois de Piémont et de Belgique n'ont pas suivi cet exemple.

Enfin la suppression de l'obligation de consigner n'empêche ni de stipuler cette clause dans le cahier des charges si on la croit utile en certains cas, ni l'acquéreur de consigner s'il le juge à propos.

Le conseil d'État a consenti à la suppression de l'art. 776, qui exigeait la consignation.

Consignation facultative.

Art. 777, 778.

189. L'art. 2186 du Code civil reconnaît à l'acquéreur qui a purgé la faculté de se libérer en consignant : l'adjudicataire sur saisie a la même faculté. Mais la jurisprudence n'était pas fixée sur la question de savoir si la consignation devait être précédée de la formalité, évidemment inutile, d'offres réelles faites aux créanciers. Le projet de loi tranche cette difficulté.

190. Mais la loi générale veut que toute consignation soit suivie d'une demande en validité. La pratique était conduite à introduire cette procédure contre tous les créanciers inscrits, sans que le règlement de l'ordre entre ceux-ci fît un pas dans cette instance dispendieuse. Depuis longtemps le vœu de jurisconsultes éminents, tels que M. le président de Belleyme, sollicitait la réunion de la procédure de validité à

---

(1) 1855. — Ventes judiciaires de toute nature...................... 20,013
dont ventes sur saisie immobilière.................................... 6,840
  Folles enchères sur ventes de toute nature......................... 328
1854. — Ventes judiciaires de toute nature.......................... 18,203
  Sur saisie... 7,046
  Folles enchères sur ventes de toute nature........................ 341

(Document émané de la Chancellerie.)

celle d'ordre. Dans un travail remarquable, M. Piogey avait proposé un système à peu près adopté par le projet du gouvernement et par votre commission, et parfaitement résumé par l'exposé des motifs.

191. Si l'ordre n'est pas ouvert, l'acquéreur ou adjudicataire doit en requérir l'ouverture. Cette disposition a étonné quelques esprits, et l'honorable M. Millet a proposé un amendement dans un autre sens.

Votre commission a pensé qu'il était utile de faire provoquer l'ordre pour liquider les situations ; d'ailleurs, la modicité de l'intérêt payé par la Caisse rend désirable pour les créanciers l'ouverture de l'ordre.

192. C'est avec le saisi ou le vendeur que l'adjudicataire ou acquéreur fait juger la validité de la consignation, et non avec les créanciers inscrits, qui cependant auront souvent un intérêt plus réel que celui du saisi. Un amendement de M. Millet appelait à ce débat ces créanciers ou celui qui représentait les autres. La majorité de votre commission s'en est tenue au système plus économique du projet, qui n'empêche pas les créanciers d'intervenir s'ils le croient utile.

Folle enchère.

ART. 779.

193. Lorsque l'adjudicataire sur vente judiciaire ne remplit pas ses obligations, la revente est poursuivie à sa folle enchère. Cet épisode ne doit pas remettre l'ordre en question ; l'art. 779 a bien fait de lever les doutes sur ce point. Seulement, le prix de la revente pourra faire modifier l'état de collocation, selon qu'il sera inférieur ou supérieur à la première adjudication, et les bordereaux seront délivrés contre le nouvel adjudicataire.

194. Mais s'il arrive que la revente sur folle enchère n'atteigne pas le prix de l'adjudication primitive, et que le recours, quoique armé de la contrainte par corps, qui peut être dirigé pour la différence contre le fol enchérisseur, soit illusoire ou non exercé, ne faut-il pas que les créanciers lésés aient un moyen de tâcher de ramener le prix à un taux propre à les couvrir ? Votre commission avait proposé de leur accorder la faculté de surenchérir du sixième que leur refusait la jurisprudence ; l'innovation nous avait paru d'autant plus raisonnable que ces créanciers ne sont pas officiellement appelés à la revente sur folle enchère. Notre amendement n'a point obtenu l'agrément du conseil d'État. Si le rejet a été déterminé par la crainte que si l'acquéreur sur cette surenchère tombait lui-même en folle enchère, de nouveaux anneaux ne pussent être indéfiniment ajoutés à la chaîne, il n'était peut-être pas impossible d'obvier à cet inconvénient en améliorant la rédaction proposée.

195. Cette mesure de la folle enchère, rapide, peu coûteuse, affranchie du droit proportionnel de mutation (si ce n'est pour l'excédant du prix de la revente sur celui de la première adjudication), faut-il, s'asservissant à la lettre du mot *enchère*, en restreindre les avantages aux

ventes judiciaires ? L'acquéreur sur vente ordinaire, lorsqu'il ne satisfait pas au payement des bordereaux délivrés contre lui dans un ordre, n'est-il pas, dans une certaine mesure, assimilable au fol enchérisseur ? Sans doute, il n'a pas commis cette espèce de manquement à la foi publique dont est coupable celui qui rend illusoire une vente dont le juge était le témoin, et il n'a pas, par son enchère, empêché un autre d'acquérir ; mais il a trompé la foi d'un ordre qui s'était ouvert à grands frais en présence de sa promesse de payer les bordereaux ; il doit aux créanciers la réparation qui entre dans le régime de la folle enchère ; ces créanciers, après une attente et des frais inutiles, ont quelques titres à être armés d'une procédure expéditive et peu dispendieuse, qui les dispense d'une saisie immobilière ou d'une action en résolution. Ces motifs d'utilité pratique avaient prévalu au sein de votre commission sur des considérations d'un autre ordre ; mais l'amendement qu'elle avait rédigé en ce sens n'a point été accueilli par le conseil d'État.

Art. 3 de la loi modifiant l'art. 838.

Voy. *suprà,* fin de la première partie, p. 44 (n° 111).

Dispositions transitoires.

ART. 4 de la loi.

196. La promulgation de la loi va trouver des ordres entamés. Cette loi régira-t-elle ces ordres pour les formalités qui restent à accomplir ?

Les principes permettraient qu'il en fût ainsi, malgré le précédent contraire de la loi de 1841, qui ne s'est appliquée qu'aux expropriations commencées après sa mise en vigueur, si la nouvelle loi ne contenait que des dispositions de pure forme ; mais elle prononce des déchéances auxquelles pouvaient ne pas s'attendre ceux qui ont commencé l'ordre sur la foi des tolérances de la loi ancienne. Votre commission a donc cru plus équitable de n'appliquer la loi nouvelle qu'aux ordres à ouvrir ; le conseil d'État, reconnaissant qu'il était utile de résoudre la question, l'a tranchée dans le même sens.

197. Il est néanmoins, dans la loi nouvelle, des dispositions purement interprétatives de l'ancienne, telles que celles sur la voie de recours contre l'ordonnance de clôture, sur la faculté d'appel contre le jugement après contredits, telles que l'art. 779. Votre commission avait ajouté que ces dispositions s'appliqueraient aux ordres antérieurement ouverts ; le conseil d'État a sans doute regardé cette explication comme superflue. Il nous paraît également raisonnable que les art. 777 et 778 s'appliquent aux consignations dont la validité ne serait pas encore demandée lors de la promulgation de la loi.

198. Quant aux saisies immobilières qui ne seraient pas parvenues

au moment des sommations prescrites par l'ancien art. 692, de l'insertion ordonnée par l'ancien art. 696, les nouveaux art. 692 et 696 leur sont appliqués. Votre commission l'a proposé, et le conseil d'État l'a trouvé convenable. Le texte ne s'est expliqué que pour l'art. 692, mais parité de motifs existe pour l'art. 696.

199. Telle est, Messieurs, l'analyse, longue sans doute, mais rapide relativement à l'importance et aux complications du sujet, des travaux de votre commission. Elle vous prie de tenir compte de son désir de ne pas ajourner à un an un bienfait attendu, et des difficultés d'une matière qui touche à chaque pas au régime hypothécaire ou à plusieurs parties du Code de procédure, matière qui passe tour à tour des principes les plus élevés du droit aux détails les plus minutieux de la pratique.

L'expérience doit enseigner la modestie à ceux qui font des lois sur cette question, car la loi de 1807 sur les ordres, qu'il faut réformer aujourd'hui, est celle qui inspirait à un de ses auteurs, le conseiller d'État Réal, les paroles suivantes : « Dans peu d'années, nous osons le prédire, par sa simplicité, par la rapidité de sa marche et par le peu de frais qu'elle exige, cette loi aura obtenu l'approbation de tous les bons esprits, et les bénédictions des débiteurs et des créanciers! »

Néanmoins, les changements que le conseil d'État et votre commission ont adoptés, s'appuyant sur des vœux assez généralement exprimés par les hommes compétents et désintéressés, nous croyons la loi nouvelle meilleure que celle qui va être abrogée. Nous savons que si, en France, beaucoup d'esprits, après avoir ardemment désiré des réformes, s'empressent de murmurer contre les réformes obtenues; que si le législateur ne peut opérer le bien général sans froisser des intérêts et des habitudes dont les mécontentements se déguisent quelquefois sous la majesté des théories, — bientôt, heureusement, la raison publique s'affermit et s'éclaire, les habitudes coulent dans le nouveau lit qui leur est creusé, et les réformes utiles et prudentes obtiennent cet assentiment général qui est la récompense des législateurs.

DISCUSSION AU CORPS LÉGISLATIF.

(Séances des 12 et 13 avril 1858. — *Moniteur* des 14 et 15 avril.)

200. L'ordre du jour appelle la discussion du projet de loi ayant pour objet de modifier divers articles du Code de procédure civile, projet qui a été amendé d'accord par la commission et le conseil d'État.

MM. de Parieu, vice-président du conseil d'État; Suin, le baron de

Sibert de Cornillon et Duvergier, conseillers d'État, siégent au banc des commissaires du gouvernement.

201. M. MILLET a la parole contre le projet. Il croit, contrairement à l'espoir exprimé par M. le rapporteur à la fin de son travail, que les dispositions nouvelles, si elles sont adoptées, n'obtiendront ni l'approbation de tous les bons esprits, ni les bénédictions des débiteurs et des créanciers. L'honorable membre s'attache à combattre ces deux idées développées dans l'exposé des motifs et dans le rapport : que l'intérêt de la propriété foncière réclame les dispositions proposées, et que ces dispositions seront d'une immense utilité pour ses besoins présents et à venir.

202. Recherchant d'abord quelle est, sous le rapport financier, la situation de la propriété foncière, il compare cette situation à celle de la propriété industrielle et commerciale. Selon lui, les capitaux locaux qui sont le produit de l'épargne sont toujours disposés à s'employer en placements hypothécaires, et ne font jamais défaut aux agriculteurs prudents et laborieux. Sans doute, il y a toujours des expropriations; mais, eu égard au grand nombre des créances hypothécaires, elles sont peu nombreuses et leur nombre tend chaque jour à diminuer. L'honorable membre, empruntant sur ce point des renseignements au compte rendu de la justice civile et commerciale, soutient que, depuis 1850, le nombre des expropriations a constamment suivi une progression décroissante, et ne s'est élevé, en 1855, qu'à 6,840; c'est là, suivant lui, la preuve que la propriété foncière ne souffre pas au point de vue du crédit, et que, quoi qu'on en dise, les capitaux n'ont pas besoin d'être appelés vers le sol par l'appât de l'usure. La faillite est pour les capitaux prêtés à l'industrie et au commerce ce que l'expropriation est aux capitaux prêtés à l'agriculture; or, si l'on recherche quel est le mouvement des faillites, on reconnaît que, depuis 1852, leur nombre a toujours augmenté, et qu'en 1855 il a été de 3,540; ainsi, pendant que la situation de la propriété foncière s'améliore, celle du commerce et de l'industrie s'aggrave.

203. L'orateur compare ensuite, sur l'un et l'autre point, la marche et le résultat des liquidations. Selon lui, les inconvénients résultant, dans les liquidations foncières, du défaut de célérité, existent à un plus haut degré encore dans les liquidations commerciales. Après avoir cité des chiffres empruntés aux comptes rendus dont il a déjà parlé, il fait remarquer que, sur 2,698 faillites concordées ou liquidées en 1855, les créanciers ont perdu 62 pour 100 de leurs créances, tandis que, pour les créances sur les immeubles dont le prix a été distribué dans la même année, il n'a été perdu que 40 pour 100.

204. L'honorable membre soutient, d'ailleurs, que les capitaux qui se placent sur hypothèque recherchent surtout la sûreté; comme ils sont le produit de l'épargne, peu importe que les intérêts s'accumulent, pourvu que le payement soit assuré, et, comme ces intérêts courent toujours pendant la durée de l'ordre, il n'y a pas lieu à tant presser la justice et à la pousser, pour ainsi dire, l'épée dans les reins. Les capi-

taux dont il s'agit sont patients, et cela est heureux, car des demandes de remboursement multipliées et impitoyables feraient fléchir la valeur territoriale dans d'énormes proportions. Mais le danger n'est pas là ; il n'y a pas à craindre que ceux qui possèdent quelques capitaux placés dans les communes agricoles les retirent des mains de braves gens qui, auprès d'eux et sous leurs yeux, les font fructifier par le travail.

205. Dans l'opinion de l'orateur, les mesures proposées ne sont pas celles dont la propriété foncière a besoin. Ce qu'il lui faudrait, ce serait un allégement aux charges qui pèsent sur elle, un dégrèvement sur les 500 millions d'impôt direct qu'elle supporte, sans compter les centimes locaux, l'impôt des portes et fenêtres, les droits d'enregistrement, etc., tandis que la propriété mobilière est à peu près exempte de toute charge. Il serait également à désirer que les tarifs de douane protégeassent l'agriculture contre l'invasion des produits étrangers, et que l'échelle mobile recommençât à fonctionner pour les céréales ; que les mesures déjà prises pour le drainage et contre les inondations fussent complétées par l'établissement de canaux d'irrigation, surtout dans le Midi.

206. L'honorable membre signale diverses dispositions du projet de loi qui lui paraissent des innovations dangereuses ; il cite notamment la déchéance qui atteindra le créancier non produisant dans un délai rigoureux ; la responsabilité que l'opinion de la commission ferait, dans certains cas, peser sur le créancier poursuivant ; l'insuffisance du délai imparti au juge des ordres pour dresser l'état de collocation ; la suppression du droit d'opposition au jugement par défaut, et la trop grande abréviation des délais. Il se propose de combattre ces dispositions lors de la discussion des articles. Il signale enfin comme incomplètes diverses améliorations, telles que le mode de purger les hypothèques, mode dont les prescriptions lui paraissent illusoires, et l'essai d'ordre amiable, qu'il aurait voulu voir organiser sur une base plus large. L'honorable membre déclare qu'il ignore encore s'il votera pour ou contre le projet ; il a abordé cette discussion, comme toujours, sans parti pris, réservant son vote pour le moment où il sera complétement éclairé.

207. M. LE VICOMTE DE LA TOUR considère les dispositions proposées comme très-satisfaisantes ; elles auront pour résultat de supprimer une foule de formalités inutiles et de réduire de beaucoup les frais de procédure dans les cas spéciaux pour lesquels elles sont faites ; moins de dépenses et moins de lenteurs, tels seront les avantages de ces dispositions, et ces avantages sont si évidents que l'orateur ne croit pas même qu'il soit nécessaire de défendre le projet contre les attaques dont il a été l'objet. Ce qu'il demande avec une profonde conviction, c'est que l'on introduise dans toutes les autres parties du Code de procédure la même simplification de formes et la même réduction de frais.

208. L'honorable membre s'occupera spécialement de ce qui concerne les frais de ventes judiciaires des immeubles de la petite propriété ; la réduction de ces frais lui paraît nécessaire au point de vue de l'avantage de la propriété et au point de vue de la raison, de la justice

et de l'humanité. Pour prouver l'avantage immense que procurerait à la petite propriété la réduction demandée, l'orateur emprunte au ministre de l'agriculture et du commerce de 1851 une citation de laquelle il résulte que ce ministre considérait comme très-utile à l'agriculture toute mesure qui tendrait à réduire les frais des ventes en justice à des proportions plus modestes; n'est-il pas évident, en effet, que les droits exigés sur les mutations des petites propriétés sont ceux qui pèsent le plus durement sur le sol?

Au point de vue de la justice et de la raison, l'honorable membre fait remarquer que la loi du 2 juin 1841, tout en réduisant de la manière la plus utile les formalités et les frais des ventes d'immeubles, a laissé subsister l'uniformité des règles pour tous les immeubles, quelles que soient leur situation et leur importance, que leur valeur soit de 500 fr. ou de 500,000 fr.; suivant lui, c'est là une iniquité révoltante. Dans l'application, il se produit ce résultat que, sur les immeubles d'une valeur moindre de 500 fr., les frais de vente sont de 112 pour 100; sur les immeubles de 500 à 1,000 fr., de 45 pour 100, tandis que pour les immeubles de 100,000 fr. et au-dessus, ils ne sont que de 2 ou même de 1 pour 100; c'est un impôt progressif à rebours, au grand détriment des pauvres, des orphelins et des petits propriétaires, c'est-à-dire de ceux que la justice doit surtout protéger; une pareille iniquité ne saurait subsister sous le gouvernement de l'Empereur.

209. Quant à la question de savoir si ces réformes sont possibles, l'honorable membre la résout affirmativement; il suffirait de faire pour les ventes judiciaires d'immeubles ce que l'on fait en ce moment pour les ordres. Parmi les droits qui grèvent ces ventes, une partie revient au Trésor et l'autre profite aux avoués. Le Trésor ne pourrait-il pas se relâcher un peu de ses droits? Sans prononcer la suppression complète des droits de greffe et d'enregistrement, ne pourrait-on pas les réduire de moitié? Ce serait un grand soulagement pour les petits propriétaires. On pourrait aussi réduire de quelque chose le tarif des officiers ministériels sur les ventes des petits biens, sauf à leur accorder quelques dédommagements. On pourrait notamment leur allouer une petite augmentation pour certains actes sommaires; on pourrait peut-être augmenter un peu la taxe sur les biens d'une valeur supérieure à 25,000 ou 30,000 fr.; on pourrait enfin réduire un peu le nombre des offices, qui est exagéré dans certaines localités.

210. En résumé, l'honorable membre demande que la célérité obtenue pour les affaires administratives et criminelles soit autant que possible obtenue aussi pour les affaires civiles. L'Algérie possède, depuis quelques années, un petit code de procédure très-simple, qui paraît suffisant. On ne peut réduire à très-peu de formalités la procédure civile de la France, mais il est possible et nécessaire de la simplifier. La Belgique nous a donné l'exemple par sa loi de 1854. La meilleure des politiques pour s'opposer aux révolutions et au socialisme, c'est d'ôter au parti révolutionnaire le très-petit nombre de vérités qui peuvent lui servir de prétexte; c'est d'être fort, selon la raison, dans la justice et la

charité. La Chambre réalisera cette politique en s'associant aux vœux de la commission et du gouvernement lui-même. L'orateur espère donc que, l'an prochain, le gouvernement présentera un projet de loi qui répondra aux désirs de la Chambre.

211. M. Josseau se propose d'ajouter quelques considérations à ce qu'a dit M. de la Tour, et de répondre à M. Millet. Le projet de loi se rattache à un système de mesures qui ont pour objet de favoriser le crédit de la propriété foncière, les prêts hypothécaires. Depuis longtemps on signale les défectuosités de notre système hypothécaire et de la procédure se rapportant aux hypothèques. Les critiques portent principalement sur ce que le créancier hypothécaire, dans le cas même où il obtient son remboursement, n'est jamais sûr d'être remboursé exactement à l'époque fixée par le contrat. C'est M. Dupin qui a dit : « Quiconque prête sur hypothèque est remboursé difficilement ; il est à peu près sûr de ne pas être remboursé à l'échéance. »

212. Pour remédier à ces inconvénients, des études ont été faites, des projets préparés, des lois votées. On a voulu surtout obvier au premier des deux vices signalés : le défaut de sécurité. Un projet présenté à l'Assemblée législative avait ce but: Le Corps législatif, au milieu de débats animés, a voté, il y a trois ans, les dispositions importantes qui ont composé ce qu'on a appelé la loi de transcription. Cette loi a voulu corriger le premier des deux vices indiqués tout à l'heure. Le projet actuel a pour but de remédier au second inconvénient : le long temps qui s'écoule entre l'exigibilité et le remboursement.

Il importe grandement au prêteur d'avoir sécurité quant à l'exactitude du remboursement ; cela importe aussi à l'emprunteur ; car moins le prêteur pourra compter sur l'exactitude du remboursement, plus il sera exigeant sur les conditions. Le but du projet est donc bien simple. Ce que l'on veut, c'est que le prêteur soit remboursé plus vite, c'est que les lenteurs se rattachant aux ordres soient diminuées. L'ordre est assujetti à des frais qui fatiguent les prêteurs et qui détournent souvent les capitaux de venir en aide à l'agriculture.

213. L'honorable M. Millet a dit que le projet de loi était inopportun et inutile, que les expropriations devenaient de moins en moins nombreuses. Ce qui est vrai, selon l'orateur, c'est qu'il y a de nombreuses expropriations, et qu'elles indiquent une gêne, un malaise. Le projet de loi est donc très-opportun. Ce n'est pas une mesure définitive ; c'est, l'orateur l'espère, un commencement d'amélioration de ce régime hypothécaire qu'il est utile de simplifier, pour que les capitaux, au lieu d'affluer vers la Bourse et vers les spéculations, viennent en aide à la propriété foncière.

214. L'honorable membre n'insistera pas en ce moment sur les détails du projet. Pourtant il dira un mot en réponse à M. Millet sur deux mesures excellentes : la forclusion et l'essai de conciliation. La déchéance est indispensable, car il faut bien que les affaires prennent fin. Dans l'état présent des choses, le créancier n'a qu'un terme incertain pour produire ; il peut produire dans six mois, dans un an, enfin très-

tard, pourvu que le procès-verbal d'ordre ne soit pas clos. Les propositions faites par la commission sur ce point spécial ont été admises par le conseil d'État.

215. L'honorable membre dit ensuite qu'il croit avoir entendu que M. Millet était contraire à l'essai de conciliation. Si cela était, l'orateur ne pourrait être d'accord avec M. Millet.

M. MILLET déclare qu'il s'est prononcé pour l'institution de l'essai de conciliation, et qu'un amendement proposé par lui avait cette institution pour objet.

M. JOSSEAU, continuant, dit qu'en l'état actuel le principe de conciliation existe, mais qu'il n'avait, pour ainsi dire, pas d'application dans la pratique. On ne se conciliait pas parce qu'il n'y avait pas de conciliateur, pas de point de réunion. La commission a cherché ce qu'il y avait de mieux à faire, et examiné diverses propositions qui lui étaient faites. Elle a pensé, en définitive, que ce conciliateur devait être le juge. Elle lui a donné la mission de convoquer les parties par lettres chargées. Cette disposition a paru devoir surtout avoir de bons effets à l'égard de la petite propriété foncière. En définitive, la commission considère le projet de loi comme très-utile aux intérêts du crédit mobilier et de l'agriculture. La Chambre rendra à ces intérêts un véritable service en votant le projet.

216. La clôture de la discussion générale est prononcée.

M. LE PRÉSIDENT donne lecture du commencement de l'art. 1er du projet de loi, portant : « Les art. 692, 696 et 717 du Code de procédure civile sont modifiés ainsi qu'il suit... »

Lecture est ensuite donnée par M. le président de la rédaction proposée pour l'art. 692.

217. M. DUCLOS a la parole sur cet article. Il commence par rendre hommage au zèle de la commission et au soin consciencieux qui a présidé à son travail. Le projet apporte, sur certains points, des améliorations considérables à la législation actuelle, et il ne peut qu'être accueilli avec reconnaissance. Cependant l'orateur croit devoir présenter plusieurs critiques.

218. Il y en a une qui s'adressera spécialement à l'art. 692, et qui est relative à l'inscription que devra requérir le procureur impérial pour les hypothèques légales.

L'honorable membre rappelle les termes dans lesquels était conçu à cet égard le projet primitif. Il dit qu'en limitant l'obligation mise à la charge du procureur impérial à l'inscription des hypothèques légales existant du chef du saisi et sur les biens compris en la saisie, la commission a atténué le mal qui serait résulté des dispositions du projet primitif, mais ne l'a pas fait disparaître. A ses yeux, le moindre des inconvénients qu'entraînera l'inscription forcée de l'hypothèque légale de la femme, ce sera son inutilité. Le droit de suite est purgé par la transcription du jugement d'adjudication. L'inscription ne conserve donc, au profit de la femme ou du mineur, que le droit de préférence. Mais le droit de préférence se conserve sans inscription. L'orateur ajoute que non-seulement l'inscription est inutile pour le mineur et pour la femme, mais que souvent elle leur portera préjudice ; elle les jettera dans des contestations graves ; souvent aussi elle sera irrégulière et nulle.

L'honorable membre soutient que d'autres motifs encore impliquent l'inutilité et le danger de l'inscription forcée. La femme, dont on veut prendre malgré elle-même les intérêts, est bien suffisamment prévenue par l'éclat de la saisie. Si elle a des droits à faire valoir, elle ne les négligera pas. Si, dans ces conditions, l'inscription n'est pas prise, c'est qu'évidemment, selon l'orateur, il n'y a aucune raison pour qu'elle soit prise ; c'est que souvent il n'est pas moral de la prendre ; c'est que, plus souvent encore, cette inscription paraît inutile ou dangereuse.

L'orateur se demande ensuite qui supportera les frais qui seront la conséquence forcée du devoir imposé au procureur impérial. Sera-ce la femme, ou le mari, ou la masse à distribuer, ou le procureur impérial, ou le conservateur, ou le Trésor? Dans toutes ces hypothèses, l'orateur ne voit qu'injustices et violations flagrantes des principes de notre droit civil. L'honorable membre prendra pour exemple les frais de l'inscription elle-même, qui sont de 4 fr. en moyenne. Le Trésor devra en faire l'avance. Pour s'en couvrir, il devra produire à l'ordre. Les frais de sa production et de la collocation à son profit seront de 50 fr. au moins ; c'est-à-dire que l'accessoire sera dix ou douze fois plus élevé que le principal. Et si, d'un autre côté, la femme, les mineurs ou l'interdit pour qui l'on aura pris l'inscription ne sont pas colloqués, l'État perdra ses droits.

Resterait encore cette question : A qui incombera la responsabilité d'une inscription omise, ou incomplète, ou abusive, ou mal faite?

Selon l'honorable membre, il n'y avait pas lieu de revenir à une expérience qui a déjà été faite. Aussitôt après la promulgation du Code Napoléon, les procureurs impériaux, voulant s'acquitter scrupuleusement de la mission à eux confiée, prirent très-fréquemment inscription pour des hypothèques légales. La perturbation qui, selon l'orateur, fut le résultat de ces inscriptions, détermina le grand juge à enjoindre aux procureurs impériaux de ne plus user de leur initiative.

En résumé, l'orateur croit que la disposition combattue par lui altère le projet de loi dans son essence, et en compromettra l'exécution ; qu'elle multipliera les frais, les longueurs et les embarras ; que mieux vaudrait substituer la faculté à l'obligation d'inscrire. Il avait proposé un amendement dans ce but. Le conseil d'État ayant maintenu le principe de l'obligation, l'orateur se croit obligé de proposer le rejet pur et simple de l'art. 692.

219. M. DE PARIEU, vice-président du conseil d'État, répond qu'une double objection est faite à l'art. 692. On trouve inutile et impossible l'inscription obligatoire qui est imposée au procureur impérial. M. le commissaire du gouvernement ne partage pas cette opinion. Le droit de préférence reconnu à la femme n'est pas un droit éternel, indestructible ; il doit prendre fin. Si l'ordre n'est pas poursuivi, si le délai prescrit est expiré, ce droit disparaît. L'inscription d'office donnera, au con-

traire, un corps à l'hypothèque légale et l'empêchera de périr. Elle est donc utile. Cette utilité avait frappé même les rédacteurs du Code Napoléon, et ils avaient recommandé ce que le projet de loi veut rendre obligatoire. Rien n'est venu depuis révéler l'inutilité de cette inscription dans les cas rares, il est vrai, où elle a été prise. Quant à l'impossibilité qui est alléguée, M. le commissaire du gouvernement fait observer que les pièces de la saisie permettront toujours au procureur impérial de remplir le devoir qui lui est imposé, et de protéger les droits des incapables. Lorsque l'on regarde l'hypothèque légale comme une chose mauvaise, il est naturel que l'on trouve mauvais tout ce qui tend à la protéger. Mais lorsqu'on croit qu'il est utile de sauvegarder les droits des incapables, comme le projet leur retire certaines garanties par la suppression ou la dispense de la purge postérieure à l'adjudication, il est juste qu'il y ait dans la loi une compensation, et tel est le but que l'on s'est proposé en convertissant une simple recommandation en obligation absolue. Il n'y avait pas, en effet, de milieu : il fallait ou supprimer cette recommandation, aujourd'hui presque sans effet pratique, ou rendre l'inscription obligatoire.

220. M. GUYARD-DELALAIN dit que ce n'est qu'après avoir examiné sous toutes ses faces cette question si grave que la commission s'est décidée à repousser la disposition nouvelle du projet de loi, et à demander le maintien du système, selon elle très-sage, du Code de 1807. De grandes concessions lui ont été faites par le conseil d'État; mais l'obligation imposée au procureur impérial a été maintenue, réduite, il est vrai, au cas où il s'agira d'hypothèques légales existant du chef du saisi seulement, et sur les biens compris dans la saisie. Cette restriction fait disparaître une partie des inconvénients que la commission signalait, mais néanmoins la satisfaction qu'elle a obtenue ne lui paraît pas suffisante. L'inscription d'office, même dans ces limites, entraînera encore des embarras, des complications. Elle peut être sans intérêt pour la femme, et alors, pourquoi le procureur impérial sera-t-il tenu de la requérir? La femme, au contraire, y a-t-elle intérêt? Elle peut vouloir y renoncer pour ne pas figurer parmi les créanciers qui poursuivent son mari. C'est là un sentiment élevé. Pourquoi alors forcer la femme à agir contre sa conscience? Le législateur n'imposait pas au procureur impérial l'obligation de requérir l'inscription; les Tribunaux, les Cours, ne l'ont pas voulu davantage. Tel a été aussi l'avis de la commission.

221. Elle aurait désiré également qu'il ne fût pas toujours nécessaire de faire sommation au subrogé tuteur de manifester l'hypothèque; elle avait proposé d'ajouter aux mots : *subrogé tuteur*, ceux-ci : *s'il en existe un*, afin de n'avoir pas à convoquer le conseil de famille pour la nomination d'un subrogé tuteur, et afin d'épargner ainsi les frais qu'entraînait l'exécution excessive de l'art. 2194. L'honorable membre demande, comme président de la commission, que MM. les commissaires du gouvernement veuillent bien expliquer les raisons qui ont empêché le conseil d'État d'accepter cet amendement, ainsi que celui par lequel la commission aurait voulu qu'au cas du décès de la femme ou du mineur

il ne fût pas nécessaire de sommer tous les héritiers. Il y aurait des inconvénients particuliers à ne pas s'expliquer sur ce dernier point ; car si l'on gardait le silence, on verrait reparaître dans la pratique tous ces frais inutiles dont on se plaint avec tant de raison. La commission persiste à penser qu'il ne faudrait qu'une seule sommation, faite au dernier domicile de la femme ou du mineur, sans préoccupation de l'existence d'héritiers.

222. M. DE PARIEU, vice-président du conseil d'État, répond que les deux dernières questions qui viennent d'être soulevées par le préopinant sont des questions de détail qui ne pouvaient trouver place dans le texte de la loi ; elles sont du ressort de la jurisprudence. Le conseil d'État a donc cru devoir rester dans les termes du Code Napoléon, régler ce qui était général et réserver les détails. Mais, au fond, en ce qui concerne le subrogé tuteur et les héritiers des incapables, la pensée des commissaires du gouvernement est la même que celle de la commission ; ils sont d'avis qu'il n'est pas nécessaire d'instituer un subrogé tuteur lorsqu'il n'en existe pas, ni de rechercher les héritiers au delà du dernier domicile de l'incapable décédé.

223. Le préopinant a exprimé, comme l'honorable M. Duclos, le regret que l'on eût maintenu l'obligation pour le procureur impérial de requérir l'inscription des incapables. Il a dit que cette inscription pouvait être sans intérêt pour la femme ou qu'elle pouvait y avoir renoncé. M. le commissaire du gouvernement répond que si la créance apparente n'a pas d'existence ou si elle a été évidemment soldée, le procureur impérial ne fera pas inscrire ; mais tant qu'il n'y aura pas de preuve de la disparition du droit, l'inscription devra être requise ; car, aussi longtemps qu'il y a apparence de droit, il y a présomption d'intérêt. Mais, a-t-on dit, on pourra vouloir renoncer. Il faut distinguer : la femme, sous certain régime matrimonial, peut renoncer, mais le mineur ne le peut jamais. Son droit doit donc être conservé. Même pour la femme, n'est-il pas bon que le magistrat puisse la soustraire à la pression qui pourrait être exercée sur elle? Faut-il laisser un mari qui est poursuivi, et dont la fortune s'évanouit par la saisie, libre de faire disparaître, par un abus de son influence, le droit de sa femme, qui est aussi celui de ses enfants? Le conseil d'État ne l'a pas pensé : l'hypothèque légale est la garantie de la faiblesse, et l'inscription obligatoire a pour but de la préserver. Quant aux renonciations qui pourraient être faites ultérieurement, après l'ordre, la loi n'a pas à y intervenir ; l'œuvre de protection du législateur est alors accomplie.

224. M. ÉMILE OLLIVIER demande que l'on fixe nettement le sens de la loi en ce qui concerne l'obligation imposée au procureur impérial de prendre inscription au nom de la femme. M. le commissaire du gouvernement a dit que le procureur impérial serait juge de l'utilité de l'inscription. L'orateur ne croit pas qu'il en doive être ainsi : si l'obligation est absolue, le procureur impérial est tenu de prendre inscription dans tous les cas. Le texte de l'article paraît formel : l'interpréter autrement, c'est le détruire et engager la responsabilité du procureur impérial ; il

faut donc ou ne pas admettre l'interprétation qui vient d'être donnée, ou supprimer cet article.

225. M. DE PARIEU, vice-président du conseil d'État, dit qu'en effet il faudrait une preuve manifeste de la non-existence du droit pour que le procureur impérial pût se dispenser d'agir ; s'il y a le moindre indice du droit, ce magistrat devra requérir l'inscription, sauf à ceux qui y auraient intérêt à prouver, plus tard, que cette inscription ne doit pas subsister.

226. M. JOSSEAU, membre de la commission, dit qu'il avait demandé la parole pour adresser au conseil d'État les interpellations qui viennent d'être présentées par M. Guyard-Delalain, concernant le cas où il n'y aurait pas de subrogé tuteur, et celui où l'on serait en présence d'héritiers. Devrait-on, dans le premier cas, faire nommer un subrogé tuteur, et, dans le second, signifier aux héritiers ? La réponse de M. le vice-président du conseil d'État ayant été négative sur les deux cas, et l'interprétation donnée par la commission dans son rapport se trouvant admise par le conseil d'État, l'honorable membre est d'avis que la pratique ne peut plus désormais rester incertaine sur ces points. Il n'y a donc pas lieu pour lui d'insister davantage.

227. M. MILLET combat la disposition du paragraphe deuxième de l'art. 692, portant que la sommation à faire à la femme du saisi, aux femmes des précédents propriétaires, au subrogé tuteur des mineurs ou interdits, ou aux mineurs devenus majeurs, devra être faite seulement si, dans l'un et l'autre cas, les mariages ou tutelles sont connus du poursuivant d'après son titre. L'honorable membre fait remarquer que cette restriction exclut tout d'abord le cas très-fréquent où les poursuites s'effectuent en vertu d'un jugement de condamnation ; pour le moment, il en sera de même des poursuites faites sur les obligations notariées, qui jusqu'à présent ont très-rarement indiqué l'état civil des emprunteurs ; l'orateur ajoute que la crainte de la responsabilité qui pourrait peser sur le poursuivant, à raison de l'irrégularité de la sommation, empêchera que désormais cet état civil soit indiqué dans les actes d'emprunt ; si donc on voulait faire quelque chose d'efficace, il fallait imposer aux notaires l'obligation d'indiquer dans les contrats les noms des femmes et des subrogés tuteurs. L'honorable membre rappelle qu'il avait demandé la suppression de cette restriction.

228. M. RICHÉ, rapporteur, fait remarquer que dans le système soutenu par M. Millet, s'il arrivait que le notaire ne fît pas mention dans un contrat de l'état civil des emprunteurs, le poursuivant se trouverait, par cela même, dans la situation où se trouve aujourd'hui l'acquéreur d'après les dispositions de l'art. 2194 du Code civil sur la purge légale. L'honorable membre explique ce qui se passe dans cette procédure de purge, qu'il qualifie de parodie. L'acquéreur ne s'occupe pas de savoir s'il existe des femmes ou des mineurs ; il notifie extrait de son titre au procureur impérial, qui ne s'en occupe point ; extrait de cette notification est inséré dans un journal, et tout est terminé. Le projet a pour but de faire quelque chose de plus précis : il consacre un véritable pro-

grès, il évite l'abus de ces notifications stériles, et, à ce point de vue, il est bien préférable à l'état de choses actuel.

On objecte que, même en employant les moyens prescrits par le nouvel article, l'interpellation n'arrivera pas toujours à son adresse ; l'orateur convient qu'en effet cela sera possible dans certains cas ; mais du moment que la législation n'exige pas que les hypothèques légales soient inscrites, du moment que c'est seulement en cas de vente de l'immeuble que les femmes et les mineurs doivent être avertis de requérir cette inscription, l'on n'arrivera pas à faire que l'avertissement parvienne toujours à sa destination, non plus qu'à donner à un subrogé tuteur la diligence qui peut lui manquer. La difficulté porte donc en réalité plus haut qu'on ne pourrait le croire au premier abord ; mais, dans tous les cas, ce que propose l'art. 692 vaut mieux que l'état de choses dont M. Millet demande le maintien.

En terminant, M. le rapporteur rappelle que, pour le cas où la femme ou le subrogé tuteur des mineurs ne seraient pas connus, le projet, s'inspirant de la pensée d'un Avis du conseil d'État de 1807, veut que les intéressés soient avertis par une insertion dans le journal le plus répandu de la localité. Il est possible que l'annonce soit lue par la femme ; il n'y a là, à la vérité, qu'une simple probabilité, mais elle est bien plus satisfaisante que la garantie résultant de l'ancien mode de notification.

229. M. MILLET répond que, dans la pratique et pour les formalités de la purge des hypothèques légales, au cas de vente volontaire, on procède tout autrement que ne l'indique M. Riché. L'Avis du conseil d'État dont on vient de parler a été fait pour le cas où la femme et le subrogé tuteur seraient inconnus de l'acquéreur ; or il est impossible qu'ils lui soient inconnus quand il y a notoriété publique. D'ailleurs, n'est-il pas toujours facile, en France, où les registres sont si bien tenus, de connaître l'état civil d'une personne ?

230. M. LE PRÉSIDENT rappelle que dans l'art. 1er du projet sont compris plusieurs articles du Code de procédure ; la discussion vient de porter sur l'art. 692 ; on doit maintenant passer à l'art. 696.

Lecture est donnée par M. le président de la nouvelle rédaction proposée pour l'art. 696, qui prescrit de publier, par la voie des journaux, diverses indications relatives à la poursuite de saisie immobilière.

231. M. O'QUIN est d'avis que ces annonces seront souvent indispensables pour provoquer l'exercice des droits des femmes ou des mineurs ; mais il faut qu'elles reçoivent la plus grande publicité. Or c'est ce qui, selon l'orateur, n'arrive pas toujours. La loi du 17 février 1852 charge les préfets de désigner dans leurs départements les journaux qui devront publier les annonces légales ; mais tous ces administrateurs ne procèdent pas de la même manière ; quelques préfets ont désigné des feuilles d'arrondissement spécialement destinées aux annonces, et qui n'ont d'autres lecteurs que quelques officiers ministériels : ce n'est pas là une publicité véritable ; d'autres préfets ont prescrit de faire les annonces dans un journal du chef-lieu, qui doit, à ses frais, en faire insérer un résumé dans les feuilles d'arrondissement : ailleurs, au contraire, les

annonces se font d'abord dans les feuilles d'arrondissement, et doivent être reproduites par extrait, aux frais de celles-ci, dans la feuille du chef-lieu. Ces deux derniers modes ont été approuvés par M. le ministre de l'intérieur. L'honorable membre avait préparé un amendement ayant pour objet de réglementer cette matière, par l'application générale de l'un de ces deux systèmes à tous les arrondissements où il n'existe pas de journal possédant une publicité sérieuse ; la commission n'a pas cru devoir en faire l'objet d'une addition à l'art. 696 ; mais elle a recommandé la pensée de l'amendement à l'administration : l'orateur appelle sur ce vœu de la commission l'attention de MM. les commissaires du gouvernement, et les engage à remettre sous les yeux de M. le ministre de l'intérieur une réclamation reconnue par lui bien fondée.

232. M. GUYARD-DELALAIN demande que l'on vote divisément sur chacun des articles du Code de procédure modifiés par l'art. 1er du projet ; l'art. 692 du Code de procédure devrait alors être immédiatement soumis au vote.

M. LE PRÉSIDENT dit que, dans le cas particulier, les articles du Code de procédure renfermés dans l'art. 1er du projet de loi ayant le caractère d'articles distincts, on peut, par voie d'interprétation et sans s'écarter du règlement, donner satisfaction au vœu de M. Guyard-Delalain.

La rédaction proposée pour l'art. 692 est mise aux voix et adoptée.

233. M. MILLET, s'expliquant sur l'art. 696, pense qu'il aurait été régulier d'introduire dans l'article même les dispositions du décret de 1852 sur le mode de désignation des journaux destinés à recevoir les annonces.

L'art. 696 est mis aux voix et adopté.

234. M. LE PRÉSIDENT donne lecture de l'art. 717.

M. ÉMILE OLLIVIER reconnaît que la loi projetée a un but louable, puisqu'il s'agit de simplifier la procédure de saisie immobilière et d'ordre ; les moyens employés pour y parvenir lui paraissent, pour la plupart, dignes d'approbation. L'art. 717 est, selon lui, le plus important de tous ceux que la Chambre est appelée à voter : par la disposition finale de cet article, on se propose de trancher définitivement les controverses qui existent aujourd'hui sur les moyens de purger l'hypothèque légale de la femme ; c'est sur ce point que l'orateur a l'intention de présenter quelques considérations.

235. Il explique ce que l'on entend par la purge. Lorsqu'un individu se rend acquéreur d'un immeuble hypothéqué, le problème à résoudre est très-simple : il faut que l'acquéreur puisse payer le prix qu'il doit, et qu'une fois le prix payé, il ait la propriété paisible et incommutable, sans crainte d'être inquiété par les créanciers hypothécaires. Dans le cas où l'immeuble a été vendu à son juste prix, il suffit que l'acquéreur paye le prix aux créanciers au lieu de le payer au vendeur pour qu'il obtienne quittance et mainlevée des inscriptions. Mais il peut arriver que l'immeuble ait été vendu à un prix inférieur à sa valeur véritable ; dans ce cas, il faut reconnaître aux créanciers le droit de faire monter l'immeuble à sa juste valeur en surenchérissant : pour les mettre en de-

meure de surenchérir, l'acquéreur leur notifie son contrat; les créanciers ont quarante jours pour délibérer; s'il ne survient pas de surenchère, l'acquéreur demeure propriétaire, et, moyennant la remise de son prix aux créanciers, garde son immeuble nettoyé d'hypothèques; s'il y a une surenchère, on revend l'immeuble, qui, après cette revente, demeure libre entre les mains de l'adjudicataire. Ainsi la purge n'est autre chose que l'alternative offerte aux créanciers par l'acquéreur d'accepter le prix stipulé, ou bien de faire monter l'immeuble à sa véritable valeur. En cas de vente sur saisie immobilière, la purge n'est pas nécessaire; la publicité de la vente est une garantie pour les créanciers que l'immeuble atteindra son véritable prix.

236. La purge existe contre l'hypothèque légale de la femme aussi bien que contre les hypothèques ordinaires. En cas d'aliénation volontaire, elle est soumise à des formes spéciales imitées de l'édit de 1771. En cas d'aliénation forcée, y aura-t-il lieu de purger spécialement vis-à-vis de la femme? Faudra-t-il qu'après la publicité résultant de l'expropriation, la purge ait lieu? L'honorable membre dit que cette question a été très-controversée. L'art. 717, dans le projet de loi, la résout et décide très-bien que, quand une hypothèque légale existera, que l'immeuble aura été vendu et que la femme ne sera pas inscrite avant l'adjudication, il n'y aura pas lieu de procéder à la purge. L'orateur approuve cette partie de l'article; il ne rejette que celle qui détermine les effets, soit de l'inscription, soit de l'absence d'inscription.

237. Pour le premier cas, selon l'orateur, il n'y aura point de difficulté. La femme s'inscrit; elle rentre dans le droit commun. Mais qu'arrivera-t-il quand la femme ne sera pas inscrite avant l'adjudication, et qu'à son défaut le procureur impérial n'aura pas fait l'inscription, malgré l'obligation impérative de la loi? Depuis vingt-cinq ans, cette question est débattue. M. le président Troplong et plusieurs Cours d'appel soutiennent qu'il faut distinguer entre le droit de préférence et le droit de suite. Quand la femme n'est pas inscrite, son droit de suite sera éteint, mais son droit de préférence survivra. La femme pourra dire aux créanciers que le prix de l'immeuble ayant été déposé, elle demande à en avoir sa part.

Une autre opinion, appuyée sur la jurisprudence constante de la Cour de cassation depuis 1829, consiste à dire que, quand la femme n'est pas inscrite, tout droit est perdu pour elle, que tout est terminé, et qu'il ne s'agit plus uniquement que des créanciers inscrits.

L'orateur considère comme très-fâcheux, au point de vue des principes, que la commission ait consenti à proposer l'abrogation de cette dernière jurisprudence. La commission a dit que le droit de suite serait éteint, mais que le droit de préférence continuerait de subsister au profit de la femme. Cependant elle a compris qu'elle devait limiter ce droit, et elle a exigé deux conditions que l'art. 692 du projet indique.

Selon l'orateur, le rejet complet du droit de préférence vaudrait beaucoup mieux. La question se présentera dans deux cas : celui d'aliénation volontaire et celui d'expropriation forcée. L'honorable membre insiste sur la simplicité du système de la Cour de cassation, lorsque ce système s'applique à la première de ces deux hypothèses. Le jugement d'adjudication ayant été transcrit, et la femme ne s'étant pas fait inscrire, son droit disparaît.

Dans le système de la commission, les créanciers, ne sachant pas si la femme s'inscrira, ne pourront prendre un parti éclairé sur la surenchère, et alors des deux choses l'une : ou ils ne surenchériront pas, et, dans ce cas, leur droit sera sacrifié si, plus tard, la femme exerce son droit de préférence; ou bien ils surenchériront par précaution, quand même les apparences ne le conseilleraient pas, et alors ils s'exposeront à tous les inconvénients de la surenchère : la caution, l'obligation de faire porter le prix à un dixième en sus. L'acquéreur lui-même, que l'extinction du droit de suite devait mettre à l'abri, sera atteint, puisqu'en forçant les créanciers à surenchérir dans le cas où ils ne devraient pas sagement le faire, on aura augmenté les causes de rupture du contrat.

Cette innovation paraît à l'orateur être d'autant moins admissible que le projet, en obligeant le procureur impérial à prendre inscription, a donné à la femme une protection exorbitante. Ces observations s'appliquent à l'aliénation volontaire. En ce qui touche la saisie immobilière, l'orateur soutient que le parti adopté par la commission aura de même pour effet de compliquer la situation, au lieu de la rendre nette et simple; les créanciers ne sauront pas s'ils doivent ou non pousser les enchères. L'honorable membre conclut en déclarant que l'art. 717 nouveau contient une réforme sage, utile, appelée par tout le monde; mais à côté de cela, une innovation dangereuse, réprouvée par la pratique, et à laquelle il refuse son approbation.

238. M. RICHÉ, rapporteur, dit que le préopinant vient de faire apparaître un seul élément d'une question qui en renferme deux; il a plaidé éloquemment la cause du crédit, mais il a oublié l'intérêt rival, celui de la femme et du mineur. M. le rapporteur fait remarquer que de temps immémorial, depuis qu'on fait des lois sur les hypothèques, la plus difficile peut-être de toutes les matières, ces deux éléments ont été constamment en présence : l'intérêt du crédit, c'est-à-dire celui des tiers et des créanciers, et l'intérêt de la femme et des mineurs, réunis sous le nom d'incapables. La lutte est de toutes les époques. En 1673, dans sa belle législation hypothécaire qui a disparu, au bout d'un an, sous les clameurs des grands seigneurs dont elle dévoilait les dettes, Colbert se préoccupa de ce double intérêt; il exigea la publicité, la formalité de l'inscription pour les hypothèques ordinaires, et, pendant un espace de temps déterminé, il dispensa de cette obligation les femmes et les mineurs. Par la loi de brumaire an 7, l'intérêt des femmes et des mineurs fut sacrifié à l'intérêt du crédit; l'inscription fut ordonnée d'une manière absolue, sous peine de déchéance; vint enfin le Code Napoléon, qui, à ce titre seul, mériterait son nom glorieux. Les esprits étaient alors partagés; les uns entendaient faire prévaloir l'intérêt du crédit, les autres étaient disposés à immoler cet intérêt à celui de la femme et des mineurs. Au milieu de ces divergences d'opinions, que fit ·

l'homme qui a marqué son doigt sur ce code immortel? Le Premier
Consul reconnut que le crédit était une nécessité; mais ce qui existait
avant tout pour lui, c'était le mariage et la famille. Ce qui était à ses
yeux une nécessité de premier ordre, c'était que l'intérêt de la femme
et du mineur fût sans cesse présent à l'esprit du législateur. Il fit donc
appel à la sagesse des jurisconsultes dont il consultait l'expérience et les
lumières; il les convia à trouver, à lui suggérer un système de transaction qu'il était prêt à accepter. Ce moyen de transaction fut découvert.
Les hypothèques ordinaires furent subordonnées à l'inscription; les
autres en furent dispensées. Il fut reconnu qu'à l'égard des incapables,
l'inscription était de fait souvent impossible, que le droit hypothécaire
des femmes ne devait point être subordonné à la formalité de l'inscription. Il fallut donc que l'intérêt du crédit s'inclinât, dans une certaine
mesure, devant l'intérêt de la femme et des mineurs. Voilà les modèles
que la commission a eus sous les yeux, et qui témoignent de toutes les
difficultés du problème.

Exposant ensuite le système que la commission a cru devoir adopter,
M. le rapporteur fait observer qu'il y a, sur ce terrain, étroite solidarité
entre elle et le conseil d'État, car la commission n'a fait qu'entrer dans
la voie que le conseil d'État lui avait indiquée. L'hypothèque renferme
deux éléments : le droit de suite et le droit de préférence. En vertu du
droit de suite, le créancier hypothécaire, en quelque main que soit l'immeuble, peut interpeller le détenteur et le sommer de payer ou de délaisser. A ce droit, le tiers détenteur peut répondre par la purge des
hypothèques, et en offrant de payer, non pas ce qui peut être dû au
créancier, mais ce que doit l'acquéreur, sauf pour le créancier, en cas
d'insuffisance, la faculté de surenchérir. Le droit de surenchère est le
complément naturel du droit de suite, et la purge a pour effet nécessaire l'élimination du droit de suite. Ce qu'on appelle la purge des hypothèques légales ne produit ses résultats qu'après que la femme a été
sommée de manifester son droit par l'inscription. Si elle ne s'est point
fait inscrire, son hypothèque sera éteinte quant au droit de suite.

Le prix que doit l'acquéreur se trouvant ainsi fixé d'une manière irrévocable, vient la question de savoir en quelles mains ce prix devra
passer. Ce prix passe aux créanciers hypothécaires, suivant ce qu'on
appelle le droit de préférence; et M. le rapporteur ne comprendrait pas
qu'on voulût interdire à la femme qui n'a pas manifesté son droit par
l'inscription de concourir avec les autres créanciers hypothécaires pour
le partage du prix de vente. Selon lui, la femme non inscrite doit pouvoir exercer son droit de préférence. Cette doctrine est celle des jurisconsultes les plus éminents, et, selon M. le rapporteur, elle ne blesse
en rien les principes. Sans cela, la protection que le législateur a entendu accorder à la femme et au mineur ne serait qu'un mensonge. A
quoi servirait, en effet, une hypothèque qui existerait virtuellement en
l'absence de tout droit réel à exercer, et qui s'évanouirait le jour où il
y a un prix à distribuer? Tels sont les motifs qui ont inspiré le conseil
d'État et la commission. Une considération domine la question : c'est

que la protection due à la femme et au mineur ne saurait leur être retirée à l'heure précisément où ils en ont besoin.

M. le rapporteur dit qu'au surplus le conseil d'État et la commission n'ont point entendu adopter un système absolu. L'absolu ne convient pas aux hommes d'affaires; il faut savoir concilier toutes les difficultés, il faut savoir transiger, et ici la transaction s'est opérée de la manière la plus simple. Il a été reconnu que, pour que ce droit de préférence fût exercé par la femme, il fallait qu'elle le revendiquât le jour où il y a un prix à distribuer. On n'a pas voulu qu'elle pût tenir indéfiniment en échec le droit des autres créanciers; qu'il dépendît d'elle de renverser révolutionnairement les bases de l'ordre une fois réglées. Ici reparaissait l'intérêt du crédit, qu'il importait également de sauvegarder. Si, après la vente et dans un bref délai, un ordre s'ouvre, la femme doit être admise à s'y présenter. Vouloir l'en empêcher, ce serait dire qu'elle n'a jamais eu qu'un vain haillon d'hypothèque. Si donc un ordre judiciaire s'ouvre, le droit de la femme concourt avec celui des autres créanciers; mais il ne faut pas qu'elle puisse venir le troubler après coup : aussi l'une des conditions attachées à l'exercice de son droit, c'est que l'ordre suivra de près la vente.

Les partisans absolus du droit de préférence auraient souhaité que le droit de la femme pût planer trente années sur le prix de vente. La commission et le conseil d'État ne se sont point associés à ces opinions extrêmes; ils ont décidé qu'il y aurait un délai de grâce qui suivrait de près la vente; que si un ordre s'ouvrait, la femme pourrait s'y présenter à son rang; mais qu'au bout de trois mois la situation serait liquidée, et que si, dans ce délai, la femme ne s'était point présentée, elle serait déchue de son droit. Aller au delà n'était pas possible sous un régime qui s'inspire avant tout du respect pour les droits acquis. L'intervention de la femme ne pouvait plus être accueillie lorsqu'elle avait un caractère de perturbation; mais tant que les choses sont entières, il n'y a aucun motif de l'exclure. Le crédit ne recevra aucune atteinte parce que, dans les trois mois qui suivront cette vente, il sera loisible à une femme de se présenter à l'ordre et de réclamer une satisfaction raisonnable et modérée. Quant à l'acquéreur, s'il est exposé plus souvent à une surenchère, il devait s'y attendre : la surenchère est sous-entendue dans toutes les acquisitions de biens hypothéqués, et elle est avantageuse en assurant la vente de l'immeuble à sa véritable valeur. Enfin, après saisie immobilière, la question agitée ne se présentera presque jamais, puisque le procureur impérial aura fait inscrire l'hypothèque. La question n'a donc pas l'intérêt pratique qu'on lui suppose.

Tel est le système auquel la commission s'est ralliée, d'accord avec le conseil d'État, dont elle a complété la rédaction. Les auteurs de cette transaction ne se flattent point d'avoir ainsi donné satisfaction aux partisans des théories inflexibles, mais ils croient s'être conformés aux exigences d'une pratique équitable; ils croient avoir rendu un service réel en tranchant une question que la jurisprudence a laissée pendante. En dehors des opinions extrêmes, et grâce à un compromis dicté par le bon sens, ils croient avoir trouvé une solution dont l'expérience fera ressortir les conséquences heureuses.

239. M. ÉMILE OLLIVIER soutient que M. le rapporteur n'a pas répondu aux arguments par lui invoqués. Au lieu de se défendre, il a pris l'offensive. Vous ne protégez pas la femme, a-t-il dit, vous ne lui laissez qu'un haillon d'hypothèque. A quoi lui servira son droit, si vous le détruisez au moment où il va agir? L'orateur répond que ce droit lui servira à conserver, par une inscription prise en temps utile, sa position, et contre l'acquéreur et contre les créanciers. Assurément, rien n'est moins inutile. Le droit de préférence et le droit de suite, a-t-on ajouté, sont distincts; ce qui atteint le second ne peut agir sur le premier. L'orateur répond que la commission a tort de décider que le droit de préférence ne s'exercera que pendant trois mois après l'extinction du droit de suite; il faut ou le respecter pendant trente ans, ou reconnaître qu'il n'est pas exact de dire que rien de ce qui affecte le droit de suite ne peut avoir d'influence sur le droit de préférence. Du moment que le droit de préférence n'est pas maintenu dans son intégrité, quel défaut de logique y a-t-il à le faire périr au moment même où périt le droit de suite?

L'orateur déclare qu'il n'est pas plus partisan que M. le rapporteur des systèmes absolus. La vérité n'apparaît à l'homme que d'une manière successive, et, dans son existence relative même, elle ne peut résulter que de la combinaison des éléments opposés. Elle n'est pas dans le prolongement d'un rayon quelconque, mais dans le centre où tous les rayons se rencontrent et se limitent. L'orateur croit que c'est au centre qu'il s'est placé pour combattre le système de la commission.

La délibération continue sur l'art. 1er du projet, lequel modifie les art. 692, 696 et 717 du Code de procédure. Le débat porte spécialement sur la rédaction de l'art. 717.

240. M. DU MIRAL demande la parole pour appuyer cette rédaction. Son intention n'était pas d'abord de se mêler à la discussion, mais l'insistance avec laquelle l'honorable M. Ollivier s'est plaint que l'on n'eût pas fait une réponse assez précise à ses objections détermine l'orateur à prendre la parole.

Selon M. Ollivier, la combinaison du projet de loi manque de simplicité; elle est contraire à la jurisprudence et à la pratique; enfin, c'est une innovation dangereuse pour l'intérêt public et le crédit. La première de ces critiques ne semble pas très-sérieuse. Si l'on peut faire une loi tout à fait simple, elle n'en sera que meilleure; mais ce qui importe avant tout, c'est de faire une loi utile et juste. La seconde objection, tirée de la jurisprudence de la Cour de cassation, ne paraît pas avoir plus de valeur. Il ne s'agissait ni pour la commission, ni pour la Chambre, de se demander si la Cour de cassation avait bien jugé dans le système de la législation actuellement en vigueur; la question était de savoir si cette législation devait être maintenue. La jurisprudence de la Cour de cassation a été très-vantée par M. Ollivier ; mais on doit reconnaître qu'elle est loin d'avoir obtenu une approbation unanime. Les magistrats, en général, ne l'ont pas adoptée. Sur vingt-sept Cours d'appel, vingt-deux ont refusé de l'admettre. Les jurisconsultes et les magistrats les plus éminents étaient contraires à cette jurisprudence de la Cour de cassation, qui a été notamment combattue par MM. Troplong, Dupin, Delangle.

Selon l'honorable membre, c'est avec raison que cette doctrine a rencontré des contradicteurs. Elle dénaturait l'hypothèque légale, dont le caractère particulier est d'être dispensée d'inscription, et elle la soumettait à la nécessité de l'inscription pour qu'elle pût produire effet. C'était créer de grands périls et de graves préjudices pour des intérêts que le législateur a constamment voulu protéger.

241. La troisième objection tirée de l'intérêt public n'est pas mieux fondée. L'honorable M. Ollivier l'a examinée au double point de vue de la situation des créanciers inscrits et de l'acquéreur ; il a fait remarquer que cette situation était la même, qu'il s'agît d'expropriation ou de vente volontaire. Se plaçant sur ce terrain, il a dit : La purge par l'acquéreur a pour résultat de mettre les créanciers inscrits en demeure de faire valoir le droit de suite. Si l'hypothèque légale est dispensée de s'inscrire, qu'arrive-t-il ? C'est qu'au moment où les créanciers inscrits recevront connaissance du prix de la vente, ils seront très-embarrassés ; leur ignorance de l'hypothèque légale les amènera ou à ne pas surenchérir, ou bien à le faire, quand même la surenchère porterait l'immeuble au delà de sa vraie valeur ; on les exposera ainsi, soit à être atteints dans leurs créances, soit à faire une surenchère fâcheuse et contraire à l'intérêt de l'acquéreur.

L'orateur soutient que les appréhensions de M. Ollivier sont chimériques ; que les prétendus inconvénients redoutés par M. Ollivier sont, au contraire, des avantages. Les créanciers auxquels les notifications seront faites seront-ils donc obligés de ne pas surenchérir, ou de surenchérir à des conditions onéreuses ? L'honorable membre affirme que les créanciers surenchériront toutes les fois que cela sera convenable à leurs intérêts. Comment admettre qu'obligé de tenir compte d'une hypothèque légale incertaine et dont l'apparition ultérieure est possible, un créancier sera assez insensé pour surenchérir au delà de la valeur réelle de l'immeuble ? Évidemment les créanciers ne surenchériront que si cela leur est utile, lorsque le prix n'aura pas atteint la valeur réelle.

242. Dans la pensée de M. Ollivier, le droit de surenchère serait contraire à l'intérêt du crédit. C'est là un point que l'orateur contredit absolument. A son avis, si quelque chose est favorable à l'intérêt public et au crédit, c'est la surenchère, puisqu'elle porte l'immeuble à sa valeur réelle et assure à la fois le payement des créanciers inscrits et des créanciers à hypothèques légales.

243. Une autre objection a consisté à dire que la surenchère rendait incertaine l'adjudication et portait atteinte au contrat. Mais en dehors

de la question du droit de préférence, de la survivance d'une portion de l'hypothèque légale après les publications, est-ce que l'acquéreur ne reste pas soumis à la surenchère ? La surenchère par les créanciers sera toujours possible. Il y a donc là une appréhension sans fondement. Loin que le développement de la surenchère soit à craindre, l'orateur le considère comme favorable ; il fait, du reste, remarquer que la nécessité de l'inscription, réclamée par M. Ollivier pour l'hypothèque légale, ne ferait pas cesser les prétendus inconvénients qu'il signale, parce que l'hypothèque légale est presque toujours éventuelle et indéterminée, et que l'incertitude sur la suffisance du prix de l'adjudication subsisterait encore dans ce système.

244. Maintenant est-il vrai qu'à l'occasion des formalités de purge qui interviennent entre l'acquéreur et les créanciers inscrits, il se passe quelque chose de nature à invalider les droits des créanciers à hypothèque légale ? L'orateur soutient que non. Par les formalités de la purge, on avertit les créanciers inscrits que tel immeuble vient d'être vendu moyennant tel prix, et que l'acquéreur est prêt à le payer. A qui ce prix sera-t-il payé ? Évidemment à qui par justice sera ordonné, à ceux, en un mot, à qui le prix doit revenir. Mais aucun contrat ne lie l'adjudicataire ou l'acquéreur vis-à-vis du créancier.

245. Relativement à l'hypothèque légale, la situation est la même qu'avant. Quand un créancier a donné son argent en échange d'une hypothèque, il a su qu'il pourrait exister des hypothèques légales ; cette situation a été celle que lui faisait notre droit ; elle reste la même après la purge. Une formalité remplie par l'acquéreur, dans son intérêt personnel, ne peut pas profiter aux créanciers inscrits, lesquels sont complétement étrangers à cette formalité.

246 L'honorable membre se demande si, par le maintien du droit de préférence, on fait échec au droit de l'acquéreur, et il se prononce pour la négative. L'acquéreur ne saurait être intéressé à ce que l'hypothèque légale disparût par l'effet de la purge. Tout ce qui lui importe, c'est qu'il reste propriétaire incommutable et paye valablement son prix. Or, sur le premier point, son droit de propriété n'est nullement atteint ; sur le second point, il sauvegarde complétement sa position en remplissant les formalités de la loi. L'hypothèque légale ne peut jamais l'atteindre, et elle n'a d'action que sur la situation des créanciers inscrits. L'acquéreur est donc complétement en dehors de la question.

247. Toutefois, on insiste et l'on soutient que l'acquéreur a intérêt à ce qu'il n'y ait pas de surenchère. L'orateur répète, à cet égard, qu'on ne peut pas empêcher les surenchères ; elles interviendront ou n'interviendront pas, selon que le prix de l'immeuble n'aura pas atteint ou aura atteint sa vraie valeur. Elles ne sont pas liées le moins du monde à la survivance du droit de préférence.

248. Après avoir réfuté les objections faites par M. Ollivier contre l'art. 717, l'honorable membre soutient que M. Ollivier n'a pas tenu compte des graves inconvénients que présente son propre système. Selon l'orateur, M. Ollivier se trompe lorsqu'il prétend que l'admis-

sion de son opinion aurait un résultat aussi favorable au droit de la femme que l'est le projet de loi. La mission donnée au procureur impérial de faire inscrire les hypothèques légales des incapables n'est pas à elle seule une suffisante garantie. Le représentant des créanciers à hypothèques légales ne fera pas toujours ce qu'il aura le devoir de faire. D'un autre côté, les créanciers à hypothèques légales ne seront pas toujours connus du procureur impérial. Celui-ci, d'ailleurs, n'a qu'une mission restreinte; il ne prend inscription pour l'hypothèque légale que du chef du premier possesseur. La survivance du droit de préférence est donc pour les incapables une garantie nécessaire, et c'est la conséquence forcée de la dispense d'inscription.

249. La question est de savoir si l'on doit opter et comment on doit opter entre le droit des créanciers inscrits et celui des créanciers à hypothèque légale. L'honorable M. Ollivier voudrait appliquer à cette matière le principe d'égalité; il ne voudrait pas de différence entre les créanciers inscrits et les créanciers à hypothèque légale. La commission pense, au contraire, que ces derniers doivent être préférés. S'ils ont été dispensés d'inscription parce qu'ils méritaient une faveur particulière, les mêmes motifs existent pour qu'on leur permette de produire, même après l'adjudication. Ce droit qu'on leur reconnaît, c'est la sauvegarde des familles. On a considéré que si les créanciers ordinaires font eux-mêmes leurs affaires, il n'en est pas de même des créanciers à hypothèque légale. Ceux-ci ne peuvent agir que par des intermédiaires, lesquels souvent ont un intérêt contraire. Il y avait donc des raisons de la plus haute gravité pour décider à la fois le maintien de la dispense d'inscription et le maintien du droit de préférence, même après l'adjudication.

En résumé, l'orateur soutient que la commission a consacré, par son système, une conciliation rationnelle et logique; elle a bien fait de maintenir le droit de préférence, et elle a bien fait de le limiter, car jamais la survivance du droit de préférence n'a pu avoir un caractère indéfini; en même temps que la commission sauvegardait les droits des incapables, elle a su respecter l'intérêt du crédit. Elle a amélioré tout à la fois la législation antérieure et le projet primitif du conseil d'État. L'orateur est convaincu que la combinaison de la commission recevra de la pratique un accueil favorable et une sanction définitive

250. M. DESMAROUX DE GAULMIN déclare qu'il ne peut s'associer à l'éloge que le préopinant vient de faire de la solution adoptée par la commission. La commission était partagée sur la question de la survivance du droit de préférence. Ses membres ont cédé au désir de s'entendre, et, dans la transaction, les principes ont été sacrifiés. Cependant l'avantage qui est fait à la femme sera à peu près insignifiant. Son droit de préférence lui est conservé, mais il lui est retiré presque immédiatement. Ce serait une grande erreur de croire que le Code Napoléon a sacrifié les droits de la femme, car il lui a donné une hypothèque légale dispensée d'inscription; mais il n'a pas voulu qu'elle eût une durée indéfinie et qu'elle pût à toujours paralyser les droits des créanciers.

Une procédure a été organisée pour obliger cette hypothèque à se manifester ; et lorsque ces formalités, énumérées avec soin dans le Code,
ont été accomplies, lorsqu'on a purgé, le Code Napoléon déclare, dans
son art. 2180, que l'hypothèque est éteinte. Ces formalités de la purge
sont un avertissement sérieux, car elles consistent en une signification
adressée à la femme et une insertion faite dans les journaux. La commission, qui ne voit pas une garantie dans ce double avertissement,
avertit beaucoup moins encore. Tout son système consiste à allonger
le délai de la purge légale sans nouvel avertissement. Si la publicité
exigée par le Code Napoléon n'est pas suffisante, le système nouveau
offrira-t-il plus de garanties? L'honorable membre ne le pense pas. La
solution proposée par la commission lui paraît donc sans utilité. Le
projet de loi avait pour but de diminuer les délais et les frais. On y a
introduit un système qui complique la procédure ; ce n'est donc pas un
progrès, mais un pas fait en arrière.

Ce qu'il y aurait de mieux à faire, selon l'orateur, serait de rejeter
l'article du projet de loi et de revenir purement et simplement au Code
Napoléon, si nettement interprété en ce point par la Cour de cassation.
Cette Cour a déclaré, dans ses arrêts rendus en audience solennelle, que
le prix n'étant que la représentation de l'immeuble affranchi de l'hypothèque, la collocation n'était que la continuation du droit de suite.
On le voit, la Cour de cassation n'admet pas que le droit de préférence
puisse exister en dehors du droit de suite. Le projet crée une différence
entre les deux droits. L'honorable membre demande où cela peut conduire. En matière hypothécaire, il faut se garder d'innover, de peur
d'ouvrir la porte à la chicane. L'orateur le répète, le Code Napoléon a
fait pour la femme tout ce qu'il était possible de faire en lui donnant
une hypothèque légale dispensée d'inscription, et que la purge seule fait
disparaître. Le projet y a ajouté une garantie excellente, l'obligation
imposée au procureur impérial de faire inscrire l'hypothèque. Cela était
suffisant ; cela vaut mieux pour la femme que ce droit de préférence tel
qu'on l'a limité en bouleversant tous les principes. Mais on dit qu'il fallait une solution en présence des dissidences de la jurisprudence, c'est
là l'excuse ; selon l'honorable membre, elle n'est pas satisfaisante, car
les Cours d'appel, qui étaient en dissidence avec la Cour de cassation,
auraient fini par se ranger à l'avis de la Cour suprême. La commission,
en prenant parti contre elle, a empêché ce rapprochement, et cela sans
que la femme retire aucun avantage sérieux du système nouveau.

251. M. Josseau, membre de la commission, ne croit pas devoir revenir sur une discussion qu'il considère comme épuisée, d'autant plus
que les observations qui sont présentées pour ou contre le droit de préférence s'appliquent plus à la législation en vigueur qu'au projet de loi
lui-même. Il dira seulement, à cet égard, que la solution de la question
en ce moment discutée était, contrairement à l'avis de l'honorable
préopinant, d'une utilité réelle. En effet, cette question si grave était
pendante depuis longtemps et divisait en deux camps la doctrine et la
jurisprudence, les Cours impériales et la Cour de cassation. La solution

était donc nécessaire; mais, pour être bonne, elle doit être claire. L'honorable membre demandera donc à MM. les commissaires du gouvernement une double explication.

252. La solution proposée au conseil d'État par la commission s'applique à deux cas : celui de l'expropriation forcée et celui de l'aliénation volontaire. En ce qui concerne l'aliénation volontaire, l'art. 772 s'explique nettement. Mais le conseil d'État a ajouté à l'amendement proposé par la commission sur l'art. 717 les mots : *conformément aux art. 751 et 752*. La commission ne se rend pas bien compte des motifs de cette addition, et elle désire que MM. les commissaires du gouvernement veuillent bien les expliquer. Si cette explication n'était pas donnée, il en résulterait dans la pratique une double incertitude.

253. La première serait celle-ci : trois sortes d'ordres peuvent avoir lieu : l'ordre judiciaire, l'ordre amiable et l'ordre consensuel, qui se règle entre les parties, par-devant notaire, et hors de la présence du juge. La commission avait prévu ces trois genres d'ordres, en n'en désignant aucun. Le conseil d'État a nommé les deux premiers en renvoyant aux art. 751 et 752. A-t-il voulu exclure le troisième? Ce qui est dit de l'ordre amiable en général s'applique-t-il à celui qui a lieu hors de la présence du juge aussi bien qu'à celui auquel préside le juge, à l'ordre consensuel comme à l'ordre amiable ordinaire? La commission, dans son rapport, exprime la pensée qu'il en doit être ainsi : il n'y a, en effet, aucune raison pour décider autrement dans ce cas que dans les autres, et pour faire survivre le droit de préférence à la clôture de l'ordre consensuellement réglé entre les parties. Si tel est aussi l'avis du conseil d'État, il est utile que cet avis soit formellement exprimé.

254. La seconde question est celle-ci : la commission voulait que, dans tous les cas, le droit de préférence ne pût être prolongé au delà du délai de trois mois après l'accomplissement de la purge ; elle entendait que, pour les deux cas d'expropriation ou d'aliénation volontaire, ce délai fût un maximum. Pour l'aliénation volontaire, l'art. 772 est formel : un délai de trois mois est établi, il court à partir de l'accomplissement des formalités de la purge. Mais en cas d'expropriation forcée, l'art. 717 et les art. 751 et 752, auxquels il renvoie, sont loin d'être aussi explicites. Le conseil d'État a-t-il voulu que, par identité de raison, le maximum du délai fût, dans ce cas, le même? A-t-il voulu que ce délai fût aussi le même pour tous les genres d'ordres? Il ne doit pas y avoir d'incertitude à cet égard si l'on veut prévenir bien des procès et éviter des nullités.

265. M. DE PARIEU, vice-président du conseil d'État, répond que le conseil d'État lui paraît d'accord avec la commission sur ces deux points, et que l'addition des mots *conformément aux art. 751 et 752* n'a eu nullement pour but d'élargir le sens de l'art. 717 proposé par la commission, relativement à son application à l'ordre judiciaire ou à l'ordre de conciliation devant le juge-commissaire. Le conseil d'État a voulu seulement préciser. Cette addition a été faite ensuite des explications apportées au conseil d'État par les délégués de la commis-

sion, relativement à ces deux espèces d'ordres qui sont l'objet naturel de la loi. Le conseil d'État n'avait pas trouvé que la rédaction de la commission fût nette en ce qui concerne l'ordre conciliatoire. Pourquoi s'est-il référé aux art. 751 et 752? C'est parce qu'en parlant d'ordres réglés à l'amiable devant le juge-commissaire, il fallait empêcher que l'exercice du droit de préférence fût prolongé indéfiniment à la faveur de tentatives de conciliation qui n'auraient abouti que longtemps après l'expiration du mois accordé pour se régler devant le juge-commissaire, l'art. 752 n'ayant pas été observé pour l'ouverture de l'ordre judiciaire.

256. Quant à l'ordre consensuel spécialement, c'est-à-dire l'ordre réglé amiablement ailleurs que devant le juge-commissaire, M. le commissaire du gouvernement ne croit pas qu'il y eût lieu de le régler par un texte précis; l'ordre consensuel n'est qu'un contrat ordinaire. Ce n'est plus un ordre de distribution de prix fait sous la direction de la justice et tombant dans le cadre de l'ancienne loi ni de la nouvelle. Il n'y avait donc pas à le régler d'une manière spéciale. Du reste, les principes posés pour l'ordre judiciaire se refléteront naturellement sur l'ordre réglé devant notaire; le jurisprudence devra, par analogie, les appliquer et avoir égard, suivant M. le commissaire du gouvernement, à la pensée d'une prompte déchéance du droit de préférence séparé du droit de suite. Cela résulte des principes posés par le projet de loi qui organisent cette déchéance dans des termes réciproquement analogues, sinon complètement identiques, pour les deux espèces d'ordres objet de la prévision du législateur.

M. Josseau constate que la pensée du conseil d'État est alors exactement la même que celle de la commission.

257. M. Millet demande si la commission entend limiter absolument le délai à trois mois.

M. Riché, rapporteur, répond qu'aux termes de l'art. 772, l'ordre doit s'ouvrir, après vente volontaire, dans les trois mois; après expropriation forcée, dans les délais qui résultent de la combinaison des art. 751 et 752. L'ordre étant ouvert dans ces délais, la femme peut y produire, si l'ordre est judiciaire, tant que les créanciers inscrits le peuvent, et si l'ordre est amiable, jusqu'à sa clôture. Ainsi la femme pourra produire après trois mois ou après le délai résultant des art. 751 et 752; mais il faudra que l'ordre où elle produira ait été commencé dans le délai de trois mois ou dans celui des art. 751 et 752.

258. M. Busson demande à la commission et à MM. les membres du conseil d'État quel est le sens précis des mots *créanciers à hypothèques légales* dont se sert l'art. 717, et qui sont reproduits dans l'art. 772. L'orateur croit que ces mots désignent seulement, dans la pensée de la commission, les créanciers à hypothèques légales dispensées originairement d'inscription; mais comme dans le Code Napoléon il y a d'autres créanciers non inscrits, l'expression de *créanciers à hypothèques légales* est trop large, et le sens doit en être précisé, afin de prévenir les difficultés dans la pratique.

259. M. Suin, conseiller d'État, commissaire du gouvernement, ré-

pond que les mots *créanciers à hypothèques légales*, employés dans l'art. 717, ne s'appliquent qu'à la femme et aux mineurs. Quant aux créanciers qui sont tenus de prendre inscription, l'exposé des motifs et le rapport de la commission déclarent nettement qu'il n'en est pas ici question. L'art. 2134 du Code Napoléon leur a fait une position à part. Il ne s'agit, dans l'art. 717, que des effets de la purge des hypothèques légales vis-à-vis des créanciers qui ne sont pas obligés d'inscrire. Les autres créanciers à hypothèques légales, tels que le Trésor, l'administration de la justice pour le recouvrement de ses frais, les comptables, ne sont pas ici en cause. D'après l'art. 2134, le créancier à hypothèque légale est, en principe général, obligé d'inscrire. L'art. 2135 règle les exceptions. Il s'agit ensuite du mode de purger ces hypothèques exceptionnelles dispensées d'inscrire; mais comme il n'est question ici que des art. 2194 et 2195, on n'a en vue que les femmes et les mineurs, et non les créanciers à hypothèques légales de l'art. 2134.

260. M. Duclos demande contre qui l'adjudicataire évincé pourra exercer son recours en garantie. Est-ce contre le poursuivant, contre le saisi ou contre les créanciers colloqués? C'est là une question qui donne lieu à de nombreux procès et qu'il y a intérêt à trancher.

261. L'honorable membre ajoute que, d'après l'art. 2154, les inscriptions d'hypothèques valent pour dix ans. Il faut les renouveler tous les dix ans pour qu'elles conservent leur rang. Si une hypothèque inscrite depuis dix ans expire pendant l'ordre, sera-t-il nécessaire de la renouveler?

262. M. DE PARIEU, vice-président du conseil d'État, fait remarquer que si, sur tous les points qui donnent lieu à des difficultés dans la pratique, des demandes d'explications étaient adressées à la commission ou au conseil d'État, la discussion de la loi dégénérerait en consultations. M. le commissaire du gouvernement ne croit pas qu'il y ait lieu de soulever devant la Chambre toutes les questions qui sont du domaine de la jurisprudence relativement à la partie du Code de procédure qui est reproduite textuellement dans sa forme ancienne pour encadrer les dispositions nouvelles du projet de loi. A l'égard de cette partie du Code de procédure, l'orateur ne se reconnaît pas qualité pour intervenir dans le domaine de l'interprétation.

L'art. 717 est mis aux voix et adopté.

263. L'Assemblée passe à la délibération sur l'art. 2 du projet, qui comprend les art. 749 à 779 du Code de procédure civile.

L'art. 749 est adopté.

264. M. ÉMILE OLLIVIER critique comme trop étendue la durée du délai de quarante-cinq jours accordé à l'adjudicataire par l'art. 750 pour faire transcrire son jugement d'adjudication. La raison donnée dans l'exposé des motifs et dans le rapport de la commission, c'est que le vendeur ayant quarante-cinq jours pour faire inscrire son privilège, en cas de revente, il serait inutile d'exiger avant cette époque l'accomplissement de la transcription. L'orateur trouve ce motif inacceptable. Selon lui, le vendeur sera toujours forclos s'il n'est pas inscrit avant le

jugement d'adjudication. En effet, les quarante-cinq jours qui lui sont accordés partent, aux termes de l'art. 6 de la loi de 1855, du jour de la vente. Or, de la saisie à l'adjudication qui vaut revente, il s'écoulera au moins quatre-vingt-dix jours. Donc, au moment de l'adjudication, de deux choses l'une : ou le vendeur sera inscrit, alors il n'est pas nécessaire de lui accorder un délai pour s'inscrire; ou il ne sera pas inscrit, et alors, le délai de quarante-cinq jours étant expiré, il ne pourra plus s'inscrire. L'orateur insiste surtout sur ce point, pour éviter les conclusions que l'on pourrait tirer plus tard d'un exposé de motifs inexact.

265. M. RICHÉ, rapporteur, fait remarquer que le motif principal de ce délai de quarante-cinq jours est la nécessité d'accorder à l'adjudicataire le temps matériellement indispensable pour être mis en possession d'une expédition de son jugement. Il fait le calcul du temps nécessaire pour l'enregistrement et le greffe.

266. M. GUYARD-DELALAIN dit que, dans la commission, on avait pensé d'abord qu'un délai de trente jours serait suffisant; mais MM. les commissaires du gouvernement ont fait remarquer que l'adjudicataire avait déjà vingt jours pour payer les droits d'enregistrement; c'est seulement après l'enregistrement que l'expédition du jugement peut être faite, et elle est souvent très-volumineuse. quinze ou vingt jours ne sont pas trop pour que l'acquéreur en soit mis en possession, et il faut bien lui accorder une latitude de quelques jours à partir du moment où l'expédition lui est remise.

L'art. 750 est adopté.

267. M. LE PRÉSIDENT donne lecture de l'art. 751, qui indique les formalités à suivre pour appeler les créanciers à régler amiablement leurs droits devant le magistrat.

M. DUCLOS applaudit à la pensée de commencer les opérations de l'ordre par une tentative de conciliation; mais est-ce devant le juge-commissaire ou devant un notaire que cette tentative doit avoir lieu? L'honorable membre avait résolu la question dans ce dernier sens, et il avait présenté à la commission un amendement qui chargeait de la mission conciliatrice un notaire commis par le tribunal.

Les arguments par lesquels la commission a motivé le rejet de ce système n'ont pas convaincu l'honorable membre; il en appelle sur ce point à l'avenir; selon lui, le temps démontrera que le notaire aurait eu plus de chances que le magistrat pour amener la conciliation. Il est convaincu que les soupçons d'intérêt personnel qui auraient pu, dans les premiers temps, s'élever contre les notaires, n'auraient pas tardé à s'évanouir. Dans cette occasion, l'influence du notaire aurait été, dans les ordres, aussi salutaire et aussi désintéressée qu'elle l'est aujourd'hui dans les liquidations.

268. Passant à une autre question, l'orateur critique comme insuffisante la disposition de l'art. 751, qui prononce une amende de vingt-cinq francs contre les créanciers appelés amiablement devant le juge et non comparants. L'honorable membre voudrait que ces créanciers pussent être condamnés à tout ou partie des frais de l'ordre judiciaire qu'ils

auraient rendu nécessaire; il pense même que cette condamnation pourrait être prononcée en l'absence d'une disposition spéciale de la loi et en vertu de l'art. 1382 du Code Napoléon, qui oblige toute personne à réparer le dommage causé à autrui par sa faute.

269. M. Guyard-Delalain dit que la commission a examiné avec beaucoup d'intérêt l'amendement qui lui a été soumis par l'honorable préopinant, dans le but de faire confier aux notaires la rédaction des ordres amiables. La commission, à peine nommée, a été saisie de cette question par un document émané du notariat; dès la première conférence, les membres de la commission ont cherché à fixer leur opinion sur cette même question. Après de longs débats, ils ont unanimement été d'avis que, pour la tentative d'ordre amiable, le juge devait conserver sa prérogative, et qu'il n'y avait pas lieu à renvoi devant notaire.

L'orateur déclare que cette décision a été conforme à l'opinion émise par un grand nombre de magistrats, d'officiers ministériels et d'hommes versés dans la pratique des affaires. La commission n'a pas eu un moment la pensée de révoquer en doute la capacité, l'expérience et l'honorabilité des notaires; mais elle a craint que, dans l'accomplissement des fonctions réclamées pour eux, les parties ne fussent quelquefois disposées, bien à tort assurément, à suspecter leur impartialité; le juge sera toujours à l'abri d'un pareil soupçon. La commission a considéré aussi que le juge accomplirait gratuitement sa mission, tandis qu'il serait injuste d'imposer cette gratuité à des hommes qui exercent une profession qui n'a pu leur être ouverte qu'au prix de sacrifices dont la compensation leur est due. On a objecté que, devant le juge, les parties seraient obligées de se faire assister par des avoués; mais pense-t-on qu'elles comparaîtraient devant le notaire commis sans être assistées de conseils? Dans le système de M. Duclos, les notaires commis constitueraient une véritable juridiction devant laquelle, comme devant les autres juridictions, rien ne se ferait sans frais.

L'honorable membre n'admet pas l'argument tiré de l'analogie qui existerait entre la confection d'un ordre et celle d'une liquidation. Dans cette dernière opération, les intérêts sont bien loin de se croiser et de se heurter au même degré que dans la première. D'ailleurs rien n'empêche que, comme le disait tout à l'heure un orateur, si toutes les parties sont d'accord, il se fasse, devant un notaire choisi en commun, un ordre consensuel; mais s'il y a entre les parties un élément de litige, c'est seulement à la prérogative du juge qu'il doit être fait appel.

270. Quant à ce qui vient d'être dit à l'occasion de l'amende de 25 fr. prononcée contre le créancier contumax, l'honorable membre déclare que la commission, partageant jusqu'à un certain point l'opinion de M. Duclos, aurait désiré que le créancier qui ne se serait pas présenté devant le juge pût être condamné à tout ou partie des frais d'ordre; mais MM. les commissaires du gouvernement ont pensé que les tribunaux se résoudraient difficilement à prononcer une pareille condamnation; on a préféré dès lors fixer le chiffre de l'amende. En terminant, l'orateur dit que si l'on parvenait à prouver le dol et la fraude,

7

preuve, il est vrai, bien difficile, on pourrait peut-être, sans qu'il soit besoin d'une disposition spéciale, faire condamner le créancier non comparant à supporter tout ou partie des frais de l'ordre.

L'art. 751 est adopté, ainsi que les articles suivants, jusques et y compris l'art. 760.

271. M. ÉMILE OLLIVIER a la parole sur l'art. 761. Il considère comme une innovation utile la disposition portant que les contestations, en matière d'ordre, seront jugées comme affaires sommaires. Mais si cette mesure est excellente pour la célérité des affaires, elle produit une injustice en ce qui concerne les avoués. Dans les affaires sommaires, l'émolument de l'avoué est très-minime ; or, dans les ordres, il se présente souvent des difficultés considérables, des sommes très-importantes y sont engagées, des déchéances peuvent à chaque instant survenir si la surveillance de l'avoué n'est pas active et éclairée ; trouvera-t-on désormais un avoué sérieux qui, dans ces circonstances et pour une pareille rémunération, consente à assumer une pareille responsabilité ?

L'orateur, en votant pour l'article proposé, demande que les dispositions de cet article soient complétées par un remaniement de tarifs qui accorde aux avoués une rémunération proportionnée à l'importance de l'affaire. On a augmenté leur responsabilité, il ne faut pas diminuer en même temps leurs émoluments.

272. M. RICHÉ, rapporteur, rappelle que ce vœu a été devancé par le rapport de la commission. Le tarif des frais et dépens se divise aujourd'hui en deux catégories : celle des affaires sommaires et celle des affaires ordinaires ; le tarif des affaires ordinaires est généralement élevé. Comme la plupart des ordres portent sur de petites sommes, la commission et le conseil d'État ont été d'avis de les classer parmi les affaires sommaires, selon la pratique actuelle la plus générale en France ; mais pour que dans les affaires importantes les avoués reçoivent une rémunération suffisante, la commission a réclamé, comme vient de le faire M. Émile Ollivier, un système de tarif qui proportionne l'émolument du travail à la somme en distribution ou à l'intérêt que le travail défend.

L'art. 761 est adopté, ainsi que les articles suivants jusqu'à l'art. 771.

273. M. JOSSEAU, membre de la commission, a la parole sur l'art. 772. Il appelle l'attention de l'Assemblée sur le paragraphe 3, ainsi conçu : « Dans tous les cas, l'ordre n'est ouvert qu'après l'accomplissement des formalités prescrites pour la purge des hypothèques. »

L'honorable membre dit que, d'après la législation aujourd'hui existante, et par le résultat de l'art. 775 du Code de procédure, l'ordre ne peut commencer qu'après l'expiration des délais fixés pour la purge des hypothèques inscrites et des hypothèques légales.

Dans la pratique, en général, cette prescription ne s'exécute pas ; la purge des hypothèques inscrites est obligée et a toujours lieu dans un court délai ; quant à la purge des hypothèques légales, on s'en dispense fréquemment, surtout (et c'est le cas le plus fréquent) lorsqu'il s'agit d'immeubles de peu de valeur. En effet, souvent l'acquéreur ne la juge pas nécessaire, souvent aussi il recule devant une dépense en dispro-

portion avec l'importance de son acquisition. La commission, appelée
à examiner les dispositions nouvelles, n'a pas cru qu'on pût contraindre
l'acquéreur à purger légalement et à se charger de frais considérables,
ni qu'il y eût lieu d'autoriser un créancier à purger pour lui aux dépens
de la masse. Elle a donc pensé que, pour ne pas retarder indéfiniment
l'ouverture de l'ordre, il serait bon de fixer un délai assez rapproché de
l'époque de l'acquisition et à partir duquel l'ordre pourra être ouvert.
Ce but aurait été atteint si, à la fin du paragraphe ci-dessus cité, on
avait mis le mot *inscrites*, et si l'on avait ajouté la phrase suivante : « Si
l'acquéreur purge les hypothèques légales, les opérations de l'ordre ne
devront être suspendues que dans le cas où la purge aura été commencée dans le délai d'un mois. » Cet amendement a été repoussé par
le conseil d'État. L'orateur demande si, par ce rejet, l'on a entendu
maintenir l'état actuel des choses ; si, dans la pensée du gouvernement,
il faudrait, pour ouvrir l'ordre, attendre la purge même des hypothèques légales. Ce serait imposer à la petite propriété des charges trop
lourdes, pour le cas où l'acquéreur serait forcé de purger à ses frais, et
faire subir aux prêteurs hypothécaires un injuste prélèvement si l'on
employait les frais de purge comme privilégiés dans l'ordre.

274. M. DE PARIEU, vice-président du conseil d'État, fait remarquer
qu'il ne serait pas logique de distribuer le prix de la vente d'un immeuble avant que ce prix fût définitivement fixé et avant que ceux qui
y ont droit fussent tous connus. Pour savoir si le prix donné à l'immeuble dans le contrat de vente est sérieux et sincère, il faut laisser au
juge le droit d'ordonner, lorsqu'il le croira nécessaire, qu'il soit procédé à la purge des hypothèques légales, puisque seule elle peut produire cette certitude. La commission, dans son rapport, appelle cela
une pensée *grande;* n'est-ce pas seulement une pensée naturelle et
juste?

275. M. JOSSEAU dit que dès lors la question restera soumise à l'arbitraire du juge, et que la disposition, malgré ses termes en apparence
impératifs, manquera de sanction.

276. M. SUIN, conseiller d'État, commissaire du gouvernement, fait
remarquer que le paragraphe en discussion ne dit pas que l'ordre *ne
pourra* être provoqué qu'après l'expiration des délais de purge ; il s'explique d'une manière beaucoup moins absolue, et à peu près dans les
mêmes termes que l'art. 775 du code actuel, dont l'exécution n'a
donné lieu à aucune difficulté. L'accomplissement des formalités tracées pour la purge a deux buts. Le second effet qu'il produit est d'affranchir l'immeuble ; mais le premier est d'ouvrir et de faire courir le
délai de la surenchère. Or un ordre ne peut être utilement ouvert qu'autant que le prix est définitivement fixé et accepté par les créanciers, et
ces derniers ne peuvent le connaître légalement, en matière de vente
volontaire, que par les notifications. Si donc un acquéreur, sans avoir
rempli les formalités de la purge, vient faire au juge la réquisition d'ouverture d'ordre, on ne pourra contraindre les créanciers à produire
pour la distribution d'un prix qu'ils n'accepteraient pas s'ils le connais-

saient. Il ne dépend pas d'un acquéreur de faire distribuer son prix en disant que lui seul court le risque de l'oubli des formalités ; il aurait alors trop d'intérêt à la distribution d'un prix non sincère, déloyal, et, la plupart du temps, dissimulé ; mais il y a un droit dont il ne peut frustrer les créanciers : c'est le droit de surenchère.

Il peut donc arriver qu'au lieu d'obéir à la sommation de produire, un créancier s'y refuse ; on ne pourra prononcer contre lui aucune déchéance ; il aura, au contraire, le droit de faire sommation à l'acquéreur de notifier son contrat. Il s'écoulera un mois, puis commencera le délai de quarante jours ; et voilà des lenteurs et une perte de temps qu'on aurait pu éviter.

Si les créanciers et l'acquéreur sont d'accord pour la dispense des formalités, le projet n'est pas impératif, et ne prononce aucune peine de nullité ; mais, en l'absence des créanciers, le juge pourra, d'après les circonstances, faire une appréciation qui imposera à l'acquéreur la nécessité de la purge ou l'en dispensera.

277. M. Desmaroux de Gaulmin demande que M. le rapporteur indique quels seront, aux termes de l'art. 772, les droits de la femme.

M. Riché, rapporteur, répond que la femme aura absolument les mêmes droits que les créanciers inscrits, et cela par une analogie parfaite avec ce qui a lieu dans la procédure ordinaire d'ordre. La femme pourra faire valoir ses droits dans la procédure d'ordre par attribution, jusqu'au moment où les créanciers inscrits eux-mêmes ne pourraient plus invoquer leur droit.

L'art. 772 est mis aux voix et adopté.

278. Les autres articles du Code de procédure, compris dans l'art. 2 du projet de loi, sont adoptés.

L'art. 838 du Code de procédure, avec le texte qu'il a dans l'art. 3 du projet de loi, est adopté.

Les dispositions transitoires qui forment l'art. 4 sont également adoptées.

Au scrutin sur l'ensemble, le projet de loi est adopté à l'unanimité de 237 votants.

LOI PORTANT MODIFICATION

DES ARTICLES 692, 696, 717, 749 A 779 ET 838

DU

CODE DE PROCÉDURE CIVILE.

ART. 1ᵉʳ. Les art. 692, 696 et 717 du Code de procédure civile sont modifiés ainsi qu'il suit :

ART. 692.

Pareille sommation sera faite dans le même délai de huitaine, outre un jour par cinq myriamètres :

1° Aux créanciers inscrits sur les biens saisis aux domiciles élus dans les inscriptions. Si, parmi les créanciers inscrits, se trouve le vendeur de l'immeuble saisi, la sommation à ce créancier sera faite, à défaut de domicile élu par lui, à son domicile réel, pourvu qu'il soit fixé en France. Elle portera qu'à défaut de former sa demande en résolution et de la notifier au greffe avant l'adjudication, il sera définitivement déchu, à l'égard de l'adjudicataire, du droit de la faire prononcer ;

2° A la femme du saisi, aux femmes des précédents propriétaires, au subrogé tuteur des mineurs ou interdits, aux mineurs devenus majeurs, si, dans l'un et l'autre cas, les mariage et tutelle sont connus du poursuivant d'après son titre. Cette sommation contiendra, en outre, l'avertissement que, pour conserver les hypothèques légales sur l'immeuble exproprié, il sera nécessaire de les faire inscrire avant la transcription du jugement d'adjudication.

Copie en sera notifiée au procureur impérial de l'arrondissement où les biens sont situés, lequel sera tenu de requérir l'inscription des hypothèques légales existant du chef du saisi seulement, sur les biens compris dans la saisie.

ART. 696.

Quarante jours au plus tôt et vingt jours au plus tard avant l'adjudication, l'avoué du poursuivant fera insérer dans un journal publié dans le département où sont situés les biens un extrait signé de lui et contenant :

1° La date de la saisie et de sa transcription ;

2° Les noms, professions, demeures du saisi, du saisissant, et de l'avoué de ce dernier ;

3° La désignation des immeubles, telle qu'elle a été insérée dans le procès-verbal ;

4° La mise à prix ;

5° L'indication du tribunal où la saisie se poursuit, et des jour, lieu et heure de l'adjudication.

Il sera, en outre, déclaré dans l'extrait que tous ceux du chef desquels il pourrait être pris inscription pour raison d'hypothèques légales devront requérir cette inscription avant la transcription du jugement d'adjudication.

Toutes les annonces judiciaires relatives à la même saisie seront insérées dans le même journal.

Art. 717.

L'adjudication ne transmet à l'adjudicataire d'autres droits à la propriété que ceux appartenant au saisi.

Néanmoins l'adjudicataire ne pourra être troublé dans sa propriété par aucune demande en résolution fondée sur le défaut de payement du prix des anciennes aliénations, à moins qu'avant l'adjudication la demande n'ait été notifiée au greffe du tribunal où se poursuit la vente.

Si la demande a été notifiée en temps utile, il sera sursis à l'adjudication, et le tribunal, sur la réclamation du poursuivant ou de tout créancier inscrit, fixera le délai dans lequel le vendeur sera tenu de mettre à fin l'instance en résolution.

Le poursuivant pourra intervenir dans cette instance.

Ce délai expiré sans que la demande en résolution ait été définitivement jugée, il sera passé outre à l'adjudication, à moins que, pour des causes graves et dûment justifiées, le tribunal n'ait accordé un nouveau délai pour le jugement de l'action en résolution.

Si, faute par le vendeur de se conformer aux prescriptions du tribunal, l'adjudication avait eu lieu avant le jugement de la demande en résolution, l'adjudicataire ne pourrait pas être poursuivi à raison des droits des anciens vendeurs, sauf à ceux-ci à faire valoir, s'il y avait lieu, leurs titres de créances dans l'ordre et distribution du prix de l'adjudication.

Le jugement d'adjudication dûment transcrit purge toutes les hypothèques, et les créanciers n'ont plus d'action que sur le prix. Les créanciers à hypothèques légales qui n'ont pas fait inscrire leur hypothèque avant la transcription du jugement d'adjudication ne conservent de droit de préférence sur le prix qu'à la condition de produire avant l'expiration du délai fixé par l'art. 754 dans le cas où l'ordre se règle judiciairement, et de faire valoir leurs droits avant la clôture si l'ordre se règle amiablement, conformément aux art. 751 et 752.

Art. 2. Les art. 749 à 779 du Code de procédure civile sont remplacés par les dispositions suivantes :

Art. 749.

Dans les tribunaux où les besoins du service l'exigent, il est désigné, par décret impérial, un ou plusieurs juges spécialement chargés du règlement des ordres. Ils peuvent être choisis parmi les juges suppléants, et sont désignés pour une année au moins, et trois années au plus.

En cas d'absence ou d'empêchement, le président, par ordonnance inscrite sur un registre spécial tenu au greffe, désigne d'autres juges pour les remplacer.

Les juges désignés par décret impérial, ou nommés par le président, doivent, toutes les fois qu'ils en sont requis, rendre compte à leurs tribunaux respectifs, au premier président ou au procureur général, de l'état des ordres qu'ils sont chargés de régler.

Art. 750.

L'adjudicataire est tenu de faire transcrire le jugement d'adjudication dans les quarante-cinq jours de sa date, et, en cas d'appel, dans les quarante-cinq jours de l'arrêt confirmatif, sous peine de revente sur folle enchère.

Le saisissant, dans la huitaine après la transcription, et, à son défaut, après ce délai, le créancier le plus diligent, la partie saisie ou l'adjudicataire, dépose au greffe l'état des inscriptions, requiert l'ouverture du procès-verbal d'ordre, et, s'il y a lieu, la nomination d'un juge-commissaire.

Cette nomination est faite par le président, à la suite de la réquisition inscrite par le poursuivant sur le registre des adjudications tenu à cet effet au greffe du tribunal.

Art. 751.

Le juge-commissaire, dans les huit jours de sa nomination, ou le juge spécial, dans les trois jours de la réquisition, convoque les créanciers inscrits, afin de se régler amiablement sur la distribution du prix.

Cette convocation est faite par lettres chargées à la poste, expédiées par le greffier et adressées tant aux domiciles élus par les créanciers dans les inscriptions qu'à leur domicile réel en France; les frais en sont avancés par le requérant.

La partie saisie et l'adjudicataire sont également convoqués.

Le délai pour comparaître est de dix jours au moins entre la date de la convocation et le jour de la réunion.

Le juge dresse procès-verbal de la distribution du prix par règlement amiable; il ordonne la délivrance des bordereaux aux créanciers utilement colloqués et la radiation des inscriptions de créanciers non admis en ordre utile.

Les inscriptions sont rayées sur la présentation d'un extrait, délivré par le greffier, de l'ordonnance du juge.

Les créanciers non comparants sont condamnés à une amende de 25 fr.

ART. 752.

A défaut de règlement amiable dans le délai d'un mois, le juge constate sur le procès-verbal que les créanciers n'ont pu se régler entre eux, et prononce l'amende contre ceux qui n'ont pas comparu. Il déclare l'ordre ouvert et commet un ou plusieurs huissiers à l'effet de sommer les créanciers de produire. Cette partie du procès-verbal ne peut être expédiée ni signifiée.

ART. 753.

Dans les huit jours de l'ouverture de l'ordre, sommation de produire est faite aux créanciers par acte signifié aux domiciles élus dans leurs inscriptions ou à celui de leurs avoués, s'il y en a de constitués, et au vendeur, à son domicile réel situé en France, à défaut de domicile élu par lui ou de constitution d'avoué.

La sommation contient l'avertissement que, faute de produire dans les quarante jours, le créancier sera déchu.

L'ouverture de l'ordre est en même temps dénoncée à l'avoué de l'adjudicataire. Il n'est fait qu'une seule dénonciation à l'avoué qui représente plusieurs adjudicataires.

Dans les huit jours de la sommation par lui faite aux créanciers inscrits, le poursuivant en remet l'original au juge, qui en fait mention sur le procès-verbal.

ART. 754.

Dans les quarante jours de cette sommation, tout créancier est tenu de produire ses titres avec acte de produit signé de son avoué et contenant demande en collocation. Le juge fait mention de la remise sur le procès-verbal.

ART. 755.

L'expiration du délai de quarante jours ci-dessus fixé emporte de plein droit déchéance contre les créanciers non produisants. Le juge la constate immédiatement et d'office sur le procès-verbal, et dresse l'état de collocation sur les pièces produites. Cet état est dressé au plus tard dans les vingt jours qui suivent l'expiration du délai ci-dessus.

Dans les dix jours de la confection de l'état de collocation, le poursuivant la dénonce, par acte d'avoué à avoué, aux créanciers produisants et à la partie saisie, avec sommation d'en prendre communication, et de contredire, s'il y échet, sur le procès-verbal dans le délai de trente jours.

ART. 756.

Faute par les créanciers produisants et la partie saisie de prendre communication de l'état de collocation et de contredire dans ledit délai, ils demeurent forclos, sans nouvelle sommation ni jugement; il n'est fait aucun dire, s'il n'y a contestation.

ART. 757.

Lorsqu'il y a lieu à ventilation du prix de plusieurs immeubles vendus collectivement, le juge, sur la réquisition des parties ou d'office, par ordonnance inscrite sur le procès-verbal, nomme un ou trois experts, fixe le jour où il recevra leur serment et le délai dans lequel ils devront déposer leur rapport.

Cette ordonnance est dénoncée aux experts par le poursuivant; la prestation de serment est mentionnée sur le procès-verbal d'ordre auquel est annexé le rapport des experts, qui ne peut être levé ni signifié.

En établissant l'état de collocation provisoire, le juge prononce sur la ventilation.

ART. 758.

Tout contestant doit motiver son dire et produire toutes pièces à l'appui; le juge renvoie les contestants à l'audience qu'il désigne et commet en même temps l'avoué chargé de suivre l'audience.

Néanmoins il arrête l'ordre et ordonne la délivrance des bordereaux de collocation pour les créances antérieures à celles contestées; il peut même arrêter l'ordre pour les créances postérieures, en réservant somme suffisante pour désintéresser les créanciers contestés.

ART. 759.

S'il ne s'élève aucune contestation, le juge est tenu, dans les quinze jours qui suivent l'expiration du délai pour prendre communication et contredire, de faire la clôture de l'ordre; il liquide les frais de radiation et de poursuite d'ordre qui sont colloqués par préférence à toutes autres créances, il liquide en outre les frais de chaque créancier colloqué en rang utile, et ordonne la délivrance des bordereaux de collocation aux créanciers utilement colloqués, et la radiation des inscriptions de ceux non utilement colloqués; il est fait distraction, en faveur de l'adjudicataire, sur le montant de chaque bordereau, des frais de radiation de l'inscription.

ART. 760.

Les créanciers postérieurs en ordre d'hypothèque aux collocations contestées sont tenus, dans la huitaine après les trente jours accordés pour contredire, de s'entendre entre eux sur le choix d'un avoué; sinon ils sont représentés par l'avoué du dernier créancier colloqué. L'avoué poursuivant ne peut, en cette qualité, être appelé dans la contestation.

ART. 761.

L'audience est poursuivie, à la diligence de l'avoué commis, sur un simple acte contenant avenir pour l'audience fixée conformément à l'art. 758. L'affaire est jugée comme sommaire, sans autre procédure que des conclusions motivées de la part des contestés, et le jugement contiendra liquidation des frais. S'il est produit de nouvelles pièces, toute partie contestante ou contestée est tenue de les remettre au greffe trois jours au moins avant cette audience; il en est fait mention sur le procès-verbal. Le tribunal statue sur les pièces produites; néanmoins il peut, mais seulement pour causes graves et dûment justifiées, accorder un délai pour en produire d'autres; le jugement qui prononce la remise fixe le jour de l'audience; il n'est ni levé ni signifié. La disposition du jugement qui accorde ou refuse un délai n'est susceptible d'aucun recours.

ART. 762.

Les jugements sur les incidents et sur le fond sont rendus sur le rapport du juge et sur les conclusions du ministère public.

Le jugement sur le fond est signifié dans les trente jours de sa date à avoué seulement, et n'est pas susceptible d'opposition.

La signification à avoué fait courir le délai d'appel contre toutes les parties à l'égard les unes des autres.

L'appel est interjeté dans les dix jours de la signification du jugement à avoué, outre un jour par cinq myriamètres de distance entre le siége du tribunal et le domicile réel de l'appelant; l'acte d'appel est signifié au domicile de l'avoué, et au domicile réel du saisi, s'il n'y a pas d'avoué. Il contient assignation et l'énonciation des griefs, à peine de nullité.

L'appel n'est recevable que si la somme contestée excède celle de 1,500 fr., quel que soit d'ailleurs le montant des créances des contestants et des sommes à distribuer.

ART. 763.

L'avoué du créancier dernier colloqué peut être intimé s'il y a lieu.

L'audience est poursuivie et l'affaire instruite conformément à l'art. 761, sans autre procédure que des conclusions motivées de la part des intimés.

ART. 764.

La Cour statue sur les conclusions du ministère public. L'arrêt contient liquidation des frais, il est signifié dans les quinze jours de sa date à avoué seulement, et n'est pas susceptible d'opposition. La signification à avoué fait courir les délais du pourvoi en cassation.

Art. 765.

Dans les huit jours qui suivent l'expiration du délai d'appel, et en cas d'appel dans les huit jours de la signification de l'arrêt, le juge arrête définitivement l'ordre des créances contestées et des créances postérieures, conformément à l'art. 759.

Les intérêts et arrérages des créanciers utilement colloqués cessent à l'égard de la partie saisie.

Art. 766.

Les dépens des contestations ne peuvent être pris sur les deniers provenant de l'adjudication.

Toutefois le créancier dont la collocation rejetée d'office, malgré une production suffisante, a été admise par le tribunal sans être contestée par aucun créancier, peut employer ses dépens sur le prix au rang de sa créance.

Les frais de l'avoué qui a représenté les créanciers postérieurs en ordre d'hypothèque aux collocations contestées peuvent être prélevés sur ce qui reste de deniers à distribuer, déduction faite de ceux qui ont été employés à payer les créanciers antérieurs. Le jugement qui autorise l'emploi des frais prononce la subrogation au profit du créancier sur lequel les fonds manquent ou de la partie saisie. L'exécutoire énoncera cette disposition, et indiquera la partie qui doit en profiter.

Le contestant ou le contesté qui a mis de la négligence dans la production des pièces peut être condamné aux dépens, même en obtenant gain de cause.

Lorsqu'un créancier condamné aux dépens des contestations a été colloqué en rang utile, les frais mis à sa charge sont, par une disposition spéciale du règlement d'ordre, prélevés sur le montant de sa collocation au profit de la partie qui a obtenu sa condamnation.

Art. 767.

Dans les trois jours de l'ordonnance de clôture, l'avoué poursuivant la dénonce par un simple acte d'avoué à avoué.

En cas d'opposition à cette ordonnance par un créancier, par l'adjudicataire ou la partie saisie, cette opposition est formée, à peine de nullité, dans la huitaine de la dénonciation, et portée dans la huitaine suivante à l'audience du tribunal, même en vacation, par un simple acte d'avoué contenant moyens et conclusions; et, à l'égard de la partie saisie, n'ayant pas d'avoué en cause, par exploit d'ajournement à huit jours. La cause est instruite et jugée conformément aux art. 761, 762 et 764, même en ce qui concerne l'appel du jugement.

Art. 768.

Le créancier sur lequel les fonds manquent et la partie saisie ont leur recours contre ceux qui ont succombé, pour les intérêts et arrérages qui ont couru pendant les contestations.

Art. 769.

Dans les dix jours, à partir de celui où l'ordonnance de clôture ne peut plus être attaquée, le greffier délivre un extrait de l'ordonnance du juge pour être déposé par l'avoué poursuivant au bureau des hypothèques. Le conservateur, sur la présentation de cet extrait, fait la radiation des inscriptions des créanciers non colloqués.

Art. 770.

Dans le même délai, le greffier délivre à chaque créancier colloqué un bordereau de collocation exécutoire contre l'adjudicataire ou contre la Caisse des consignations.

Le bordereau des frais de l'avoué poursuivant ne peut être délivré que sur la remise des certificats de radiation des inscriptions des créanciers non colloqués. Ces certificats demeurent annexés au procès-verbal.

Art. 771.

Le créancier colloqué, en donnant quittance du montant de sa collocation, consent la radiation de son inscription. Au fur et à mesure du payement des collocations, le conservateur des hypothèques, sur la représentation du bordereau et de la quittance du créancier, décharge d'office l'inscription jusqu'à concurrence de la somme acquittée.

L'inscription d'office est rayée définitivement sur la justification faite par l'adjudicataire du payement de la totalité de son prix, soit aux créanciers colloqués, soit à la partie saisie.

Art. 772.

Lorsque l'aliénation n'a pas lieu sur expropriation forcée, l'ordre est provoqué par le créancier le plus diligent ou par l'acquéreur.

Il peut être aussi provoqué par le vendeur, mais seulement lorsque le prix est exigible aux termes du contrat.

Dans tous les cas, l'ordre n'est ouvert qu'après l'accomplissement des formalités prescrites pour la purge des hypothèques.

Il est introduit et réglé dans les formes établies par le présent titre.

Les créanciers à hypothèques légales qui n'ont pas fait inscrire leurs hypothèques dans le délai fixé par l'art. 2195 du Code Napoléon ne peuvent exercer de droit de préférence sur le prix qu'autant qu'un ordre est ouvert dans les trois mois qui suivent l'expiration de ce délai et sous les conditions déterminées par la dernière disposition de l'art. 717.

Art. 773.

Quel que soit le mode d'aliénation, l'ordre ne peut être provoqué s'il y a moins de quatre créanciers inscrits.

Après l'expiration des délais établis par les art. 750 et 772, la partie qui veut poursuivre l'ordre présente requête au juge spécial, et, s'il n'y en a pas, au président du tribunal, à l'effet de faire procéder au préliminaire de règlement amiable dans les formes et délais établis en l'art. 751.

A défaut de règlement amiable, la distribution du prix est réglée par le tribunal jugeant comme en matière sommaire, sur assignation signifiée à personne ou domicile, à la requête de la partie la plus diligente, sans autre procédure que des conclusions motivées. Le jugement est signifié à avoué seulement, s'il y a avoué constitué.

En cas d'appel, il est procédé comme aux art. 763 et 764.

Art. 774.

L'acquéreur est employé par préférence pour le coût de l'extrait des inscriptions et des dénonciations aux créanciers inscrits.

Art. 775.

Tout créancier peut prendre inscription pour conserver les droits de son débiteur; mais le montant de la collocation du débiteur est distribué, comme chose mobilière, entre tous les créanciers inscrits ou opposants avant la clôture de l'ordre.

Art. 776.

En cas d'inobservation des formalités et délais prescrits par les art. 753, 755, § 2, et 769, l'avoué poursuivant est déchu de la poursuite, sans sommation ni jugement. Le juge pourvoit à son remplacement d'office ou sur la réquisition d'une partie, par ordonnance inscrite sur le procès-verbal; cette ordonnance n'est susceptible d'aucun recours.

Il en est de même à l'égard de l'avoué commis qui n'a pas rempli les obligations à lui imposées par les art. 758 et 761.

L'avoué déchu de la poursuite est tenu de remettre immédiatement les pièces sur le récépissé de l'avoué qui le remplace, et n'est payé de ses frais qu'après la clôture de l'ordre.

Art. 777.

L'adjudicataire sur expropriation forcée qui veut faire prononcer la radiation des inscriptions avant la clôture de l'ordre doit consigner son prix et les intérêts échus, sans offres réelles préalables.

Si l'ordre n'est pas ouvert, il doit en requérir l'ouverture après l'expiration du délai fixé par l'art. 750. Il dépose à l'appui de sa réquisition le récépissé de la Caisse des consignations, et déclare qu'il entend faire prononcer la validité de la consignation et la radiation des inscriptions.

Dans les huit jours qui suivent l'expiration du délai pour produire, fixé par l'art. 754, il fait sommation par acte d'avoué à avoué, et par exploit à la partie saisie, si elle n'a pas avoué constitué, de prendre communication de sa déclaration, et de la contester dans les quinze jours, s'il y a lieu. A défaut de contestation dans ce délai, le juge, par ordonnance, sur le procès-verbal, déclare la consignation valable et prononce la radiation de toutes les inscriptions existantes, avec maintien de leur effet sur le prix. En cas de contestation, il est statué par le tribunal, sans retard, des opérations de l'ordre.

Si l'ordre est ouvert, l'adjudicataire, après la consignation, fait sa déclaration sur le procès-verbal par un dire signé de son avoué, en y joignant le récépissé de la Caisse des consignations. Il est procédé comme il est dit ci-dessus, après l'échéance du délai des productions.

En cas d'aliénation autre que celle sur expropriation forcée, l'acquéreur qui, après avoir rempli les formalités de la purge, veut obtenir la libération définitive de tous priviléges et hypothèques par la voie de la consignation, opère cette consignation sans offres réelles préalables. A cet effet, il somme le vendeur de lui rapporter dans la quinzaine mainlevée des inscriptions existantes, et lui fait connaître le montant des sommes en capital et intérêts qu'il se propose de consigner. Ce délai expiré, la consignation est réalisée, et, dans les trois jours suivants, l'acquéreur ou adjudicataire requiert l'ouverture de l'ordre, en déposant le récépissé de la Caisse des consignations. Il est procédé sur sa réquisition conformément aux dispositions ci-dessus.

Art. 778.

Toute contestation relative à la consignation du prix est formée sur le procès-verbal par un dire motivé, à peine de nullité ; le juge renvoie les contestants devant le tribunal.

L'audience est poursuivie sur un simple acte d'avoué à avoué, sans autre procédure que des conclusions motivées ; il est procédé ainsi qu'il est dit aux art. 761, 763 et 764.

Le prélèvement des frais sur le prix peut être prononcé en faveur de l'adjudicataire ou acquéreur.

Art. 779.

L'adjudication sur folle enchère intervenant dans le cours de l'ordre, et même après le règlement définitif et la délivrance des bordereaux, ne donne pas lieu à une nouvelle procédure. Le juge modifie l'état de collocation suivant les résultats de l'adjudication, et rend les bordereaux exécutoires contre le nouvel adjudicataire.

Art. 3. L'art. 838 du Code de procédure civile est modifié ainsi qu'il suit :

Art. 838.

Le surenchérisseur, même au cas de subrogation à la poursuite, sera déclaré adjudicataire si, au jour fixé pour l'adjudication, il ne se présente pas d'autre enchérisseur.

Sont applicables au cas de surenchère les art. 701, 702, 705, 706, 707, 711, 712, 713, 717, 731, 732 et 733 du présent code, ainsi que les art. 734 et suivants, relatifs à la folle enchère.

Les formalités prescrites par les art. 705 et 706, 832, 836 et 837, seront observées à peine de nullité.

Les nullités devront être proposées, à peine de déchéance, savoir : celles qui concerneront la déclaration de surenchère et l'assignation, avant le jugement qui doit statuer sur la réception de la caution, celles qui seront relatives aux formalités de la mise en vente, trois jours au moins avant l'adjudication ; il sera statué sur les premières par le jugement de réception de la caution, et sur les autres avant l'adjudication, et, autant que possible, par le jugement même de cette adjudication.

Aucun jugement ou arrêt par défaut en matière de surenchère sur aliénation volontaire ne sera susceptible d'opposition.

Les jugements qui statueront sur les nullités antérieures à la réception de la caution, ou sur la réception même de cette caution, et ceux qui prononceront sur la demande en subrogation intentée pour collusion ou fraude, seront seuls susceptibles d'être attaqués par la voie de l'appel.

L'adjudication par suite de surenchère sur aliénation volontaire ne pourra être frappée d'aucune autre surenchère.

Les effets de l'adjudication à la suite de surenchère sur aliénation volontaire seront réglés, à l'égard du vendeur et de l'adjudicataire, par les dispositions de l'art. 717 ci-dessus ; néanmoins, après le jugement d'adjudication par suite de surenchère, la purge des hypothèques légales, si elle n'a pas eu lieu, se fait comme au cas d'aliénation volontaire, et les droits des créanciers à hypothèques légales sont régis par le dernier alinéa de l'art. 772.

Art. 4. *Dispositions transitoires.* — Les ordres ouverts avant la promulgation de la présente loi seront régis par les dispositions des lois antérieures.

L'art. 692, tel qu'il est modifié par la présente loi, sera appliqué aux poursuites de saisie immobilière commencées lors de sa promulgation, dans lesquelles l'art. 692 de la loi précédente n'aura pas encore été mis à exécution.

CIRCULAIRE

ADRESSÉE PAR LE GARDE DES SCEAUX

AUX

PROCUREURS GÉNÉRAUX

POUR L'EXÉCUTION DE LA LOI.

Ministère de la justice.

DIRECTION DES AFFAIRES CIVILES ET DU SCEAU.

Paris, le 2 mai 1859.

MONSIEUR LE PROCUREUR GÉNÉRAL,

La loi du 21 mai 1858 a introduit dans la procédure de saisie immobilière et dans le règlement des ordres d'importantes modifications. Le texte clair et précis de cette loi portait avec lui-même ses enseignements et son commentaire. J'ai dû laisser aux magistrats le soin et le temps de mettre en œuvre le nouveau système, et attendre, pour vous adresser des instructions générales, que l'expérience eût signalé les points à éclaircir et les difficultés à résoudre.

Le moment est venu de reprendre avec vous les principales dispositions de la loi nouvelle et de formuler les règles qui doivent en faciliter l'application.

Les lois de procédure intéressent profondément le crédit public. Si elles ne fixent pas le droit, elles en règlent l'exercice, et personne n'ignore qu'elles ont une action directe sur le développement de la richesse nationale.

Le gouvernement de l'Empereur, qui recherche tous les moyens d'activer le sort de la prospérité publique, n'entend laisser à l'écart aucune des forces du pays.

Quelle que soit la sagesse qui a présidé à la rédaction du Code de procédure civile et de la loi du 2 juin 1841 sur les Saisies immobilières, l'expérience y avait signalé des lacunes et de graves imperfections. De nouveaux besoins exigeaient, d'ailleurs, de nouvelles dispositions. Enfin, il était urgent de satisfaire aux légitimes réclamations de la propriété foncière et de l'agriculture; car, si les changements sont périlleux, l'immobilité est funeste.

Les modifications réalisées par la loi du 21 mai 1858 affectent plus particulièrement le titre de la Saisie immobilière et le titre de l'Ordre. Je dois m'occuper successivement de ces deux séries de dispositions.

PREMIÈRE PARTIE.

Modifications au titre de la Saisie immobilière.

2. Les formalités des expropriations nuisent au crédit en écartant les capitaux des placements immobiliers et des prêts hypothécaires. Cependant la justice exige que le débiteur ne soit pas trop facilement dépouillé du bien qu'il possède.

De là une double préoccupation qui a dominé tour à tour le législateur.

Pour éviter les lenteurs et les incidents qui rendaient, dans l'ancien droit, les saisies réelles interminables, la loi du 11 brumaire an 7 avait adopté des formes expéditives qui ne garantissaient pas d'une manière suffisante le droit de propriété.

3. En voulant remédier à ce vice, le Code de procédure avait dépassé le but. La loi du 2 juin 1841, qui a modifié le Code, a réalisé de notables améliorations.

Le Code Napoléon ne s'est occupé de l'expropriation forcée que pour poser des principes généraux : il détermine les personnes auxquelles il appartient de la poursuivre (art. 2093, 2209); les biens qui peuvent en être l'objet (art. 2204; — Loi du 21 avril 1810 sur les mines; — Décret du 16 janvier 1808 sur les actions de la Banque de France; — Décret du 16 mars 1810 sur les actions des canaux de Loing et d'Orléans). Il ne permet pas de saisir en même temps les immeubles du débiteur situés dans des arrondissements différents, sauf deux exceptions spécialement prévues. (Loi du 14 novembre 1808; Code Napoléon, art. 2209, 2210, 2211.)

Mais les règles de procédure sont écrites dans le Code de 1806, modifié par la loi du 2 juin 1841.

Le commandement au débiteur (art. 673), le procès-verbal de saisie (art. 674, 675, 676), la dénonciation de ce procès-verbal au saisi (art. 677), la transcription de la saisie au bureau des hypothèques (art. 678, 679, 680), constituent les formalités essentielles qui mettent le gage sous la main de la justice.

Les effets de la saisie, en ce qui touche à l'administration et à la jouissance du saisi (art. 681 à 685), à l'immobilisation des fruits (art. 682), à la modification du droit de disposition dans la main du saisi (art. 686 à 689), sont nettement définis; le cahier des charges que le poursuivant dépose au greffe fait connaître les conditions de la vente et la mise à prix; sommation est faite au saisi et aux créanciers inscrits d'en prendre communication et d'assister à la fixation du jour de l'adjudication (art. 691, 692).

Enfin, la publicité de la vente résulte non-seulement de la lecture et de la publication du cahier des charges faites à l'audience du tribunal (art. 694 et 695), mais encore d'insertions dans les journaux (art. 696, 697 et 698) et d'affiches qui sont apposées à la porte du domicile du saisi, à la porte des édifices saisis, etc. (art. 699, 700).

Il n'y a plus qu'à régler le mode des enchères et à indiquer les personnes qui peuvent renchérir. C'est l'objet des art. 702, 703, 705, 706, 707 et 711.

L'art. 717 détermine les effets du jugement d'adjudication.

4. La seule analyse des articles qui viennent d'être rappelés suffit pour mettre en lumière les points dont l'expérience a démontré l'imperfection, et pour faire saisir l'esprit et la portée des dispositions nouvelles.

Pour satisfaire à l'intérêt public, qui réclame la célérité des aliénations judiciaires, on avait imprimé aux procédures de saisie une marche à la fois prudente et rapide; mais l'adjudication restait pour l'acquéreur une source d'embarras. Si les créanciers inscrits, mis en demeure de veiller à leurs intérêts, n'étaient plus admis à critiquer une adjudication faite sous leurs yeux, les hypothèques légales ne pouvaient être effacées que par la purge, et il fallait recourir, pour les faire disparaître, à une procédure longue et dispendieuse.

Cette inconséquence n'avait pas échappé à la commission de la Chambre des pairs, chargée de l'examen du projet de loi de 1841. Mais une proposition dont M. Persil s'était rendu l'organe avait échoué, et l'on avait dû laisser à l'avenir le soin de compléter une réforme heureusement accomplie sur d'autres points. Il y avait là, pour le crédit public, un danger que chaque jour a fait ressortir davantage et qui a fini par provoquer des mesures efficaces.

5. En soumettant au Corps législatif le projet qui est devenu la loi du 21 mai 1858, le gouvernement de l'Empereur n'a pas eu pour objet de substituer une législation entièrement nouvelle à une loi qui a été elle-même un progrès sérieux et durable, il s'est donné la tâche plus simple et plus pratique de combler les lacunes et de perfectionner l'application de cette loi. Il a voulu, en un mot, compléter avec plus de hardiesse l'œuvre commencée en 1841.

Les formalités de la purge s'accomplissaient après l'adjudication. Aujourd'hui tous les créanciers hypothécaires, avertis des conditions et du jour de la vente, sont mis en mesure de faire valoir leurs droits et de surveiller l'aliénation de leur gage. La même sommation, qui est notifiée aux créanciers inscrits, et qui les lie à la poursuite, est faite aux créanciers à hypothèques légales.

Des annonces sont, en outre, insérées dans les journaux.

Ce n'est pas tout : le ministère public intervient directement pour la protection de ces droits sacrés, et requiert, sur les biens compris dans la saisie, l'inscription des hypothèques des femmes, des mineurs et des interdits, existant du chef du saisi.

Ainsi, toutes les précautions sont prises pour que les droits soient rendus publics et pour que les créanciers soient appelés lors de la distribution des deniers; mais si, par son inertie et par sa faute, un créancier à hypothèque légale a laissé échapper le droit de critiquer l'aliénation, le législateur lui ouvre encore une voie de salut en lui réservant le moyen de ressaisir son droit de préférence sur le prix.

6. L'art. 717, aux termes duquel le jugement d'adjudication dûment transcrit purge toutes les hypothèques, fait passer dans les mains de l'adjudicataire un immeuble complétement affranchi. De quelque nature qu'ils soient, les droits hypothécaires sont, par le fait de l'adjudication, reportés sur le prix. L'acquéreur n'a plus à s'occuper que du soin de se libérer, ce qu'il peut faire aujourd'hui sans danger et presque sans frais, l'art. 777 ayant remplacé l'ancienne procédure en validité d'offres par une procédure tout à fait sommaire.

C'est ainsi que la loi consacre définitivement, en donnant toutefois aux incapables des garanties qu'ils n'avaient pas alors, une jurisprudence que la Cour de cassation n'avait elle-même abandonnée qu'en 1833 (1), et qu'elle revient enfin, après bien des controverses et bien des difficultés pratiques, au principe de l'édit de 1551 et à la vieille maxime de Loysel : « Un décret nettoie toutes hypothèques. »

Cette amélioration n'est pas la seule que réalise la loi du 21 mai 1858.

7. Suivant les règles du droit civil, l'hypothèque légale des femmes, des mineurs et des interdits, qui frappe tous les biens immobiliers des maris et des tuteurs, existe par le fait seul du mariage ou de la tutelle. Elle assure au créancier une cause de préférence sur le prix, en même temps qu'un droit de suite sur l'immeuble.

Ces deux effets de l'hypothèque, bien que différents dans leur but, étaient soumis aux mêmes causes d'extinction. Les dispositions absolues de l'art. 2180 du Code Napoléon s'appliquaient à l'un aussi bien qu'à l'autre, et la Cour de cassation avait maintes fois décidé que le droit hypothécaire, anéanti par la purge, ne pouvait plus s'exercer ni sur la chose, ni sur le prix.

Malgré l'autorité de cette jurisprudence, la doctrine contraire avait de nombreux partisans. D'éminents publicistes n'avaient pas hésité à proclamer que le droit de préférence survivait au droit de suite, et que les droits d'hypothèques légales pouvaient s'exercer sur le prix, tant que ce prix n'avait pas été distribué entre les créanciers. Ils voyaient là une conséquence du principe que l'hypothèque des femmes, des mineurs et des interdits, est indépendante de l'inscription.

La purge n'était pas d'ailleurs, à leurs yeux, un moyen d'interpellation assez sûr pour qu'on pût affirmer que le créancier eût été averti ; et, quel que fût l'avis des jurisconsultes sur le droit, c'était au moins une dernière ressource accordée aux incapables.

Cette doctrine pénétrait peu à peu dans l'opinion. En 1841, la commission de la Chambre des pairs avait cherché à la faire prévaloir dans la loi sur les saisies immobilières, mais elle n'y avait pas réussi.

On avait cependant admis le même principe quelques jours auparavant dans la loi du 3 mai 1841 sur l'expropriation pour cause d'utilité publique, en décidant qu'à défaut d'inscription dans le délai déterminé, l'immeuble exproprié serait affranchi de tous priviléges et hypothèques, sans préjudice des droits des femmes, mineurs et interdits, sur le mon-

(1) Cour de cassation, chambres réunies, 22 juin 1833 ; S. V. 1833, I, 449.

tant de l'indemnité, tant qu'elle n'aurait pas été payée ou que l'ordre n'aurait pas été réglé définitivement entre les créanciers. (Art. 17 de la loi du 3 mai 1841.)

Il appartenait aux pouvoirs publics de 1858 de généraliser autant que possible ce salutaire et intelligent progrès, et de l'affranchir de ses dernières entraves.

8. Ici se présente une observation que je dois recommander à vos souvenirs.

Le nouvel art. 717 ne s'applique qu'aux adjudications sur saisie immobilière. Il est cependant d'autres ventes qui s'accomplissent sous la sanction de la justice. Les ventes des biens des mineurs (C. proc., art. 953), des interdits (art. 509), des faillis (C. comm., art. 572) ; les ventes sur conversion (C. proc., art. 743), sur licitation (art. 972-984), sur surenchère après aliénation volontaire (836) ; les ventes d'immeubles dotaux (art. 997), d'immeubles dépendant d'une succession vacante (art. 1001) ou d'une succession acceptée sous bénéfice d'inventaire (art. 988), d'immeubles appartenant à une personne qui a fait cession de biens (art. 904), ne peuvent également avoir lieu qu'aux enchères publiques, après un certain nombre de publications et d'affiches.

Les solennités dont ces ventes sont entourées ne leur enlèvent pas, il est vrai, leur caractère purement amiable et volontaire ; les créanciers hypothécaires n'y sont point appelés, et, en l'absence d'un avertissement direct et personnel qui leur révèle la réalisation prochaine du gage, ils ne peuvent être dépouillés de leurs droits par une adjudication qu'ils n'ont pas officiellement connue.

Ces considérations, qui pouvaient atteindre, en partie du moins, les ventes sur saisie, n'ont pas arrêté le législateur dans la nouvelle voie où il s'est engagé.

Serait-il opportun d'attribuer aux adjudications dont nous venons de parler les mêmes effets qu'aux ventes sur saisie immobilière ?

Conviendrait-il de leur appliquer la réforme que la loi du 21 mai dernier a portée dans les expropriations ?

Les avantages qui résultent de la marche tracée par cette loi, et qui ne peuvent manquer d'attirer les capitaux vers les adjudications sur saisie, n'auront-ils pas pour résultat de les écarter de ces ventes volontaires qui offrent moins de sécurité, et que doivent suivre les doubles formalités de la purge, avec leurs frais, leurs lenteurs et leurs périls ?

N'y a-t-il pas là, pour les biens des mineurs et des autres incapables, une cause d'infériorité et de discrédit ?

Ce sont des questions que l'expérience seule pourra résoudre, mais qui doivent, dès à présent, fixer votre attention et devenir l'objet de vos études.

9. L'exécution de la loi du 21 mai 1858 a beaucoup à attendre, monsieur le procureur général, de votre intelligente direction. Je vous prie de me tenir exactement informé de tout ce qui vous paraîtra de nature à en faciliter la marche, à en développer les avantages et à en compléter, au besoin, les dispositions.

Sans chercher à pressentir quelles pourraient être, dans l'avenir, toutes les conséquences des modifications que notre Code de procédure vient de recevoir, tout annonce que ces salutaires innovations tendront à ramener peu à peu vers les placements immobiliers les capitaux que l'industrie et la spéculation sollicitent par de trop puissantes séductions. Restreinte aux aliénations sur saisie immobilière, la loi nouvelle n'exercera encore qu'une action limitée sur l'ensemble des transactions civiles ; mais le principe qu'elle renferme est de ceux que le temps mûrit et féconde, et il est dès à présent permis de prévoir qu'il devra un jour être étendu à toutes les adjudications faites sous l'autorité de la justice.

Ces points généraux exposés, je dois reprendre avec vous les détails de la loi et m'expliquer sur les principales mesures d'exécution qu'elle réclame.

10. L'art. 692 veut que tous les créanciers hypothécaires soient avertis de la poursuite et que le vendeur soit mis en demeure d'exercer son action résolutoire. Il serait superflu de s'occuper ici des créanciers inscrits, puisque la procédure qui les concerne n'a pas été modifiée. Quant au vendeur, au profit duquel a été prise d'office une inscription qui ne contient pas d'élection de domicile (1), il doit être sommé à son domicile réel ; mais la sommation n'est obligatoire qu'autant que ce domicile est situé en France.

Le vendeur demeurant à l'étranger n'en reçoit aucune ; il n'est informé directement ni des poursuites ni de l'adjudication ; mais s'il éprouve un préjudice, il ne peut l'attribuer qu'à son incurie, car il lui suffisait, pour l'éviter, de faire au bureau des hypothèques une indication de domicile.

11. La remise de l'exploit au domicile réel peut donner lieu à quelques difficultés dans la pratique. On ne peut douter que la sommation ne soit valablement déposée au domicile du vendeur, bien que celui-ci n'y réside pas, de même qu'elle peut lui être faite en tout lieu en parlant à sa personne.

Mais si le domicile énoncé dans l'inscription est inexact, si, le créancier ayant changé de demeure, on ignore son nouveau domicile, c'est au poursuivant qu'incombe le soin de le découvrir. « La loi, dit M. Delangle dans son rapport au Sénat, ne semble pas laisser la ressource créée par le droit commun d'une signification au dernier domicile connu. C'est du domicile réel que parle son texte, et c'est bien là que, dans son esprit, la mise en demeure doit atteindre le vendeur sous peine de manquer le but qu'on se propose. Toutefois, comme il s'agit d'éteindre, à l'aide d'une déchéance, un droit précieux, le moyen le plus efficace qui appartienne au vendeur non payé, on comprend que la loi ait voulu que la déchéance fût acceptée, et elle ne pouvait avoir ce caractère qu'autant qu'elle était précédée d'un avertissement personnel. »

_____

(1) Les inscriptions d'office sont valables quoique ne contenant pas élection de domicile dans l'arrondissement. (Cour de cass., 21 déc. 1824.)

Lorsque le vendeur a éprouvé quelque changement dans son état, il est sommé à son nouveau domicile ; s'il est mort, l'exploit est valablement déposé au domicile indiqué dans l'inscription (C. Nap., art. 2156), il est inutile de le notifier individuellement à chacun de ses héritiers.

Je n'ai pas besoin d'ajouter que tout ce qui vient d'être dit du vendeur s'applique également aux personnes subrogées dans ses droits, et dont les subrogations sont régulièrement inscrites.

12. Les art. 692 et 696 règlent ensuite les formalités de la purge, qui doivent désormais s'accomplir avant l'adjudication et marcher concurremment avec la procédure de saisie.

La sommation, qui ne s'adressait jusqu'ici qu'aux créanciers inscrits, sera faite, à l'avenir, aux créanciers à hypothèques légales, et contiendra, à l'égard de ces derniers, l'avertissement que, pour conserver leurs hypothèques sur les biens saisis, ils devront les faire inscrire avant la transcription du jugement d'adjudication.

Les créanciers inscrits sont sommés au domicile élu dans leurs inscriptions. Il n'en peut être ainsi à l'égard des créanciers à hypothèques légales ; en l'absence d'une inscription régulière, ils sont sommés à leur domicile réel.

13. L'exploit est remis au subrogé tuteur lorsque la tutelle du mineur ou de l'interdit appartient au saisi ; au nouveau tuteur, si la tutelle du saisi a cessé ; au créancier lui-même, s'il est devenu majeur. Ce point ne présente aucune difficulté ; il en est autrement quand il n'existe ni tuteur, ni subrogé tuteur.

Frappée des inconvénients que pouvait amener l'exécution rigoureuse du nouvel art. 692, en obligeant le poursuivant à provoquer lui-même la nomination du tuteur ou du subrogé tuteur, la commission du Corps législatif avait proposé d'ajouter aux mots *subrogé tuteur* ceux-ci : *s'il en existe un* (1) ; mais le conseil d'État n'a pas accueilli cet amendement : il est vrai que, dans la discussion, M. de Parieu, commissaire du gouvernement, a exprimé l'opinion qu'il n'était pas nécessaire d'instituer un subrogé tuteur lorsqu'il n'en existait pas (2).

Mais la jurisprudence, qui peut seule résoudre cette question, ainsi que l'a reconnu M. le vice-président du conseil d'État, s'est déjà prononcée dans un sens opposé ; la Cour de cassation, notamment, a décidé, dans un arrêt du 8 mai 1844 (3) :

« Que le législateur n'a pas dû supposer que des mineurs ne fussent point pourvus de subrogé tuteur, puisque, aux termes de l'art. 420 du Code civil, dans toute tutelle il doit y avoir un subrogé tuteur ;

» Que, d'après les art. 406 et 421 du même code, le conseil de famille peut, pour la nomination d'un subrogé tuteur, être convoqué sur la réquisition et à la diligence des parties intéressées, même d'office,

---

(1) Rapport de M. Riché. (*Suprà*, p. 37, n° 98.)
(2) *Moniteur* du 14 avril 1858, colonne 6. (*Suprà*, p. 80, n° 222.)
(3) Arr. cass., ch. civ., bullet. civ., 1844, n° 48.

par le juge de paix, auquel toute personne peut dénoncer le fait qui donne lieu à cette nomination ;

» Que l'acquéreur qui connaît l'existence de mineurs pouvant avoir des hypothèques légales, l'acquéreur à qui, pour la consolidation de sa propriété, des obligations sont imposées, est évidemment partie intéressée à faire nommer le subrogé tuteur auquel il est tenu de faire la notification prescrite. »

Le ministère public peut, sans doute, provoquer cette nomination ; mais les mesures qu'il est autorisé à prendre, dans l'intérêt des incapables, ne sauraient diminuer les obligations imposées au poursuivant pour assurer la régularité de la procédure et mettre à couvert sa responsabilité.

14. Au cas de décès de la femme, du mineur ou de l'interdit, il a été entendu, dans la discussion au Corps législatif, qu'il n'était pas nécessaire de rechercher les héritiers au delà du dernier domicile de l'incapable décédé (1). C'est, en effet, au lieu de l'ouverture de la succession que doivent se concentrer les investigations. Suivant le résultat des recherches, la sommation est faite à tous les héritiers collectivement, comme dans l'hypothèse prévue par l'art. 447 du Code de procédure civile, ou à chacun d'eux, à son domicile réel. Lorsque les recherches ont été tout à fait infructueuses, l'acte est signifié au parquet suivant les règles ordinaires.

15. Cette sommation constitue, à l'égard des créanciers à hypothèques légales, l'interpellation directe et personnelle qui les lie à la poursuite ; elle les met à même de surveiller l'adjudication et d'enchérir, s'ils le jugent à propos ; elle doit désormais être faite, *à peine de nullité* (2), à la femme du saisi et au subrogé tuteur du mineur ou de l'interdit, dont l'existence est révélée au poursuivant par son titre.

Il est donc de l'intérêt autant que du devoir des officiers ministériels de se pénétrer des nouvelles obligations qui leur sont imposées ; les omissions ou les erreurs dans l'accomplissement de ces formalités engageraient gravement leur responsabilité.

Les notaires comprendront la nécessité de constater, avec l'exactitude la plus scrupuleuse, dans les constitutions de créances aussi bien que dans les prêts hypothécaires, non-seulement l'état civil proprement dit du débiteur, mais encore la date du décès de sa femme, l'époque et la cause de la cessation de la tutelle, le nom du tuteur qui l'a remplacé dans la tutelle et celui du subrogé tuteur.

C'est, en effet, dans l'acte qui forme son titre que le créancier doit puiser les renseignements dont il a besoin pour diriger les poursuites de saisie immobilière.

16. Aux termes d'une disposition ajoutée à l'art. 696, l'extrait que l'avoué du poursuivant fait insérer dans un journal du département doit reproduire l'avertissement dont parle l'art. 692, et qui est adressé

---

(1) *Moniteur* du 14 avril 1858. (*Voy.* aussi *suprà*, p. 80 et 81.)
(2) Art. 715 du Code de procédure civile.

d'une manière générale à tous ceux du chef desquels il pourrait être pris inscription pour raison d'hypothèques légales. Cette inscription a pour effet de remplacer l'interpellation qu'avait prescrite l'Avis du conseil d'État du 1er juin 1807.

Il est bien entendu, et ce point a été formellement déclaré dans le rapport de la commission au Corps législatif, qu'il n'est en rien dérogé à l'art. 23 du décret organique de la presse du 17 février 1852, et que ces insertions continueront à être faites, à peine de nullité, dans le journal désigné chaque année par le préfet pour recevoir les annonces judiciaires.

Toutes les insertions relatives à la même saisie doivent avoir lieu dans le même journal ; c'est le moyen de rendre la publicité plus certaine et les surprises presque impossibles. Néanmoins, si le journal qui a publié les premières affiches avait cessé, pendant le cours de la procédure, d'être chargé des annonces judiciaires, les insertions suivantes devraient être faites dans la feuille désignée pour le remplacer.

17. Enfin, et c'est là, monsieur le procureur général, un des points sur lesquels votre attention aura à se fixer le plus sérieusement, l'art. 692 complète ces garanties en exigeant que copie de la sommation et de l'avertissement destinés aux créanciers à hypothèques légales soit notifiée au procureur impérial de l'arrondissement où les biens sont situés, et en créant pour ce magistrat, non plus la faculté, mais le devoir de requérir sur les biens saisis l'inscription des hypothèques légales existant du chef du saisi.

Lorsque la purge est opérée à la suite d'une aliénation volontaire, conformément à l'art. 2194 du Code Napoléon, vos substituts n'interviennent qu'exceptionnellement et dans une mesure que la circulaire du 15 septembre 1806 a pu circonscrire sans danger. Dans le système qu'introduit la loi nouvelle et que dirige le créancier poursuivant, la sollicitude qui s'attache aux droits des femmes, des mineurs et des interdits, exigeait que l'intervention du ministère public devînt, non plus l'exception, mais la règle.

Je n'ai pas besoin d'insister auprès de vous sur l'importance des intérêts qui se trouvent ainsi confiés à l'exactitude et à la vigilance des procureurs impériaux.

18. L'inscription ne doit pas s'étendre au delà des immeubles compris dans la saisie, et le ministère public n'a pas à se préoccuper des hypothèques légales qui peuvent exister sur ces biens du chef des précédents propriétaires. La présomption d'insolvabilité qui frappe le saisi ne s'étend pas jusqu'à eux. Toutefois, le procureur impérial devra requérir une double inscription lorsque l'immeuble ne sera plus, au moment des poursuites, entre les mains du débiteur.

L'art. 692 ne dit pas, il est vrai, s'il faut entendre par le *saisi* celui qui est tenu personnellement de la dette ou le tiers dont la chose est expropriée. Mais si le premier, contre lequel sont dirigés les actes d'exécution, est, dans le langage du droit, le véritable *saisi*, le second qui refuse de satisfaire aux causes de l'hypothèque, soit qu'il reste dans la procédure, soit qu'il délaisse l'immeuble, n'en subit pas moins l'expropriation d'un bien qui, en passant par ses mains, est devenu le gage de ses propres créanciers.

19. En imposant au ministère public un devoir plus rigoureux, la loi n'a en rien modifié les dispositions de l'art. 2153 du Code Napoléon relatives aux inscriptions d'hypothèques légales. Le procureur impérial continue donc à indiquer dans les bordereaux qu'il rédige les noms et le domicile réel de la femme, du mineur ou de l'interdit dans l'intérêt duquel il requiert ; les noms, prénoms, profession et domicile du débiteur, ainsi que la nature des droits à conserver ; il désigne les biens grevés, qui ne sont autres que ceux compris dans la saisie, et dont il trouve la désignation, soit dans la notification qui lui est faite, soit dans le cahier des charges déposé au greffe ; il fait pour l'incapable une élection de domicile dans l'arrondissement, car les sommations de produire à l'ordre se font au domicile élu.

20. Les bordereaux sont dressés en double sur papier visé pour timbre en débet, et les frais des inscriptions sont avancés par l'administration de l'enregistrement, qui en poursuit le recouvrement contre le débiteur ; le tout conformément aux art. 124 et 125 du décret du 18 juin 1811, et 2155 du Code Napoléon.

Le conservateur auquel les deux bordereaux sont transmis renvoie au procureur impérial l'un des doubles, au bas duquel il certifie que l'inscription a été prise.

21. Le procureur impérial ne peut se borner à requérir l'inscription d'une manière générale pour le cas où le saisi serait marié ou tuteur ; il doit agir dès que l'existence de la femme, du mineur ou de l'interdit, lui est révélée par la notification qui lui est faite, et il n'a pas à se préoccuper du point de savoir s'ils ont des droits à exercer contre le saisi, s'ils trouveront un avantage sérieux à manifester leur hypothèque, ou si la femme, ayant contracté la dette solidairement avec son mari, a intérêt à inscription. L'art. 692 lui impose une obligation absolue : l'inscription fût-elle déjà prise, le renouvellement en serait toujours utile pour en empêcher plus tard la péremption.

22. Il convient de dire toutefois que par ces mots : *hypothèques légales,* la loi nouvelle n'entend parler que des hypothèques des femmes, des mineurs et des interdits, telles qu'elles sont réglées par l'art. 2135 du Code Napoléon. L'intervention d'office du ministère public n'est donc exigée qu'autant que les hypothèques peuvent exister sans être inscrites ; elle cesse dès qu'elles sont soumises à la nécessité de l'inscription, c'est-à-dire, pour les femmes, une année après la dissolution du mariage ; pour les mineurs ou les interdits, un an après l'avénement de la majorité ou la levée de l'interdiction.

Lorsque, dans la notification qui lui aura été adressée, le procureur impérial trouvera la preuve de ces faits, il n'aura plus à requérir. Il s'abstiendra également, dans le cas où il lui serait justifié que l'hypothèque légale des femmes ou des mineurs a été restreinte à certains immeubles du mari ou du tuteur, conformément aux art. 2140, 2141,

2142, 2143, 2144 et 2145 du Code Napoléon, et que les biens saisis en sont affranchis.

23. D'un autre côté, si le saisi a été chargé de plusieurs tutelles, ou si, veuf depuis moins d'une année, il a contracté un second mariage, le procureur impérial requerra autant d'inscriptions qu'il y aura de droits à conserver.

24. Les sommations faites aux incapables sont les seules dont copie soit notifiée au ministère public. L'exploit ne doit contenir rien d'étranger aux personnes dans l'intérêt desquelles le procureur impérial est tenu d'intervenir; mais il est essentiel qu'il relate exactement la saisie et la désignation des immeubles qui en sont frappés, la date, le volume et le numéro de la transcription. Il importe également que les originaux des sommations dont il s'agit soient distincts et séparés de ceux relatifs à toutes autres personnes, de telle sorte que la notification faite au parquet ne contienne que les énonciations nécessaires à la rédaction des bordereaux que le procureur impérial doit préparer.

25. D'un autre côté, afin que ces actes ne puissent être confondus avec les autres exploits qui sont déposés au parquet, j'ai décidé :

1° Que le visa préparé sur l'original serait placé en tête et en marge de l'acte et conçu dans les termes suivants : « Vu et reçu copie au parquet, en exécution de la loi du 21 mai 1858, n°   du registre spécial. »

2° Que la copie porterait à la place correspondante cette mention : « Parquet, exécution de la loi du 21 mai 1858, n°   du registre spécial. »

3° Que le visa, en pareille matière, serait toujours revêtu, non d'un simple parafe, mais de la signature du procureur impérial ou de son substitut.

4° Enfin, que, dans chaque parquet, il serait ouvert un registre particulier, conforme au modèle ci-annexé, et sur lequel seront portés dans des colonnes distinctes, suivant l'ordre de la réception de la copie, le nom du saisi, le nom du poursuivant, les dates de la transcription de la saisie, de la notification au parquet, de l'envoi des bordereaux au conservateur, et de l'inscription.

26. Les dispositions ajoutées à l'art. 717 sont, sans contredit, les plus importantes de la loi, à raison des principes qu'elles consacrent et des conséquences qu'elles entraînent; mais elles comportent peu de développement sous le rapport des détails d'exécution.

D'une part, la transcription du jugement d'adjudication purge toutes les hypothèques; d'un autre côté, les femmes, les mineurs et les interdits, peuvent obtenir une collocation sur le prix, quoiqu'ils aient perdu tout droit de suite sur l'immeuble par défaut d'inscription.

En concédant ce droit nouveau, qui s'applique aussi bien aux aliénations volontaires qu'aux adjudications sur saisie (art. 772), le législateur l'a réglementé et a, dans plusieurs articles, posé les conditions de son exercice. Ces conditions varient selon que l'ordre est réglé à l'amiable ou judiciairement. Lorsque, à la suite d'une vente forcée, l'ordre a lieu amiablement, la femme, le mineur et l'interdit, sont admis à y faire valoir leurs droits jusqu'à la clôture, c'est-à-dire tant que le procès-verbal de distribution du prix n'a pas été dressé par le juge (art. 751, 752).

S'agit-il d'un ordre judiciaire, le terme imparti aux créanciers inscrits pour produire leurs titres et pour former leur demande en collocation entraîne de plein droit déchéance contre les créanciers à hypothèques légales (art. 754 et 755).

27. Après une aliénation volontaire, quand l'acquéreur a accompli les formalités de purge prescrites par les art. 2194 et 2195 du Code Napoléon, il suffit, pour que les incapables soient colloqués :

1° Qu'un ordre soit ouvert dans les trois mois qui suivent l'expiration du délai prescrit par l'art. 2195 pour l'inscription de leurs droits ;

2° Qu'ils interviennent soit avant la clôture de l'ordre amiable, soit, quand l'ordre est réglé judiciairement, avant que la déchéance n'ait été encourue par les créanciers inscrits.

L'art. 772, qui le décide ainsi, entraîne plusieurs conséquences que M. Riché signalait en ces termes dans son rapport au Corps législatif :

« Si cet ordre prompt n'intervient pas, s'il n'y a pas d'ordre, le droit de préférence est éteint, sans qu'on ait besoin de lui opposer la barrière d'un transport du prix de vente.

» Si les créanciers inscrits, voulant laisser le droit de préférence s'écouler et se perdre par le laps de temps, retardent l'ordre à dessein, nul doute que le titulaire ou le défenseur de l'hypothèque légale ne puisse provoquer cet ordre.

» Si même, avant l'expiration des trois mois, les créanciers inscrits font entre eux un ordre amiable, notarié ou sous seing privé, que l'art. 772 n'interdit pas, la clôture de cet ordre ayant date certaine pourra être opposée à l'hypothèque légale. » (*Suprà*, p. 43.)

28. Enfin lorsque, les créanciers inscrits étant moins de quatre, il y a lieu de procéder par voie de jugement d'attribution de prix, en conformité de l'art. 773, les hypothèques légales ne peuvent élever de réclamations qu'autant que les hypothèques inscrites ont encore ce droit. (Rapport de M. Riché. Voy. *ibid.*)

29. L'art. 838, qui fixe les effets de l'adjudication après surenchère sur aliénation volontaire, a été modifié dans sa rédaction ; mais ce changement n'entraîne aucune conséquence qu'il soit utile de signaler.

DEUXIÈME PARTIE.

Modifications au titre de l'Ordre.

(Code de procédure civile, art. 749 à 779.)

30. Les procédures d'ordre, qui ont pour objet de distribuer entre les créanciers le prix des immeubles aliénés, laissent en souffrance des capitaux considérables. Elles ont été jusqu'ici soumises à de regrettables lenteurs.

Malgré d'incontestables améliorations et de louables efforts, les résultats généraux laissaient encore beaucoup à désirer.

La statistique civile constate qu'avant la promulgation de la loi nouvelle, le tiers seulement des ordres était terminé dans les six mois de l'ouverture, et les mercuriales annuelles signalent des ordres qui ont duré cinq ans, huit ans, ou même dix années (1).

La loi du 21 mai 1858 a eu pour but de remédier à cet état de choses en abrégeant les délais, en simplifiant les formalités, en diminuant les frais.

« Ce que la loi a voulu surtout, et avec raison (a dit M. Delangle dans son rapport au Sénat), c'est éviter des frais qui diminuent le gage commun, supprimer les lenteurs calculées ou involontaires, et faire en sorte que chaque créancier reçût, dans le plus bref délai possible, ce qui lui appartient. »

31. Le Code de procédure laissait à l'intérêt des parties et à la diligence des officiers ministériels le soin d'accélérer la marche de l'ordre et d'en hâter la conclusion. Mais l'expérience a démontré l'insuffisance de ce mode d'action. L'art. 749 permet de confier à un juge spécial la mission de présider à l'accomplissement des formalités de la procédure. Cette mesure, qui est depuis longtemps en vigueur au Tribunal de la Seine, et qui a déjà pour elle la sanction de la pratique, a pour but de concentrer la responsabilité sur un seul magistrat, et d'assurer à cette branche du service l'unité de direction et l'uniformité de principes dont elle a besoin.

Le juge spécial peut être choisi parmi les juges suppléants. Les jeunes magistrats trouveront là une occasion de mettre en relief leur zèle et leur capacité, et d'appeler honorablement sur eux l'attention des chefs de la Cour au ressort de laquelle ils appartiennent.

J'apprécie, comme je dois le faire, tout ce que le règlement d'un ordre réclame de soin et d'instruction. Je sais que cette difficile et modeste tâche n'offre pas à celui qui s'y dévoue l'éclat et les brillantes compensations qui se rencontrent dans d'autres travaux. Vous me signalerez, monsieur le procureur général, les juges-commissaires qui se seront fait remarquer par leur aptitude, par leur activité, par les résultats obtenus, et vous me trouverez toujours disposé à leur tenir compte de ces utiles efforts comme d'un titre de plus à la bienveillance du gouvernement de l'Empereur.

32. La mission du juge spécial est temporaire. Nommé pour un an au moins, ou trois ans au plus, il peut, après l'expiration d'une première période, être chargé de nouveau des mêmes fonctions ou remplacé par un autre magistrat. Vous aurez à vous concerter avec M. le premier président afin de me faire, aux époques nécessaires et dans la forme tracée par ma circulaire du 22 juin dernier, les propositions que les besoins

---

(1) On ne peut douter que les difficultés des ordres et l'incertitude de l'époque du remboursement ne soient une des causes qui contribuent le plus à éloigner les capitaux des placements hypothécaires.

des tribunaux de votre ressort pourront réclamer. Vous ne perdrez pas de vue que la nomination par décret d'un juge spécial n'est pas une mesure obligatoire et générale, qu'elle n'est que facultative et subordonnée à des exigences de service qui doivent être sérieuses et constatées. Vous veillerez, enfin, à ce que les magistrats chargés de cette mission ne se croient pas pour cela dispensés du service de l'audience.

Dans les tribunaux où le nombre des ordres ne justifierait pas la nomination d'un juge spécial, il convient et il est dans l'esprit de la loi nouvelle que toutes les procédures d'ordre soient, autant que cela est compatible avec le bien du service, confiées par le président au même magistrat.

Les cas d'empêchement ou d'absence sont prévus et réglés. Vous tiendrez la main à ce que, dans chacun des tribunaux où il existe un juge spécial, le greffier ouvre immédiatement le registre prescrit par l'art. 749, et sur lequel doivent être portées les ordonnances du président qui pourvoient au remplacement du juge absent ou empêché.

33. La loi confie au juge-commissaire la direction de l'ordre, et l'arme de pouvoirs suffisants pour stimuler l'activité des officiers ministériels. Afin de rendre cette tâche plus facile, j'ai décidé qu'il serait ouvert au greffe un registre conforme au modèle ci-joint, indiquant dans des colonnes distinctes toutes les phases de la procédure. Le juge-commissaire y fera mentionner successivement l'exécution des formalités accomplies, et pourra, par le seul examen des mentions qui y seront portées, se rendre exactement compte de l'état des procédures.

34. Le service des ordres est placé sous le contrôle direct et permanent du tribunal, sous celui du premier président et sous le vôtre. Vous ne devez négliger aucun moyen de vous assurer que les procédures sont dirigées avec l'activité désirable.

Vos substituts, en vérifiant chaque mois les minutes du greffe, se feront représenter le registre dont je viens de parler et lui consacreront une mention spéciale dans leur procès-verbal. Ils vous transmettront, en outre, dans les dix premiers jours de chaque trimestre, un extrait de ce registre, certifié par le greffier, contenant tous les ordres pendants et constatant la situation de chacun d'eux. Enfin, à la première audience civile des mois de janvier, avril, juillet et octobre, le président du tribunal fera faire publiquement l'appel de tous les ordres non terminés.

35. La loi du 23 mars 1855, qui a rendu obligatoire la transcription du jugement d'adjudication, n'avait prescrit aucun terme pour l'accomplissement de cette formalité. Il n'en est plus ainsi : la transcription doit avoir lieu dans les quarante-cinq jours qui suivent le jugement, s'il n'est frappé ni de surenchère ni d'appel. Dans ces deux derniers cas, le délai court à partir du jour de l'arrêt ou de l'adjudication sur surenchère.

Aux termes de la loi nouvelle, l'adjudicataire négligent est poursuivi comme fol enchérisseur, sans préjudice, bien entendu, des cas prévus par l'art. 713 du Code de procédure; la poursuite a lieu conformément à l'art. 735, sur le certificat délivré par le conservateur des hypothèques constatant que la transcription n'a pas été faite.

36. Cette formalité, nécessaire pour arrêter le cours des inscriptions, est le préliminaire indispensable de l'ordre.

Bien que le jugement d'adjudication soit signifié au saisi suivant les règles ordinaires de la procédure (art. 716), ce n'est plus du jour de cette signification, mais du jour de la transcription au bureau des hypothèques, que part le délai pour l'ouverture de l'ordre. Dès que cette transcription a été faite, l'adjudicataire, le créancier le plus diligent, ou le saisi lui-même, requiert l'ouverture du procès-verbal d'ordre; mais il n'est admis à faire sa réquisition qu'en remettant au greffe l'état des inscriptions indispensable au juge pour faire convoquer les créanciers.

37. La remise de cet état et la réquisition d'ouverture du procès-verbal sont constatées dans un seul et même acte, qui est inscrit sur le registre des adjudications.

Le juge annexe l'état des inscriptions au procès-verbal, et le droit de 3 fr. fixé par le décret du 18 juillet 1808 pour dépôt de cet état est perçu lors de l'enregistrement de l'ordonnance de clôture de l'ordre.

38. Le saisissant a, comme par le passé, la préférence pour la poursuite d'ordre; mais s'il n'imprime pas à la procédure l'activité nécessaire, les autres créanciers en prennent à sa place la direction.

39. Dans les tribunaux où il n'y a qu'un juge spécial, le poursuivant n'aura à requérir la nomination du juge-commissaire que si le juge spécial est absent ou empêché.

Dans les autres tribunaux, il requerra la nomination du juge, qui sera faite par le président, à la suite de la réquisition, sur le registre des adjudications.

C'est au président qu'il appartient de répartir les ordres entre les divers juges spéciaux d'un même siége.

40. Le Code de procédure ajournait l'ordre judiciaire pendant un mois pour laisser aux créanciers le temps de s'entendre entre eux; mais ces tentatives d'arrangement échouaient le plus fréquemment. « Votre commission, disait M. Riché dans son rapport au Corps législatif, a voulu tirer de ce délai un parti plus fécond en créant ce qui manquait, c'est-à-dire le centre commun, l'agent désigné de la conciliation, le rendez-vous obligatoire auprès de cet agent. »

L'ordre amiable, introduit par la loi du 21 mai 1858 (art. 751), est donc une procédure toute nouvelle dans notre législation. Elle réclame des règles particulières.

Elle n'a pas pour objet de remplacer l'ordre fait devant notaire par suite de l'accord des créanciers avec l'adjudicataire et le saisi, accord qui peut toujours avoir lieu lorsque les parties sont majeures et maîtresses de leurs droits.

Entre cette convention et l'ordre judiciaire, dans un double but d'économie et de rapidité, le législateur a placé l'ordre amiable, qui n'est autre chose qu'un règlement fait en justice sans les formalités ordinaires. Il doit être tenté, quel que soit le nombre des créanciers inscrits.

41. Dans le délai de l'art. 751, le juge-commissaire fixe le jour et l'heure de la réunion. L'état des inscriptions déposé par le poursuivant sert de base aux convocations, qui sont préparées par le greffier et adressées par lui aux créanciers inscrits, à l'adjudicataire et au saisi.

D'après les dispositions arrêtées de concert entre le département des finances et le mien, les lettres seront conformes au modèle ci-joint, tant pour le format que pour les énonciations. Elles seront délivrées par le greffier sur papier non timbré, au nom et sous la surveillance du juge-commissaire, et expédiées par la poste, sous bande simple, scellée du sceau du tribunal, avec affranchissement.

Le greffier remettra les lettres au guichet du bureau de poste pour les faire charger. Cette remise sera accompagnée d'un bulletin sur papier libre, conforme au modèle ci-joint, et énonçant le numéro de l'ordre, le nom du saisi ou du vendeur, le nombre de lettres et la suscription de chacune d'elles.

Toutes ces mentions seront inscrites sur le bulletin par le greffier, afin que le préposé de l'administration des postes n'ait plus à y porter que la date du dépôt des lettres, leur nombre et le montant de l'affranchissement perçu. Le préposé signera le bulletin ainsi rempli et le remettra au greffier. Chaque lettre sera passible, indépendamment de la taxe ordinaire (10 cent. ou 20 cent.), du droit fixe de 20 cent. pour chargement, comme toute lettre chargée; mais elle est dispensée des formalités de fermeture spéciales qu'entraîne le chargement ordinaire.

Les frais seront avancés par le poursuivant au greffier.

Le bulletin sera représenté au juge, qui le joindra au procès-verbal, et pourra ainsi constater la régularité de la convocation et prononcer l'amende contre les créanciers non comparants.

Il ne sera perçu aucun droit d'enregistrement ou de greffe pour l'annexe de ce bulletin au procès-verbal.

42. Chaque créancier est convoqué non-seulement à son domicile élu, mais encore à son domicile réel, pourvu qu'il soit fixé en France.

Les lettres adressées au domicile élu doivent porter sur la suscription, à la suite du nom du créancier, ces mots : *ou, en cas d'absence, à M.* (nom et qualité de la personne chez laquelle élection de domicile a été faite).

Celles qui ne parviennent pas au destinataire sont renvoyées au greffier du tribunal dont elles émanent, au lieu d'être remises au bureau des rebuts de l'administration centrale des postes.

43. Bien que l'art. 751 ne s'explique pas sur la rétribution due aux greffiers pour la préparation des lettres de convocation, je ne vois pas d'inconvénient à ce qu'il leur soit alloué 20 cent. par lettre, par analogie des dispositions de l'ordonnance du 9 octobre 1825, art. 1er, n° 17, et du décret du 24 mai 1854.

44. Vous ne perdrez pas de vue que les lettres de convocation ne doivent parvenir aux destinataires que par la voie de la poste. Afin d'éviter

les fraudes auxquelles cette partie du service peut donner lieu, j'ai décidé que le greffier remettrait au poursuivant un état indiquant le numéro de l'ordre, le nom du saisi et celui du vendeur, le nombre des lettres de convocation, les déboursés pour droit de poste et les émoluments perçus.

Le juge, avant de taxer les frais, n'aura, pour s'assurer de la sincérité de cet état, qu'à le comparer avec le bulletin signé par le préposé de l'administration des postes et annexé au procès-verbal.

45. Les créanciers qui ne satisfont pas à la convocation qu'ils ont reçue sont condamnés à 25 fr. d'amende. Il est dans le vœu du législateur qu'ils comparaissent en personne; toutefois il a été entendu qu'ils pouvaient se faire représenter par des fondés de procuration ou être assistés de conseils; mais ils ne peuvent, en général, se borner à faire connaître par lettre au juge-commissaire leurs prétentions, ainsi que les concessions qu'ils sont prêts à faire.

Les termes généraux dans lesquels l'art. 751 est conçu comportent cependant, dans l'exécution, certains tempéraments qui rentrent manifestement dans l'esprit de ses dispositions. On peut donc admettre sans difficulté que le créancier qui a reçu son payement, mais dont l'inscription n'a pas été radiée, ou celui qui, ne venant pas en ordre utile, renonce à faire valoir ses droits, ou enfin que la personne convoquée par erreur, évitent les frais d'un déplacement inutile ou d'une procuration, en faisant connaître par écrit au juge-commissaire qu'ils sont étrangers à l'ordre ou qu'ils sont désintéressés.

Mais c'est au créancier à prendre les mesures nécessaires pour que sa déclaration parvienne au juge-commissaire. Sa lettre, d'ailleurs, qui reste annexée au procès-verbal, doit être conçue avec clarté et précision, et ne contenir aucune réserve; enfin sa signature doit être légalisée par le maire de la commune où il réside.

46. La loi n'autorise à accorder aucune indemnité de voyage ou autre à ceux qui ont satisfait à la convocation, bien qu'ils n'aient obtenu aucune collocation.

Quant à la personne appelée par erreur, elle a son recours, selon les circonstances, contre le greffier ou contre le conservateur des hypothèques.

47. Les considérations qui ont déterminé le législateur à tenter l'ordre amiable ne permettent pas de penser que les créanciers soient astreints à recourir au ministère des avoués; le règlement a lieu sous la médiation du juge, mais il s'accomplit amiablement, c'est-à-dire sans procédure. Le créancier a donc le libre choix de son mandataire, et, lorsqu'il se présente en personne, il peut se faire accompagner d'un avocat ou d'un avoué; mais les honoraires du conseil, comme ceux du mandataire, restent à sa charge, et ne peuvent, en aucun cas, être prélevés sur la somme en distribution.

48. Le délai pour la tentative de règlement amiable est d'un mois à partir du jour de la réquisition d'ouverture du procès-verbal, lorsqu'il existe un juge spécial, ou de la nomination du juge-commissaire. Si la

première réunion est infructueuse, le juge en indique une ou plusieurs autres, sans nouvelles convocations et sans frais.

En l'absence d'un créancier, il apprécie s'il convient de renvoyer l'assemblée à un autre jour ou de la tenir immédiatement, sauf à régulariser ultérieurement le procès-verbal par l'adhésion que le créancier peut fournir dans le mois.

Les créanciers à hypothèques légales qui n'ont pas pris d'inscriptions doivent, s'ils veulent être colloqués, déposer au greffe leurs titres avec acte de produit, et faire mention de ce dépôt sur le procès-verbal d'ordre.

Il en est de même des créanciers chirographaires qui ont intérêt à surveiller la distribution du prix.

La réunion a lieu sous la présidence du juge-commissaire. Après l'appel des personnes convoquées, l'avoué poursuivant expose l'objet de la réunion. Chacun des créanciers justifie de son identité, fait connaître ses prétentions et dépose ses titres à l'appui.

Au surplus, la loi n'a prescrit aucune forme, n'a tracé aucune règle spéciale. Le juge auquel elle confie la direction du débat suit la marche qui lui paraît de nature à concilier tous les intérêts. Ne s'élève-t-il aucune difficulté, il dresse procès-verbal de la distribution du prix, ordonne la délivrance des bordereaux aux créanciers utilement colloqués et la radiation des inscriptions qui ne viennent pas en ordre utile.

Mais si des contestations surgissent, il appelle l'examen sur chacune d'elles et cherche à rapprocher les parties; son expérience, l'autorité de son caractère, lui assurent une influence qui, dans la plupart des cas, rendent son intervention efficace et décisive.

49. Rien ne s'oppose à ce que le règlement amiable ne soit que partiel, car il est dans le vœu de la loi de hâter, par tous les moyens légitimes, le moment où les créanciers recevront leur payement. Lors donc que tous les membres de l'assemblée sont d'accord pour reconnaître la justice des prétentions des créanciers premiers inscrits, et qu'il ne s'élève de difficulté qu'à l'égard des inscriptions postérieures, le juge arrête l'ordre pour les créanciers non contestés, et ordonne à leur profit la délivrance des bordereaux de collocation.

Il a même la faculté, selon les circonstances et quand les contestations ne s'adressent qu'à un nombre limité de créances, de régler l'ordre et de l'arrêter à l'égard des créanciers dont les demandes sont unanimement admises, à la condition toutefois de réserver somme suffisante pour désintéresser, suivant les éventualités du procès, ceux qui ne peuvent être dès à présent colloqués.

Cette manière d'opérer, que l'art. 751 n'interdit pas, a le double avantage de procurer à ceux dont les droits sont établis un remboursement immédiat et sans frais, et de permettre en même temps aux créanciers contestés, lorsque leur nombre n'excède pas trois, de procéder par voie d'attribution de prix, au lieu de recourir aux formalités longues et dispendieuses de l'ordre judiciaire.

Quant aux créances conditionnelles ou indéterminées, elles sont réglées conformément aux principes du droit en cette matière.

50. Le règlement ne souffre aucune difficulté lorsque le créancier,
mineur ou incapable, reçoit son payement intégral ; mais s'il ne doit
obtenir qu'un remboursement partiel ou s'il ne vient pas en ordre utile,
le règlement amiable peut-il aboutir ?

Le représentant de l'incapable, qui n'a qualité que pour les actes
d'administration, peut-il l'accepter sans recourir aux formalités prescrites pour les transactions ? C'est une question que la jurisprudence
aura à résoudre. Constatons seulement que la commission du Corps
législatif a paru considérer le consentement au règlement amiable
beaucoup moins comme une transaction que comme un acte d'administration ; en se bornant à reconnaître l'exactitude d'un fait dont le
magistrat seul est appelé à tirer les conséquences, le tuteur n'abandonne ni ne compromet les intérêts dont la gestion lui est confiée.

51. Le juge, dans l'ordre amiable organisé par l'art. 751, n'est pas
seulement chargé de constater l'accord des parties et de donner l'authenticité à leurs conventions. Bien qu'investi d'une mission de conciliation, il n'en conserve pas moins son caractère propre. Les créanciers
sont convoqués devant lui pour se régler amiablement entre eux, c'est-
à-dire pour établir ou contester contradictoirement et sans formalités
de procédure la réalité de leurs droits et le rang qui appartient à chacun
d'eux.

Mais c'est le juge seul qui procède à l'ordre, et il ne donne sa sanction à l'arrangement des créanciers qu'autant qu'il le trouve conforme
aux règles de la justice.

Le procès-verbal qu'il rédige, le greffier tenant la plume, relate l'exposé des faits présentés par l'avoué poursuivant sous sa responsabilité,
la convocation des créanciers, l'annexe du bulletin de chargement, la
comparution des parties, l'accord des créanciers, et, suivant les circonstances, renvoie les parties à l'audience, ou contient la distribution
totale ou partielle du prix.

Il est signé par le juge et par le greffier, car c'est un acte du juge,
et ne diffère point du règlement qui met fin à l'ordre judiciaire. Le conservateur des hypothèques est tenu d'exécuter l'ordonnance qui le termine.

52. A défaut d'ordre amiable, le procès-verbal n'est clos qu'à l'expiration du mois.

Il constate les incidents qui se sont produits et qui ont empêché la
conciliation, et ce n'est qu'à ce moment que le juge prononce l'amende
contre les non comparants. Il agit, d'ailleurs, sans nouvelle réquisition
du poursuivant, déclare l'ordre ouvert et commet un ou plusieurs huissiers à l'effet de sommer les créanciers de produire. Pour empêcher le
retour d'anciens abus, l'art. 752 déclare expressément que cette partie
du procès-verbal ne pourra être expédiée ni signifiée.

53. L'état des inscriptions reste au greffe, car il est nécessaire au tri-

bunal pour statuer sur la demande en attribution de prix, s'il y a moins de quatre créanciers inscrits, ou au juge-commissaire pour procéder au règlement de l'ordre judiciaire.

54. L'art. 753 fixe le délai (huit jours) dans lequel l'avoué poursuivant est tenu de dénoncer l'ouverture de l'ordre à l'avoué de l'adjudicataire, et de faire, à chacun des créanciers inscrits, sommation de produire. Cet acte relate les circonstances principales de la poursuite, et contient, en outre, l'avertissement spécial que, faute de produire dans les quarante jours, le créancier sera déchu.

L'original en est remis au juge, qui en fait mention sur le procès-verbal, et qui s'assure que les huissiers commis ont accompli leur mission.

55. Le délai de la production, qui n'était que d'un mois, d'après le Code de procédure, est porté à quarante jours par l'art. 754. Il court, pour chaque créancier, à partir de la sommation qui lui est faite.

Les créanciers à hypothèques légales qui n'ont pas fait inscrire leurs droits, mais qui veulent profiter du bénéfice de la disposition du nouvel art. 717, déposent au greffe leurs titres avec acte de produit signé par leur avoué et contenant demande en collocation. Mais ce dépôt, dont il est fait mention sur le procès-verbal, ne peut plus être effectué utilement lorsque le dernier créancier sommé a encouru la déchéance.

56. Aux termes de l'art. 755, les créanciers non produisants dans le délai sont déchus de plein droit. Aucune latitude n'est laissée au juge. A l'expiration des quarante jours, il constate la déchéance immédiatement et d'office sur le procès-verbal.

Le délai ne peut être prorogé sous aucun prétexte. Ainsi se trouvent supprimées ces productions tardives qui, dans l'ancienne procédure, entravaient si souvent la marche des ordres et en empêchaient la conclusion.

« Cette déchéance encourue par les créanciers non produisants dans le délai, dit M. Riché dans son rapport au Corps législatif, est l'une des plus graves innovations du projet de loi. Elle a excité des réclamations de la part de quelques officiers ministériels. Votre commission a pensé, avec le gouvernement, que l'efficacité de la loi était surtout au prix de cette déchéance. L'expérience a condamné l'inconséquence du Code actuel qui, après avoir prescrit la production dans le mois de la sommation, permet en fait de ne produire qu'après ce délai, et même qu'après la confection de l'état de collocation... La seule sanction sérieuse du délai est la forclusion. » (Voy. suprà, p. 56, n° 144.)

57. Il est prescrit au juge-commissaire de dresser l'état de collocation dans les vingt jours qui suivent l'expiration du délai de production. Mais c'est là un maximum qui ne doit être que rarement atteint ; et, dans la plupart des ordres où les créanciers sont peu nombreux et qui ne présentent pas de questions délicates, le travail peut être promptement terminé.

Une procédure d'ordre doit toujours être conduite avec célérité ; le bien public l'exige autant que l'intérêt des justiciables. Ce n'est, d'ailleurs, qu'en donnant l'exemple de l'activité que le juge stimulera le zèle des officiers ministériels et imprimera aux procédures une marche rapide.

58. La confection de l'état de collocation, qui doit être le résultat de son travail personnel, exige de sa part autant d'attention que de prudence. « La matière des hypothèques et la procédure d'ordre qui en est la mise en œuvre, *disait au Sénat M. Delangle*, sont au nombre des plus compliquées et des plus difficiles qu'offrent nos lois civiles. Pour s'y mouvoir avec rapidité et certitude, il est nécessaire de joindre à une science vraie des idées d'application que donnent seules l'habitude et l'expérience. »

Le juge ne peut donc abandonner ce travail aux soins du greffier ou de l'avoué poursuivant; si de semblables abus s'introduisaient dans quelques-uns des tribunaux de votre ressort, vous auriez à m'en rendre compte immédiatement. C'est un point que je confie à votre vigilance et à votre sollicitude.

59. Dans les dix jours de la confection de l'état de collocation, l'avoué poursuivant la dénonce aux créanciers produisants, ainsi qu'à la partie saisie, sous peine d'être déchu de la poursuite (art. 776).

L'art. 756 tranche une question controversée en déclarant que le saisi sera forclos comme les créanciers produisants, à défaut d'avoir contredit l'état dans les trente jours.

60. L'art. 2192 du Code Napoléon, prévoyant le cas où plusieurs immeubles ont été aliénés volontairement pour un seul et même prix, décide que le prix de chaque immeuble frappé d'inscriptions particulières et séparées sera déclaré dans la notification du nouveau propriétaire qui veut purger par ventilation du prix total exprimé dans le titre.

Mais lorsque l'adjudication a lieu à la suite d'une saisie immobilière, il faut déterminer, après coup, la portion de prix afférente à chacune des parcelles qui sont grevées d'hypothèques différentes (C. Nap. art. 2211).

Le Code de procédure ne contenait aucune règle spéciale pour la ventilation, ce qui amenait dans la pratique beaucoup d'hésitation et d'incertitude. La loi du 21 mai 1858 trace une procédure sommaire qui permet au juge de réunir avec rapidité des éléments d'appréciation, et de résoudre la difficulté.

Sur la réquisition des parties, ou d'office, par une ordonnance inscrite sur le procès-verbal, il nomme un ou trois experts, fixe le jour où il recevra leur serment et le délai dans lequel ils devront déposer leur rapport.

L'expert qui ne remplirait pas sa mission, après avoir prêté serment s'exposerait à une poursuite en dommages-intérêts, conformément à l'art. 316 du Code de procédure.

Le rapport, qui est rédigé d'une manière sommaire et qui est annexé au procès-verbal, ne peut être levé ni signifié : mais la partie qui n'en accepte pas les conclusions peut contester l'état de collocation dans les points qui lui font grief.

61. L'art. 757 ne s'applique pas au cas où la ventilation est requise après la dénonciation du règlement provisoire et par voie de contredit consigné au procès-verbal. Le juge-commissaire qui ne peut plus modifier l'état de collocation renvoie les parties à l'audience, et la ventilation est ordonnée, s'il y a lieu, par le tribunal.

62. Plusieurs améliorations résultent de l'art. 758.

1° Tout contestant motive son dire, qui est daté et signé par son avoué et qui tient lieu de ses conclusions (art. 761).

Il produit toutes pièces à l'appui, c'est-à-dire qu'il les dépose au greffe.

Désormais c'est le juge-commissaire qui fixe le jour où les contestations seront vidées, et commet un avoué pour suivre l'audience. Les contestants figurent seuls dans le débat avec les contestés et l'avoué du dernier créancier colloqué.

Ces mesures empêcheront des contestations irréfléchies, des lenteurs et des frais inutiles.

63. 2° Avant de renvoyer les contestants à l'audience, le juge pourvoit à l'intérêt des créanciers dont les collocations ne sont point attaquées, comme il le faisait déjà sous l'empire du Code de procédure; il arrête l'ordre et ordonne la délivrance des bordereaux de collocation pour les créances antérieures à celles contestées.

Le nouvel art. 758 l'autorise, en outre, à faire un règlement définitif pour les créances postérieures, en réservant une somme suffisante pour désintéresser les créanciers contestés. Mais c'est là une faculté dont le juge-commissaire usera avec prudence et lorsque la mesure lui paraîtra sans inconvénient.

Ces règlements partiels présentent des avantages réels, puisqu'ils assurent le remboursement immédiat des créances légitimes, et qu'ils simplifient notablement l'ordre, dans lequel on ne voit plus figurer que ceux dont les prétentions ont donné lieu à des contredits.

64. L'art. 759 détermine le délai dans lequel le juge-commissaire est tenu de faire la clôture de l'ordre, lorsqu'il ne s'est élevé aucune contestation.

En chargeant ce magistrat de liquider les frais de radiation et de poursuite d'ordre, aussi bien que ceux des créanciers colloqués en ordre utile, il reproduit presque textuellement l'ancien article du Code de procédure.

Il importe que les avoués déposent promptement au greffe leurs états de frais, afin de ne pas entraver le travail du juge-commissaire.

65. Quant à l'art. 761, il a pour objet de mettre un terme à l'abus des remises sollicitées sous prétexte de recherche ou de production de nouvelles pièces. Il décide, en outre, une question jusqu'alors très-controversée, en déclarant que les contestations sont jugées comme affaires sommaires, et régies, en ce qui touche la taxe des dépens, par l'art. 67 du décret du 16 février 1807. La procédure se borne à un simple acte signifié à la diligence de l'avoué commis, contenant avenir pour l'au-

dience fixée par le juge, et à des conclusions motivées de la part des contestés.

66. Les art. 762, 763, 764, tranchent plusieurs questions importantes, mais ne comportent aucune explication particulière. Vous remarquerez seulement que la procédure devant la Cour est sommaire comme elle l'est en première instance.

67. L'époque du règlement définitif de l'ordre est déterminée par l'art. 765. « A ce moment, disait M. Riché au Corps législatif, les intérêts dus par le saisi cessent, et font place aux intérêts dus par l'adjudicataire ou par la Caisse des consignations. C'est ce que votre commission, dont la rédaction est devenue plus substantielle entre les mains du conseil d'État, a exprimé par une disposition moins équivoque que celle de l'ancienne loi, qu'avait copiée le projet. » (*Suprà*, p. 62, n° 171.)

68. L'art. 766 introduit d'excellentes réformes. Les dépens des contestations étaient souvent employés en frais d'ordre, et retombaient ainsi à la charge du dernier créancier colloqué ; désormais, ils ne pourront être pris sur les deniers provenant de l'adjudication, à moins qu'il ne s'agisse d'un créancier dont la collocation, rejetée d'office malgré une production suffisante, a été admise par le tribunal, ou de l'avoué chargé de représenter les créanciers postérieurs aux collocations contestées. A part ces deux exceptions, le principe est absolu.

Lors même que le contredit profiterait à la masse commune, le mobile de ce contredit n'en étant pas moins l'intérêt du contredisant, celui-ci supporte les frais du procès qu'il a soulevé et qu'il a perdu.

L'article va plus loin et autorise le tribunal à condamner aux dépens celui qui obtient gain de cause, s'il est établi qu'il a mis de la négligence dans la production des pièces : disposition sévère, mais juste, puisque, en fournissant dès l'abord ces pièces décisives, le créancier aurait évité le contredit et le jugement.

Enfin, les frais à la charge du contestant téméraire sont prélevés sur sa collocation.

69. On s'était demandé, sous le Code de procédure, s'il existait un recours contre l'ordonnance de clôture de l'ordre.

Tout le monde s'accordait à refuser aux créanciers qui n'avaient pas contesté le règlement provisoire le pouvoir de remettre en question les bases de ce règlement, l'existence, la quotité, le rang des créances. Mais il n'était pas impossible que des erreurs se fussent glissées dans le règlement définitif, ou que le juge-commissaire eût excédé ses pouvoirs.

La jurisprudence était profondément divisée sur le point de savoir si l'ordonnance de clôture devait être attaquée par la voie de l'appel ou par la voie de l'opposition, et dans quel délai ce recours pouvait être exercé.

La nouvelle loi « rend un triple service aux justiciables (pour employer les expressions de M. Riché) en tranchant la difficulté, en choisissant le mode d'opposition devant le tribunal même, comme le plus économique, et en organisant une procédure assez simple pour la juger. » (*Suprà*, p. 64, n° 179.) Le poursuivant dénonce l'ordonnance de clôture dans les trois jours de sa date par acte d'avoué à avoué. L'opposition est formée, à peine de nullité, dans la huitaine de la dénonciation ; elle est jugée dans la huitaine suivante, comme affaire urgente et sommaire.

Bien que l'art. 767 ne s'explique pas sur ce point, l'opposition est faite au greffe par un dire consigné au procès-verbal.

70. D'après l'art. 769, c'est l'avoué poursuivant qui fait radier les inscriptions des créanciers non utilement colloqués, et, pour assurer l'accomplissement de cette formalité, l'article suivant défend au greffier de délivrer le bordereau des frais de poursuite avant que l'avoué ait fourni les certificats de radiation, qui demeurent annexés au procès-verbal.

Vos substituts, en vérifiant chaque mois les minutes du greffe, tiendront la main à ce que ces prescriptions soient ponctuellement exécutées.

71. Prévoyant le cas d'une aliénation volontaire, l'art. 772 autorise non-seulement l'acquéreur et le créancier le plus diligent, mais le vendeur lui-même, à requérir l'ouverture de l'ordre. Néanmoins ce dernier ne peut user de cette faculté qu'autant que le prix est exigible.

Aux termes de l'ancien art. 775, l'ordre pouvait être provoqué après l'expiration des trente jours qui suivaient l'expiration des délais prescrits par les art. 2185 et 2194 du Code civil ; le nouvel article ne permet de l'ouvrir qu'après l'accomplissement des formalités prescrites pour la purge des hypothèques.

La commission du Corps législatif a considéré la purge des hypothèques inscrites comme le *précurseur de l'ordre*. « Mais, disait M. Riché dans son rapport, pourquoi forcer l'acquéreur, surtout l'acquéreur d'un petit immeuble, à purger les hypothèques légales, si l'intérêt de sa sécurité ne lui paraît pas l'exiger, ou s'il recule devant les frais de cette purge assez rare dans la pratique? » (*Suprà*, p. 65, n° 184.)

Quoi qu'il en soit, les termes généraux et absolus dans lesquels la disposition est conçue ne paraissent pas admettre de distinction ; c'est une question que la jurisprudence aura à trancher.

Dans sa disposition finale, l'art. 772 réserve, sous certaines conditions, aux créanciers à hypothèques légales qui n'ont pas fait inscrire leurs hypothèques, le droit de préférence sur le prix.

72. L'art. 773 n'autorise pas l'ordre judiciaire lorsqu'il y a moins de quatre créanciers inscrits ; le Code admettait déjà ce principe, mais seulement à la suite d'une vente volontaire ; désormais, quel que soit le mode d'aliénation, la distribution du prix sera faite directement par le tribunal, après une procédure économique dont la forme est tracée avec précision.

73. L'instance en attribution de prix n'a lieu, dans tous les cas, qu'à défaut de règlement amiable.

74. L'un des objets principaux de la loi du 21 mai 1858 est d'imprimer aux procédures d'ordre la rapidité qui leur a manqué jusqu'à présent ; mais, pour atteindre à ce but, il ne suffisait pas de fixer des délais et de les enchaîner après en avoir restreint l'étendue dans une exacte li-

mite, il fallait encore imposer aux avoués la vigilance et l'activité. C'est à cette fin que l'art. 776 substitue à la subrogation, dont l'expérience avait démontré l'inefficacité, une déchéance, sans sommation ni jugement, contre l'avoué qui n'a pas observé les formalités et les délais prescrits par les art. 753, 755, § 2, et 769, et contre l'avoué commis qui n'a pas rempli les obligations à lui imposées par les art. 758 et 761.

Cette mesure, que le juge-commissaire est autorisé à prendre, sur la réquisition d'une partie ou même d'office, est une sanction rigoureuse des dispositions de la loi. Le zèle que les officiers ministériels apportent habituellement aux affaires qui leur sont confiées en rendra, sans doute, l'application peu fréquente; mais si des négligences se produisent, le juge ne doit pas hésiter à y recourir; sa tolérance ou sa faiblesse engagerait sa responsabilité.

75. L'avoué poursuivant et l'avoué commis ayant à remplir certaines formalités à la suite de divers actes du juge-commissaire, le greffier, au nom et sous la surveillance de ce magistrat, donnera avis, par lettre chargée à la poste : 1° à l'avoué poursuivant, de l'ouverture du procès-verbal d'ordre, de la confection de l'état de collocation provisoire, et de la clôture de l'ordre; 2° à l'avoué commis, du renvoi à l'audience, avec indication du jour fixé.

76. Aux termes des art. 777 et 778, il suffit à l'acquéreur qui veut faire prononcer la radiation des inscriptions avant la clôture de l'ordre, de consigner volontairement son prix.

« C'était là, disait M. Delangle dans son rapport au Sénat, une occasion naturelle, et la loi l'a saisie, de trancher une question indécise, celle de savoir si la consignation, en cette matière, devait être précédée d'offres réelles.

» Le prix étant irrévocablement fixé par la purge de toutes les hypothèques, les offres étaient une formalité complétement inutile; la loi nouvelle, fidèle à la pensée qui l'inspire, a évité ces frais aux créanciers. »

Il est superflu de retracer ici la procédure simple et économique qui est prescrite; il convient seulement de rappeler que, dans le cas où l'ordre n'est pas ouvert, l'acquéreur ou l'adjudicataire qui veut consigner est tenu d'en requérir l'ouverture.

77. Le Code ne s'était pas expliqué sur l'effet d'une revente sur folle enchère intervenant dans le cours de l'ordre, et même après le règlement définitif et la délivrance des bordereaux. L'art. 779 met fin aux difficultés que cette lacune avait fait naître, et décide qu'il n'est pas nécessaire de recommencer l'ordre, que le juge-commissaire doit se borner à modifier l'état de collocation, suivant les résultats de l'adjudication, et à rendre les bordereaux exécutoires contre le nouvel adjudicataire.

78. Telles sont, monsieur le procureur général, les observations que m'a suggérées la loi du 21 mai 1858 et les mesures que j'ai cru devoir prescrire pour en faciliter et en assurer la complète exécution. Les changements que le législateur a voulu introduire dans le règlement des

ordres ne sont pas seulement une réforme utile de procédure; ils ont, vous le savez, un intérêt plus général et plus élevé. Vous aurez donc à faire appel à la vigilance des magistrats comme au zèle des officiers ministériels de votre ressort.

Je compte sur votre concours le plus actif pour donner à cette partie du service, qui est particulièrement confiée à votre surveillance et à votre sollicitude, une vigoureuse impulsion; et je ne doute pas que les principes nouveaux, maintenus dans une sage limite, mais appliqués d'une manière large et ferme, ne produisent d'excellents résultats.

Je désire que désormais vous fassiez connaître dans la mercuriale les mesures que vous aurez adoptées pour favoriser l'application et le développement de ces principes.

Vous voudrez bien, enfin, me tenir exactement informé de tout ce qui intéressera l'exécution d'une loi sur laquelle le gouvernement de l'Empereur fonde de légitimes espérances d'amélioration et de progrès.

Je vous prie de m'accuser réception de cette circulaire, dont je vous transmets des exemplaires en nombre suffisant, pour que vous puissiez en adresser à M. le premier président de la Cour, aux présidents, aux procureurs impériaux et aux juges spéciaux de votre ressort.

Recevez, monsieur le procureur général, l'assurance de ma considération très-distinguée.

Le garde des sceaux, ministre de la justice,

R. DE ROYER.

COMMENTAIRE.

TITRE PREMIER.

DE LA SAISIE IMMOBILIÈRE.

(Modification des art. 692, 696, 717, du Code de procédure.)

ART. 692.

Texte ancien.

Pareille sommation sera faite, dans le même délai de huitaine, aux créanciers inscrits sur les biens saisis aux domiciles élus dans les inscriptions. Si, parmi les créanciers inscrits, se trouve le vendeur de l'immeuble saisi, la sommation à ce créancier portera, qu'à défaut de former sa demande en résolution et de la notifier au greffe avant l'adjudication, il sera définitivement déchu, à l'égard de l'adjudicataire, du droit de la prononcer.

Projet du gouvernement.

Pareille sommation sera faite dans le même délai de huitaine, outre un jour par cinq myriamètres :

1° Aux créanciers inscrits sur les biens saisis aux domiciles élus dans les inscriptions. Si, parmi les créanciers inscrits, se trouve le vendeur de l'immeuble saisi, la sommation à ce créancier portera, qu'à défaut de former sa demande en résolution et de la notifier au greffe avant l'adjudication, il sera définitivement déchu, à l'égard de l'adjudicataire, du droit de la faire prononcer;

2° A la femme du saisi, aux femmes des précédents propriétaires, ou subrogé tuteur des mineurs ou interdits, ou aux mineurs devenus majeurs, si, dans l'un et l'autre cas, les mariage et tutelle sont connus du poursuivant d'après son titre. Cette sommation contiendra, en outre, l'avertissement que, pour conserver les hypothèques légales sur l'immeuble exproprié, il sera nécessaire de les faire inscrire avant la transcription du jugement d'adjudication. La sommation devra être remise à la personne de la femme.

Copie en sera notifiée au procureur impérial de l'arrondissement où les biens sont situés, lequel sera tenu de requérir l'inscription des hypothèques appartenant aux femmes, mineurs, interdits, leurs héritiers ou ayants cause.

Loi actuelle.

Pareille sommation sera faite, dans le même délai de huitaine, outre un jour par cinq myriamètres :

1° Aux créanciers inscrits sur les biens saisis, aux domiciles élus dans les inscriptions. Si, parmi les créanciers inscrits, se trouve le vendeur de l'immeuble saisi, la sommation à ce créancier sera faite, à défaut de domicile élu par lui, à son domicile réel, pourvu qu'il soit fixé en France. Elle portera, qu'à défaut de former sa demande en résolution et de la notifier au greffe avant l'adjudication, il sera définitivement déchu, à l'égard de l'adjudicataire, du droit de la faire prononcer;

2° A la femme du saisi, aux femmes des précédents propriétaires, au subrogé tuteur des mineurs ou interdits, ou aux mineurs devenus majeurs, si, dans l'un ou l'autre cas, les mariage ou tutelle sont connus du poursuivant d'après son titre. Cette sommation contiendra, en outre, l'avertissement que, pour conserver les hypothèques légales sur l'immeuble exproprié, il sera nécessaire de les faire inscrire avant la transcription du jugement d'adjudication.

Copie en sera notifiée au procureur impérial de l'arrondissement où les biens sont situés, lequel sera tenu de requérir l'inscription des hypothèques légales existant du chef du saisi seulement sur les biens compris dans la saisie.

SOMMAIRE.

17. *Quid* en ce qui concerne la créance de la femme lorsque l'hypothèque de celle-ci est inscrite, soit par elle, soit par ses créanciers subrogés?

18. De la sommation à faire au *vendeur*. — Si la créance du vendeur se trouve inscrite, la sommation doit être faite à ce créancier, avec avertissement spécial de former sa demande en résolution avant l'adjudication, sous peine de déchéance.

19. Cette sommation doit être faite au créancier subrogé aux droits du vendeur, s'il est inscrit.

20. Inutile de mettre le vendeur en demeure d'exercer avant l'adjudication la folle enchère stipulée à son profit.

21. L'omission de l'avertissement spécial n'empêche pas le vendeur d'être déchu de son droit à intenter l'action en résolution de la vente consommée par adjudication, surtout depuis la loi du 23 mars 1855.

22. L'impossibilité de découvrir les anciens vendeurs dispense le saisissant de leur faire sommation, et, dans ce cas, ils sont déchus de leur action résolutoire par le seul fait de l'adjudication sur saisie immobilière.

23. La loi du 23 mars 1855 remédiera à cet inconvénient.

24. Le vendeur doit être sommé au domicile réel, lorsqu'il n'y a pas de domicile élu. — Inconvénients qui peuvent résulter de cette nécessité, en raison de la brièveté du délai de huitaine.

25. Précaution à prendre par l'avoué pour sommer le vendeur à son domicile réel.

26. *Quid* en cas de décès du vendeur?

27. *Quid* en cas de changement dans sa capacité juridique?

28. De la sommation à faire *aux créanciers à hypothèques légales*. — L'une des innovations capitales de la loi nouvelle consiste à appeler ces créanciers ou leurs représentants à la poursuite de saisie, pour arriver à la purge des hypothèques légales.

29. La remise de la sommation à la personne de la femme n'est pas obligatoire.

30. Il n'est pas nécessaire de faire nommer un subrogé tuteur au mineur pour lui faire la sommation, lorsqu'il n'en existe pas, ni de rechercher les héritiers au delà du dernier domicile de l'incapable décédé.

31. Observation pratique sur la rédaction des sommations et leur signification par l'huissier.

32. Le poursuivant ne doit faire les sommations prescrites que si les mariage et tutelle lui sont connus d'après son titre, c'est-à-dire l'acte ou l'écrit constatant sa créance.

33. Différence dans le mode de procéder en cas de saisie, pour la purge légale, et en cas de vente amiable.

34. Le titre comprend, non-seulement la déclaration hypothécaire, mais aussi l'établissement de propriété.

35. Il faut faire la sommation, non-seulement aux mineurs devenus majeurs, mais aussi à la femme devenue veuve, à l'interdit relevé de l'interdiction, dans l'année qui suit la dissolution du mariage de la femme ou la cessation de la tutelle de l'interdit.

36. Avertissement spécial ajouté à la sommation que les hypothèques légales doivent être inscrites avant la transcription du jugement d'adjudication. — L'omission de cet avertissement est une cause de nullité de la saisie jusqu'à l'adjudication.

37. Copie de la sommation doit être notifiée au procureur impérial de l'arrondissement où les biens sont situés. Dans ce cas, il y a obligation, et non simple *faculté*, pour le procureur impérial, de requérir l'inscription des hypothèques légales du chef du saisi seulement sur les biens compris dans la saisie : il faut un exploit distinct.

38. Le conservateur avance les frais d'inscription, sauf son recours contre le débiteur.

39. On ne peut donner mainlevée de la saisie sans le concours du créancier à hypothèque légale, dès que les sommations qui lui sont adressées sont mentionnées au bureau des hypothèques.

40. Ces créanciers ont le droit de faire des dires, avant la publication, sur le cahier des charges.

41. Ils sont parties intéressées à la conversion en vente volontaire.

1. La loi du 21 mai 1858 a eu spécialement pour objet l'amélioration de la procédure d'ordre. Il semble donc que ses rédacteurs auraient dû s'attacher à ne prendre du livre V du Code de procédure que le titre xiv, qui traite de l'Ordre, pour y concentrer leurs modifications. Mais la nécessité de procurer à l'adjudicataire dont le prix est distribué dans l'ordre ouvert à la suite de la saisie une sécurité complète, et le besoin d'imprimer à l'ordre une marche rapide et économique, devaient conduire le législateur à modifier sur quelques points la procédure de saisie et même à porter la réforme jusque dans les principes du droit civil. De là notre art. 692 et les deux articles qui vont suivre (art. 696 et 717), lesquels se rattachent au titre de la Saisie immobilière, et touchent aux dispositions de la loi civile sur la purge légale et l'action résolutoire du vendeur.

2. Déjà la loi du 2 juin 1841 sur les ventes judiciaires des biens immeubles avait fait un premier pas dans cette voie. Avant cette loi, le saisissant devait bien faire connaître la vente à tous les créanciers inscrits; mais le principe de l'art. 1654 du Code Napoléon, d'après lequel, « si l'acheteur ne paye pas le prix, le vendeur peut demander la résolution de la vente, » restait entier; et le Code de procédure, tel qu'il avait été conçu et promulgué en 1806, ne contenait aucune déchéance qui pût faire perdre au vendeur son action résolutoire, et l'empêcher de l'exercer en tous temps, contre toute espèce de personne et sans l'observation d'aucune formalité. Ce fut à la suite d'un amendement proposé par la commission de la Chambre des pairs que la loi de 1841, limitant l'action résolutoire, voulut que le vendeur, lorsqu'il se trouvait parmi les créanciers inscrits, fût spécialement averti d'avoir à faire juger sa demande en résolution avant l'adjudication, et qu'il fût définitivement déchu, à l'égard de l'adjudicataire, du droit de faire prononcer la résolution s'il n'avait pas formé sa demande et ne l'avait pas notifiée au greffe avant l'adjudication. Telle était la disposition de l'art. 692 modifiée par la loi de 1841. Le législateur supposait justement par là que si, après avoir été averti de procéder ainsi, le vendeur gardait néanmoins le silence et laissait procéder à l'adjudication, c'est qu'il avait lui-même renoncé à son droit; d'où la conséquence qu'il ne pouvait plus lui être permis d'attaquer une adjudication ainsi consommée de son consentement.

3. Notre législation actuelle confirme le principe; elle va même plus loin. D'une part, nous avons la loi du 23 mars 1855, qui, pour faire avancer le Code Napoléon dans la voie déjà tracée par la loi sur la saisie immobilière, associe le sort de l'action résolutoire au sort du privilége, en ce sens qu'il soumet le privilége et l'action résolutoire du vendeur aux mêmes conditions de publicité, sous une même sanction de déchéance (1).

4. D'une autre part, nous avons notre loi du 21 mai 1858, dont

---

(1) *Voy.* l'art. 7 de la loi de 1855 et les Observations de M. Paul Pont dans son *Commentaire des Priviléges et Hypothèques*, nos 198, 260 et 317.

l'art. 692 veut aussi, comme la loi de 1841, que la sommation aux créanciers inscrits de prendre communication du cahier des charges, contienne, pour le vendeur, la déclaration formelle que, faute par lui de former sa demande en résolution, et de la notifier au greffe avant l'adjudication de l'immeuble, il sera définitivement déchu, à l'égard de l'adjudicataire, du droit de faire prononcer cette résolution. Seulement, la loi de 1858 améliore, sur ce point, celle de 1841, en exigeant, dans un sentiment de justice et d'équité, qu'à défaut de domicile élu par le vendeur, la sommation dont s'agit lui soit faite à son domicile réel, si ce domicile se trouve en France.

5. Mais indépendamment de cette amélioration que la loi votée en 1841 avait déjà consacrée, il y en a une autre qui avait été tentée à la même époque, mais sans succès. Elle consistait à appeler tous les créanciers hypothécaires, non-seulement les créanciers inscrits, mais encore ceux qui ont de par la loi une hypothèque dispensée d'inscription, aux poursuites de saisie immobilière, c'est-à-dire à mettre les créanciers ayant des hypothèques légales dispensées d'inscription en demeure de prendre communication du cahier d'enchères et d'assister à l'adjudication. Il semble que les esprits n'étaient pas encore prêts, en 1841, pour cette réforme; et malgré toutes les mesures qui étaient proposées dans l'intérêt des créanciers auxquels leur état d'incapacité ou de subordination rend toujours nécessaire la protection de la loi, la crainte de leur insuffisance ne permit pas de s'arrêter à la proposition. Mais ce qui fut inutilement demandé en 1841, trouve sa réalisation dans la loi du 21 mai 1858.

6. Cette loi, associant la purge légale aux poursuites de saisie immobilière, veut, et c'est l'une de ses innovations importantes, que l'immeuble adjugé sur saisie immobilière passe à l'acquéreur franc de toute espèce d'hypothèque, aussi bien des hypothèques légales que des autres. Et c'est dans ce but que la disposition finale de notre article, en exigeant qu'une sommation soit faite aux créanciers dont les hypothèques légales ne seraient pas inscrites, indique les personnes auxquelles la sommation doit être faite, et précise l'avertissement qu'elle doit contenir.

7. Ainsi, considéré dans son ensemble, notre art. 692 a pour but de purger complètement l'immeuble et de ne laisser survivre à l'adjudication ni des hypothèques occultes, ni l'action résolutoire du vendeur. La loi a ainsi fait un grand pas vers un système meilleur des ventes judiciaires (1).

L'adjudicataire ne craint plus de payer son prix quand il est assuré de conserver son immeuble. Le public, achetant avec plus de sécurité, se rendra plus librement aux adjudications judiciaires, et les biens vendus de cette manière atteindront plus exactement leur valeur réelle.

8. Après avoir montré, par aperçu général, quel a été le but de notre article, nous en abordons les détails.

_____

(1) Des réformes sont surtout attendues pour la vente judiciaire des immeubles de modique valeur. *Voy.* mon ouvrage sur ce point, *Améliorations de la procédure.*

Nous nous occuperons successivement de la sommation à faire à *tous les créanciers inscrits* (n°s 9 à 17), de la sommation *au vendeur* (n°s 18 à 27) et de la sommation aux *créanciers à hypothèques légales* (n°s 28 à 41).

9. Le premier paragraphe de l'art. 692 dit « que pareille sommation sera faite :

» 1° Aux créanciers inscrits sur les biens saisis aux domiciles élus dans leurs inscriptions. » Il s'agit donc uniquement, dans ce paragraphe, des créanciers, quels qu'ils soient, qui ont pris ou pour lesquels il a été pris inscription. Les créanciers à hypothèques légales non inscrites font l'objet du paragraphe second. (Voy. *infrà*, n°s 28 et suiv.)

10. Pour faire la sommation aux créanciers inscrits, l'avoué poursuivant lève un état des inscriptions sur les biens saisis, après la transcription de la saisie à la conservation des hypothèques. Aussi ne pourra-t-il se servir d'un état antérieur à cette transcription pour lui indiquer les créanciers inscrits, sans être responsable à l'égard de ceux qui auraient pris inscription avant cette époque. Mais une fois cette formalité remplie, c'est aux créanciers qu'il faut imputer la faute s'ils n'ont pas eu connaissance de la poursuite lorsqu'ils ont requis inscription. En effet, au moment de la prendre, ils n'ont qu'à demander au conservateur un certificat constatant s'il existe ou n'existe pas de transcription sur saisie immobilière. Dans le dernier cas, ils doivent recevoir la sommation prescrite par l'art. 692 ; dans le premier, c'est-à-dire quand la saisie est transcrite, cette sommation ne doit être faite que lorsque leur inscription est antérieure à la date de la délivrance (1) de l'état des inscriptions à l'avoué du poursuivant.

Mais lorsque l'hypothèque est inscrite postérieurement à la délivrance de cet état, c'est au créancier d'intervenir à ses frais à la poursuite, sans avertissement, pour surveiller ses droits. Le coût de la poursuite ne doit en rien être augmenté par de nouvelles inscriptions, et l'on ne peut exiger du poursuivant qu'il s'adresse à tout instant au conservateur pour savoir s'il est survenu des inscriptions, depuis la levée de l'état après la transcription de la saisie.

11. Il n'est pas douteux que le débiteur ne puisse hypothéquer l'immeuble saisi sur lui. En effet, l'hypothèque laisse intacte la saisie, qui pourrait être continuée contre le débiteur après comme avant. Car la saisie ne touche en rien au rang et aux droits des créanciers hypothécaires, puisque celui à qui l'hypothèque nouvelle aura été accordée ne sera colloqué qu'à la date de son inscription, c'est-à-dire après tous ceux qui avaient des droits sur l'immeuble à l'époque de l'établissement de cette nouvelle hypothèque (2). Il est même admis par la jurisprudence que la créance chirographaire du saisissant prime l'hypothèque concédée par le saisi.

12. Si l'on s'en tenait à la lettre de la loi, en pratique, la mesure prescrite par le premier paragraphe de l'art. 692 serait quelquefois in-

---

che, *Saisie immobilière*. n° 351; Chauveau, sur Carré, art. 2326.
    (2) Vo   Paul Pont, *Comment.-Traité des Priv. et Hyp.*, n°s 353 et 623.

exécutable. Comment, en effet, s'y prendre pour faire, dans tous les
cas, en matière de saisie immobilière, sommation à tous les créanciers
inscrits sur les biens saisis, même aux créanciers des propriétaires précédents desdits immeubles? Prenons un exemple. A a vendu un immeuble à B; B l'a revendu à C. Lors de la revente à C, aucune transcription n'a été faite. L'immeuble est saisi dans cet état sur C, par le
créancier D, en vertu d'un jugement. L'état des inscriptions ne se délivre que sur les noms des personnes, et non pas sur les biens. Le mé-
contentement naturel que cause au saisi C la rigueur des poursuites fait
que le saisissant B ne peut obtenir de lui des renseignements sur l'origine
de la propriété saisie. Il ne pourra lever l'état des inscriptions que sur
le saisi C, et ne connaîtra ainsi que les créanciers inscrits sur ce dernier. Mais le même immeuble peut avoir été hypothéqué par A et par B,
et cependant D est dans l'impossibilité de faire sommation à ces créanciers réellement inscrits sur les biens saisis : aussi, selon nous, la notification à faire aux créanciers inscrits sur les précédents vendeurs n'est
nécessaire que si le poursuivant a les moyens de connaître les créanciers inscrits sur les propriétaires antérieurs, soit *par son titre* qui indique l'origine de la propriété, soit par l'état (1) délivré par le conservateur sur le saisi *lorsqu'au moyen de cet état,* contenant, par exemple,
une inscription d'office, on peut remonter aux anciens propriétaires. Il
est clair que le saisissant n'est pas en faute de n'avoir pas appelé à la
vente les créanciers inscrits qu'*il n'a pu connaître.*

C'est pour le même motif qu'il n'y a pas nullité lorsque le défaut (2)
de notification à un créancier inscrit provient d'une omission dans l'état
des inscriptions délivré au poursuivant par le conservateur, qui seul est
responsable du préjudice causé par son fait à l'égard de ce créancier
oublié. L'art. 2198, n° 2, du Code Napoléon, le dit formellement,
lorsque l'état a été levé sur transcription (3).

13. Nous ne partageons pas l'opinion de M. Chauveau sur Carré (4),
qui, s'appuyant sur les termes de notre article, lequel dit que « la sommation doit être faite aux créanciers *inscrits sur l'immeuble* » et non sur le
détenteur seulement, soutient que la sommation doit être faite indistinctement et dans tous les cas à tout créancier inscrit sur le fonds, même
aux créanciers inscrits sur les précédents propriétaires; c'est, dit-il, une
règle générale qui ne souffre pas d'exception. A cet argument de texte,
nous répondrons par cet argument de raison que nul n'est tenu à l'impossible. L'impossibilité, ici, est une conséquence du mode suivant lequel les registres hypothécaires sont tenus en France, où les hypothèques
sont inscrites sous le nom du propriétaire et non pas sur l'immeuble. Il

---

(1) Paris, 5 juill. 1832. — *Voy.* Rej., 13 nov. 1827. (Sirey, 28, 1, 196. — *Sic* Rodière, t. III, p. 120; Bioche, *Saisie immobilière,* n° 358).
(2) Besançon, 25 niv. an 13; Poitiers, 26 fév. 1846; *J. des Av.,* 2, 20, 273.
(3) *Voy.* là-dessus le *Commentaire des Priviléges et Hypothèques* de M. Paul Pont,
n°ˢ 1446 et suiv.
(4) *Quest.* 2329. C'est aussi l'avis de M. Lachaize, t. I, p. 368 et 372. — *Voy.* arrêt
de la Cour de Paris, du 8 août 1815. — Cass., 27 nov. 1811.

est constant qu'en cas de saisie le poursuivant ne peut pas toujours connaître les anciens propriétaires, à cause de la mauvaise volonté du saisi, qui refuse de lui donner les renseignements sur l'origine de la propriété. Cette objection n'arrête pas M. Chauveau, qui veut que le saisissant demande tout simplement au conservateur un certificat constatant qu'il existe tant d'inscriptions sur tel immeuble ou qu'il n'en existe pas. Si le conservateur, ajoute M. Chauveau, ne découvre pas les noms de tous les créanciers inscrits, il est responsable vis-à-vis des créanciers dont il n'a pas parlé. — Mais M. Chauveau oublie que tant qu'on n'aura pas résolu le problème si difficile d'inscrire les hypothèques sur le fonds et non sur le propriétaire, le conservateur ne sera obligé de délivrer les inscriptions que sur les noms des grevés qu'on lui présente. Du reste, M. Chauveau sait mieux que nous que pour les hypothèques judiciaires et légales, la loi n'exige pas que l'on désigne l'immeuble sur lequel elles frappent (art. 2148, n° 5, du Code Napoléon). Le conservateur ne doit pouvoir reconnaître et distinguer, dans ces cas, que *l'individu grevé* d'hypothèque (art. 2148, n° 2, du Code Napoléon). Nous persistons, par conséquent, dans notre avis que, lorsque le poursuivant n'a pu connaître le nom des précédents propriétaires, il est dispensé de faire sommation aux créanciers dont il s'agit.

14. Cette sommation, au contraire, doit être faite aux créanciers inscrits sur le tiers détenteur contre lequel l'expropriation se poursuit. En effet, le saisissant connaît ce détenteur et peut facilement lever un état d'inscription sur lui pour savoir quels sont ses créanciers inscrits

15. Une question qui nous paraît tranchée aujourd'hui par le paragraphe 3 de l'art. 715 du Code de procédure, est celle de savoir si la nullité résultant du défaut de sommation ou de son irrégularité peut être invoquée par le saisi ou par un créancier sommé régulièrement. En effet, l'art. 715 dit formellement « que les nullités prononcées par le présent article (qui mentionne expressément l'art. 692), pourront être proposées par tous ceux qui auront intérêt. » Il est incontestable que le saisi a toujours intérêt à faire annuler la poursuite dirigée contre lui. De même un créancier inscrit doit pouvoir se prévaloir de la nullité commise dans la sommation adressée à un autre créancier, s'il y a intérêt. Du reste, c'est là un point de fait qui varie selon les espèces soumises aux tribunaux. C'est à eux qu'il appartient de décider si un créancier a un intérêt sérieux et appréciable pour faire prononcer la nullité d'une saisie. Ainsi celui qui a fait pratiquer une saisie sur les immeubles de son débiteur, lesquels étaient déjà saisis à la requête d'un autre créancier, a qualité pour opposer la nullité de la première saisie, faute par le premier saisissant d'avoir fait aux créanciers inscrits la sommation de prendre communication (1).

16. La sommation aux créanciers inscrits doit leur être adressée au domicile élu dans leurs inscriptions. Faudrait-il conclure de là qu'il y aurait nullité, si on la signifiait au domicile réel? Nous ne le pensons

---

(1) *Voy.* Rouen, 30 mai 1841 (Sirey, 42, 2, 394; *J. Pal.*, 42, 2, 368).

pas. En effet, l'élection de domicile n'a été imposée aux créanciers qui font inscrire leurs hypothèques que pour faciliter les communications entre eux quand ils auraient des actes à se signifier. Mais il est permis à un créancier hypothécaire de renoncer à cette faveur et de faire sommation au domicile réel au lieu de la notifier au domicile élu. La question a été justement résolue en ce sens par un arrêt de Poitiers du 30 novembre 1826. (*J. Av.*, 32, p. 45.) — Du reste, la nullité de la sommation n'anéantirait que la procédure postérieure à cet acte, et la poursuite pourrait être reprise à partir du dernier acte valable (art. 728 du Code de procédure).

17. Lorsqu'une femme a pris inscription sur les biens saisis, cette sommation doit lui être faite, comme aux autres créanciers inscrits, à son domicile élu. Si, dans son inscription, il n'y avait pas élection de domicile, le poursuivant ne serait pas obligé de lui faire la notification prescrite par l'art. 692.

Quant aux créanciers que la femme aura subrogés dans son hypothèque légale, il est évident que si ces créanciers ont pris une inscription séparée en vertu de l'art. 9 de la loi du 23 mars 1855, le poursuivant doit leur faire sommation au domicile élu dans leurs inscriptions. Mais lorsque la subrogation d'un créancier dans l'hypothèque légale de la femme n'est indiquée que par la mention qui en est faite en marge de l'inscription préexistante (1), faut-il alors faire sommation à ces créanciers, simplement mentionnés en marge, au domicile élu dans l'inscription de la femme ? Pour répondre à cette question, il faut faire une distinction. Si dans la mention de la subrogation se trouve en même temps un domicile élu par le créancier subrogé, c'est à ce domicile qu'il faut faire la notification prescrite par l'art. 692, et non pas à celui de la femme. La subrogation est une véritable inscription prise par le créancier qui a eu soin d'y faire élection de domicile pour être appelé à tous les actes de procédure et sauvegarder ses intérêts. Si, au contraire, il n'a pas élu un domicile à part, il n'est pas nécessaire de lui faire une sommation spéciale, puisqu'elle ne doit être adressée qu'au domicile élu. Dira-t-on que comme subrogé dans tous les effets de l'inscription prise au profit de la femme, il doit l'être aussi dans le bénéfice de son élection de domicile, lequel, par conséquent, est censé être celui du créancier subrogé lorsqu'il n'en a pas choisi d'autre ? Selon nous, ce serait aller trop loin, car l'élection de domicile doit être faite expressément, et ne peut résulter que de la volonté formellement manifestée de l'élisant. Certes, ce créancier est subrogé dans l'effet du domicile élu par la femme ; toutefois cet effet consiste précisément à faire adresser une sommation au domicile élu à la femme, mais non au créancier mentionné en marge qui n'a pas élu de domicile en son nom.

---

(1) Nous devons faire observer que, par son arrêt du 4 février 1856, la Cour de cassation s'est prononcée contre ce mode de publicité appliqué à la subrogation de l'hypothèque légale de la femme, en décidant que la simple mention n'équivaut pas à l'inscription même de l'hypothèque légale. *Voy.* néanmoins la critique de cet arrêt par M. Paul Pont dans son *Commentaire des Priviléges et Hypothèques*, n°ˢ 782 et suiv.

Du reste, en fait, ces créanciers, ayant une hypothèque inscrite sur le mari, seront appelés à la poursuite de saisie par suite de leur inscription; et il arrivera rarement qu'un créancier sera subrogé dans l'hypothèque de la femme sans avoir une inscription contre le saisi, de sorte que cette question se présentera bien rarement (1).

---

(1) Nous ajouterons quelques observations de détail à la partie du commentaire qui se renferme dans les n°ˢ 9 à 18, lesquels ont pour objet la sommation à faire aux créanciers inscrits *autres que le vendeur* de l'immeuble saisi. Quel est l'objet de cette sommation, et quelles en doivent être les énonciations? A qui doit-elle être faite, et à quel domicile? Par le ministère de qui doit-elle être faite? Et dans quel délai? Tels sont les points dont nous avons à nous occuper.

1. La sommation est l'acte qui, en appelant dans la saisie les parties intéressées à en suivre et surveiller la marche, place désormais sous un contrôle intéressé l'action du poursuivant, qui, jusqu'à ce moment de la procédure, avait agi et procédé seul. Elle suit immédiatement la rédaction du cahier des charges, ou plutôt le dépôt que le poursuivant en doit faire au greffe du tribunal dans les vingt jours, au plus tard, après la transcription. (C. pr., art. 690.) Notre art. 692 dit qu'elle doit être faite aux créanciers inscrits sur les biens saisis, sans énoncer les indications qu'elle doit contenir. Mais, en ce point, l'article se réfère à l'art. 691, où il est question de la sommation qui doit être faite au saisi, lequel, avant tous autres incontestablement, devait être appelé à la saisie comme le plus intéressé à en surveiller la marche. Ce dernier article exprime que le saisi sera sommé de prendre communication du cahier des charges, de fournir ses dires et observations, et d'assister à la lecture et publication qui en sera faite, ainsi qu'à la fixation du jour de l'adjudication; l'article ajoute que la sommation indiquera les jours, lieu et heure de la publication. En sorte que lorsque notre art. 692 nous dit ensuite que *pareille sommation* sera faite aux créanciers inscrits sur les biens saisis, il dit par cela même que cette sommation aux créanciers doit aussi les mettre en demeure de prendre communication du cahier des charges, de fournir leurs dires, d'assister à la lecture et publication, ainsi qu'à la fixation du jour de l'adjudication, et qu'elle doit indiquer les jour, lieu et heure de la publication. Ceci est sans difficulté.

2. Mais la sommation doit-elle être réitérée, s'il arrive que l'adjudication n'ait pas lieu au jour indiqué, et soit renvoyée à un autre jour? La question s'est présentée devant la Cour de cassation, le 23 juillet 1817, c'est-à-dire dans une espèce régie par le Code de procédure de 1806, et y a été résolue par la négative. La Cour de cassation a considéré que la loi ne prescrit la sommation aux créanciers inscrits qu'une seule fois; que cette sommation suffit pour avertir le créancier inscrit de se trouver au jour indiqué, s'il le juge à propos, et que s'il n'a pas été instruit du renvoi et de ses motifs faute de s'être présenté, il ne peut imputer qu'à lui-même sa négligence, et doit se reprocher de n'avoir pas, sur la première signification, suivi la marche de la procédure. Ces considérations doivent prévaloir encore sous l'empire de la loi nouvelle. Et en effet, la même solution est admise généralement, tant par les auteurs qui ont écrit après la loi de 1841 (voy. notamment M. Bioche, v° Saisie immobilière, n° 361) que par ceux qui ont commenté notre loi du 21 mai 1858. (Voy. MM. Grosse et Rameau, n° 27; Émile Ollivier et Mourlon, n° 43.) Toutefois, ces deux derniers auteurs réservent le cas où, s'agissant, non pas d'une *simple prorogation*, mais du renvoi de l'adjudication à un jour *indéterminé*, le poursuivant, au lieu de poursuivre l'adjudication sur les errements de la procédure restée en état, remonterait jusqu'au cahier des charges pour en modifier les clauses et conditions, cas auquel la sommation devrait être réitérée. Nous n'admettons pas cette exception, que, d'ailleurs, MM. Ollivier et Mourlon proposent sous certaines réserves, puisqu'ils enseignent que, bien qu'il s'agisse ici d'une *sommation réitérée*, c'est-à-dire d'une seconde sommation qui devrait être semblable en tout à la première, le poursuivant pourrait cependant se dispenser d'y répéter l'avertissement spécial qui doit être donné, soit au vendeur de l'immeuble saisi (voy. ci-après n°ˢ 18 et suiv.), soit aux créanciers nantis d'une hypothèque légale dispensée d'inscription. (Voy. *infra*, n° 36.) En toute hypothèse, il faut dire, avec la Cour de cassation, que la sommation ne doit être faite qu'une seule fois, la loi n'en demandant qu'une seule; que cette sommation une fois faite, le créancier est dûment averti, et

18. Nous venons d'examiner quelques difficultés relatives aux notifications à faire aux créanciers inscrits ; il faut nous occuper à présent de la sommation qui doit être adressée au vendeur inscrit, en vue de la purge de l'action résolutoire. Remarquons d'abord que si le vendeur non payé n'a fait ni transcrire son contrat, ni inscrire sa créance, s'il est

que c'est à lui désormais à se tenir au courant de la procédure et à régler ses actes ou à exercer sa surveillance suivant les nécessités de la situation.

3. La sommation ne devant être faite, dans les termes de la loi, qu'aux créanciers *inscrits* sur l'immeuble saisi, il s'ensuit qu'elle n'est pas due aux créanciers chirographaires, ni même aux créanciers hypothécaires ou privilégiés qui n'auraient pas pris inscription. Ainsi, quoique faite à l'insu de ces derniers créanciers, l'adjudication leur serait opposable *par l'adjudicataire*. S'ils en éprouvent un dommage, ils doivent l'imputer à eux-mêmes : ils auraient dû assurer leur créance au moyen d'une inscription dont la seule existence aurait contraint le poursuivant à les lier à la procédure d'expropriation. Ajoutons, d'ailleurs, que c'est la règle même vis-à-vis des créanciers dont le privilége est dispensé d'inscription. (C. Nap., art. 2101 et 2107.) Si, profitant de la dispense écrite dans la loi, ces créanciers n'ont pas pris inscription, le poursuivant n'est pas tenu de leur faire la sommation prescrite par le premier paragraphe de l'art. 692, puisque aux termes de ce paragraphe la sommation ne doit être faite qu'aux *créanciers inscrits* sur l'immeuble saisi. Et quand même ils éprouveraient un préjudice par l'effet d'une adjudication qui a fait sortir à leur insu l'immeuble des mains de leur débiteur, cette adjudication ne leur serait pas moins opposable, parce que, ainsi que nous l'avons établi dans notre *Commentaire sur les Priviléges et Hypothèques*, nº 1122, les priviléges dont nous parlons ici ne sont dispensés d'inscription qu'au point de vue *du droit de préférence* auquel l'art. 2107 du Code Napoléon se réfère exclusivement, et que la généralité des termes de l'art. 2166 du Code Napoléon (*voy.* aussi l'art. 6 de la loi du 23 mars 1855) ne permet pas de dire que la dispense a été également consacrée en ce qui concerne *le droit de suite*.

Quoi qu'il en soit, le point essentiel que nous avons à constater ici, c'est que la sommation doit être faite seulement aux créanciers *inscrits*. Mais elle doit être faite à tous, non-seulement à ceux qui sont inscrits du chef du saisi lui-même, mais encore à ceux qui sont inscrits du chef des précédents propriétaires. En effet, l'art. 692 est général ; et, comme le dit très-bien la Cour de Caen dans un arrêt du 14 novembre 1849, la généralité du texte exclut une restriction qui, d'ailleurs, serait contraire à l'intention du législateur, qui veut que le saisissant appelle à la saisie indistinctement tous les créanciers inscrits sur l'immeuble, afin que cet immeuble soit, par le jugement d'adjudication, purgé de toutes les hypothèques qui le grèvent, et qu'on puisse acheter sans avoir la crainte d'être exposé à une nouvelle action hypothécaire, ce qui écarterait infailliblement les enchérisseurs (*voy.* S. V., 50, 2, 646). Seulement, nous admettons, avec M. Seligman (voy. *suprà*, nº 13), que lorsque le poursuivant n'a pas connu et n'a pu connaître les noms des précédents propriétaires, il n'est pas tenu de satisfaire, à l'égard des créanciers de ces derniers, aux prescriptions de l'art. 692. L'arrêt précité de la Cour de Caen fait aussi de ce point, consacré d'ailleurs par une jurisprudence constante (*voy.* notamment arrêts de la Cour de cassation des 27 novembre 1811 et 13 novembre 1827), l'objet d'une réserve expresse ; et l'opinion contraire, à laquelle MM. Émile Ollivier et Mourlon se sont ralliés (*voy.* le nº 54 de leur Commentaire), doit être rejetée.

4. La sommation doit être faite au *domicile élu* par les créanciers dans leurs inscriptions. C'est la disposition expresse de l'art. 692. Néanmoins nous n'admettons pas l'avis de quelques auteurs (*voy.* notamment MM. Émile Ollivier et Mourlon, nºˢ 67 et suiv.), d'après lesquels la sommation aux créanciers autre que le vendeur de l'immeuble saisi serait entachée de nullité si elle était faite au *domicile réel*. Nous adoptons de préférence l'opinion contraire émise, sur ce point, par M. Seligman (voy. *suprà*, nº 16).

5. Toutefois, nous supposons en cela que l'inscription est régulière, c'est-à-dire qu'elle contient l'indication à la fois du domicile réel et d'un domicile élu. Mais que faudrait-il décider si l'inscription était irrégulière en ce qu'il n'y aurait pas été fait élection de domicile par le créancier ? Notre art. 692 prévoit l'hypothèse pour le cas

resté complétement dans l'obscurité, son action résolutoire périt par l'effet de l'adjudication, sans qu'il soit besoin de l'avertir (1).

Si la créance du vendeur est inscrite, il ne peut être dépouillé de son action résolutoire qu'après avoir reçu la sommation qui doit lui être faite comme à tous les créanciers inscrits. De plus, cette sommation

spécial où le créancier est le vendeur de l'immeuble saisi, et, comme on le verra bientôt (voy. *infrà*, n° 24), il permet que la sommation, dans cette hypothèse, soit faite au domicile réel du vendeur, pourvu que ce domicile soit fixé en France. Incontestablement, le poursuivant pourra suivre la même marche, s'il le juge à propos, vis-à-vis des créanciers autres que le vendeur de l'immeuble saisi. Mais il n'y est pas tenu; et précisément parce que notre article n'a pas dit pour ces créanciers ce qu'il a dit spécialement pour le vendeur, nous pensons que le poursuivant peut se dispenser de leur faire la sommation lorsqu'ils ont omis d'indiquer, dans leur inscription, ce domicile d'élection auquel, d'après les termes de notre article, la sommation doit leur être faite. C'est l'opinion que nous avons émise dans notre *Commentaire des Priviléges et Hypothèques* (voy. n°ˢ 970 et 1303), où nous montrons, contre la jurisprudence constante de la Cour de cassation, d'après laquelle le défaut d'élection de domicile entraîne nullité de l'inscription, que la seule sanction de l'obligation d'élire domicile dans l'inscription doit être ramenée à ceci : que le créancier, pouvant ne recevoir aucune des significations qui l'intéressent, est exposé à perdre son gage hypothécaire, sans que rien soit venu le mettre en demeure d'aviser à sa conservation.

6. La sommation est faite par huissier. Mais comme le poursuivant n'a aucun intérêt à éloigner les créanciers inscrits de la procédure d'expropriation, et comme, par suite, il n'y a aucun motif de penser que les sommations ne seront pas faites, rien ne s'opposerait à ce que le poursuivant fût laissé libre d'y faire procéder par l'homme de son choix. Il n'y a ici rien de comparable à la situation prévue, soit dans le cas de l'art. 2183 du Code Napoléon (voy. notre *Commentaire des Priviléges et Hypothèques*, n° 1304), soit dans celui de l'art. 752 du Code de procédure, où la gravité des déchéances encourues a porté le législateur à s'assurer que les sommations seraient faites, et à exiger, en conséquence, l'intervention d'un *huissier commis*.

7. Enfin, la sommation aux créanciers inscrits doit, comme la sommation au saisi, être faite dans les huit jours, au plus tard, après le dépôt du cahier des charges au greffe. Et comme la loi précise nettement que la sommation sera faite *dans le délai de huit jours*, il faut dire que la sommation faite le neuvième jour serait tardive, tous les jours, même les jours termes devant être comptés dans le délai.

8. Mais notons que, par rapport au délai, la rédaction de la loi actuelle a établi, entre la sommation à faire aux créanciers et la sommation au saisi, une assimilation plus complète que ne le faisait la loi de 1841. Cette dernière loi, après avoir exprimé dans l'art. 691, par rapport à la sommation au saisi, que le délai de huit jours serait augmenté d'un jour par cinq myriamètres de distance entre le domicile du saisi et le lieu où siége le tribunal, gardait un silence absolu sur l'augmentation du délai à raison des distances dans l'art. 692, relatif à la sommation aux créanciers inscrits. La comparaison des textes avait fait naître quelque incertitude sur le point de savoir si le délai, pour cette dernière sommation, était susceptible ou non d'être augmenté à raison des distances. La loi actuelle a fait cesser tous les doutes en exprimant que la sommation sera faite dans le délai de huitaine, *outre un jour par cinq myriamètres*. Il faut donc ajouter aux huit jours autant de fois un jour qu'il y aura de fois cinq myriamètres entre le lieu où siége le tribunal et le lieu du domicile auquel la sommation doit être faite au créancier, sans que, d'ailleurs, il y ait à tenir aucun compte des fractions de moins de cinq myriamètres.   . P. P.

(1) C'est là une conséquence nécessaire de la disposition de la loi d'après laquelle la sommation n'est due qu'au vendeur dont le privilége est inscrit. Mais, comme le font justement remarquer MM. Émile Ollivier et Mourlon (n° 97), il y a là quelque sévérité vis-à-vis du vendeur, qui, ayant dû penser que son acheteur a requis une transcription sans laquelle aujourd'hui il n'acquiert plus la propriété à l'égard des tiers, a pu, se fiant à cette transcription qui vaut inscription pour lui, ne pas agir par lui-même.   P. P.

doit, à son égard, contenir la déclaration formelle que, « faute par lui de former sa demande en résolution et de la notifier au greffe avant l'adjudication de l'immeuble, il sera définitivement déchu, à l'égard de l'adjudicataire, du droit de demander cette résolution (1). »

19. Il est évident que la sommation à faire au vendeur doit aussi être adressée aux créanciers dont l'inscription fait connaître la subrogation au prix de vente, soit pour partie, soit pour la totalité : dans le dernier cas, la sommation sera faite au subrogé seulement, puisqu'il exerce tous les droits du vendeur. ,

20. La sommation, qui doit contenir l'avertissement relatif à l'action résolutoire, doit-elle en outre, dans le cas où le privilége du vendeur résulte d'une adjudication, mettre ce vendeur en demeure d'exercer, avant l'adjudication sur saisie, la folle enchère stipulée à son profit?

Nous pensons que c'est inutile. En effet, la folle enchère est une voie d'exécution contre l'acquéreur qui ne remplit pas les clauses de la vente ou n'en paye pas le prix. Elle a pour but, non pas, comme l'action résolutoire, de faire résilier la vente pour faire entrer la propriété entre les mains du vendeur, mais, au contraire, d'obtenir, par une revente sur folle enchère, le payement du prix d'adjudication ou l'exécution des clauses. Cette vente sur folle enchère résout bien l'adjudication primitive ; mais ce n'est pas au profit du vendeur, qui, en exerçant cette poursuite, ne désire qu'être payé de son prix de vente ; l'adjudication sur saisie immobilière, c'est-à-dire sur expropriation forcée avec toute sa publicité, est le moyen le plus sûr pour faire porter le prix de l'immeuble à sa valeur. Lorsque le vendeur a laissé consommer l'adjudication sur saisie sans s'y opposer, il a renoncé tacitement à la voie de la folle enchère ; l'exécution par la voie de la saisie immobilière a rempli son but, par conséquent il était inutile de le mettre en demeure pour

---

(1) Ajoutons que la disposition est applicable dans tous les cas où la créance inscrite est en réalité un prix de vente, quelle que soit la qualification donnée à l'acte d'où procède le droit du créancier. Et, à ce propos, nous rappellerons ce que nous avons dit, dans notre *Commentaire des Priviléges et Hypothèques*, pour expliquer quels sont les créanciers auxquels, dans l'esprit de la loi, appartient le privilége de vendeur. « Ce que la loi protége essentiellement, disons-nous, ce qu'elle met sous la sauvegarde du privilége, c'est la transmission de la propriété ; ce qu'elle veut assurer, c'est l'exécution, dans toutes ses parties, dans toutes ses conséquences, du contrat par lequel le propriétaire abandonne sa chose et la livre sous la condition de recevoir en retour les sommes ou les valeurs qui sont le prix en vue duquel il s'est dessaisi. Donc la faveur du privilége s'attachera aux conventions de l'espèce dès que la transmission aura le caractère et les effets de la vente, bien que l'acte qui la constate n'en porte pas la qualification. » .(Voy. *loc. cit.*, n° 186.) D'après cela, nous avons considéré comme un véritable prix de vente donnant droit au privilége une soulte d'échange (*voy.* n° 187); la somme que, dans une donation faite avec charge, représente la charge imposée au donataire (n° 188); la créance du vendeur à réméré, mais seulement dans le cas où le pacte de rachat n'est intervenu qu'après la vente consommée, et dans celui où la remise de l'immeuble par l'acquéreur au vendeur n'a eu lieu qu'après l'expiration du délai de réméré. (*Voy.* n° 189.) Et, par suite, si une inscription a été prise, dans le cas donné, soit par le coéchangiste, soit par le donateur, soit par le vendeur à réméré, la sommation doit leur être faite comme elle le serait à un vendeur proprement dit, et dans les mêmes termes.   P. P.

exercer la folle enchère, qui ne pouvait arriver qu'au même résultat. Ainsi, après l'adjudication sur saisie immobilière, le vendeur perd le droit de dépouiller l'adjudicataire sur saisie de sa propriété acquise en justice, sauf son recours contre l'adjudicataire primitif, sans qu'il soit besoin de l'avertir spécialement pour exercer la folle enchère pendant la saisie immobilière (1).

21. Dans le cas où le poursuivant se borne à faire seulement au vendeur inscrit la sommation de prendre communication du cahier des charges, sans ajouter l'avertissement prescrit par l'art. 692, ce vendeur sera-t-il déchu de son droit à intenter une action en résolution de la vente consommée par adjudication sur saisie immobilière? Cette question est vivement controversée. Pour soutenir la négative (2), on dit que la déchéance n'est opposable au vendeur qu'à la condition de lui avoir donné l'avertissement spécial prescrit par l'art. 692, en vue de la purge de l'action résolutoire. La sommation seule n'a purgé que le privilége du vendeur, et l'immeuble passera ainsi à l'adjudicataire franc de toute hypothèque. Mais l'action résolutoire subsiste toujours, puisqu'on n'a pas donné au vendeur inscrit l'avertissement voulu par la loi, qui seul a pour effet de produire la déchéance de son droit de demander la résolution. Ces motifs avaient une valeur sérieuse avant la loi du 23 mars 1855 sur la transcription. Mais depuis cette loi, l'action résolutoire ne nous paraît plus admissible contre l'adjudicataire qui aura fait transcrire le jugement d'adjudication. En effet, la simple sommation au vendeur inscrit a évidemment pour résultat de purger l'immeuble, dans ce cas, du privilége à l'égard de l'adjudicataire, sauf le droit de préférence sur le prix. Partant, l'action résolutoire doit disparaître de même, puisque, d'après l'art. 7 de la loi du 23 mars, l'extinction du privilége empêche l'exercice de l'action résolutoire au préjudice des tiers qui ont acquis des droits sur l'immeuble du chef de l'acquéreur, et qui se sont conformés aux lois pour les conserver. Aujourd'hui, l'action résolutoire du vendeur suit le sort de son privilége; et dès que l'immeuble est affranchi du privilége, il n'est plus sujet à l'action résolutoire.

22. Nous avons déjà dit que le poursuivant peut se trouver dans l'impossibilité de connaître l'origine de propriété des biens saisis, soit parce que le saisi est en fuite, soit parce qu'il refuse de donner des renseignements à cet égard. Dès qu'une transmission intermédiaire de la propriété n'a pas été transcrite, la chaîne pour remonter à la source d'où elle émane est rompue. Il devient alors fort difficile de découvrir les précédents vendeurs avec le système des inscriptions hypothécaires reçues en France. En effet, il faut remonter d'acquéreur en acquéreur; et dès qu'un seul manque au bureau des hypothèques, la recherche des propriétaires antérieurs est entravée, à moins que d'autres documents

---

(1) *Voy.* cependant MM. Chauveau, *Formules*, t. II, p. 48; Grosse et Rameau, n° 16.

(2) *Voy.* MM. Rodière, p. 59; Chauveau (*J. Av.*, t. LXXV, p. 318). *Voy.* aussi, en ce sens, un jugement du Tribunal de Bazas, du 8 janv. 1850. — *Contra*, M. Morin (*J. Av.*, t. LXVIII, p. 65). *Voy.* aussi MM. Grosse et Rameau, n° 9.

ne viennent combler cette lacune. En pareille situation, le saisissant est-il tenu de faire à tous les anciens vendeurs inscrits sur l'immeuble la sommation prescrite par l'art. 692, avec l'avertissement relatif à l'action résolutoire? M. Chauveau prétend que l'observation de cette formalité vis-à-vis des anciens vendeurs inscrits est de rigueur dans tous les cas, sans distinction, pour purger l'immeuble de l'action résolutoire par l'adjudication. Il se fonde sur les termes de la loi, qui n'admettent pas d'exception à la règle générale. Nous pensons, au contraire, qu'on ne saurait obliger le poursuivant à un acte qu'il est dans l'impossibilité de remplir : aussi sommes-nous d'avis que, lorsque cette impossibilité est démontrée, la notification exigée par l'art. 692 n'est pas nécessaire pour mettre fin à l'action résolutoire que le vendeur n'a pas exercée avant l'adjudication. Dans ce cas, il faut assimiler le vendeur inscrit dont l'inscription, par la force des choses, ne peut être connue, à celui qui ne s'est pas fait connaître du tout. Cependant il semble contraire à la rigueur du droit, comme à l'équité, que ce vendeur inscrit subisse les effets de l'expropriation s'il n'a pas été averti de l'existence de la saisie. Il s'agit de lui enlever un droit acquis par des actes auxquels il est étranger, lorsqu'il a pris la précaution de s'inscrire pour se faire connaître. Mais le législateur ne s'est pas arrêté à ces considérations; il a cherché avant tout à donner une grande sécurité à la vente faite par autorité de justice, et à l'entourer d'une protection toute spéciale pour faire porter le prix de l'adjudication à la véritable valeur de l'immeuble dans l'intérêt de la masse des créanciers. D'ailleurs, comme les formalités de l'expropriation présentent par elles-mêmes des garanties qui peuvent paraître suffisantes et contiennent des moyens de publicité très-étendus, ces vendeurs peuvent être réputés avertis : et ne peut-on pas dire alors qu'ils ont donné leur adhésion à l'adjudication, ou du moins qu'ils ont manqué de vigilance en ne l'empêchant pas à temps?

23. Du reste, la loi nouvelle sur la transcription remédiera à cet inconvénient, parce que chaque acquéreur fera transcrire son contrat pour arrêter le cours des inscriptions; de sorte qu'au moyen des transcriptions successives, il sera facile de remonter aux anciens propriétaires.

24. L'obligation de sommer le vendeur, qui n'a pas fait élection dans son inscription, à son domicile réel, pourvu qu'il soit fixé en France, est une amélioration que contient la nouvelle rédaction de l'art. 692 (1).

---

(1) C'est là, au moins dans le texte de la loi, une innovation dont il convient de préciser la portée. Sous l'empire de la loi de 1841, dont toutes les parties étaient régies par le premier paragraphe, on aurait pu croire que tous les créanciers, sans en excepter le vendeur lui-même, devaient être sommés au *domicile élu* dans l'inscription. Cependant, comme le vendeur n'a pas d'inscription à prendre, et n'en prend pas généralement, la transcription valant pour lui inscription ; comme, d'un autre côté, le conservateur ne doit pas élire domicile pour le vendeur dans l'inscription d'office qu'il fait lors de la transcription, et n'a même pas qualité pour le faire, la jurisprudence en était venue à décider que le poursuivant, lorsqu'il trouvait le vendeur parmi les créanciers, devait lui faire sommation à son domicile réel. (*Voy.* Paris, 31 mai 1813 ; Rennes, 24 juin 1823; Req., 21 déc. 1824. — *Voy.* aussi notre *Comment. des Priv. et*

Cependant cette amélioration a ses dangers; le délai de huitaine est souvent trop court pour connaître le domicile réel du vendeur. S'il avait quitté le domicile qu'il avait au moment de l'inscription, la notification qui lui aurait été adressée à cet ancien domicile ne pourrait plus lui parvenir en temps utile. Dans ce cas, il faudrait l'adresser à son nouveau domicile si l'huissier, se présentant à l'ancien domicile, recevait des indications à cet égard; car le vœu de la loi est que cette sommation soit remise au domicile réel du vendeur dès qu'il est connu. Cependant,

---

Hyp., n° 272.) L'art. 692 du Code de procédure, modifié par la loi du 21 mai 1858, consacre aujourd'hui cet état de choses lorsqu'il dit que « si, parmi les créanciers inscrits, se trouve le vendeur de l'immeuble saisi, la sommation à ce créancier sera faite, *à défaut de domicile élu par lui, à son domicile réel, pourvu qu'il soit fixé en France.* » Mais, comme on le voit, il y met certaines réserves.

D'une part, la loi suppose le cas qui se produit habituellement, celui où le vendeur n'a pas d'autre inscription que celle qui a dû être prise d'office par le conservateur lors de la transcription : c'est en vue de cette hypothèse qu'elle statue. La Circulaire ministérielle du 2 mai 1859, faite pour l'exécution de la loi, le donne clairement à entendre lorsqu'elle dit : « Quant au vendeur, *au profit duquel a été prise d'office une inscription qui ne contient pas élection de domicile*, il doit être sommé au domicile réel. » (*Voy.* cette Circulaire, rapportée plus haut, à la suite du texte de la loi, p. 117, n° 10; *voy.* aussi le Rapport de M. Riché, *suprà*, p. 35, n° 93.) Il suit de là que si l'inscription a été faite par le vendeur lui-même, soit qu'il ait cru devoir la prendre directement, soit qu'il l'ait renouvelée, la règle générale reprend son empire : la sommation doit être faite au domicile élu dans l'inscription, cette inscription devant, pour être régulière, contenir une élection de domicile. C'est l'avis de MM. Émile Ollivier et Mourlon, n°ˢ 82 et suivants. (*Voy.* cependant MM. Grosse et Rameau, n°ˢ 12 et suiv.) Du reste, ajoutons que, dans l'hypothèse de la loi, la sommation au *domicile réel* est obligatoire quand même le conservateur aurait fait de son chef une élection de domicile pour le vendeur dans l'inscription qu'il a dû prendre d'office. Le conservateur, en élisant domicile, a fait ce qu'il n'avait pas le droit de faire; et ce qu'il a fait ne saurait lier les parties. C'était admis déjà sous l'empire de la loi de 1841; les arrêts qui exigeaient que la sommation, pour qu'elle fût utilement faite, fût adressée au domicile *réel* du vendeur, ont été rendus précisément dans des espèces où il y avait eu élection de domicile par le conservateur et sommation par le poursuivant *à ce domicile élu.*

D'une autre part, même dans l'hypothèse de la loi, la sommation au domicile réel n'est obligatoire qu'autant que ce domicile *est fixé en France* : c'est la disposition formelle de notre art. 692. Par conséquent, comme l'exprime la Circulaire ministérielle du 2 mai 1859, le vendeur demeurant à l'étranger n'en reçoit aucune; il n'est informé directement ni des poursuites ni de l'adjudication; mais s'il éprouve un préjudice, il ne peut l'attribuer qu'à son incurie, car il lui suffisait, pour l'éviter, de faire au bureau des hypothèques une indication de domicile. (*Voy. suprà*, p. 117, n° 10.)

Du reste, la sommation peut être déposée au domicile du vendeur, bien que le vendeur n'y réside pas, comme aussi elle lui est valablement faite en tout lieu, en parlant à sa personne. (C. pr., art. 68.) Mais ajoutons, avec la Circulaire ministérielle déjà citée, que « si le domicile énoncé dans l'inscription est exact; si, le créancier ayant changé de demeure, on ignore son nouveau domicile, c'est au poursuivant qu'incombe le soin de le découvrir. La loi, selon l'expression de M. Delangle dans son rapport au Sénat, ne semble pas laisser la ressource créée par le droit commun d'une signification au dernier domicile connu. C'est du domicile réel que parle son texte, et c'est bien là que, dans son esprit, la mise en demeure doit atteindre le vendeur sous peine de manquer le but qu'on se propose. Comme il s'agit d'éteindre, à l'aide d'une déchéance, un droit précieux, le moyen le plus efficace qui appartienne au vendeur non payé, on comprend que la loi ait voulu que la déchéance fût acceptée, et elle ne pouvait avoir ce caractère qu'autant qu'elle était précédée d'un avertissement personnel. » (*Voy. loc. cit.*, n° 11.)

P. P.

dans la pratique, il faudrait souvent signifier la sommation au parquet pour ne pas s'exposer à la nullité de la saisie, quand le vendeur n'a plus de domicile réel qui résulte de son inscription. Ce moyen de signifier au parquet, comme si le domicile réel était inconnnu, peut être utile pour valider la procédure, mais il ne sert pas à grand'chose pour l'avertissement du vendeur. Il aurait mieux valu que la loi obligeât les notaires à faire élire un domicile aux parties dans les actes qu'ils rédigent.

Nous pensons cependant que le délai de huitaine doit être augmenté à raison des distances, conformément au premier alinéa de notre art. 692 (1).

25. Lorsque le domicile réel du vendeur est indiqué dans l'inscription, il pourrait arriver, quand la distance où se trouve le domicile est trop éloignée, que la sommation ne lui fût remise que peu de jours avant la publication du cahier des charges, qui doit avoir lieu trente jours au plus tôt et quarante jours au plus tard après son dépôt. En retirant huit jours et les délais de distance, qui peuvent être de quinze jours, il ne resterait souvent que sept jours au vendeur pour prendre communication du cahier des charges et faire valoir ses droits. Mais il y a aujourd'hui une telle rapidité dans les communications que, dans la pratique, l'avoué poursuivant ne serait pas excusable s'il ne prévenait pas ces inconvénients. Il devra donc adresser la sommation du vendeur le plus tôt possible à l'huissier, avec injonction de la signifier de suite. Pour justifier de la date de l'envoi, l'avoué n'a qu'à retirer de la poste le récépissé qu'on donne pour toute lettre chargée, afin de mettre sa responsabilité à couvert.

26. En cas de décès du vendeur, il n'est pas nécessaire d'adresser la sommation individuellement à tous les héritiers; il suffit, conformément à l'art. 2156, de la faire signifier au dernier domicile du vendeur. La brièveté du délai et l'augmentation des frais dans le cas où il y aurait un grand nombre d'héritiers demandent qu'on ne se montre pas plus exigeant. Cela suffira tant que les héritiers ne seront pas intervenus dans la poursuite et n'auront pas pris qualité; car en présence d'une inscription prise par le vendeur, le poursuivant ne peut être tenu à autre chose que d'adresser au vendeur seul les actes auxquels cette inscription peut donner lieu dans le cours de la poursuite (art. 2156). D'ailleurs c'est la faute des héritiers s'ils ne sont pas avertis par cette sommation; ils n'avaient qu'à surveiller tout ce qui concerne la succession, ou charger quelqu'un de le faire à leur place.

27. Il en serait autrement si la capacité de la personne du vendeur avait changé; ainsi, en cas d'interdiction, c'est au tuteur qu'il faudrait

---

(1) Ceci est certain, maintenant, en présence de notre art. 692 tel qu'il a été modifié par la loi du 21 mai 1858, laquelle, ajoutant au texte qui avait été écrit dans la loi de 1841, consacre expressément la règle de l'augmentation des délais à raison des distances (voy. *suprà*, p. 150, n° 8 de la note) : seulement, l'augmentation est fixée à un jour par *cinq* myriamètres, en quoi notre article modifie la règle de l'art. 1033, d'après lequel l'augmentation est de un jour par *trois* myriamètres.   **P. P.**

adresser la sommation. De même, lorsqu'une personne, fille ou veuve.
s'est mariée, c'est au domicile du mari que la sommation doit être remise. En effet, dans ces cas, le domicile réel du vendeur est chez le tuteur ou chez le mari.

En ce qui concerne la personne pourvue d'un conseil judiciaire, on
pourrait dire que la sommation devrait lui être adressée sans sommer
en même temps son conseil judiciaire. Le poursuivant ne se trouve, à
l'égard du prodigue, dans aucun des cas prévus par l'art. 513 du Code
Napoléon, et le prodigue a un domicile réel à part, un domicile qui
n'est pas celui du conseil judiciaire. Cependant nous pensons qu'il est
plus conforme aux principes d'appeler aussi à la poursuite le conseil
judiciaire, à cause des conséquences graves que produit la sommation
prescrite par l'art. 692. Car si cette formalité est remplie, l'immeuble
passe à l'adjudicataire affranchi de l'action résolutoire et même du droit
de suite, après la transcription de l'adjudication. C'est donc une espèce
de consentement à l'aliénation des droits du prodigue sur l'immeuble
qui s'opère à la suite de la sommation qui lui est adressée. Or le prodigue ne peut aliéner sans l'assistance de son conseil judiciaire, aux
termes de l'art. 513.

Dans ce cas, le conseil judiciaire du prodigue doit être connu du
poursuivant par le titre ou d'après l'inscription, et il n'est tenu de faire
sommation qu'à celui dont la qualité lui est ainsi révélée, car on ne peut
pas imposer au poursuivant l'obligation de rechercher le conseil judiciaire du prodigue majeur, lorsque le nom de ce conseil n'est indiqué
ni dans son titre, ni dans l'inscription prise par le prodigue.

28. Nous arrivons au paragraphe 2 de l'art. 692, et nous trouvons là
l'une des innovations importantes de la loi, une innovation qui déjà,
lors de la discussion de la loi de 1841, fut l'objet d'un débat très-appro-
fondi à la Chambre des pairs (1) et à la Chambre des députés (2). Longtemps la Cour de cassation a décidé que la vente forcée purgeait même
les hypothèques légales, quoique ceux à qui elles appartiennent ne soient
pas appelés à la saisie immobilière. C'était la règle du droit ancien,
comme l'atteste Loisel, suivant lequel *le décret nettoie toutes les hypothèques* (3). Mais, en 1833, la Cour de cassation abandonna cette jurisprudence par un arrêt rendu en audience solennelle, et, depuis cette
époque, elle considéra invariablement, dans tous ses arrêts sur la question, que les créanciers ayant une hypothèque légale non inscrite ne
sont pas appelés pour assister à la poursuite, et que, ne pouvant venir
y défendre leurs droits, il y aurait *injustice à les en dépouiller*.

En effet, pour opérer la purge vis-à-vis des créanciers inscrits, on les
somme d'assister à la poursuite de la saisie. Il fallait par conséquent

_____

(1) *Monit.* des 24 et 26 avr. 1840.
(2) *Monit.* des 12, 13 et 16 janv. 1841.
(3) M. Troplong a constamment soutenu cette opinion dans son *Commentaire sur
les Hypothèques*, t. IV, n° 996, et dans un article publié le 16 avril 1840 par la *Gazette
des Tribunaux*. (Voy. aussi MM. Paul Pont, *Comment. des Priv. et Hyp.*, n° 1403, et
Rev. de législ., année 1845, t. I, p. 299; Thomine Desmazures, t. II, p. 336; Grenier,
t. II, n°s 12, 490.)

appeler aussi les créanciers à hypothèques légales dispensées d'inscription à prendre, comme les autres, communication du cahier des charges et à être présents à l'adjudication, si l'on voulait que cette adjudication sur saisie immobilière effaçât toutes les hypothèques, aussi bien les hypothèques légales que les autres.

Le paragraphe 2 de l'art. 692 avise à cela en disposant que la sommation sera faite, dans le même délai de huitaine, outre un jour par cinq myriamètres, à la femme du saisi, aux femmes des précédents propriétaires, au subrogé tuteur des mineurs ou interdits, ou aux mineurs devenus majeurs, si, dans l'un ou l'autre cas, les mariages ou tutelles sont connus du poursuivant d'après son titre; — que cette sommation contiendra, en outre, l'avertissement que, pour conserver les hypothèques légales sur l'immeuble exproprié, il sera nécessaire de les faire inscrire avant la transcription du jugement d'adjudication; — enfin, que copie de la sommation sera notifiée au procureur impérial de l'arrondissement où les biens sont situés, lequel sera tenu de requérir l'inscription des hypothèques légales existant du chef du saisi seulement sur les biens compris dans la saisie.

Reprenons en détail ces prescriptions de la loi.

29. La sommation, d'après le texte, doit être faite à la femme du saisi. Là-dessus, une difficulté s'est élevée lors de la discussion de la loi. On s'est demandé si la sommation devait être remise *à la personne même de la femme*, ou s'il fallait s'en tenir aux termes de l'art. 68 du Code de procédure. Dans l'exposé des motifs qui accompagnait le projet de loi envoyé par le conseil d'État au Corps législatif, il est dit expressément que (1) « de peur que la communauté de domicile ne permette au mari de se faire délivrer la sommation destinée à la femme, et de lui en dérober la connaissance, la copie sera remise *à la personne de la femme*. » M. Millet, député, avait proposé, dans la commission de la Chambre des députés, un amendement conçu en ces termes : « La sommation ne sera pas remise à la personne du mari, » ce qui revenait à dire qu'en cas d'absence de la femme, la copie serait délivrée au domestique, au voisin ou au maire (art. 68 du Code de procédure civile). Mais la commission écarta cet amendement, « en ce qu'il plaçait ces auxiliaires dans l'alternative, ou de transmettre la copie au mari contre le vœu de la loi, ou de chercher à la transmettre à la femme à l'insu du mari, espèce de protection qui serait peu dans nos mœurs; » et, en outre, elle demanda la suppression, dans le projet du conseil d'État, de ces mots : « la sommation sera remise à la personne de la femme; » suppression qui fut consentie par le conseil d'État. Devant la Chambre, aucun orateur n'a soulevé cette question, ce qui indique qu'après la discussion dont nous venons de parler, tout le monde était d'accord sur ce point, que la remise à la personne de la femme ne serait pas obligatoire. Cela devait être; car si l'on avait fait de la remise *à la personne* de la femme l'objet d'une disposition impérative, il est évident, ainsi

(1) Voy. *suprà*, p. 10, n° 16.

que l'exprimait M. Riché dans son Rapport au Corps législatif (1), « que la disposition aurait rencontré souvent les impossibilités matérielles ou morales des absences ou des inviolabilités de la vie domestique; et que si le saisi, par intérêt ou par humeur, avait voulu retarder l'adjudication, il aurait rendu sa femme introuvable, et alors cette disposition aurait été inexécutable. »

30. Une autre difficulté du même genre s'est présentée à propos de la sommation à faire au subrogé tuteur. Il arrive fréquemment, surtout dans les campagnes, que les mineurs n'ont pas de subrogés tuteurs. Dans la pratique, pour l'exécution de l'art. 2194, on fait provoquer par l'acquéreur la nomination d'un subrogé tuteur, ce qui exige recherche du lieu où le conseil de famille doit s'assembler, et des membres qui doivent le composer, ensuite des sommations pour les faire comparaître. Les frais qui en résultent augmenteront de beaucoup ceux d'expropriation, car on ne pourrait raisonnablement mettre ces frais à la charge du mineur dont on veut purger l'hypothèque. Pour les économiser et éviter des retards, la commission de la Chambre des députés avait proposé d'ajouter aux mots *subrogé tuteur* ceux-ci : *s'il en existe un*. Mais, ajoute le rapporteur (2), « le conseil d'État n'a pas accueilli cet amendement, ce qui ne nous paraît pas impliquer la nécessité de faire nommer un subrogé tuteur, peu conciliable avec le délai de huitaine imparti par l'art. 692 pour les sommations. » En effet, cette induction du rapporteur se trouve confirmée dans la discussion qui s'éleva plus tard sur ce point au sein du Corps législatif (3). M. Guyard-Delalain, président de la commission nommée par la Chambre des députés, demanda que MM. les commissaires du gouvernement voulussent bien expliquer les raisons qui ont empêché le conseil d'État d'accepter l'amendement dont nous venons de parler, ainsi que celui par lequel cette commission aurait voulu qu'au cas de décès de la femme ou du mineur, il ne fût pas nécessaire de sommer tous les héritiers. Cette question, nettement posée, a reçu de suite une réponse catégorique qui ne laisse plus de doute sur la pensée du conseil d'État. Son vice-président, M. de Parieu, répond que les deux dernières questions qui viennent d'être soulevées par le préopinant sont des questions de détail qui ne peuvent trouver place dans le texte de la loi ; elles sont du ressort de la jurisprudence. Mais, au fond, en ce qui concerne le subrogé tuteur et les héritiers des incapables, l'opinion des commissaires du gouvernement est la même que celle de la commission ; ils sont d'avis qu'il n'est pas nécessaire d'instituer un subrogé tuteur lorsqu'il n'en existe pas, ni de rechercher les héritiers au delà du dernier domicile de l'incapable décédé. M. Josseau, député, revenant, dans la même séance, sur les demandes adressées par M. Guyard-Delalain aux commissaires du gouvernement concernant le cas où il n'y aurait pas de subrogé tuteur et celui où l'on serait en présence d'héritiers, déclare expressément qu'on

---

(1) Voy. *suprà*, p. 38, n° 100.
(2) Voy. *suprà*, p. 37, n° 98.
(3) Séance du 12 avril, *suprà*, p. 79 et suiv., n°ˢ 220, 221, 222, 226.

ne devrait pas, dans le premier cas, faire *nommer un subrogé tuteur, ni, dans le second, signifier aux héritiers.* La réponse de M. le vice-président ayant été dans ce sens, et l'interprétation donnée à la loi par la commission se trouvant admise par le conseil d'État, M. Josseau en conclut que la pratique ne peut plus désormais être incertaine sur ces points. Il résulte clairement de cette discussion que si le conseil d'État a gardé le silence sur les amendements présentés par la commission de la Chambre des députés, c'était, comme le disait M. de Parieu, parce qu'il ne voulait régler que le général, sans entrer dans tous les détails, et nullement parce qu'il n'aurait pas adopté l'avis de la commission sur ces questions. Ainsi il est maintenant constant qu'on ne doit pas faire nommer un subrogé tuteur, s'il n'en existe pas, pour lui faire la sommation prescrite par l'art. 692, et qu'en cas de décès de la femme ou du mineur, il ne faut adresser qu'une seule sommation au dernier domicile de ces incapables, sans se préoccuper de savoir s'il existe ou non des héritiers. Dès lors, le poursuivant qui ferait nommer un subrogé tuteur, ou qui signifierait aux héritiers, occasionnerait des frais qui seraient évidemment inutiles et devraient être rejetés de la taxe comme frustratoires (1).

Mais comment le poursuivant saura-t-il s'il existe ou n'existe pas de subrogé tuteur? Il consultera d'abord son titre. Si son titre est muet à cet égard, il devra s'adresser, pour avoir ce renseignement, au greffe de la justice de paix où le mineur avait son domicile au moment de la confection du titre qui fait connaître la tutelle, et, en cas d'un certificat négatif, une sommation est faite, à cet effet, au saisi tuteur, qui doit savoir si un subrogé tuteur a été nommé dans une autre justice de paix que celle de son domicile actuel. Avec ces précautions, la responsabilité du poursuivant est complétement à couvert.

---

(1) Il y a ici deux cas à distinguer : le cas de décès de la femme, du mineur ou de l'interdit, et celui où il n'existe pas de subrogé tuteur.

Quant au premier cas, la solution ci-dessus, généralement admise par les auteurs (*Voy.* MM. Grosse et Rameau, n° 51; Émile Ollivier et Mourlon, n° 47; Bressolles, *Explic. de la loi du 21 mai 1858*, p. 24), se trouve confirmée dans la Circulaire ministérielle du 2 mai 1859, où on lit : « Au cas de décès de la femme, du mineur ou de l'interdit, il a été entendu, dans la discussion au Corps législatif, qu'il n'est pas nécessaire de rechercher les héritiers au delà du dernier domicile de l'incapable décédé. C'est, en effet, au lieu de l'ouverture de la succession que doivent se concentrer les investigations. Suivant le résultat des recherches, la sommation est faite à tous les héritiers collectivement, comme dans l'hypothèse prévue par l'art. 447 du Code de procédure civile, ou à chacun d'eux, à son domicile réel. Lorsque les recherches ont été tout à fait infructueuses, l'acte est signifié au parquet, suivant les règles ordinaires. » (*Voy. supra*, p. 119, n° 14.)

Quant au second cas, il y a plus de difficulté. La jurisprudence s'est prononcée constamment en sens inverse de la solution ci-dessus, à propos de l'art. 2194 du Code Napoléon, à l'occasion duquel s'élève la même question : elle a décidé que le tiers acquéreur doit provoquer la nomination d'un subrogé tuteur, et lui faire les notifications prescrites par cet article. *Voy.* notamment Cass., 6 mai 1844; Besançon, 12 juill. 1837; Rouen, 13 mars 1840; Grenoble, 8 fév. 1842; Limoges, 5 mars 1843; Metz, 25 juin 1856; Nîmes, 25 mai 1857 (Dev., 38, 2, 108; 40, 2, 158; 42, 2, 162; 43, 2, 510; 44, 1, 412; 57, 2, 609; 58, 2, 53). C'est aussi l'opinion que nous avons

31. La sommation doit être faite aux femmes des précédents propriétaires. Dans la pratique, l'établissement de la propriété contenue dans les titres notariés remonte au moins à trente ans ; il faudrait donc, d'après le texte de l'art. 692, faire sommation à toutes les femmes des précédents propriétaires dont le mariage est connu par suite de cet établissement de propriété, qui fait partie du titre du poursuivant. Ceci peut présenter dans l'application de grandes difficultés, si l'origine de propriété fait connaître plusieurs transmissions faites par plusieurs personnes mariées. Pour faire, dans ce cas, la notification, l'avoué poursuivant doit extraire de son titre l'état civil du saisi ainsi que celui des précédents propriétaires. C'est dans la déclaration d'état civil du saisi, contenue dans l'acte, qu'on trouve s'il est époux ou tuteur. Les éléments de l'état civil des anciens propriétaires doivent être relevés dans l'établissement des propriétés contenues dans le titre. Si le domicile des femmes des anciens propriétaires est connu par le titre, on y adresse les sommations qui leur sont destinées. Mais quand ce domicile est inconnu, en présence du court délai imparti à l'avoué poursuivant, il suffira de faire sommation au parquet.

Toutefois, dans le cas où le titre indique le domicile de l'incapable, l'huissier, avant de faire une sommation au parquet, doit dresser d'abord un procès-verbal de perquisition, dans lequel il constatera que la femme ou le subrogé tuteur ne sont pas connus à ce domicile ; il se rendra ensuite à la mairie pour faire certifier que ces personnes n'ont fait aucune déclaration de changement de domicile. Après ces démarches, la sommation au parquet est suffisante et régulière.

Si aucun domicile séparé n'est indiqué pour les femmes, c'est à celui de leurs maris qu'il faut faire la remise de la sommation. Cependant si l'huissier apprenait, lorsqu'il se présente au domicile du mari, que la femme avait un domicile à part, il devrait constater cette réponse et faire parvenir la sommation à ce dernier domicile.

---

soutenue dans notre *Commentaire des Priviléges et Hypothèques*, n° 1411. Maintenant, en doit-il être autrement dans le cas réglé par l'art. 692 du Code de procédure, et le poursuivant est-il dispensé de faire nommer un subrogé tuteur au mineur qui n'en a pas? L'affirmative, enseignée ici par M. Seligman, est admise à la vérité par les auteurs, qui tous se fondent exclusivement sur la discussion du Corps législatif (*voy.* MM. Bressolles, *loc. cit.*, p. 23 et 24; Grosse et Rameau, n° 47; Émile Ollivier et Mourlon, n° 143); mais nous devons dire que cette discussion, dans laquelle on voit se croiser des opinions tout à fait individuelles, ne détruit pas, à nos yeux, l'induction qui se tire du rejet de l'amendement qui consistait à ajouter aux mots *subrogé tuteur* ceux-ci : *s'il en existe un.* C'est aussi l'avis que nous trouvons dans la Circulaire ministérielle du 2 mai 1859, où il est dit : « La commission du Corps législatif avait proposé d'ajouter les mots : *s'il en existe un;* mais le conseil d'État n'a pas accueilli cet amendement : il est vrai que, dans la discussion, M. de Parieu, commissaire du gouvernement, a exprimé l'opinion qu'il n'était pas nécessaire d'instituer un subrogé tuteur lorsqu'il n'en existait pas. Mais la jurisprudence, qui peut seule résoudre cette question, ainsi que l'a reconnu M. le vice-président du conseil d'État, s'est déjà prononcée dans un sens tout opposé... Le ministère public peut sans doute provoquer cette nomination ; mais les mesures qu'il est autorisé à prendre dans l'intérêt des incapables ne sauraient diminuer les obligations imposées au poursuivant pour assurer la régularité de la procédure et mettre à couvert sa responsabilité. » (Voy. *supra*, p. 118, n° 13.)   P. P.

Lorsque la femme s'est obligée solidairement avec le saisi à la dette qui a donné lieu à la poursuite, elle doit néanmoins être sommée à cause de son hypothèque légale ; car son obligation personnelle n'éteint pas ses droits hypothécaires sur l'immeuble dont l'expropriation est poursuivie. Après le payement de son créancier, la femme pourra toujours exercer son droit de préférence sur le surplus (1).

32. D'après le paragraphe 2 de l'art. 692, la sommation aux créanciers à hypothèques légales doit être faite seulement si *les mariages et tutelles sont connus du poursuivant d'après son titre.* Par l'expression de titre, il faut entendre l'écrit qui constate la créance du poursuivant. Ainsi tout autre moyen qui lui ferait connaître l'état civil du saisi et des précédents propriétaires, etc., n'obligerait pas le poursuivant à appeler les incapables ou leurs représentants pour venir prendre part à la procédure d'expropriation forcée. L'état des inscriptions que lui délivre le conservateur, un extrait des actes de l'état civil, sont bien des renseignements qui peuvent lui indiquer les noms de la femme du saisi ou des femmes des précédents propriétaires ; mais ils ne constituent pas son titre, lequel seul doit, d'après la loi, être consulté par le poursuivant, lorsqu'il dresse la liste des incapables pour leur faire sommation. A plus forte raison, cette formalité n'est pas obligatoire quand les poursuites s'exercent en vertu d'un jugement qui prononce seulement condamnation contre le mari.

En général, la prescription de la loi ne sera suivie que quand les actes notariés indiqueront l'état civil des emprunteurs. Dans ce cas, il suffit qu'il résulte du titre du poursuivant que son obligé était marié, pour que la sommation dont il s'agit doive être faite à la femme du saisi et à celles des précédents vendeurs, si les mariages résultent du titre du poursuivant. Ainsi, l'immeuble qu'on veut exproprier serait désigné dans le titre du poursuivant comme *propre au débiteur,* sans qu'il fût question de la femme, il faudrait voir dans cette qualification de *propre* une indication suffisante du mariage de son débiteur. Dans notre législation, il n'y a plus de propre de succession : un bien propre est celui qui ne fait pas partie de la communauté entre les conjoints ; par conséquent, l'emploi de ce terme ne peut s'appliquer qu'à l'immeuble d'une personne mariée. Si, dans ce cas, le nom de la femme n'est pas connu du poursuivant, c'est aux registres (des actes de mariage) de l'état civil qu'il faut recourir pour le trouver. De même, en cas de minorité indiquée dans le titre, il faudrait souvent rechercher dans les actes (registres de naissance) de l'état civil pour savoir si le mineur est devenu majeur, lorsque son âge n'est pas énoncé dans l'acte et que la tutelle ne remonte pas à vingt et un ans. Il suffit, pour obliger le poursuivant à faire les sommations, que le *fait du mariage ou de la tutelle* lui soit connu d'après son titre ; il n'est pas nécessaire que le nom de la femme ou du tuteur s'y trouve indiqué.

33. Qu'on ne dise pas qu'en cas de purge sur aliénation volontaire

---

(1) *Voy.* M. Paul Pont, *Des Priv. et Hyp.,* n° 1410.

la sommation n'est pas faite aux femmes des anciens propriétaires si
leurs noms ne sont pas donnés. Il existe, quant au mode de procéder,
une grande différence entre le cas d'expropriation forcée et celui de la
purge légale d'une vente amiable. Dans la procédure de saisie, l'insertion prescrite par l'art. 696 ne fait connaître que le nom du saisi, et ne
forme ainsi qu'un appel direct à la femme de ce dernier pour prendre
inscription de son hypothèque. Au contraire, dans la purge légale,
d'après l'art. 2194, cette insertion doit contenir les noms des anciens
propriétaires, et, par ce moyen de publicité, l'attention de toutes les
femmes peut être éveillée dans le but de conserver leurs droits. Ceci
explique la nécessité des sommations en cas d'expropriation, dès que
le fait du mariage des anciens propriétaires est connu par le titre du
poursuivant, afin d'avertir les femmes de prendre soin de leurs intérêts (1).

34. Nous avons déjà dit que le titre est l'ensemble de l'acte en vertu
duquel la saisie est faite. Dans la pratique notariale, il se compose, pour
les prêts hypothécaires en général, de la déclaration hypothécaire faite
par le débiteur, dans l'espèce le saisi, et d'une origine des propriétés
soumises à l'hypothèque. On se tromperait évidemment si, par *titre du
poursuivant,* on entendait seulement la déclaration hypothécaire faite
par le saisi, sans que l'établissement de propriété dont elle est suivie en
fît partie. C'est là un élément très-utile de l'acte pour donner des éclaircissements au prêteur sur les biens frappés qui lui sont engagés ; c'est le
complément de son titre. Aussi, dans le langage de la pratique, qui est
celui de la loi, le mot *titre* comprend l'acte notarié dans son entier,
c'est-à-dire la déclaration hypothécaire et l'établissement de la propriété qui y est joint. S'il en était autrement, si ce dernier élément ne
faisait pas partie du titre, il en résulterait que la sommation prescrite
par l'art. 692 ne serait presque jamais faite aux femmes des anciens
propriétaires.

Notons que, d'après la rédaction habituelle des actes, le débiteur,
en faisant la déclaration hypothécaire, n'indique pas les anciens propriétaires ; ces renseignements se trouvent ordinairement dans l'origine
de propriété. Ce serait évidemment aller contre le vœu et le texte formel
de la loi, qui resterait sans application, puisque l'état civil des anciens
vendeurs n'est connu que par l'origine de propriété qui se trouve dans
le titre du poursuivant. Et cependant c'est dans la sommation qui doit
être adressée aux femmes des anciens propriétaires que la loi a placé la
principale mesure protectrice pour conserver leurs droits, en liant la
purge des hypothèques légales à l'expropriation forcée.

Par conséquent, il faut, pour que la sommation soit faite aux créanciers à hypothèques légales, que le poursuivant puise les renseignements
sur le fait de mariage et de tutelle du saisi et des anciens propriétaires
aussi bien dans la déclaration hypothécaire que dans l'établissement de
propriété contenu dans son titre.

---

(1) *Voy.* cependant MM. Grosse et Rameau, n° 33.

35. Notre article parle bien de la sommation à faire *aux mineurs devenus majeurs;* mais il ne dit rien de la *femme devenue veuve*, ni de l'*interdit relevé de l'interdiction.* S'ensuit-il que le poursuivant soit dispensé de faire à ces deux derniers la sommation dont il s'agit? On pourrait s'autoriser, dans le sens de l'affirmative, de ce que la loi parle du mineur devenu majeur, et ne mentionne ni la veuve, ni l'interdit relevé d'interdiction. On peut argumenter, en outre, de la difficulté qu'il peut y avoir à connaître le domicile des veuves et celui des interdits relevés d'interdiction, après le décès des maris ou la mainlevée d'interdiction, et à le connaître à temps pour faire la sommation voulue dans le court délai de huitaine imparti par la loi. Cependant l'art. 8 de la loi du 23 mars 1855, rapproché de notre article, ne permet pas de s'arrêter à cette solution. Cet article dit formellement « que la veuve, le mineur devenu majeur, l'interdit relevé d'interdiction, peuvent encore prendre inscription pendant l'année qui suit la dissolution du mariage ou la cessation de la tutelle. » Ainsi, tant que dure cette année, leur hypothèque subsiste avec la même force que pendant le mariage et la tutelle, pourvu que l'inscription soit prise avant la fin de ladite année (1). La loi a prolongé la dispense d'inscription de leur hypothèque avec tous les effets antérieurs jusqu'à l'expiration de l'année qui suit la dissolution du mariage ou la cessation de la tutelle, en les assimilant entièrement, sous ce rapport, aux mineurs devenus majeurs. Il faut dire, pour être conséquent, que leurs hypothèques ne sont purgées qu'au moyen des formalités à suivre pour la purge de celles des mineurs devenus majeurs.

Quant à la difficulté de connaître l'état de veuvage de la femme ou la mainlevée de l'interdiction, elle est souvent la même que pour savoir si le mineur est devenu majeur : il faut recourir aux registres de l'état civil, qui indiquent le décès du mari, comme ils indiquent l'âge du mineur; et en ce qui concerne la mainlevée d'interdiction, elle peut être recherchée au moyen du tableau affiché dans les études de notaires, lequel indique l'interdiction et la mainlevée, si elle a eu lieu (art. 501 et 512 C. Nap.). D'un autre côté, on trouve aussi facilement le domicile de la veuve que celui de la femme séparée de corps, et celui des interdits relevés d'interdiction aussi aisément que celui du mineur devenu majeur, pour leur faire la sommation dont il s'agit. Si ce domicile n'est pas connu, on observe les formalités indiquées dans l'art. 69, n° 8, du Code de procédure. Il n'y a donc pas de raison pour que la sommation ne doive pas être faite aux veuves et aux interdits relevés d'interdiction, aussi bien qu'aux mineurs devenus majeurs. Seulement, la sommation n'est plus nécessaire après l'année qui suit la dissolution du mariage de la femme ou la cessation de la tutelle de l'interdit. En effet, après cette époque, la veuve et la personne relevée d'interdiction sont tout à fait assimilées aux autres créanciers inscrits. Leur hypothèque ne date, à l'égard des tiers, que du jour des inscriptions prises ultérieurement

---

(1) *Voy.*, sur ce point, le Commentaire de M. Paul Pont, n°s 806 et suiv.

(art. 8 précité, *in fine*). C'est leur faute s'ils n'ont pas pris inscription à temps : le délai que la loi leur accorde pour sauvegarder leurs intérêts est passé.

Quoique le paragraphe 2 de l'art. 692 ne désigne pas le curateur du mineur émancipé parmi les personnes qui doivent recevoir une sommation d'assister à la poursuite, nous pensons qu'elle doit être faite à ce curateur, s'il en existe un. L'émancipation du mineur ne lui enlève pas son hypothèque légale, et les formalités protectrices que la loi prescrit dans l'intérêt des pupilles doivent par conséquent être remplies à son égard.

Nous répétons ici que, malgré l'art. 8 de la loi du 23 mars 1855, qui étend aux héritiers ou ayants cause le droit attribué aux veuves, aux mineurs devenus majeurs, et aux interdits relevés d'interdiction, la sommation prescrite par notre article ne leur doit pas être faite. Le rapport de M. Riché et la discussion au Corps législatif démontrent clairement qu'on a voulu affranchir la procédure de saisie de cette formalité coûteuse que la pratique avait introduite dans la purge légale de l'art. 2194 (1). En effet, sommer tous les héritiers, qui peuvent être très-dispersés, les héritiers non-seulement de la femme du saisi, mais des femmes des anciens propriétaires, cela aurait occasionné des frais exorbitants ; il suffit de faire la notification de la copie au dernier domicile qu'avaient, avant leur décès, la veuve, les mineurs devenus majeurs, ou la personne relevée d'interdiction.

Cependant, lorsque les héritiers d'un incapable sont eux-mêmes parties saisies du chef de leur auteur incapable, comme, par exemple, les héritiers de la femme, parce que l'immeuble saisi dépend d'une communauté à laquelle ils n'ont pas renoncé, il est nécessaire de faire à ces héritiers la sommation prescrite par l'art. 692. En effet, le poursuivant, obligé, en vertu de l'art. 877 du Code Napoléon, de signifier son titre aux héritiers, connaît nécessairement alors leur qualité, et ne peut être censé ignorer légalement le décès de leur auteur.

36. On doit ajouter à la sommation faite en vertu du paragraphe 2 de l'art. 692 l'avertissement spécial que, pour conserver les hypothèques légales sur l'immeuble exproprié, il sera nécessaire de les faire inscrire avant la transcription du jugement d'adjudication. L'omission de cet avertissement serait une cause de nullité de la saisie qui peut être invoquée par tout intéressé (art. 715 C. pr.) jusqu'à la publication du cahier des charges. Une fois la publication prononcée, cette nullité est couverte, sauf cependant les dommages-intérêts encourus par le poursuivant, qui, par suite de l'inobservation d'une formalité prescrite par la loi, a pu causer un préjudice aux créanciers à hypothèques légales.

37. Une dernière précaution est prise, dans l'intérêt des incapables : le paragraphe 2 de l'art. 692 exige qu'une copie de la sommation soit notifiée au procureur impérial de l'arrondissement où les biens sont situés, lequel *est tenu* de requérir l'inscription des hypothèques légales

---

(1) Voy. *suprà*, p. 37, n° 99, et p. 79, n°ˢ 221 et suiv.

du chef du saisi seulement, sur les biens compris dans la saisie. Ainsi, il faut autant de copies pour les chefs de parquet qu'il y a d'arrondissements dans lesquels se trouvent les biens saisis.

En matière de purge légale, on dénonce le dépôt au greffe de la copie collationnée, conformément à l'art. 2194 du Code Napoléon, à la femme, au subrogé tuteur et au procureur impérial, en ne faisant qu'un original de l'acte, si le même huissier peut en délivrer la copie. Pourrait-on procéder de la même manière pour les sommations prescrites par l'art. 692 pour arriver à la purge des hypothèques légales en cas de saisie? Selon nous, il faudrait d'abord sommer la femme et le subrogé tuteur; ensuite donner copie de cette sommation, avec tous les renseignements contenus dans l'original, par un exploit séparé.

En effet, le procureur impérial a intérêt à savoir si les sommations aux incapables ont été bien faites, si elles ont été remises à leurs domiciles, et quelle a été la réponse des personnes auxquelles on les a signifiées. Tous ces détails ne pourraient être connus des chefs de parquet si on ne leur signifiait pas la copie en même temps qu'on adresse les sommations à la femme et au subrogé tuteur : aussi la loi n'a-t-elle indiqué aucun délai précis pour faire la dénonciation au procureur impérial ; elle doit être faite dans un temps rapproché, après la signification des sommations, afin qu'il puisse requérir l'inscription des hypothèques légales en temps utile.

Le projet du gouvernement avait été bien plus loin en portant : « Copie de la sommation sera notifiée au procureur impérial de l'arrondissement où les biens sont situés, lequel sera tenu de requérir l'inscription des hypothèques appartenant aux femmes, mineurs, interdits, leurs héritiers ou ayants cause. » Mais la commission (1) du Corps législatif a signalé les inconvénients qu'aurait, en pratique, l'exécution d'une telle disposition. Elle a proposé de limiter l'obligation, pour les procureurs impériaux, à la réquisition de l'inscription des hypothèques légales, du chef du saisi seulement, et sur les biens compris dans la saisie. Cette restriction ayant été adoptée par le conseil d'État, le projet primitif a été modifié en ce sens.

Ainsi, les seules personnes dans l'intérêt desquelles le procureur impérial doive prendre inscription sont : la femme du saisi, les mineurs et l'interdit qui se trouvent sous sa tutelle. Tant que ces incapables sont dispensés de prendre inscription à raison de leur hypothèque légale, le ministère public est obligé de venir à leur secours en requérant inscription à leur place, quand une expropriation les menace de perdre leur gage en restant dans l'obscurité. Nous croyons même que le procureur impérial a également le droit de requérir inscription en faveur de la veuve, du mineur devenu majeur et de l'interdit relevé de l'interdiction, *dans l'année* qui suit la dissolution du mariage ou la cessation de la tutelle, quoique alors ces personnes soient capables de veiller elles-mêmes sur leurs intérêts. La prolongation de faveur que leur accorde la loi pen-

---

(1) *Voy.* le Rapport de M. Riché, *suprà*, p. 38, n° 101.

dant cette année prouve évidemment que, dans la pensée du législateur, ces personnes ont besoin de protection spéciale dans l'intervalle, et qu'elles ne peuvent être assimilées aux créanciers inscrits. Cette mission protectrice est confiée par l'art. 692, dans ce cas, au procureur impérial. Du reste, notre interprétation est conforme au texte portant que le procureur impérial est tenu de requérir l'inscription des hypothèques légales existant du chef du saisi, sans distinction aucune et sans excepter les mineurs devenus majeurs dont parle formellement l'alinéa précédent de cet art. 692.

Une discussion vive s'est aussi engagée dans la même commission (1) et dans le sein du Corps législatif (2), sur le point de savoir si l'on ne devait pas rendre facultative la mission donnée aux procureurs impériaux. Mais le conseil d'État, ainsi que les commissaires du gouvernement à la Chambre, ont constamment maintenu comme forcée l'obligation pour le procureur impérial de prendre inscription : aussi l'article porte ces mots : « Le procureur impérial *sera tenu,* etc. » Cependant il faut dire qu'il n'existe, pour les chefs de parquet, qu'une responsabilité morale, et non pécuniaire (3), en ce qui concerne l'accomplissement de cette formalité, et aucun délai, comme nous venons de le dire, n'est fixé dans lequel ils doivent faire la réquisition que la loi leur impose. C'est au procureur impérial à choisir le moment opportun pour sauvegarder les intérêts des incapables qu'il a mission de protéger. Du reste, il n'aura qu'à faire une réquisition au conservateur, qui, ayant la transcription de la saisie sous les yeux, a tous les éléments nécessaires pour faire la désignation spéciale dans l'inscription prise, sous sa responsabilité, sur les immeubles saisis (4).

38. Quant aux frais de cette inscription dus au conservateur, ils sont à la charge du débiteur, d'après l'art. 2155 du Code Napoléon, ainsi conçu : « L'avance en sera faite par l'inscrivant, si ce n'est quant aux hypothèques légales, pour l'inscription desquelles le conservateur a son recours contre le débiteur (5). »

39. La sommation adressée aux créanciers à hypothèques légales a pour but de leur faire connaître la poursuite de saisie, de les appeler à intervenir dans cette procédure, de prendre inscription avant la trans-

---

(1) *Voy.* le Rapport de M. Riché, *loc. cit.*

(2) *Voy. suprà,* p. 77, nos 218 et suiv.

(3) *Sic* M. Bressolles, n° 19. MM. Ollivier et Mourlon sont d'un avis contraire.

(4) *Voy.* le Rapport de M. Riché, *suprà,* p. 39, n° 102. — D'après la circulaire du 2 mai 1859 (*suprà,* p. 121, n° 19), c'est le procureur impérial qui doit désigner, dans le bordereau d'inscription, les immeubles grevés, qui ne sont autres que ceux compris dans la saisie, et dont il trouve la désignation soit dans la notification qui lui est faite, soit dans le cahier des charges déposé au greffe. Néanmoins quelques chefs de parquet se bornent à faire cette désignation par renvoi, dans le bordereau d'inscription, au numéro du registre des transcriptions qui contient la copie du procès-verbal de saisie. Mais cela peut donner lieu à des difficultés, en ce que l'inscription se trouve ainsi incomplète, et que les tiers sont obligés de recourir aux registres de transcription pour connaître les biens grevés.

(5) *Voy.,* sur cette disposition, les observations de M. Paul Pont dans son *Commentaire des Priviléges et Hypothèques,* n° 1066.

cription de l'adjudication, et de lier ainsi la purge de leurs hypothèques
à la procédure d'expropriation. Il s'agit maintenant d'examiner si la
mention de la sommation faite aux créanciers à hypothèques légales
non inscrits doit avoir lieu au bureau des hypothèques, comme l'art. 693
le prescrit pour les créanciers inscrits, et, en conséquence, si l'on doit
dire d'eux, comme la dernière disposition de cet article le dit des
créanciers inscrits, qu'à partir de ce moment la saisie ne peut plus être
rayée que de leur consentement ou en vertu de jugements rendus contre
eux.

Pour soutenir la négative, on dit que l'art. 693 n'a été fait qu'en vue
des créanciers inscrits. L'art. 693 dit expressément que la saisie ne
pourra plus être rayée que du consentement des créanciers *inscrits*. La
loi de 1841 a eu soin d'ajouter même ce mot *inscrits*, tandis que le Code
de 1806 portait primitivement, dans l'art. 696, que la saisie ne pourrait être rayée que du consentement des créanciers. Ainsi, l'art. 693 ne
peut être invoqué par les créanciers à hypothèques légales qui n'ont pas
pris inscription. D'ailleurs la sommation qui leur a été faite ne prouve
pas réellement qu'ils soient créanciers hypothécaires; ce n'est qu'une
mise en demeure pour qu'ils aient à manifester leurs droits par des inscriptions. Tant que leurs créances ne sont pas inscrites, ils ne sont pas
véritablement parties dans l'instance, qui peut être abandonnée sans
leur consentement. Et puis, d'ailleurs, la radiation de la saisie ne peut
en aucune manière préjudicier à leurs droits. Car, ou la vente de l'immeuble saisi se fera plus tard à l'amiable, et alors il faudra remplir à
leur égard les formalités de la purge légale prescrites par l'art. 2194,
ou une nouvelle saisie sera pratiquée, et, dans ce cas, il faudra leur faire
de nouvelles sommations.

Malgré la force apparente de ces raisons, nous pensons que la mention de la sommation adressée aux créanciers à hypothèques légales doit
être faite en marge de la transcription de la saisie au bureau des hypothèques, et qu'à partir de ce moment la saisie ne peut plus être rayée
que de leur consentement ou en vertu de jugements rendus contre eux.

Nous laissons à l'écart le texte de l'ancien art. 693, qui d'ailleurs
conduirait à la nécessité de mentionner en marge de la transcription les
sommations faites aux créanciers à hypothèque légale, puisque cet article dit formellement que « mention de la notification prescrite par les
deux articles précédents (art. 691 et 692), etc., » et que la sommation
dont il s'agit a été notifiée précisément en vertu de l'un de ces articles
(art. 692). La raison sérieuse de décider, à notre avis, se tire de l'économie même de notre loi nouvelle, qui lie étroitement les créanciers à
hypothèque légale aux poursuites en expropriation.

La sommation qui est faite à ces créanciers, en vertu du nouvel art.
692, a pour but de les appeler et de leur faire connaître l'état de la procédure, afin que la poursuite en expropriation leur devienne aussi commune. Ils sont complétement assimilés aux créanciers hypothécaires
inscrits, et la transcription de l'adjudication produit les mêmes effets,
vis-à-vis des créanciers à hypothèques légales, qu'à l'égard des créan-

ciers inscrits, du moins en ce qui concerne le droit de suite résultant de leurs hypothèques. L'immeuble est purgé à l'égard de tous.

Eh bien, si la procédure leur est commune avec les créanciers inscrits; si, par les effets qu'elle produit, d'après les dispositions et l'esprit de la nouvelle loi, la sommation qui leur est adressée les rend parties dans l'instance, il est évident que cette instance ne peut plus être abandonnée sans leur consentement. Les créanciers à hypothèque légale comptent sur le poursuivant, qui est le mandataire légal de tous les créanciers appelés à la saisie, pour mener cette saisie à fin et réaliser le gage commun.

Vainement on dira qu'ils ne sont pas des créanciers hypothécaires aussi sérieux que les créanciers inscrits, et que la sommation, vis-à-vis d'eux, n'est qu'une mise en demeure d'avoir à manifester leurs droits, s'ils en ont, par une inscription. La sommation, pour ces créanciers, n'est pas autre chose que ce qu'elle est pour les créanciers inscrits. Rien ne prouve que ceux-ci sont véritablement créanciers au moment de la sommation; ils peuvent déjà avoir été remboursés, leur hypothèque peut être annulée ou sans cause : c'est à l'ordre seulement que l'on examine si les créanciers apparents ont réellement des droits. Leurs inscriptions ne forment qu'une présomption en leur faveur. De même pour les créanciers dispensés d'inscription, leur qualité de femmes ou de mineurs donne lieu, à leur égard, à la même présomption, et c'est pour cette raison même qu'ils sont sommés pour prendre part à la poursuite. La sommation prescrite par le nouvel art. 692 a donc, vis-à-vis d'eux, le même caractère que vis-à-vis des créanciers inscrits; elle doit, par conséquent, produire les mêmes effets.

Quant à l'argument tiré de ce que la radiation ne peut pas préjudicier aux droits des incapables, il n'a pas plus de valeur, puisqu'on pourrait l'invoquer également vis-à-vis des créanciers inscrits. Malgré la mainlevée de la saisie, leur hypothèque subsistera au même rang, et ils pourraient, s'ils ne sont pas désintéressés, exproprier le débiteur aussi bien que les créanciers dispensés d'inscription.

Le vrai motif de la nécessité du consentement des créanciers hypothécaires, après la mention aux hypothèques de la notification qui leur a été faite, se trouve dans ce qu'à partir de ce moment la poursuite est commune à tous les créanciers sommés, que le saisissant n'est que leur mandataire, et qu'il ne peut à lui seul mettre à néant les poursuites; car il obligerait ainsi les créanciers sommés à subir de nouveaux délais, à recommencer toutes les formalités de la procédure de saisie, et, dans le cas où le saisi, après mainlevée, aura vendu l'immeuble, les créanciers hypothécaires inscrits ou non inscrits seraient obligés de surenchérir pour faire porter le prix de l'immeuble à sa véritable valeur, qu'il aurait pu atteindre par la continuation des poursuites de saisie et l'adjudication aux enchères publiques (1).

_____

(1) Cette solution, admise par MM. Émile Ollivier et Mourlon (n° 178 de leur Commentaire), et contredite, au contraire, par MM. Grosse et Rameau (*voy.* leur n° 56),

40. Par ce même motif que les créanciers à hypothèques légales sommés font partie de la poursuite, il faut dire qu'ils ont droit, aussi bien que le poursuivant, la partie saisie et les créanciers inscrits, de faire insérer, d'après l'art. 694, dans les trois jours avant la publication, leurs dires et observations ayant pour objet d'introduire des modifications dans le cahier des charges (1).

41. Et comme ils sont parties intéressées dans la saisie, après la sommation qui leur a été faite en vertu de l'art. 692, il faut dire également qu'aucune conversion en vente sur publications volontaires ne peut être faite sans leur agrément (2).

Art. 696.

Texte ancien.

Quarante jours au plus tôt et vingt jours au plus tard avant l'adjudication, l'avoué du poursuivant fera insérer, dans un journal publié dans le département où sont situés les biens, un extrait signé de lui et contenant :

1° La date de la saisie et de sa transcription;

2° Les noms, professions, demeures du saisi, du saisissant et de l'avoué de ce dernier;

3° La désignation des immeubles, telle qu'elle a été insérée dans le procès-verbal;

4° La mise à prix ;

5° L'indication du tribunal où la saisie se poursuit, et des jour, lieu et heure de l'adjudication.

A cet effet, les Cours royales, chambres réunies, après un avis motivé des Tribunaux de première instance respectifs, et sur les réquisitions écrites du ministère public, désigneront chaque année, dans la première quinzaine de décembre, pour chaque arrondissement de leur ressort, parmi les journaux qui se publient dans le départe-

---

est seule dans la pensée de la loi nouvelle, qui donne à la sommation l'effet de rendre l'instance commune à tous les créanciers sommés, aux créanciers nantis d'une hypothèque légale dispensée d'inscription, non moins qu'aux créanciers inscrits. — Cependant il y a un cas particulier dans lequel les deux classes de créanciers ne peuvent pas être assimilées. Nous voulons parler du cas prévu par les art. 686 et 687 du Code de procédure, desquels il résulte que la partie saisie ne peut, à compter du jour de la transcription de la saisie, aliéner les immeubles saisis; et néanmoins, que l'aliénation ainsi faite aura son exécution si, avant le jour fixé pour l'adjudication, l'acquéreur consigne somme suffisante pour acquitter en principal, intérêts et frais, ce qui est dû aux *créanciers inscrits*, ainsi qu'au saisissant, et s'il leur signifie l'acte de consignation. Évidemment, dans le cas d'aliénation consentie après mention en marge de la transcription des sommations faites aux créanciers, la disposition de l'art. 687 ne pourra pas être suivie vis-à-vis des créanciers à hypothèque légale qui auront reçu la sommation. Le principe que ces créanciers sont liés aux poursuites ne fait pas que leur créance ne soit indéterminée et que jusqu'à liquidation elle ne reste inconnue. Comment donc le poursuivant pourrait-il consigner, et quelle est la somme dont il aurait à effectuer la consignation? Dans cette situation, nous pensons que l'acquéreur pourra ne pas se préoccuper de ces créanciers, et que, pour consolider son acquisition ou se garantir, il devra recourir au moyen de la purge légale. Cette solution nous semble préférable à celle que proposent MM. Émile Ollivier et Mourlon (n° 179), d'après lesquels la saisie devrait suivre son cours, malgré l'aliénation et nonobstant l'existence sur l'immeuble aliéné d'hypothèques indéterminées quant aux sommes garanties.

P. P.

(1) *Voy*. MM. Émile Ollivier et Mourlon (n° 175).

(2) *Voy*., en sens contraire, MM. Grosse et Rameau (n° 57).

ment, un ou plusieurs journaux où devront être insérées les annonces judiciaires. Les Cours royales régleront en même temps le tarif de l'impression de ces annonces. Néanmoins toutes les annonces judiciaires relatives à la même saisie seront insérées dans le même journal.

Loi actuelle (1).

Quarante jours au plus tôt et vingt jours au plus tard avant l'adjudication, l'avoué du poursuivant fera insérer, dans un journal publié dans le département où sont situés les biens, un extrait signé de lui et contenant :

1° La date de la saisie et de sa transcription ;

2° Les noms, professions, demeures du saisi, du saisissant et de l'avoué de ce dernier ;

3° La désignation des immeubles, telle qu'elle a été insérée dans le procès-verbal ;

4° La mise à prix ;

5° L'indication du tribunal où la saisie se poursuit, et des jour, lieu et heure de l'adjudication.

Il sera, en outre, déclaré dans l'extrait que tous ceux du chef desquels il pourrait être pris inscription pour raison d'hypothèques légales devront requérir cette inscription avant la transcription du jugement d'adjudication.

Toutes les annonces judiciaires relatives à la même saisie seront insérées dans le même journal.

SOMMAIRE.

42. Les moyens de publicité sont les mêmes que dans l'ancien article. — En 1848, le choix du journal était libre, au lieu d'être déterminé par les Cours d'appel. Depuis le décret du 17 février 1852, c'est au préfet qu'il appartient de choisir les journaux pour l'insertion des annonces légales.

43. Si un journal cesse subitement de paraître, l'avoué du poursuivant peut se faire autoriser par le président du tribunal à faire l'insertion dans un autre journal jusqu'à une nouvelle désignation par le préfet.

44. L'insertion doit contenir l'avertissement aux créanciers à hypothèques légales de requérir inscription avant la transcription du jugement d'adjudication.

45. L'indication des noms des anciens propriétaires n'est pas obligatoire.

46. Les placards et affiches doivent contenir l'avertissement de requérir inscription.

47. En cas d'erreur dans la première insertion, on peut la rectifier dans un numéro subséquent, à la condition d'observer le délai légal.

48. L'insertion doit être conforme aux clauses du cahier des charges, à peine de nullité.

49. Résumé des nouvelles formalités de purge légale en cas de saisie.

42. Les moyens de publicité organisés par le nouvel art. 696 pour faire connaître la vente et l'adjudication sont les mêmes que sous la loi de 1841, savoir : insertion dans les journaux et affiche de placards dans les endroits indiqués par la loi comme les plus propres au but que l'on s'est proposé (2).

---

(1) Le texte de *la loi actuelle* est le même que celui du *projet du gouvernement*.

(2) L'art. 696 ne parle, il est vrai, que de l'*insertion dans les journaux*. Mais l'af-

La publication par la voie du journal s'adresse à tous les lecteurs de la feuille périodique, et donne à la vente une publicité plus certaine que celle résultant de l'apposition des affiches dans certains lieux désignés par la loi, laquelle est un effet du hasard. L'affiche est rarement lue, si ce n'est dans la localité même où les biens sont situés. C'était surtout à la publication par la voie des journaux qu'il fallait s'attacher. Déjà les rédacteurs de la loi de 1841 avaient pensé qu'il n'y a jamais moins de publicité que lorsque les éléments en sont épars et divisés entre plusieurs organes de la presse, les citoyens ne sachant alors où aller les chercher. Avant cette loi, c'était tantôt dans un journal, tantôt dans un autre, que se trouvaient les annonces, et alors rien n'était plus aisé, quand on avait intérêt à tenir la poursuite secrète, que d'aller l'ensevelir dans un journal ignoré. Pour éviter ces inconvénients, la loi de 1841 accordait aux Cours impériales le pouvoir d'indiquer les journaux dans lesquels devraient être faites les insertions. En 1848 (1), le gouvernement provisoire, méconnaissant la pensée de la loi, abolit cette disposition et donna toute liberté aux parties pour le choix du journal qui devait renfermer l'insertion. Cette modification avait été introduite par des motifs politiques, sur la plainte de certains journaux d'opposition qui n'avaient pas été désignés pour les insertions sous le gouvernement antérieur.

Le décret du 17 février 1852 a donné aux préfets la mission de choisir le journal ou les journaux d'arrondissement, et, à défaut, du département, pour l'insertion obligatoire des annonces légales. Le but de cette insertion est de porter les poursuites à la connaissance du plus grand nombre de lecteurs ; par conséquent, les préfets devraient choisir les journaux de la localité qui ont le plus d'abonnés. Cependant il faut dire avec M. O'Quin, député (2), que tous les préfets ne procèdent pas de la même manière. Quelques-uns désignent des feuilles d'arrondissement spécialement destinées aux annonces, et qui n'ont d'autres lecteurs que les officiers ministériels : ce n'est pas là une publicité suffisante. D'autres ont adopté l'usage de désigner un journal du chef-lieu départemental, lequel doit, à ses frais, en faire insérer un extrait dans les feuilles d'arrondissement. D'autres, enfin, ont adopté le procédé in-

---

fiche de l'extrait en placard est exigée par l'art. 699, que la loi nouvelle a laissé dans le Code sans aucune modification. La seule chose que l'on puisse mettre en question est de savoir si le placard doit contenir, aussi bien que l'extrait inséré dans le journal, l'avertissement relatif à l'hypothèque légale ; et le doute vient de ce que la nécessité de cet avertissement étant une innovation faite par la loi de 1858, on pourrait penser que le placard est encore dans les conditions établies par le Code de procédure modifié par la loi de 1841. Mais la raison de décider est dans les mots *extrait pareil* que les rédacteurs de la loi de 1858 ont laissés dans l'art. 699, et qu'ils n'auraient pas manqué d'en retrancher ou de modifier s'ils n'eussent entendu que la nécessité de l'avertissement relatif à l'hypothèque légale serait commune aux deux formes de la publicité. Ainsi le décide avec raison M. Seligman (voy. *infrà*, n° 46), et c'est l'avis de tous les auteurs. *Voy.* MM. Grosse et Rameau, n° 79 ; Ollivier et Mourlon, n° 188.

P. P.

(1) Décret du gouvernement provisoire en date du 8 mars.
(2) Voy. *suprà*, p. 82, n° 231.

verse. Le mode d'insertion devrait être réglementé par l'administration, afin de soustraire à l'arbitraire des mesures prises dans l'intérêt général pour arriver, par une publicité aussi étendue que possible, à faire que les biens mis en vente soient adjugés pour leur valeur réelle (1).

43. Que doit-on faire si un journal désigné pour les insertions cesse de paraître? Dans ce cas, l'avoué du poursuivant est autorisé, vu l'urgence résultant des délais, à faire indiquer sur simple requête, par le président du tribunal, le journal dans lequel les insertions seront faites. Cette solution, admise avant la loi nouvelle par MM. Paignon et Fauveau, doit encore être suivie, sauf aux préfets à désigner un autre journal, qui devient obligatoire pour les annonces à partir de l'époque où il est désigné (2). Hors de ce cas de force majeure, toutes les annonces relatives à la même saisie doivent être insérées dans le même journal.

44. Une innovation importante inscrite dans l'art. 696 est la déclaration faite, dans l'insertion même qui fait connaître la vente aux enchérisseurs, aux créanciers à hypothèques légales, d'avoir à requérir par eux-mêmes ou par leurs représentants inscription avant la transcription du jugement d'adjudication. Le législateur a pensé avec raison que cet avertissement public remplacerait, en temps opportun, l'insertion au journal qu'un Avis du conseil d'État, du 1er juin 1807, avait ajouté aux formalités de purge prescrites par l'art. 2194. En effet, le délai accordé par le nouvel art. 696 pour opérer cette inscription est bien suffisant, car cet avertissement sera donné quarante jours au plus et vingt jours au moins avant l'adjudication, après laquelle il pourra s'écouler encore quarante-cinq jours pour la transcription du jugement d'adjudication. Ce délai équivaut donc au moins à celui de deux mois fixés dans le Code Napoléon.

45. Cet article n'exige pas que les noms des anciens propriétaires se trouvent dans l'insertion, comme cela se fait en matière de purge légale, en vertu de l'Avis du conseil d'État de 1807, pour avertir les femmes et subrogés tuteurs inconnus. En effet, dès que le fait des mariage et tutelle est connu d'après le titre, l'art. 692 veut qu'une sommation spéciale soit faite au domicile des incapables ou de leurs représentants, c'est-à-dire aux femmes des anciens propriétaires et aux subrogés tuteurs des mineurs, et le poursuivant doit prendre les renseignements nécessaires pour la leur faire parvenir.

La publicité dans le journal, au contraire, est un appel général aux créanciers à hypothèques légales, pour le cas où le fait de mariage et de tutelle n'étant pas marqué dans le titre du poursuivant, celui-ci n'est pas obligé de les avertir par la sommation prescrite par l'art. 692. Ceci explique la généralité de ces termes de la loi : « Tous ceux du chef des-

(1) Voy. M. Bressolles, n° 20, et MM. Grosse et Rameau, n° 83.
(2) D'après la circulaire du 2 mai 1859 (voy. supra, p. 120, n° 16), il en est de même dans le cas où le journal qui a publié les premières affiches a cessé, pendant le cours de la procédure, d'être chargé des annonces judiciaires. Voy. aussi MM. Grosse et Rameau (n° 82), Ollivier et Mourlon (n° 191).   P. P.

quels il pourrait être pris inscription pour raison d'hypothèque légale doivent requérir inscription, etc. »

On ne pourrait donc, en présence du silence de la loi, obliger le poursuivant à faire connaître dans l'insertion du journal les noms des anciens propriétaires qui lui sont révélés, soit par son titre, soit par l'état des inscriptions. Si le législateur l'avait voulu, il aurait donné des indications à cet égard, comme il l'a fait dans l'art. 692 pour les sommations (1).

46. Il faut reproduire dans les placards et affiches l'avertissement relatif à l'hypothèque légale en vertu du nouvel art. 696. En effet, l'art. 699 porte « qu'*extrait pareil* à celui qui est prescrit par l'art. 696 sera imprimé en forme de placard et affiché. » Il faut donc que les affiches dont parle l'art. 699 reproduisent exactement l'insertion faite conformément à l'art. 696. Il n'est pas nécessaire de déclarer au procureur impérial, dans la copie qui lui sera notifiée, selon l'art. 692, que cette insertion sera faite d'après la prescription de l'art. 696, puisque cette formalité doit être remplie dans toutes les saisies, et peut facilement être contrôlée par le ministère public.

47. Du reste, l'insertion doit contenir, à peine de nullité, tous les points qu'indique l'art. 696. Toutefois, s'il y avait erreur dans la première insertion, on pourrait la réparer par une rectification (2) dans un numéro subséquent, avec renvoi à la première insertion. Mais il faut remarquer que, pour éviter la nullité prononcée par l'art. 715 à cause de l'inobservation des formalités du présent article, cette rectification doit avoir lieu dans le délai légal, c'est-à-dire dans les quarante jours au plus tôt et vingt jours au plus tard avant l'adjudication.

48. L'insertion doit être conforme aux conditions et indications données dans le cahier des charges, qui contient les clauses de la vente : aussi a-t-on décidé avec raison que l'indication dans l'annonce d'une mise à prix différente de celle portée au cahier des charges constitue une nullité (3); car le public auquel s'adresse l'insertion dont parle l'art. 696 ne doit pas être induit en erreur sur les conditions sous lesquelles se fera l'adjudication.

49. En résumé, les formalités de la purge des hypothèques légales se composent, en cas d'expropriation forcée, des actes suivants :

1° Sommation à la femme du saisi, aux femmes des précédents propriétaires ou aux subrogés tuteurs des mineurs ou interdits, avec avertissement spécial de prendre inscription avant la transcription du jugement d'adjudication;

2° Notification de la copie de cette sommation au procureur impérial de l'arrondissement où les biens sont situés;

3° Insertion au journal publié dans le département où sont situés les biens de l'avertissement précité de prendre inscription.

---

(1) *Voy*. MM. Émile Ollivier et Mourlon, n° 187. — *Voy*. cependant MM. Grosse et Rameau, n° 76.

(2) Persil fils, p. 174, n° 195; Chauveau, *Quest*. 2355.

(3) Arrêt de Bordeaux du 28 juin 1831 (Sir., 31, 2, 334; Dalloz, 31, 2, 170).

ART. 747.

Texte ancien.

L'adjudication ne transmet à l'adjudicataire d'autres droits à la propriété que ceux appartenant au saisi.

Néanmoins, l'adjudicataire ne pourra être troublé dans sa propriété par aucune demande en résolution fondée sur le défaut de payement du prix des anciennes aliénations, à moins qu'avant l'adjudication la demande n'ait été notifiée au greffe du tribunal où se poursuit la vente.

Si la demande a été notifiée en temps utile, il sera sursis à l'adjudication, et le tribunal, sur la réclamation du poursuivant ou de tout créancier inscrit, fixera le délai dans lequel le vendeur sera tenu de mettre à fin l'instance en résolution.

Le poursuivant pourra intervenir dans cette instance.

Ce délai expiré sans que la demande en résolution ait été définitivement jugée, il sera passé outre à l'adjudication, à moins que, pour des causes graves et dûment justifiées, le tribunal n'ait accordé un nouveau délai pour le jugement de l'action en résolution.

Si, faute par le vendeur de se conformer aux prescriptions du tribunal, l'adjudication avait eu lieu avant le jugement de la demande en résolution, l'adjudicataire ne pourrait pas être poursuivi à raison des droits des anciens vendeurs, sauf à ceux-ci à faire valoir, s'il y avait lieu, leurs titres de créances, dans l'ordre et distribution du prix de l'adjudication

Projet du gouvernement.

L'adjudication ne transmet à l'adjudicataire d'autres droits à la propriété que ceux appartenant au saisi.

Néanmoins, l'adjudicataire ne pourra être troublé dans sa propriété par aucune demande en résolution fondée sur le défaut de payement du prix des anciennes aliénations, à moins qu'avant l'adjudication la demande n'ait été notifiée au greffe du tribunal où se poursuit la vente.

Si la demande a été notifiée en temps utile, il sera sursis à l'adjudication, et le tribunal, sur la réclamation du poursuivant ou de tout créancier inscrit, fixera le délai dans lequel le vendeur sera tenu de mettre à fin l'instance en résolution.

Le poursuivant pourra intervenir dans cette instance.

Ce délai expiré sans que la demande en résolution ait été définitivement jugée, il sera passé outre à l'adjudication, à moins que, pour des causes graves et dûment justifiées, le tribunal n'ait accordé un nouveau délai pour le jugement de l'action en résolution.

Si, faute par le vendeur de se conformer aux prescriptions du tribunal, l'adjudication avait eu lieu avant le jugement de la demande en résolution, l'adjudicataire ne pourrait pas être poursuivi à raison des droits des anciens vendeurs, sauf à ceux-ci à faire valoir, s'il y avait lieu, leurs titres de créances dans l'ordre et distribution du prix de l'adjudication. Le jugement d'adjudication dûment transcrit purge toutes les hypothèques, et les créanciers n'ont plus d'action que sur le prix. Les créanciers à hypothèques légales qui n'ont pas fait inscrire leur hypothèque avant la transcription du jugement d'adjudication peuvent faire valoir leurs droits dans l'ordre, mais seulement tant que l'état de collocation provisoire n'a pas été dressé par le juge.

Loi actuelle.

L'adjudication ne transmet à l'adjudicataire d'autres droits à la propriété que ceux appartenant au saisi.

Néanmoins, l'adjudicataire ne pourra être troublé dans sa propriété par aucune demande en résolution fondée sur le défaut de payement du prix des anciennes aliénations, à moins qu'avant l'adjudication la demande n'ait été notifiée au greffe du tribunal où se poursuit la vente.

Si la demande a été notifiée en temps utile, il sera sursis à l'adjudication, et le tribunal, sur la réclamation du poursuivant ou de tout créancier inscrit, fixera le délai dans lequel le vendeur sera· tenu de mettre fin à l'instance en résolution.

Le poursuivant pourra intervenir dans cette instance.

Ce délai expiré sans que la demande en résolution ait été définitivement jugée, il sera passé outre à l'adjudication, à moins que, pour des causes graves et dûment justifiées, le tribunal n'ait accordé un nouveau délai pour le jugement de l'action en résolution.

Si, faute par le vendeur de se conformer aux prescriptions du tribunal, l'adjudication avait eu lieu avant le jugement de la demande en résolution, l'adjudicataire ne pourrait pas être poursuivi à raison des droits des anciens vendeurs, sauf à ceux-ci à faire valoir, s'il y avait lieu, leurs titres de créances dans l'ordre et distribution du prix de l'adjudication.

Le jugement d'adjudication dûment transcrit purge toutes les hypothèques, et les créanciers n'ont plus d'action que sur le prix. Les créanciers à hypothèques légales qui n'ont pas fait inscrire leur hypothèque avant la transcription du jugement d'adjudication ne conservent de droit de préférence sur le prix qu'à la condition de produire avant l'expiration du délai fixé par l'art. 754 dans le cas où l'ordre se règle judiciairement, et de faire valoir leurs droits avant la clôture si l'ordre se règle amiablement, conformément aux art. 751 et 752.

SOMMAIRE.

50. Objet de l'article et division.

1° Effets de l'adjudication vis-à-vis du saisi et quant à la propriété des biens adjugés.

51. L'adjudicataire n'a pas plus de droits sur l'immeuble que le saisi ; il peut invoquer d'autres titres que l'adjudication pour fixer l'étendue de la propriété acquise.
52. Il devient propriétaire des accessoires et dépendances de l'immeuble adjugé.
53. La saisie d'un corps de domaine comprend de plein droit les objets réputés immeubles par destination, lesquels se trouvent compris dans l'adjudication, bien qu'il n'en soit pas fait une mention spéciale dans le procès-verbal de saisie.
54. En cas de surenchère, si l'adjudication a lieu au profit du premier adjudicataire, il est censé avoir été propriétaire pur et simple à partir de cette adjudication ; si elle a lieu au profit d'un nouvel adjudicataire, la première adjudication est censée n'avoir jamais eu lieu.
55. Transition aux effets de l'adjudication quant à la propriété, et spécialement aux effets de la loi du 23 mars 1855 sur les aliénations consenties par le débiteur saisi.
56. 1° Des aliénations consenties postérieurement à la transcription de la saisie, mais avant l'adjudication.

57. 2° Des aliénations consenties postérieurement à l'adjudication.

58. 3° Des aliénations consenties et transcrites avant la transcription de la saisie.

59. 4° Des aliénations consenties, mais non transcrites, avant la transcription de la saisie. — Controverse.

2° Effets de l'adjudication sur le droit de résolution des créanciers vendeurs.

60. La demande en résolution de la vente doit être notifiée, avant l'adjudication, au greffe du tribunal où se poursuit cette adjudication.

61. L'adjudication ne peut éteindre d'autres droits réels que l'action résolutoire dont l'immeuble adjugé est grevé.

62. L'action résolutoire s'éteint à l'égard des incapables comme à l'égard des autres personnes.

63. La non-exigibilité du prix, en cas de saisie, n'est pas un obstacle à la demande en résolution, laquelle doit être intentée avant l'adjudication.

64. La demande en résolution est dirigée contre le saisi, mais le poursuivant peut intervenir.

65. C'est au tribunal où se poursuit la vente qu'il appartient de fixer les délais dans lesquels le vendeur doit faire juger sa demande en résolution. Le vendeur doit être appelé à l'audience dans laquelle il est statué sommairement sur cet incident.

66. Toutefois, le tribunal peut accorder un nouveau sursis pour causes graves et dûment justifiées, telles qu'expertises, interrogatoires, ou toutes autres mesures que le tribunal saisi de la demande en résolution aurait ordonnées.

67. Une surenchère ne détruit pas l'effet de la première adjudication sur l'action résolutoire, ni la cassation de l'arrêt qui aurait rejeté la demande en résolution.

68. Le poursuivant qui ne ferait pas connaître la notification au greffe de la demande en résolution, et ferait passer outre à l'adjudication, serait responsable des conséquences qui en pourraient résulter au préjudice de l'adjudicataire.

69. Malgré l'adjudication, le tiers propriétaire peut revendiquer son immeuble, quoiqu'il n'ait pas formé une demande en distraction pendant les poursuites de la saisie; il ne doit pas agir par tierce opposition contre le jugement d'adjudication.

70. En cas d'éviction, l'acquéreur a-t-il une action en garantie, soit contre le poursuivant, soit contre les créanciers qui auraient reçu le prix, soit contre le saisi?

71. En cas d'éviction partielle, l'adjudicataire a le droit de demander une diminution du prix, ou même, quand la partie dont il est évincé est importante, la résolution de la vente faite en justice.

3° Effets de l'adjudication vis-à-vis des créanciers hypothécaires après transcription du jugement d'adjudication.

72. La transcription du jugement d'adjudication purge toutes les hypothèques; il faut faire cette transcription en entier, et non par extrait.

73. Purge-t-elle le privilége du vendeur?

74. *Quid* du privilége du copartageant?

75. Et de la séparation des patrimoines?

76. Et des priviléges énumérés dans l'art. 2101 du Code Napoléon?

77. Controverse existant avant la loi nouvelle relativement à la purge des hypothèques légales.

78. La transcription du jugement d'adjudication ne purge l'immeuble qu'à la condition par l'acquéreur de payer le prix ou de le consigner.

79. Elle arrête le cours des inscriptions des hypothèques judiciaires et conventionnelles; mais les hypothèques légales survivent.

80. En matière d'adjudication sur saisie, la transcription du jugement purge même les hypothèques légales, si l'adjudicataire paye ou consigne le prix.

81. Suffit-elle pour purger les hypothèques constituées par les précédents propriétaires sur lesquels on n'a pas transcrit?

82. L'adjudication ne dispense plus les créanciers inscrits du renouvellement des inscriptions; la nécessité de renouveler ne cesse qu'à partir de la transcription du jugement.

4° **Effets de l'adjudication vis-à-vis des créanciers à hypothèque légale. — Droit de préférence.**

83. Notre article consacre le droit de préférence en faveur des créanciers à hypothèques légales, quoique non inscrits avant la transcription, mais sous certaines conditions et dans certaines limites.

84. Avant la loi nouvelle, la Cour de cassation n'admettait pas, dans ce cas, le droit de préférence en faveur des incapables. — Opposition qu'elle rencontre dans la doctrine des auteurs et dans la jurisprudence des Cours impériales.

85. Le droit de préférence n'existe qu'au profit des mineurs, des interdits et des femmes.

86. Il existe également pour la femme devenue veuve, le mineur devenu majeur, et l'interdit relevé de l'incapacité, pendant l'année qui suit la cessation de l'incapacité, ainsi que pour leurs héritiers et ayants cause.

87. Le cessionnaire de l'hypothèque légale de la femme ne peut exercer le droit de préférence.

88. *Secùs* des créanciers de la femme agissant dans les termes de l'art. 1166 du Code Napoléon.

89. Quel que soit le mode d'aliénation, *après la purge du droit de suite*, le droit de préférence se perd de la même manière pour les créanciers à hypothèques légales. — Application et division.

§ 1ᵉʳ. — *Comment se conserve le droit de préférence de ces créanciers lorsque l'aliénation, quel qu'en soit le mode, est suivie d'ordre amiable.*

90. Le droit de préférence n'est examiné ici que pour le cas où les créanciers à hypothèques légales n'ont pas pris inscription.

91. Ce droit se conserve de la même manière en cas de vente volontaire ou forcée, ainsi qu'en cas de surenchère, sauf la différence existant entre les formalités de purge.

92. Que faut-il entendre par les expressions *ordre ouvert*?

93. Comment le droit de préférence se conserve-t-il, si l'acquéreur ne purge pas les hypothèques inscrites dans les trois mois qui suivent la purge légale?

94. Différence des formalités de purge dans le cas de vente volontaire et dans celui d'adjudication sur saisie.

95. L'ouverture de l'ordre dans les trois mois après la purge est nécessaire aussi bien dans la vente sur saisie que pour la vente amiable.

96. Quand y a-t-il clôture de l'ordre amiable?

97. De la condition relative à la production des titres par les créanciers à hypothèques légales.

98. Une opposition entre les mains de l'acquéreur ou au greffe ne suffit pas pour conserver le droit de préférence, quand l'ordre amiable se fait devant le juge.

99. La clôture de l'ordre consensuel éteint le droit de préférence, si le créancier à hypothèque légale ne s'y présente pas.

100. Une simple opposition entre les mains de l'acquéreur empêche l'ordre consensuel.

§ 2. — *Comment se conserve le droit de préférence lorsque l'aliénation, quel qu'en soit le mode, est suivie d'un ordre judiciaire.*

101. Le droit de préférence s'exerce dans l'ordre judiciaire, tant que le délai pour produire n'est pas expiré à l'égard des créanciers inscrits.

102. Le jugement d'attribution du prix remplace l'ordre judiciaire, s'il y a moins de quatre créanciers inscrits.

103. Jusqu'à quel moment le droit de préférence est-il conservé en cas d'attribution?

50. La loi, jusqu'ici, a déterminé les formalités à remplir pour arriver à l'adjudication, et voulu qu'on appelât à la poursuite le vendeur, les créanciers hypothécaires inscrits et ceux à hypothèques légales dispensées d'inscription. Voici maintenant qu'elle précise, dans l'art. 717, les effets définitifs de la transmission de propriété par suite de la vente en justice.

Cet article met l'adjudicataire en présence de tous ceux qui, ayant des droits sur l'immeuble, ont été appelés à la vente et y ont pris part, pour fixer sa position à leur égard. Il faut donc examiner les droits que la loi confère à l'adjudicataire :

1° Vis-à-vis du saisi ;

2° Vis-à-vis des anciens vendeurs non payés, relativement à l'action résolutoire ;

3° Vis-à-vis des créanciers hypothécaires, en ce qui concerne l'influence de la mutation sur les hypothèques ;

4° Vis-à-vis des créanciers à hypothèques légales non inscrits.

I. — *Effets de l'adjudication vis-à-vis du saisi, et, par occasion, des effets de la loi du 23 mars 1855 sur les aliénations faites par le débiteur saisi.*

51. La vente judiciaire produit, à l'égard du débiteur saisi, les mêmes effets que s'il avait volontairement aliéné par l'acte le plus libre et le plus complet l'immeuble frappé de saisie. Ce que la partie saisie perd est recueilli par l'adjudicataire, qui, pour la propriété, continue les droits du débiteur exproprié, et, en thèse générale, il n'en a pas d'autres : aussi l'art. 717 pose-t-il, dans le premier paragraphe, ce principe dans les termes suivants : « L'adjudication ne transmet à l'adjudicataire d'autres droits à la propriété que ceux appartenant au saisi (1). » Il n'est pas nécessaire que ces droits, par rapport à l'immeuble adjugé, soient formellement mentionnés dans le cahier des charges et dans le jugement d'adjudication ; il suffit qu'ils aient appartenu au saisi pour que l'adjudicataire en profite. La conséquence forcée en est que l'adjudicataire, continuateur des droits du saisi, peut invoquer d'autres titres que l'adjudication pour déterminer l'étendue de la propriété à lui transmise (2). Il peut aussi joindre la possession du saisi, si ce dernier était possesseur

---

(1) L'art. 731 du Code de procédure de 1807 disait de même : « L'adjudication définitive ne transmet à l'adjudicataire d'autres droits à la propriété que ceux qu'avait le saisi. »
(2) 10 mai 1825, arrêt de rejet (Sir., 25, 1, 193; D. P., 26, 1, 307).

de bonne foi, afin de prescrire; d'un autre côté, comme successeur à titre particulier, il a le droit de commencer à posséder par lui-même si le saisi, dont il continue les droits, mais non la personne, était de mauvaise foi.

52. Du principe que l'adjudicataire acquiert tous les droits du saisi sur l'immeuble il résulte que les accessoires ou les dépendances inhérents à l'immeuble ou servant à son utilité doivent être réputés compris dans l'adjudication, encore qu'ils ne soient pas désignés dans le cahier des charges par les tenants et aboutissants, la contenance et l'extrait de la matrice du rôle. Ainsi il a été jugé, avec raison, qu'un terrain qui forme une dépendance d'un bâtiment exproprié, par exemple le terrain qui sert à l'accès de ce bâtiment, est censé faire partie de la saisie, comme accessoire inhérent à l'immeuble (1). De même, la désignation du principal corps de logis comprend tacitement une petite construction qui est une dépendance inhérente à l'immeuble; il en est ainsi de tous les autres droits de propriété qui, comme un droit d'arrosage, ou de prise d'eau dans un canal à l'effet de faire mouvoir une mécanique, ne forment que des accessoires inhérents à l'immeuble pour l'utilité duquel ils existent. Toutes ces choses sont transmises à l'adjudicataire de l'immeuble, quoique le cahier des charges et le jugement d'adjudication n'en contiennent pas la désignation expresse.

53. C'est une question très-controversée de savoir si la saisie d'un corps de domaine comprend de plein droit les objets réputés immeubles par destination qui en font partie, tels que les bestiaux, engrais, paille, etc., bien qu'il n'en soit pas fait une mention spéciale dans le procès-verbal, et si, en conséquence, ces objets sont réputés compris dans l'adjudication prononcée par suite de la saisie. MM. Carré et Chauveau (2) pensent qu'ils ne doivent pas faire partie de l'adjudication, parce qu'ils ne sont pas choses inhérentes à l'immeuble et ne forment pas *pars fundi,* comme, par exemple, les fruits pendant par racines. Ne répugne-t-il pas au système de la procédure en matière de saisie, disent-ils, que des immeubles par destination soient tacitement compris dans la saisie, s'ils ne sont ni expressément ni tacitement désignés dans le procès-verbal? Comment feraient-ils partie de la vente? L'adjudicataire a évidemment dû penser que le bétail, les pailles et engrais, appartenaient au fermier; et lorsqu'on ne l'a point averti, par le cahier des charges, que ces choses ont été attachées à la ferme par le propriétaire, les lui attribuer, aux fins de l'art. 522 du Code Napoléon seulement, ce serait le gratifier d'un accessoire considérable dont rien ne lui avait annoncé la mise en vente, et dont, par conséquent, il ne songeait pas à faire l'acquisition (3).

Nous ne contestons pas ce qu'il peut y avoir de sérieux dans ces raisons, et les officiers ministériels qui s'en pénétreront exprimeront net-

---

(1) 29 janv. 1838, arrêt de rejet (Sir., 38, 1, 713; D. P., 38, 1, 120; *J. Pal.*, 38, p. 534). — 22 juin 1808, arrêt de Nîmes (Sir., 15, 2, 182; D. A., 11, 1, 719).

(2) Voy. *Quest.* 2404, art. 717.

(3) *Voy.*, dans ce sens, un arrêt de Limoges du 26 juillet 1847 (Sir., 48, 2, 33).

tement, dans le cahier des charges, pour éviter toute difficulté, ce qui doit être compris dans l'adjudication. Mais ce ne sont là que des raisons de fait sur lesquelles doivent prévaloir les considérations de droit et les principes généraux en matière de vente. Or les ventes sur saisie ne diffèrent pas, sous ce rapport, des ventes volontaires. Il faut donc appliquer l'art. 1615, d'après lequel l'obligation de délivrer la chose comprend ses accessoires et tout ce qui est destiné à son usage perpétuel. Les objets dont il s'agit ont précisément été placés dans le corps du domaine à perpétuelle demeure, et c'est cette destination qui les rend immeubles comme le domaine auquel ils sont attachés. Ces accessoires font donc partie intégrante de la chose vendue, s'ils ne sont pas formellement exceptés de la vente. C'est au vendeur à prendre ses précautions, et, s'il ne l'a pas fait, il doit souffrir l'application du principe posé dans l'art. 1602, suivant lequel tout pacte obscur ou ambigu s'interprète contre le vendeur (1).

A plus forte raison faudrait-il décider dans le même sens s'il s'agissait de meubles attachés à perpétuelle demeure, et qui ne pourraient être enlevés sans dégrader l'immeuble vendu, ou de fruits qui ne seraient pas détachés du sol au moment de l'adjudication.

54. Nous avons dit qu'à l'instant même de l'adjudication naît le droit de propriété de l'adjudicataire, et que celui du saisi est complétement éteint : aussi l'immeuble est-il, dès ce moment, aux risques et périls du nouvel acquéreur. Mais quelle est la position de l'adjudicataire lorsqu'il y a surenchère? Pour la solution de cette question, il faut distinguer deux cas : si le premier adjudicataire reste acquéreur lors de la revente sur surenchère, au moyen d'une augmentation de prix, il est censé avoir été propriétaire pur et simple à partir de la première adjudication. En effet, la condition résolutoire qui grevait son premier contrat d'adjudication est assurée, parce qu'il est resté adjudicataire sur surenchère, laquelle n'a fait que confirmer l'aquisition entre ses mains, sauf le payement d'un prix plus élevé. C'est le même cas que celui prévu par l'art. 2189 du Code Napoléon, aux termes duquel l'acquéreur qui, sur les enchères, conserve l'immeuble qu'il détenait, en se rendant dernier enchérisseur, est dispensé de faire transcrire le jugement d'adjudication, parce que ce n'est pas une nouvelle acquisition; car il n'y a pas là translation de propriété (2).

Au contraire, si la seconde adjudication est faite au profit d'un autre que le premier adjudicataire, la première adjudication se trouve résolue et est censée n'avoir jamais eu lieu. C'est l'enchérisseur qui devient adjudicataire définitif. « Cela est si vrai, dit M. Troplong (3), qu'il a été décidé, par arrêt de la Cour de cassation du 28 février 1820, que l'enregistrement ne peut exiger des droits de mutation pour l'adjudi-

(1) 30 août 1820, arrêt de Riom (Sir., 23, 2, 20; D. A., 2, 468); et 22 avril 1834, Toulouse (Sir., 36, 2, 43; D. P., 35, 2, 175).
(2) *Voy.* là-dessus le Commentaire de M. Paul Pont sur les *Priviléges et Hypothèques*, nᵒˢ 1388, 1389 et 1390.
(3) *Hyp.*, art. 2154, nᵒ 720. *Junge :* M. Paul Pont, nᵒ 1057.

cation surenchérie. » C'est aussi l'opinion de M. Pigeau, qui dit que
le premier adjudicataire étant, par la résolution, censé n'avoir jamais
été propriétaire, les hypothèques qu'il aurait conférées sur l'immeuble
se résolvent avec son titre, et le second n'est pas obligé de faire transcrire ni de purger sur lui. Cependant, jusqu'à l'adjudication sur surenchère, la propriété réside sur la tête du premier adjudicataire, et si le
bien périssait dans l'intervalle entre la surenchère et l'adjudication,
c'est pour le compte du premier adjudicataire, et non de l'enchérisseur,
que la perte aurait lieu.

55. Ceci dit sur les droits que l'adjudication sur saisie transmet à
l'adjudicataire, il faut voir comment et à quelles conditions ces droits
peuvent être considérés comme définitivement transmis à ce dernier vis-
à-vis des tiers. Ici vient se placer le principe posé par la loi du 23 mars
1855 sur la Transcription, et notamment l'art. 3 de cette loi, duquel
il résulte que le jugement d'adjudication ne transfère la propriété à
l'égard des tiers qui ont des droits sur l'immeuble régulièrement conservés qu'à partir de la transcription. La mutation de propriété ne date
donc, à leur égard, que du jour de la transcription du titre, c'est-à-dire,
dans l'espèce, du jugement d'adjudication, au bureau des hypothèques.
Toutefois ce principe doit se combiner, en matière d'adjudication sur
saisie immobilière, avec les art. 686 et 687 du Code de procédure, aux
termes desquels : « La partie saisie ne peut, à compter du jour de la
transcription de la saisie, aliéner les immeubles saisis à peine de nullité,
et sans qu'il soit besoin de la faire prononcer. » (Art. 686.) — « Néanmoins l'aliénation ainsi faite aura son exécution si, avant le jour fixé
pour l'adjudication, l'acquéreur consigne somme suffisante pour acquitter en principal, intérêts et frais, ce qui est dû aux créanciers inscrits
ainsi qu'au saisissant, et s'il leur signifie l'acte de consignation. »
(Art. 687.)

56. Il s'induit de ces dispositions que les aliénations consenties par
le saisi depuis la transcription de la saisie, à moins que les acheteurs
n'aient consigné avant l'adjudication la somme exigée par l'art. 687,
ne peuvent être opposées à l'adjudicataire.

Peu importe que ces actes d'aliénation aient été transcrits avant le
jugement d'adjudication. La vente a été faite par une personne incapable d'aliéner, et la transcription, eût-elle précédé celle de l'adjudication, ne peut effacer le vice inhérent à l'acte de vente : aussi l'adjudicataire ne peut, en aucune manière, être évincé par un acquéreur
postérieur à la transcription de la saisie, si cet acquéreur a laissé consommer l'adjudication sans désintéresser les créanciers saisissants et
inscrits conformément à l'art. 687 ; il ne lui servirait de rien que l'acte
de vente qu'il voudrait opposer à l'adjudicataire eût été transcrit avant
la transcription du jugement d'adjudication, soit avant, soit après l'adjudication. Dans tous ces cas, il y a même raison pour maintenir les
droits de l'adjudicataire : c'est que la vente qu'on lui oppose, émanant
d'un incapable, est frappée de nullité d'après l'art. 686 ; de sorte que la
publicité donnée à cet acte nul ne peut le rendre valable.

57. Il faudrait en dire autant, selon nous, dans le cas où les aliénations auraient été consenties par le saisi postérieurement à l'adjudication; elles ne peuvent pas nuire aux droits de l'adjudicataire, fussent-
elles transcrites avant le jugement d'adjudication. L'incapacité du saisi
d'aliéner les immeubles dont il s'agit, depuis la transcription de la saisie, ne cesse pas par le seul fait de l'adjudication. Les effets d'une saisie
transcrite durent, sous la nouvelle loi, jusqu'à la transcription du jugement d'adjudication ou la radiation de la saisie au bureau des hypothèques. La transcription de la saisie a donné une publicité légale à cette
mainmise de la justice; il faut donc qu'il y ait, dans le système actuel
de publicité, un autre acte public pour en annuler l'effet, sans quoi la
transcription de la saisie peut être opposée au prétendu acquéreur qui
aurait acheté de quelqu'un qui se trouve encore sous le coup d'une saisie
transcrite. Or les actes qui ont la publicité nécessaire pour indiquer que
la saisie a produit son effet ou n'existe plus, c'est évidemment la transcription de l'adjudication ou la radiation régulière de la saisie avant l'adjudication. Jusque-là, l'incapacité du saisi subsiste, et la vente par lui
faite est nulle, quoique postérieure à l'adjudication. Admettre qu'après
une adjudication le saisi pourrait vendre une seconde fois l'immeuble,
ce serait ôter toute sécurité aux adjudications sur saisie immobilière (1);
car, en fait, l'adjudicataire ne peut transcrire de suite le jugement,
il faut lui accorder le temps matériellement indispensable pour obtenir
l'expédition du jugement : l'art. 750 suppose que ce délai doit être de
quarante-cinq jours. Or qu'arriverait-il dans le système que nous combattons? Le saisi revendrait l'immeuble le lendemain de l'adjudication,
l'acquéreur ferait transcrire l'acte de vente, et dépouillerait ainsi l'adjudicataire qui n'a aucune négligence à se reprocher d'un bien acquis
sous la foi de la justice! N'est-il pas évident que cet acheteur, au lendemain d'une adjudication, est de mauvaise foi, ou tout au moins en
faute? Il pouvait savoir au bureau des hypothèques, avant d'acquérir
l'immeuble saisi, que ce bien était sous le coup d'une saisie déjà transcrite, et qu'à partir de ce moment, tant qu'un autre acte également
public n'avait pas fait cesser l'effet de la transcription de la saisie, il
ne pouvait traiter avec le saisi sans s'exposer à être primé par l'adjudicataire. C'est à ce dernier que tous les actes de la procédure de saisie
doivent profiter, puisque c'est elle qui lui transmet la propriété; partant, l'adjudicataire doit avoir le droit de se prévaloir de la transcription
de la saisie, dont l'effet est de rendre le saisi incapable d'aliéner l'immeuble dont il s'agit.

58. Il nous reste maintenant à examiner l'effet des aliénations consenties par le saisi antérieurement à la transcription de la saisie.

Si les actes d'aliénation ont été transcrits avant la transcription de la
saisie, il n'y a pas de difficulté : la saisie tombe devant une mutation de
propriété accomplie publiquement par la transcription du titre sur le
registre des hypothèques. Le saisi peut vendre jusqu'à la transcription

---

(1) C'est cependant l'avis de MM. Ollivier et Mourlon, n° 199 de leur Commentaire.

de la saisie, et cette vente doit produire son effet, au regard des tiers, dès qu'elle se trouve transcrite avant toute transcription de la saisie : aussi l'acquéreur peut alors, pour obtenir la possession de l'immeuble, agir par voie de distraction pendant la saisie, ou même exercer la revendication après l'adjudication, puisque l'adjudicataire n'a, en principe, que les droits appartenant au saisi, qui avait cessé légitimement d'être propriétaire de l'immeuble vendu et transcrit avant la transcription de la saisie.

59. Lorsque, au contraire, l'aliénation dont il s'agit a eu lieu, il est vrai, avant la transcription de la saisie, *mais ne se trouve pas transcrite au moment de la transcription de la saisie,* la question, relativement à la validité de cette aliénation, est gravement controversée en doctrine et en jurisprudence (1). Les auteurs et les arrêts qui admettent que le défaut de transcription de la vente avant celle de la saisie peut être opposé à l'acquéreur ne semblent accorder ce droit qu'aux créanciers qui ont hypothèque sur l'immeuble saisi. Si, au contraire, la saisie a été pratiquée par un créancier chirographaire qui a fait transcrire la saisie avant que la vente n'ait été transcrite, on prétend que cette vente, dès qu'elle a date certaine, soit avant, soit même après la saisie, mais antérieurement à sa transcription, est opposable au créancier chirographaire saisissant. On se fonde « sur ce que le créancier chirographaire doit accepter les choses dans l'état où la volonté de son débiteur les a mises. Il n'a la faculté de saisir que les immeubles dont son débiteur a le droit de se dire propriétaire, et il faut qu'il respecte les contrats par lesquels le patrimoine de celui-ci est légalement diminué ; tandis que par l'effet de son hypothèque régulièrement inscrite, le créancier hypothécaire a un droit réel sur les immeubles saisis, et les aliénations n'ont d'existence légale, à son égard, que du jour où elles ont été transcrites. »

Nous croyons que cette distinction, dans la question qui nous occupe, entre les créanciers chirographaires et hypothécaires repose sur une erreur. En effet, l'hypothèque constitue incontestablement un droit réel sur l'immeuble ; mais son inscription n'a nullement pour but d'en empêcher la vente, et cette vente doit subsister à l'égard du créancier inscrit aussi bien qu'à l'égard du chirographaire, à quelque moment qu'elle ait été transcrite, tant qu'il n'y a pas eu de transcription d'une saisie pratiquée sur cet immeuble vendu. Cette vente ne porte aucune atteinte à l'hypothèque qui suit l'immeuble en quelque main qu'il passe. L'hypothèque étant attachée à l'immeuble, il importe peu au créancier hypothécaire que cet immeuble soit la propriété d'un tel ou d'un tel. La nature et le but du droit de suite inhérent à l'hypothèque prouvent

_____

(1) Pour la validité de la vente, *voy.* MM. Rivière et Huguet, *Quest. théor. et prat. sur la Transcr.,* n° 174; A. Gauthier, dans les Notes au *Journ. du Pal.,* p. 173 et suiv., 1858; Arrêt d'Angers, 1er déc. 1858; Dall., 59, 2, 31. — En sens contraire, *voy.* MM. Ollivier et Mourlon, *Comment. de la loi sur la Saisie immobil.,* n°s 197 et suiv.; A. Berthault, *Journ. du Pal.,* dans les notes précitées, p. 574; *Journ. du Pal.,* 1858; Arrêt de Caen, 1er mai 1858; *Journ. du Pal.,* 1858, p. 574; Besançon, 29 nov. 1858; Dall., 59, 2, 32; Jugement du Tribunal d'Altkirch de 1856; *Journ. du Pal.,* 1858, p. 573.

évidemment que le créancier, en sa qualité d'hypothécaire seulement, n'a pas le droit d'attaquer une vente postérieure par la raison que cette aliénation n'est pas transcrite : aussi n'existe-t-il dans la loi aucune défense d'aliéner les immeubles hypothéqués pour le débiteur, si ce n'est quand ils forment l'objet d'une saisie et que cette saisie est transcrite, et alors l'art. 686 du Code de procédure ne fait aucune distinction entre la saisie faite par un créancier chirographaire et le créancier hypothécaire. C'est donc la saisie suivie de transcription qui est seule cause de ce que le débiteur ne peut plus aliéner à partir de ce moment. L'acte public qui rend l'immeuble inaliénable pour le débiteur saisi, c'est la transcription de la saisie. Or cette transcription doit être faite par le créancier poursuivant, qu'il soit hypothécaire ou chirographaire, afin de conserver la saisie; mais elle n'a aucune influence sur l'inscription hypothécaire, à laquelle elle reste tout à fait étrangère. Il faut donc. laisser de côté le droit réel conservé par l'inscription, et voir seulement si la transcription de la saisie donne au créancier saisissant, quel qu'il soit, un droit réel sur l'immeuble. Sur ce point, la loi du 23 mars 1855 ne peut nous éclairer; on ne voit ni dans les travaux préparatoires, ni dans la discussion devant le Corps législatif, aucune trace indiquant qu'on se soit occupé alors de la saisie immobilière et de sa transcription. Cette question est entièrement réservée à la doctrine et à la jurisprudence.

Pour soutenir que la transcription ne donne pas au saisissant un droit réel nouveau sur l'immeuble, on dit, dans l'arrêt précité de la Cour d'Angers, qu'il est impossible d'attacher à cette transcription un droit spécial et particulier sur l'immeuble saisi, l'affectant directement et réellement, et transformant, en le modifiant et lui donnant plus d'étendue, le droit en vertu duquel le saisissant a pu agir et commencer ses poursuites. A la vérité, les effets de la transcription opérée pour avertir les tiers de l'existence de la saisie, et empêcher toute mutation postérieure qui tendrait à la détruire et obligerait le créancier à la recommencer contre le détenteur actuel, sont principalement : la prohibition faite au saisi, à peine de nullité, d'aliéner les biens saisis; la dépossession partielle du saisi; l'immobilisation des fruits naturels ou industriels, des loyers et fermages de l'immeuble saisi, pour être distribués, avec le prix de l'immeuble, par ordre d'hypothèque; enfin, la mise de la propriété sous la main de la justice, dans l'intérêt des créanciers; mais tout cela ne saurait ni modifier, ni accroître les droits du saisissant qui n'a aucun droit de préférence sur le prix en dehors de son titre et de la nature de sa créance; en un mot, comme saisissant, il n'a qu'une action, et n'a pas acquis un droit sur les immeubles. Nous admettons bien avec l'arrêt d'Angers que la transcription de la saisie ne donne aucun droit de préférence au saisissant, ni plus d'étendue au titre en vertu duquel il fait les poursuites, pas plus que la faillite ne change le droit primitif de chaque créancier faisant partie de la masse; mais en examinant l'ensemble des articles de la saisie immobilière qui contiennent les effets de la transcription, on voit ressortir de leur économie que le débiteur saisi est, pour ainsi dire, en état de faillite quant à l'immeuble frappé par ses créanciers, et que la transcription fait ici l'office du jugement déclaratif de faillite. A partir de ce moment, le saisi ne le possède plus que comme séquestre judiciaire, si les créanciers ne lui enlèvent pas entièrement cette possession (art. 681). Il ne peut plus l'aliéner (art. 686), ni disposer des fruits de l'immeuble, qui appartiennent à la masse des créanciers. La transcription de la saisie avertit le public que cet immeuble doit être vendu, pour le prix en être distribué aux créanciers ; elle affecte spécialement cet immeuble saisi au payement des dettes du saisi, qui ne peut plus dès lors le soustraire aux mains de la justice, chargée d'en opérer l'aliénation. Il y a là évidemment un nouvel état des choses qui affecte l'immeuble au profit du créancier saisissant et de la masse des autres créanciers, résultant de la transcription de la saisie. N'est-ce pas un droit réel *sui generis* sur l'immeuble que celui du créancier de demander la nullité de la vente à l'égard de tout acquéreur? De plus, cet acquéreur qui voudrait conserver la propriété de l'immeuble est obligé de consigner tout ce qui est dû aux créanciers inscrits et au saisissant, même chirographaire, et cependant il n'existe pas de lien d'obligation entre lui et un créancier chirographaire. Comment donc expliquer les dispositions des art. 686 et 687, si ce n'est que la transcription de la saisie crée un droit réel *sui generis* même en faveur des créanciers chirographaires saisissants? Il y a là une analogie complète avec la faillite en ce que la loi organise l'administration des biens du débiteur de façon qu'ils ne puissent plus être soustraits aux créanciers ; la justice intervient par sa mainmise pour que le prix en soit donné en payement aux créanciers après que ces biens sont convertis en deniers.

Mais tout en concédant que la transcription de la saisie crée, en faveur du saisissant, un droit réel *sui generis* sur l'immeuble qui est encore *in bonis* du débiteur, ne pourrait-on pas objecter qu'il n'en est plus de même lorsque l'aliénation de l'immeuble saisi, sans être transcrite, a acquis date certaine antérieurement à la transcription de la saisie? En effet, dira-t-on, la saisie est nulle, puisqu'elle frappe sur un immeuble qui n'appartenait plus au débiteur saisi au moment de la transcription de la saisie, et cette transcription ne peut avoir pour résultat d'effacer le vice primitif de la saisie, qu'elle ne fait que rendre publique. Cela est surtout vrai, pourrait-on ajouter, à l'égard du créancier chirographaire, puisque ce bien, une fois vendu par son débiteur, cesse d'être son gage et ne peut plus faire l'objet d'une saisie de sa part. Examinons ce qu'il y a de fondé dans l'objection. Il est incontestable que la transcription ne peut valider une saisie nulle; mais il faut voir comment on prétend établir que la saisie dont il s'agit est nulle. L'unique motif qu'on puisse invoquer, c'est que l'immeuble était vendu avant la transcription de la saisie. Or il faut d'abord démontrer qu'il y a vente, à l'égard du créancier saisissant, pour faire tomber, comme conséquence, la saisie transcrite. Mais si la transcription de la saisie crée, ainsi que nous l'avons démontré, un droit spécial sur l'immeuble en faveur du saisissant, celui-ci est un tiers à l'égard duquel la vente n'a d'existence légale qu'à partir du jour de sa transcription. Donc cette vente réputée postérieure en date, par suite de la transcription de la saisie, se trouve frappée de nullité vis-à-vis du créancier saisissant, sans qu'il soit besoin de la faire prononcer (art. 686). Le créancier chirographaire saisissant a, depuis la transcription de la saisie, acquis sur l'immeuble un droit séparé de celui du débiteur saisi, comme la déclaration de faillite donne un droit spécial aux créanciers chirographaires du failli sur la masse de ses biens. Du reste, notre système n'offre aucun danger à l'acquéreur prudent; ce dernier n'a qu'à acheter sous la condition que la vente ne sera parfaite qu'après sa transcription, et si elle peut avoir lieu avant toute autre transcription susceptible de primer la sienne.

En se conformant ainsi à l'esprit de la loi sur la Transcription, on évitera les inconvénients qu'on rencontrait dans la pratique avant la loi du 23 mars 1855. Car si la vente non transcrite devait prévaloir sur une saisie transcrite, cela aurait pour effet d'annuler une saisie pratiquée de bonne foi, de mettre tous les frais à la charge du saisissant, de suspendre l'exercice des droits des créanciers, de retarder ainsi leur payement, et de forcer les créanciers hypothécaires, si cet acquéreur fait des notifications, à former une surenchère (procédure coûteuse et difficile) pour faire porter l'immeuble à son véritable prix. C'est donc avec justice qu'une transmission de bien occulte qui peut engendrer de pareilles conséquences se trouve nécessairement régie par les dispositions d'une loi dont le but unique est de protéger et d'assurer les droits des tiers.

Notons ici que les effets de la transcription ne se produisent en faveur des créanciers autres que le saisissant qu'à partir de la sommation qui leur est faite en vertu de l'art. 692, et par laquelle ils deviennent partie aux suites de la saisie (1).

Dans le cas où l'acheteur qui n'a pas fait transcrire son acquisition avant la transcription de la saisie intenterait une action en revendication contre l'adjudicataire, au lieu d'une demande en distraction dans le cours de la saisie, la solution devrait être la même. Les effets de la transcription de la saisie profitent à l'adjudicataire aussi bien qu'aux créanciers du saisissant; il peut donc invoquer la nullité de cette vente qui résulte de l'absence de transcription au moment où la saisie était déjà transcrite. Peu importe que ce prétendu acheteur ait fait transcrire son titre même avant l'adjudication; si cette vente est nulle à l'égard du saisissant, elle l'est aussi vis-à-vis de l'adjudicataire qui recueille tous les avantages provenant de la procédure de saisie à la suite de laquelle il a acquis l'immeuble dont il s'agit.

---

(1) *Voy.* néanmoins ce que nous avons dit, *suprà*, p. 168, en note du n° 39, touchant le point de savoir si l'art. 687 du Code de procédure est ou non applicable aux créanciers à hypothèque légale non inscrits.   P. P.

II. — *Effets de l'adjudication sur le droit de résolution des anciens vendeurs.*

60. L'art. 717 déclare que l'adjudication ne transmet à l'adjudicataire d'autres droits à la propriété que ceux appartenant au saisi. Cette règle générale reçoit une exception pour l'action résolutoire du vendeur. L'adjudicataire ne pourra être troublé ni inquiété dans sa propriété par aucune demande en résolution fondée sur le défaut du payement du prix des anciennes aliénations, à moins que la demande n'ait été notifiée au greffe du tribunal où se poursuit la vente. Nous avons déjà dit, en expliquant l'art. 692, que cette exception au principe général était commandée par la confiance que les ventes judiciaires, entourées de tant d'éléments de publicité, doivent inspirer aux tiers, et par la nécessité de rendre impossibles les fraudes entre le saisi et le vendeur se prétendant encore créancier après avoir touché son prix.

61. Il ne faut pas oublier que cette exception n'existe que pour l'action en résolution, et qu'on ne pourrait l'étendre aux autres actions réelles. Ainsi, le paragraphe 2 de l'art. 717 est inapplicable aux servitudes, aux droits d'usage et d'habitation réservés sur la propriété, à l'égard desquels subsiste le principe que l'adjudication ne transmet d'autres droits à l'adjudicataire que ceux appartenant au saisi. Ceci résulte évidemment de la discussion à la Chambre des députés, lors de la confection de la loi, en 1841 (1). En effet, M. Lherbette s'exprima alors ainsi : « La loi de 1833 sur l'Expropriation pour cause d'utilité publique va beaucoup plus loin que l'article soumis à vos délibérations. Elle est ainsi conçue : « Les actions en résolution, en renonciation, ou » toutes autres actions réelles, ne pourront arrêter l'expropriation, ni en » empêcher l'effet. » Vous voyez qu'il ne s'agit pas seulement là de l'action résolutoire pour défaut de payement du prix ; il s'agit encore, *ce qui n'a pas lieu ici*, de l'action résolutoire pour défaut d'exécution de toute autre condition ; il s'agit encore et du droit de revendication, et de toutes les réserves de propriété qui auraient été faites sur l'immeuble, comme réserves de servitude, de droits d'usage et d'habitation, d'usufruit. Il n'est pas question de tous ces droits dans l'article sur lequel vous allez voter. »

Il résulte de ce qui précède que l'action résolutoire seule ne peut plus être intentée après l'adjudication.

62. Mais que doit-on décider lorsque les précédents vendeurs sont des incapables ? Leur action en résolution sera-t-elle purgée par l'adjudication ? Quel que soit l'intérêt qu'inspirent les droits du mineur, des femmes mariées et des interdits, la généralité des termes de l'article ne permet pas d'admettre une exception en leur faveur. Cela est si vrai qu'un amendement fut proposé en leur faveur (2) ; mais n'ayant pas été

(1) Séance du 14 janvier 1841. Voy. le *Moniteur* du 15.
(2) Par M. Ressigeac, député, à la séance du 15 janvier. Voy. le *Moniteur* du 16 janvier 1841.

appuyé, il n'a pas été mis aux voix : dès lors la question doit être décidée d'après les termes mêmes du paragraphe 2 de l'art. 717.

63. Même quand le prix du précédent vendeur n'est pas encore exigible, l'adjudication purge l'action résolutoire. Par suite, le vendeur serait dans l'impossibilité de sauvegarder son droit, si l'on n'admettait que la saisie produit le même effet qu'une faillite et rend toute la dette exigible : aussi est-on tombé d'accord sur ce point lors de la discussion sur l'art. 717 (1), et cette opinion est partagée par les jurisconsultes les plus recommandables (2). Le vendeur qui a accordé de longs termes pour payer le prix peut intenter l'action résolutoire avant l'époque fixée pour son exigibilité; mais il doit l'intenter avant l'adjudication.

64. La demande en résolution de la vente doit être dirigée contre le saisi, comme propriétaire de l'immeuble, dans les formes ordinaires (3); elle doit nécessairement précéder la notification qui en est faite au greffe du tribunal où se poursuit la saisie, puisqu'on ne saurait notifier un acte qui n'existe pas. Ce dernier tribunal peut ne pas être celui qui connaîtra de l'action en résolution, par exemple, s'il y a élection de domicile dans l'acte de vente avec convention de porter au tribunal du domicile élu les contestations relatives à l'immeuble : aussi le poursuivant n'est pas nécessairement partie dans l'instance en résolution, à moins qu'il n'y intervienne, comme il en a le droit.

65. Si la demande est notifiée en temps utile au greffe, il sera sursis de droit, sans jugement, à l'adjudication. Le tribunal où se poursuit la vente n'intervient que pour fixer, sur la réclamation du poursuivant ou de tout autre créancier inscrit, le délai dans lequel le vendeur sera tenu de mettre à fin l'instance en résolution. Et cet incident de saisie immobilière doit être jugé sommairement. Le vendeur est régulièrement appelé pour l'audience à laquelle ce délai doit être fixé, sans quoi il aurait droit de former opposition au jugement qui serait intervenu.

66. Le délai étant déterminé par le tribunal, la demande en résolution doit être jugée dans l'intervalle; sinon, après expiration du délai, il est passé outre à l'adjudication, à moins, dit l'art. 717, que, pour dès causes graves et dûment justifiées, le tribunal n'ait accordé un nouveau délai pour le jugement de l'action en résolution. La loi laisse aux magistrats le soin d'apprécier s'il y a ou non des causes graves et dûment justifiées pour accorder un nouveau sursis. Cependant nous croyons que les juges devront être plus faciles pour l'accorder au vendeur qu'au débiteur saisi, qui veut à tout prix retarder l'adjudication (art. 703 C. proc.). Ils considéreront, dit M. Chauveau, comme des causes graves et dûment justifiées les incidents naturels que présente la procédure : comme les vérifications, expertises, interrogatoires, ou toute autre mesure préparatoire ou interlocutoire. Ils tiendront surtout compte de la déclaration du tribunal saisi de la demande en résolution

---

(1) Séance du 15 janvier 1841, discours de MM. Teste et Pascalis.
(2) *Voy.* MM. Duvergier, t. XLI, p. 264; Chauveau, quest. 2405 *ter*; Rodière, p. 160.
(3) *Voy.* cependant MM. Ollivier et Mourlon, n° 213.

qui attestera qu'aucune négligence ne doit être imputée au demandeur en résolution.

67. Lorsque l'adjudication de l'immeuble saisi a eu lieu, la demande en résolution n'a plus d'objet. « Cependant, dit M. Chauveau (1), nous admettons que le vendeur pourra continuer son instance dans le cas où cette adjudication sera annulée pour toute espèce de motifs; dans le cas où il y aura surenchère ou folle enchère; dans le cas, enfin, où la cassation d'un jugement antérieur à l'adjudication sera proposée. » C'est aller trop loin : selon nous, le vendeur déchu de son action en résolution n'est pas relevé de la déchéance par l'événement d'une surenchère (2); il ne le serait pas davantage par la cassation de la décision qui aurait rejeté sa demande en résolution. En effet, pour qu'il y ait surenchère, il faut nécessairement qu'il y ait eu une première adjudication. Cette adjudication n'est pas nulle dès l'origine en cas de surenchère; cela est si vrai que, si le premier adjudicataire se rend acquéreur lors de la revente sur surenchère, la seconde adjudication ne vient que confirmer la première, qui subsiste toujours. Dans ce cas, sans le moindre doute, la première adjudication a dû nécessairement éteindre l'action en résolution du vendeur. Si l'adjudication sur surenchère était faite à un autre que le premier adjudicataire, la première adjudication, il est vrai, serait résolue; mais elle existait et tenait jusqu'à l'arrivée de cette condition résolutoire. Elle devait, par conséquent, mettre fin à l'action résolutoire du vendeur négligent avant la survenance de la surenchère. C'est le cas de dire avec le droit romain : *Emptio pura est quæ sub conditione resolvitur*.

Il faut donner la même solution, contrairement à l'avis de M. Chauveau, lorsqu'il y a cassation de l'arrêt qui a rejeté la demande en résolution. En effet, s'il est vrai que le résultat de tout arrêt de cassation est de remettre les parties dans l'état où elles étaient avant la décision qui a été annulée, il est évident aussi que l'adjudicataire n'est pas partie dans la demande en résolution; il tient son droit de l'art. 717, qui permet même l'adjudication avant le jugement définitif de la demande en résolution, et, dans ce cas, l'acquéreur ne pourra être poursuivi par l'action en résolution à raison des droits des créanciers vendeurs. La cassation dont nous parlons ne produit d'effet qu'entre les parties, et ne peut enlever à l'adjudicataire une propriété acquise en justice, sous la garantie expresse de la loi de n'être pas troublé par les précédents propriétaires.

68. Toutefois, si le poursuivant, pour éviter tout sursis à l'adjudication, n'avait pas fait connaître la notification, existant au greffe, de la demande en résolution formée par les anciens vendeurs, il serait responsable du préjudice éprouvé par l'adjudicataire dans le cas où la résolution viendrait ensuite à être prononcée. Il n'était pas nécessaire de le décider textuellement dans la loi, parce que, comme le dit M. Persil

---

(1) 2406 *ter*, p. 650, t. V, 2e partie.
(2) Arrêt de Bordeaux du 19 février 1850 (Sir., 50, 2, 394). *Voy*. aussi MM. Ollivier et Mourlon, n° 231.

dans son rapport, c'est de droit (1). C'est au poursuivant de surveiller la marche de la procédure, et de s'informer au greffe s'il a été fait ou non une notification de ce genre.

69. Grâce à l'art. 717, l'adjudicataire ne peut pas être poursuivi à raison des droits des anciens vendeurs; mais il n'en est pas de même de l'action en revendication intentée, après l'adjudication, par le véritable propriétaire. Il est vrai que ce dernier aurait pu former, en vertu des art. 725 et 729 du Code de procédure, une demande en distraction pendant la poursuite de la saisie immobilière; mais ces articles ne prononcent aucune forclusion contre celui qui a laissé adjuger sa chose sous le nom du saisi, puisque, d'après le même Code de procédure, l'adjudication ne transmet, en général, d'autres droits à l'adjudicataire que ceux appartenant au saisi : aussi celui qui se prétend propriétaire de l'immeuble saisi et adjugé à un tiers peut-il agir par la voie de la revendication contre l'adjudicataire, ou même au possessoire, lorsqu'il est troublé par une prise de possession de cet adjudicataire, afin de se faire maintenir dans sa jouissance. Nous partageons l'avis de M. Chauveau (2), d'après qui ce propriétaire ne doit pas agir par voie de tierce opposition au jugement d'adjudication, ainsi que le soutiennent MM. Thomine, Desmazures (3) et Persil fils (4). En effet, la tierce opposition est une voie ouverte aux tiers pour repousser l'autorité de la chose jugée invoquée contre eux, et ne doit, par conséquent, être employée que là où le jugement que l'on veut faire tomber a véritablement l'effet de la chose jugée sur le point litigieux et vis-à-vis du tiers opposant. Or la première condition pour qu'il y ait chose jugée contre la partie qui veut s'opposer au jugement est que son nom figure dans le jugement; « car, dit avec raison M. Chauveau, quels que soient les termes du jugement, s'il ne dit rien contre elle, et s'il ne s'occupe que des choses abstractivement, elle n'aura pas droit d'y former tierce opposition, puisqu'on ne pourra pas le lui opposer comme établissant contre elle la chose jugée. » Mais on répond que le tiers propriétaire auquel préjudicie l'exécution du jugement d'adjudication ne pourra s'opposer à cette exécution autrement que par la voie légale de l'opposition aux jugements. C'est encore là une erreur : il faut que la partie qui veut former opposition à l'exécution soit au moins nommée dans le jugement qui a statué sur un point à son égard. Autrement, ce jugement n'est, pour le tiers propriétaire, que *res inter alios acta* qui ne doit ni lui profiter ni lui nuire.

70. Lorsque, après l'adjudication, l'acquéreur est évincé en partie ou en totalité de l'immeuble vendu après saisie, aura-t-il une action en garantie, et contre quelle personne?

Suivant M. Persil père, l'adjudicataire a une triple action en garantie :

---

(1) M. Chauveau, quest. 2407 *ter*, trouve cette solution trop rigoureuse. — Selon MM. Ollivier et Mourlon, n° 220, ce serait le greffier qui encourrait cette responsabilité, pour n'avoir pas dénoncé au tribunal la notification faite à son greffe.

(2) Quest. 2408. *Voy.* Bioche, *Saisie immob.*, n° 553.

(3) T. II, p. 282. *Voy.* jugement du 24 juillet 1826 du Tribunal de Caen.

(4) *Comment.*, p. 259, n° 293, *Saisie immob.*

1° contre le créancier qui a poursuivi la saisie, parce que c'est en quelque sorte lui qu'on peut regarder comme vendeur ; 2° contre chaque créancier qui aurait reçu le prix ou une partie seulement, parce que l'adjudicataire, dit-il, lui a réellement payé ce qu'il ne devait pas ; 3° contre le saisi, parce qu'en payant ses propres créanciers, et n'ayant pas agi ensuite contre eux, il est subrogé de plein droit dans leurs actions. En choisissant celle de ces trois actions qui lui paraîtrait la plus avantageuse, il est difficile, dit cet auteur, que l'adjudicataire ne s'indemnise pas de tout ce qu'il a déboursé.

Nous ne saurions admettre que l'adjudicataire ait le choix entre ces trois actions en garantie d'une façon aussi absolue.

1° En ce qui concerne l'action en garantie contre le poursuivant, nous regardons comme inexacte l'assimilation sur laquelle elle est fondée. Le poursuivant ne peut pas, en effet, être considéré comme vendeur : il n'est qu'un créancier qui ne vend pas en son nom, mais qui fait vendre par autorité de justice ; il n'est responsable que s'il a mal exécuté le mandat qu'il a reçu de la loi en commettant une faute dans la poursuite de vente qui lui est confiée. La question de garantie sera donc une question d'appréciation de fait ; ce sera même une action en dommages-intérêts plutôt qu'une action en garantie. Ainsi, le poursuivant sera responsable envers l'adjudicataire lorsque, par sa faute, comme dit M. Chauveau (1), il aura compris dans le cahier des charges des immeubles qu'il savait appartenir à d'autres qu'au saisi, ou si, par négligence, il s'était servi d'un ancien extrait des matrices du rôle, tandis que des mutations avaient été opérées depuis la délivrance.

2° En ce qui concerne l'action en garantie contre le débiteur saisi, nous pensons avec M. Troplong (2), et contrairement à l'avis de M. Persil, qu'elle doit être refusée à l'adjudicataire évincé. En effet, le saisi n'a pas vendu, on a vendu sur lui par expropriation forcée ; ce n'est donc que comme contraint et forcé qu'il a consenti à la vente ; il ne fallait vendre que ce qui lui appartenait. Toutefois, si l'adjudicataire avait payé des créanciers du saisi avec le prix de l'adjudication, il aura un recours contre lui comme ayant payé valablement ses créanciers. Mais alors ce n'est pas une action en garantie pour éviction, mais une restitution des sommes qu'il a payées en libérant d'autant le débiteur saisi. Partant, il n'aura pas droit de répéter aussi les frais qu'il a faits, ni de demander, à plus forte raison, des dommages-intérêts pour cause d'éviction.

3° Enfin, quant à l'action en garantie contre les créanciers qui auraient reçu le prix en totalité ou en partie, il est évident qu'il n'en peut être question ; et c'est par une méprise que M. Persil qualifie ainsi le recours que l'adjudicataire peut avoir à exercer contre les créanciers

---

(1) Quest. 2409, p. 654.
(2) Voy. M. Troplong, De la Vente, nᵒˢ 432 et 498. — MM. Delvincourt, t. III, p. 374 ; Duranton, t. XVI, nᵒ 265, accordent l'action en garantie seulement contre le débiteur saisi. Voy. M. Duvergier, t. Iᵉʳ, p. 416. — Cass., 16 déc. 1828 (Sir., 29, 1, 21), 30 juill. 1834, rej. (Sir., 35, 1, 300 ; D. P., 34, 1, 554), 3 août 1839, Trib. de Lyon (Sir., 42, 2, 168).

qu'il a payés. Ces créanciers ne sont pas des vendeurs, et, par conséquent, ils ne peuvent pas être garants de l'éviction totale ou partielle
soufferte par l'adjudicataire de l'immeuble. Mais ce qui est vrai, c'est
que ces créanciers peuvent être actionnés, au moyen de la *condictio in-
debiti*, en répétition du prix, en totalité ou en partie, qu'ils ont touché
d'un immeuble dont l'adjudicataire se trouve évincé, soit pour le tout,
soit pour une portion. En effet, d'après l'art. 1377 du Code Napoléon,
une personne qui, par erreur, se croyant débitrice, a acquitté une dette,
a droit de répétition contre le créancier. Or l'adjudicataire a payé cette
dette aux créanciers dans la croyance qu'il a que l'immeuble deviendra
sa propriété; s'il est évincé, il a fait ce payement par erreur, et, conséquemment, il a le droit de le répéter. Néanmoins ce droit cesserait dans
le cas où le créancier aurait supprimé son titre par suite du payement,
sauf le recours de l'adjudicataire contre le saisi (art. 1377, 2ᵉ alinéa) (1).

71. En cas d'éviction partielle, l'adjudicataire a le choix de deman-

(1) La question de savoir si la garantie pour cause d'éviction a lieu dans la vente
par expropriation forcée comme dans les ventes volontaires, et, dans le cas de l'affirmative, contre qui la garantie peut être exercée, a été soulevée dans les discussions
dont la loi de 1858 a été précédée; et si elle n'a pas été résolue, c'est parce qu'on l'a
considérée comme rentrant dans le domaine de la jurisprudence. (Voy. *supra*, p. 95,
nᵒˢ 260 et 262, les observations de M. Duclos et de M. de Parieu.) Ajoutons que la jurisprudence et la doctrine paraissent définitivement l'avoir résolue; et bien qu'elles ne
consacrent pas toutes les solutions données ici par M. Seligman, nous croyons qu'il
en faut garder toutes les données.
Et d'abord, nous mettons à l'écart la question relative au recours que l'adjudicataire évincé peut exercer contre les créanciers colloqués qu'il a payés, question si mal
à propos confondue par quelques auteurs, et en particulier par M. Persil, avec la question de garantie. M. Seligman dit avec raison qu'il ne peut être question de garantie
pour cause d'éviction vis-à-vis de créanciers dont la position ne peut, sous aucun
rapport, être assimilée à celle du vendeur. De quoi donc peut-il s'agir vis-à-vis d'eux?
Uniquement d'une action en répétition de prix. Deux auteurs seulement, M. Delvincourt (t. III, p. 144, notes) et M. Duranton (t. XIII, nᵒ 686), refusent cette action à
l'adjudicataire évincé, sous le prétexte que la somme payée aux créanciers leur était
réellement due par le saisi. Mais, s'inspirant de la doctrine de Marcadé, dont moins
qu'à aucun autre il nous conviendrait à nous de passer le nom sous silence sur les
points que ce regrettable commentateur du Code Napoléon a traités, M. Seligman fait
justement remarquer que si la raison donnée par MM. Delvincourt et Duranton peut
faire écarter l'application de l'art. 1376 du Code Napoléon, elle laisse debout l'art. 1377,
qui accorde la répétition, encore que la somme fût due, si elle ne l'était pas par celui
qui a payé, et qui suppose que celui qui a reçu était bien créancier, mais que celui qui
a payé n'était pas débiteur. Or ici il n'y a pas d'acquisition, puisque l'adjudicataire
est évincé; il ne devait donc pas le prix d'acquisition qu'il croyait devoir et qu'il a
payé; par suite, il est dans le cas de répéter ce prix dont le payement a été fait par
erreur, sauf l'hypothèse où le créancier aurait supprimé son titre par suite du payement. La jurisprudence et la doctrine sont fixées en ce sens. (*Voy.* Lyon, 2 juill. 1825
et 15 déc. 1841; Colmar, 22 mai 1836; Rouen, 25 juin 1849; Riom, 30 janv. 1850. *Voy.*
aussi MM. Marcadé sur l'art. 1377, nᵒˢ 3 et 4, et sur l'art. 1629, nᵒ 3; Troplong, *De la
Vente*, t. I, nᵒ 498; Duvergier, t. I, nᵒ 346; Ollivier et Mourlon, nᵒ 203.)
Cela dit sur le droit de répétition, revenons à la question de garantie.
A cet égard, nous sommes encore de l'avis de M. Seligman lorsqu'il refuse l'action
en garantie contre le créancier saisissant, qui n'est pas un vendeur, et qui, s'il dirige
la saisie, n'est cependant que le mandataire légal du saisi, pour le compte duquel la

der, soit une diminution du prix (1), soit la résiliation de la vente, dans le cas où la partie dont il est évincé est de telle conséquence, relativement au tout, qu'il n'aurait pas acheté le tout sans cette partie (art. 1636 C. Nap.). M. Persil père (2) soutient que cet art. 1636 n'est pas applicable à l'éviction de l'adjudicataire ; « car l'art. 717 du Code de procédure, dit-il, loin d'accorder à l'adjudicataire la faculté de faire résilier la vente, limite ses droits à ceux des débiteurs, et les restreint aux biens qui ont réellement pu être saisis. » Il ajoute que, dans le Code de procédure, on ne parle pas d'accorder à l'adjudicataire l'action en résiliation, et que la sanction accordée par la justice doit donner à l'adjudication une stabilité que n'a pas la vente ordinaire.

Quant à l'art. 717 du Code de procédure, invoqué par M. Persil, il ne dit pas autre chose que ce que l'art. 2182 du Code Napoléon proclame à l'égard du vendeur, à savoir, que celui-ci ne transmet à l'acquéreur que les droits qu'il avait lui-même sur la chose vendue. L'art. 717 du Code de procédure et l'art. 2182 consacrent le même principe de droit. Le premier pas plus que l'autre ne s'oppose à l'application de l'art. 1636 du même code. L'argument tiré de la stabilité que doivent obtenir les ventes faites en justice n'a pas plus de force ; car c'est pour attirer les adjudicataires que la loi leur donne certains droits que n'ont pas les acquéreurs dans les ventes ordinaires. Mais il ne faudrait pas tourner contre eux la protection dont la justice les entoure ; ce serait aller contre le but que la loi veut atteindre.

---

vente est opérée par la justice. Le créancier saisissant pourra donc, comme dirigeant la saisie, être responsable de sa faute, en vertu de l'art. 1382, par exemple s'il avait commis dans la poursuite des nullités entraînant l'annulation de l'adjudication, et condamné à des dommages-intérêts envers l'adjudicataire évincé (*voy.* Toulouse, 24 janv. 1826 ; Dijon, 25 août 1827) ; mais il ne saurait jamais être tenu de la garantie en vertu de l'art. 1626 du Code Napoléon. (*Voy.* Marcadé sur les art. 1626 et suiv., n° 3. — *Voy.* cependant un arrêt de Caen du 7 déc. 1827.)

Mais nous ne saurions être de l'avis de M. Seligman lorsque, se rangeant à l'opinion de M. Troplong (*De la Vente,* n° 432), il décide que l'adjudicataire évincé n'a pas l'action en garantie même contre le débiteur saisi. En effet, comme l'explique Marcadé (*loc. cit.*), si le nom de *vendeur* ne convient pas au débiteur saisi dans le sens complet du mot, il lui convient du moins dans un sens : c'est qu'il y a ici un possesseur qui, en se donnant comme propriétaire des choses que l'on vendait à sa connaissance, pour son compte et comme lui appartenant, s'est procuré le même avantage et a causé à l'acheteur le même préjudice que s'il avait vendu lui-même. C'est aussi ce que la Cour de cassation a exprimé dans son arrêt du 16 décembre 1828, lorsqu'en accordant la garantie, elle a dit qu'il faut entendre, sous ce rapport, par vendeur, non-seulement celui qui s'est dessaisi volontairement de la chose vendue, mais aussi celui *qui en a été dessaisi par la justice.* Ceci explique suffisamment et justifie la solution qui prévaut aujourd'hui en doctrine et en jurisprudence, et de laquelle il résulte que, contrairement à l'avis de M. Troplong, admis ici par M. Seligman, l'action en garantie pour cause d'éviction peut être exercée contre le saisi. (*Voy.*, outre l'arrêt de la Cour de cassation du 16 décembre 1828, un autre arrêt de la Cour de Pau du 20 août 1836. *Voy.* aussi MM. Favard, t. V, p. 73 ; Pigeau, t. II, p. 252 ; Duvergier, t. I, n° 345 ; Marcadé, *loc. cit.* ; Ollivier et Mourlon, n°ˢ 204 et 205.) P. P.

(1) Cette indemnité doit être fixée d'après la valeur des biens au temps de l'éviction, et non proportionnellement sur le prix total de l'adjudication (art. 1637 du C. Nap.). — *Contrà,* M. Troplong, *Vente,* n° 522.

(2) T. II, p. 219. — *Contrà,* arrêt de Toulouse, 24 janv. 1826 (Sir., 26, 2, 136).

Dans le cas où l'adjudicataire veut obtenir la résolution de la vente, il doit mettre en cause le poursuivant, le saisi et le premier créancier inscrit.

III. — *Effets de l'adjudication vis-à-vis des créanciers hypothécaires, après transcription du jugement d'adjudication.*

72. Le dernier alinéa de l'art. 717, auquel nous arrivons, en contient les dispositions particulièrement importantes. Il établit par un texte formel que le jugement d'adjudication dûment transcrit purge *toutes les hypothèques,* et que les créanciers hypothécaires n'ont plus d'action que sur le prix. Ainsi la transcription du jugement d'adjudication a pour effet de purger non-seulement les hypothèques inscrites, mais aussi celles qui sont dispensées d'inscription. Elle a pour effet également de purger les priviléges, car les priviléges ne sont que des *hypothèques* privilégiées.

Mais pour que la transcription produise cet effet, il faut, selon l'expression de la loi, que le jugement d'adjudication soit *dûment transcrit.* Ainsi, il ne suffirait pas d'en faire transcrire simplement un extrait, il faut le faire transcrire en entier : c'est ainsi seulement que le jugement peut être considéré comme *dûment transcrit,* car il est nécessaire que la transcription donne à l'acte translatif de propriété une publicité complète et suffisante, pour qu'en se reportant au registre où il a été transcrit, les intéressés en puissent aisément connaître toutes les clauses.

73. Nous avons dit que la transcription du jugement d'adjudication purge, après saisie, toutes les hypothèques, même les hypothèques privilégiées. Sur ce dernier point, l'art. 6 de la loi du 23 mars 1855, qui accorde à certains priviléges un délai utile pour se produire par inscription, nonobstant toute transcription faite dans ce délai, rend quelques observations nécessaires. Il s'agit d'examiner si ce délai fait obstacle à la purge du droit de suite après la transcription du jugement d'adjudication sur expropriation forcée.

Le privilége du vendeur doit être inscrit dans les quarante-cinq jours de l'acte de vente. Ces quarante-cinq jours qui lui sont accordés partent, aux termes de la loi de 1855, du jour de la vente faite au saisi. Or, de la saisie à l'adjudication, il s'écoule au moins quatre-vingt-dix jours. Donc, au moment de la transcription après l'adjudication, le vendeur avait plus de quarante-cinq jours pour inscrire son privilége, et, s'il a négligé de le faire, le délai utile pour prendre inscription est passé.

74. En ce qui concerne le privilége du copartageant, il a aussi, d'après l'art. 6 déjà cité, quarante-cinq jours, depuis l'acte de partage, pour inscrire utilement le privilége qui lui est conféré par l'art. 2109 du Code Napoléon. Ce privilége ne frappe que sur les biens provenant d'un partage déjà consommé, c'est-à-dire sur les lots, ou sur le bien licité, mais non pas sur les immeubles indivis. Dans le premier cas, si, après le partage, l'immeuble est saisi par les créanciers de celui dans le lot duquel il est tombé, le copartageant a, comme le vendeur, plus de

quatre-vingt-dix jours pour inscrire son privilége, à partir de la saisie jusqu'à l'adjudication, et, par suite, à la transcription.

Si, au contraire, l'immeuble a été saisi en totalité avant le partage, cette circonstance peut donner lieu seulement à l'exercice du droit de revendication ou de distraction de la part du copropriétaire non débiteur, mais non pas au privilége de copartageant, qui ne résulte que d'un acte de partage consommé. De même, la saisie de la part indivise du cohéritier par ses créanciers personnels, avant le partage ou la licitation, peut entraîner, aux termes de l'art. 2205 du Code Napoléon, la nullité de la saisie, mais ne donne pas lieu davantage au privilége conféré par l'art. 2109 au copartageant. Ainsi, dans tous les cas, la transcription du jugement d'adjudication après saisie purge l'immeuble adjugé du droit de suite résultant du privilége du copartageant.

75. Il faut en dire autant de la séparation des patrimoines, que le législateur n'a pas même mentionnée dans l'art. 6, contenant un délai de grâce pour les priviléges du vendeur et du copartageant. En effet, la séparation des patrimoines n'emporte pas droit de suite à l'égard d'un tiers acquéreur; et puisqu'elle ne regarde que les rapports des créanciers entre eux, elle échappe à l'influence des événements, qui, dans l'intérêt des tiers acquéreurs, arrêtent le cours des inscriptions. Les créanciers du défunt ne peuvent nullement inquiéter l'adjudicataire après transcription. L'immeuble est purgé dans l'intérêt de l'adjudicataire. Les créanciers du défunt peuvent inscrire leur droit à la séparation des patrimoines, tant que six mois ne sont pas écoulés depuis l'ouverture de la succession. La transcription ne leur enlève pas ce droit; mais cette inscription n'a pour effet que d'empêcher la confusion du prix de l'immeuble avec l'actif propre de l'héritier de leur débiteur, sans influence sur la purge en faveur de l'adjudicataire (1).

76. Les priviléges énumérés dans l'art. 2101 du Code Napoléon, et qui s'étendent sur les meubles et sur les immeubles, ne peuvent plus être inscrits après la transcription de l'adjudication. Ainsi, l'immeuble adjugé est affranchi du droit de suite de ces priviléges; mais, par une exception, les créanciers, à cause de la faveur que méritent ces priviléges, jouissent du droit de préférence à l'égard de la masse des créanciers sans inscription. Ils peuvent encore produire à l'ordre pour se faire colloquer sur le prix d'après le rang que leur assigne la loi. Du reste, ces créances sont, en général, peu importantes, et viennent en première ligne sur le prix des immeubles; il suffisait donc de leur conserver le droit de préférence sans inscription (2).

77. La transcription du jugement d'adjudication, avons-nous dit, purge même les hypothèques légales non inscrites qui grevaient l'immeuble. Ce point était, avant le texte de la loi actuelle, qui n'admet plus d'exception, fortement controversé. La Cour de cassation avait jugé

---

(1) *Voy.* là-dessus les observations de M. Paul Pont, *Des Priv. et Hyp.*, nᵒˢ 314 et 1155. — *Junge :* M. Troplong, *Transcription*, 288.

(2) *Conf.* M. Paul Pont, *Des Priv. et Hyp.*, nᵒˢ 313 et 1122. *Voy.* aussi M. Troplong, *Transcription*, 283.

par de nombreux arrêts que l'adjudication forcée purge virtuellement
l'hypothèque non inscrite de la femme et des mineurs, et, par conséquent, dispense l'adjudicataire de remplir les formalités de l'art. 2194.
Tel était l'état des choses, lorsqu'un arrêt de la Cour de cassation, du
22 juin 1833, rendu en audience solennelle, est venu décider que
l'adjudicataire sur expropriation forcée doit nécessairement remplir ces
formalités s'il veut s'affranchir des hypothèques légales des femmes et
des mineurs (1). La Cour s'est fondée principalement sur ce motif que
les incapables dispensés de l'inscription de leurs hypothèques, n'étant
pas appelés à la poursuite, ne pouvaient être privés de leurs droits sans
un avertissement spécial pour les sauvegarder. Or, comme on vient de
le voir aux n°s 28 et suiv. et 44, les art. 692 et 696 de notre loi ont
répondu à cette pensée; et, par suite, le législateur a pu trancher la
question en exprimant, dans le dernier alinéa de l'art. 717, que la
transcription du jugement d'adjudication purge toutes les hypothèques
sans distinction.

78. Si l'on s'en tenait à la lettre de la loi, on pourrait croire que la
seule formalité à remplir pour opérer la purge des hypothèques, ce serait la transcription du jugement d'adjudication. Mais il faut subordonner les expressions de l'art. 717 au principe général inscrit dans l'art.
2186 du Code Napoléon, d'après lequel ce n'est qu'en payant le prix
aux créanciers qui seront en ordre de recevoir, ou en le consignant, que
le nouvel acquéreur peut obtenir la libération de l'immeuble. Le payement, c'est la condition *sine quâ non* du purgement; tant qu'il n'est pas
effectué, les priviléges et hypothèques inscrits continuent de grever l'immeuble. Toutefois le payement réalisé aurait un effet rétroactif au jour
de la transcription, puisqu'il forme une condition suspensive du purgement, et c'est en ce sens que la loi a pu dire que la transcription opère
la purge des hypothèques. Cela ressort nettement du soin qu'a pris
l'art. 717, après avoir précisé l'effet de la transcription quant à la purge
de l'immeuble, d'ajouter que, néanmoins, les créanciers ont encore
leur action sur le prix. Le payement effectif de ce prix est donc sous-en-
tendu, et, s'il n'était pas fait, la purge promise à cette condition n'aurait pas lieu. Ainsi, quand l'adjudicataire, après la transcription, revend
l'immeuble acquis en justice, sans en avoir payé le prix, à une personne
qui elle-même en fait opérer la transcription, dans ce cas, les créanciers
dont les hypothèques ne seraient pas périmées pourraient évidemment
surenchérir si le prix de la revente ne leur convenait pas, et la transcription du jugement d'adjudication n'aurait pas purgé l'immeuble dont le
prix n'a pas été soldé par l'adjudicataire. Cependant cette transcription
aura toujours pour effet d'affranchir l'immeuble de toutes les hypothèques qui n'auraient pas été inscrites antérieurement à l'accomplissement de cette formalité, parce que les créanciers hypothécaires ne peuvent plus prendre utilement inscription à partir de la transcription qui
constate la mutation de propriété à l'égard des tiers.

---

(1) *Voy.* là-dessus le résumé de doctrine et de jurisprudence présenté par M. Paul
Pont, n° 1403.

La transcription produit cet effet, non-seulement en matière d'aliénation forcée, mais aussi pour le cas de vente amiable. Il s'ensuit que, dans tous les cas, et de quelque manière que l'aliénation ait été faite, un créancier hypothécaire peut prendre inscription jusqu'à ce que l'aliénation de l'immeuble hypothéqué soit transcrite, et jamais au delà. Ainsi, d'une part, on n'aura plus quinze jours, comme sous l'empire de l'art. 834 du Code de procédure, après la transcription, pour s'inscrire; de l'autre, on aura jusqu'à la transcription de la vente sur saisie pour produire son droit; de sorte que le temps utile pour s'inscrire se trouve prolongé dans le cas d'aliénation forcée, et raccourci dans le cas de vente volontaire. L'avantage de la loi nouvelle est d'introduire l'harmonie qui manquait auparavant.

79. Il résulte de l'art. 6 de la loi du 23 mars que la transcription est un obstacle pour prendre inscription en ce qui concerne les hypothèques judiciaires ou conventionnelles, puisque cet article renvoie formellement aux art. 2123, 2127 et 2128 du Code Napoléon. Mais il en est autrement pour les hypothèques des femmes, des mineurs et des interdits. En effet, les premières ne peuvent subsister sans inscription, à laquelle s'oppose la mutation de la propriété, dès qu'elle est rendue publique par la transcription, tandis que l'existence des hypothèques légales n'est nullement subordonnée à l'inscription. Celles-ci conservent leur énergie, malgré toutes les mutations; elles suivent les immeubles en toutes les mains (1).

80. Toutefois, en matière de saisie réelle, avons-nous dit, la transcription du jugement d'adjudication purge l'immeuble même des hypothèques légales, à la condition du payement du prix ou de sa consignation. Mais si ce payement n'a pas eu lieu, et si, par conséquent, la purge ne s'effectue pas, nous rentrons, pour les hypothèques légales, dans les principes de l'art. 6 de la loi sur la Transcription, et ces hypothèques conservent leur énergie, malgré toutes les mutations. Ainsi, en cas de revente de l'immeuble adjugé après sa transcription, lorsque l'adjudicataire n'a pas payé le prix, les créanciers à hypothèques légales conservent *le droit de suite,* ainsi que *le droit de préférence.* Nous entendons par droit de suite celui de suivre l'immeuble en quelques mains qu'il passe, afin de pouvoir réaliser le gage par la vente forcée et en obtenir ainsi la valeur; le droit de préférence est le droit des créanciers entre eux, d'après l'ordre de leur rang, sur ce prix dans lequel le gage est converti.

81. La transcription du jugement d'adjudication purge-t-elle aussi les hypothèques constituées par les précédents propriétaires autres que le saisi, lorsque la transcription des contrats antérieurs n'a pas lieu, pourvu que ces ventes soient postérieures au 1er janvier 1856?

Prenons un exemple.

Pierre a vendu l'immeuble B, le 1er février 1856, à Primus, qui n'a pas fait transcrire son contrat. L'acquéreur fait de mauvaises affaires,

---

(1) *Conf.* M. Paul Pont, *Des Priv. et Hyp.,* n° 1120. *Voy.* aussi M. Troplong, n° 270.

et l'immeuble saisi sur lui est adjugé à Secundus. Ce dernier fait transcrire le jugement d'adjudication le 1ᵉʳ septembre 1858 ; Pierre constitue une hypothèque sur l'immeuble B, le 10 septembre 1858, à Jacques, qui prend inscription le 15 septembre 1858, c'est-à-dire quinze jours après la transcription de l'adjudication. La transcription du jugement d'adjudication faite par Secundus suffit-elle pour rendre la constitution d'hypothèque de Pierre à Jacques sans effet sur l'immeuble B, acquis en justice par Secundus ?

Dans l'intérêt de Jacques, on dira que Pierre n'est pas dessaisi de la propriété de l'immeuble B, puisque ni Primus ni Secundus n'ont fait transcrire sur Pierre ; qu'à l'égard des tiers, c'est-à-dire, dans l'espèce, Jacques, Pierre est toujours propriétaire de l'immeuble tant qu'une transcription sur Pierre n'a pas rendu le dessaisissement de son immeuble public. Jacques soutiendra qu'il doit être préféré à Secundus, comme il aurait été préféré à Primus. En effet, Primus n'ayant pas opéré une transcription de son contrat sur Pierre, Jacques a pu dire avec raison que, malgré les renseignements qu'il a pris au bureau des hypothèques, il n'a pu connaître la vente faite par Pierre à Primus, la transmission de cette propriété n'ayant pas été rendue publique par la transcription sur Pierre. Dans cette position, il a cru pouvoir traiter en toute sécurité avec Pierre, et a conservé son droit d'hypothèque sur l'immeuble B, en se conformant à la loi, par son inscription. Par conséquent Jacques, possédant une hypothèque valable vis-à-vis de Primus, l'a aussi en face de Secundus, qui ne peut pas avoir plus de droit que Primus, puisque l'art. 717 dit formellement que l'adjudication ne transmet à l'adjudicataire d'autres droits que ceux appartenant au saisi. Or l'adjudicataire Secundus, ayant fait la transcription du jugement d'adjudication qui lui transmet la propriété de Primus, sans transcrire sur Pierre, ne s'est mis en règle, sous le rapport de la publicité, que vis-à-vis de Primus. Mais qu'importe cette formalité qui ne fait pas savoir au tiers Jacques que Pierre a été dépouillé de sa propriété, puisque aucune mutation n'est indiquée au nom de Pierre sur les registres du conservateur des hypothèques ? Les répertoires des registres hypothécaires étant dressés par noms de personnes et nullement par désignation d'immeubles, Jacques n'a-t-il pas dû croire que Pierre était toujours saisi, quand aucune transmission n'était mentionnée en son nom ?

Nous reconnaissons ce qu'il y a de force dans une pareille argumentation. Cependant, même en matière de vente volontaire, l'opinion de beaucoup d'auteurs (1) est que la transcription du dernier titre est suffisante, et que le dernier sous-acquéreur, dans l'espèce l'adjudicataire, doit rester maître du terrain si, au moment où il transcrit, les tiers, qui tiennent de l'auteur commun des droits rivaux, n'ont pas pris cette précaution. C'est même en ce sens que la question paraît avoir été résolue au Corps législatif, si l'on en juge par les paroles de M. Allart, député, qui, répondant à la question de savoir si, « lorsqu'un contrat contient

---

(1) MM. Rivière et Huguet, n° 212 ; M. Bressolles, n° 46.

les noms des précédents vendeurs, la transcription faite par un dernier acquéreur a son effet relativement à ces anciens propriétaires, » déclare que « la question est résolue par la loi nouvelle, qui dit clairement que la transcription opère la purge à l'égard de tous ceux qui n'ont pas fait inscrire antérieurement leurs droits (1). »

Toutefois cette solution n'est pas admise par tous les auteurs. D'une part, elle est combattue d'une manière absolue par des auteurs qui enseignent que les acquéreurs intermédiaires qui n'ont pas transcrit n'ont eu qu'un droit relatif sur la chose ; qu'ils n'ont pas dessaisi le vendeur originaire, lequel a pu dès lors conférer des droits à des tiers ; que la transcription du dernier contrat ne saurait avoir d'influence sur la situation du premier vendeur ; que si cette transcription porte sur le même immeuble, elle ne porte pas sur les mêmes parties, et qu'au bureau des hypothèques il n'y a de tables que pour les parties, et qu'il n'en existe pas pour les immeubles (2).

D'une autre part, d'autres auteurs, procédant par distinction, estiment que si la dernière transcription mentionne les ventes faites aux précédents propriétaires, cette seule transcription suffit pour la rendre opposable aux tiers, quoique les ventes antérieures n'aient pas été spécialement transcrites ; mais que si la transcription du dernier contrat est muette sur les précédents propriétaires, on pourra décider que le tiers a été trompé, et que les choses sont encore entières à son égard (3).

Si nous avions à prendre parti entre ces opinions divergentes qui se produisent dans le cas de *vente volontaire*, nous inclinerions à nous prononcer contre le dernier acquéreur auquel une négligence peut être imputée s'il n'a pas fait connaître à la transcription les noms des précédents vendeurs, et, par suite, n'a pas mis les tiers en mesure de puiser au bureau des hypothèques les renseignements sur les mutations successives.

Mais nous sommes ici dans une hypothèse différente : il s'agit d'une adjudication sur saisie immobilière. L'adjudicataire peut-il connaître les anciens vendeurs, lorsque le saisi n'a pas fait transcrire son contrat ? Évidemment non, puisque c'est en vertu de la loi que la vente d'expropriation forcée est faite et l'adjudication prononcée sur le commandement exprès de la justice. On comprend facilement que l'acquéreur ne puisse obtenir du saisi, qu'on dépouille malgré lui du bien qu'il possède, les renseignements sur les anciens propriétaires, quand ils ne sont pas révélés par une transcription antérieure : aussi l'art. 717 dit que le jugement d'adjudication dûment transcrit purge toutes les hypothèques, parce que, dans ce cas, l'adjudicataire est dans l'impossibilité de le faire sur les anciens propriétaires que légalement il ne peut connaître. La loi, en exigeant de l'adjudicataire la transcription sur les précédents vendeurs, aurait enlevé toute sécurité à ces acquisitions faites en son nom.

---

(1) Discussion de la loi du 23 mars 1855, dans la séance du 15 janvier 1855.

(2) *Voy.* notamment MM. Paul Pont, *Des Priv. et Hyp.*, nᵒˢ 1124 et 1292, et Ducruet, *Études sur la Transcription*, p. 15, nᵒ 14.

(3) *Voy.* notamment M. Troplong, *De la Transcription*, nᵒ 172.

Elle aurait manqué son but en tenant l'acquéreur sous la crainte de voir à chaque instant apparaître des droits constitués sur l'immeuble adjugé par un ancien propriétaire inconnu.

Dans sa pensée, la publicité des formalités de saisie, suivies de la transcription du jugement d'adjudication, ont dû paraître suffisantes pour avertir les tiers de la mutation de propriété en faveur de l'adjudicataire. C'est cette nécessité, résultant de la force des choses, qui a dicté au législateur la disposition d'après laquelle la transcription du jugement seule est imposée à l'adjudicataire pour purger toutes les hypothèques. Est-elle en contradiction avec la loi du 23 mars 1855? Nous ne le pensons pas. En effet, l'art. 3 de la loi sur la Transcription n'exige pas formellement que les contrats antérieurs soient transcrits pour rendre le dernier acquéreur propriétaire à l'égard des tiers; cela est si vrai que, sur l'interpellation faite sur ce point par M. Duclos, député, M. Debelleyme, rapporteur de la loi, répondait que la question posée par l'honorable M. Duclos, et qui partage les Cours souveraines, est une question de jurisprudence et de régime hypothécaire. La loi actuelle n'a donc pas pour objet de la résoudre; et, pour que cette loi soit bien comprise, il suffit des explications générales qui ont été données au nom du gouvernement.

L'art. 3 n'a fait que poser le principe général de la transcription; mais l'application de ce principe a été laissée au domaine de la jurisprudence ou des lois touchant au régime hypothécaire. En effet, il aurait été dangereux de prescrire une règle trop absolue en imposant au dernier propriétaire qui veut purger son immeuble l'obligation de transcrire tous les contrats non inscrits des précédents détenteurs; cela aurait été, en pratique, non-seulement une formalité très-onéreuse, mais dans plusieurs cas impossible à exécuter (1). Dans l'art. 717, le législateur a reconnu et proclamé cette impossibilité en imposant à l'adjudicataire uniquement le devoir de transcrire le jugement d'adjudication, pour purger toutes les hypothèques et consolider sa propriété à l'égard des tiers. Ce n'est donc pas une dérogation à l'art. 3 de la loi du 23 mars 1855, mais l'application du principe de la transcription à la matière spéciale des adjudications sur saisie immobilière, ainsi que M. Debelleyme l'avait annoncé lors de la discussion de cette loi. C'est en tenant compte de la publicité des formalités d'expropriation forcée, de l'impossibilité pour l'adjudicataire de connaître les précédents propriétaires, de la sécurité qu'il est nécessaire de donner aux adjudications faites au nom de la justice, que le législateur a inscrit, dans l'art. 717, que le jugement d'adjudication dûment transcrit suffit pour purger toutes les hypothèques. Concluons donc que la transcription des contrats antérieurs ne peut être exigée de l'adjudicataire pour le rendre propriétaire à l'égard des tiers (2).

82. Le droit de suite est éteint au moment de la transcription du ju-

---

(1) *Voy.* Arrêt de la Cour de cassation du 13 sept. 1813, 16 mars 1816 et 14 janv. 1818.

(2) *Voy.* cependant MM. Grosse et Rameau, n° 91.

gement d'adjudication, pourvu que le prix en soit payé ou consigné : aussi les créanciers hypothécaires sont-ils dispensés, dans ce cas, de renouveler les inscriptions qui périment après l'accomplissement de cette formalité, laquelle arrête le cours des inscriptions. En effet, l'inscription a atteint son but à ce moment, et il est inutile de la renouveler, puisque l'immeuble est affranchi de toute hypothèque entre les mains de l'adjudicataire, et les créanciers n'ont d'action que sur le prix. A quoi servirait une inscription qui ne peut plus frapper l'adjudicataire, puisque, en consignant le prix, il pourrait obtenir la radiation des inscriptions qui grevaient l'immeuble? Mais l'adjudication seule ne produirait plus cet effet; il faut que la transcription du jugement ait eu lieu, même dans le cas où la question de renouvellement ne s'agiterait qu'entre créanciers inscrits avant l'adjudication, sans qu'aucune nouvelle inscription ait été prise jusqu'à la transcription. Cette question s'est présentée devant le Tribunal civil de Laon, qui l'a résolue en ce sens, à la date du 17 juin 1858.

Un sieur Vidalin avait pris inscription sur un sieur Bazin, à la date du 19 *janvier* 1847. Les biens du sieur Bazin avaient été adjugés après saisie réelle, le 18 décembre 1856. Vidalin n'avait pas renouvelé son inscription à la date du 16 *février* 1857, jour de la transcription de l'adjudication, qui ainsi a eu lieu après l'écoulement de dix années à partir du 19 janvier 1847. Vidalin prétendait que l'adjudication seule sur saisie le dispensait de ce renouvellement, puisque son inscription était encore valable au moment de l'adjudication, c'est-à-dire le 18 décembre 1856, et que d'ailleurs aucune autre inscription n'avait été prise jusqu'à la transcription. Le Tribunal, à la date sus-indiquée, a rendu, sur notre rapport et les conclusions conformes de M. Nicias Gaillard, substitut, le jugement suivant, dans lequel nous trouvons notre doctrine établie :

« En ce qui touche la demande du sieur Vidalin d'être colloqué, à la date de son inscription prise le 19 janvier 1847, sur le prix des immeubles vendus, après saisie sur le sieur Bazin, actuellement en distribution; — Attendu que cette inscription est périmée faute de renouvellement décennal avant le 6 février 1857, jour de la transcription du jugement d'adjudication; — Que c'est à tort que Vidalin prétend être dispensé de la renouveler sur des immeubles adjugés après saisie le 18 décembre 1856, et, par conséquent, avant l'écoulement de dix années à partir du 19 janvier 1847; — Qu'à la vérité, avant la loi du 23 mars 1855 sur la Transcription, l'adjudication sur saisie fixait le rang des inscriptions et dispensait de leur renouvellement par le motif qu'elles avaient produit leur effet; — Que la jurisprudence d'alors se fondait sur ce que l'adjudication, formant contrat entre les créanciers inscrits et l'adjudicataire, arrêtait le cours des inscriptions, en purgeait l'immeuble, et que l'ordre, ne réglant que les droits sur le prix des créanciers inscrits au moment de l'adjudication, avait effet rétroactif jusque-là; — Que, dans ces circonstances, le renouvellement des inscriptions, si l'adjudicataire payait son prix en exécution de son obligation, était complétement inutile; — Mais qu'il n'en est plus de même

depuis cette loi du 23 mars 1855, par suite de la nécessité où se trouve
l'adjudicataire de faire transcrire le jugement d'adjudication sur saisie
pour devenir propriétaire incommutable de l'immeuble acquis en justice ; — Que, jusqu'à la transcription, l'immeuble adjugé peut encore
être grevé d'hypothèques ; — Que, dans cet état des choses, l'acquéreur ne peut plus être censé avoir pris l'engagement de payer son prix
seulement aux créanciers inscrits au moment de l'adjudication, d'après
le rang qu'avaient alors leurs inscriptions ; — Qu'un pareil engagement
l'exposerait évidemment à payer plus que le prix d'adjudication et à
perdre même l'immeuble, puisqu'il serait obligé de verser ce prix une
seconde fois, jusqu'à concurrence des inscriptions prises depuis l'adjudication jusqu'à la transcription, et qu'il serait même évincé de son immeuble par un tiers acquéreur qui aurait fait transcrire avant lui ; —
Que, d'un autre côté, les créanciers inscrits avant l'adjudication ne peuvent être présumés donner mainlevée de leurs inscriptions sans courir
le risque de se voir primer par des créanciers inscrits postérieurement
à l'adjudication ; — Qu'en présence de cette loi sur la transcription, le
contrat qui se forme en justice entre l'adjudicataire et les créanciers
inscrits avant l'adjudication doit être interprété dans un sens conforme
à l'esprit de la législation qui nous régit actuellement, à moins de dérogation formelle, c'est-à-dire que l'adjudicataire s'engage à payer le prix
d'adjudication à tous les créanciers valablement inscrits au moment de
la transcription, et non de l'adjudication : — Qu'il ne faut pas s'arrêter
davantage à l'objection tirée de ce qu'en fait la question ne s'élève
qu'entre créanciers inscrits avant l'adjudication, et qu'à leur égard l'adjudication produit encore aujourd'hui les mêmes effets translatifs de
propriété qu'avant la loi du 23 mars 1855 ; — Qu'en effet, même en
admettant que ces créanciers, comme parties à l'adjudication, ne pourraient opposer à l'adjudicataire le défaut de transcription, il ne s'ensui-
vrait nullement que leurs inscriptions auraient produit leur effet au moment de l'adjudication ; — Qu'il résulte, au contraire, des principes de
la législation nouvelle, que le maintien des inscriptions est nécessaire,
à cause de la faculté, en vertu de la loi sur la Transcription, donnée au
saisi de grever d'hypothèques, en faveur des tiers, l'immeuble adjugé
jusqu'à la transcription ; — Que ces conséquences, prévues par l'art. 3
de ladite loi, ne peuvent être assimilées à un événement fortuit, comme
le défaut de payement du prix par l'adjudicataire qui aurait revendu
l'immeuble, ce qui constituerait précisément l'inexécution des conditions de l'adjudication et briserait le contrat entre les parties ; — Que,
d'ailleurs, une pareille distinction, selon que le débat s'élève entre
créanciers inscrits avant l'adjudication et ceux postérieurement inscrits,
produirait cet effet étrange et inadmissible, que la même inscription
serait périmée vis-à-vis des derniers faute de renouvellement, et valable
vis-à-vis des premiers ; — Que de tout ce qui précède il s'ensuit que
Vidalin n'était pas dispensé du renouvellement de son inscription, et
que c'est avec raison que sa demande en collocation a été rejetée, comme
basée sur une inscription périmée. »

IV. — *Effets de l'adjudication vis-à-vis des créanciers à hypothèques légales.*

Droit de préférence.

83. Le droit de préférence, avons-nous dit, est le droit des créanciers entre eux sur le prix, d'après l'ordre et le rang de leurs hypothèques. Ce droit, en principe, n'existe qu'au profit du créancier inscrit au moment de la transcription de l'adjudication, et l'hypothèque disparaît à défaut d'inscription ; mais il y a une exception en faveur des créanciers à hypothèques légales. Ceux-ci, quoiqu'ils n'aient pas fait inscrire leurs hypothèques avant la transcription, conservent le droit de préférence sur le prix, mais néanmoins sauf certaines limitations et conditions auxquelles nous allons arriver.

84. Et d'abord rappelons qu'avant la loi nouvelle la question de savoir si le droit de préférence peut survivre lorsque les femmes ou les mineurs n'avaient pas pris d'inscription au moment où la purge s'accomplissait était vivement controversée. Les auteurs et les Cours impériales, en majorité, limitant les effets de la purge, décidaient que lorsque les femmes ou les mineurs n'avaient pas leur hypothèque inscrite, la purge, en éteignant le droit de suite, laissait survivre le droit de préférence, en sorte que l'hypothèque était éteinte en tant qu'elle grevait l'immeuble. La seule chose qui importe à l'acquéreur, disait-on, c'est d'avoir la propriété de son acquisition entièrement libre et sans trouble : le droit de préférence ne le touche en aucune façon. Et quant aux créanciers, que ce droit intéresse, leur situation est la même après l'extinction de l'hypothèque sur la propriété ; ils conservent leur rang d'ordre sur le prix. Les créanciers à hypothèques légales ont les mêmes droits, sans inscription, que les créanciers dont l'hypothèque était inscrite au moment de la purge. Les incapables ont donc perdu comme les autres créanciers, par suite du purgement, leur droit de suite ; mais ils ont conservé comme eux le droit de préférence, puisque la loi a voulu les favoriser d'une manière spéciale en dispensant leurs hypothèques d'inscription.

Toutefois la Cour de cassation avait constamment résolu cette question en sens contraire. Il résultait de sa jurisprudence que, quand les femmes ou les mineurs n'avaient pas leur hypothèque inscrite, tout droit était perdu par la purge, l'extinction du droit de suite entraînant l'extinction du droit de préférence, et que dès lors les créanciers inscrits avaient seuls droit au prix (1). Cette lutte entre les défenseurs du droit de préférence et les partisans de l'opinion de la Cour de cassation a continué, lors de la rédaction du nouvel art. 717, dans la commission (2)

---

(1) Arrêts des 15 déc. 1829, 28 juill. 1831, 1er août 1837, 5 mai 1840, 6 janv. 1841, 3 fév. 1847, 11 mars 1851 ; arrêt solennel rendu en Chambre réunie, contre les conclusions de M. Delangle, le 23 fév. 1852 (Sir., 52, 1, 82 ; Dall., 52, 1, 39). *Voy.* d'ailleurs, sur cette grande controverse, le résumé de doctrine et de jurisprudence présenté par M. Paul Pont, *Des Priv. et Hyp.*, n° 1422.

(2) Trois membres, dit M. Richer, concluaient à l'abolition du droit de préférence

et au Corps législatif (1). Elle s'est terminée par une transaction entre l'intérêt de l'incapable et l'intérêt du crédit public : c'est-à-dire que le droit de préférence survit aujourd'hui au droit de suite, mais à la condition de se produire, comme nous l'allons voir, dans un délai de faveur limité.

85. Le droit de préférence survit au droit de suite en faveur des créanciers à hypothèques légales. Sur l'interpellation de M. Busson, député, pour savoir quel était le sens précis des mots *créancier à hypothèque légale*, M. Suin, conseiller d'État, commissaire du gouvernement, a répondu que « ces termes employés dans l'art. 717 ne s'appliquent qu'à la femme et aux mineurs (ajoutons : et aux interdits). Quant aux créanciers tenus de prendre inscription, l'exposé des motifs et le rapport de la commission déclarent nettement qu'il n'en est pas ici question. L'art. 2134 du Code Napoléon leur a fait une position à part. Il ne s'agit, dans l'art. 717, que des effets de la purge des hypothèques légales vis-à-vis des créanciers qui ne sont pas obligés de s'inscrire. Les autres créanciers à hypothèques légales, tels que le Trésor, l'administration de la justice pour le recouvrement de ses frais, les comptables, ne sont pas ici en cause. D'après l'art. 2134, le créancier à hypothèque légale est, en principe général, obligé d'inscrire ; l'art. 2135 règle les exceptions (2). »

Il résulte de ces observations que, dans les art. 717 et 772, on n'a eu en vue que les femmes, les mineurs, les interdits, et non les autres créanciers ayant hypothèques légales d'après l'art. 2134.

86. Tant que les créanciers à hypothèques légales sont dispensés d'inscription, ils doivent jouir du droit de préférence que leur accorde la loi. Ainsi la dispense d'inscription existe encore, par l'effet de l'art. 8 de la loi du 23 mars 1855, pour la veuve, le mineur devenu majeur, l'interdit relevé d'interdiction, leurs héritiers ou ayants cause, pendant l'année qui suit la dissolution du mariage ou la cessation de la tutelle (3). Mais à partir de cette époque, ils sont assimilés aux autres créanciers hypothécaires et obligés de prendre inscription ; leur hypothèque, dit l'art. 8, *ne date, à l'égard des tiers, que du jour des inscriptions prises ultérieurement* (4).

La faveur du droit de préférence leur échappe si, pendant le délai de prorogation de cette année, ils ne l'ont pas exercé, en le conservant, conformément aux art. 717 et 772, par une production faite avant l'expiration du délai fixé par l'art. 754 dans le cas où l'ordre se règle judiciairement, et en faisant valoir leurs droits avant la clôture si l'ordre se règle amiablement. Si ces actes de conservation du droit de préférence

---

quand il n'y a pas eu d'inscription ; mais la majorité a cru devoir laisser surnager ce droit. (*Suprà*, p. 42, n° 108.)

(1) Voy. les opinions de MM. Ollivier, Riché, Dumirail. (*Suprà*, p. 83, n°s 234 et suiv.)

(2) Voy. *suprà*, p. 94, n°s 258 et 259.

(3) *Voy.*, pour le commentaire de l'art. 8 de la loi du 23 mars 1855, et en particulier sur le point dont il s'agit ici, les observations de M. Paul Pont, *Des Priv. et Hyp.*, n°s 823 et suiv.

(4) *Voy.* M. Paul Pont, *loc. cit.*, n° 834.

ne sont pas faits avant l'expiration de l'année qui suit la cessation du mariage ou de la tutelle, le droit de préférence est perdu pour eux; car, à partir de cette époque, il leur faut une inscription de leur hypothèque; ils n'ont plus aucun avantage sur les créanciers inscrits. Après la purge du droit de suite, le droit de préférence ne survit pas au profit des créanciers à hypothèques légales dès que leur hypothèque cesse d'être dispensée d'inscription.

87. Le cessionnaire de l'hypothèque légale de la femme, en agissant en sa qualité de subrogé à ses droits, peut-il se prévaloir du droit de préférence accordé à celle-ci pour se faire colloquer, par ce moyen, à la date de son inscription, à l'encontre des autres créanciers de la femme?

Nous ne le pensons pas, car les cessionnaires ne sont saisis, à l'égard des tiers, que par l'inscription de l'hypothèque légale de la femme prise à leur profit, ou par la mention de la subrogation en marge de l'inscription préexistante. Par conséquent, ils ne peuvent exercer les droits hypothécaires de la femme qu'au moyen d'une inscription prise avant la transcription, tandis que le droit de préférence dont s'agit n'est accordé, aux termes de l'art. 717, qu'*au profit des créanciers à hypothèques légales qui n'ont pas fait inscrire leur hypothèque avant la transcription.* Or l'art. 9 de la loi du 23 mars 1855 s'oppose à ce que le cessionnaire se présente, à l'égard des tiers, pour exercer les droits hypothécaires de la femme autrement qu'après avoir pris une inscription. Si le cessionnaire doit être un créancier inscrit, il ne peut obtenir une collocation qu'en vertu de cette inscription (1).

88. Ce que nous venons de dire à l'égard du cessionnaire ne s'applique pas aux créanciers qui agissent, d'après l'art. 1166 du Code Napoléon, comme exerçant les droits de leurs débiteurs. En effet, le droit de préférence, qui existe en faveur de la femme, n'est pas attaché exclusivement à sa personne; il fait partie de son patrimoine, qui est le gage des créanciers. Dans ce cas, le montant de la collocation de la femme est distribué, comme chose mobilière, entre tous les créanciers inscrits ou opposant avant la clôture de l'ordre (art. 775).

89. Passons maintenant aux conditions imposées aux créanciers à hypothèques légales pour la conservation de leur droit de préférence après la purge du droit de suite. Pour bien saisir l'économie de la loi nouvelle sur ce point, il importe d'embrasser les différents cas d'aliénation à la suite desquels le droit de préférence peut se produire. Nous réunirons donc, dans notre commentaire, toutes les règles concernant le droit de préférence en matière d'adjudication sur saisie immobilière, de vente volontaire et de surenchère. D'ailleurs on verra, par la suite, que les mêmes principes régissent les divers modes de vente.

Il est un point qu'on ne doit pas perdre de vue : c'est qu'il faut qu'il y ait *purge du droit de suite* pour qu'il soit question du droit de préférence survivant seul. La purge des hypothèques légales se fait diffé-

---

(1) *Voy.* M. Paul Pont, *loc. cit.,* n° 837.

remment, selon qu'il s'agit d'adjudication sur saisie réelle ou de vente amiable; mais une fois le purgement du droit de suite opéré, le droit de préférence des femmes, des mineurs et des interdits, quel que soit le mode de vente, se conserve et se perd de la même manière.

L'aliénation après la purge du droit de suite, peut être suivie :

1° D'ordre amiable ;

2° D'ordre judiciaire ;

3° Ou n'être suivie d'aucun ordre.

Il faut donc examiner tout ce qui concerne le droit de préférence des créanciers à hypothèques légales dans ces trois cas.

1° Du cas où l'aliénation, quel qu'en soit le mode, est suivie, soit d'un ordre amiable, soit d'ordre consensuel ou extrajudiciaire.

90. Nous n'avons pas besoin de nous arrêter au cas où une inscription est venue, avant la purge, rendre publique l'hypothèque des incapables ; ceux-ci se trouvent alors dans la même position que les autres créanciers hypothécaires inscrits.

Mais lorsque aucune inscription n'a été prise par les créanciers à hypothèques légales, et que la purge du droit de suite s'est faite après adjudication sur saisie réelle, par la transcription du jugement d'adjudication précédée des avertissements aux incapables, conformément aux nouveaux art. 692 et 696 du Code de procédure, les créanciers à hypothèques légales conservent un droit de préférence sur le prix en cas d'ordre amiable. Mais ils ne le conservent qu'à la condition de faire valoir leurs droits avant la clôture de l'ordre amiable, dont les règles sont tracées dans les art. 751 et 752 de la loi actuelle. C'est ce qu'indiquent les dernières expressions de notre art. 717.

91. Il faut en dire autant pour le cas d'aliénation volontaire (voy. *infrà*, art. 772), même lorsqu'il y a eu surenchère (*infrà,* art. 838). Les créanciers à hypothèques légales non inscrites avant la purge ne conservent leur droit de préférence qu'autant qu'un ordre est ouvert dans les trois mois qui suivent la purge, et qu'à la condition de faire valoir leurs droits avant la clôture de l'ordre amiable.

92. D'après l'art. 772, il faut, pour exercer le droit de préférence, qu'un ordre soit ouvert dans les trois mois qui suivent l'expiration des délais accordés par l'art. 2195. Que faut-il entendre par ces expressions « qu'un ordre soit ouvert » ? Selon nous, elles s'appliquent évidemment à l'ouverture de l'ordre amiable, et non à celle de l'ordre judiciaire. Dans toute distribution de prix d'immeubles, l'ordre amiable est le préliminaire nécessaire, et souvent il clôt les opérations d'ordre, si les créanciers hypothécaires tombent d'accord, tandis que l'ordre judiciaire par un seul magistrat n'a pas lieu s'il y a moins de quatre créanciers inscrits. Dans l'économie de la loi, le moyen le plus sûr donc, pour faire exercer le droit de préférence par les créanciers à hypothèques légales, devrait être de provoquer l'ouverture de l'ordre amiable qui doit exister dans toute distribution de prix d'immeubles. C'est dans le même sens que l'art. 772

dit, dans un alinéa précédent : « Dans tous les cas, l'ordre n'est ouvert qu'après l'accomplissement des formalités prescrites pour la purge. » Il est encore clair que là les mots *ordre ouvert* s'appliquent à l'ordre amiable, puisqu'on ne peut faire *un ordre amiable devant le juge* sans avoir opéré la purge des hypothèques. On voit ainsi que, par ces termes *ordre ouvert dans les trois mois,* il faut entendre le premier acte (1) de cette procédure dont l'ordre amiable est une partie intégrante. Nous pensons donc qu'il suffit aux créanciers à hypothèques légales, pour éviter la perte de leur droit de préférence, de requérir l'ouverture du procès-verbal d'ordre dans les trois mois qui suivent l'expiration du délai accordé pour la purge légale. Dès que cette réquisition est faite, l'ordre doit suivre sa marche, par une observation rigoureuse, dans chacune de ses phases, des délais fixés par la loi ; c'est à la seule condition de l'ouverture de l'ordre qu'est subordonné l'exercice du droit de préférence, parce que les créanciers à hypothèques légales ou leurs défenseurs peuvent toujours provoquer cette ouverture, si les créanciers inscrits la retardent à dessein. Mais une fois la réquisition faite, c'est au magistrat à en surveiller la marche et à exiger l'observation des délais. C'est pourquoi la réquisition de l'ouverture du procès-verbal d'ordre dans les trois mois après la purge légale suffit, à nos yeux, pour écarter toute déchéance du droit de préférence.

93. Toutefois, il pourrait arriver que l'acquéreur procédât seulement à la purge des hypothèques légales, et qu'il laissât passer trois mois sans remplir les formalités prescrites pour la purge des hypothèques inscrites. Or, d'après l'art. 772, aucun ordre ne peut être ouvert qu'après la purge des hypothèques. La femme perdrait, dans ce cas, inévitablement son droit de préférence, et serait à la merci de l'acquéreur, qui, comme créancier hypothécaire lui-même, retarderait la purge des hypothèques inscrites, afin que les créanciers à hypothèques légales ne pussent faire ouvrir l'ordre dans les trois mois après la purge légale. Un tel résultat ne nous paraît pas admissible ; le législateur aurait accordé d'une main, dans l'art. 772, ce qu'il aurait retiré de l'autre dans l'alinéa suivant du même article.

Pour expliquer cette antinomie apparente, il faut dire que les rédacteurs de la loi ont supposé, d'après ce qui se pratique ordinairement, que la purge des hypothèques inscrites et celle des hypothèques légales marchent de front, ou se suivent de si près que la purge des hypothèques inscrites est terminée avant l'écoulement des trois mois depuis la purge légale. L'ordre peut alors s'ouvrir dans les trois mois qui suivront l'expiration des délais accordés par l'art. 2195, pour exercer le droit de préférence en temps utile. Dans le cours régulier des choses, lorsqu'il n'y a pas de surenchère, les formalités de purge des hypothèques inscrites peuvent s'accomplir aisément dans le laps de deux mois.

---

(1) La Cour de cassation, par arrêt du 4 juillet 1838, a statué que l'ordre est réputé ouvert dès que la requête à fin de nomination du juge-commissaire a été présentée. Il résulte de là que c'est le premier acte de la procédure qui en constitue l'ouverture. (*Voy.* Chauveau, sur Carré, n° 2551.)

Comptons, à cet effet, quinze jours pour notifier et quarante jours qu'ont les créanciers pour surenchérir; s'il n'y a pas de surenchère, la purge est faite dans cinquante-cinq jours; par conséquent, il reste un délai suffisant pour que l'ordre puisse être ouvert dans les trois mois après la purge légale, en conformité de l'art. 772.

Mais si, contrairement aux prévisions du législateur, l'acquéreur retarde la purge des hypothèques inscrites après avoir purgé légalement, nous nous demandons de quelle manière les créanciers à hypothèques légales pourraient conserver leur droit de préférence. Évidemment, tant que la purge des hypothèques inscrites n'a pas eu lieu, l'ordre ne pourra se faire. Il faut que le droit de suite sur l'immeuble soit éteint, et que les droits des créanciers soient portés d'après leur rang sur le prix, pour procéder à la distribution de ce prix entre eux. Mais est-ce donc la faute ou la négligence des créanciers à hypothèques légales qui est cause du défaut de purge des hypothèques dans le délai qui leur est imparti pour l'ouverture de l'ordre? Sans contredit, non : ils ne peuvent contraindre l'acquéreur à la purge, ni lui faire sommation de payer ou de délaisser l'immeuble, puisque la purge légale a éteint leur droit de suite. Dans ce cas, nous croyons qu'il suffit, pour conserver le droit de préférence, que le créancier à hypothèque légale se présente au greffe pour requérir l'ouverture du procès-verbal d'ordre, et, s'il y a lieu, la nomination d'un juge-commissaire. Le créancier à hypothèque légale, pensant que la purge ordinaire à laquelle il reste étranger a eu lieu, requiert l'ouverture du procès-verbal d'ordre sur le prix que l'acquéreur lui fait connaître par la purge légale. Ensuite le juge sursoit nécessairement à procéder à l'ordre jusqu'après la purge des hypothèques, sur la demande des créanciers inscrits.

Si, au contraire, le créancier à hypothèque légale restait dans l'inaction plus de trois mois après la purge légale, et qu'aucune réquisition pour l'ouverture d'un ordre ne fût faite, le droit de préférence serait inévitablement perdu. En vain objecterait-on que la femme ou le mineur sont dans l'impossibilité d'agir, et que c'est le cas de dire : *Contra non valentem agere non currit præscriptio;* que, partant, les trois mois ne doivent commencer qu'à compter de la purge des hypothèques inscrites. Cela serait évidemment contraire au texte de l'art. 772, qui dit positivement que c'est dans les trois mois qui suivent l'expiration du délai fixé par l'art. 2195 que l'ouverture de l'ordre doit avoir lieu. D'ailleurs, en admettant, pour un instant, que la réquisition d'ouverture d'ordre ne dût être faite qu'après la purge des hypothèques inscrites, du moins à ce moment l'impossibilité d'agir disparaîtrait pour le créancier à hypothèque légale. Ce dernier serait donc obligé de requérir à l'instant même l'ouverture de l'ordre; et cependant, comme il est étranger à cette purge, il peut difficilement connaître le moment exact où elle s'est opérée, de sorte que cette prorogation, au lieu d'être avantageuse aux créanciers à hypothèques légales, tournerait contre eux. Il vaut donc mieux résoudre cette difficulté en admettant que, par ces mots : « Un ordre doit être ouvert dans les trois mois, » le législateur a voulu dire qu'une réquisition d'ouverture du procès-verbal d'ordre devrait être faite dans les trois mois qui suivent la purge légale. Cette formalité remplie dans le délai suffit, selon nous, pour conserver le droit de préférence; seulement, le juge ne procédera à l'ordre entre les créanciers qu'après la purge de toutes les hypothèques. Cette interprétation nous paraît seule conforme au texte et à l'esprit de l'art. 772.

94. Nous ferons seulement observer que, lorsqu'il s'agit de vente volontaire, les formalités, pour la purge, sont différentes de celles prescrites pour l'adjudication sur saisie. Dans ce cas, les règles pour la purge des hypothèques légales se trouvent indiquées dans les art. 2194 et 2195 du Code Napoléon. Sans entrer dans l'explication détaillée de ces formalités, ce qui nous écarterait trop de notre sujet, nous nous bornons à renvoyer aux articles qui les contiennent. L'art. 772 dit que les créanciers à hypothèque légale qui n'ont pas fait inscrire leurs hypothèques dans le délai fixé par l'art. 2195 du Code Napoléon (c'est-à-dire dans le cours des deux mois de l'exposition du contrat translatif de propriété dans l'auditoire du tribunal de la situation des biens) peuvent encore conserver leur droit de préférence sous certaines conditions. Il faudrait ajouter qu'à l'égard des femmes et des subrogés tuteurs inconnus, un Avis du conseil d'État, du 1er juin 1807, a indiqué un autre délai que celui fixé par l'art. 2195. Dans ce cas, ce n'est pas du jour de l'exposition du contrat dans l'auditoire du tribunal que court le délai de deux mois; c'est du jour de la publication faite dans un journal, ou du jour de la délivrance du certificat du procureur impérial portant qu'il n'existe pas de journal dans le département. Cet Avis du conseil d'État a force de loi; il faut donc suivre les formalités qu'il trace pour opérer la purge des hypothèques légales quand les femmes ou les subrogés tuteurs sont inconnus : aussi, dans ce cas, le délai de trois mois dont parle l'art. 772 ne commencerait à courir qu'à partir de l'expiration des deux mois depuis l'insertion ou la délivrance dudit certificat.

En cas de surenchère du dixième, la purge des hypothèques légales, lorsqu'elle n'a pas eu lieu avant, se fait comme pour l'aliénation volontaire non suivie de surenchère. La vente primitive étant volontaire, elle reste telle. Partant, tout ce que nous venons de dire de la vente amiable s'applique également à la surenchère qui n'a pas été précédée de la purge des hypothèques légales. Mais quand cette purge a eu lieu avant la surenchère, ce qui peut se faire dans la pratique, le droit de préférence des créanciers à hypothèque légale se conserve, à la condition par eux de faire valoir leurs droits avant la clôture de l'ordre amiable, et cet ordre doit être ouvert dans les trois mois qui suivent la purge du droit de suite.

Ce serait une erreur de compter les trois mois à partir de la transcription du jugement d'adjudication sur surenchère, et non pas de la purge du droit de suite. En vain dirait-on que la surenchère empêche de provoquer un ordre de sorte que les incapables ne seraient pas à même de faire valoir leurs droits à temps. Cette objection n'est pas sérieuse au fond. En effet, rien ne s'oppose à ce que la réquisition de l'ou-

14

verture du procès-verbal d'ordre soit faite d'abord, et à ce qu'il soit ensuite sursis jusqu'après la surenchère pour procéder, après la transcription du jugement d'adjudication, à l'ordre sur le prix fixé par ce jugement. Comme, dans ce cas, aucun créancier inscrit ne pourra provoquer l'ordre avant cette époque, c'est aux créanciers à hypothèque légale ou à leurs représentants à faire seulement la réquisition dont nous venons de parler, pour conserver leur droit de préférence.

Notre opinion se fonde sur les motifs mêmes que nous avons déjà donnés pour le cas où le retard de la purge des hypothèques inscrites provient du fait de l'acquéreur, et empêche ainsi qu'on ne procède à l'ordre dans les trois mois après l'expiration du délai accordé pour la purge légale. Cette interprétation, au surplus, a l'avantage de ne pas favoriser outre mesure l'inertie des créanciers à hypothèque légale, en maintenant leur droit de préférence dans les limites qui lui sont assignées. En restant ainsi dans l'esprit de la loi, elle concilie aussi les différents textes des art. 772 et 838, sans en violer aucun.

95. Nous venons d'indiquer que les formalités pour opérer la purge sont différentes, selon qu'il s'agit de vente forcée ou volontaire. On pourrait aussi agiter la question de savoir si l'ordre amiable doit être ouvert dans les trois mois qui suivent la transcription du jugement d'adjudication, pour conserver le droit de préférence aux créanciers à hypothèque légale sur le prix de l'immeuble *adjugé après saisie*. Pour soutenir la négative, on pourrait dire que les termes de l'art. 772, qui en font une condition en cas de vente volontaire, prescrivent formellement que l'ordre soit ouvert dans les trois mois pour conserver le droit de préférence, et qu'ils ne sont pas reproduits dans l'art. 717 pour le cas d'adjudication sur saisie. Mais en réponse à cet argument, nous disons que ce dernier article, renvoyant, dans ses expressions finales, aux art. 751 et 752, exige, selon M. Riché, pour l'admissibilité du droit de préférence, que l'ordre où ce droit se produira suive de près l'expropriation, dans les délais enchaînés qui résultent de l'art. 751 et de l'art. 752. Il ne s'agit pas seulement de l'ordre amiable réglé par l'art. 751, la rédaction renvoyant également à l'art. 752, qui est relatif à l'ordre judiciaire (1). Lors de la discussion de l'art. 717 à la Chambre, aucun député n'a contesté la signification donnée par le rapporteur au renvoi qui se trouve à la fin de l'art. 717. Du reste, cette interprétation a l'avantage d'introduire l'harmonie dans le système de la loi en ce qui concerne la conservation du droit de préférence, et l'on ne comprendrait pas qu'en matière d'expropriation forcée, où toutes les formalités tendent, par leur publicité, à tirer les créanciers à hypothèque légale de leur léthargie, on accordât à la survivance du droit de préférence une durée plus longue que dans le cas de vente volontaire, qui se passe souvent sous le manteau de la cheminée. Si la loi, en cas d'expropriation forcée, a gardé le silence sur le délai de trois mois dont parle l'art. 772, relatif à la vente volontaire, c'est que, dans sa pensée, l'ordre

---

(1) *Voy.* le Rapport de M. Riché, *suprà*, p. 43 et 44, n° 109, *in fine*.

doit s'ouvrir dans la huitaine après la transcription à la requête du saisissant, ou dans un bref délai par le créancier le plus diligent. La nature de ces poursuites rigoureuses contre le débiteur montre que les créanciers seront pressés d'ouvrir un ordre pour la distribution du prix. Mais si, contre les prévisions de la loi, par une circonstance exceptionnelle, l'ordre n'est pas ouvert dans les trois mois après la purge, il n'y a pas de motif pour ne pas appliquer, par analogie et, pour ainsi dire, par un *à fortiori*, la disposition de l'art. 772. C'est le cas d'appliquer la maxime *Ubi eadem est ratio, idem debet esse jus.* Il faut dire qu'en pratique cette question aura peu d'importance, l'ordre suivant de très-près habituellement l'expropriation forcée.

De tout ce qui précède, il résulte que, quel que soit le mode d'aliénation, pour conserver aux créanciers à hypothèque légale le droit de préférence, il faut, dans le cas d'un ordre amiable :

1° Que cet ordre soit ouvert dans les trois mois qui suivent la purge du droit de suite;

2° Que, de plus, ces créanciers fassent valoir leurs droits avant la clôture dudit ordre.

96. La clôture de l'ordre amiable se fait par le juge, sur le procès-verbal qui contient le règlement définitif accepté par les créanciers. Tant que le magistrat qui dirige l'ordre amiable n'en a pas prononcé la clôture sur ce procès-verbal, les créanciers à hypothèque légale peuvent se présenter pour exercer leur droit de préférence. L'accord entre les autres créanciers ne suffirait pas; il faut qu'il y ait clôture de l'ordre, laquelle doit être constatée sur le procès-verbal rédigé par le juge, conformément à l'art. 751, et signé par les créanciers ou leurs fondés de pouvoir. C'est alors seulement que l'ordre amiable est clos et terminé.

97. Pour faire valoir leurs droits, il faut que les créanciers à hypothèque légale produisent leurs titres au greffe du tribunal ou devant le juge qui procède à l'ordre amiable. Dans le cas où ces créanciers ne veulent ou ne peuvent pas consentir au règlement amiable, ils le feront constater sur le procès-verbal; cela doit suffire à la conservation de leur droit de préférence pour l'ordre judiciaire.

98. Enfin, une opposition faite au greffe avant la clôture, ou entre les mains de l'acquéreur, par un créancier à hypothèque légale, devra-t-elle empêcher le juge de faire un ordre amiable sans la participation de ce créancier? On pourra, pour soutenir l'affirmative, prétendre que la loi emploie à dessein l'expression générale de *faire valoir leurs droits,* dans l'art. 717, pour indiquer que tout moyen sérieux constatant que les femmes, les mineurs ou leurs représentants, n'entendent pas abandonner leurs droits, suffit pour qu'on ne distribue pas amiablement, à leur préjudice et sans leur concours, le prix qui maintenant représente leur gage.

Mais ce serait attribuer à l'opposition faite par le créancier à hypothèque légale une force qu'elle ne peut avoir, lorsqu'il s'agit d'un ordre amiable devant le juge. En effet, quand elle est formée entre les mains de l'acquéreur, afin d'empêcher un ordre amiable de se faire sans la participation du créancier à hypothèque légale, l'opposition ne peut, en aucun cas, produire ce résultat. De deux choses l'une : Ou l'acquéreur ne se présente pas à la réunion des créanciers, sur la lettre de convocation que lui adresse le juge; alors son absence n'est pas un obstacle à la confection ni à la clôture de l'ordre amiable, ainsi que nous le verrons plus tard; par conséquent, dès que la clôture de cet ordre a eu lieu, le droit de préférence est éteint, malgré l'opposition faite aux mains de l'acquéreur absent. Ou, au contraire, l'acquéreur assiste à la réunion et fait connaître l'opposition formée entre ses mains par le créancier à hypothèque légale, et alors cela même ne suffit pas pour empêcher l'ordre amiable de se faire entre les créanciers convoqués. L'opposition n'est qu'un moyen d'empêcher qu'un payement ne soit fait par l'acquéreur tant que l'opposant n'a pas donné mainlevée; mais après la clôture de l'ordre amiable, les créanciers porteurs de bordereaux de collocation obtenus en justice ont un titre exécutoire contre cet acquéreur, qui sera obligé de leur en payer le montant. Les art. 717 et 772 ne se contentent pas d'un fait négatif, ni de l'intention que peut avoir le créancier à hypothèque légale d'empêcher, au moyen de son opposition, que les créanciers ne procèdent à l'ordre : il faut de sa part un acte positif; il faut qu'au lieu de rester passif, il fasse valoir ses droits. Par le même motif, une simple opposition faite au greffe ne doit pas arrêter le juge qui procède au règlement amiable entre les créanciers.

Aussi le créancier à hypothèque légale doit-il faire connaître au juge, en se présentant à la réunion des créanciers convoqués, qu'il a des droits à exercer, quoiqu'ils ne soient pas encore déterminés, et faire constater sa présence sur le procès-verbal. Ce serait aller trop loin que d'exiger de sa part une production en règle. Comme pour l'ordre judiciaire, la femme, en vertu de sa réclamation et de sa qualité, doit être assimilée, dès qu'elle se présente à l'ordre amiable, aux créanciers inscrits; si elle ne veut ou ne peut pas consentir à un règlement amiable, le juge constate sur le procès-verbal que les créanciers n'ont pu se régler entre eux, et le droit de préférence de la femme doit s'exercer dans l'ordre judiciaire.

99. Ce que nous disons de l'ordre amiable devant le juge s'applique également aux formes extrajudiciaires de l'ordre consensuel. Le principe est le même pour tous, en ce que la femme ou le mineur arrivent trop tard, quand la clôture de l'ordre consensuel, notarié ou même sous seing privé, est faite. Tout est consommé, et le droit de préférence des créanciers à hypothèque légale ne va pas jusqu'à faire revenir sur des opérations qu'ils ont laissé achever sans leur concours. Ainsi si, même avant l'expiration des trois mois, les créanciers inscrits, dit M. Riché (1), font entre eux un ordre amiable notarié ou sous seing privé, que l'art. 772 n'interdit pas, la clôture de cet ordre, pourvu qu'elle ait date certaine, pourrait être opposée à l'hypothèque légale. Cette seconde vie accordée au droit de préférence après la purge exige qu'au moins alors

_____

(1) Rapport de M. Riché, _suprà_, p. 43, n° 109.

l'hypothèque légale se réveille à temps, qu'elle ne laisse pas terminer à ses côtés un ordre amiable.

Nous devons faire observer ici qu'à la différence de l'ouverture de l'ordre amiable devant le juge, la tentative des créanciers de se régler entre eux par un ordre consensuel commencé dans les trois mois qui suivent l'expiration du délai pour la purge légale ne suffirait pas à conserver le droit de préférence des créanciers à hypothèque légale. L'ordre ouvert devant un magistrat produit seul cet effet, parce qu'alors les opérations continuent et s'enchaînent, sans interruption, jusqu'à la délivrance des bordereaux aux créanciers pour toucher le prix, tandis que l'ordre consensuel ne peut avoir lieu si les créanciers ne sont pas d'accord, et alors c'est une simple tentative qui n'aboutit pas à rendre aux sommes à distribuer la disponibilité nécessaire à la circulation des capitaux.

100. Il sera plus difficile pour les incapables de faire valoir leurs droits avant la clôture, quand il s'agit d'un ordre consensuel notarié ou même sous seing privé, que dans le cas d'ordre amiable devant le juge. En effet, la femme peut ne pas connaître le notaire qui rédige cet ordre, ou l'agent chargé de cette mission, tandis que, pour l'ordre amiable, elle est certaine de trouver tous les renseignements au greffe du tribunal : aussi, le plus sûr moyen qu'ait le créancier à hypothèque légale pour éviter le danger d'un ordre consensuel fait sans sa participation et pour conserver le droit de préférence, c'est de faire opposition, entre les mains de l'acquéreur, sur le prix. Mais doit-il dénoncer cette opposition aux autres créanciers hypothécaires, avec défense de procéder au préjudice de ses droits et sans son concours? A notre avis, cette dénonciation, d'ailleurs fort coûteuse, est complétement inutile. L'ordre consensuel qui serait fait sans la participation de l'adjudicataire à cet acte n'est pas exécutoire contre lui, comme les bordereaux de collocation délivrés en justice à la suite d'un ordre amiable ; il faut lui faire signifier cette délégation que contient l'acte passé entre les créanciers inscrits et le vendeur ou le saisi. Si une opposition au payement du prix est formée entre les mains de l'acquéreur avant cette signification, ce dernier ne peut se libérer, au profit des créanciers inscrits, sans la mainlevée de l'opposition (art. 1242 et 790 C. Nap.). Mais une fois la signification de la délégation faite à l'acquéreur avant toute opposition de la part des créanciers à hypothèque légale, le prix n'appartient plus au vendeur ou au saisi ; il devient la propriété du délégataire. Dans ce cas, le créancier à hypothèque légale est venu trop tard ; il y a fait accompli à son égard.

2° Du cas où l'aliénation, quel qu'en soit le mode, est suivie d'un ordre judiciaire.

101. Lorsque l'ordre amiable a été ouvert dans les trois mois à compter de la purge du droit de suite sans que l'accord se soit établi entre les créanciers, il y a lieu de procéder à l'ordre judiciaire.

Dans ce cas, le droit de préférence ne se conserve pas jusqu'à la clôture de l'ordre, comme quand il s'agit d'un ordre amiable. On n'a pas voulu que ce droit pût se produire trop tard, pour entraver la marche de l'ordre judiciaire, que la nouvelle loi veut, autant que possible, accélérer. La commission du Corps législatif a même repoussé le projet du gouvernement, qui posait comme limite extrême le moment où l'état de collocation était dressé par le juge; elle a restreint l'exercice du droit de préférence à l'époque pendant laquelle les créanciers inscrits sont eux-mêmes admis à produire. Pousser la faveur au delà de ce terme prévu par l'art. 754, ce serait, selon l'expression de M. Riché, exposer le juge à recommencer ou l'engager à retarder son état provisoire; ce serait contraire à l'esprit de la réforme nouvelle (1).

Du reste, dans ce cas, les créanciers à hypothèque légale doivent faire des productions à l'ordre judiciaire comme les créanciers inscrits. La loi se sert à dessein du mot technique de *produire*, tandis que, pour l'ordre amiable, elle emploie l'expression de *faire valoir leurs droits*.

102. Il n'est pas possible d'avoir un ordre judiciaire, quel que soit le mode d'aliénation, s'il y a moins de quatre créanciers inscrits (art. 773). Évidemment le créancier à hypothèque légale ne doit pas être compté pour former ce nombre, puisqu'il n'est pas un créancier inscrit. Nous devons aussi faire observer que le nouvel art. 773 a introduit un changement en ce qu'autrefois l'ordre judiciaire avait lieu en cas d'expropriation forcée, même s'il y avait moins de quatre créanciers inscrits. Ce défaut d'harmonie dans la procédure, sans motif sérieux, a disparu de la loi récente, qui établit en ce point une vraie amélioration. Dans tous les cas où il y a moins de quatre créanciers inscrits, c'est par un jugement d'attribution du tribunal que leurs droits sont réglés, et non point par un ordre judiciaire.

103. Une fois cette demande formée, le droit de préférence est conservé; mais la loi ne marque pas d'époque précise pendant laquelle il pourrait s'exercer. Pour l'ordre amiable, c'est le moment de la clôture qui en fixe la limite; mais quand l'ordre amiable n'a pas eu lieu, et que la procédure en attribution est entamée, quelle est alors la limite déterminée pour le droit de préférence? Il nous semble qu'en partant de ce principe que l'instance en attribution remplace, dans ce cas, l'ordre judiciaire, on peut tirer la conclusion que les créanciers à hypothèque légale doivent avoir les mêmes délais pour faire valoir leurs droits de préférence que les créanciers inscrits pour leurs hypothèques. Tant que le jugement d'attribution n'est pas définitif à l'égard de ces derniers, le droit de préférence peut se produire en justice de la même manière que l'hypothèque inscrite. Ainsi, après le jugement d'attribution, s'il n'y a pas appel, l'intervention tardive du créancier à hypothèque légale ne doit point nuire au règlement définitif fait en justice, le jugement d'attribution définitif entre les parties équivalant à un ordre terminé. S'il y a des contestations sujettes à appel, il faut distinguer entre les créanciers antérieurs aux créanciers contestants et ceux qui viennent après.. A l'égard des premiers, l'intervention du créancier à hypothèque légale

(1) Voy. *suprà*, p. 42, n° 107.

ne pourrait leur causer aucun préjudice, le jugement d'attribution étant devenu définitif entre eux; c'est une affaire terminée pour eux, il y a chose jugée. A l'égard des autres créanciers, le droit de préférence pourra se présenter tant que les difficultés soumises à l'appel ne seront pas vidées par des arrêts définitifs. Du reste, nous examinerons ces moyens de recours plus en détail lorsque nous traiterons de cette procédure exceptionnelle par jugement d'attribution.

3° Du cas où l'aliénation, quel qu'en soit le mode, n'est pas suivie d'ordre, soit amiable, soit judiciaire.

104. Si rien n'est fait depuis la purge, le laps de temps de trois mois suffit pour éteindre le droit de préférence. Le droit de préférence ne survit par la faveur de la loi qu'à la condition de se montrer actif. S'il continue à rester dans l'inertie pendant trois mois sans se montrer aux créanciers inscrits, il est anéanti sans retour.

Le meilleur moyen pour les créanciers à hypothèque légale de conserver le droit de préférence dont les créanciers inscrits voudraient se débarrasser en restant dans l'inaction pendant trois mois, ce serait de provoquer un ordre par eux-mêmes ou leurs représentants.

105. Enfin le droit de préférence peut se perdre, avant l'écoulement des trois mois depuis la purge, par un transport régulier du prix de vente. Lorsque les créanciers inscrits sont désintéressés, ou qu'il n'y en a point, que, partant, il n'y a pas lieu à ordre, il est incontestable que quand l'acquéreur a rempli les formalités de la purge, et qu'il n'est pas survenu d'inscription d'hypothèque légale, il ne peut plus retenir le prix. Le vendeur a le droit de le contraindre à le payer dès que le titulaire du droit de préférence ne s'est pas montré par une opposition formée à temps. Si donc l'acquéreur peut et doit verser son prix entre les mains du vendeur, celui-ci, au lieu de le recevoir, peut bien le céder, le transporter à un tiers qui, en notifiant le transport à l'acquéreur, devient invariable et incontestable propriétaire (1). A partir de ce moment, tout est consommé; c'est tant pis pour les créanciers à hypothèque légale s'ils ont gardé le silence et n'ont pas formé opposition. L'adjudicataire ne leur doit pas, pas plus qu'il ne doit au vendeur, un prix qui désormais appartient définitivement au cessionnaire, en vertu de la notification du transport qui lui en a transmis la propriété. Ce tempérament est admis par les auteurs qui se sont prononcés le plus résolûment contre la jurisprudence ci-dessus analysée (voy. n° 34) de la Cour suprême, et qui néanmoins approuvent un arrêt rendu par cette Cour, le 8 mai 1827, en considération du second motif duquel il résulte que tout avait été consommé avant l'opposition de la femme (2).

---

(1) Cette opinion est parfaitement établie dans le pourvoi de M. Odilon Barrot contre un arrêt de la Cour de Rouen, qui avait décidé, en 1825, que le prix ne pouvait être transféré qu'avec les charges qui le grevaient, c'est-à-dire qu'affecté du droit de préférence.

(2) Voy. notamment MM. Troplong, Des Priv. et Hyp., n°ˢ 984 et suiv.; Paul Pont, Des Priv. et Hyp., n° 1422, p. 1187, et Rev. de législ. et de jurispr., année 1847, t. I. p. 43.

105 bis. Il nous reste à examiner une question concernant le droit de préférence des créanciers ayant des priviléges généraux en vertu de l'art. 2101. Nous avons dit précédemment (n° 76) que la transcription du jugement d'adjudication purge l'immeuble du droit de suite d'une manière absolue et sans exception; néanmoins les créanciers privilégiés dont nous parlons conservent le droit de préférence sans inscription, et ils peuvent, grâce à ce droit, se faire colloquer dans l'ordre qui s'ouvrira sur le prix.

Mais si aucun ordre n'intervient dans les trois mois depuis la purge du droit de suite, le droit de préférence dont jouissent ces créanciers ne doit-il pas s'éteindre et se perdre par le seul laps de temps, ainsi que cela a lieu à l'égard des créanciers à hypothèque légale? On peut dire, dans le sens de l'affirmative, que le législateur n'a pas voulu que ces créanciers fussent traités plus favorablement que les femmes, les mineurs et les interdits, dont le droit de préférence, malgré leur incapacité, se perd par l'écoulement de trois mois depuis la purge du droit de suite, sans qu'un ordre ait été provoqué. Nous sommes cependant d'un avis contraire. Nous nous fondons sur ce que la loi ne prononce pas la déchéance du droit de préférence, dans ce cas, contre les créanciers privilégiés de l'art. 2101, comme elle le fait à l'égard des créanciers à hypothèque légale. Et cette différence s'explique, parce que les motifs qui ont fait établir l'extinction du droit de préférence par le seul laps de temps, vis-à-vis des créanciers à hypothèque légale, n'existent pas pour les priviléges généraux résultant de l'art. 2101. En effet, les créances garanties par des hypothèques légales sont importantes, nombreuses, et intéressent à un degré élevé le crédit public : aussi n'a-t-on pas voulu, dit le rapport de M. Riché, qu'elles pussent planer indifféremment sur le crédit, comme un nuage qui crève rarement, mais effraye toujours, et empêcher ainsi les créanciers de céder leurs créances, en tenant leur rang hypothécaire en suspens. Le crédit est évidemment intéressé à ce que la prompte distribution du prix de vente, sa disponibilité, ainsi que la circulation des créances inscrites, ne soient pas longtemps entravées par le droit de préférence survivant à l'hypothèque légale, qui pourrait se perpétuer à l'état latent. Les créances donnant lieu aux priviléges généraux, en vertu de l'art. 2101, au contraire, ne présentent aucunement les inconvénients signalés. Elles sont de modique valeur, et ne viennent sur les immeubles qu'à défaut de mobilier; de sorte que leur peu d'importance, et leur apparition très-rare dans les distributions de prix d'immeubles, n'offrent aucun danger pour le crédit. De tout cela il faut conclure que la déchéance du droit de préférence par le laps de temps seul, lorsque aucun ordre n'est ouvert dans les trois mois depuis la purge du droit de suite, ne s'applique pas aux créanciers ayant des priviléges généraux en vertu de l'art. 2101.

Cependant nous devons ajouter que quand un ordre amiable ou judiciaire se fait, le droit de préférence de ces créanciers peut seulement se produire tant que les créanciers inscrits sont admis à se présenter, c'est-à-dire jusqu'à la clôture de l'ordre amiable, si l'ordre se règle

amiablement, ou jusqu'à l'expiration du délai fixé par l'art. 756, dans
le cas où l'ordre se règle judiciairement (1). Nous verrons plus tard
que cette limite est commune et infranchissable pour toutes les créances
privilégiées et hypothécaires. Le législateur, frappé des inconvénients
et des abus de l'ancien état des choses, par suite duquel les productions
tardives étaient devenues la règle, prononce comme remède énergique
la déchéance, contre tous les créanciers non produisants, dans le délai
fixé par l'art. 754.

TITRE II.

DE L'ORDRE.

OBSERVATIONS SUR LE BUT DE LA LOI NOUVELLE.

SOMMAIRE.

106. Importance de la réforme de la procédure d'ordre.
107. Rejet d'une proposition tendant à faire courir les délais de l'ordre avec ceux de
l'expropriation.
108. Réformes utiles introduites dans la loi nouvelle. — Transition au commentaire
des articles.

106. La saisie immobilière avait pour but de faire vendre l'immeuble
afin d'en obtenir le prix. La procédure d'ordre est établie par la loi pour
distribuer ce prix, quand l'immeuble vendu est grevé d'hypothèques.
En effet, il importe, dans ce cas, que le prix soit distribué par ordre
d'hypothèque, et d'après le rang des inscriptions, de telle manière que
les créances les dernières inscrites ne soient payées qu'autant que les
premières sont acquittées, et qu'il y a assez de fonds pour les éteindre
toutes. On voit par là combien une bonne procédure pour la répartition
du prix de l'immeuble vendu présente d'avantage pour le prêteur sur
hypothèque. La rapidité de la saisie immobilière ne lui servirait à rien, si
les lenteurs sans fin de l'ordre paralysaient le payement de sa créance.
En vain la loi sur les Hypothèques donnerait la sûreté au prêt foncier,
en vain l'expropriation forcée faciliterait la vente du gage, la vigilance
de la loi serait toujours en défaut, si les longueurs de la distribution du
prix condamnaient le créancier à attendre indéfiniment le remboursement du prêt par lui consenti. Améliorer le système hypothécaire et la
saisie immobilière sans réformer la procédure d'ordre, ce serait négliger
un élément essentiel du crédit foncier.

107. La loi du 21 mai 1858 s'est attachée à remédier aux vices de
cette procédure, telle qu'elle a été organisée par le Code de 1807. Dans
cette pensée, on avait songé d'abord à faire courir les délais de l'ordre
avec ceux de l'expropriation, par la jonction des deux procédures. C'est

---

(1) C'est dans ce sens qu'est rendu un jugement du Tribunal de Laon du 26 juillet
1859.

ce qui se pratiquait jadis dans le ressort de plusieurs parlements. Dans celui de Dijon, on ne procédait même à l'adjudication qu'autant que l'ordre était clos. L'adjudication faite, la consignation réalisée, les créanciers étaient presque immédiatement en mesure de toucher le prix. La loi du 9 messidor an 3 faisait également concourir les deux procédures; seulement, les retards qui arrêtaient l'ordre n'empêchaient pas l'adjudication.

Cette mesure, qui, lors de la discussion de la loi, avait été présentée dans un contre-projet, aurait eu pour résultat d'accélérer la marche des ordres, en même temps qu'elle aurait produit une économie de frais. Une seule notification aurait appelé les créanciers à la saisie et à l'ordre, tandis que le Code de procédure exige deux exploits distincts. Néanmoins la majorité de la commission du Corps législatif n'a pas donné son assentiment au contre-projet, et n'a pas voulu le proposer à l'examen du conseil d'État, par des raisons que M. Riché a exposées dans son rapport, et auxquelles nous renvoyons le lecteur (1).

108. La loi nouvelle ne s'est donc pas sensiblement écartée des bases posées par le Code de procédure; mais elle a introduit de très-utiles réformes pour obvier aux inconvénients que la pratique avait signalés. Les retards les plus fâcheux résultaient, dans les ordres, de l'absence de délais rigoureux et précis imposés pour certaines formalités à remplir dans le cours de cette procédure. Or la loi nouvelle, selon l'expression de M. Riché, enchaîne les délais et les formalités les uns aux autres, attache une sanction à certaines prescriptions et la déchéance à certains retards, punit les contestations téméraires, et tranche heureusement les questions relatives aux voies de recours (2).

Après avoir signalé brièvement l'esprit dans lequel les changements ont été opérés dans la loi, nous abordons le commentaire des articles.

ART. 749.

Texte ancien.

Dans le mois de la signification du jugement d'adjudication, s'il n'est pas attaqué; en cas d'appel, dans le mois de la signification du jugement confirmatif, les créanciers et la partie saisie sont tenus de se régler entre eux sur la distribution du prix.

Projet du gouvernement.

Les articles 749 à 779 du Code de procédure civile sont remplacés par les dispositions suivantes :

Art. 749. Dans les tribunaux où les besoins du service l'exigent, il est désigné, par décret impérial, un ou plusieurs juges spécialement chargés du règlement des ordres. Ils peuvent être choisis parmi les juges suppléants, et sont désignés pour une année au moins et trois années au plus.

En cas d'absence ou d'empêchement, le président, par ordonnance inscrite sur un registre spécial tenu au greffe, désigne d'autres juges pour les remplacer.

_____

(1) *Voy.* le Rapport de M. Riché, *suprà,* p. 47, n° 117.
(2) *Voy.* le Rapport, *loc. cit.,* p. 46, n° 115.

Les juges désignés par décret impérial, ou nommés par le président, doivent, toutes les fois qu'ils en sont requis, rendre compte à leurs tribunaux respectifs, ou au procureur général, de l'état des ordres qu'ils sont chargés de régler.

Loi actuelle.

Le Juge spécial.

Dans les tribunaux où les besoins du service l'exigent, il est désigné, par décret impérial, un ou plusieurs juges spécialement chargés du règlement des ordres. Ils peuvent être choisis parmi les juges suppléants, et sont désignés pour une année au moins et trois années au plus.

En cas d'absence ou d'empêchement, le président, par ordonnance inscrite sur un registre spécial tenu au greffe, désigne d'autres juges pour les remplacer.

Les juges désignés par décret impérial, ou nommés par le président, doivent, toutes les fois qu'ils en sont requis, rendre compte à leurs tribunaux respectifs, *au premier président* ou au procureur général, de l'état des ordres qu'ils sont chargés de régler.

SOMMAIRE.

109. Nomination d'un juge spécial aux ordres.
110. Il doit être révocable en cette qualité.
111. La fonction peut être conférée à un juge suppléant.
112. En cas d'absence ou d'empêchement du juge spécial, l'avoué poursuivant doit demander son remplacement au président qui n'agit pas d'office.
113. S'il y a plusieurs juges spéciaux, le président doit commettre l'un d'eux sur la demande du poursuivant.
114. Après son congé, le juge spécial prend les procédures d'ordre dans l'état où il les trouve, et les continue.

109. Cet article n'a aucun rapport avec l'article du Code de procédure qu'il remplace et dont il a pris le numéro. Il introduit une innovation heureuse, et la rédaction en est si nette qu'elle ne présente, en réalité, aucune difficulté d'interprétation. L'innovation de la loi, c'est la création d'un juge spécial. La pensée de confier à un seul juge la direction des ordres aura, nous l'espérons, les meilleurs résultats, surtout dans les tribunaux composés de plusieurs chambres. Investi d'une mission spéciale, comme il en est du juge d'instruction dans la partie criminelle; comme lui, choisi et révocable, dans cette qualité, par le gouvernement; indemnisé de ce surcroît d'occupation par une légère augmentation dans son traitement, il sera responsable; et s'il arrive qu'un ordre ne suive pas la marche normale et que la procédure vienne à se ralentir, il devra, dès qu'il en sera requis, rendre compte des causes du retard à son tribunal, au premier président ou au procureur général.

110. L'autorité trouvera un moyen efficace contre la négligence du juge dans le droit de lui enlever la direction des ordres pour la confier

à un magistrat qui exercera cette fonction avec l'activité et le soin nécessaires à l'accomplissement d'une mission aussi importante.

Au contraire, si l'on continue à répartir les ordres à tour de rôle entre tous les magistrats, la responsabilité s'efface en s'éparpillant, et l'action stimulante du pouvoir perd d'autant plus de son énergie qu'elle trouve en face d'elle des magistrats inamovibles. D'ailleurs il y a cette circonstance encore que cette répartition du travail exclut l'assiduité et l'application continuelle auxquelles, dans le système créé par la loi nouvelle, est tenu le juge spécial, qui, journellement aux prises avec les questions si ardues que soulèvent les ordres, en viendra, l'expérience aidant, à sortir des procédures les plus compliquées avec une sûreté et une facilité que l'étude même, à défaut d'une pratique soutenue, ne lui aurait pas permis d'atteindre.

111. L'art. 749 permet même de confier les ordres à un juge suppléant. La disposition peut avoir ses avantages, particulièrement lorsqu'un ancien notaire ou un ancien avoué fait partie du tribunal en cette qualité de juge suppléant. Au surplus, il n'est pas douteux que le juge suppléant investi de cette mission a voix délibérative lorsqu'il fait rapport à l'audience dans les contestations sur ordre, et cela même quand le tribunal est composé de trois juges titulaires. En effet, sa présence est alors nécessaire pour composer le tribunal, qui ne peut statuer qu'après son rapport; et chaque fois qu'un juge suppléant est le complément indispensable du tribunal dans une affaire, il a voix délibérative.

112. Lorsqu'il n'y a qu'un seul juge spécial désigné par décret impérial, l'avoué poursuivant ne doit pas requérir la nomination d'un juge-commissaire, sauf le cas d'absence ou d'empêchement de ce magistrat. Si cet empêchement existe au moment où le poursuivant fait au greffe la réquisition d'ouverture du procès-verbal d'ordre, il doit y ajouter la demande de nomination d'un juge-commissaire, et le président, par ordonnance inscrite sur un registre spécial tenu au greffe à cet effet, désigne un autre juge pour le remplacer. Dans le cas de l'empêchement du juge spécial au cours de la procédure, ce sera encore l'avoué poursuivant qui devra faire nommer un juge-commissaire pour continuer la poursuite d'ordre, car le président du tribunal civil ne peut pas savoir où en est cette procédure qu'il n'a pas suivie, ni agir d'office pour remplacer le juge empêché.

113. Lorsque, comme à Paris et dans d'autres grandes villes, plusieurs juges sont spécialement chargés du règlement des ordres, le poursuivant doit, dans sa réquisition pour l'ouverture du procès-verbal d'ordre, présenter, au président du tribunal civil, requête afin de faire commettre l'un des juges spéciaux.

114. Le président du tribunal peut encore, lorsque le juge spécial est en congé, désigner d'office un autre juge pour le remplacer en cette qualité durant son absence. Il doit rendre, à cet effet, une ordonnance qui est inscrite sur un registre spécial tenu au greffe. Le juge désigné supplée le juge spécial, et, à l'expiration de son congé, ce dernier rentre

dans ses fonctions, prend les procédures d'ordre dans l'état où il les trouve, et les continue, commme le fait, en matière criminelle, le juge instructeur qui a obtenu un congé, pour les procédures qu'il trouve en cours d'instruction à son retour (1).

---

(1) Nous préciserons quelques points en ce qui concerne l'innovation, qui consiste dans la création d'un juge spécial pour la confection des ordres.

1. Et d'abord, nul ne saurait contester les avantages d'une pareille innovation. « La confection d'un ordre, dit fort bien M. Bressolles dans sa remarquable explication sommaire de la loi du 21 mars 1828 (n° 5), exige, de la part du magistrat qui en est chargé, une aptitude particulière, une expérience consommée des affaires, de l'activité personnelle et de la fermeté envers les officiers ministériels; or, toutes ces qualités peuvent ne pas se rencontrer au même degré chez tous les magistrats, titulaires ou suppléants d'un même siége, entre lesquels le travail des ordres est, en général, également réparti, tandis que quelques-uns d'entre eux peuvent avoir l'heureux privilége d'en être particulièrement doués; en sorte qu'en les chargeant seuls de ce travail difficile, on assure le *bien présent*, et l'on augmente, par une pratique habituelle, le trésor d'expériences qui garantit *le mieux avenir*. » Nous ne pouvons que nous associer à cette appréciation, dans laquelle sont heureusement formulés les avantages que l'on doit attendre de l'innovation consacrée par la loi de 1858. (*Voy.* aussi le Rapport de M. Riché, *suprà*, p. 48, n° 119.) Mais il faut voir quel est en ce point le caractère de la loi et celui de l'institution donnée au juge spécial, qui peut recevoir cette mission, de qui elle doit émaner, et quel est le contrôle sous lequel ce service spécial est placé.

2. La mesure prise par la loi était en vigueur déjà depuis longtemps dans le Tribunal de la Seine, où elle avait produit les meilleurs résultats; en sorte qu'elle avait déjà pour elle, ainsi que l'exprime la Circulaire ministérielle du 2 mai 1859 (voy. *suprà*, p. 124, n° 31), la sanction de la pratique. Néanmoins la loi n'a rien d'obligatoire en cette partie; elle permet seulement de confier à un juge spécial la mission de diriger les ordres; elle n'oblige pas à le faire. Le texte de notre article est très-expressif en ce sens lorsqu'il dit que, « dans les tribunaux *où les besoins du service l'exigent*, il est désigné, etc. » Ainsi, la mesure n'est pas obligatoire et générale; elle est facultative et subordonnée aux exigences du service. Toutefois il en faudra tenir compte même dans les tribunaux où elle ne sera pas appliquée. La circulaire précitée dit en ce sens que, dans les tribunaux où le nombre des ordres ne justifierait pas la nomination d'un juge spécial, il convient, et il est dans l'esprit de la loi nouvelle, que toutes les procédures d'ordre soient, autant que cela est compatible avec le bien du service, confiées par le président au même magistrat. (Voy. *suprà*, p. 124 et 125, n° 32.)

3. La mission spéciale confiée au juge chargé de diriger les procédures d'ordre ne participe en aucune manière de l'inamovibilité qui appartient aux fonctions du juge; elle est essentiellement révocable, ainsi que M. Seligman en fait ici la remarque. (Voy. *suprà*, n°ˢ 109 et 110.) Ajoutons qu'elle est même temporaire et circonscrite dans une période de temps déterminée. L'art. 749 dit, en effet, que le juge est désigné « pour une année au moins, et trois années au plus. » Néanmoins rien n'empêche qu'après une première période, le même magistrat soit investi pour une période nouvelle.

4. Le juge spécial peut être choisi parmi tous les juges du tribunal, même parmi les juges suppléants. (Voy. *suprà*, n° 111.) Rappelons à ce propos le décret du 19 mars 1852, qui, en vue d'accélérer le règlement des ordres, a disposé « que les juges suppléants, *non officiers ministériels*, peuvent être chargés de la confection des ordres et des distributions par contributions; et qu'ils font, dans ce cas, le rapport des contestations relatives aux affaires pour lesquelles ils ont été commis, et prennent part au jugement, avec voix délibérative. » Cette disposition n'est pas reproduite dans toutes ses parties par notre art. 749. Nous croyons cependant qu'elle doit être observée en tous points. Ainsi, d'une part, nous disons avec M. Seligman (*loc. cit.*) que les juges suppléants qui font le rapport des contestations prennent part au jugement, même quand le tribunal est composé de trois juges titulaires. D'une autre part, nous pensons que si les juges suppléants peuvent être chargés spécialement de la procédure des ordres, ce n'est qu'autant qu'ils ne remplissent pas en même temps les fonctions

Art. 750.

Texte ancien.

Le mois expiré, faute par les créanciers et la partie saisie de s'être réglés entre eux, le saisissant, dans la huitaine, et à son défaut, après ce délai, le créancier le plus

---

d'officiers ministériels. Comme le dit M. Chauveau sur Carré (quest. 2540), les raisons de convenance qui avaient fait exclure les officiers ministériels en activité par le décret de 1852 existent encore aujourd'hui, et exigent que notre article soit entendu dans le sens de ce décret, en ce qui concerne les juges suppléants auxquels peut être confiée la mission spéciale de diriger les ordres. (Voy. aussi M. Bressolles, loc. cit.)

5. Le titre de juge spécial est conféré par décret. Au pouvoir exécutif seul il appartient de faire l'investiture dans les termes de l'art. 749, c'est-à-dire pour un an au moins et trois ans au plus. Quant au président du tribunal, il a le droit de désigner le juge spécial, soit quand la désignation n'a pas eu lieu par décret, soit quand le juge spécial nommé par décret est absent ou empêché, soit quand il y a plusieurs juges spéciaux dans un même tribunal. Mais, dans ces cas, le président procède en vertu du droit de désignation qu'il tient de la loi commune; et bien que son choix puisse, et doive même autant que possible, se porter sur le même magistrat, il ne fait cependant la désignation que pour un ordre et à mesure que le besoin s'en fait sentir; il ne pourrait pas la faire d'une manière générale, et en vue de tous les ordres intervenus ou à intervenir dans une période de temps déterminée, sans empiéter sur les attributions du pouvoir exécutif, auquel seul, encore une fois, appartient le droit de faire la désignation dans ces termes. — Il reste à se demander si, lorsqu'il fait la désignation ou ordonne le remplacement du juge spécial, le président peut agir d'office, ou si son action doit être mise en mouvement par une réquisition. Nous serons, sur ce point, moins absolu que M. Seligman, d'après lequel une réquisition serait nécessaire. (Voy. suprà, n°° 112 et 113. — Voy. aussi, dans ce sens, M. Chauveau sur Carré, quest. 2541. Tout en reconnaissant qu'en principe une réquisition doit être faite pour que le président nomme ou remplace un juge spécial, nous pensons pourtant que si une réquisition n'était pas faite dans le cas où il y a lieu de nommer ou de remplacer le juge spécial, le président pourrait agir d'office, et que la désignation qu'il ferait ainsi serait valable et ne pourrait pas être attaquée. S'il en était autrement, le cours de la procédure serait véritablement à la discrétion des parties ou des officiers ministériels, contrairement à la pensée de la loi nouvelle, dont l'objet particulier a été d'imprimer aux ordres une marche rapide. C'est par son intervention d'office qu'en maintes circonstances le président aura raison de lenteurs plus ou moins calculées, et fera sortir les parties de l'inertie dans laquelle elles jugeaient à propos de se tenir par un motif ou par un autre. Il faut donc laisser son action au président pour qu'il en use quand cela devient nécessaire; et il le faut d'autant plus qu'en définitive, quand le président procède d'office à la désignation ou au remplacement du juge spécial, il prend en cela une mesure utile à toutes les parties, et dont pas une, par cela même, ne saurait raisonnablement se croire autorisée à se plaindre. (Voy., en ce sens, les observations d'un magistrat rapportées par M. Chauveau en note de la question 2541.)

6. L'action du juge spécial est placée par la loi sous le contrôle du tribunal, du premier président ou du procureur général. Le projet du gouvernement ne parlait que du tribunal et du procureur général; la commission du Corps législatif a ajouté le premier président, voulant que le chef de la Cour eût son droit de contrôle. (Voy. le Rapport de M. Riché, suprà, p. 48, n° 119, à la note.) Ainsi les juges désignés par décret impérial ou nommés par le président rendront compte de l'état des ordres toutes les fois qu'ils en seront requis, soit à leurs tribunaux respectifs, soit au premier président ou au procureur général. Mais nous ne croyons pas qu'en plaçant le service des ordres sous le contrôle des tribunaux, la loi ait entendu mettre le juge spécial sous la surveillance de ses collègues, et l'obliger à venir rendre compte de l'état des ordres devant le tribunal réuni en assemblée. Nous pensons que le droit de contrôle, dans la pensée

diligent ou l'adjudicataire, requerra la nomination d'un juge-commissaire, devant lequel il sera procédé à l'ordre.

Projet du gouvernement.

L'adjudicataire, et à son défaut le poursuivant, sont tenus de faire transcrire le jugement d'adjudication dans les quarante-cinq jours de sa date, et, en cas d'appel, dans les quarante-cinq jours de l'arrêt confirmatif.

Dans les quinze jours qui suivent l'expiration de ce délai, les créanciers et la partie saisie sont tenus de se régler entre eux sur la distribution du prix.

Loi actuelle.

Préliminaires de l'Ordre.

L'adjudicataire est tenu de faire transcrire le jugement d'adjudication dans les quarante-cinq jours de sa date, et, en cas d'appel, dans les quarante-cinq jours de l'arrêt confirmatif, sous peine de revente sur folle enchère.

Le saisissant, dans la huitaine après la transcription, et, à son défaut, après ce délai, le créancier le plus diligent, la partie saisie ou l'adjudicataire dépose au greffe l'état des inscriptions, requiert l'ouverture du procès-verbal d'ordre, et, s'il y a lieu, la nomination d'un juge-commissaire.

Cette nomination est faite par le président, à la suite de la réquisition inscrite par le poursuivant sur le registre des adjudications tenu à cet effet au greffe du tribunal.

SOMMAIRE.

115. La transcription du jugement d'adjudication forme, le point de départ pour l'ordre.
116. Le délai pour transcrire est de quarante-cinq jours depuis l'adjudication. Motifs de ce délai.
117. L'adjudication doit opérer une transmission définitive pour obliger l'adjudicataire à la transcription.
118. La folle enchère prévue par notre article laisse toute sa force à la folle enchère établie par l'art. 713 du Code de procédure.
119. Formalités à suivre pour exercer la folle enchère.
120. L'art. 738 du Code de procédure est-il applicable dans ce cas?
121. L'adjudicataire sur folle enchère doit faire transcrire le jugement avant qu'il puisse procéder à l'ordre. L'art. 779 n'est pas applicable.
122. L'avoué de l'adjudicataire est-il censé avoir un mandat tacite pour faire transcrire, et est-il responsable, à défaut de transcription?
123. Le saisissant doit requérir l'ouverture de l'ordre dans la huitaine après la transcription.
124. Précaution à prendre par le saisissant pour conserver la poursuite de l'ordre.
125. Il la perd si un autre exerce la folle enchère.

---

de la loi, appartient au président et au procureur impérial, lesquels, en ce point, représentent le tribunal, comme le premier président et le procureur général représentent la Cour. Ainsi pense M. Chauveau (quest. 2546), dont nous adoptons pleinement le sentiment.   P. P.

126. Le président du tribunal ne peut refuser de nommer un juge-commissaire sous prétexte que les frais antérieurs à l'ordre ne sont pas taxés.

127. Quelle voie faut-il prendre contre le refus du président?

128. L'état des inscriptions pour ordre doit être levé dans la huitaine après la transcription du jugement d'adjudication.

129. Il est déposé au greffe, et mention en est faite dans la réquisition. Un acte de dépôt doit-il, en outre, être dressé par le greffier?

130. Le poursuivant en devrait garder une copie.

131. A défaut du saisissant, qui peut provoquer l'ordre?

132. Le créancier chirographaire a-t-il ce droit?

133. *Quid* en cas de concurrence?

115. L'art. 750 indique les formalités qui doivent être remplies avant de procéder à l'ordre. Le Code de procédure a fixé comme point de départ pour l'ordre la signification du jugement d'adjudication; mais aujourd'hui « cette signification ne tend plus qu'à déposséder le saisi; tous les créanciers, dit M. Riché, sont censés présents à l'adjudication, et ainsi il n'y a plus de raison pour que la signification soit le point de départ du délai dans lequel l'ordre doit être ouvert. »

116. Avant de procéder à l'ordre, le nouvel art. 750 exige que le jugement d'adjudication soit transcrit, afin de purger l'immeuble acquis en justice (art. 717). Cette transcription doit être faite dans les quarante-cinq jours de la date du jugement, c'est-à-dire à partir de l'adjudication. Lors de la discussion à laquelle cet article donnait lieu au Corps législatif, M. Ollivier, député, a critiqué ce délai de quarante-cinq jours comme trop étendu; mais M. Guyard-Delalain lui a répondu que, dans la commission, on avait pensé d'abord qu'un délai de trente jours était suffisant. Alors MM. les commissaires du gouvernement auraient fait observer que l'adjudicataire avait déjà vingt jours pour payer les droits d'enregistrement, et qu'après ce payement seulement, l'expédition du jugement pouvait être faite; quand elle est volumineuse, quinze ou vingt jours ne sont pas trop pour que l'acquéreur en soit mis en possession. Il fallait bien lui accorder quelques jours, pour le faire transcrire, à partir du moment où l'expédition lui est remise. C'est là le vrai motif du délai de quarante-cinq jours, et non pas la raison donnée dans l'exposé des motifs et le rapport de la commission, que le vendeur, par l'art. 6 de la loi de 1855, ayant quarante-cinq jours pour inscrire son privilége, il serait inutile de faire transcrire avant les quarante-cinq jours depuis l'adjudication. En effet, les quarante-cinq jours qui lui sont accordés partent, aux termes de cet art. 6, du jour de la vente faite au saisi. Or, de la saisie à l'adjudication il s'écoulera au moins quatre-vingt-dix jours. Donc, au moment de l'adjudication, le vendeur avait plus de quarante-cinq jours pour inscrire son privilége, et ce n'est pas pour ce motif qu'il fallait accorder de nouveau quarante-cinq jours.

M. Ollivier va plus loin dans sa critique, et commet, selon nous, lui-même une grave erreur de droit. Dans l'hypothèse dont nous parlons, ce député soutient que « le vendeur *sera toujours forclos* s'il n'est pas inscrit avant le jugement d'adjudication. De deux choses l'une, dit-il :

ou le vendeur sera inscrit, alors il n'est pas nécessaire de lui accorder un délai pour s'inscrire; ou il ne sera pas inscrit, et alors le délai de quarante-cinq jours (depuis la vente) étant expiré, il ne pourra plus s'inscrire. »

Mais c'est là une doctrine tout à fait contraire à l'art. 6, qu'invoque l'honorable député. Le vendeur conserve le droit d'inscrire son privilége même après l'expiration des quarante-cinq jours, tant qu'il n'y a pas *transcription* de la revente, c'est-à-dire de *l'adjudication* dans l'espèce. Le vendeur n'est pas forclos par l'adjudication après quarante-cinq jours depuis la vente, mais seulement par la transcription. Dans le système de la loi de 1855, « les quarante-cinq jours ne sont un délai fatal, dit M. Troplong (1), que lorsqu'il est survenu une transcription soit *medio tempore*, soit après leur expiration, sans inscription du privilége »; jusque-là, les choses sont entières. Nous insistons sur ce point pour éviter, ainsi que le disait alors M. Ollivier, les conclusions qu'on pourrait tirer plus tard des paroles d'un député jurisconsulte ayant pris une part active à la discussion de cette loi, — paroles qui n'ont pas trouvé de réfutation au Corps législatif (2).

---

(1) *Transcription*, p. 318, n° 279.

(2) Nous croyons que M. Seligman donne ici aux expressions dont M. Émile Ollivier s'est servi lors de la discussion de la loi, et que nous trouvons reproduites dans le Commentaire qu'il a publié avec M. Mourlon (*voy.* n° 264), une portée qu'elles n'avaient pas dans la pensée de l'orateur.

En fait, l'adjudicataire, d'après le nouvel art. 750 du Code de procédure, doit, sous peine de folle enchère, transcrire dans les quarante-cinq jours à partir du jour où l'adjudication est irrévocablement tranchée à son profit. Pourquoi ce délai de quarante-cinq jours? On avait dit, dans les travaux préparatoires de la loi, que c'est à cause des quarante-cinq jours accordés au vendeur et au copartageant par la loi du 23 mars 1855 sur la Transcription. Mais il y avait dans cette explication, successivement donnée et reproduite dans l'Exposé des motifs et dans le Rapport de la commission du Corps législatif (voy. *suprà*, p. 15, n° 34, et p. 52, n° 132), une équivoque et une erreur : une équivoque, en ce qu'on donnait à penser que du rapprochement du nouvel art. 750 du Code de procédure avec l'art. 6 de la loi du 23 mars 1855 il résultait que le vendeur et le copartageant pourraient, par une faveur spéciale eu égard aux autres créanciers, s'inscrire après la transcription du jugement d'adjudication; une erreur, en ce que quatre-vingt-dix jours au moins devant s'écouler seulement de la saisie à l'adjudication, il n'y avait plus de place pour la prévision de l'art. 6 de la loi du 23 mars 1855, lequel suppose que quarante-cinq jours ne se sont pas écoulés depuis la vente lors de la transcription de la revente ou de l'aliénation faite par l'acquéreur. C'est là ce que l'observation de M. Émile Ollivier tendait à mettre en lumière; et l'observation n'a pas été perdue, puisque le rapporteur de la loi a été amené à reconnaître, dans la discussion au sein du Corps législatif, que le délai de quarante-cinq jours a eu son motif véritable « dans la nécessité d'accorder à l'adjudicataire le temps matériellement indispensable pour être mis en possession d'une expédition de son jugement. » (Voy. *suprà*, p. 96, n° 265.)

Si donc, en suivant l'Exposé des motifs et le Rapport de la commission sur le terrain où ils s'étaient placés, M. Ollivier a parlé de la loi du 23 mars 1855, c'est particulièrement pour combattre le rapprochement qui avait été fait à tort entre cette loi et le nouvel art. 750 du Code de procédure, et ce n'est pas pour donner le commentaire précis de cette loi dans la disposition dont l'Exposé des motifs et le Rapport de la commission l'amenaient à parler : aussi ne cherchons-nous pas dans les expressions dont l'orateur s'est servi sa pensée même *sur l'art. 6 de la loi du 23 mars 1855*, et tout en reconnaissant que, dans une certaine mesure, ces expressions manquent de précision, demeurons-nous convaincu que si l'orateur avait à s'expliquer

117. En cas d'appel contre le jugement d'adjudication, les quarante-cinq jours ne commencent à courir qu'à partir de l'arrêt confirmatif. Le texte de notre article tranche ainsi la controverse sur le point de savoir si l'appel doit être admis (1) contre un jugement d'adjudication. L'appel est formellement interdit dans un cas particulier par l'art. 730 du Code de procédure, et la disposition s'applique à l'acte ou procès-verbal d'adjudication; mais si le jugement qui prononce l'adjudication statue en même temps sur d'autres points, il est susceptible d'appel, et l'adjudicataire ne peut être tenu de transcrire un jugement d'adjudication qui, en cas d'appel, peut être infirmé.

Il faut en dire autant lorsqu'il y a surenchère; les quarante-cinq jours ne doivent compter que depuis l'adjudication prononcée sur la surenchère. En un mot, il faut que l'adjudication constitue une transmission définitive pour obliger l'adjudicataire à faire la transcription dans les quarante-cinq jours de sa date.

118. Le défaut de transcription dans les quarante-cinq jours, à partir du jugement d'adjudication devenu définitif, rend l'adjudicataire passible de la peine de revente sur folle enchère. La poursuite de folle enchère, que l'art. 750 prononce contre l'adjudicataire qui n'a pas fait transcrire dans ledit délai, laisse toute sa force à l'art. 713, qui applique

---

directement sur cet article, il dirait avec nous que le délai de quarante-cinq jours a été accordé au vendeur et au copartageant pour les protéger contre les aliénations qui pourraient être faites immédiatement après l'acquisition ou le partage; et dès lors que tant que quarante-cinq jours ne se sont pas écoulés depuis l'acquisition ou le partage, le vendeur ou le copartageant peuvent s'inscrire et conserver leur privilége nonobstant toute transcription de l'aliénation consentie par l'acquéreur; mais qu'après ce délai, le vendeur et le copartageant sont forclos, comme tous autres créanciers, *sinon par l'expiration même du délai, au moins par la transcription de la nouvelle aliénation.* (Voy., sur ce point, notre *Commentaire des Priviléges et Hypothèques,* nos 312 et suiv. *Voy.* aussi M. Bressolles, *Commentaire de la loi de 1858,* n° 11.)   P. P.

(1) Pour parler plus exactement, il faut dire que la disposition du nouvel art. 750 se réfère à l'art. 730, dont le texte n'est pas atteint par la loi de 1858; et que si cette disposition entre dans la prévision d'un *arrêt confirmatif,* ce n'est pas pour trancher la question de savoir si les jugements d'adjudication sont ou non susceptibles d'appel, question que la loi de 1841 avait déjà tranchée par la négative, mais uniquement pour se combiner et se concilier avec l'art. 730, qui, en disposant que les jugements prononçant l'adjudication ne pourront pas être attaqués par la voie de l'appel, réserve pourtant le cas où le jugement statuerait en même temps sur des incidents, et admet virtuellement que, dans ce cas, le jugement est susceptible, au contraire, d'être attaqué par cette voie. Ceci montre que nous ne saurions nous associer aux vives critiques de MM. Émile Ollivier et Mourlon, qui, s'attachant à ces mots : «dans les quarante-cinq jours de l'arrêt confirmatif, » de l'art. 750, et les attribuant «à la précipitation et à l'esprit fragmentaire qui président aujourd'hui à la rédaction des lois, » déclarent que ces mots ont été introduits inutilement dans cet article, et qu'il ne faut pas s'y arrêter. (*Voy.* n° 265.) Nous disons, au contraire, que ces mots ont leur valeur et leur portée; car il y a tel cas où le jugement peut être déféré à la Cour d'appel, sinon à cause de l'adjudication qu'il prononce, au moins à cause des incidents sur lesquels il statue en même temps. Quel est alors le point de départ des quarante-cinq jours dans lesquels la transcription en doit être faite? La loi devait s'expliquer à cet égard, et c'est ce que fait notre article en disant que l'adjudicataire sera tenu de faire transcrire le jugement d'adjudication, *en cas d'appel, dans les quarante-cinq jours de l'arrêt confirmatif.*   P. P.

la même sanction à l'adjudicataire qui ne paye pas dans les vingt jours les frais de poursuite et les droits d'enregistrement. Pour qu'il y ait folle enchère faute de transcription, il faut supposer que les frais de poursuite et les droits d'enregistrement ont été payés dans les vingt jours, et que l'adjudicataire ne remplit pas la formalité de la transcription pour retarder l'ordre à la suite duquel il sera obligé de payer son prix. Dans ce cas, la vente sur folle enchère peut être poursuivie par tous ceux qui ont intérêt à ce que l'ordre se fasse le plus promptement possible. Ainsi les créanciers inscrits sur l'immeuble et même la partie saisie pourraient le faire, afin de liquider sa situation par un ordre qui ne peut s'ouvrir qu'après la transcription.

119. Celui qui poursuivra la folle enchère se fera délivrer par le conservateur des hypothèques un certificat constatant que l'adjudicataire n'avait pas fait transcrire le jugement d'adjudication à la date de ce certificat; il établira, par un autre certificat délivré par le greffier, que l'adjudication a eu lieu depuis plus de quarante-cinq jours avant la date indiquée dans le certificat du conservateur (art. 734). Sur ces deux certificats, et sans autre procédure ni jugement, il pourra poursuivre la revente sur folle enchère conformément aux art. 735 et suivants du Code de procédure.

120. Dans ce cas, l'adjudicataire pourrait-il réparer sa faute si, avant de procéder à l'adjudication sur folle enchère, il avait justifié que la formalité de la transcription était remplie, et consigné la somme fixée par le président du tribunal pour les frais?

On pourrait s'autoriser, dans le sens de l'affirmative, de l'analogie tirée de l'art. 738. Cependant la consignation des frais ne serait suffisante, à nos yeux, qu'autant que l'adjudicataire consignerait, en outre, le prix de l'adjudication. Ce ne sont pas les frais de transcription qui sont cause de l'inaccomplissement de cette formalité, ils sont trop peu considérables; l'adjudicataire n'a pas voulu transcrire dans le but de retarder l'ordre : aussi devra-t-il consigner le prix, afin que l'ordre ne puisse plus être entravé par sa mauvaise volonté.

121. Lorsque, faute de transcription dans le délai prescrit par la loi, l'adjudicataire subit la peine de la folle enchère, l'ordre ne peut être ouvert qu'après la transcription de l'adjudication sur folle enchère. Cette formalité doit être nécessairement remplie pour opérer la purge qui doit précéder l'ouverture de l'ordre. Au contraire, l'adjudication sur folle enchère, intervenant dans le cours de l'ordre, n'en arrête en rien la marche, ainsi que nous le verrons par l'art. 779.

122. La formalité de la transcription est remplie par l'adjudicataire lui-même, ou elle peut l'être en son nom par toute personne ayant reçu de lui mandat à cet effet (1). Cependant, dans la pratique, l'avoué

---

(1) Dans le projet du gouvernement, on avait eu la pensée de charger du soin de transcrire non-seulement l'adjudicataire, mais aussi le poursuivant, également intéressé à la prompte ouverture de l'ordre. (*Voy.* le texte et l'Exposé des motifs, *suprà*, p. 15 et 16, n° 34.) Mais il est à remarquer que le projet du gouvernement ne portait pas la sanction de la folle enchère à défaut de transcription dans le délai. Cette sanc-

de l'adjudicataire se fait délivrer la grosse du jugement d'adjudication et en fait opérer ensuite la transcription au bureau des hypothèques. Faut-il conclure de là que l'avoué de l'adjudicataire doit être considéré comme ayant un mandat tacite, par sa qualité seule, pour l'accomplissement de cette formalité, et que les conséquences du défaut de transcription doivent tomber à sa charge? Nous ne le pensons pas, car la réquisition de la transcription n'est pas un acte du ministère de l'avoué, ni même une suite nécessaire de sa présence à l'adjudication. L'art. 713 prononce la folle enchère contre l'adjudicataire qui ne paye pas les frais de poursuite et les droits de mutation, sans aucune responsabilité de l'avoué. A plus forte raison, la poursuite de folle enchère, faute de transcription qui n'a lieu que postérieurement, ne peut être mise à la charge de l'avoué de l'adjudicataire; ce dernier pourra remplir cette formalité lui-même ou par un mandataire quelconque, de sorte qu'en principe l'avoué ne doit pas être présumé avoir un mandat tacite à cet effet. Il arrive souvent qu'un avoué se rend adjudicataire pour des personnes qu'il connaît peu et avec lesquelles il n'est pas en relation; ce n'est pas lui qui est chargé de leurs affaires; il faut donc autre chose que sa qualité seule d'avoué de l'adjudicataire pour qu'on puisse le considérer comme chargé de requérir la transcription. Ainsi, s'il s'agissait d'un de ses clients habituels, s'il avait levé lui-même la grosse du jugement au greffe sans prévenir l'adjudicataire, on pourrait voir dans ces circonstances un mandat tacite que l'avoué aurait accepté pour faire opérer la transcription, et alors il pourrait être déclaré responsable pour inexécution de ce mandat.

123. D'après l'art. 750 de la loi du 21 mai 1858, le préliminaire nécessaire de l'ordre, c'est la transcription. Sous le Code de procédure, l'ordre ne pouvait être ouvert que quand il s'était écoulé un mois, accordé au saisi et aux créanciers pour se régler entre eux à l'amiable sur la distribution du prix. Ce délai s'écoulait en pure perte pour ces derniers, et ne produisait presque jamais un résultat utile dans la pratique. La loi nouvelle a remplacé cette tentative de conciliation sans guide par l'ordre amiable devant le juge, que nous examinerons sous les art. 751 et 752. Le point de départ pour l'ordre, c'est la transcription : aussi c'est dans la huitaine après l'accomplissement de cette formalité que le saisissant doit requérir l'ouverture du procès-verbal d'ordre. Cette réquisition se fait par lui sur le registre des adjudications tenu à cet effet au greffe du tribunal. S'il n'y a pas de juge spécialement chargé des ordres, le saisissant ajoute à sa requête la demande adressée au président pour la nomination d'un juge-commissaire. La loi nouvelle simplifie ainsi les choses et économise les frais, en ce que l'avoué poursuivant ne doit plus présenter au président une requête distincte, comme cela se pratiquait autrefois pour faire désigner le juge-commissaire. Le

---

tion ayant été introduite plus tard, et ayant été définitivement admise, il n'y avait plus le même intérêt à charger le poursuivant du soin de transcrire; car, ainsi que le dit M. Bressolles (n° 10), la sanction de la loi est, par sa rigueur même, un sûr garant que l'adjudicataire remplira la formalité.   P. P.

président doit faire cette nomination sans retard, *à la suite même* de la réquisition faite par le poursuivant. (Voy. *infrà,* nᵒˢ 126 et1 27.)

124. La poursuite de l'ordre appartient d'abord au saisissant; mais il doit la commencer dans la huitaine qui suit la transcription du jugement d'adjudication. Or ce n'est pas le saisissant qui fait la transcription; ordinairement c'est l'avoué de l'adjudicataire qui en est chargé. Comment donc le saisissant connaîtra-t-il le jour exact auquel cette formalité a été remplie au bureau des hypothèques? S'il l'ignore, il est exposé à perdre la poursuite de l'ordre, puisqu'il en doit requérir l'ouverture dans la huitaine après la transcription. Nous croyons qu'il est dans l'esprit de la loi que le saisissant conserve la préférence pendant les quarante-cinq jours qui suivent l'adjudication, et que l'avoué de l'adjudicataire, qui fait opérer la transcription dans cet intervalle, en avertisse le saisissant. Si ce dernier laissait passer plus de huit jours après être averti de la transcription faite au bureau des hypothèques, il pourrait être privé de la poursuite de l'ordre.

125. Si la poursuite de folle enchère était exercée, faute de transcription, dans les quarante-cinq jours, ce serait à l'avoué qui aurait fait procéder à la folle enchère que devrait appartenir la poursuite de l'ordre; le saisissant doit s'imputer à lui-même le tort de n'avoir pas mis plus d'activité pour accélérer la procédure.

126. L'art. 750 ne fixe pas le délai dans lequel le président doit faire, à la suite de la requête du poursuivant, la nomination du juge-commissaire s'il y a lieu. Faut-il en conclure que le président pourrait la refuser jusqu'après fixation et taxe des frais que l'avoué requérant l'ordre aurait à réclamer sur la somme à distribuer? Évidemment il n'appartient pas au président d'entraver la marche de l'ordre, que la loi nouvelle veut accélérer. Dès qu'une réquisition est faite pour la nomination d'un juge-commissaire, le pouvoir du président se borne à la désignation de ce juge, sans qu'il ait à s'occuper des difficultés qui pourraient s'élever relativement aux droits divers réclamés sur la somme à distribuer (1). C'est l'affaire du juge qui fait l'ordre de fixer la masse en distribution; il faut donc que la nomination de ce juge ait eu lieu avant de statuer sur les difficultés de cette nature. Par cela même, on voit que le président est obligé de faire la nomination, sans y mettre aucun retard.

127. La voie à prendre contre le refus du président de nommer un juge-commissaire est celle de l'appel au premier président de la Cour; l'appel, dans cette matière non sujette à contradiction, est formé lui-même par une autre requête (2).

128. Pour faciliter la mission du juge-commissaire en ce qui concerne l'ordre amiable, le poursuivant devra déposer l'état des inscriptions au greffe lors de la réquisition de l'ouverture de l'ordre (3). Cet

---

(1) *Voy.,* dans ce sens, arrêt de Bordeaux du 14 août 1845 (Sir., 47, 2, 223).

(2) *Voy.* la décision précitée, *id.* Bruxelles, 28 nov. 1825. — MM. Merlin, *Quest.,* vᵒ Appel, § 10, art. 3, nᵒ 13; Talandier, nᵒ 179.

(3) Le juge annexe l'état des inscriptions au procès-verbal, et le droit de 3 fr. fixé

état des inscriptions doit servir au juge qui fait l'ordre dans tout le cours de cette procédure, et en former pour ainsi dire la base. Il doit être levé dans la huitaine après la transcription ; car le poursuivant doit le déposer au greffe au moment où il requiert l'ouverture de l'ordre. Ce délai de huitaine est un peu court ; cependant il pourra suffire au conservateur qui a déjà délivré un état d'inscription, pendant la saisie, pour faire les sommations aux créanciers inscrits. En se servant de cet état d'inscription, le conservateur n'aura qu'à rechercher si, depuis la saisie jusqu'à la transcription du jugement d'adjudication, il est survenu soit de nouvelles inscriptions, soit des changements d'élection de domicile.

129. Le poursuivant devra mentionner dans la réquisition qu'il fait au greffe pour l'ouverture de l'ordre qu'il y a fait le dépôt de l'état des inscriptions. Cette mention suffira pour constater que l'état des inscriptions se trouve entre les mains du greffier, qui devra en répondre. Il est inutile de faire dresser un acte de dépôt par le greffier, puisque la remise au greffe est consignée dans le registre des requêtes pour l'ouverture des ordres, qui reste constamment au greffe ; c'est au greffier à vérifier si l'avoué dépose l'état des inscriptions lorsqu'il fait sa réquisition.

130. Suivant la remarque de M. Riché, le poursuivant devrait garder par devers lui une copie de cet état d'inscription pour faciliter la rédaction de la sommation de produire (1).

131. Si le saisissant ne requiert pas l'ouverture de l'ordre dans la huitaine après la transcription, le créancier le plus diligent, même chirographaire, l'adjudicataire et même la partie saisie, peuvent le faire, car tous ont intérêt à la prompte distribution des fonds, ou du moins à liquider au plus vite la situation. C'est donc avec raison que la partie saisie a été ajoutée, dans la nouvelle loi, aux personnes dénommées dans l'art. 750 du Code de procédure comme pouvant requérir l'ouverture de l'ordre.

Lorsqu'il s'agit d'une vente amiable, l'ordre peut aussi, aux termes du nouvel art. 772, être provoqué par le vendeur ; mais il y a cette différence que le vendeur, dans ce cas, ne peut agir que lorsque le prix est exigible d'après le contrat, tandis que, dans notre cas d'expropriation forcée, le saisi peut agir de suite.

132. Le droit de requérir l'ouverture de l'ordre appartient, comme nous l'avons dit, même aux créanciers chirographaires : c'est à tort que ce droit leur a été refusé par la Cour de Grenoble, aux termes d'un arrêt duquel il résulte que ces créanciers ne peuvent agir que par voie de saisie-arrêt entre les mains de l'adjudicataire pour faire valoir leurs droits (2). Mais c'est là une erreur ; il ne s'agit pas d'une poursuite im-

par le décret du 18 juillet 1808 pour dépôt de cet état est perçu lors de l'enregistrement de l'ordonnance de clôture de l'ordre. (Circ. min. du 2 mai 1859 ; voy. suprà, p. 126, n° 37.)

(1) Voy. le Rapport, suprà, p. 53, n° 135. Voy. aussi MM. Grosse et Rameau, n° 168.

(2) 12 juill. 1833 (Sir., 34, 2, 36 ; Dall., 34, 2, 30). Voy. aussi MM. Grosse et Rameau, n° 284.

mobilière à exercer contre le débiteur, laquelle, d'après l'art. 2213, ne peut avoir lieu qu'en vertu d'un titre authentique et exécutoire, mais seulement d'une demande faite par un créancier de participer au prix d'un immeuble ayant appartenu à son débiteur. Ce prix est le gage commun de tous les créanciers, sauf la préférence qui est due aux priviléges et aux hypothèques. Le chirographaire a donc à la fois droit et intérêt à provoquer un ordre pour le payement des créanciers hypothécaires, afin de toucher son dû sur ce qui restera (1).

133. Lorsque le saisissant n'a pas fait la réquisition d'ouverture d'ordre dans la huitaine qui suit la transcription, l'art. 750 donne ce droit au créancier le plus diligent, à la partie saisie et à l'adjudicataire. Dans le cas où ils se présentent en concurrence pour faire la réquisition, c'est au président à décider à qui doit appartenir la poursuite d'ordre, et sa décision n'est susceptible ni d'opposition ni d'appel (2); mais il convient qu'en général le président suive l'ordre indiqué par la loi, et, par suite, qu'il donne la préférence au créancier sur la partie saisie, et à celle-ci sur l'adjudicataire, qui souvent a intérêt à retarder la marche des ordres, lorsqu'il ne veut ou ne peut payer le prix d'adjudication. Si des créanciers seuls se trouvent en concurrence, le président donnera la préférence au privilégié sur l'hypothécaire, et, entre les hypothécaires, au plus ancien; à l'hypothécaire sur les chirographaires, et enfin, parmi ces derniers, à celui qui a titre authentique sur celui qui n'aurait qu'un titre privé (3).

ART. 751.

Texte ancien.

Il sera tenu au greffe, à cet effet, un registre des adjudications, sur lequel le requérant l'ordre fera son réquisitoire, à la suite duquel le président du tribunal nommera un juge-commissaire.

Projet du gouvernement.

Les quinze jours expirés, faute par les créanciers et la partie saisie de s'être réglés entre eux, le saisissant, dans la huitaine, et à son défaut après ce délai, le créancier le plus diligent, la partie saisie ou l'adjudicataire requiert l'ouverture du procès-verbal d'ordre, et, s'il y a lieu, la nomination d'un juge-commissaire.

---

(1) Arrêt de Besançon du 16 juill. 1808 (*Journ. des Av.*, t. XVII, p. 138. *Sic* MM. Émile Ollivier et Mourlon, n° 267. M. Chauveau sur Carré, quest. 2549 *bis*, avait aussi émis cette opinion et critiqué l'arrêt de la Cour de Grenoble cité à la note précédente; mais dans la nouvelle édition de son ouvrage, où il donne le commentaire de la loi de 1858, il modifie son opinion en ce sens que, selon lui, un créancier chirographaire ne pourrait provoquer un ordre qu'au nom du saisi, son débiteur, dont il a le droit d'exercer en justice toutes les actions. (*Voy.* quest. 2548 *quinquies*.) L'auteur se fonde sur ce que la loi nouvelle, ayant nommément désigné ceux qui auraient le droit de provoquer un ordre, n'a pas voulu parler d'un créancier chirographaire en disant *le créancier le plus diligent*. Ce motif, à notre avis, ne saurait tenir devant les considérations présentées par M. Seligman.   **P. P.**

(2) *Voy.* Thomine Desmazures, t. II, p. 310.

(3) *Voy.* Pigeau, t. II, p. 247.

Cette nomination est faite par le président à la suite de la réquisition inscrite par le poursuivant sur le registre des adjudications tenu à cet effet au greffe du tribunal.

Loi actuelle.

Ordre amiable.

Le juge-commissaire, dans les huit jours de sa nomination, ou le juge spécial, dans les trois jours de la réquisition, convoque les créanciers inscrits, afin de se régler amiablement sur la distribution des prix.

Cette convocation est faite par lettres chargées à la poste, expédiées par le greffier et adressées tant aux domiciles élus par les créanciers dans les inscriptions qu'à leur domicile réel en France; les frais en sont avancés par le requérant.

La partie saisie et l'adjudicataire sont également convoqués.

Le délai pour comparaître est de dix jours au moins entre la date de convocation et le jour de la réunion.

Le juge dresse procès-verbal de la distribution du prix par règlement amiable; il ordonne la délivrance des bordereaux aux créanciers utilement colloqués et la radiation des inscriptions des créanciers non admis en ordre utile.

Les inscriptions sont rayées sur la présentation d'un extrait, délivré par le greffier, de l'ordonnance du juge.

Les créanciers non comparants sont condamnés à une amende de vingt-cinq francs.

SOMMAIRE.

134. L'ordre amiable devant le juge remplace la tentative d'arrangement laissée à la discrétion des créanciers sans un centre commun.
135. D'après la loi de Genève et le code sarde, il a pour but de prévenir ou d'aplanir des contestations.
136. Avantages et inconvénients de ce système.
137. But de l'ordre amiable d'après la loi du 21 mai 1858.
138. Cette loi a adopté le principe de la loi belge.
139. Elle a préféré, avec raison, le juge-commissaire au président du tribunal pour la mission de conciliation.
140. Elle a justement préféré aussi le juge aux notaires pour diriger l'essai de conciliation.
141. Division du commentaire.

I. — De la compétence.

142. Quel est le tribunal compétent pour la procédure d'ordre?
143. Les parties ne peuvent déroger à l'attribution de juridiction en matière d'ordre: Avis du conseil d'État du 16 février 1807.
144. *Quid* si le prix à distribuer dépend d'une succession ouverte dans un autre arrondissement que celui de la situation des biens?
145. *Quid* si plusieurs immeubles hypothéqués aux mêmes créanciers par le même débiteur ont été saisis et vendus à la même époque dans des arrondissements différents?

146. Dans certains cas, on n'a pas appliqué le principe rigoureux sur la compétence en matière d'ordre.
147. *Quid* de l'ordre amiable fait devant un juge incompétent?
148. Le conservateur des hypothèques est-il tenu de rayer les inscriptions en vertu de l'ordonnance d'un juge incompétent?
149. L'amende doit-elle être maintenue quand un juge incompétent à raison de la situation des biens l'a prononcée contre des créanciers défaillants?

II. — *Du mode de convocation.*

150. Le délai pour la convocation diffère suivant qu'elle est faite par un juge spécial ou par un juge nommé par le président.
151. Les lettres de convocation sont faites par le greffier au nom du juge.
152. Le transport de ces lettres par la poste doit faire l'objet d'un règlement convenu entre l'administration des postes et l'administration de la justice.
153. Les lettres devraient être scellées du sceau du tribunal.
154. Elles doivent se faire sur des modèles imprimés.
155. Bordereau de récépissé délivré au bureau de poste qui envoie les lettres.
156. Si le facteur ne trouve pas la personne désignée sur l'adresse, la lettre doit être retournée au bureau d'envoi, pour être remise au juge-commissaire.
157. Le futur tarif doit allouer une rémunération au greffier pour la confection des lettres.
158. Observations sur les domiciles réel et élu.
159. *Quid* si l'élection de domicile est changée? '
160. *Quid* si l'officier ministériel chez lequel l'élection de domicile est faite a cédé son étude?
161. Observation pour le cas où l'hypothèque a été cédée sans que le cessionnaire ait pris inscription en son nom.
162. Il faut aussi convoquer les créanciers inscrits sur les précédents propriétaires.
163. Difficultés en cas d'adjudication après saisie provenant de ce que l'adjudicataire ne connaît pas toujours l'origine de propriété.
164. Sur qui doivent retomber les conséquences du défaut de convocation d'un créancier inscrit sur un précédent vendeur en cas d'adjudication après saisie.
165. Le créancier omis a-t-il un recours contre les créanciers postérieurs en rang qui ont touché leur créance?
166. Quand l'ordre est-il censé homologué?
167. *Quid* en cas d'opposition formée par des créanciers chirographaires?
168. La partie saisie et l'adjudicataire sont convoqués, mais leur présence n'est pas nécessaire pour le règlement amiable.
169. L'acquéreur qui ne comparaît pas à l'ordre amiable a le droit de retenir sur son prix les frais de notification de son contrat et d'extrait des inscriptions.
170. Le délai de dix jours pour comparaître doit être franc.
171. Le minimum est de dix jours. Quel est le maximum de délai que le juge peut accorder pour comparaître?

III. — *De la confection du règlement amiable.*

172. L'assistance des avoués à l'ordre amiable n'est pas indispensable.
173. Mais leur présence au règlement est très-désirable.
174. Le juge ne peut pas forcer un créancier à se présenter en personne.
175. Les avoués ou autres mandataires des parties doivent être munis d'une procuration.
176. Division des explications sur la confection du règlement, eu égard aux divers cas qui peuvent se présenter.
177. 1° *Du cas où tous les créanciers inscrits, ayant des hypothèques déterminées et non conditionnelles, sont présents à la réunion et consentent au règlement amiable.* — Devoirs du juge vis-à-vis des créanciers réunis pour l'ordre amiable.
178. Forme du procès-verbal de règlement amiable.
179. Les créanciers qui consentent au règlement amiable doivent le signer.

180. Les conventions constatées et signées, le juge a le pouvoir de les rendre exécutoires.

181. La délivrance des bordereaux de collocation peut se faire de suite après la clôture de l'ordre amiable.

182. Différence, en ce point, avec l'ordre judiciaire.

183. Les inscriptions des créanciers non admis en ordre utile qui ont consenti au règlement peuvent être rayées.

184. Dans ce cas, le conservateur ne doit pas exiger un certificat de non-appel ou opposition contre l'ordonnance du juge.

185. Il n'est pas nécessaire non plus, dans le cas où le créancier non admis est représenté par un mandataire, que la procuration soit authentique pour que le conservateur puisse effectuer la radiation.

186. Rédaction du procès-verbal constatant le règlement amiable.

187. C'est le greffier qui l'écrit sous la dictée du juge.

188. Si l'importance du procès-verbal n'en permet pas la rédaction séance tenante, on constate le consentement des créanciers non admis à la radiation de leurs inscriptions, avec signature par les créanciers présents. — Le surplus du procès-verbal est rédigé plus tard; dans cette partie, la signature des créanciers non admis n'est pas nécessaire.

189. Il en est autrement de celle des créanciers colloqués.

190. Observations sur les frais de ce règlement.

191. 2° *Du cas où il y a lieu à prorogation de la réunion.* — Le juge peut ordonner plusieurs réunions.

192. Quelle est la limite posée au juge pour la confection du règlement amiable?

193. Quelle est la sanction, si le juge dépasse le délai accordé?

194. Si une nouvelle réunion est ordonnée par le juge, il est prudent de constater sur le procès-verbal le consentement donné par les créanciers présents à un règlement amiable.

195. Les créanciers absents ou non consentants d'abord peuvent adhérer, pendant le mois, au règlement provisoire.

196. *Quid* si l'adhésion à l'arrangement proposé n'est pas donnée? Distinction.

197. 3° *Du cas où il se présente des créanciers non inscrits au règlement provisoire.* — Quels sont ces créanciers?

198. Ils peuvent intervenir sans lettre de convocation.

199. Les créanciers à hypothèque légale peuvent faire valoir leurs droits sans inscription.

200. Il en est de même des créanciers privilégiés en vertu des art. 2101 et 2104.

201. Les autres créanciers privilégiés ne peuvent se présenter qu'après avoir pris inscription.

202. 4° *Du cas où des créanciers ayant des hypothèques indéterminées ou conditionnelles se présentent au règlement amiable.* — Observations sur la manière de procéder en ce cas.

203. Il y a lieu de suivre les solutions indiquées au rapport de la commission du Corps législatif.

204. Le juge doit obtenir le consentement du créancier intéressé dans l'ordre.

205. 5° *Du cas où il se présente des créanciers incapables.* — Proposition faite à cet égard par la commission du Corps législatif, et rejetée par le conseil d'État.

206. Les incapables ne peuvent consentir à l'ordre amiable que dans le cas où ils peuvent former tout autre contrat et en observant les formes prescrites par le droit commun.

207. Distinction, en ce qui concerne la femme, eu égard au régime matrimonial.

208. Sous le régime de la communauté, l'autorisation du mari ou de la justice est nécessaire.

209. Le mari peut-il, en ce cas, se présenter aux lieu et place de sa femme?

210. La femme peut, sans le concours de quatre parents, consentir à l'ordre amiable, et pourquoi.

211. L'autorisation du mari n'est pas nécessaire sous le régime de la séparation de biens, lorsque la femme agit en vertu d'un jugement pour exercer ses reprises.

212. *Secùs* dans tous les autres cas.
213. Sous ce régime, le mari doit avoir un pouvoir spécial pour représenter sa femme.
214. *Quid* des biens paraphernaux?
215. *Quid* sous le régime dotal? Séparation de biens; créance dotale.
216. Le tuteur peut consentir au règlement amiable s'il touche la totalité de la créance du mineur.
217. *Quid* dans le cas où il devrait sacrifier tout ou partie des droits du mineur?
218. Le mineur émancipé doit être assisté de son curateur.
219. Cas où l'assistance du curateur n'est pas nécessaire.
220. Le prodigue ne peut agir sans l'assistance de son conseil judiciaire.
221. Le juge-commissaire peut examiner les conditions de capacité des créanciers participant à l'ordre.
222. *Quid* si le juge refuse de clore un ordre amiable pour défaut de capacité d'un créancier, et si les autres créanciers contestent son refus?
223. Le conservateur doit obéir à l'ordonnance du juge, et n'a pas à examiner la capacité des créanciers.
224. 6° *Du règlement amiable partiel.* — L'art. 758, relatif à l'ordre judiciaire, est-il applicable au règlement amiable, et sous quelles conditions?
225. 7° *Du sous-ordre en cas de règlement amiable.* — L'art. 775 s'applique aussi à l'ordre amiable.
226. Comment le créancier du créancier hypothécaire doit-il s'y prendre pour obtenir une sous-collocation?
227. La demande en collocation consignée sur le procès-verbal rend le créancier du créancier partie au règlement.
228. La distribution du montant de la collocation se fait par contribution seulement à ceux des créanciers du créancier colloqué qui ont demandé un sous-ordre avant la clôture de l'ordre amiable.
229. *Quid* si le titulaire de l'hypothèque n'a pas pris inscription?
230. Le sous-ordre demandé pour l'exercice du droit de préférence par les créanciers de la femme ou du mineur ne les oblige pas à prendre inscription.
231. Observations sur l'exercice du droit de préférence par les créanciers de la femme.
232. Distinction entre les créanciers subrogés et ceux qui exercent les droits de leur débiteur en vertu de l'art. 1166.

IV. — De la peine encourue par les non-comparants.

233. La peine contre les créanciers non comparants est d'une amende de 25 fr.
234. Renvoi à la question traitée sous le n° 192.
235. Y a-t-il lieu de prononcer l'amende contre les créanciers qui manqueraient à la seconde réunion après avoir comparu à la première?
236. Il n'y a pas lieu de prononcer l'amende contre le créancier défaillant si l'ordre amiable se fait au moyen de son adhésion ou de sa comparution ultérieure.
237. Le créancier remboursé qui répond par une lettre à l'invitation du juge ne doit pas être condamné à l'amende.
238. *Secùs* s'il garde le silence.
239. Le conservateur doit-il rayer l'inscription du créancier remboursé sur la lettre écrite par lui au juge-commissaire?
240. Lorsqu'une cession n'est pas inscrite, est-ce contre le cédant ou contre le cessionnaire que l'amende doit être prononcée?
241. Lequel, du mari ou de la femme, doit être condamné, quand il s'agit d'une créance de celle-ci?
242. Le juge ne doit pas prononcer d'amende en cas d'empêchement légitime.
243. Du recours contre la condamnation à l'amende.
244. La prescription contre l'amende est de trente ans.

134. Cet article contient une innovation bien importante : il introduit dans la procédure d'ordre l'essai d'un règlement amiable avant de procéder judiciairement. Cet essai doit être tenté en toute hypothèse :

qu'il s'agisse d'un ordre ouvert sur le prix d'une vente volontaire ou d'un ordre ouvert pour la distribution du prix d'une aliénation forcée, que les sommes à distribuer soient modiques ou considérables, que les créanciers inscrits soient ou ne soient pas nombreux, la tentative d'arrangement doit toujours avoir lieu. L'ancien art. 749 ajournait bien l'ordre judiciaire pendant un mois après la signification du jugement d'adjudication, en invitant les créanciers et la partie saisie à se régler amiablement entre eux sur la distribution du prix; mais ce délai d'un mois ne produisait presque jamais un résultat utile dans la pratique, et causait des retards en pure perte.

Pour tirer de ce mois, consumé en vains efforts pour amener un arrangement parmi les créanciers, un parti plus fécond, il ne fallait pas laisser l'œuvre de la conciliation errer à l'abandon; il aurait fallu la placer sous la direction d'une main sûre, et créer, selon l'expression du rapporteur de la loi, le centre commun, l'agent désigné de la conciliation, le rendez-vous obligatoire auprès de cet agent (1).

Mais à quel moment fallait-il fixer cet essai de conciliation? Il y avait, sur ce point, à choisir entre deux systèmes dont les rédacteurs de la loi trouvaient la réalisation dans quelques législations étrangères, et dont l'un a été par nous proposé et développé dans notre livre sur les Réformes de la procédure.

135. Selon la loi genevoise et le code sarde, le juge-commissaire dresse d'abord son état de collocation, et communique, dans une réunion devant lui, son travail aux intéressés. Cette conférence entre le magistrat et les avoués produisants a pour but de prévenir des contredits et d'aplanir promptement les difficultés; résultats que ne pouvait procurer l'ancien système de notre Code de procédure civile, quels que fussent d'ailleurs la vigilance et le zèle des magistrats. Qu'attendre, en effet, de ces débats où les parties en lutte discutent leurs intérêts sans être mises en présence; où l'avoué, sans entendre le juge, le contredit, puis est combattu lui-même par son confrère, qui ne l'entend pas davantage?

136. C'est pour cela que, dans notre livre sur les Réformes de la procédure, nous proposions aussi une tentative de conciliation devant le juge, qui aurait dressé le règlement provisoire seulement en projet. Ce magistrat aurait convoqué devant lui, assisté du greffier, les avoués produisants. Dans une première conférence, s'il n'y avait pas de contestation, il aurait pu rendre définitif l'état de collocation, et déclarer forclos ceux qui n'auraient pas produit. En cas de difficultés, le juge-commissaire aurait fait préciser les points contestés par les avoués, et, s'il n'avait pu les mettre d'accord, il les aurait renvoyés à l'audience; il n'en aurait pas moins fait délivrer les bordereaux de collocation pour les créances non contestées, ni subordonnées par leur rang à la solution des points en litige.

C'est de ce mode, proposé aussi par M. le président Chardon dans

_____

(1) *Voy.* le Rapport de M. Riché, *suprà*, p. 49, n° 120.

son livre sur les Réformes désirables dans la procédure, que M. Riché a dit qu'il « a le triple avantage de n'appeler l'intervention du juge comme médiateur qu'au moment où la situation des choses lui est parfaitement connue, d'arrêter au passage bien des conflits, de tracer nettement le champ clos des débats sérieux. » Toutefois le rapporteur de la loi écarte ce dernier mode, en ce que, dit-il, la conférence avec le magistrat « a le grand inconvénient de n'arriver qu'au moment où beaucoup de frais sont déjà faits. »

Disons seulement qu'au point de vue où nous étions placé, cet inconvénient n'en était pas un en réalité. En effet, il s'agissait d'éviter autant que possible les contestations, les frais et les longueurs qu'elles entraînent dans les ordres par des éclaircissements mutuels échangés entre le juge et les avoués réunis. Or un tel résultat pouvait être mieux obtenu quand le magistrat avait déjà bien examiné les productions. Il fallait que le juge-commissaire eût mûrement pesé les prétentions des différents créanciers produisants pour faire sortir de ces conférences une conciliation complète, ou bien un débat précis et circonscrit dans des points nettement définis, pour que le tribunal pût décider sans retard les difficultés à vider.

137. La tentative d'ordre amiable, telle qu'elle est organisée par la loi du 21 mai, a moins en vue d'aplanir les difficultés que d'accélérer la distribution du prix, de la rendre peu dispendieuse dans les cas qui ne donnent pas lieu à des contestations. Ce que l'on se propose surtout par le préliminaire de conciliation que la loi a placé au seuil de l'ordre, c'est d'éviter les frais et les longueurs de la procédure ordinaire, quand cela peut se faire sans arrêter trop longtemps la marche de l'ordre judiciaire. Dans la pensée du législateur, l'ordre amiable est surtout désirable lorsque les intérêts en jeu sont peu importants, ou le rang et les droits des créanciers bien clairement établis.

Dans le rapport de la commission, le but de cette nouvelle institution a été parfaitement caractérisé en ces termes : « Nous n'avons pas entouré d'espérances exagérées le berceau de cette innovation, surtout pour les cas où de grands intérêts seront engagés. Mais n'y eût-il qu'un ordre amiable sur dix tentatives, ce préliminaire très-peu dispendieux serait justifié ; et il est permis d'attendre un succès plus grand, surtout dans les petits ordres, puisque la statistique nous révèle qu'il n'y a de contestations que dans un ordre sur quatre (1), et qu'ainsi il suffirait souvent d'un agent indiqué et d'une réunion obligatoire pour faire terminer à bon marché cet ordre qui doit être aujourd'hui réglé à grands frais, sans qu'il y ait même lieu à débats (2). »

138. Quoi qu'il en soit, le but étant ainsi bien marqué, le législateur a préféré avec raison le second des deux modes déjà réalisés par quel-

---

(1) D'après un document émané de la Chancellerie, il y a eu :

En 1853, —	12,799	ordres et contributions.	3,291 incidents.
1854, —	11,144		2,849
1855, —	10,134		2,648

(2) Voy. le Rapport de M. Riché, supra, p. 50, n° 123.

ques législations étrangères, c'est-à-dire celui de la loi belge de 1854,
qui place la tentative de règlement amiable avant l'ouverture de l'ordre,
précisément au moment indiqué par le Code de procédure de 1806, et
par le projet du gouvernement pour les tentatives de règlement amiable;
mais il a évité quelques imperfections que l'expérience avait signalées
dans la loi belge.

139. Au lieu de confier cette mission de conciliation, comme en Belgique, au président, déjà absorbé par tous les autres travaux du tribunal, la loi du 21 mai a choisi comme ministre de la conciliation le juge
même chargé de la confection de l'ordre. En cette qualité, il doit se
pénétrer à fond des droits de tous les créanciers, et, de cette façon, il
acquiert plus d'aptitude pour les régler amiablement que le président,
préoccupé de la direction générale des affaires du tribunal.

140. C'est avec raison que la loi a préféré le juge commis à l'ordre
aux notaires pour lui confier cette mission. Le magistrat a l'avantage de
ne pas pouvoir être soupçonné de favoriser un client, d'exercer l'ascendant dû à sa position sur les parties ou leurs représentants; enfin, il
prête son concours gratuitement, ce qu'on ne pouvait exiger des notaires (1). Le choix du magistrat n'est pas sans importance pour la réus-

---

(1) M. Riché indique, dans son Rapport (voy. *suprà*, p. 59, n° 122), qu'il avait été
proposé un amendement tendant à conférer la mission de conciliateur à un notaire
commis, soit par le juge, soit par le jugement même d'adjudication. Voici les termes
de cet amendement : « Les quinze jours expirés, faute par le créancier et la partie
saisie de s'être réglés entre eux, le saisissant, dans la huitaine, et à son défaut, après
ce délai, le créancier le plus diligent, la partie saisie ou l'adjudicataire, requiert l'ouverture du procès-verbal d'ordre, *la nomination d'un notaire chargé de concilier les
parties*, et, s'il y a lieu, la nomination d'un juge-commissaire. — Ces nominations
seront faites par le président, à la suite de la réquisition inscrite par le poursuivant,
sur le registre des adjudications tenu à cet effet au greffe du tribunal. — Dans les trois
jours de ces nominations, le poursuivant remet au notaire, qui en donne récépissé,
l'état des inscriptions et les sommations faites par le saisissant aux créanciers à hypothèque légale. — Dans les cinq jours de cette remise, le notaire appelle en conciliation dans son étude, à jour et heure indiqués, les créanciers inscrits, les créanciers
à hypothèques légales indiqués par les sommations du saisissant, l'adjudicataire et
le saisi, par doubles lettres chargées, adressées, l'une au domicile élu, l'autre au domicile réel, s'il est connu, en France, de chacun des appelés. Ces lettres contiendront
invitation aux créanciers de remettre, dans le délai de la comparution, leurs titres de
créance au notaire, avec un état de production indiquant le capital, les intérêts et les
frais réclamés. — Le délai fixé pour comparaître devant le notaire ne pourra être
moindre de huit jours, ni excéder quinze jours. — Dans la huitaine de l'envoi, l'administration des postes devra retourner au notaire les lettres rebutées, avec indication
des motifs du rebut. — Au jour indiqué, le notaire communique aux créanciers présents les titres produits, et dresse l'état de l'ordre provisoire des créances. S'il n'est
fait aucune contestation, le notaire constate la conciliation, et l'ordre est définitif. —
S'il s'élève des contestations, le notaire ajourne, séance tenante et sans frais, tous les
créanciers à huitaine. Il adresse en même temps une nouvelle convocation par lettre
chargée aux défaillants, s'il y en a. Dans ce délai, les contestants motiveront leurs
dires et produiront au notaire les pièces à l'appui. — Si le notaire ne peut concilier
les parties dans cette seconde réunion, il rédige en brevet un procès-verbal des difficultés, y annexe l'état provisoire dressé dans la première séance et les lettres rebutées, donne son avis motivé sur les contestations et sur le règlement futur de l'ordre,
et prononce défaut contre les défaillants, s'il y en a. Dans les huit jours de sa date,
ce procès-verbal est déposé au greffe, ainsi que l'état d'inscription. — S'il existe des

site, en France, de cette nouvelle institution; son aptitude et son caractère sont pour beaucoup dans la conclusion des arrangements entre les créanciers. Du reste, cette institution fonctionne déjà avec succès dans différents pays voisins (1).

141. L'art. 751 seul renferme toutes les formalités concernant l'ordre amiable. Il s'occupe d'abord :

1° De tout ce qui est relatif à la convocation des créanciers, du saisi et de l'adjudicataire ;

créances antérieures à celles contestées, l'ordre amiable sera définitif pour ces créances, et un extrait exécutoire du procès-verbal sera délivré aux créanciers. — Dans tous les cas, s'il y a des incapables, le règlement amiable ne sera exécutoire que sur l'ordonnance du juge-commissaire. Si cette ordonnance est refusée, le juge renvoie les parties à l'audience. » Enfin il était dit, dans l'art. 767 : «Les créanciers dont l'opposition au règlement amiable, ou la non-comparution devant le notaire, auront empêché la conciliation, pourront être condamnés aux frais de l'ordre en tout ou en partie, soit par le juge-commissaire dans l'ordonnance de clôture, s'il n'y a pas de contredits; soit par le tribunal, s'il est appelé à connaître des difficultés. Le montant de ces condamnations sera déduit de leurs collocations, s'ils sont colloqués; dans le cas contraire, les frais auxquels ils seront condamnés seront ajoutés à l'actif à distribuer, et profiteront aux derniers créanciers colloqués. »

Tel est l'amendement dont M. Riché lui-même a proclamé, dans son Rapport, la combinaison savante. Pour notre part, nous l'aurions vu sans peine prendre place dans la loi. Les ordres sont, en effet, du domaine de la juridiction volontaire; ils ne passent dans le domaine de la juridiction contentieuse qu'à l'instant où les parties intéressées se trouvent en conflit. Nous aurions donc compris que tant qu'un arrangement amiable peut être espéré, l'ordre fût maintenu aux mains des notaires, qui sont les véritables ministres de la juridiction volontaire. Quant à l'objection tirée de ce que le notaire ayant pu quelquefois diriger les placements engagés dans l'ordre, sa responsabilité pourrait nuire à son impartialité, elle nous touche peu; et, nous associant pleinement aux obervations par lesquelles les délégués des notaires des départements défendaient l'amendement proposé, nous disons avec eux : «L'objection n'est que spécieuse; elle pourrait avec autant de raison s'appliquer aux innombrables intérêts que le notaire est appelé journellement à régler. Dans les liquidations notamment, pour lesquelles la justice doit indispensablement le commettre, son impartialité se trouve, aussi souvent qu'elle le serait dans les ordres, en présence de ses propres intérêts, et rien ne révèle le danger de cette situation : il reste et doit rester le fonctionnaire désigné par la loi à la confiance publique. — L'intérêt surexcité du créancier, le contrôle de la magistrature, le choix éclairé du notaire par le juge, tout rendrait d'ailleurs un abus impossible. Si le notaire, indirectement engagé dans l'ordre (ce que les magistrats peuvent toujours vérifier par l'examen de l'état des inscriptions), était néanmoins choisi, c'est qu'il aurait été jugé incapable d'abuser de sa position; s'il ne méritait pas cette confiance, le magistrat s'abstiendrait de le choisir. »

Quoi qu'il en soit, ces idées n'ont pas prévalu : le législateur, adoptant le système de la loi belge, a écarté le notaire et a conféré au juge la mission de concilier les parties et de les amener à un règlement amiable; mais, en tous cas, il doit être bien entendu qu'il ne s'agit ici que de l'ordre judiciaire, ce qui n'exclut en aucune façon les règlements faits volontairement entre les parties. Ces règlements peuvent intervenir dans tous les cas et à tous moments : comme le dit M. Duvergier, dans son Commentaire de notre loi, «dès que toutes les parties intéressées sont d'accord, il n'y a plus de procédure à faire pour les conduire à s'accorder; » elles peuvent donc recourir au ministère du notaire et se régler devant lui, parce que c'est là le droit commun auquel, dans ce cas, notre art. 751 ne déroge pas. (*Voy.* M. Chauveau, quest. 2547 *bis* et *septies*. Voy. aussi *infrà*, n° 147.)   P. P.

(1) *Voy.*, à cet égard, le relevé présenté par M. Riché en note de son Rapport (*suprà*, p. 50, note 2). Ajoutons que, dans la Sardaigne, en 1856, sur 1,039 procédures d'ordre, il y avait 432 accords totaux ou partiels, et en 1857, 396 sur 1,077.

Puis, 2° il donne les indications nécessaires pour la confection de l'ordre amiable, s'il y a lieu;

Ensuite, 3° il édicte la peine qui peut être encourue par les non-comparants.

Avant d'entrer dans l'explication de ces trois points, nous recherche-rons quel est le tribunal compétent devant lequel l'ordre amiable doit être poursuivi. Ainsi, nous traiterons successivement dans le commen-taire de notre article :

1° De la compétence;

2° Du mode de convocation;

3° De la confection de l'ordre amiable;

4° De la peine encourue par les non-comparants.

I. — De la compétence.

142. Le tribunal devant lequel se poursuit l'ordre amiable doit être le même que pour l'ordre judiciaire, puisque c'est le même juge qui procède à l'un et à l'autre. Nous verrons cependant si des exceptions peuvent être admises au principe général sur la compétence. Ce prin-cipe est écrit dans l'art. 4 de la loi du 14 novembre 1808, portant que les procédures relatives tant à l'expropriation forcée qu'à la distribution du prix des immeubles seront portées devant les tribunaux respectifs de la situation des biens. Déjà l'art. 31 de la loi du 11 brumaire an 7 a posé la même règle en attribuant la compétence pour la poursuite de l'ordre au tribunal qui avait prononcé l'adjudication, comme tribunal de la situation des biens. Il résulte de ces dispositions législatives que cette procédure constitue une action réelle qui doit toujours être portée devant le tribunal dans le ressort duquel les immeubles sont situés. En ne perdant pas de vue le principe établi, il sera plus facile de résoudre les difficultés soulevées dans la pratique. Il arrive fréquemment que l'adjudication a lieu devant un autre tribunal que celui de la situation des biens; c'est néanmoins devant ce dernier que la procédure d'ordre doit être poursuivie (1). En vain dira-t-on que l'ordre n'est que la con-séquence de l'expropriation forcée, à laquelle il est étroitement lié; en vain ajoutera-t-on que l'ordre, ne faisant que fixer le rang des créanciers sur le prix, avec effet rétroactif au jugement d'adjudication qui a pro-duit ce prix, n'est, en définitive, que l'exécution de ce jugement, la-quelle doit appartenir au tribunal qui l'a rendu.

143. Toutes ces considérations s'effacent, selon nous, devant un Avis du conseil d'État du 16 février 1807, d'après lequel l'ordre doit être envisagé comme une procédure nouvelle que le législateur n'a pas liée à l'expropriation forcée; qu'au contraire, cette procédure forme un ensemble à part et a été l'objet d'une attribution spéciale de juri-diction : aussi a-t-on décidé, en vertu de cet Avis, que les parties ne

---

(1) Arrêt de la Cour de Bourges, 10 fév. 1813 (*J. P.*, t. XI, p. 116); arrêt de cass., 3 sept. 1812 (Sir., 13, 1, 257; Dall., 13, 333); *id.*, 6 janv. 1830 (Sir., 30, 1, 151; Dall., 30, 1, 82).

peuvent déroger, par des conventions contraires, à cette attribution de juridiction, et que les difficultés qui s'élèvent, en matière d'ordre, relatives à des créances ayant une origine commerciale, doivent être portées devant le tribunal civil, et non pas devant le tribunal de commerce ou devant des arbitres, lors même que les parties seseraient engagées à leur soumettre le différend (1).

144. La circonstance que le prix à distribuer dépend d'une succession ouverte dans un autre arrondissement ne fait pas changer la règle, alors même que cette succession n'est pas encore partagée. On objecte que l'art. 59 du Code de procédure civile rend le tribunal du lieu où la succession s'est ouverte compétent pour connaître des demandes intentées par les créanciers avant le partage; mais on oublie que cet art. 59 ne parle que des demandes intentées par les créanciers du défunt; qu'il s'agit évidemment là d'actions personnelles pour des créances, tandis que la procédure d'ordre constitue essentiellement une action réelle qui doit se poursuivre devant le tribunal de la situation des biens. En effet, c'est au bureau des hypothèques où les biens sont situés que se fait la transcription, préliminaire nécessaire de l'ordre sur expropriation forcée; c'est là aussi qu'ont été prises les inscriptions en vertu desquelles les créanciers sont admis à se présenter à l'ordre. L'art. 59 du Code de procédure n'a donc pas dérogé à l'art. 4 de la loi du 14 novembre 1808, qui établit, en matière d'ordre, la compétence exclusive du tribunal de la situation des biens (2).

145. En se fondant toujours sur le principe posé dans l'art. 4 de la loi précitée, d'après lequel les procédures relatives à la distribution du prix de différents immeubles devront être poursuivies devant les tribunaux respectifs de la situation des biens, on a décidé que si plusieurs immeubles hypothéqués aux mêmes créanciers par le même débiteur ont été saisis et vendus à la même époque, dans des arrondissements différents, il n'y a pas lieu de joindre les ordres pour la distribution du prix, et que chacun doit être poursuivi devant le tribunal dans l'arrondissement duquel le bien vendu était situé. Dans la pratique d'aujourd'hui, on n'observe pas toujours à la rigueur les principes sur lesquels s'appuyaient plusieurs arrêts de Cour suprême (3).

146. Pour éviter l'augmentation des frais que causerait la multiplicité des ordres, et la difficulté, pour les créanciers, de produire en même temps les mêmes titres devant différents tribunaux souvent éloignés les uns des autres, on réunit ces ordres dans un seul tribunal. Déjà le Parlement, malgré l'intérêt des justices seigneuriales, qui percevaient sur les instances d'ordre des droits de greffe importants, était dans l'usage, en pareil cas, d'évoquer les diverses instances d'ordre et de les

---

(1) Cour de Paris, 22 fév. 1831 (*Journ. du Pal.*, t. XXIII, p. 125); Cass., 30 mai 1845, req. (Sir., 48, 1, 625). *Voy.* aussi M. Chauveau sur Carré (quest. 2548 *novies*).

(2) Arrêt de la Cour de cass. du 13 juin 1809 (Sir., 15, 1, 194; Dall., 12, 503); *id.* Cass., 6 janv. 1830, précité; Cass., 28 fév. 1842 (Sir., 42, 1, 721; Dall., 42, 1, 276).

(3) Cass., 13 juin 1809 (Sir., 9, 1, 282); *id.* Cass., 3 janv. 1810 (Sir., 10, 1, 240; Dall., 10, p. 14).

renvoyer au même tribunal : *fecit hæc sapientia quondam*. C'est pour arriver à ces résultats équitables et utiles, surtout dans les petits ordres, que la doctrine et la jurisprudence (1) ont cherché des moyens qui, sans heurter de front l'art. 4 de la loi de 1808, en rendent l'observation moins absolue. Ainsi, M. Pigeau (2) propose, dans le cas de l'art. 2210 du Code Napoléon, relatif à l'expropriation forcée, de procéder aussi à l'ordre devant le tribunal dans le ressort duquel se trouve le chef-lieu de l'exploitation. Il serait désastreux, dit-il, pour les créanciers, de suivre autant d'ordres qu'il y a de parcelles de terrain sur des arrondissements différents. On doit considérer ces terrains comme une dépendance, un accessoire de la propriété principale; ils doivent en suivre le sort. La Cour de cassation a fini par aller même plus loin lorsqu'elle a réglé, dans certaines circonstances, le conflit soulevé entre le tribunal de l'ouverture de la succession et celui de la situation des biens. Dans ce cas, *utilitatis causâ*, on a laissé de côté l'art. 4 de la loi de 1808, pour appliquer les dispositions des art. 363 et 364 du Code de procédure sur les règlements de juges, afin de réduire toutes ces procédures à une seule, et l'on a préféré, dans ce règlement, le tribunal de l'ouverture (3) de la succession lorsque la vente a eu lieu devant lui, qu'il a été le premier saisi d'un ordre, et que le plus grand nombre des créanciers y ont fait leurs productions.

Au lieu de laisser la jurisprudence donner satisfaction aux exigences de la pratique en tournant l'art. 4 de la loi de 1808 sur l'attribution de juridiction en cette matière par des moyens plus équitables que juridiques, il aurait mieux valu remédier, dans la nouvelle loi sur les Ordres, aux inconvénients qu'a révélés l'application stricte des dispositions actuellement en vigueur.

147. Toutefois il faut dire que l'ordre amiable doit pouvoir se faire même devant un juge incompétent, dès que tous les créanciers hypothécaires inscrits sur l'immeuble y consentent. Les parties peuvent faire un arrangement amiable devant qui bon leur semble.

148. Dans ce cas, on pourrait élever la question de savoir si l'ordre amiable dressé par le juge qui n'est pas celui de la situation des biens constitue un acte authentique, ou vaut seulement à cause de son incompétence comme écriture privée, pourvu qu'il ait été signé par les parties. Il nous paraît évident que ce règlement amiable du juge a un caractère d'authenticité incontestable; et le conservateur des hypothèques serait même obligé de rayer les inscriptions sur la présentation d'un extrait, délivré par le greffier, de l'ordonnance du juge qui prononce leur radiation. En effet, ce magistrat a le pouvoir de faire tous les règlements amiables des ordres pour lesquels il est commis sur le

---

(1) Arrêt de Bordeaux, 9 juill. 1835 (*Journ. du Pal.*, t. XXVII, p. 446).

(2) *Comm.*, t. II, p. 419.

(3) Cass., 21 juill. 1821 (Sir., 22, 1, 4; Dall., 3, 304); Cass., 1er oct. 1825 (Sir., 26, 1, 87; Dall., 26, 448); arrêt de Rouen, 22 fév. 1822 (Sir., 25, 2, 226). — *Voy.* encore là-dessus les observations de M. Paul Pont dans son Commentaire du titre de l'*Expropriation forcée*, nos 22 et suiv., et n° 41.

prix des biens situés dans son arrondissement ; il a donc le droit d'instrumenter dans le lieu où l'acte a été rédigé ; partant, il a donné à cet acte la forme authentique (art. 1317 C. Nap.). L'objet de l'acte, il est vrai, peut ne pas être de sa compétence, à cause de la situation des immeubles hors du ressort de son tribunal ; mais le conservateur des hypothèques n'est pas juge de cette question : il doit exécuter l'ordonnance du magistrat rendue dans les formes voulues. — Quant aux parties, dès qu'elles ont consenti à l'arrangement, elles ne peuvent plus l'attaquer.

149. Quand les créanciers, ainsi que nous le verrons plus tard (voy. *infrà*, n°s 233 et suiv.), ne comparaissent pas, sur l'invitation du juge, à la réunion pour l'ordre amiable, ils sont condamnés à une amende de 25 fr. Dans le cas où cette peine aurait été prononcée contre eux par un juge qui ne serait pas celui de la situation des biens, les créanciers pourraient-ils faire tomber cette condamnation pour cause d'incompétence de ce juge? On pourrait dire que la peine ne doit pas être maintenue, parce que les créanciers ne sont pas obligés de se rendre au siége d'un tribunal éloigné pour assister à la réunion formée en vue du règlement amiable, quand le tribunal compétent pour l'ordre judiciaire se trouve à leur proximité ; d'aller, par exemple, à Marseille, quand les biens sont situés dans le ressort du Havre. Mais nous pensons qu'il ne faut pas perdre de vue que l'amende infligée au créancier convoqué qui fait défaut trouve sa justification dans ce que cette absence rend impossible un accord qui, ainsi que nous l'avons dit, pourrait se faire entre les créanciers aussi bien devant le juge d'un tribunal incompétent que devant celui de la situation des biens. Le vœu de la loi, c'est de favoriser le règlement amiable : aussi le créancier convoqué ne peut se dispenser d'obéir à l'invitation du juge chargé d'y procéder, et si le lieu de la réunion est trop éloigné pour qu'il puisse s'y rendre, il a le droit de s'y faire représenter par un mandataire.

II. — *Du mode de convocation.*

150. Pour retarder le moins possible la marche de l'ordre, cette convocation doit être faite par le juge spécial, dans les trois jours de la réquisition de l'ouverture du procès-verbal d'ordre, et, en cas de nomination par le président du tribunal, le juge-commissaire doit la faire dans les huit jours depuis sa désignation, par le motif que quelques jours peuvent se passer avant de la connaître. Il faut accorder le même délai de huitaine même au juge spécial, dans les tribunaux où il y en a plusieurs, comme à Paris, etc., car le président du tribunal est obligé de commettre l'un d'eux, et quelques jours peuvent s'écouler avant qu'il ne le sache.

151. Le juge convoque les créanciers inscrits par lettres chargées à la poste, « mode en harmonie, dit le rapport de M. Riché, avec celui des invitations devant la justice de paix (1). » Dans la pensée de la commis-

(1) *Voy.* le Rapport, *suprà*, p. 51, n° 124. — Ajoutons qu'aux termes de décisions

sion, on a voulu suivre, pour cette convocation, l'usage qui existe dans les tribunaux pour les autres réunions des parties devant le magistrat. Les invitations devant le juge de paix, les lettres pour les réunions des créanciers, en matière de faillite, sous la présidence du juge-commissaire, sont l'œuvre du greffier, mais non du magistrat. Nous croyons donc que le juge-commissaire à l'ordre n'est pas obligé de rédiger lui-même les lettres de convocation aux créanciers inscrits, ni même de les signer, pourvu que le greffier les fasse *en son nom*.

152. Ce dernier se servira, pour extraire les noms des personnes qui doivent recevoir les lettres de convocation destinées aux créanciers inscrits, de l'état des inscriptions déposé au greffe au moment de la réquisition en vue de l'ordre. C'est le greffier qui expédie les lettres, et les adresse aux créanciers, tant aux domiciles élus dans leur inscription qu'aux domiciles réels, si les créanciers habitent en France. Un règlement d'administration publique concerté entre l'administration de la justice et celle des postes devra, dans la pensée de la commission, qui n'a pas cru que la loi comportât ces détails, prescrire la remise de ces lettres à la personne même chez laquelle le domicile est élu. Jusqu'à présent (1), aucun règlement n'est intervenu, à notre connaissance, sur ce sujet.

153. Dans la pratique, ces lettres sont faites au greffe, au nom du juge-commissaire, et signées par le greffier; il les expédie dans la forme des lettres chargées, retire des récépissés de la poste, et, pour imprimer à ces lettres un caractère officiel qui les recommande encore davantage à la sollicitude de l'administration des postes, il est bon de les munir du sceau du tribunal, qui se trouve dans tous les greffes.

154. Pour faciliter le travail du greffier et éviter l'omission des renseignements utiles aux créanciers convoqués, ces lettres devraient se faire sur des modèles imprimés contenant les indications nécessaires pour faire connaître aux destinataires le but de la réunion à laquelle ils sont convoqués (2).

Ces lettres doivent indiquer le jour, l'heure de la réunion des créanciers, le local du tribunal où elle se tient, la somme à distribuer, la désignation des immeubles dont le prix est en distribution, le nom de l'adjudicataire, l'acte d'aliénation, le nom du vendeur ou du saisi. Avec ces indications, les créanciers peuvent comparer les désignations contenues dans la lettre du juge à celle de leurs inscriptions.

---

prises par les ministres des finances et de la justice, les 27 avril et 22 mai 1858, les lettres de convocation expédiées par le greffier aux créanciers inscrits pour procéder à l'ordre amiable sont exemptes du timbre et de l'enregistrement, comme les avertissements adressés en exécution de la loi du 2 mai 1855 sur les justices de paix; que le bulletin de chargement de l'administration des postes, considéré comme simple document administratif délivré par une administration publique à un fonctionnaire public, doit jouir de la même exemption, et que ce bulletin doit être annexé au procès-verbal d'ordre, sans que cette annexe donne lieu à aucun droit de greffe. (*Inst. de la Régie* du 11 juin 1858; Sir., 1859, 2, 576.)   P. P.

(1) Depuis que nous avons écrit ces lignes, nous avons eu communication d'une circulaire faite par l'administration des postes pour l'application de l'art. 751.

(2) C'est ainsi, en effet, que les choses se passent d'après la Circulaire ministérielle du 2 mai 1859, à laquelle un modèle de lettre est annexé. (*Voy. supra*, p. 127, n° 41.)

En outre, les lettres devront surtout avertir les créanciers qu'ils aient à se munir de leurs titres et pièces.

155. Le greffier devra se faire délivrer un bordereau des lettres de convocation au moment de la remise qu'il en fera au bureau de poste. Ce bordereau, qui tient lieu de bulletin de chargement, devra contenir :

1° Le nom du saisi ou du vendeur ;

2° La date de la remise et le nombre des lettres ;

3° Le nom du juge-commissaire ou du juge spécial aux ordres ;

4° Le nom de l'adjudicataire ;

5° L'acte d'aliénation ;

6° La désignation de l'immeuble ;

7° Le montant des droits de poste ;

8° La suscription de chaque lettre.

Ce bordereau doit être signé du directeur du bureau de poste ; il est annexé au dossier de l'ordre comme pièce justificative.

156. Les facteurs ne doivent remettre ces lettres, d'après les règlements pour toute lettre chargée, qu'à la personne désignée sur l'adresse, contre une décharge donnée par le destinataire ; s'ils ne trouvent pas la personne à laquelle la lettre chargée est adressée à sa demeure, ils doivent la rétablir au bureau de poste. Dans le règlement à faire par l'administration des postes, on devrait obliger les directeurs des bureaux à retourner ces lettres, le plus tôt possible, au bureau de départ, afin que le juge puisse savoir, au moment de la réunion des créanciers, si l'invitation leur est parvenue.

157. Les frais pour l'expédition des lettres de convocation sont avancés par l'avoué qui a requis l'ordre. Pour fixer la rémunération due au greffier qui rédige ces lettres, il ne faudrait pas prendre pour base ce que le tarif accorde pour les invitations adressées aux créanciers en matière de commerce. Leur travail demande plus de soins, et leur responsabilité peut être engagée en matière d'ordre si les lettres sont mal libellées, et même s'il y a des omissions ou des fautes dans les adresses. Cet émolument devra donc faire l'objet d'un article du futur tarif, et, jusque-là, d'un règlement intérieur pour chaque tribunal (1).

158. Ces lettres sont adressées au dernier domicile réel des créanciers, s'il est connu du greffier, fût-il même différent de celui qui pourrait résulter de leurs inscriptions. Mais ordinairement on envoie la lettre au domicile qu'énonce l'inscription (2).

159. Dans le cas où le domicile réel n'est pas connu, ni indiqué par une inscription, ou quand ce domicile n'est pas situé en France, la lettre de convocation n'est remise qu'au domicile élu dans l'inscription.

---

(1) Voici ce qu'on lit, à cet égard, dans la Circulaire ministérielle du 2 mai 1859 : « Bien que l'art. 751 ne s'explique pas sur la rétribution due aux greffiers pour la préparation des lettres de convocation, je ne vois pas d'inconvénient à ce qu'il leur soit alloué 20 cent. par lettre, par analogie des dispositions de l'ordonnance du 9 octobre 1825, art. 1er, n° 17, et du décret du 24 mai 1854. » (Voy. *suprà*, p. 127, n° 43.)

(2) Il faut rapprocher ici une décision prise par les ministres de la justice et des finances, en date des 28 mai et 10 juin 1859, et de laquelle il résulte que lorsqu'un

Dans tous les cas, la convocation doit être faite au domicile élu. Si, depuis l'inscription, l'élection de domicile a été changée à l'occasion du renouvellement, c'est au dernier domicile élu que doit être adressée la lettre de convocation, même lorsque ce renouvellement d'inscription a été fait postérieurement à l'adjudication qui donne lieu à l'ordre, pourvu qu'il soit antérieur à la levée, après transcription, de l'état des inscriptions pour arriver à l'ordre.

160. Si l'élection de domicile a eu lieu chez un officier ministériel, la lettre ne peut être remise qu'à sa personne, comme lettre chargée. Dans le cas où il aurait cédé son étude et quitté le domicile qu'indique l'élection, le facteur ne pourrait la remettre qu'à la personne du titulaire de l'étude, c'est-à-dire au successeur de l'officier ministériel démissionnaire (1).

161. A quels créanciers les lettres de convocation doivent-elles être adressées? L'art. 751 répond que c'est seulement aux créanciers inscrits; pas d'inscription, point de lettres de convocation. Ainsi le cessionnaire d'une créance hypothécaire qui n'a pas fait connaître son titre au bureau des hypothèques n'est pas averti; la lettre est adressée au créancier cédant, qui doit la transmettre au cessionnaire. Ce dernier ne peut se plaindre de n'avoir pas été appelé à l'ordre amiable, puisqu'il n'est pas créancier inscrit. En justifiant de sa qualité de cessionnaire, il pourra se présenter à la réunion des créanciers pour le règlement amiable, et prendre la place du cédant, qui, par la présence du cessionnaire, aura rempli l'obligation imposée aux créanciers convoqués de comparaître devant le juge au jour indiqué, et, par suite, ne devra pas être condamné à l'amende de 25 fr.

Par cela même, si le créancier inscrit et son cessionnaire faisaient défaut l'un et l'autre, ce serait le créancier cédant inscrit qui serait passible de l'amende, sauf son recours contre le cessionnaire, dans le cas où il aurait transmis à ce dernier la lettre de convocation. En effet, l'amende ne doit être prononcée que contre les créanciers inscrits qui ne comparaissent pas; le juge-commissaire ne connaît que ceux qui sont dénommés dans l'état des inscriptions.

Lors de la réunion pour le règlement amiable, le cédant déclare qu'il n'est plus créancier, par suite de la cession qu'il a faite, et le juge ne peut plus alors procéder à l'ordre amiable sans le consentement du cessionnaire. Après la déclaration du cédant, tout arrangement amiable auquel ne participerait pas le cessionnaire devient impossible.

162. La convocation, avons-nous dit, se fait par lettre adressée à tous les créanciers inscrits sur l'immeuble dont le prix est en distribu-

---

immeuble dont le prix est à distribuer est grevé d'une inscription hypothécaire prise à la requête du directeur général de l'enregistrement et des domaines, la lettre de convocation pour l'ordre amiable, destinée au domicile réel, ne doit pas être adressée à l'administration centrale à Paris, mais à la direction du département où l'ordre amiable est poursuivi, et que le greffier doit indiquer dans la lettre la cause de la créance. (*Instr. du direct. gén. de l'enregistr. et des dom.*, 30 juill. 1859.)   P. P.

(1) Rapport de M. Riché, *suprà*, p. 51, n° 124.

tion ; le juge doit par conséquent appeler non-seulement les créanciers inscrits sur le vendeur ou le saisi, mais aussi sur les propriétaires antérieurs. Cela peut se faire facilement en cas d'aliénation volontaire. L'acquéreur doit fournir l'origine de propriété au poursuivant pour se libérer des hypothèques qui grèvent l'immeuble qu'il a acheté sous sa responsabilité, et remplir les formalités nécessaires pour la purge légale.

163. Mais lorsque l'ordre s'ouvre après adjudication sur saisie immobilière, l'adjudicataire n'est pas en faute de ne pas connaître l'origine de propriété, si le débiteur exproprié n'a pas fait transcrire son acquisition et ne veut pas indiquer de qui il l'a faite. L'état des inscriptions n'a lieu que sur les noms des personnes, et non pas sur les biens ; de sorte que si l'on ne connaît pas les noms des précédents propriétaires, on ne pourrait suivre l'immeuble dans ses transmissions successives. L'adjudicataire qui a acheté sur l'invitation expresse de la justice n'est pas en faute de n'avoir pu fournir ces renseignements. Il pourrait ainsi arriver qu'un créancier, *quoique inscrit*, ne fût pas convoqué à l'ordre amiable, sans qu'il y eût aucun tort de la part de qui que ce soit. Ni l'adjudicataire, ni le poursuivant, ni le conservateur des hypothèques, n'ont eu, dans ce cas, le moyen de découvrir les anciens propriétaires.

Toutefois, en pratique, cela se présentera rarement, parce que l'on connaît généralement la généalogie de la propriété par des renseignements (1) pris en dehors du bureau des hypothèques, et surtout depuis la loi de 1855 : la transcription, d'après cette loi, transférant seule la propriété à l'égard des tiers, l'acquéreur fera presque toujours transcrire son contrat de vente.

164. Mais supposons que, dans le cas d'une adjudication sur saisie, on ait été dans l'impossibilité d'appeler à l'ordre amiable un créancier inscrit sur un précédent propriétaire : sur qui doit retomber la perte, lorsque la distribution du prix a eu lieu à l'insu et au préjudice de ce créancier ? Le créancier inscrit dira qu'il est impossible de lui enlever un droit acquis par des actes auxquels il a été étranger, lorsqu'il a pris la précaution de s'inscrire pour se faire connaître et que la loi commande de convoquer tous les créanciers inscrits. Il est contraire à la rigueur du droit aussi bien qu'à l'équité de dépouiller un créancier dont le droit est antérieur, lorsqu'il n'a aucune faute à se reprocher. M. Chauveau pense que le conservateur est responsable lorsqu'on lui demande un extrait des créanciers inscrits sur l'immeuble ; si le conservateur ne découvre pas le nom de tous les créanciers inscrits sur cet immeuble, il doit réparer le préjudice causé aux créanciers dont il n'a pas parlé. M. Chauveau (2) impose au conservateur une obligation qu'il ne peut pas remplir ; car il ne délivre pas l'état d'inscription sur l'immeuble, mais sur les individus ; il faut donc qu'il puisse connaître le nom des anciens propriétaires en remontant d'acquéreur en acquéreur, au moyen des

(1) Par exemple, la matrice cadastrale.
(2) *Voy.* quest. 2329.

transcriptions successives. Or, si le saisi n'a pas fait transcrire et s'il ne veut pas faire connaître son vendeur, le conservateur n'est pas à même de le trouver avec le système hypothécaire suivi en France. Là où il n'y a pas de faute commise par le conservateur, il ne peut y avoir responsabilité de sa part. Il faut en dire autant du poursuivant, car nul n'est tenu à l'impossible.

Toutefois, vis-à-vis de l'adjudicataire, on pourrait lui tenir ce langage : Votre propriété reste toujours grevée de l'inscription du créancier que vous n'avez pas appelé à la purge et qui n'a pas participé au prix que vous avez payé à son préjudice. Cela est vrai, dans une vente amiable, pour l'acquéreur qui ne devait acheter qu'en se faisant remettre l'origine de propriété ; mais, après saisie, la transcription seule du jugement d'adjudication purge l'immeuble entre les mains de l'adjudicataire, sans qu'il ait besoin de remplir les formalités de purge ordinaire ; il est obligé d'acquitter le montant des bordereaux de collocation, qui sont exécutoires contre lui par toutes les voies de droit. Ce n'est pas lui qui règle ce payement, mais la justice, et aucune responsabilité ne peut lui incomber. C'est plutôt la faute du créancier inscrit qui a laissé se consommer une adjudication précédée de toute la publicité retentissante d'une saisie sans donner signe de vie.

165. Faut-il accorder à ce créancier omis un recours contre ceux qui sont postérieurs en rang, et qui n'auraient pas touché si ce créancier inscrit comme eux avait été convoqué à l'ordre? Cela pourrait paraître plus équitable, parce qu'ils ont profité de son absence pour recevoir ce qui lui aurait été attribué s'il avait été présent ; mais ils pourraient repousser ce créancier non convoqué, par ce principe qu'ils n'ont touché que leur dû : *Meum recepi*. Suivant M. Chauveau (1), « le créancier omis serait en droit de forcer le créancier qui, à son défaut, a pris ce qui lui revenait, à rétablir les deniers *indûment perçus,* sauf à ce créancier, qui ne doit pas être privé de sa créance tant qu'il reste des deniers pour le remplir, à agir contre celui qui le suit. Le travail fait à l'insu de l'un d'eux qui, ayant droit d'être colloqué utilement, aurait été omis, ne doit pas lui préjudicier. » M. Chauveau cite à l'appui de son opinion un arrêt de la Cour de Colmar (2) qui aurait décidé « qu'en ce cas, pour éviter un circuit d'actions aussi long qu'inutile, la demande devait être dirigée contre les derniers créanciers utilement colloqués. » Quant à l'arrêt de Colmar, il ne décide pas la question ; ce n'est que dans un de ses motifs qu'il paraît favorable à l'avis de notre auteur. On ne peut pas dire non plus que ces créanciers présents à l'ordre aient perçu indûment le montant de leurs collocations, puisqu'ils sont réellement créanciers et ont touché en vertu d'un ordre régulier. Il paraît, au contraire, admis en jurisprudence (3) et en doctrine (4) que l'inscrip-

---

(1) Quest. 2552 *bis.*
(2) 9 août 1814 (*Journ. du Pal.*, t. XII, p. 355 ; N. R. Dev., t. IV, p. 402).
(3) Sir., 1814, 2, p. 398.
(4) MM. Troplong, *Hypothèques*, n° 1005 ; Grenier, t. II, n° 314 ; Persil, art. 2198, n° 6 ; Paul Pont, *Des Priv. et Hyp.*, n° 1447.

tion omise doit être considérée, relativement aux autres créanciers, comme si elle n'existait pas du moment où l'ordre est clos. Les choses ne sont plus entières, et l'inscription, se montrant trop tard, ne peut plus avoir la moindre influence sur les droits assurés aux créanciers présents à l'ordre par l'ordonnance de clôture. En effet, il résulte de l'ensemble de la législation sur cette question que la loi a voulu que, dès qu'il a été procédé régulièrement à l'ordre et que tout est consommé, ce soit une chose stable à jamais et qui ne puisse éprouver aucun trouble ultérieur. Cela résulte de la disposition formelle de l'art. 2198 du Code Napoléon, qui, pour arriver à ce but salutaire, et afin de pourvoir néanmoins, autant qu'il est possible, aux intérêts des créanciers omis, leur a ménagé deux moyens de sauver leurs créances, savoir : 1° la faculté d'intervenir spontanément dans l'ordre avec le rang que leurs inscriptions leur assignent, mais seulement tant que le prix n'a pas été payé par l'acquéreur et tant que l'ordre n'a pas été homologué; et 2° le recours contre le conservateur, s'il est en faute.

166. Dans le cas où les créanciers se sont réglés entre eux amiablement, le créancier omis ne peut se présenter que jusqu'à la signature du règlement convenu. Après cette signature, l'ordre est censé homologué. Cela est d'autant plus vrai, sous la loi du 21 mai qui nous régit, que son art. 717 dit, dans un cas analogue, que le droit de préférence est éteint si on ne l'a pas fait valoir avant la clôture de l'ordre amiable, parce qu'à ce moment les droits sont acquis et les choses ne sont plus entières. Que faut-il décider, à cet égard, dans le cas d'ordre judiciaire? Nous nous expliquerons sur ce point dans le commentaire des art. 754 et suivants.

167. Lorsque des créanciers chirographaires ont formé opposition entre les mains de l'adjudicataire, faut-il les convoquer au domicile élu dans leur opposition pour assister au règlement amiable? On pourrait dire que ces créanciers ont intérêt à ce que les créanciers hypothécaires n'absorbent pas plus qu'il ne leur est dû, et à discuter leurs titres, afin qu'on ne classe pas parmi les hypothécaires des créances qui ne le seraient pas; car, après le payement des créanciers hypothécaires, ils ont droit sur le restant du prix. Cependant nous croyons qu'aucune lettre de convocation ne doit leur être adressée, malgré cette opposition. D'abord, l'adjudicataire dont le concours n'est pas nécessaire à l'ordre amiable n'est pas obligé de veiller aux droits des créanciers chirographaires et de faire connaître l'existence de cette opposition au juge-commissaire.

Supposons même que le juge-commissaire ait connaissance de l'opposition des chirographaires par l'adjudicataire ou par une notification au greffe; cela ne doit pas empêcher de procéder à l'ordre amiable des créanciers hypothécaires en dehors des chirographaires. Ces derniers ont bien le droit d'intervenir; mais ils doivent se présenter spontanément lors de la réunion des créanciers inscrits, en déclarant sur le procès-verbal d'ordre qu'ils interviennent pour veiller à leurs propres intérêts.

168. La partie saisie et l'adjudicataire, dit l'art. 751, sont également

convoqués. Le saisi a intérêt à connaître pour quelle somme ses créanciers sont colloqués, et il peut donner des éclaircissements sur les difficultés qui peuvent s'élever entre eux, pour les mettre d'accord. Quant à l'adjudicataire, il ne lui est pas indifférent de savoir quels sont les créanciers entre les mains desquels il doit se libérer ; et il peut faire, sur les clauses de l'adjudication, des observations utiles pour établir la distribution du prix.

Ce que nous disons du saisi et de l'adjudicataire s'applique également au vendeur et à l'acquéreur, en cas d'aliénation volontaire.

Mais l'absence du saisi et de l'adjudicataire ne pourra faire obstacle à un arrangement amiable ; et, quand ils sont présents, leur opposition dans le but de contrarier les créanciers ou de retarder le payement n'arrêtera pas la marche du règlement amiable devant le juge. C'est un point qui résulte clairement du rapport de la commission, ainsi que du texte même de l'art. 751. « L'adjudicataire et le saisi sont convoqués, mais sans que leur absence, dit M. Riché, puisse être un obstacle à l'arrangement, etc. » (Voy. *suprà*, p. 51, n° 125.) (1) Quant à l'art. 751, il dispose que le juge-commissaire convoque les créanciers inscrits *afin de se régler amiablement sur la distribution du prix*. Ainsi le règlement amiable ne se passe qu'entre les créanciers ; la partie saisie et l'adjudicataire sont bien également convoqués, mais on ne dit pas que leur coopération soit nécessaire pour arriver à l'arrangement devant le juge. La preuve en est dans l'alinéa dernier de l'art. 751, qui condamne les créanciers non comparants seuls à l'amende de 25 fr., tandis que l'absence du saisi et de l'adjudicataire ne donne lieu à aucune peine contre eux, parce qu'elle ne peut être, aux termes du rapport, un obstacle au règlement amiable entre les créanciers.

Toutefois, si le saisi présentait des moyens sérieux contre la collocation d'un des créanciers, le juge ferait bien, sans surseoir à l'ordre, d'obliger ce créancier à donner caution pour garantir le saisi des suites de son insolvabilité, ou de le colloquer provisoirement, en impartissant un délai dans lequel le saisi devra faire juger la contestation.

169. Lorsque l'acquéreur ne comparaît pas sur la lettre de convocation qui lui est adressée, a-t-il le droit de retenir, en déduction de son prix, le coût de l'extrait des inscriptions et les frais de notification de son contrat, quoique ces frais n'aient point été colloqués dans l'ordre ? Cette question s'est présentée sous la loi du 11 brumaire an 7, et l'on invoquait contre la prétention de l'acquéreur l'art. 32 de cette loi, d'après lequel le créancier privilégié non soumis à l'inscription devait produire, *à peine de déchéance*, ses pièces et titres pour être employés dans l'ordre. Le Tribunal de Troyes (2) a accueilli ce système par le motif que l'acquéreur, *n'ayant pas déposé son contrat d'acquisition* au greffe du tribunal où l'ordre se poursuit, ne peut être autorisé à retenir par ses mains les frais des extraits d'inscriptions et de la notification de

---

(1) *Voy*. cependant M. Bressolles, p. 35, § dernier.
(2) 28 therm. an 11 (Sir., 4, 2, 700).

son contrat, tant aux créanciers inscrits que vis-à-vis du poursuivant.

Mais la Cour de Paris (1) a réformé ce jugement en disant que tout acquéreur a le droit, si le contraire n'est stipulé, de retenir sur son prix les frais de notification de son contrat et de l'état des inscriptions dont il est grevé; que ce droit est moins une créance qu'une déduction sur le prix de son acquisition, pour raison de laquelle la loi n'exige point de collocation; que ces frais peuvent toujours, et après l'ordre, être liquidés, et que même ils peuvent l'être sans production ni mémoire lors de l'ordre, puisque le poursuivant est lui-même tenu de déposer, pour introduire l'ordre, la copie qui lui a été notifiée du contrat et du bordereau des inscriptions. Cette décision doit encore être suivie aujourd'hui (2); l'art. 774 dit que l'acquéreur est employé par préférence pour ses frais, sans le soumettre à la condition de déchéance qui frappe les créanciers d'après l'art. 754.

170. Il fallait donner aux personnes convoquées pour se rendre à la réunion devant le juge procédant au règlement amiable le délai nécessaire, soit pour faire le voyage, soit pour commettre un mandataire qui les remplace et lui envoyer leurs titres et pièces. La loi fixe le délai à dix jours au moins à partir de la convocation, constatée par le bulletin de récépissé des lettres d'envoi donné par la poste au greffier. Ces dix jours doivent être francs; on n'y compte ni le jour d'envoi, ni celui de réception de la lettre.

171. On vient de voir que le minimum est de dix jours; mais la loi n'établit pas de maximum; elle laisse toute latitude, à cet égard, au juge, qui seul doit apprécier ce qu'il faut de temps aux créanciers pour se réunir, d'après la distance des lieux, leur nombre et les difficultés présumées que présente, d'après l'état des inscriptions, la recherche de leurs titres pour l'établissement de leurs créances. Toutefois il existerait une limite pour le juge, qui serait obligé de fixer le délai pour comparaître à moins d'un mois, si l'on admettait que tout ce qui concerne la procédure relative aux règlements amiables doit être terminé dans le délai d'un mois à partir de la première convocation. Nous examinerons cette question en nous occupant de la prorogation. (Voy. *infrà*, n° 192.)

III. — *De la confection du règlement amiable.*

172. Avant d'aborder les difficultés qui peuvent se présenter à l'occasion du règlement amiable, examinons une question préliminaire, celle de savoir si l'assistance des avoués est nécessaire aux parties pour comparaître à la réunion qui doit se tenir devant le juge; en un mot, est-ce là un acte de postulation rentrant dans le privilége exclusif de l'exercice de leur ministère?

Quelques avoués l'ont prétendu, non pas, nous nous hâtons de le dire, dans un intérêt d'argent, mais dans une pensée plus élevée, dans

---

(1) 14 mess. an 12 (Sir., 4, 2, 700; Dall., 10, 851).
(2) Paris, 6 fév. 1810 (Sir., 15, 2, 189); *id.* M. Chauveau, n° 2618 *quater.*

le désir d'être utiles à la bonne administration de la justice. C'est dans cette idée que les membres honorables de la corporation ont été conduits à soutenir que les parties elles-mêmes ne peuvent se présenter en personne, devant le magistrat chargé de les concilier, sans être accompagnées d'avoués. Cette prétention peut-elle être admise? Nous ne le pensons pas; elle est contraire à l'opinion des rédacteurs de la loi comme à son économie, et nous dirons presque à ses textes. Il est dit formellement, dans le rapport de la commission, que les parties peuvent être *représentées par des fondés de procuration ou assistées de conseils*. Ces expressions ne sont-elles pas destructives du privilège des avoués? Peut-il y avoir acte de postulation quand les parties peuvent employer des fondés de procuration si elles ne comparaissent pas, ou se faire accompagner de conseils si elles se présentent elles-mêmes? De plus, les parties ont la faculté de se faire assister de conseils; mais elles n'y sont pas forcées d'après le rapport. Or, dès qu'une partie peut se présenter seule devant le juge, et elle le peut d'après M. Riché, cette comparution à la réunion n'est pas un acte de postulation qui doive se faire nécessairement par le ministère des avoués, et ne puisse pas être exercé par les particuliers. Dans l'esprit de la loi, cette tentative de règlement amiable est assimilée, sous ce rapport, à la conciliation devant le juge de paix. Les règles tracées pour la mission de ce dernier doivent être consultées pour l'essai de conciliation en matière d'ordre. En effet, après avoir parlé *des juges de paix qui concilient beaucoup de litiges* sans *avoir le mobile de l'intérêt personnel*, le rapport ajoute que le jeune magistrat aimera à se distinguer *par le succès des arrangements*. D'après l'art. 54 du Code de procédure, la conciliation opérée devant le juge de paix est qualifiée aussi *d'arrangement*. — Voyons maintenant si, d'après l'économie de la loi, le ministère des avoués peut être considéré comme forcé. L'art. 751 ne mentionne pas les avoués et ne trace aucune formalité qui exige leur présence, tandis qu'à partir de l'art. 753, où commencent les règles pour l'ordre judiciaire, leur présence est signalée dans tous les actes de la procédure. Dès que l'avoué est constitué, c'est lui qui est sommé. Au lieu de dénoncer l'ouverture de l'ordre à l'adjudicataire, c'est à son avoué qu'on signifie cet acte; la production, dit l'art. 754, doit être signée par l'avoué; le règlement provisoire, d'après l'art. 755, est dénoncé par acte d'avoué à avoué, etc. Pour faire ressortir encore davantage la différence entre l'ordre judiciaire et l'ordre amiable, l'art. 773 le désigne sous le nom de préliminaire de règlement amiable; de plus, même lorsqu'il n'y a pas d'ordre judiciaire et que la distribution du prix est réglée par un jugement s'il y a moins de quatre créanciers inscrits, il faut cependant procéder au préliminaire du règlement amiable, parce qu'il s'agit là d'une tentative de conciliation, mais non pas d'un ordre véritable. De tout cela il résulte pour nous la conviction que l'assistance des avoués n'est pas indispensable pour le règlement amiable devant le juge.

173. Toutefois nous croyons que, dans la pratique, la présence des avoués sera très-utile pour obtenir des arrangements. Les garanties de

lumières et d'honorabilité qu'offrent ces officiers ministériels, l'influence que peut exercer sur eux le magistrat qui préside la réunion pour éclairer un client récalcitrant ou de mauvaise foi, doivent produire des effets favorables aux arrangements entre les créanciers. D'ailleurs la nécessité de recourir aux avoués, en cas d'ordre judiciaire, évitera l'intervention de deux agents, qui coûteront plus cher qu'un seul (1).

174. Il ne fait pas le moindre doute que les créanciers inscrits ne sont pas obligés de comparaître en personne; les parties, avons-nous dit, peuvent être représentées par des fondés de procuration. En aucun cas, le juge-commissaire ne peut forcer un créancier à comparaître personnellement lorsqu'il s'est fait représenter par un mandataire. Ce serait dépasser la mission du juge conciliateur que d'employer les moyens qui n'appartiennent qu'au tribunal; il ne pourrait évidemment être prononcé aucune amende contre la partie qui n'obéirait pas à son injonction de se présenter en personne.

175. Le fondé de procuration doit être muni d'un pouvoir spécial; il ne suffirait pas qu'il comparût seulement avec la lettre de convocation adressée au créancier. Rien ne prouve comment cette lettre se trouve entre les mains de celui qui prétend être, par cela même, le mandataire. D'ailleurs ce pouvoir doit être annexé au procès-verbal que le juge dressera du règlement amiable consenti dans la réunion par les créanciers. Les avoués, n'étant, dans ce cas, ainsi que nous croyons l'avoir démon-

---

(1) La Circulaire ministérielle du 2 mai 1859 s'exprime, à cet égard, en des termes dans lesquels nous trouvons un résumé parfait de ce qui est dit dans ce numéro et dans le précédent. « Les considérations, y est-il dit, qui ont déterminé le législateur à tenter l'ordre amiable ne permettent pas de penser que les créanciers soient astreints à recourir au ministère des avoués; le règlement a lieu sous la médiation du juge; mais il s'accomplit amiablement, c'est-à-dire sans procédure. Le créancier a donc le libre choix de son mandataire, et, lorsqu'il se présente en personne, il peut se faire accompagner d'un avocat ou d'un avoué; mais les honoraires du conseil, comme ceux du mandataire, restent à sa charge, et ne peuvent, en aucun cas, être prélevés sur la somme à distribuer. » (Voy. supra, p. 128, n° 47.) Bien qu'elles soient dominantes en doctrine et en jurisprudence, ces idées rencontrent néanmoins quelques contradicteurs. M. Chauveau notamment les combat de la manière la plus vive (voy. quest. 2550 septies), et son opinion, qui est aussi celle de MM. Grosse et Rameau, n°* 207 et suiv. et n° 294, revient à dire que l'ordre amiable tel que l'organisent les art. 751 et 752 du Code de procédure modifié par la loi du 21 mai 1858 est un règlement judiciaire, puisqu'il est fait devant un juge représentant le tribunal et ayant pouvoir de donner l'authenticité aux conventions consenties sous sa médiation; que par cela même les réquisitions qui précèdent cet ordre constituent des actes véritables de postulation rentrant dans les termes du décret du 19 juillet 1810; que, d'ailleurs, l'intervention des avoués n'est nulle part plus nécessaire que dans un règlement d'ordre, puisque l'intérêt essentiel des parties est d'apprécier le mérite des productions qu'il leur importe de critiquer, ce que leur inexpérience ne leur permet pas de faire par elles-mêmes; et que quand, dans la matière de l'expropriation pour cause d'utilité publique, qui n'admet pas la nécessité de la représentation des parties par les avoués, on tient cependant que la requête à fin d'autorisation, en chambre du conseil, d'actes concernant des incapables (l., 3 mai 1841, art. 13), doit être présentée par un avoué' (voy. arrêt de Paris, du 13 oct. 1852, Journ. du Pal., 1852, t. II, p. 524), il est difficile de concevoir que le ministère de l'avoué ne soit pas nécessaire dans les ordres amiables, où il s'agit de bien autre chose que d'une simple requête, puisque, d'après les termes de l'art. 750, la partie la plus diligente requiert l'ouverture du procès-

tré, que de simples fondés de procuration, doivent se présenter devant
le juge conciliateur avec un pouvoir régulier.

176. Après avoir établi que les parties peuvent se présenter en personne ou par fondés de procuration à la réunion pour le règlement
amiable, il faut entrer dans les explications relatives à la confection de
ce règlement. Pour les rendre plus claires et plus saisissantes, nous
allons présenter d'abord le cas le plus simple, et de là passer à ceux qui
sont plus compliqués. Ainsi, nous nous occuperons successivement :

1° Du cas où tous les créanciers inscrits convoqués, ayant des hypothèques déterminées et non conditionnelles, sont seuls présents à la
réunion et consentent au règlement amiable ;

2° Du cas où il y a lieu à prorogation de la réunion ;

3° Du cas où il se présente aussi des créanciers non inscrits au règlement amiable ;

4° Du cas où il se présente au règlement amiable des créanciers ayant
des hypothèques indéterminées ou conditionnelles ;

5° Du cas où il s'y présente des créanciers incapables ;

6° Du règlement amiable partiel ;

7° Du sous-ordre en cas de règlement amiable.

1° Du cas où tous les créanciers inscrits convoqués, ayant des hypothèques déterminées et non conditionnelles, sont seuls présents à la réunion et consentent au règlement amiable.

177. Le jour de la réunion venu, les parties se présentent devant le

---

verbal d'ordre, et, s'il y a lieu, la nomination d'un juge-commissaire, réquisition qui
doit être inscrite sur le registre des adjudications.

Mais, dans ce système, l'ordre amiable ne serait qu'une variante de l'ordre judiciaire, et tous les précédents de la loi répugnent à l'idée que le législateur n'en ait
voulu faire que cela. L'ordre amiable, dans la pensée du législateur, a été la tentative
de conciliation appliquée à la matière spéciale des ordres, et, loin d'être une variante
de l'ordre judiciaire, il a été imaginé précisément comme un moyen de le prévenir :
il a donc ses formes spéciales, qui n'empruntent rien à celles de l'ordre judiciaire; et
comme il est tout de conciliation, il écarte, par sa nature même, toute idée de procédure et exclut tout acte de postulation. On se trompe, d'ailleurs, quand on suppose
que la partie la plus diligente est pour quelque chose dans la mise en action de cette
tentative de conciliation. L'art. 750, qui donne à la partie la plus diligente le pouvoir
de requérir, a particulièrement en vue *l'ordre judiciaire;* la tentative d'ordre amiable
ne vient qu'après cette réquisition, et c'est le juge-commissaire seul qui en a l'initiative, et qui y procède d'office au moyen de l'ordonnance qu'il rend pour la convocation des créanciers. Tout ceci, encore une fois, est exclusif de l'idée de procédure,
et par cela même *du ministère obligatoire* des avoués. C'est, comme nous l'avons dit,
l'opinion dominante en doctrine et en jurisprudence. En effet, nous la trouvons virtuellement consacrée dans un jugement rendu par le Tribunal de Caen, le 7 février
1859 (Dall., 1359, 3ᵉ part., p. 59), confirmé par la Cour impériale de Caen le
29 mars 1859 (*Journ. du Pal.*, 1859, p. 593), dont l'arrêt, vainement déféré à la cen-
sure de la Cour de cassation, vient d'être maintenu par le rejet du pourvoi dont il
avait été l'objet (*voy.* l'arrêt de rejet du 15 novembre 1859, *le Droit* du 17 novembre).
Et, dans la doctrine, l'opinion émise ici par M. Seligman, et que nous adoptons, est
défendue par MM. Bressolles (n° 25, p. 34 et 35); Piogey (*Monit. des Trib.*, n° 191);
Houyvet (*Tr. de l'Ordre entre les créanc.*, n° 24); Émile Ollivier et Mourlon (nᵒˢ 280
et suiv.); Leroux (*Cont. de l'enregistr.*, t. XL, p. 133).   P. P.

juge, qui doit provoquer toutes les explications et tous les éclaircissements qui peuvent amener la conciliation, avec la réserve et la modé-
ration qui conviennent au magistrat représentant l'intérêt général, et
exempt de toute passion inspirée par un intérêt particulier. Si les créanciers sont d'accord pour le règlement amiable, l'adjudicataire ni le saisi
ne peuvent l'empêcher par leur opposition.

178. Le juge dresse alors procès-verbal de la distribution du prix par
règlement amiable, d'après les conventions arrêtées devant lui entre les
créanciers. Cependant l'arrangement intervenu entre eux n'est parfait
que quand ils l'ont signé.

179. Si l'un des créanciers refuse sa signature, la proposition d'arrangement n'est pas acceptée. Jusque-là, le juge n'exerce aucune juridiction, et doit seulement constater les conventions que peuvent faire
les parties ; mais dès que l'une refuse de signer, c'est qu'elle ne veut pas
de l'accord, qui, tant qu'il n'est pas signé, reste imparfait. Il doit en
être, à cet égard, comme il en serait d'un acte notarié que l'une des
parties refuserait de signer.

En vain voudrait-on prétendre que le juge n'a pas besoin de la signature des créanciers pour faire le règlement amiable en se fondant sur
l'art. 751, aux termes duquel le juge dresse procès-verbal de la distribution du prix par règlement amiable, sans exiger la signature des
créanciers. Mais le silence gardé sur cette formalité par l'art. 751 n'est
pas une raison pour dispenser le juge-commissaire de faire signer ce
règlement amiable par les parties. L'art. 54 du Code de procédure dit
bien que le procès-verbal qui sera dressé par le juge de paix contiendra
les conditions de l'arrangement, sans ajouter que ce procès-verbal doit
être signé par les parties, et cependant il est constant, en jurisprudence
et en doctrine, que cette signature des parties est nécessaire pour rendre
la convention parfaite. Dans notre droit, partout où le juge ne constate
que la volonté des parties, sans statuer sur une contestation, leur signature est exigée. Ainsi, d'après l'art. 509 du Code de commerce, le concordat entre les créanciers d'un failli fait devant le juge doit être signé ;
il ne suffirait pas que le juge dressât procès-verbal du consentement des
créanciers au concordat sans leur signature. L'art. 751 s'en est référé
au droit commun pour la constatation des conventions entre les parties
en donnant la mission au juge d'en dresser procès-verbal.

180. Lorsque, dans la réunion, les créanciers se mettent d'accord,
le juge dresse procès-verbal de leur arrangement et le fait signer par
eux. Jusque-là, avons-nous dit, il n'exerce aucun acte de sa juridiction ;
mais dès qu'il a prononcé la clôture de l'ordre et mis sa signature avec
celle du greffier, son rôle change : il donne à cet acte le cachet de l'autorité judiciaire et le rend exécutoire. Le juge, dit l'art. 751, ordonne
alors la délivrance des bordereaux aux créanciers utilement colloqués,
et la radiation des inscriptions des créanciers non admis en ordre
utile (1).

_____

(1) Sur tout ceci, consultons les termes de la Circulaire du 2 mai 1859. La réunion,

181. En matière de règlement amiable, aucun délai n'est prescrit pour la délivrance des bordereaux. C'est immédiatement après la clôture de la distribution conventionnelle que le greffier peut délivrer à chaque créancier colloqué un bordereau qui est exécutoire soit contre l'adjudicataire, soit contre la Caisse des consignations, lorsque le prix y a été déposé.

182. Dans le cas d'un ordre judiciaire, cette délivrance des bordereaux ne peut avoir lieu qu'après un certain délai fixé par la loi pour rendre l'ordonnance de clôture inattaquable. Cette différence s'explique parce que l'ordre amiable est l'œuvre des parties, dont le consentement est nécessaire à son exécution, tandis que l'ordre judiciaire est l'œuvre du juge seul, et l'on a dû accorder aux créanciers le temps de l'examiner avant de le rendre définitif. La clôture du règlement amiable ne peut donc être attaquée par les créanciers qui ont signé cet arrangement.

183. Quant aux créanciers non admis en ordre utile qui ont consenti au règlement amiable, leurs inscriptions peuvent être rayées. Le conservateur des hypothèques est obligé de faire cette radiation sur la pré-

---

y est-il dit, a lieu sous la présidence du juge-commissaire. Après l'appel des personnes convoquées, l'avoué poursuivant expose l'objet de la réunion. Chacun des créanciers justifie de son identité, fait connaître ses prétentions et dépose son titre à l'appui. — Au surplus, la loi n'a prescrit aucune forme, n'a tracé aucune règle spéciale. Le juge auquel elle confie la direction du débat suit la marche qui lui paraît de nature à concilier tous les intérêts. Ne s'élève-t-il aucune difficulté, il dresse procès-verbal de la distribution du prix, ordonne la délivrance des bordereaux aux créanciers utilement colloqués et la radiation des inscriptions qui ne viennent pas en ordre utile. — Mais si des contestations surgissent, il appelle l'examen sur chacune d'elles et cherche à rapprocher les parties; son expérience, l'autorité de son caractère, lui assurent une influence qui, dans la plupart des cas, rend son intervention efficace et décisive (voy. *suprà*, p. 128, 129, n° 48). Tels sont les termes de la circulaire. Deux hypothèses y sont prévues : l'une où, aucune difficulté n'étant élevée, tout se termine entre les parties par un arrangement amiable, à la suite duquel vient la distribution avec toutes ses conséquences; l'autre où, la contestation s'élevant entre les parties, le juge tente la conciliation, à défaut de laquelle il faut passer à l'ordre judiciaire. Mais cette dernière situation peut se produire dans des circonstances diverses. Elle peut avoir pour cause une contestation sérieuse, ayant son principe dans le sentiment d'un droit véritable méconnu, ce qui porte la partie lésée à refuser son consentement ou son adhésion au règlement amiable; elle peut aussi avoir pour cause unique le mauvais vouloir pur et simple d'un créancier qui, soit qu'il n'obtienne pas collocation dans le règlement amiable proposé, soit par tout autre motif, soulève des difficultés sans consistance, et, en définitive, refuse son consentement au règlement amiable uniquement parce qu'il ne lui plaît pas de le donner. Le juge-commissaire n'a aucun moyen, sans doute, de vaincre cette résistance, et il faut que les parties subissent l'ordre judiciaire. Mais le créancier aura-t-il pu agir ainsi impunément, et les parties auxquelles il aura ainsi imposé, par un pur caprice, l'obligation de subir la procédure lente et coûteuse de l'ordre judiciaire seront-elles sans droit contre lui? Nous ne le pensons pas. Un laborieux magistrat, M. J. Courtois, juge au Tribunal civil de Chartres, où il est investi des fonctions de juge-commissaire aux ordres, estime que c'est là un cas qui tombe sous l'application de l'art. 1382 du Code Napoléon. Nous sommes aussi de cet avis, et, comme le judicieux magistrat dont nous parlons, nous croyons que le juge-commissaire aura facilement raison des résistances injustes et non motivées en faisant entrevoir à celui qui les oppose qu'elles le placent sous le coup d'une action en dommages-intérêts.   P. P.

sentation d'un extrait, délivré par le greffier, de l'ordonnance du juge qui l'a prononcée.

184. Quand il s'agit d'un règlement amiable, le conservateur ne doit pas exiger, avant de rayer, un certificat de non-appel ni opposition contre l'ordonnance du juge, puisque l'extrait délivré par le greffier lui indique que tous les créanciers dénommés dans le règlement amiable y ont apposé leur signature, après avoir donné leur consentement à la radiation dans le procès-verbal, et l'ont ainsi rendu inattaquable.

185. Dans la pratique, on se contente d'une procuration sous seing privé lorsque la partie ne comparaît pas en personne. Mais ne serait-il pas nécessaire que ce pouvoir fût donné par acte authentique, lorsque le mandataire du créancier consent devant le juge mainlevée de l'hypothèque de son mandant qui ne vient pas en ordre utile? Il faudrait évidemment que la procuration fût authentique pour donner mainlevée d'hypothèques devant un notaire, aux lieu et place du créancier inscrit; et, dans ce cas, le conservateur ne voudrait pas rayer une inscription si le pouvoir était sous seing privé. Il pourra se fonder sur l'art. 2158 du Code Napoléon, d'après lequel il n'est tenu de rayer que sur l'expédition de l'acte authentique portant consentement à la radiation. Donc le mandat qui est nécessaire pour l'acte authentique constatant ce consentement doit être lui-même authentique. La radiation (1) des inscriptions a des conséquences tellement graves que les conservateurs peuvent bien s'autoriser des termes de l'art. 2158 en vue d'éviter des surprises par l'effet desquelles leur responsabilité pourrait se trouver engagée.

En faut-il conclure que, devant le juge, le pouvoir doit être authentique, et que le conservateur des hypothèques serait fondé à refuser de rayer l'inscription du créancier non colloqué, nonobstant le consentement donné par le mandataire, dont le pouvoir aurait été constaté par acte sous seing privé? Nous ne le pensons pas; l'ordonnance du juge doit lui suffire pour la radiation des inscriptions prises par des créanciers non admis en ordre utile. Le juge, il est vrai, n'a pas, en général, plus de pouvoir qu'un notaire pour constater les conventions intervenues entre les créanciers relativement à la distribution du prix; mais une fois l'accord consenti entre eux en sa présence et constaté régulièrement dans le procès-verbal qu'il a dressé, il exerce une véritable juridiction, comme pour l'ordre judiciaire, et le conservateur est obligé d'obéir à l'ordonnance du magistrat qui prescrit la radiation.

186. En ce qui touche la forme, le procès-verbal dressé pour le règlement amiable doit constater, en commençant par l'intitulé ordinaire : « L'an mil huit cent », etc., que toutes les formalités pour arriver à l'ordre ont été remplies, que la convocation aux créanciers inscrits a été faite conformément à la loi. Ensuite il contient l'état de collocation, comme dans les ordres judiciaires, et se termine par la formule reçue pour les procès-verbaux dressés devant le magistrat.

---

(1) Arrêt de cass. du 21 juill. 1830 (Sir., 36, 1, 921); Cour de Lyon, 29 déc. 1827 (Sir., 28, 2, 287).

187. Il n'est pas douteux que le greffier ne doive tenir la plume, car le juge-commissaire qui dirige l'assemblée des créanciers ne peut pas s'occuper tout à la fois de la rédaction et de ce qui se passe devant lui; il faut suivre, à cet égard, l'usage établi pour les réunions de créanciers en matière de commerce. Le procès-verbal doit être rédigé séance tenante, quand tous les créanciers sont d'accord et qu'il s'agit d'un ordre peu étendu.

188. Dans le cas, au contraire, où l'importance du travail ne permet pas de le faire sans désemparer, le juge doit, lors de la réunion, constater le consentement de tous les créanciers au règlement amiable, recevoir sur le procès-verbal, immédiatement, la déclaration des créanciers non admis en ordre utile qui donnent mainlevée de leur hypothèque et consentent à la radiation, et il fait signer ce procès-verbal par tous les créanciers présents. Ensuite il rédige l'ordre amiable des créanciers colloqués plus tard, sur les bases convenues lors de la réunion, et le fait signer par eux. Il est inutile de déranger de nouveau les créanciers qui ne viennent pas en ordre utile pour leur faire signer ce règlement, auquel ils sont étrangers par suite de la déclaration de mainlevée qu'ils ont donnée précédemment et qu'ils ont signée.

189. La signature des créanciers colloqués, au contraire, est nécessaire pour constater qu'ils ont accepté le règlement amiable, dans lequel ils ont pu se faire des concessions mutuelles pour éviter les frais et les longueurs d'un ordre judiciaire.

190. Les frais de la distribution par règlement amiable sont peu considérables; ils se composent des droits de greffe, de timbre et d'enregistrement du procès-verbal; il faut encore ajouter la somme avancée par le requérant pour les lettres de convocation adressées aux créanciers inscrits. Nous admettrions encore qu'on allouât un droit de présence à l'avoué poursuivant, dont l'assistance à la réunion est utile pour préparer le règlement amiable, et qui peut lui-même réclamer l'avance de frais qu'il a faite pour les lettres de convocation. Quant aux honoraires des avoués qui assistent les créanciers colloqués, ils sont à la charge de ces derniers, qui doivent rémunérer le conseil dont l'intervention leur a évité les retards et les frais d'un ordre judiciaire. C'est ce qu'exprime la Circulaire ministérielle du 2 mai 1859. (*Voy.* la note sous le n° 173.)

Toutefois nous croyons qu'il est équitable de considérer comme frais de poursuite le coût des procurations des créanciers non admis en ordre utile qui consentent à la radiation de leurs inscriptions, car ces créanciers facilitent ainsi l'arrangement entre les autres créanciers, sans profit personnel.

2° Du cas où il y a lieu à prorogation de la réunion.

191. Il peut se faire que, lors de la réunion des créanciers, presque tous étant d'accord pour faire un règlement amiable entre eux, le juge espère que, mieux éclairés sur leurs droits, ceux qui résistent à un arrangement y consentiront dans une subséquente conférence. Dans ce cas, le juge peut incontestablement provoquer une seconde et même

une troisième réunion, s'il estime que cela pourra conduire à l'accord des créanciers.

192. Mais il y a un délai qui, autant que possible, doit être observé. Il résulte de l'art. 752 (voy. *infrà*, n° 247), lequel, afin d'éviter que le désir d'obtenir des règlements amiables ne retarde outre mesure la marche des ordres, dispose qu'à défaut de règlement amiable dans le *délai d'un mois*, le juge déclare l'ordre judiciaire ouvert.

Avant de passer outre, nous avons un point à préciser : c'est celui de savoir si le mois doit être compté à partir de la date de la convocation des créanciers, ou du jour fixé pour la réunion.

Pour soutenir que le mois ne doit courir que de la première réunion, on peut dire que c'est depuis ce moment seulement que le juge peut s'occuper utilement de mettre les créanciers d'accord pour un ordre amiable; que si l'on calculait le mois de la date des lettres de convocation, l'intervalle qui sépare l'envoi de ces lettres du jour de la réunion ne pourrait guère servir au règlement amiable, et que cependant l'art. 752 dit que c'est à défaut de règlement amiable dans le mois que l'ordre judiciaire doit être ouvert; que, dès lors, ce mois a dû être employé en entier pour essayer d'obtenir ce règlement amiable. D'ailleurs, pourrait-on ajouter, il faut que les délais s'enchaînent. Or le dernier délai dont parle l'art. 751 est celui qui est fixé pour la réunion des créanciers; il faut, par conséquent, que le mois accordé dans l'art. 752 pour le règlement amiable se rattache au dernier délai indiqué dans l'art. 751, c'est-à-dire celui de la réunion des créanciers convoqués.

Nous avions penché vers cette interprétation, non-seulement parce qu'elle s'appuie sur de très-sérieuses considérations, mais encore parce qu'elle donne plus de latitude et de facilité pour obtenir un règlement amiable. Mais en consultant le rapport de la commission qui a créé l'institution du règlement amiable, on voit que toute la procédure relative à ce règlement doit être terminée dans le délai d'un mois, que l'ancien art. 749 avait accordé aux créanciers pour se régler entre eux. « Votre commission, dit M. Riché dans son rapport, a voulu tirer de ce délai (un mois) un parti plus fécond. » Ceci prouve que tout ce qui concerne le règlement amiable doit être limité à un mois; et, dans un autre passage du rapport, on dit que le juge pourra ordonner plusieurs réunions *dans le courant du mois* (1); donc, toutes les réunions doivent être ordonnées dans le mois, et le mois doit être compté de la date de la première convocation ordonnée par le juge. Dans l'économie de la loi nouvelle, les délais sont rigoureusement enchaînés; et si l'on adoptait l'opinion que nous combattons, le juge pourrait fixer le jour de la première réunion des créanciers comme bon lui semblerait, puisque, d'après l'art. 751, il y a bien un minimum, qui est de dix jours, mais pas de maximum. Au contraire, selon nous, ce maximum résulterait de l'art. 752, qui resserre toute la procédure relative au règlement amiable dans le délai d'un mois. Il est donc tout à fait conforme à l'esprit de la nou-

_____

(1) *Voy.* le Rapport de M. Riché, *suprà*, p. 49 et 51, n°ˢ 121 et 126.

velle loi, qui a voulu substituer des délais fixes à l'arbitraire, de décider
que le mois accordé pour le règlement amiable doit être compté de la
date de l'envoi des lettres de convocation.

193. Si le juge-commissaire, malgré le vœu formel de la loi, dépas-
sait le mois, il aurait à expliquer les causes de ce retard dans le compte
qu'il doit rendre des procédures d'ordre à lui confiées. Ces infractions
à l'art. 752 ne devraient être tolérées que dans des cas rares et justifiés
par des motifs sérieux; sans cela, l'abus s'en introduirait bientôt dans
la pratique, sous le prétexte d'obtenir des arrangements amiables.

194. Nous avons dit, au numéro 191, qu'il peut se faire que presque
tous les créanciers étant d'accord, sauf un ou deux qui ont besoin de
quelques éclaircissements, le juge ordonne une autre réunion, dans
l'espoir d'arriver à un règlement amiable. Dans ce cas, le juge-commissaire agira prudemment en constatant l'accord qui existe entre les créanciers, à l'exception de quelques-uns, et en faisant signer l'arrangement
qu'ils ont fait, afin qu'ils ne puissent pas revenir sur le consentement
qu'ils ont donné dans la réunion suivante : *ambulatoria est voluntas
hominum.*

195. Si les créanciers qui n'ont pas consenti d'abord à l'arrangement
y adhèrent lors de la seconde conférence, ils n'ont qu'à signer le règlement amiable fait entre les autres créanciers, et tout est terminé.

196. Mais lorsqu'ils ne veulent pas donner leur adhésion à cet arrangement, peuvent-ils obtenir des modifications dans leur intérêt seul,
lors de l'ordre judiciaire? On peut dire, pour l'affirmative, que les créanciers qui ont signé l'arrangement sont liés par les conventions qu'ils ont
faites. Ils ne peuvent en demander la nullité, puisqu'ils les ont librement consenties et signées.

Toutefois cette argumentation manquerait par la base : le consentement à l'arrangement n'a été donné par les signataires que sous la condition que tous les créanciers présents l'accepteraient pour éviter les
longueurs et les frais d'un ordre judiciaire. Le but de la réunion confirme cette interprétation, puisque l'ordre amiable ne peut avoir lieu
qu'avec le consentement de tous les créanciers. Ainsi, l'adhésion des
autres créanciers présents au règlement amiable projeté est la condition
même de la convention ; si cette condition suspensive ne se réalise pas,
la convention est anéantie en son entier.

Que si un ou plusieurs créanciers inscrits sont absents lors de la
réunion, une distribution conventionnelle peut être arrêtée entre les
créanciers présents. Dans ce cas, le juge fera bien d'en dresser le
procès-verbal, que les créanciers présents doivent signer. Si, dans le
mois accordé pour le règlement amiable, les créanciers absents acceptent ce règlement, l'ordre sera clos par le juge. Pour obtenir cette
adhésion des défaillants, le juge pourra ordonner une nouvelle conférence générale de tous les créanciers, ou seulement, selon les circonstances, avertir spécialement les absents pour qu'ils aient à prendre
connaissance de l'arrangement intervenu entre les créanciers présents,
et à le signer s'ils l'acceptent.

Dans le cas où le créancier absent ne voudrait pas admettre l'accord fait entre les créanciers présents, lui seul pourrait l'attaquer dans son intérêt exclusif, tandis que les créanciers présents ne pourraient se refuser à l'exécution de cet arrangement sous le prétexte que tous les créanciers inscrits n'y ont pas concouru. En effet, les conventions légalement formées tiennent lieu de loi à ceux qui les ont faites, et il n'appartient qu'au créancier absent seul de ne pas accepter le règlement amiable auquel il n'a pas donné son consentement. On ne pourra pas dire que les créanciers présents n'ont fait cet accord que sous la condition qu'il serait accepté par l'absent, dont ils ne connaissent nullement les dispositions. Pareille condition ne se présume pas; à moins d'une clause formelle, ils ne peuvent être censés avoir subordonné leur consentement à la future adhésion d'un créancier absent.

3° Du cas où il se présente aussi des créanciers non inscrits au règlement amiable.

197. Nous avons dit que les lettres de convocation, pour la réunion formée en vue du règlement amiable, sont adressées aux créanciers dont l'inscription se trouve dans l'état déposé au greffe lors de la réquisition de l'ouverture de l'ordre. Cet état d'inscription est levé après la transcription. Malgré l'accomplissement de cette formalité, certains créanciers peuvent encore se présenter à l'ordre; ce sont : les créanciers à hypothèque légale, pour leur droit de préférence; les créanciers ayant un privilége, qui s'étend subsidiairement sur les immeubles, aux termes des art. 2101 et 2104 du Code Napoléon; ensuite le vendeur et le copartageant, qui peuvent prendre inscription dans les quarante-cinq jours de l'acte de vente ou de partage, nonobstant toute transcription; et enfin les créanciers qui, demandant la séparation du patrimoine du défunt, peuvent exercer leur privilége dans les six mois à compter de l'ouverture de la succession.

198. Tous ces créanciers, s'ils n'ont pas pris inscription avant la délivrance de l'état sur transcription destinée à l'ordre, ne reçoivent pas l'avertissement pour se présenter à l'assemblée des créanciers pour le règlement amiable que prescrit l'art. 751. Comment doivent-ils s'y prendre pour faire valoir leurs droits? Ils n'ont qu'à demander au greffe si un ordre est ouvert. En cas de réponse affirmative, ils doivent intervenir spontanément, et se présenter à la réunion des créanciers convoqués avec les pièces et titres qui justifient leurs créances.

199. En ce qui concerne les femmes et les mineurs, nous avons examiné, sous l'art. 717, comment se conserve leur droit de préférence. Il est évident qu'ils n'ont pas besoin de prendre inscription pour se présenter au règlement amiable, puisque leur droit de préférence existe indépendamment de toute inscription.

200. Il faut en dire autant des créanciers privilégiés en vertu des art. 2101 et 2104 du Code Napoléon. Ils sont également dispensés d'inscription, et, conséquemment, ils n'auront qu'à se trouver à l'assemblée des créanciers, et y feront valoir leurs droits, en justifiant seulement de leur qualité et de leurs créances.

201. Les autres créanciers privilégiés dont nous avons parlé doivent agir de même, pourvu qu'ils soient encore dans les délais pour prendre l'inscription sans laquelle ils ne peuvent exercer leur privilége : aussi devront-ils justifier, lorsqu'ils se présenteront à la réunion des créanciers convoqués pour l'ordre amiable, qu'ils sont réellement inscrits. Ils ne peuvent exercer leur privilége sur le prix qu'à la condition d'avoir rempli préalablement la formalité de l'inscription à laquelle ils sont soumis.

4° Du cas où il se présente au règlement amiable des créanciers ayant des hypothèques indéterminées ou conditionnelles.

202. Il arrivera fréquemment que, lors de la réunion pour le règlement amiable, il se présentera des créanciers hypothécaires dont les droits sont indéterminés ou soumis à des conditions : tels seront, par exemple, les créanciers dont les droits sont subordonnés à l'événement d'une liquidation, d'un compte de tutelle, etc. Le juge devra-t-il, dans ce cas, surseoir jusqu'à la liquidation, par exemple jusqu'à celle des droits qu'une femme peut avoir en vertu de son contrat de mariage, ou à raison d'indemnités que lui doit son mari? Devra-t-il, au contraire, procéder à l'ordre amiable, sans attendre le résultat d'une liquidation difficile et longue? C'est à ce dernier parti que le juge s'arrêtera s'il veut suivre l'esprit de la loi nouvelle, dont la pensée a été d'accélérer et de faciliter les distributions de prix d'immeubles.

203. Nous ne pouvons mieux faire, sur ce point, que d'appliquer à l'ordre amiable les solutions proposées par la commission du Corps législatif, en vue de ce cas, dans l'hypothèse de l'ordre judiciaire.

« La présence, dans un ordre, dit M. Riché, de créances dont la quotité est subordonnée à l'événement d'une liquidation de succession ou de communauté, d'un compte de tutelle, etc., place le juge dans l'alternative du sursis ou de mesures provisoires. Sans pouvoir prohiber d'une manière absolue le sursis, surtout s'il est consenti par tous les intéressés, et si l'événement de la liquidation est prochain, reconnaissons que le sursis n'est nullement dans l'esprit de la loi nouvelle! Il nous avait donc paru sage de fixer le moyen de pourvoir aux éventualités, comme les codes genevois (1) et sarde n'ont pas dédaigné de le faire. Le juge évaluera la créance indéterminée, et, selon les circonstances, attribuera la somme au titulaire de cette créance, à charge de rendre l'excédant de l'évaluation sur la liquidation, ou aux créanciers postérieurs, à charge de rendre l'excédant de la liquidation sur l'évaluation. S'il s'agit de créance subordonnée à une condition suspensive, l'attribution sera faite aux créanciers qui suivent celui dont le droit n'est pas encore réalisé ; si la condition est résolutoire, l'attribution sera faite à celui auquel appartient la créance menacée par cette condition.

» L'obligation de rendre sera garantie par une caution ou par l'em-

_____

(1) *Voy.* les art. 659 à 668 du Code de procédure civile de l'État de Genève, qui contiennent des règles particulières à la collocation de quelques espèces de créances.

ploi de la somme, laissée aux mains de l'adjudicataire, ou placée en
rentes sur l'État. Le conseil d'État a rejeté cet amendement, laissant
ainsi à la pratique les avantages de la liberté et les inconvénients de l'incertitude (1). »

204. Nous devons ici faire observer que, pour suivre la marche tracée
dans le rapport pour faire le règlement amiable, le juge doit obtenir le
consentement des créanciers intéressés; il ne pourrait pas ordonner
d'office les mesures que nous venons de rappeler pour la collocation,
sans sursis, des créances indéterminées ou conditionnelles.

5° Du cas où il se présente à l'ordre des créanciers incapables.

205. Dans la commission du Corps législatif, la question relative aux
incapables qui pourraient se présenter au règlement amiable a été examinée spécialement, et le rapport s'exprime à ce sujet dans les termes
suivants :

« La loi belge n'a pas prévu le cas où, parmi les créanciers, se trouve
un incapable. Votre commission avait considéré le consentement au
règlement amiable beaucoup moins comme une transaction que comme
un acte d'administration.

» Le tuteur peut, sous sa responsabilité, aliéner les valeurs mobilières, ne pas produire à un ordre pour une créance qui lui semble
perdue; il peut de même consentir à un règlement amiable pour épargner des frais et lenteurs d'ordre judiciaire, qui empêcheraient, réduiraient ou retarderaient la collocation de la créance. Le conseil d'État
ayant éliminé cette partie de notre article, l'ordre amiable devant le
juge sera sans doute considéré, sous ce rapport, comme l'est aujour-
d'hui un ordre devant notaire (2). »

206. Nous adoptons pleinement l'appréciation faite, dans le rapport
de la commission, des motifs qui ont fait rejeter cette proposition par
le conseil d'État, et rien, lors de la discussion au Corps législatif, n'est
venu modifier cet avis exprimé par la commission.

L'ordre amiable est une distribution conventionnelle du prix faite
sous la direction du juge, qui la consacre et la rend exécutoire. Il faut
donc que les parties contractantes aient la capacité nécessaire pour
donner un consentement valable à l'arrangement; et c'est par les règles
du droit commun, auxquelles le conseil d'État n'a pas voulu qu'on dé-
rogeât, que doivent se résoudre les difficultés résultant de la présence
d'un incapable parmi les créanciers hypothécaires inscrits.

Est-ce à dire pour cela que le règlement amiable ne puisse avoir lieu
dès qu'il se trouve un incapable parmi les créanciers inscrits? Évidemment, non : il faut seulement observer les formalités prescrites par la
loi pour rendre le consentement de l'incapable valable. Voyons donc
comment il faut procéder pour faire un règlement amiable en présence
d'hypothèques inscrites appartenant à des mineurs ou à des femmes.

---

(1) *Voy.* le Rapport, *supra*, p. 58, n° 152.
(2) *Ibid.*, p. 51, n° 128.

207. En ce qui concerne la femme, il faut distinguer sous quel régime elle est mariée.

208. Sous le régime de la communauté, la femme commune ne peut se présenter à l'ordre amiable qu'autorisée de son mari, ou de la justice en cas de refus du mari.

209. Dans ce cas, le mari pourrait-il représenter sa femme devant le juge procédant au règlement amiable sans être porteur d'une procuration spéciale? Il faut distinguer.

La femme touche-t-elle sa créance en entier, le mari n'a pas besoin de procuration; il exerce seul, en vertu de l'art. 1428 du Code Napoléon, toutes les actions mobilières de la femme; or, se présenter à un ordre dans lequel la femme est colloquée pour la totalité de sa créance, c'est exercer une action purement mobilière. Si la garantie accessoire de l'hypothèque s'éteint par suite du payement, c'est la conséquence du payement de la dette; ce n'est pas une aliénation de l'hypothèque de la femme, laquelle ne pourrait être faite sans son consentement. Le mari pourrait bien consentir seul, après payement intégral, à la radiation de l'inscription prise par la femme. Il a donc qualité pour recevoir le payement dans l'intérêt de sa femme, ce n'est qu'un acte d'administration; et dès lors il peut donner quittance, et, par cela même, libérer l'immeuble affecté à la sûreté d'une créance éteinte par le payement.

Au contraire, la femme ne touche-t-elle sa créance qu'en partie, nous déciderions autrement. Dans ce cas, le consentement de la femme est nécessaire; car, en acceptant dans le règlement amiable une diminution de sa créance, elle renonce véritablement en partie à la garantie immobilière que lui procure son hypothèque. L'extinction de l'hypothèque est alors un effet de sa volonté; elle n'est pas la conséquence du payement : donc le mari ne pourra consentir au règlement amiable qu'avec une procuration spéciale de sa femme.

210. Lorsque le prix en distribution provient de la vente d'un immeuble du mari, la femme, autorisée, peut donner mainlevée de son inscription, sans prendre l'avis des quatre parents dont parlent les art. 2144 et 2145 du Code Napoléon. Ces articles ne sont applicables que quand la femme veut donner mainlevée de ses inscriptions dans l'intérêt unique du mari; mais lorsqu'elle contracte avec des tiers, il est bien certain qu'elle peut renoncer, en faveur de ces tiers, à son hypothèque légale, et, par conséquent, leur donner mainlevée de son inscription (1).

211. Sous le régime de séparation de biens, lorsque la femme agit pour l'exécution de ses reprises, en vertu d'un jugement obtenu contre son mari, elle n'a pas besoin d'être autorisée pour participer à l'ordre amiable; elle se présente alors pour la liquidation de ses droits, ordonnée par justice.

212. Il en serait autrement dans tous les autres cas, parce que le

_____

(1) *Voy.* MM. Paul Pont, *Des Priv. et Hyp.*, n° 543; Troplong, *Hypothèques*, n° 738 *bis*.

règlement amiable devant le juge est un acte judiciaire, et la femme même séparée de biens ne peut ester en jugement sans l'autorisation de son mari (art. 215 du Code Napoléon). Cette autorisation est incontestablement nécessaire à la femme pour qu'elle puisse figurer dans une procédure d'ordre (1). Elle en a donc besoin, par cela même, pour l'ordre amiable, qui est lié, comme un préliminaire indispensable et sans solution de continuité, à l'ordre judiciaire proprement dit. Il y a une analogie complète entre l'ordre amiable et la conciliation devant le juge de paix, où la femme ne peut comparaître sans y être autorisée (2).

213. Quant au mari, il ne peut évidemment représenter la femme, sous le régime de la séparation de biens, qu'avec un pouvoir spécial émané d'elle.

214. Ce que nous disons de la femme mariée sous le régime de la séparation de biens s'applique aussi à la femme dotale, en tant qu'il s'agit seulement de ses biens paraphernaux.

215. Quant aux biens de la femme frappés de dotalité, elle ne pourrait agir devant le juge procédant à l'ordre amiable qu'avec l'autorisation de son mari; mais elle ne pourrait y consentir qu'à la condition de toucher la totalité de sa créance, car autrement ce serait une renonciation partielle de sa part à son hypothèque, qui est inaliénable sous ce régime. De plus, l'adjudicataire ou l'acquéreur devra veiller, lors du remboursement du bordereau de collocation, à ce que le capital reçoive l'emploi déterminé par le contrat de mariage.

Sous le régime dotal, le mari peut recevoir seul, sous les conditions indiquées, le remboursement des capitaux (art. 1549 C. Nap.) appartenant à la femme; il n'a donc pas besoin d'un pouvoir spécial pour se présenter et consentir à l'ordre amiable, si la femme est colloquée pour la totalité de sa créance.

Lorsqu'il y a séparation de biens et que l'ordre amiable s'applique à un capital dotal, la femme peut y consentir dans les mêmes cas où son mari aurait pu le faire. Par l'effet de la séparation de biens, elle exerce le même pouvoir sur la dot qu'avait son mari quand il la gérait, et le remplace dans tous les actes où son intervention était nécessaire : aussi l'ordre amiable peut-il avoir lieu si la femme touche la totalité de sa créance dotale. Si, au contraire, elle était seulement colloquée partiellement, elle ne pourrait consentir à la mainlevée de son hypothèque; car cela constituerait, non plus un simple acte d'administration, mais une aliénation d'un droit immobilier, laquelle, sous le régime dotal, est interdite à la femme aussi bien qu'au mari.

Dans le cas où la femme séparée touche la totalité de sa créance dotale, aucun emploi de cette somme ne peut lui être imposé, à moins que la charge d'emploi n'ait déjà existé pour le mari, en vertu d'une clause du contrat de mariage; car la séparation de biens n'affranchit pas de

---

(1) Cass., 21 avr. 1828.
(2) Cass., 3 mai 1808 (Sir., 1, 310); MM. Merlin, *Rép.*, v° Bureau de conciliation, n° 4; Duranton, t. II, n° 452; Zachariæ, t. III, p. 325; Demolombe, t. IV, p. 151.

cette charge la femme qui reçoit le remboursement d'un capital dotal à la place de son mari. Le tiers qui fait le payement ne paye valablement qu'en exigeant cet emploi (1).

Tout ce que nous venons de dire s'applique également au cas où le prix en distribution provient d'un immeuble du mari affecté à la garantie des reprises dotales de la femme. A cette occasion, on a agité la question de savoir si la femme peut produire sur le prix d'un immeuble de son mari pour sa créance résultant de l'aliénation indûment faite de son immeuble dotal. On a soutenu que la femme a seulement alors l'action révocatoire pour faire annuler cette vente (art. 1550 C. Nap.) après la dissolution du mariage ou la séparation de biens. La loi s'oppose à ce qu'elle ratifie, pendant le mariage, une pareille aliénation. Or, dit-on, la collocation dans un ordre pour toucher le prix de son immeuble dotal contiendrait implicitement cette ratification de la vente. Mais l'opinion contraire, qui accorde à la femme deux garanties, l'action révocatoire et le droit de collocation sur les biens du mari, est adoptée avec juste raison par la plupart des auteurs et des arrêts (2). En effet, les expressions de la loi sont aussi générales que possible pour accorder aux femmes, dans les art. 2121 et 2135, n° 2, du Code Napoléon, l'hypothèque légale sur les biens du mari pour *leurs droits et créances*, et rien, dans la loi, n'autorise à en excepter la créance résultant de la vente de l'immeuble dotal. Quant à l'objection tirée de ce que la femme ne peut ratifier la vente pendant le mariage, ratification qui résulterait d'une collocation dans l'ordre, elle est repoussée par ce motif que cette collocation n'est pas définitive, mais éventuelle ou provisoire, laissant à la femme l'option de faire révoquer l'aliénation après la dissolution du mariage. Lui accorder seulement l'action révocatoire en la privant de la garantie de l'hypothèque légale, c'est exposer la femme à des pertes par suite de la détérioration de l'immeuble dotal au moment où elle fait résoudre la vente, ou l'obliger quelquefois à rembourser la valeur des impenses, qui peuvent dépasser ses facultés pécuniaires.

Notons ici que la femme ne touchant pas définitivement ces fonds, c'est le cas d'appliquer ce que nous avons dit des collocations conditionnelles (voy. *suprà*, n°s 177 et suiv.). Le juge, avec le consentement des créanciers, pourvoit à ce que les fonds soient conservés à la femme, soit dans les mains de l'acquéreur, soit par un autre emploi; ou s'ils lui sont remis, ce n'est que sous caution ou moyennant une autre sûreté. La femme conserve ainsi, pour l'époque de la dissolution du mariage, la faculté d'option entre les deux actions; si elle opte pour la résolution

---

(1) Nimes, 14 juill. 1840.
(2) *Voy.* MM. Paul Pont, *Comment. des Hypoth.*, n° 435, où l'auteur adopte l'avis conforme émis par M. Rodière dans le *Traité du Contrat de Mariage*, t. II, n° 586, qu'il a publié avec lui; Troplong, *Hypoth.*, n°s 612 et suiv.; Merlin, *Quest.*, v° Remploi; Zachariæ, t. III, p. 579. — Cass., 24 juill. 1821, 27 juill. 1826, 31 déc. 1834, 28 nov. 1838, 3 mai et 21 déc. 1853, 2 mai 1855 (Dall., 53, 1, 107; 54, 1, 5; Dev., 55, 1, 42). — *Contrà* : MM. Grenier, t. I, p. 260; Bellot, t. I, p. 164; Sériziat, n° 194; Taulier, t. V, p. 338. — Grenoble, 8 mars et 31 août 1837; Poitiers, 4 déc. 1830; Montpellier, 7 janv. 1831; Caen, 11 janv. 1831 et 5 déc. 1836.

de la vente, le montant de sa collocation revient aux créanciers du mari. Dans le cas contraire, les fonds appartiennent définitivement à la femme.

216. Dans le cas de minorité de l'un des créanciers, le tuteur (1) représente le mineur au règlement amiable, qui peut avoir lieu lorsque le mineur y est colloqué pour la totalité de sa créance. En effet, le tuteur a qualité pour recevoir un payement dans l'intérêt de son pupille.

217. Si, au contraire, pour régler la distribution amiable, il était nécessaire de sacrifier (2) tout ou partie des droits du mineur, le règlement pourrait encore avoir lieu ; mais on devrait se conformer aux dispositions de l'art. 467 du Code Napoléon sur les transactions faites au nom des mineurs.

218. Le mineur émancipé ne pourra se présenter à l'ordre amiable qu'assisté de son curateur, aux termes de l'art. 482 du Code Napoléon.

219. Toutefois, lorsque l'hypothèque a été consentie pour sûreté de l'exécution d'un bail, et que le mineur émancipé est colloqué pour la totalité du fermage à la garantie duquel l'hypothèque était affectée, il pourra se présenter seul à l'ordre amiable et y consentir. En effet, le mineur émancipé a le droit de recevoir ses revenus et d'en donner décharge sans l'assistance de son curateur (3).

Ce que nous disons du mineur s'applique également à l'interdit.

220. Le prodigue ne peut participer à un règlement amiable sans l'assistance de son conseil judiciaire, puisqu'il lui est interdit, par l'art. 513, de recevoir un capital mobilier, ou d'en donner décharge sans ce dernier (4).

221. C'est au juge qui procède à l'ordre amiable à examiner si les conditions de capacité existent dans les créanciers qui font l'arrangement sous sa direction. Il doit refuser de consacrer un règlement amiable qui contient un consentement donné par un incapable dans un cas où la loi

---

(1) Arrêt de rejet, 21 juin 1818 (Dall., *Hyp.*, p. 447) ; MM. Troplong, n° 738 *bis* ; Paul Pont, n° 1077.

(2) MM. Troplong, *Hyp.*, n° 738 *bis* ; Paul Pont, n° 1077. — *Contrà* : Tarrible, *Rép.*, v° Radiat., p. 83.

(3) Art. 481 du Code Napoléon. *Voy.* MM. Paul Pont, n° 1076 ; Troplong, *Hyp.*, n° 738 *bis*.

(4) L'idée dominante, dans les solutions émises ici depuis le n° 207, réside dans une distinction entre le cas où le résultat de l'ordre amiable assure à l'incapable la totalité de sa créance, et celui où le résultat de l'ordre amiable impose à l'incapable le sacrifice de tout ou partie de ses droits. La distinction est parfaitement juste ; elle est admise par tous les auteurs (*voy.* MM. Pigeau, *Comm.*, t. II, p. 415 ; Colmet d'Aâge, *Cours de procédure*, n° 1024 ; Grosse et Rameau, n°ˢ 291 et suiv.; Bressolles, *Comm. de la loi de 1858*, n° 25, p. 36). Ce point de départ admis, nous reconnaissons avec M. Seligman que, dans la première hypothèse, celle où le résultat de l'ordre amiable assure à l'incapable la totalité de sa créance, il peut, par lui-même ou par son représentant, suivant les hypothèses, donner son consentement ou son adhésion au règlement amiable, dans les formes et les conditions mêmes qu'il aurait à observer pour toucher le capital de ses créances ; c'est à cela que se résument les solutions ci-dessus proposées. Mais, dans la seconde hypothèse, celle où l'incapable abandonne, en consentant au règlement amiable, une partie de ses droits sur l'immeuble dont le prix est à distribuer, ou même la totalité, en ce qu'il reconnaît qu'il ne vient pas en

s'y oppose. Il constate sur le procès-verbal son refus de clore cet ordre amiable et de le rendre exécutoire, avec des motifs à l'appui.

222. En cas de contestation par les créanciers, le juge les renverra devant le tribunal, qui décidera si, en l'état, le règlement amiable doit être homologué ou non; et si l'homologation est refusée, le juge procédera à l'ordre judiciaire.

223. Le conservateur des hypothèques n'a pas le droit d'examiner la capacité des personnes dont les inscriptions sont rayées en vertu de l'ordonnance du juge-commissaire; la radiation est alors forcée, le conservateur est obligé d'obéir à un ordre de justice. Du reste, ainsi que nous l'avons dit précédemment, l'ordonnance du juge-commissaire n'est susceptible ni d'opposition ni d'appel.

6° Du règlement amiable partiel.

224. Lorsque tous les créanciers inscrits se trouvent en présence du juge chargé de les amener à un arrangement, il peut se faire que les créanciers en rang postérieur consentent à l'ordre amiable pour les créanciers antérieurs. Il est évident que le juge doit constater sur le procès-verbal l'acquiescement des créanciers postérieurs; et les parties venant ensuite à signer, il se forme un contrat d'où résulte un droit acquis pour les créanciers antérieurs.

Le juge pourrait-il alors, comme cela a lieu d'après l'art. 758 dans l'ordre judiciaire, arrêter l'ordre amiable, et ordonner la délivrance des bordereaux de collocation pour les créances antérieures aux créances contestées? Si cela était possible, il en résulterait une diminution notable des frais d'ordre judiciaire pour les créanciers contestants, puisque le juge n'aurait plus à s'occuper de ceux dont les droits sont admis par tout le monde.

Mais cette procédure nous semble incompatible avec les principes qui régissent l'ordre amiable. En effet, l'ordre amiable ne peut avoir lieu que quand tous les créanciers inscrits sont d'accord. Il ne peut y

---

ordre utile, les solutions ci-dessus ne vont pas peut-être aussi loin que nous voudrions aller. Nous disons bien que le conseil de famille devra autoriser le consentement des tuteurs, et même, suivant les cas, des mineurs émancipés, par application des art. 464 et 484 du Code Napoléon; qu'en outre, le tuteur devra être muni de l'avis de trois jurisconsultes, par application de l'art. 467; nous disons encore que la femme même paraphernale ou séparée de biens ne pourra consentir sans une autorisation du mari ou de justice; mais nous ajoutons qu'il faudra quelque chose de plus encore s'il s'agit d'une créance dotale appartenant à une femme mariée sous le régime dotal. Il a été établi, dans le *Traité du Contrat de Mariage* que nous avons publié avec M. Rodière (t. II, n° 568), qu'une transaction sur la dot, si elle est possible, ne peut du moins être autorisée par la justice que sur l'avis de trois jurisconsultes désignés par le procureur impérial et sur les conclusions de ce magistrat, ainsi qu'il est dit pour les tuteurs dans l'art. 467 du Code Napoléon. Nous assimilons à une transaction le consentement à un ordre amiable qui, dans le cas proposé, impose à la femme le sacrifice de tout ou partie de son droit sur le prix de l'immeuble qui était grevé de son hypothèque légale; et, partant, nous croyons que la formalité spéciale dont nous venons de parler est nécessaire pour valider ce consentement. C'est aussi l'avis de M. Bressolles (*loc. cit.*, p. 37).   P. P.

avoir, pour la distribution d'un prix devant le même juge, à la fois un ordre amiable et un ordre judiciaire.

D'ailleurs l'art. 717 permet aux créanciers à hypothèque légale de faire valoir leur droit de préférence jusqu'*à la clôture* de l'ordre amiable. Or, autoriser cette espèce de clôture partielle de l'ordre amiable, ce serait priver les incapables de faire valoir leurs droits à l'égard des créanciers non contestés. Pour qu'il y eût un fait accompli qui leur fût opposable, il faudrait que l'adjudicataire ou l'acquéreur, ainsi que le saisi ou le vendeur, eussent consenti à la délivrance des bordereaux ; donc, sans le consentement de ces derniers et de tous les créanciers inscrits, le juge ne pourrait faire un règlement partiel amiable (1).

7° Du sous-ordre en cas de règlement amiable.

225. L'art. 775 dit que tout créancier peut prendre inscription pour conserver les droits de son débiteur ; mais le montant de la collocation du débiteur est distribué, comme chose mobilière, entre tous les créanciers inscrits ou opposants avant la clôture de l'ordre.

Cette disposition relative à l'ordre judiciaire est applicable au règlement amiable ; elle est la conséquence de ce principe, écrit dans l'art. 1166 du Code Napoléon, que les créanciers peuvent exercer tous les droits et actions de leurs débiteurs.

226. Comment le créancier du créancier hypothécaire doit-il s'y prendre pour obtenir une sous-collocation ?

Si le créancier hypothécaire a pris une inscription et se présente lui-même à la réunion pour l'ordre amiable, les créanciers qui demandent à être colloqués en sous-ordre doivent alors intervenir, faire consigner sur le procès-verbal leurs réclamations, et ils deviennent ainsi parties dans l'ordre.

227. En effet, c'est le juge-commissaire qui les colloque, pour le montant de leurs créances, directement sur la collocation de leur débiteur, parce que, par la demande en collocation par sous-ordre, ils de-

---

(1) La Circulaire ministérielle du 2 mai 1859 se prononce en sens contraire sur ce point. Rien ne s'oppose, y est-il dit, à ce que le règlement amiable ne soit que partiel, car il est dans le vœu de la loi de hâter par tous les moyens légitimes le moment où les créanciers *recevront leur payement.* Lors donc que tous les membres de l'assemblée sont d'accord pour reconnaître la justice des prétentions des créanciers premiers inscrits, et qu'il ne s'élève de difficulté qu'à l'égard des inscriptions postérieures, le juge arrête l'ordre pour les créanciers non contestés, et *ordonne, à leur profit, la délivrance des bordereaux de collocation.* — Il a même la faculté, selon les circonstances, et quand les contestations ne s'adressent qu'à un nombre limité de créances, de régler l'ordre et de l'arrêter à l'égard des créanciers dont les demandes sont unanimement admises, à la condition toutefois de réserver somme suffisante pour désintéresser, suivant les éventualités du procès, ceux qui ne peuvent être dès à présent colloqués. — Cette manière d'opérer, que l'art. 751 n'interdit pas, a le double avantage de procurer à ceux dont les droits sont établis *un remboursement immédiat et sans frais,* et de permettre, en même temps, aux créanciers contestés, lorsque leur nombre n'excède pas trois, de procéder par voie d'attribution du prix, au lieu de recourir aux formalités longues et dispendieuses de l'ordre judiciaire (voy. *suprà,* p. 129, n° 49). — *Voy.* aussi, en ce sens, MM. Grosse et Rameau, n° 242. — Mais *voy.,* dans le sens de la doctrine émise par M. Seligman, MM. Émile Ollivier et Mourlon, n° 284.   P. P.

viennent propriétaires, jusqu'à concurrence de leurs créances, du montant de la collocation de leur débiteur : aussi l'ordre amiable ne peut-il se faire sans le consentement du créancier débiteur et des créanciers de ce dernier.

228. Si l'ordre amiable a lieu, la distribution en sous-ordre se fait sur le procès-verbal, parmi tous les créanciers du créancier hypothécaire, par contribution, comme chose mobilière; elle se fait seulement aux créanciers qui, avant la clôture de l'ordre, ont demandé un sous-ordre, à l'exclusion de tous autres créanciers qui ne seraient intervenus dans la procédure en distribution qu'après la clôture de l'ordre.

229. Il peut se faire que le créancier hypothécaire n'ait pas pris inscription; alors, aux termes de l'art. 775, le créancier du créancier hypothécaire peut prendre inscription pour conserver les droits de son débiteur. Dans ce cas, si l'inscription a été prise avant la délivrance de l'état pour l'ordre, le juge doit convoquer aussi bien le titulaire de l'hypothèque que le créancier qui pourra demander à être colloqué en sous-ordre. L'ordre amiable ne pourrait avoir lieu qu'avec le concours du titulaire de l'hypothèque; et s'il fait défaut, il faut recourir à l'ordre judiciaire, dans lequel le créancier demandera à être colloqué en sous-ordre.

Lorsque l'inscription pour le débiteur n'est prise par son créancier qu'après la délivrance de l'état pour l'ordre, le créancier demandant à être colloqué en sous-ordre doit former sa réclamation devant le juge procédant à l'ordre amiable et la faire consigner sur le procès-verbal, afin qu'on ne puisse terminer l'ordre sans sa participation : il est procédé alors comme dans les cas précédents.

230. Nous avons dit que le droit de préférence est dans le patrimoine des créanciers à hypothèque légale, et n'est pas exclusivement attaché à leurs personnes; partant, aux termes de l'art. 1166 du Code Napoléon, les créanciers d'un créancier à hypothèque légale peuvent exercer ce droit de préférence. Dans ce cas, à la différence de celui où il s'agit des droits d'un créancier hypothécaire ordinaire, les créanciers demandant à être colloqués en sous-ordre n'ont pas besoin de prendre inscription; l'art. 775, duquel il résulte que les créanciers sont astreints à prendre inscription pour la conservation et l'exercice des droits hypothécaires de leur débiteur, est sans application aux hypothèques légales dispensées d'inscriptions (1).

231. Les créanciers exerçant le droit de préférence non sujet à inscription doivent indiquer, dans leurs demandes, la somme pour laquelle ils désirent conserver et exercer les droits du créancier à hypothèque légale, de manière à se faire attribuer toute la somme; et alors, comme propriétaires de la collocation entière qui appartient à leur débiteur, ils pourraient en disposer et consentir au règlement amiable. Autrement, il faudrait le concours du créancier à hypothèque légale, qui aurait droit sur ce qui reste de la collocation, ce qui, à raison de

_____

(1) Arrêt de la Cour de Paris, 20 juill. 1833 (Sir., 33, 2, 395; Dall., 34, 2, 29).

l'incapacité de ce créancier, pourrait causer des difficultés et des embarras.

232. On distinguera, du reste, entre les créanciers exerçant les droits de leur débiteur, lesquels peuvent venir, non pas en leur nom, mais seulement en sous-ordre, sur la collocation du débiteur, et le créancier subrogé aux droits du créancier hypothécaire, lequel doit être colloqué lui-même à la place du créancier et en son nom personnel. Ainsi, les créanciers de la femme mariée subrogés par elle à ses droits d'hypothèque légale doivent être colloqués, s'ils ont rempli les conditions et les formalités prescrites par l'art. 9 de la loi du 23 mars 1855 sur la Transcription, suivant le rang de leur hypothèque et par préférence aux créanciers non subrogés. On ne peut, dans ce cas, leur appliquer les dispositions de l'art. 775.

Au surplus, nous examinerons plus en détail tout ce qui est relatif aux sous-ordres lorsque nous arriverons à l'explication de l'art. 775.

IV. — De la peine encourue par les non-comparants.

233. Malgré le désir du magistrat de concilier les différentes prétentions des créanciers hypothécaires, sa bonne volonté peut échouer, ou bien il peut arriver que l'absence d'un ou de plusieurs des créanciers inscrits ne permette pas de faire un ordre amiable; alors le juge constate sur le procès-verbal que les créanciers n'ont pu se régler entre eux, et prononce l'amende contre ceux qui n'ont pas comparu. Cette amende est de 25 fr., aux termes de notre article.

234. Nous avons déjà dit que l'essai de conciliation ne peut durer plus d'un mois à partir du jour de l'envoi des lettres de convocation pour la première réunion, mais qu'il peut donner lieu à plusieurs conférences si le juge espère aplanir les difficultés qui s'opposent à l'accord entre les créanciers.

235. Y a-t-il lieu de prononcer l'amende contre les créanciers qui manqueraient à la seconde réunion après avoir comparu à la première? On pourrait dire que l'art. 751 ne parle que d'une réunion; que, par conséquent, l'amende ne doit être prononcée que pour défaut de comparution sur la lettre de convocation; que le créancier, en se présentant, a satisfait à la loi, et qu'on ne peut l'astreindre, sous peine d'amende, à se déranger plusieurs fois. Mais il faut répondre que l'amende est prononcée contre les créanciers non comparants d'une façon générale, sans distinguer entre les différentes réunions. C'est une peine qui leur est infligée par la loi, parce que leur absence rend l'ordre amiable impossible, et cause ainsi les retards et les frais d'un ordre judiciaire. C'est en présence du créancier, et pour ainsi dire avec son consentement, que le juge ordonne la prorogation pour une autre conférence; il est en faute de n'avoir pas comparu.

236. Au contraire, il n'y a pas lieu de prononcer l'amende si un créancier inscrit, ayant manqué à une réunion, se présente à la réunion ultérieure dans laquelle le règlement amiable est convenu, ou donne

ultérieurement à l'arrangement fait entre les créanciers un acquiescement qui le rend définitif et complet. En effet, d'après l'art. 752, ce n'est que quand le juge a constaté sur le procès-verbal que les créanciers n'ont pu se régler entre eux qu'il prononce l'amende contre ceux qui n'ont pas comparu; mais, dans notre espèce, il y a eu règlement amiable : donc il n'y a pas d'amende à prononcer.

237. Il arrive fréquemment, dans la pratique, qu'un créancier est désintéressé complétement, et cependant que l'inscription subsiste toujours au bureau des hypothèques; le juge ne peut faire autrement que de convoquer ce créancier comme tous ceux qui sont inscrits. Le créancier désintéressé est-il obligé, dans ce cas, de comparaître comme les autres, soit en personne, soit par un fondé de pouvoir, ou lui suffit-il de déclarer par lettre qu'il est remboursé et qu'il consent à la radiation de son hypothèque? Nous pensons qu'une simple lettre de laquelle il résulte qu'il n'est plus créancier suffit et doit le mettre à l'abri de l'amende. En effet, la condamnation à l'amende, d'après l'art. 751, n'est prononcée que contre *les créanciers non comparants*. Or, dans l'espèce, celui qui a été convoqué n'est plus un créancier, et, bien qu'il ait dû être convoqué, il n'avait pas à participer au règlement amiable (1).

---

(1) La Circulaire ministérielle du 2 mai 1859 s'exprime ainsi sur ce point : « Les termes généraux dans lesquels l'art. 751 est conçu comportent cependant, dans l'exécution, certains tempéraments qui rentrent manifestement dans l'esprit de ses dispositions. On peut donc admettre sans difficulté que le créancier qui a reçu son payement, mais dont l'inscription n'a pas été rayée, ou celui qui, ne venant pas en ordre utile, renonce à faire valoir ses droits, ou enfin que la personne convoquée par erreur, évitent les frais d'un déplacement inutile ou d'une procuration en faisant connaître par écrit, au juge-commissaire, qu'ils sont étrangers à l'ordre ou qu'ils sont désintéressés. — Mais c'est au créancier à prendre les mesures nécessaires pour que sa déclaration parvienne au juge-commissaire. Sa lettre, d'ailleurs, qui reste annexée au procès-verbal, doit être conçue avec clarté et précision, et ne contenir aucune réserve; enfin, sa signature doit être légalisée par le maire de la commune où il réside. » (*Suprà*, p. 128, n° 45.)

La même circulaire dit encore, à propos de l'art. 776 : « L'avoué poursuivant et l'avoué commis ayant à remplir certaines formalités à la suite de divers actes du juge-commissaire, le greffier, au nom et sous la surveillance de ce magistrat, donnera avis, par lettres chargées à la poste : 1° à l'avoué poursuivant, de l'ouverture du procès-verbal d'ordre, de la confection de l'état de collocation provisoire, et de la clôture de l'ordre; 2° à l'avoué commis, du renvoi à l'audience avec indication du jour fixé. » (*Suprà*, p. 136, n° 75.)

A propos de ces deux points, et par application de la décision ministérielle citée plus haut (*voy.* n° 151, en note), il a été décidé que les lettres par lesquelles les créanciers font connaître au juge-commissaire qu'ils sont étrangers à l'ordre ou qu'ils sont désintéressés ne deviennent sujettes, par leur annexe au procès-verbal d'ordre, ni au timbre, ni à l'enregistrement; que cette annexe ne donne ouverture à aucun droit de greffe, et que les lettres d'avis expédiées par le greffier, au nom et sous la surveillance du juge-commissaire, à l'avoué poursuivant et à l'avoué commis, sont exemptes du timbre et de l'enregistrement. (Déc. du min. de la justice des 29 et 30 juillet 1850 ; Sir., 59, 2, 576.)

Dans le cas relaté en note sous le n° 158, le receveur auquel parvient une lettre de convocation doit immédiatement faire connaître à son directeur si la créance du Trésor existe encore, et s'il est de l'intérêt de l'administration de satisfaire à la convo-

238. Toutefois, s'il avait gardé le silence, malgré la lettre de convocation, et qu'il eût empêché de cette façon l'ordre amiable de se faire, il pourrait être condamné à l'amende, parce que c'est par son fait qu'on a été obligé de recourir à l'ordre judiciaire.

239. La lettre qui a été écrite, dans ce cas, en réponse à la convocation, suffit-elle pour obtenir du conservateur la radiation de l'inscription du créancier désintéressé, lorsqu'elle contient un consentement formel à cette radiation? Nous ne le pensons pas. Le juge qui dresse le procès-verbal du règlement amiable pourra bien mentionner cette lettre dans son procès-verbal pour passer outre; mais cette mention ne rendrait pas le consentement authentique, puisqu'elle n'est fondée que sur une lettre privée. Le juge ne pourra pas ordonner la radiation de cette inscription, comme il le ferait avec raison pour un créancier non admis en ordre utile; car le créancier désintéressé ne prend, dans ce cas, aucune part au règlement amiable, et y est complétement étranger. Or le pouvoir et la juridiction du juge sont circonscrits dans les faits de l'ordre amiable, et ne peuvent s'étendre en dehors de sa mission. Cela posé que le juge-commissaire ne peut pas d'office ordonner la radiation de l'inscription d'une personne qui n'est plus créancière, il s'ensuit que le conservateur peut se refuser à la rayer sur une simple lettre, et sans une mainlevée authentique qui mette sa responsabilité à couvert contre les graves conséquences qui peuvent résulter de la radiation d'une inscription.

240. Dans le cas où un créancier a cédé son hypothèque, il serait condamné, avons-nous dit, à l'amende si ni lui ni le cessionnaire ne se présentaient à la réunion pour l'ordre amiable. En effet, la créance subsiste alors, et le cédant est en faute de n'avoir pas fait mettre l'inscription au nom du cessionnaire. Jusque-là, c'est lui seul qui figure dans l'état des inscriptions, et il doit encourir la condamnation à l'amende, sauf son recours contre le cessionnaire, s'il a transmis à ce dernier la lettre de convocation que lui avait adressée le juge-commissaire.

241. Le mari ne peut se présenter à la réunion des créanciers, aux lieu et place de la femme, sans un mandat spécial, si ce n'est dans les cas où il peut exercer, ainsi que nous l'avons déjà dit, les actions mobilières de la femme en vertu de la loi.

Chaque fois qu'une procuration particulière de sa femme lui est nécessaire, s'il se présente sans en être muni, celle-ci doit être condamnée à l'amende de 25 fr. (1).

---

cation. Dans le cas de l'affirmative, le directeur donnera des instructions au receveur placé près du tribunal dont un des juges a été chargé du règlement amiable, et il lui prescrira de comparaître en personne, aux jour et heure fixés. Mais si le Trésor est désintéressé ou étranger à l'ordre, le directeur en donnera avis, par lettre, au juge-commissaire. (Instr. du dir. gén. de l'enregistr. et des dom., 30 juill. 1859.)   P. P.

(1) C'est ainsi que la Cour de cassation, rejetant un pourvoi dirigé contre un arrêt de la Cour de Caen du 29 mars 1859 (Journ. du Pal., 1859, p. 593), vient de décider qu'une partie qui a chargé un avoué de la représenter sans lui donner de pouvoir spécial peut dès lors être considérée comme défaillante, et condamnée, comme telle, à l'amende de 25 fr. (Voy. l'arrêt de rejet du 15 nov. 1859, cité par le Droit du 17 nov.) La Cour de cassation consacre ici, pour la partie qui se fait représenter par un avoué,

242. Cependant le juge est maître d'apprécier les circonstances qui ont empêché un créancier de se présenter au jour fixé pour la réunion. Ainsi, celui qui justifierait d'un empêchement légitime de comparaître devant le juge au jour indiqué dans la lettre de convocation doit obtenir la remise de l'amende ; telle est une impossibilité physique, ou la circonstance que, sans aucune faute des créanciers convoqués, la lettre ne leur est pas arrivée.

243. Le juge qui a prononcé l'amende peut-il lui-même la rabattre, après les justifications faites par la personne condamnée? Nous croyons qu'il a ce droit tant que l'ordre n'est pas terminé, car il représente le tribunal tout entier et a seul plénitude de juridiction pour prononcer ou remettre l'amende (1). Mais une fois l'ordre clos, le pouvoir du juge cesse ; c'est le tribunal qui doit en connaître, pourvu que les créanciers défaillants soient encore dans les délais pour former opposition.

244. L'amende de 25 fr. ne se prescrit que par trente ans ; on ne pourrait appliquer, dans ce cas, la prescription de deux ans établie par l'art. 639 du Code d'instruction criminelle. Il s'agit ici, non point d'une peine pécuniaire prononcée pour une contravention de police, mais d'une amende en matière civile qui tombe sous l'application du principe général de la prescription trentenaire.

---

comme cela est dit ci-dessus pour la femme qui se fait représenter par son mari, la nécessité de donner au mandataire un pouvoir spécial, sans lequel le créancier ne serait pas légalement représenté et devrait être considéré comme défaillant. Pourtant, en ce qui concerne la décision spéciale de la Cour de cassation, c'est-à-dire l'application de cette règle à la partie représentée par un avoué, nous devons dire que le point est contesté dans le *Journal de procédure* (1858, art. 6730), où il est soutenu qu'il suffit que l'avoué soit porteur de la lettre de convocation et des pièces, la remise des titres valant pouvoir à l'avoué, même lorsque son ministère n'est que facultatif. Nous sommes d'un avis différent, et, adoptant sur ce point la doctrine de MM. Ollivier et Mourlon (n° 282), nous estimons qu'ici le caractère d'avoué disparaît complétement, puisque l'avoué n'agit pas et ne peut pas agir en cette qualité ; que dès lors le pouvoir spécial est nécessaire, sauf au juge à apprécier dans sa sagesse, mais abstraction faite de la qualité ou du caractère du mandataire, si l'existence des pièces entre les mains de celui qui présente la lettre de convocation est ou non une preuve suffisante du mandat.   P. P.

(1) MM. Émile Ollivier et Mourlon ont là-dessus une doctrine absolue, et dont la sévérité nous semble excessive : « Le juge, disent-ils au n° 319 de leur Commentaire, n'a pas le droit de relever de l'amende le créancier non comparant : s'il ne pouvait se présenter lui-même, il avait la possibilité de se faire représenter. Dès lors aucune excuse n'est légitime ; d'ailleurs la loi est formelle, elle statue sans restriction : « Les » créanciers non comparants seront condamnés... » Il y a là quelque chose de trop radical. La formule de la loi est impérative, sans doute ; mais il en doit être de ce texte comme, en général, des dispositions qui établissent une sanction ou une peine : la formule impérative n'exclut pas la faculté, pour le juge, d'apprécier les circonstances et de ne pas appliquer soit la peine, soit la sanction, ou d'en relever s'il l'a prononcée, quand il lui est démontré que le tort à raison duquel l'agent a été recherché ou condamné est imputable aux circonstances, et nullement à sa propre volonté. C'est le droit commun ; et il ne cesse d'être applicable qu'autant qu'il résulte, soit d'un texte, soit d'un principe général, une exception ou une dérogation que nous ne trouvons pas dans notre cas particulier.

Toutefois notons que l'amende prononcée par notre article constitue moins une peine correctionnelle ou de simple police qu'un moyen civil de contrainte. Ceci sert

ORDRE JUDICIAIRE.

OBSERVATIONS PRÉLIMINAIRES.

SOMMAIRE.

245. Tableau de la procédure de l'ordre judiciaire.
246. Motifs pour lesquels nous prenons la forme du commentaire article par article,
en suivant l'ordre tracé par la loi.

245. Pour offrir un tableau fidèle de la marche de l'ordre judiciaire,
dont les règles sont tracées dans les art. 752 à 779, et 838 du Code de
procédure modifié par la loi nouvelle, nous donnerons un court résumé
des phases de cette procédure, en suivant les indications fournies dans
le rapport de M. Riché.

La procédure d'ordre judiciaire se compose :
1° De l'ouverture de cet ordre (art. 752);
2° Des sommations de produire (art. 753);
3° Des productions (art. 754);
4° De la forclusion de produire (art. 755);
5° De l'état de collocation provisoire (art. 755);
6° Des diverses circonstances des ordres : jonction, ventilation
(art. 757);

à résoudre une question qui s'est présentée récemment devant la Cour impériale de
Caen : celle de savoir si la décision du juge-commissaire portant condamnation à l'a-
mende est susceptible d'être attaquée par la voie de l'appel. La Cour a justement considéré, d'une part, que cette décision n'est pas un jugement proprement dit, mais
une simple déclaration, portée sur le procès-verbal, qui constate que les créanciers
n'ont pu se régler entre eux, déclaration pour laquelle la loi a donné une mission
spéciale au juge-commissaire; d'une autre part, que l'amende prononcée n'est pas
une peine correctionnelle dans le sens de l'art. 9 du Code pénal, mais un moyen civil
de contrainte; et, de tout cela, la Cour, écartant la doctrine absolue dont nous par-
lions tout à l'heure, a conclu que c'est au juge-commissaire qu'il appartient exclusivement d'apprécier la légitimité des excuses qu'un créancier qui n'a pas comparu
fait valoir pour justifier sa non-comparution et obtenir décharge de l'amende de 25 fr.,
et que la décision rendue sur ce point par le juge-commissaire n'est pas susceptible
d'appel. (Caen, 29 mars 1859; *Journ. du Pal.*, 1859, p. 593.) C'est la doctrine de tous
les auteurs, qui, au surplus, en repoussant l'appel, admettent avec raison que la décision peut être attaquée, pour excès de pouvoir, devant la Cour de cassation. (*Voy.*
MM. Grosse et Rameau, n° 294; Houyvet, *Tr. de l'ordre entre créanc.*, n° 128; Chauveau sur Carré, quest. 2551 *octies*, p. 64, à la note.)

Mais ajoutons qu'il est tel cas exceptionnel où la décision relative à l'amende peut,
par occasion, être attaquée même par l'appel; l'arrêt précité de la Cour de Caen fournit un exemple. L'appel, dans l'espèce, a été déclaré recevable, en définitive, parce
qu'il ne s'agissait pas seulement de savoir si, en fait, le créancier non comparant avait
eu un motif légitime d'empêchement, mais de savoir s'il n'avait pas, comme il le prétendait, réellement comparu par un mandataire qui avait pouvoir de le représenter
devant le juge-commissaire, lequel, dès lors, aurait dû procéder à la tentative d'ordre
amiable. La question prenait ainsi, comme le dit l'arrêt, un intérêt grave et indéterminé; et l'on comprend que le jugement rendu sur le renvoi prononcé par le juge-
commissaire ait été déclaré susceptible d'être attaqué par la voie de l'appel.

P. P.

7°. Des contredits et des formalités qui les concernent (art. 756 et 758);

8° De la clôture de l'ordre s'il n'y a pas contestation (art. 759);

9° Des jugements sur les contredits (art. 760, 761 et 762);

10° Des peines des contestations rejetées (art. 766 et 768);

11° Du recours contre l'ordonnance de clôture (art. 767);

12° De la radiation et du payement (art. 769, 770, 771);

13° De l'ordre après aliénation autre que sur expropriation forcée (art. 772 et 774);

14° De la consignation (art. 777 et 778);

15° De la folle enchère (art. 779);

16° De l'adjudication après surenchère sur vente volontaire (art. 838);

17° Des dispositions transitoires (article dernier de la loi du 21 mai 1858).

246. Dans nos explications des différents articles, nous n'adopterons pas une classification méthodique de ces articles, qui peut plaire davantage aux esprits théoriques, mais ne répond pas autant aux besoins de la pratique. On a l'habitude de chercher la solution des difficultés que présente l'application d'un article sous chaque article, d'après l'ordre édicté par le législateur. Et d'ailleurs c'est la manière la plus propre à faciliter au lecteur la comparaison de l'ancienne disposition et de la jurisprudence avec la nouvelle loi.

Art. 752.

Texte ancien.

Le poursuivant prendra l'ordonnance du juge commis, qui ouvrira le procès-verbal d'ordre, auquel sera annexé un extrait délivré par le conservateur, de toutes les inscriptions existantes.

Projet du gouvernement.

Le juge-commissaire, dans les trois jours de sa nomination, ou le juge spécial des ordres, dans les trois jours de la réquisition, déclare l'ordre ouvert et commet un ou plusieurs huissiers à l'effet de sommer les créanciers de produire. Cette partie du procès-verbal ne peut être expédiée ni signifiée.

Loi actuelle.

Ouverture de l'Ordre.

A défaut de règlement amiable dans le délai d'un mois, le juge constate sur le procès-verbal que les créanciers n'ont pu se régler entre eux, et prononce l'amende contre ceux qui n'ont pas comparu. Il déclare l'ordre ouvert et commet un ou plusieurs huissiers à l'effet de sommer les créanciers de produire. Cette partie du procès-verbal ne peut être expédiée ni signifiée.

247. Le juge n'a pu amener les créanciers à un arrangement amiable; il faut alors recourir à l'ordre judiciaire. C'est dans les art. 752 et suivants que la loi du 21 mai a tracé les formes à suivre pour cette procédure. Immédiatement après la clôture du procès-verbal constatant que les créanciers n'ont pu se régler entre eux, le juge doit déclarer l'ordre judiciaire ouvert, et commettre un ou plusieurs huissiers chargés de sommer les créanciers de produire. L'ouverture de l'ordre doit avoir lieu, au plus tard, à l'expiration du mois accordé pour la tentative de règlement amiable.

248. La déclaration d'ouverture de l'ordre judiciaire, ainsi que la désignation des huissiers commis par le juge, sont consignées par écrit et avec leur date sur le procès-verbal même; mais cette partie du procès-verbal ne peut être ni expédiée ni signifiée. Ainsi dispose la loi, qui, en cela, s'est proposé d'empêcher le retour d'anciens abus (1), qui consistaient, dans certains tribunaux, à demander au greffier une expédition du permis de sommer, et à la copier dans toutes les sommations, ce qui avait pour résultat d'augmenter les frais d'ordre dans une proportion assez considérable.

249. Sous le Code de procédure, l'ouverture de l'ordre se faisait différemment; ce n'était pas, comme d'après la loi nouvelle, le juge qui devait y procéder d'office, à la suite de l'essai de l'ordre amiable, mais l'avoué poursuivant, qui présentait requête au juge-commissaire afin de lui permettre de faire les sommations aux créanciers inscrits. Au bas de cette requête, le juge mettait son ordonnance, en vertu de laquelle l'avoué préparait les sommations prescrites par la loi. Copie de cette requête, ainsi que de l'ordonnance du juge, était donnée par l'avoué poursuivant en tête des sommations. On comprend que l'émolument des copies de pièces était plus fort si la requête elle-même était plus longue : aussi l'avoué poursuivant, après avoir exposé que toutes les formalités préalables à l'ouverture de l'ordre étaient remplies, que le mois pour le règlement amiable entre les créanciers était expiré, que la délivrance de l'état des inscriptions pour ordre avait eu lieu, y ajoutait

---

(1) Voy. *suprà*, la Circulaire ministérielle du 2 mai 1859, p. 130, n° 52.

encore un extrait presque complet de cet état, pour faire connaître au juge les noms et demeure de chaque créancier, ainsi que leurs domiciles élus.

Toutefois la jurisprudence (1) et les auteurs (2) avaient décidé, pour éviter ces frais, que la sommation de produire faite au créancier n'avait pas besoin de contenir la signification de l'ordonnance du juge-commissaire et de la requête qui en faisait une partie intégrante.

Après avoir rendu cette ordonnance, le juge-commissaire dressait, de son côté, procès-verbal de l'ouverture de l'ordre, auquel on annexait l'extrait des inscriptions pour ordre délivré par le conservateur.

250. Dans certains tribunaux, ainsi que nous l'avons dit au n° 248, la requête suivie de l'ordonnance du juge restait en minute au greffe, et le greffier en délivrait une expédition à l'avoué poursuivant, ce qu'on appelait le permis de sommer.

251. Ce qu'il y avait de désastreux dans tout cela, ce n'était pas seulement l'augmentation considérable des frais qu'occasionnaient le permis expédié au greffe et les copies de pièces de l'avoué, c'était encore la lacune résultant de ce que la loi n'assignait aucun délai au poursuivant pour l'accomplissement de ces formalités. Ainsi, l'art. 752 du Code de procédure ne fixait aucun délai à l'avoué poursuivant pour prendre du juge-commissaire l'ordonnance d'ouverture de l'ordre, et il ne la demandait que quand il le jugeait à propos. Une fois que le poursuivant avait bien voulu prendre cette ordonnance, il pouvait encore se reposer, puisque le Code n'avait pas déterminé le temps dans lequel la sommation de produire devait être faite au créancier inscrit. Parfois l'adjudicataire s'empressait de prendre le rôle de poursuivant, et le jouait de façon à garder son prix pendant des années, trouvant dans la loi toutes les ressources qu'il pouvait désirer pour différer la fin de cette procédure.

Aujourd'hui, ces inconvénients disparaissent absolument; car l'ouverture de l'ordre doit se faire d'office et spontanément, par le juge, au plus tard à l'expiration du mois fixé pour le règlement amiable.

252. C'est à l'avoué poursuivant de veiller et de s'informer au greffe du jour de l'ouverture de l'ordre indiqué dans le procès-verbal du juge, et du nom des huissiers commis. Le juge, autant que possible, désignera les huissiers les plus rapprochés du domicile élu par les créanciers dans leurs inscriptions, pour éviter les frais de transport, dès que ces officiers ministériels lui inspireront la confiance nécessaire pour qu'il les charge d'une mission aussi importante que celle de signifier aux créanciers les sommations de produire.

---

(1) Bruxelles, 6 mars 1811 (Sir., 15, 2, 186). — La jurisprudence admettait cependant que si la signification de l'ordonnance n'était pas nécessaire pour la régularité de la procédure, le droit de copie n'en devait pas moins passer en taxe quand l'ordonnance avait été signifiée. Caen, 31 mai 1851; Req., 8 juin 1852 (Dev., 52, 1, 540, et 2, 113).

(2) MM. Berriat Saint-Prix, t. II, p. 913; Chauveau, n° 2553 *quater*. Mais ce dernier auteur constate, dans son Commentaire de la loi nouvelle, p. 70, que la question est aujourd'hui sans objet.

253. La qualité de poursuivant, dit le rapporteur de la nouvelle loi, ne sera pas une tente dressée pour le sommeil. Cependant, ajoute-t-il, la commission de la Chambre des députés avait proposé d'obliger le greffier à faire savoir, sans délai et sans frais, à l'avoué poursuivant, l'ouverture de l'ordre et la commission des huissiers. Mais le conseil d'État a rejeté cette addition, s'en rapportant, sans doute, aux nécessités de la pratique ou à des instructions à donner aux greffiers (1).

254. Du reste, nous verrons, sous l'art. 753, qu'immédiatement après l'ouverture de l'ordre par le juge, le rôle actif de l'avoué poursuivant commence, et que c'est lui qui doit préparer, comme cela avait lieu sous le Code de procédure, les sommations aux créanciers inscrits. Il les transmet aux huissiers commis ensuite, pour les signifier.

255. Il serait donc juste d'allouer pour ce travail un émolument à l'avoué, dans le nouveau tarif auquel doit donner lieu la loi de 1858, pour remplacer la copie de pièces de la requête et de l'ordonnance du juge-commissaire (2).

ART. 753.

Texte ancien.

En vertu de l'ordonnance du commissaire, les créanciers seront sommés de produire, par acte signifié aux domiciles élus par leurs inscriptions, ou à celui de leurs avoués, s'il y en a de constitués.

Projet du gouvernement.

Dans les huit jours de l'ouverture du procès-verbal, sommation de produire est faite aux créanciers par acte signifié aux domiciles élus dans leurs inscriptions ou à celui de leurs avoués, s'il y en a de constitués. L'ouverture de l'ordre est en même temps dénoncée à l'adjudicataire.

L'adjudicataire, alors même qu'il ne serait pas le poursuivant, est tenu, dans les huit jours de la dénonciation de l'ouverture de l'ordre, de faire pareille sommation à la femme du saisi, aux femmes des précédents propriétaires, au subrogé tuteur des mineurs et interdits et aux mineurs devenus majeurs. Copie en est notifiée au procureur impérial du tribunal devant lequel l'ordre est poursuivi.

Dans les huit jours de la sommation par lui faite aux créanciers inscrits, le poursuivant remet l'état des inscriptions et l'original de la sommation au juge, qui en fait mention sur le procès-verbal.

Loi actuelle.

Sommation de produire.

Dans les huit jours de l'ouverture de l'ordre, sommation de produire est faite aux créanciers par acte signifié aux domiciles élus dans

---

(1) *Voy.* le Rapport de M. Riché, *suprà*, p. 54, nº 137.

(2) C'est le vœu des auteurs, qui tous expriment justement le regret que ce tarif n'existe pas en même temps que la loi, à cause de la difficulté qu'on pourra trouver à fixer, d'ici au jour où le tarif sera édicté, les honoraires par lesquels seront rémunérés les peines et soins de l'avoué. (*Voy.* MM. Chauveau, nouv. édit., quest. 2552 *ter*; Grosse et Rameau, nº 315; Émile Ollivier et Mourlon, nº 334.) P. P.

leurs inscriptions ou à celui de leurs avoués, s'il y en a de constitués, et au vendeur, à son domicile réel situé en France, à défaut de domicile élu par lui ou de constitution d'avoué.

La sommation contient l'avertissement que, faute de produire dans les quarante jours, le créancier sera déchu.

L'ouverture de l'ordre est en même temps dénoncée à l'avoué de l'adjudicataire. *Il n'est fait qu'une seule dénonciation à l'avoué qui représente plusieurs adjudicataires.*

Dans les huit jours de la sommation par lui faite aux créanciers inscrits, le poursuivant *en remet l'original* au juge, qui en fait mention sur le procès-verbal.

SOMMAIRE.

256. La sommation de produire prescrite par notre art. 753 doit être signifiée aux créanciers inscrits dans les huit jours à partir de la date de l'ouverture de l'ordre.

Avant d'aller plus loin, examinons de suite une question que fait naître l'institution de l'ordre amiable. Il peut se faire que des créanciers inscrits aient consenti à la radiation de leurs inscriptions devant le juge, lors de la réunion pour le règlement amiable. L'avoué poursuivant devra-t-il, en vertu de ce consentement authentique devant le juge, faire faire la radiation de ces inscriptions, pour diminuer d'autant les frais d'ordre? Nous pensons qu'il a le droit de le faire, si le consentement a été pur et simple, et non subordonné à la condition qu'un ordre amiable aurait lieu. Ainsi, un créancier a deux inscriptions; il consent à la radiation de la dernière en rang pour bonifier son inscription d'un rang meilleur, espérant qu'on éviterait ainsi les frais et les longueurs d'un ordre judiciaire. Mais si son espoir est trompé, il a entendu produire à l'ordre judiciaire pour ses deux inscriptions, parce que d'autres créances hypothécaires peuvent être frappées de déchéance.

257. Aussi le poursuivant agira-t-il prudemment en sommant tous les créanciers inscrits, sans tenir compte trop facilement des consentements à la radiation donnés dans une tentative de règlement amiable qui n'a pas abouti. Telle paraît aussi être la portée de l'art. 753, qui veut, après l'ouverture de l'ordre judiciaire, que la sommation soit faite aux créanciers par acte signifié aux domiciles élus dans leurs inscriptions. Or les créanciers connus par leurs inscriptions sont tous ceux dénommés dans l'état des inscriptions déposé au greffe lors de la réquisition d'ordre, conformément à l'art. 750, laquelle est antérieure à l'essai de règlement amiable.

258. L'observation rigoureuse du délai de huitaine pour faire les sommations de produire est prescrite à l'avoué poursuivant sous peine de perdre de plein droit le rôle de la poursuite, aux termes de l'art. 776; mais il n'y aurait pas, dans ce cas, nullité de l'acte, conformément au principe général posé dans l'art. 1030 du Code de procédure, d'après lequel aucun acte de procédure ne pourra être déclaré nul, si la nullité n'en est pas formellement prononcée par la loi (1).

La sommation aux créanciers inscrits dont s'occupe l'art. 753 leur est adressée, comme sous l'empire du Code de procédure, aux domiciles élus dans les inscriptions, ou à celui de leurs avoués s'il y en a de constitués. Cependant, par exception, lorsque le vendeur n'a pas élu lui-même un domicile dans l'inscription prise en son nom, ou qu'il n'a pas constitué d'avoué, la loi veut que cette sommation lui soit signifiée à son domicile réel situé en France. Quant à celui qui habite aux colonies ou à l'étranger, il doit avoir fait élection de domicile chez son mandataire en France. Ainsi, la sommation adressée au vendeur ne serait pas utilement signifiée au domicile élu spontanément par le conservateur dans l'inscription prise d'office. Car ce n'est pas le vendeur ou son

<hr>

(1) Conf. MM. Grosse et Rameau, n° 317; Émile Ollivier et Mourlon, n° 335; Bressolles, p. 46; Chauveau, quest. 2553, nouv. édit. Ajoutons avec ce dernier auteur que la locution de la loi exclut toute idée de franchise; en sorte qu'il faut comprendre dans le délai, sinon le jour de l'ouverture de l'ordre, au moins le jour de l'échéance, et qu'ainsi le délai ne serait pas observé si la sommation n'était faite que le lendemain de ce jour, par exemple le 30 du mois, quand l'ordre a été ouvert le 20.   P. P.

mandataire qui ont fait cette élection de domicile, mais le conservateur, qui n'en a pas le droit ; cette élection de domicile est donc sans effet (1) à l'égard du vendeur, qui peut même l'ignorer.

259. Quand il faut signifier la sommation de produire au domicile réel du vendeur, le délai de huitaine est souvent trop court ; il faut donc l'augmenter du délai à raison de la distance, en conformité de l'art. 1033 du Code de procédure. Cette augmentation, si le domicile réel est éloigné du tribunal devant lequel la poursuite d'ordre a lieu, sera quelquefois assez considérable pour retarder de beaucoup la marche de cette procédure : aussi, en présence de ces termes de l'art. 753 : « *dans la huitaine de l'ouverture*, la sommation de produire est faite aux créanciers..... et au vendeur, à son domicile réel situé en France », quelques praticiens ont-ils pensé que le délai ici n'est pas susceptible de recevoir l'augmentation à raison de la distance (2). Mais c'est une erreur, car le principe général posé dans l'art. 1033 domine ici. En effet, il ne serait pas possible d'avertir un vendeur dont le domicile réel est éloigné dans l'espace de huitaine, et l'on ne pourrait pas signifier la sommation au parquet, comme si ce domicile était inconnu. L'importance de cet acte exige que le poursuivant ait le temps nécessaire pour le faire parvenir aux créanciers intéressés.

260. Toutefois le domicile réel du vendeur peut n'être plus celui qui se trouve indiqué dans son inscription. Dans ce cas, on ne pourrait pas remettre la sommation à son ancien domicile, puisqu'il faut la signifier au domicile réel qu'il a au moment de l'ouverture de l'ordre. L'huissier doit faire alors ce que l'on appelle dans la pratique un *acte de perquisition*, ainsi que nous l'avons vu sous l'art. 692. C'est seulement quand le domicile réel est inconnu qu'on peut recourir à la sommation au parquet du tribunal devant lequel il est procédé à l'ordre.

261. Il suffit de rappeler ici que la sommation aux créanciers inscrits doit être faite au dernier domicile élu si, lors du renouvellement de leurs inscriptions, l'élection de domicile a été changée : aussi faut-il prendre, pour la signification des sommations, le domicile tel qu'il se trouve indiqué dans l'état des inscriptions levé au moment de la réquisition d'ordre pour arriver à la distribution du prix.

262. Tant que l'élection reste la même dans l'inscription, la som-

---

(1) Arrêt de la Cour de Paris, 21 mai 1813 (Sir., 14, 2, 264 ; A. Dall., 10, 852); Rennes, 24 juin 1823 (Sir., 25, 1, 309).

(2) Tel est aussi l'avis de M. Chauveau (nouv. édit., quest. 2553 *bis*) : « Les délais accordés pour la marche de l'ordre, dit-il, ne comportent pas en principe cette augmentation. Avec la rapidité actuelle des correspondances, le délai de huitaine est rigoureusement suffisant pour atteindre partout. » Mais l'objection n'irait à rien moins qu'à la suppression du principe posé dans l'art. 1033, contre lequel on pourrait toujours mettre en avant l'argument tiré de la rapidité actuelle des communications. Il faut donc s'en tenir à cet article tant qu'il subsistera dans la loi, et en admettre l'application quand les textes impartissant un délai n'y font pas exception. Or cette exception n'est pas écrite ici, et la disposition de l'art. 692, tel qu'il a été modifié par la loi nouvelle, prouve hautement que la matière n'est pas incompatible, en principe, comme le dit M. Chauveau, avec l'application de l'art. 1033 (voy. *suprà*, n° 24).

P. P.

mation peut être adressée à ce domicile, des changements fussent-ils survenus dans la position et les droits des créanciers. En effet, ce n'est pas la faute du poursuivant, qu'on ne peut forcer à s'informer de tous les changements qui peuvent arriver aux autres parties; elles seules doivent veiller à leurs droits. Ainsi cette sommation est valablement faite au domicile élu par le créancier dans son inscription, quoiqu'il soit décédé depuis, cette circonstance fût-elle même déclarée à l'huissier au moment où il remet la sommation. Il faut toujours s'en tenir au dernier domicile élu dans l'inscription : aussi, lorsque ce domicile a été indiqué chez un officier ministériel, la sommation doit être remise *en la demeure* ou à la personne de cet officier ministériel; on n'en pourrait faire valablement la remise au domicile du successeur, puisque l'élection n'est pas faite chez ce dernier.

Cependant la Cour de Grenoble a validé, par arrêt du 9 mars 1853, une signification faite au domicile du successeur; mais, dans l'espèce, il résultait de l'inscription que le créancier avait eu en vue plutôt les fonctions de l'avoué, et le lieu où les fonctions étaient exercées, que la personne même de l'avoué.

262 *bis*. Nous croyons utile de rappeler ici les devoirs imposés aux officiers ministériels chez lesquels il a été élu domicile, lorsqu'ils reçoivent la sommation de produire à l'ordre judiciaire, conformément à notre article. Le défaut de production dans les quarante jours de cette sommation entraînant la déchéance pour le créancier, tandis que son absence à l'ordre amiable ne donne lieu contre lui qu'à une condamnation à l'amende de 25 fr., l'officier ministériel aurait engagé sa responsabilité s'il n'avait pas pris les précautions nécessaires pour mettre le créancier en mesure de produire, et, par suite, d'éviter la déchéance. Le moyen le plus sûr est d'adresser, ainsi que nous l'avons indiqué pour la remise de la lettre de convocation à l'ordre amiable, la sommation sans retard, à la partie intéressée, par une lettre chargée. L'officier ministériel doit conserver le bulletin de chargement, lequel lui servira de pièce justificative de l'exécution de son mandat. — En cas de décès de la partie, l'officier ministériel ne peut être tenu d'avertir les héritiers de la réception de la sommation qu'autant qu'il les connaît.

En principe, l'élection de domicile chez un officier ministériel ne l'oblige à ces soins que quand il a consenti à cette élection; mais il en serait autrement si elle avait été faite à son insu, et si elle ne lui était révélée que par la notification de la sommation. Toutefois le consentement de l'officier ministériel n'est pas nécessairement explicite; il peut fréquemment s'induire des circonstances, par exemple dans le cas où le notaire a rédigé lui-même l'acte contenant élection, ou a pris inscription au nom du créancier qui a fait élection de domicile en son étude. De même, les rapports suivis du client avec l'officier ministériel chargé de ses intérêts, et son habitude constante d'élire domicile chez ce dernier, peuvent être considérés comme preuve d'une acceptation tacite, bien que l'officier ministériel n'ait pas participé spécialement à l'acte contenant élection de domicile.

Dans ces cas, on admet, d'ailleurs, que le successeur est tenu aux mêmes obligations que le titulaire qu'il remplace (1).

De tout ce qui précède, nous concluons qu'il est difficile de poser des règles fixes pour établir qu'il y a acceptation de l'élection de domicile. C'est là un point de fait dont la décision appartient à la sagesse des tribunaux. Ainsi s'explique la variété des solutions de la jurisprudence sur cette question, comme sur toutes celles qui touchent à la responsabilité des officiers ministériels chargés d'un mandat. Dans certaines espèces, les Cours ont parfois trop étendu cette responsabilité; mais leurs décisions ont échappé à la cassation, parce qu'en appréciant les faits (2), elles constataient que le mandat en résultait, pour l'officier ministériel, de faire tel ou tel acte dans l'intérêt de son client.

263. Déjà, en traitant de l'ordre amiable, nous avons examiné les difficultés relatives aux personnes qui doivent être convoquées devant le juge conciliateur. Ces mêmes questions se présentent lorsqu'il s'agit de faire la sommation prescrite par l'art. 753, et, en général, elles doivent recevoir la même solution. (Voy. *suprà*, n°^{s} 161 et suiv.) Ainsi, le cessionnaire d'une hypothèque qui n'a pas notifié son titre au conservateur des hypothèques ne doit pas être sommé de produire à l'ordre judiciaire. La sommation est adressée au cédant, qui est obligé de la transmettre au cessionnaire. Ce dernier ne peut se plaindre de n'avoir pas été appelé à l'ordre, puisqu'il n'est pas créancier inscrit en son nom et qu'il n'a pas fait connaître sa qualité.

264. Cependant, bien que nous ayons été d'avis que les créanciers chirographaires ne doivent pas être convoqués à l'ordre amiable (*voy* n° 167), nous pensons que le poursuivant doit avertir ces créanciers chirographaires qui ont formé opposition entre les mains de l'adjudicataire, pourvu que cette opposition lui ait été notifiée ou que ces créanciers soient déjà parties dans l'ordre amiable (3). La sommation doit leur être faite au domicile élu dans l'opposition.

265. En ce qui concerne les créanciers inscrits sur les précédents propriétaires, lorsque l'ordre se fait après adjudication sur saisie immobilière, nous renvoyons, sur ce point, à nos explications sur l'ordre amiable. (*Voy.* n°^{s} 163 et suiv.)

266. Dans le cas où la sommation de produire n'a pas été faite à un créancier inscrit, soit par la faute du poursuivant, soit par la négligence du conservateur des hypothèques, qui a omis son inscription dans l'ex-

---

(1) Arrêt de Nancy du 22 déc. 1853 (Bioche, *Journ.*, 1854).

(2). *Voy.*, dans ce sens, un arrêt de rejet du 24 janv. 1849, contre une décision de la Cour de Montpellier du 7 août 1845 ; Toulouse, 7 févr. 1839. — D'autres arrêts, au contraire, restreignent la responsabilité dans des limites plus étroites : Bordeaux, 3 déc. 1851; Nancy, 3 janv. 1852; Douai, 9 août 1856. *Voy.* aussi la dissertation de M. Paul Pont sur la Responsabilité des notaires (*Revue critique*, t. VII, p. 35 et suiv.).

(3) M. Chauveau s'était prononcé en ce sens dans les précédentes éditions de son Commentaire aux *lois de la procédure civile* de Carré (*voy.* quest. 2553 *quinquies*). Mais l'auteur revient sur cette solution dans son édition nouvelle (quest. 2553 *quater*), où il nous dit qu'un examen approfondi de la position et des droits des créanciers chirographaires lui a donné la conviction que le poursuivant n'a pas à s'enquérir de

trait délivré pour l'ordre, le recours de ce créancier contre le poursuivant ou contre le conservateur est incontestable pour la réparation du préjudice qu'ils lui ont causé par leur faute. Mais cette action contre les auteurs de l'omission ne l'empêcherait pas, dit M. Chauveau, d'attaquer l'ordre, comme fait sans sa participation, par la tierce opposition ou par la voie de la nullité. Nous avons combattu cette opinion en ce qui concerne le créancier omis par le conservateur dans l'état des inscriptions lorsque nous avons examiné cette question à propos de l'ordre amiable (*voy.* n° 165) ; il suffit de renvoyer à nos observations.

267. Ainsi que nous le verrons sous l'art. 754, les créanciers sont obligés de produire dans les quarante jours de cette sommation, sous peine de déchéance de leurs droits : aussi la sommation doit-elle contenir l'avertissement que, faute de produire dans les quarante jours, le créancier sera déchu.

268. Cet avertissement est-il prescrit à peine de nullité de la procédure? Nous ne le pensons pas, car les nullités ne peuvent être prononcées que dans les cas où la loi le dit formellement. De plus, l'art. 755 déclare que l'expiration du délai de quarante jours depuis la sommation emporte de plein droit déchéance contre les créanciers non produisants, sans se préoccuper des énonciations de la sommation, et en particulier de celle relative à l'avertissement spécial de la peine de la forclusion pour défaut de production dans le temps fixé par la loi (1). D'ailleurs l'art. 776 prévoit l'inobservation des formalités prescrites par l'art. 753 ; et il menace l'avoué poursuivant de lui faire perdre la poursuite, sans sommation ni jugement : c'est là la véritable sanction de la loi pour une formalité à l'inobservation de laquelle la nullité de la procédure ne nous paraît pas attachée.

269. Il faut ajouter encore, avec le rapporteur de la commission du Corps législatif, qu'il sera utile « que la sommation indique les biens saisis, afin de dispenser les créanciers qui veulent en comparer la désignation à celle de leur inscription de faire rechercher au greffe ces détails, sur la réquisition d'ouverture, qui ne sera point signifiée désormais. » (Voy. *suprà*, p. 54, n° 140.)

270. Lorsque l'adjudicataire n'est pas poursuivant, on lui dénonce l'ouverture de l'ordre, afin qu'il se prépare à verser le prix entre les mains des créanciers colloqués, s'il ne l'a pas consigné. Cette dénonciation est faite à l'avoué qui a occupé pour lui lors de l'adjudication sur saisie immobilière ; et dans le cas où le même avoué représente plusieurs

---

ces créanciers, et que, dans une procédure où tout est organisé en vue d'une liquidation hypothécaire, ils ne peuvent figurer qu'en usant de l'initiative que leur laisse la loi d'intervenir s'ils le jugent à propos. (*Voy.* aussi MM. Grosse et Rameau, n°ˢ 283, 284 ; Colmet d'Aàge, t. II, n° 1028.) Nous pensons, au contraire, avec M. Seligman, que si l'ordre concerne principalement les créanciers hypothécaires, il n'exclut pas les chirographaires, qui ont intérêt à discuter les titres qui les priment, puisqu'ils doivent être payés sur ce qui reste du prix, et que de cet intérêt même naît la nécessité de leur faire la sommation dans les cas signalés ici par M. Seligman. (*Voy.* aussi MM. Lepage, t. II, p. 511, quest. 6 ; Rodière, t. III, p. 214.)   P. P.

(1) *Voy.* M. Bressolles, n° 33, p. 48.—*Voy.* cependant M. Chauveau, quest. 2554 *quat.*

adjudicataires, il ne lui est fait, pour économiser les frais, qu'une seule dénonciation. C'est à l'avoué qui veut mettre sa responsabilité à couvert d'avertir ses clients de l'ouverture de l'ordre, afin qu'ils y produisent pour les frais des notifications et pour le coût de l'extrait des inscriptions, s'il s'agit d'une adjudication devant notaire ou d'une vente amiable. Il est évident qu'il doit y avoir constitution d'avoué, soit dans le cas d'aliénation forcée, soit dans celui de vente volontaire. L'avoué est nécessaire, dans la première hypothèse, pour enchérir devant le tribunal, et, dans la seconde, pour diriger la purge, aucun ordre ne pouvant être ouvert sans l'accomplissement des formalités prescrites pour la purge des hypothèques.

271. Toutefois, si l'avoué avait cessé ses fonctions dans l'intervalle, la dénonciation devrait être faite à l'adjudicataire, et non au successeur de cet avoué, lequel n'avait pas mandat de l'adjudicataire pour le représenter dans la procédure qui fait suite à l'adjudication.

272. L'art. 753 ne prescrit aucun avertissement à l'égard de la partie saisie dont la présence n'a pas paru utile au début de la procédure; elle n'est appelée que plus tard, après la confection du règlement provisoire, pour veiller à ses droits (1).

D'après le projet de loi, on avait imposé à l'adjudicataire l'obligation de faire, dans la huitaine de la dénonciation de l'ouverture de l'ordre, sommation de produire à la femme du saisi, aux femmes des précédents propriétaires et aux subrogés tuteurs, ainsi qu'aux mineurs devenus majeurs, avec copie au procureur impérial. Cette mesure, dont l'accomplissement aurait été fort onéreux si l'on songe au nombre immense de sommations qu'il aurait fallu faire seulement aux femmes des précédents propriétaires, en cas de transmissions successives des lots adjugés, était au fond sans utilité, car déjà les sommations prescrites par l'art. 692 du Code de procédure, ou les formalités de la purge (C. Nap., 2194), ont averti les créanciers à hypothèque légale (2). C'est donc avec raison qu'on a modifié le projet par la suppression de l'obligation imposée à l'adjudicataire relativement à ces sommations.

273. Si l'adjudicataire est aussi créancier inscrit, la dénonciation de l'ouverture de l'ordre à lui faite ne tiendrait pas lieu de la sommation de produire qui doit lui être adressée en sa qualité de créancier inscrit. Ce dernier acte, signifié par un huissier commis, et portant avec lui une menace de déchéance faute de production dans les quarante jours de sa date, a une importance capitale; il est une mise en demeure faite au créancier, qui sera déchu de ses droits s'il n'obtempère pas à la sommation; il ne saurait donc être remplacé ou suppléé par un simple avertissement, qui n'a pas le même caractère (3).

---

(1) Voy., en ce sens, MM. Rodière, t. III, p. 214; Pigeau, t. II, p. 423; Grosse et Rameau, n° 320; Chauveau, quest. 2553 quinquies.

(2) Voy. le Rapport de M. Riché, supra, 54, n° 141. Voy. aussi M. Bressolles, n° 32, p. 45 et 46.

(3) Conf. MM. Grosse et Rameau, n° 326; Ollivier et Mourlon, n° 340; Chauveau, quest. 2553 ter.

274. Après avoir fait les sommations aux créanciers inscrits, le poursuivant est obligé, dans la huitaine, de remettre l'original au juge, qui en fait mention sur le procès-verbal. Par ce moyen, le juge connaît exactement la date des sommations, et peut ainsi prononcer la déchéance contre les créanciers qui ne produisent pas dans les quarante jours.

Cette remise de l'original des sommations entre les mains du juge-commissaire a de plus l'avantage de mettre ce magistrat à même de surveiller la bonne exécution de la commission donnée aux huissiers. L'état des inscriptions, joint à l'original de la sommation par le poursuivant, permet au juge de s'assurer que l'huissier par lui commis a accompli sa mission vis-à-vis de tous les créanciers portés en l'état.

275. La sommation, ainsi que nous l'avons déjà dit, est préparée par l'avoué poursuivant; c'est son œuvre, et notre article l'indique nettement en ces termes : « Dans les huits jours de la sommation *par lui faite* aux créanciers inscrits, *le poursuivant,* etc. » Ainsi, la sommation est faite par l'avoué, et l'huissier n'est commis que pour faire la signification; en sorte que le juge peut vérifier si l'avoué a rempli les formalités prescrites par l'art. 753, et dont l'inobservation peut lui faire perdre la poursuite de l'ordre.

276. Le juge, avons-nous dit, doit faire mention de la remise de l'original de la sommation sur le procès-verbal d'ordre; il est important pour l'avoué poursuivant que cette mention soit faite de suite et datée par le juge : c'est là un contrôle utile, en ce qu'il donne la certitude que la sommation a été faite dans les délais aux créanciers inscrits, qui, s'ils viennent à encourir la déchéance pour défaut de production dans les quarante jours, ne peuvent, en présence de la mention faite par le juge sur le procès-verbal, prétendre qu'ils n'ont pas été sommés.

277. Toutefois nous n'irons pas jusqu'à dire que l'absence de cette mention enlève à la sommation son caractère de mise en demeure, et soit susceptible de relever de la déchéance le créancier non produisant dans les quarante jours; car, aux termes de l'art. 755, c'est l'expiration de ce délai qui emporte la déchéance. La mention dont il s'agit ne peut être une forme substantielle de la sommation, puisqu'elle n'ajoute absolument rien, à l'égard du créancier, à l'avertissement que lui donne la sommation, si la date est certaine, et la date est certaine jusqu'à inscription de faux; elle doit donc produire son effet naturel, nonobstant l'absence de la mention en question sur le procès-verbal du juge; et cette omission de la mention aura pour conséquence unique de soumettre l'avoué poursuivant à l'application de l'art. 776, s'il n'a pas remis l'original des sommations au juge-commissaire dans le délai prescrit par la loi (1).

---

(1) 1. Ce numéro et les trois numéros précédents traitent spécialement de la remise par le poursuivant, au juge-commissaire, de l'original des sommations aux créanciers inscrits, et présentent le commentaire du dernier paragraphe de l'art. 753, aux termes duquel, « dans les huit jours de la sommation par lui faite aux créanciers inscrits, le

ART. 754.

Texte ancien.

Dans le mois de cette sommation, chaque créancier sera tenu de produire ses titres avec acte de produit, signé de son avoué et contenant demande en collocation. Le commissaire fera mention de la remise sur son procès-verbal.

Projet du gouvernement.

Dans les trente jours de cette sommation, tout créancier est tenu de produire ses titres avec acte de produit signé de son avoué et contenant demande en collocation. Le juge fait mention de la remise sur le procès-verbal.

---

poursuivant en remet l'original au juge, qui en fait mention sur le procès-verbal. » Nous admettons, comme M. Seligman, que ces formalités ne sont pas complémentaires de la sommation, et par conséquent nous rejetons la doctrine de MM. Grosse et Rameau (n° 330), d'après lesquels l'inaccomplissement de ces formalités, s'il ne produit pas la nullité de la sommation, en paralyse les effets quant à la déchéance, estimant, comme M. Seligman, que la seule sanction possible est la déchéance de la poursuite prononcée contre l'avoué par l'art. 776. (*Conf.* M. Chauveau, édit. nouv., quest. 2554 *octies*.) Mais il y a deux points à préciser : l'un qui touche à la remise à faire par l'avoué poursuivant ; l'autre, à la mention à faire par le juge.

2. L'art. 753 ne se borne pas à prescrire une sommation aux créanciers inscrits ; il veut, en outre, qu'en même temps dénonciation soit faite de l'ouverture de l'ordre à l'avoué de l'adjudicataire (§ 3). Lorsqu'un même original contiendra à la fois les sommations et la dénonciation, il n'y aura aucune difficulté quant à la *remise*. Mais si elles ont été faites par des actes distincts, une question se présente : c'est celle de savoir si l'original de la dénonciation doit être remis au juge, comme celui de la sommation. Notre article ne le dit pas, et M. Bressolles s'en étonne (n° 32, p. 46). Nous nous expliquons cela par la différence notable qui existe entre les deux actes en ce qui concerne leur importance respective. La sommation fixe le point de départ d'un délai à l'expiration duquel se produit une déchéance que le juge doit constater d'office ; il n'y a rien de semblable quant à la dénonciation, qui a pour objet unique de porter l'ouverture de l'ordre à la connaissance de l'adjudicataire. On s'explique donc que l'original des sommations doive être remis au juge, car il faut bien lui faire connaître le point de départ de ce délai au bout duquel se place la déchéance par lui constatée, et qu'il n'en soit pas de même de l'original de la dénonciation, lequel ne serait remis au juge que pour établir que l'avertissement a été donné à l'adjudicataire, ce qui sera toujours justifié d'une manière suffisante par la seule production de l'original de la dénonciation. Quoi qu'il en soit, la loi n'exige la remise au juge que pour l'original des sommations ; nous en concluons que le poursuivant satisfait à la loi dès qu'il est démontré, par la production de l'original, que l'adjudicataire a reçu l'avertissement en temps utile, et qu'il peut, sans encourir la déchéance de la poursuite prononcée par l'art. 776, ne pas faire la remise de cet original entre les mains du juge. (*Conf.* M. Chauveau, nouv. édit., quest. 2554 *sexies*.)

3. Après la remise de l'original des sommations, que doit faire le juge ? Aux termes de notre article, il en fait mention sur le procès-verbal. Nous concluons de là qu'en principe il n'est pas nécessaire que l'original des sommations demeure annexé au procès-verbal d'ordre : la loi, en effet, prescrit, non point une annexe, mais une simple mention. Toutefois nous partageons le sentiment de M. Chauveau (quest. 2554 *novies*), qui, tout en se prononçant dans le même sens, signale néanmoins le grand avantage qu'il y aurait à la conservation de l'un des actes les plus importants de la procédure d'ordre, et conseille aux juges-commissaires de ne pas se borner à mentionner sur leurs procès-verbaux la sommation de produire, mais d'annexer l'original lui-même. Personne, d'ailleurs, n'aurait à s'en plaindre : ni les créanciers, puisque la mesure serait conservatrice de leurs droits ; ni l'avoué poursuivant, puisqu'elle le déchargerait d'une responsabilité.

P. P.

Loi actuelle.

Productions.

Dans les *quarante* jours de cette sommation, tout créancier est tenu de produire ses titres avec acte de produit signé de son avoué et contenant demande en collocation. Le juge fait mention de la remise sur le procès-verbal.

SOMMAIRE.

278. Comment se fait la requête de production.
279. C'est un acte de postulation pour lequel le ministère d'un avoué est nécessaire, même pour la régie de l'enregistrement.
280. La requête de production doit-elle contenir la désignation exacte des biens sur lesquels le créancier demande à être colloqué?
281. Comment se calcule le délai de quarante jours accordé pour produire.
282. Est-il susceptible d'augmentation à raison des distances?
283. Dans quel délai la production doit-elle être faite par certains créanciers non sommés?
284. De la mention, sur le procès-verbal, des pièces à l'appui de la production.

278. Cet article ne donne pas lieu à de longs développements. Il en résulte que la demande en collocation contenue dans l'acte de production doit être faite au greffe, et l'avoué du produisant est obligé de signer cet acte, nommé dans la pratique *requête de production*.

279. La production, dans les ordres judiciaires, est un acte de postulation qui ne peut se faire que par le ministère des avoués. La régie de l'enregistrement avait prétendu pendant un certain temps qu'en vertu de l'art. 65 de la loi du 22 frimaire an 7, elle pourrait procéder, même en cas d'ordre, par simples mémoires; mais on a décidé (1) avec raison que cette disposition ne s'applique qu'aux instances litigieuses de la régie contre ses débiteurs pour faire statuer sur ses droits, et que dans celles relatives, soit à des saisies immobilières, soit à des ordres judiciaires, elle doit se servir du ministère des avoués, comme tous les autres créanciers. Ce sont là des procédures spéciales dont les formes sont prescrites par la loi, et que toutes les parties intéressées, même la régie, doivent observer, à moins d'une exception formelle en sa faveur, ce qui est même impossible, car il en résulterait cette conséquence bizarre, comme le dit M. Chauveau, que tandis que les oppositions en matière d'ordre seraient vidées sur l'instruction à l'audience entre les autres parties, il faudrait en vider sur simples mémoires, et en la Chambre du conseil, en tant qu'elles concerneraient les intérêts de la régie. C'est aussi l'opinion adoptée par le ministre de la justice dans sa lettre du 4 complémentaire an 9, et dans une instruction de la régie du 25 mars 1808. C'est une véritable demande faite en justice qui a pour effet d'in-

---

(1) Cass., 12 mess. an 8 et 16 juin 1807 (*Journ. du Pal.*, t. I, p. 666, et t. VI, p. 149); Bruxelles, 11 août 1810 (Sir., 17, 2, 449).

terrompre la prescription et de faire courir les intérêts du capital réclamé dans l'acte de produit.

280. Cette requête doit contenir des chefs séparés pour le principal de la créance, pour les intérêts et pour les frais, ce qui se fait toujours en pratique. Mais un travail auquel on se livre plus rarement dans les productions que font les avoués, c'est la désignation exacte des biens sur le prix desquels le créancier demande à être colloqué, lorsqu'il n'a pas inscription sur tous les immeubles dont le prix est en distribution. Afin de faciliter la ventilation, la commission du Corps législatif avait proposé d'exiger cette désignation dans le texte de l'article, afin, dit M. Riché, d'appeler le rejet de la taxe, comme sanction de l'infraction à une prescription légale ; mais le conseil d'État a rejeté cette addition comme inutile (1).

Si cette proposition de la commission avait été d'une exécution facile pour les avoués, il aurait mieux valu l'accepter ; car les juges-commissaires, quand il s'agit surtout de petites parcelles de terre dans nos campagnes, sont souvent bien embarrassés pour démêler quels sont les immeubles affectés aux différentes créances pour lesquelles on a produit. Mais il ne faut pas perdre de vue qu'un retard dans la production entraîne déchéance du droit même, et que les clients s'adressent quelquefois au dernier moment à leurs avoués pour faire l'acte de produit. Dans ce cas, pour mettre sa responsabilité à couvert, l'avoué demande collocation pour sa partie sur tous les biens. Cette demande n'augmente en rien les frais d'ordre ; elle donne seulement plus de travail au juge-commissaire obligé de faire la ventilation : on aurait dû laisser à ce magistrat la faculté du rejet de la taxe, s'il y avait eu évidemment négligence de la part de l'avoué.

281. Le délai accordé pour cette production était fixé à trente jours par le projet de loi ; mais l'art. 754 l'a élevé à quarante jours, à cause de la gravité de la déchéance, qui doit résulter du défaut de production dans ce délai. Dans ces quarante jours, on ne compte pas le jour *à quo;* mais on compte celui de l'échéance, *terminus ad quem.* En effet, la production doit être faite dans les quarante jours de la sommation ; il faut en excepter le jour où elle a été remise au créancier, car ce jour-là ne pourrait être utilisé pour préparer la production, si la sommation avait été signifiée vers le soir ; mais tous les jours qui suivent font partie des quarante jours (2).

282. Faut-il augmenter le délai de quarante jours de celui des distances ? Nous ne le pensons pas, car la loi nouvelle a encore augmenté le délai d'un mois, qui existait sous le Code de procédure, de dix jours,

_____

(1) *Voy.* le Rapport, *suprà,* p. 55, n° 142.

(2) «Le délai de la production, porte la Circulaire ministérielle du 2 mai 1859 (*suprà,* p. 131, n° 55), qui n'était que d'un mois d'après le Code de procédure, est porté à quarante jours par l'art. 754. *Il court, pour chaque créancier, à partir de la sommation qui lui est faite.* » Ces dernières expressions donnent à penser que chaque créancier doit être pris isolément, et que le délai, à l'égard de chacun d'eux, est expiré quand est venu le quarante et unième jour à partir de la sommation qu'il a reçue. C'est aussi l'avis de MM. Grosse et Rameau (n° 341). Cependant M. Chauveau, s'at-

précisément à cause de la gravité de la déchéance qu'entraîne la non-production dans les quarante jours ; aussi l'art. 755 déclare formellement que la *seule expiration* du délai de quarante jours emporte de plein droit déchéance contre les créanciers non produisants. Il faut conclure de ces termes que l'augmentation à raison des distances n'a pas lieu pour le délai fixé par la nouvelle loi.

283. Ainsi que nous l'avons vu, plusieurs sortes de créanciers non convoqués peuvent se présenter à l'ordre amiable (*suprà*, n°s 197 et suiv.). De même, pour l'ordre judiciaire, il se trouve des créanciers qui, n'ayant pas été sommés, ont cependant le droit de faire des productions. Ainsi, ceux qui ont pris inscription seulement après la levée de l'état pour ordre déposé au greffe au moment de la réquisition; les créanciers à hypothèque légale, pour l'exercice de leur droit de préférence; les créanciers privilégiés en vertu des art. 2101 et 2104 du Code Napoléon : tous ces créanciers peuvent produire leurs titres et pièces par des requêtes de production signées de leurs avoués, et contenant demande en collocation. Tout créancier, dit l'art. 754, peut et doit produire dans le délai de la loi, qu'il ait été sommé ou non.

284. Pour bien constater que l'acte de produit, avec titres et pièces à l'appui, a eu lieu dans le délai fixé par l'art. 754, le juge doit faire mention de la remise sur le procès-verbal. L'importance de cette mention constatée de cette façon ressortira davantage par les explications que nous donnerons sous l'article suivant. Ajoutons seulement que l'avoué qui négligerait de produire les pièces sur lesquelles se fonde sa demande en collocation s'exposerait à une condamnation aux frais qui peuvent être occasionnés par cette production défectueuse : cela s'induit de l'art. 766, dont le § 4 dispose que « le contestant ou le contesté qui aura mis de la négligence dans la production des pièces peut être condamné aux dépens, même en obtenant gain de cause. »

Art. 755.

Texte ancien.

Le mois expiré, et même auparavant, si les créanciers ont produit, le commissaire dressera, ensuite de son procès-verbal, un état de collocation sur les pièces produites. Le poursuivant dénoncera, par acte d'avoué à avoué, aux créanciers produisants et à la partie saisie, la confection de l'état de collocation, avec sommation d'en prendre communication, et de contredire, s'il y échet, sur le procès-verbal du commissaire, dans le délai d'un mois.

tachant au texte de notre article, qui dit *tout* créancier, et non *chaque* créancier, estime qu'il s'agit ici d'un terme unique pour l'ensemble des créanciers, sans acception individuelle, et, par suite, que tout créancier sommé doit être admis, pour faire sa production, à utiliser l'excédant du délai qui resterait disponible pour d'autres créanciers, sommés plus tard que lui. Cette solution, qui a été développée par M. Seligman sous l'article suivant (*voy.* n° 287), nous semble préférable : nous pensons qu'il faut s'y tenir.   P. P.

Projet du gouvernement.

L'expiration du délai de trente jours ci-dessus fixé emporte de plein droit déchéance contre les créanciers non produisants. Le juge la constate immédiatement et d'office sur le procès-verbal, et dresse l'état de collocation sur les pièces produites. Cet état est dressé au plus tard dans les trente jours qui suivent l'expiration du délai ci-dessus.

Dans les dix jours de la confection de l'état de collocation, le poursuivant la dénonce, par acte d'avoué à avoué, aux créanciers produisants et à la partie saisie, avec sommation d'en prendre communication, et de contredire, s'il y échet, sur le procès-verbal, dans le délai de trente jours.

Loi actuelle.

Forclusion et état de collocation provisoire.

L'expiration du délai de *quarante* jours ci-dessus fixé emporte de plein droit déchéance contre les créanciers non produisants. Le juge la constate immédiatement et d'office sur le procès-verbal, et dresse l'état de collocation sur les pièces produites. Cet état est dressé au plus tard dans les *vingt* jours qui suivent l'expiration du délai ci-dessus.

Dans les dix jours de la confection de l'état de collocation, le poursuivant la dénonce, par acte d'avoué à avoué, aux créanciers produisants et à la partie saisie, avec sommation d'en prendre communication, et de contredire, s'il y échet, sur le procès-verbal dans le délai de trente jours.

SOMMAIRE.

285. État des choses sous le Code.
286. Déchéance des créanciers non produisants quarante jours après la sommation : elle s'applique aussi aux créanciers à hypothèque légale.
287. Quel est le point de départ du délai de quarante jours?
288. Quelle est la limite extrême du délai pour produire?
289. Le juge doit faire mention sur le procès-verbal de la remise de l'acte de production.
290. Cas dans lequel le juge doit mentionner immédiatement la production faite par le créancier.
291. La mention du juge ne peut être remplacée par un acte de dépôt fait par le greffier de la production avec les pièces à l'appui.
292. Comment le juge doit-il calculer le délai de quarante jours?
293. La déchéance pour défaut de production est d'ordre public.
294. Par suite de cette déchéance, les créanciers non produisants sont éliminés de l'ordre.
295. *Quid* si le créancier conteste la forclusion prononcée par le juge?
296. La déchéance pour défaut de production est encourue par les créanciers à hypothèque légale, et même par certains créanciers privilégiés non inscrits, en vertu des art. 2101 et 2104 du Code Napoléon.
297. *Quid* des créanciers omis sur l'état des inscriptions par la faute du conservateur?
298. *Quid* de celui qui n'a pas été sommé par la faute du poursuivant?
299. Il n'y a pas de déchéance si la sommation est informe.
300. *Quid* au cas de décès du créancier avant la signification de la sommation ou depuis qu'elle lui a été faite? Distinction.

285. Sous l'empire du Code de procédure, tant que l'ordre n'était pas clos, on admettait les productions des créanciers; de là les longueurs et les retards les plus fâcheux pour la masse. Néanmoins ces productions tardives étaient devenues d'un usage général. Rien n'était plus commun que la confection des règlements provisoires suivis de plusieurs règlements supplémentaires. Il résultait de cet état de choses une iniquité qu'on trouve signalée dans l'exposé des motifs et dans le rapport de M. Riché (1) : le créancier qui avait produit à l'époque voulue était déchu du droit de critiquer un règlement provisoire qui le froissait; mais le créancier tardif avait ce droit.

286. Le législateur, dans le nouvel art. 755, a introduit un remède aussi énergique qu'efficace contre ces lenteurs en prononçant une forclusion absolue contre les créanciers retardataires : seulement, à cause de la gravité de la déchéance, comme nous en faisons la remarque au n° 281, le délai pour produire a été augmenté de dix jours : il est au-

---

(1) Voy. *suprà*, p. 19, n° 45, et p. 56, n° 144.

jourd'hui de quarante jours, au lieu d'un mois accordé par l'ancien art. 754.

L'expiration de ce délai de quarante jours depuis la sommation de produire suffit pour entraîner de plein droit déchéance contre les créanciers non produisants. Cette forclusion a lieu non-seulement vis-à-vis des créanciers inscrits, mais aussi, ainsi que nous l'avons déjà expliqué sous l'art. 717, à l'égard des créanciers à hypothèque légale qui, bien que n'ayant pas fait inscrire leurs hypothèques, auraient pu produire en vertu de leur droit de préférence.

287. Il s'agit maintenant d'examiner quel est le point de départ pour ce délai de quarante jours. En règle générale, il ne commence à courir qu'à partir de la signification de la sommation aux créanciers inscrits. Mais dans le cas où cette signification ne leur aurait pas été faite le même jour, est-ce à compter de la dernière sommation notifiée qu'il faut calculer le délai de quarante jours, ou, à l'égard de chaque créancier, du jour où la remise lui est faite?

Pour soutenir que ce délai court, à l'égard de chaque créancier, du jour où la sommation lui a été notifiée, on peut s'appuyer sur ce que l'obligation de produire est divisible et personnelle à chaque créancier; que c'est la sommation qu'il a reçue qui le met en demeure d'y obtempérer dans le délai fixé par la loi; qu'il ne doit pas compter sur une prorogation résultant de circonstances qui lui sont tout à fait étrangères et qu'en général il ignore; et, en conséquence, qu'il ne doit s'attacher qu'à la notification qui lui est personnelle. — Toutefois on peut répondre à ces raisons, qui paraissent de prime abord si concluantes, qu'il s'agit ici d'une forclusion absolue, c'est-à-dire d'une peine qui prive les créanciers des droits les mieux acquis; que le respect de ces droits et l'équité commandent que cette déchéance si grave ne puisse se réaliser qu'au plus tard, sans cependant nuire à la célérité de l'ordre, c'est-à-dire à compter de la date de la dernière sommation. Ajoutons à ces considérations générales qu'il importe à la marche régulière de l'ordre que l'expiration du délai pour produire ait lieu en même temps pour toutes les parties intéressées, afin qu'aucun créancier ne puisse se plaindre de l'insuffisance de ce délai à son égard et de la faveur accordée à un autre qui aurait reçu la sommation plus tard, pour obtenir par ce moyen une prorogation de quelques jours.

Il est donc convenable de ne faire courir les quarante jours qu'à partir de la sommation la plus récente. Telle est aussi la pensée qui ressort de la rédaction même de l'art. 755; il déclare que « l'état de collocation est dressé au plus tard dans les vingt jours qui suivent l'expiration *du délai* ci-dessus. » Or cela prouve évidemment que c'est le même jour que la déchéance est encourue pour tous les créanciers non produisants; que c'est là un délai unique, et non pas des délais successifs, puisque c'est dans les vingt jours qui suivent ce délai que le juge doit dresser le règlement provisoire. En admettant l'opinion contraire, il en résulterait cette conséquence bizarre que le juge devrait avoir terminé l'état de collocation à tel jour pour telle production, et à un autre jour pour telle autre, selon la date des différentes sommations. De plus, si l'on considère l'utilité pratique, elle vient encore confirmer notre solution. En effet, souvent on hésite à produire pour éviter les frais, quand on sait que la créance ne viendra pas en ordre utile, si tel autre créancier produit. L'avoué attend alors jusqu'au dernier jour pour voir si ce créancier produira, et ne se détermine à produire qu'autant que la non-production par ce créancier lui donne l'espérance d'une collocation utile pour son client. Enfin les créanciers à hypothèque légale, qui conservent le droit de préférence jusqu'à l'expiration du temps où les créanciers peuvent produire, doivent évidemment avoir le droit de faire leurs productions jusqu'à l'expiration des quarante jours à compter de la date de la dernière sommation adressée aux créanciers inscrits. Car, n'étant pas inscrits, on ne leur fait pas sommation de produire, et ils ne peuvent exercer le droit de préférence qu'autant que l'un des créanciers inscrits serait encore dans le délai accordé par les art. 754 et 755 pour produire. Tout cela montre qu'il y a avantage autant que justice à poser une solution uniforme et à donner à tous les créanciers inscrits ou non inscrits le délai de quarante jours *à compter de la date de la dernière sommation.*

288. Nous venons de rechercher quel est le point de départ du délai de quarante jours, et nous avons adopté comme tel la date de la sommation la plus récente; il s'agit maintenant de fixer la limite extrême de ce délai qui précède la déchéance des créanciers non produisants. Cette limite se trouve établie par l'écoulement du quarantième jour à partir de notre point de départ. Le quarantième jour tout entier appartient donc encore aux créanciers pour faire leurs productions, et nous admettons que la déchéance n'est pas encourue dès que l'acte de produit a été déposé au greffe le jour de l'échéance de ce délai de quarante jours, même après les heures ordinaires de bureau et jusqu'à minuit inclusivement (1).

289. Mais comment le créancier fera-t-il constater que la production a été faite dans le délai fixé par la loi? Nous avons vu, sous l'art. 754, que le moyen indiqué à cet effet par la loi, c'est la mention que le juge doit faire de la remise de l'acte de produit, avec les pièces à l'appui, sur le procès-verbal. Cela peut se faire facilement, si la production a lieu quelques jours avant le quarantième jour à partir de la date de la dernière sommation. Le greffier devra alors faire faire la mention requise, d'après l'art. 754, par le juge-commissaire. Elle peut être inscrite le lendemain de la production, sans danger pour le créancier produisant.

290. Dans le cas, au contraire, où la production n'a lieu qu'au dernier jour fixé par la loi, l'avoué devra tenir à ce que cette mention soit faite le jour même. En effet, si elle ne se trouvait pas sur le procès-verbal, un créancier intéressé pourrait se présenter le matin du quarante et unième jour, et requérir la déchéance contre les créanciers dont

---

(1) Un arrêt de cassation, du 27 février 1815, l'a décidé ainsi pour les contredits à faire sur le règlement provisoire (Sir., 15, 1, 188; Dall., 10, 623).

la production n'est pas mentionnée sur le procès-verbal dans les délais accordés par les art. 754 et 755 de la loi.

291. Si le juge-commissaire était ce jour-là empêché ou absent, l'avoué devrait faire commettre un juge pour faire la mention prescrite par l'art. 754. Toutefois on pourrait dire qu'un acte de dépôt dressé par le greffier pourrait tenir lieu de la mention du juge-commissaire, et invoquer en faveur de cette opinion l'usage admis, sous l'empire du Code de procédure, de faire constater seulement par le greffier, au moyen d'une mention sur le procès-verbal, les productions déposées par les avoués. Mais sous la loi actuelle, cette mention a une importance bien plus grande : elle protége le créancier produisant contre la déchéance. Ne semble-t-il pas que, dans la pensée de la loi, une constatation d'un effet si puissant ne pouvait être confiée qu'au magistrat chargé de la confection de l'ordre? Les art. 753, 754, 755, voulant que toutes les mentions, à partir de la sommation de produire jusqu'à la constatation de la déchéance des créanciers non produisants, soient faites par le juge, n'en résulte-t-il pas que le législateur a entendu investir le juge seul de cette mission de confiance? Ne serait-il pas à craindre qu'on pût soupçonner le greffier de complaisance à l'égard de l'un des avoués avec lequel il serait lié par des relations constantes?

Nous pensons donc que, d'après l'esprit et les termes des art. 753, 754 et 755, la production faite par l'avoué ne peut être constatée que par la mention du juge, laquelle doit se trouver faite le quarantième jour, à peine de déchéance.

292. Aussi lorsque le délai pour produire est expiré, le juge, aux termes de l'art. 755, constate immédiatement et d'office, sur le procès-verbal, la déchéance des créanciers non produisants. A cet effet, il consulte la date de la dernière sommation, dont l'original est sous ses yeux, pour calculer le délai de quarante jours à partir de sa date. (Voy. *suprà*, n° 287.)

293. Cette déchéance pour défaut de production a lieu d'office, par des considérations d'ordre public, pour accélérer cette procédure dans l'intérêt de la masse des créanciers; elle peut donc être invoquée en tout état de cause, et, en cas de contestation, le tribunal ou la Cour peuvent la prononcer d'office, même quand elle ne serait pas proposée par les parties.

294. Arrêtons-nous encore quelques instants à cette phase importante de la procédure d'ordre. Au moyen de la déchéance prononcée par l'art. 755, les créanciers non produisants sont éliminés de l'ordre, qui obtient ainsi une base fixe. Elle a lieu de plein droit, et le juge ne fait que la constater de suite. La mention qu'il écrit sur le procès-verbal est, pour ainsi dire, une opération matérielle qui élève une barrière contre la production de créanciers retardataires.

295. S'il y a contestation de la part d'un créancier qui croirait ne pas avoir encouru la déchéance, ce dernier doit la consigner dans un dire; et alors, sur le renvoi à l'audience et le rapport du juge-commissaire, le tribunal statue, afin que la difficulté soit vidée sans retard, et que la

créance soit comprise, s'il est possible, dans le règlement provisoire dressé par le juge-commissaire.

296. Cette déchéance est générale; elle frappe tous les créanciers non produisants, aussi bien ceux qui ont dû être sommés, leurs inscriptions se trouvant dans l'état pour ordre déposé au greffe, que les autres créanciers qui peuvent se présenter spontanément à l'ordre, tels que les créanciers privilégiés en vertu des art. 2101 et 2104 du Code Napoléon, les créanciers à hypothèque légale, et certains créanciers privilégiés, auxquels la loi accorde un délai pour s'inscrire.

297. Mais que faut-il décider à l'égard du créancier inscrit dont le nom aura été omis sur l'état des inscriptions délivré par le conservateur, et par la faute de ce dernier? La déchéance contre les créanciers non produisants doit-elle l'atteindre, quoiqu'il n'ait pas été sommé? Pour soutenir l'affirmative, on peut dire qu'il y a un droit acquis pour les créanciers produisants sur le prix en distribution, et que les choses ne sont plus entières. Il est vrai que l'ordre dans lequel ils doivent toucher ce prix n'est pas établi; mais ce prix appartient à la masse des créanciers produisants, à l'exclusion de tous les autres. Toutefois ce raisonnement, à notre avis, repose sur une erreur : la déchéance prononcée par l'art. 755 est une peine édictée par la loi contre les créanciers retardataires qui ont une faute à se reprocher; mais elle n'a pas pour effet d'attribuer ce prix d'une façon définitive aux créanciers produisants : l'ordre établi produit seul cette transmission; aussi croyons-nous que l'art. 755 n'a pas dérogé à l'art. 2198 du Code Napoléon, d'après lequel « les créanciers omis dans l'état des inscriptions délivré par le conservateur ont le droit de se faire colloquer suivant l'ordre qui leur appartient, tant que le prix n'a pas été payé par l'acquéreur, ou tant que l'ordre fait entre les créanciers n'a pas été homologué (1). »

298. La même solution doit être suivie dans le cas où un créancier n'a pas été sommé par la faute du poursuivant, cas, au surplus, qui se produira très-rarement sous la loi du 21 mai, puisque le juge-commissaire, ayant l'état des inscriptions sous les yeux, vérifiera sur l'original des sommations, qui doit lui être remis, aux termes de l'art. 753, si tous les créanciers figurant dans l'état ont été avertis.

Mais si, par inadvertance, il avait cependant mis la mention de déchéance à l'égard des créanciers non produisants, elle ne devrait produire aucun effet vis-à-vis des créanciers inscrits non sommés.

299. De même, si la copie de la sommation qui a été remise au créancier est tellement informe qu'elle n'ait pas pu servir comme avertissement de produire, il faut décider que la déchéance n'est pas encourue par lui : c'est une question de fait à examiner par les tribunaux, qui, d'ailleurs, en seront rarement saisis, puisque ces sommations sont préparées par des avoués et signifiées par des huissiers spécialement commis.

300. Supposons la sommation régulière, mais adressée à un créan-

_____

(1) Voy., là-dessus, le *Comment. des Priv. et Hyp.* de M. Paul Pont, n° 1447.

cier décédé, ou qui est mort depuis qu'il l'a reçue. La déchéance dont parle l'art. 755 doit-elle le frapper? Pour résoudre cette question, il faut examiner les différents cas dans lesquels elle peut se présenter.

Si la sommation est faite à un créancier inscrit autre que le vendeur, elle doit être signifiée au domicile élu dans l'inscription. Tant que le changement dans la situation du créancier n'est pas indiqué dans l'inscription, c'est à ce créancier et dans le domicile par lui élu que la sommation de produire vient le trouver. Alors c'est aux héritiers à produire dans le délai fixé par l'art. 754, et, s'ils ne veulent pas prendre qualité, ils n'ont qu'à faire nommer un administrateur provisoire de la succession, qui fera la production. Le délai de quarante jours depuis la sommation suffit pour qu'il puisse être pourvu à la nomination de cet administrateur et pour que celui-ci puisse présenter au juge-commissaire la requête de production. Partant, si la production n'est pas faite dans le délai prescrit par la loi, la déchéance est encourue par les héritiers de ce créancier décédé.

Dans le cas où la sommation est adressée au domicile réel du vendeur créancier, et où le décès de ce dernier est constaté par la réponse faite à l'huissier sur l'original de la sommation, il suffit de signifier une sommation collective aux héritiers au domicile du défunt. Quant à la production à faire par les héritiers, elle doit avoir lieu dans le délai prescrit par l'art. 754, sous peine de déchéance.

Il faut en dire autant, à plus forte raison, lorsque le créancier est décédé seulement depuis la remise de la sommation pour produire.

301. La déchéance est encore encourue par le créancier lorsque l'avoué qu'il a chargé de faire la production, étant décédé dans l'intervalle des quarante jours, n'a pas pu exécuter le mandat qu'il avait reçu de son client : c'est au créancier à veiller à ses droits. Il ne faut pas oublier que cette déchéance a été introduite dans l'intérêt général des créanciers, et que, selon l'énergique expression du rapporteur, l'efficacité de la loi était surtout au prix de cette déchéance.

302. Lorsque la forclusion des créanciers non produisants est définitive, et que leur déchéance est constatée par la mention du procès-verbal, le juge dresse l'état de collocation des créanciers produisants sur les pièces produites. Ces pièces n'erreront plus dans les études d'avoués, le juge fera son travail lui-même; s'il chargeait un autre, dit M. Riché, de remplir son devoir, ce juge devrait être averti disciplinairement, comme compromettant la dignité de son caractère (1).

_____

(1) Voy. le Rapport, suprà, p. 57, n° 147. Dans sa circulaire aux procureurs généraux, M. le garde des sceaux s'exprime en ces termes sur ce point : « La confection de l'état de collocation, qui doit être le résultat du travail personnel du juge, exige de sa part autant d'attention que de prudence... Le juge ne peut donc abandonner ce travail aux soins du greffier ou de l'avoué poursuivant; si de semblables abus s'introduisaient dans quelques-uns des tribunaux de votre ressort, vous auriez à m'en rendre compte immédiatement... » (Suprà, p. 132, n° 58.) La circulaire fait ici allusion aux abus qui s'étaient établis pour la confection des règlements provisoires, et dont nous avons eu l'occasion de parler dans notre livre sur les Réformes de la procédure, mais qui, grâce à une surveillance très-active, tendaient à disparaître partout.

303. Le juge ne doit pas retarder la confection du règlement provisoire sous prétexte que les pièces produites ne sont pas suffisantes ; tant pis pour le créancier qui n'établit pas sa créance par les titres fournis.

La loi actuelle, à la différence du Code de procédure, ne laisse pas à la discrétion du juge de faire l'état de collocation à l'époque qu'il voudra ; il doit le dresser au plus tard dans les vingt jours qui suivent l'expiration du délai de quarante jours pour produire. Toutefois il est permis à un créancier qui a fait sa production dans le délai de présenter, dans l'intervalle, d'autres pièces à l'appui de cette production, pour faciliter la mission du juge chargé de faire le règlement provisoire, puisque l'art. 766 l'autorise à le faire bien postérieurement, sauf, en cas de négligence, à supporter les frais, s'il y a contestation.

304. Il n'est pas douteux que le règlement provisoire ne puisse être fait pendant le temps des vacations (1), car il s'agit d'une matière qui requiert célérité. Il n'y a pas davantage nullité parce que l'état de collocation aurait été dressé un jour férié (2). Dès que l'on admet qu'il est régulièrement fait dans ces deux cas, le délai pour contester court à partir de la dénonciation.

305. L'état de collocation n'est que provisoire ; il peut être contesté de façon à faire disparaître des créances d'abord admises : aussi le juge doit-il y comprendre toutes les créances pour lesquelles il y a production, bien que toutes les sommes réunies dépassent la totalité du prix à distribuer.

Si le juge n'avait fait la collocation des différentes créances, dans le règlement provisoire, que jusqu'à concurrence de la somme à distribuer, il est évident que l'état de collocation ne serait pas complet. Il y aurait donc nécessité de le terminer par un état complémentaire ; et comme le délai pour contredire ne peut courir qu'après la dénonciation du règlement provisoire, qui n'est achevé que par cet état complémentaire, ce délai ne commence, pour toutes les parties intéressées, qu'à partir de la dénonciation de cet état complémentaire (3).

306. D'un autre côté, le juge ne doit pas nécessairement colloquer un créancier sur les prix de tous les immeubles sur lesquels il a hypothèque, pourvu que la collocation suffise pour éteindre la créance. Ainsi, le créancier d'une rente viagère ayant hypothèque sur plusieurs immeubles ne peut, lorsqu'il a obtenu sur l'un d'eux la collocation d'une somme suffisante pour assurer le service de la rente, exiger la collocation pour la même somme sur chacun des immeubles affectés à sa créance. En effet, tout ce que le créancier peut demander, c'est d'obtenir le payement en entier de la somme que l'hypothèque doit lui garantir ; mais une fois que ce créancier, dans l'espèce le rentier viager, a obtenu une collocation suffisante pour assurer le payement, il ne peut pas nuire aux créanciers postérieurs en rang sous prétexte qu'il a une

---

(1) Arrêt de cass., 10 janv. 1815 (Sir., 15, 1, 68) ; Cour de Paris, 23 avr. 1813 (*Journ. du Pal.*, 3e édit., t. II, p. 320). *Voy.* M. Chauveau, quest. 2558.

(2) Cour de Besançon, 15 juill. 1814 (*Journ. des Av.*, t. XVII, p. 216).

(3) Riom, 8 août 1828 (Sir., 29, 1, 239 ; Dall., 29, 2, 51).

hypothèque conventionnelle sur tous les immeubles, et qu'on n'a pas le droit de réduire une hypothèque conventionnelle : l'hypothèque, en effet, n'est pas réduite quand le titulaire est colloqué pour la totalité de sa créance et sans réduction (1).

307. Cependant il faut reconnaître que, dans ce cas, le rentier viager est en droit de se faire colloquer pour un capital supérieur à celui porté dans son inscription, si l'augmentation de ce capital est jugée nécessaire pour le service régulier de la rente (2).

308. On a décidé avec raison qu'une collocation en ordre utile ne peut équivaloir au payement de la dette de façon à libérer le débiteur et ses cautions. Ce n'est qu'une simple indication de payement qui n'opère ni novation ni libération du débiteur originaire (3). L'insolvabilité de l'adjudicataire, la revente sur folle enchère, un contredit, sont des circonstances qui peuvent changer et même faire disparaître la collocation. Il n'est pas possible de priver le créancier qui l'a obtenue de ses droits contre le débiteur et ses cautions (4).

309. Passons à une difficulté qui a vivement préoccupé la jurisprudence : c'est celle relative au concours d'un créancier à hypothèque générale avec des créanciers n'ayant que des hypothèques spéciales (5).

Il faut dire qu'en principe (6), le créancier ayant une hypothèque générale, indivisible de sa nature, ne peut être forcé par un créancier postérieur à la diviser. Les principes sur l'indivisibilité résistent surtout à la prétention d'un créancier à hypothèque spéciale qui voudrait renvoyer le créancier muni d'une hypothèque générale antérieure à se faire payer sur d'autres biens dont le prix n'est pas actuellement en distribution, et exposer ainsi ce créancier qui le prime à des retards de payement et aux éventualités d'une collocation future et incertaine. Nous adoptons pleinement, sur ce point, une décision rendue par la Cour de Paris (7) ainsi motivée : « Attendu que le créancier ayant hypothèque sur plusieurs immeubles peut, à son gré, exercer la totalité de son droit sur un seul d'entre eux, ou diviser son action de la manière qui lui conviendra davantage, sans que le créancier postérieur puisse le contraindre à agir autrement. »

---

(1) Arrêts de Paris des 31 juill. 1813 (Sir., 15, 2, 271) et 20 avr. 1814 (Sir., 15, 2, 270).

(2) Arrêts de Paris des 10 et 31 mai 1831 (*Journ. des Av.*, t. XLII, p. 128, et t. XLIII, p. 545).

(3) Cass., 18 mai 1808 (*Journ. des Av.*, t. XVII, p. 135).

(4) Cour de Bourges, 7 juin 1810; Colmar, 22 avr. 1815 (*Journ. des Av.*, t. XVII, p. 179 et 290; *Journ. du Pal.*, 3e édit., t. XII, p. 689).

(5) Voy., sur cette grave difficulté, la dissertation de M. Paul Pont dans son *Comment. des Priv. et Hyp.*, nos 336 à 346.

(6) Déjà la loi *Qui potior*, etc., au Dig., établit ce principe : « Qui generaliter bona » debitoris pignori accepit, eo potior est cui postea prædium in his bonis datur, *quam* » *vis ex ceteris pecuniam suam redigere poscit.* » (V. 6 Codex eodem tit.)

(7) 24 nov. 1814 (Sir., 14, 2, 343); Cass., 4 mars 1833 (Dall., 33, 1, 125); Toulouse, 25 juin 1827 (Sir., 28, 2, 26); Bordeaux, 26 fév. 1834 (Dall., 36, 2, 101); Montpellier, 26 juill. 1843, et Cass., 24 déc. 1844 (*Journ. du Pal.*, 1845, t. I, p. 38); Riom, 10 juill. 1846 (*Journ. du Pal.*, 1847, t. II, p. 621); Grenoble, 14 avr. 1848 (*Journ. du Pal.*, 1850, t. I, p. 20).

Il résulte évidemment de cet arrêt que le créancier ayant hypothèque générale sur tous les biens de son débiteur peut demander de faire porter sa collocation pour sa créance entière sur un seul des immeubles du débiteur, à son choix et au préjudice d'un autre créancier ayant hypothèque spéciale sur cet immeuble, alors qu'il a un intérêt réel à ce qu'il en soit ainsi ; par exemple, s'il a lui-même une hypothèque spéciale sur un autre immeuble, laquelle serait inefficace en tout ou en partie, si la collocation de sa créance, garantie par hypothèque générale, était étendue à cet immeuble (1).

310. Toutefois ce principe rigoureux doit recevoir dans la pratique des tempéraments dictés par l'équité. Ainsi, lorsque le créancier à hypothèque générale n'a aucun intérêt sérieux pour demander à être colloqué de préférence sur le prix d'un immeuble affecté à des hypothèques spéciales, et qu'il peut être utilement colloqué sur le prix des autres immeubles, il ne faudrait pas écouter sa prétention, qui n'aurait pour effet que de neutraliser l'hypothèque spéciale de certains créanciers en vue de favoriser quelqu'un par cette manœuvre. Les tribunaux doivent anéantir ces concerts frauduleux, et, dans ce cas, il faut répartir l'hypothèque générale sur les différents biens dont le prix est en distribution, de façon à faire produire effet aux hypothèques spéciales suivant la date de leurs inscriptions (2). En effet, il _est juste et équitable que le créancier qui a obtenu une hypothèque lorsque le débiteur était moins grevé passe avant celui qui, pouvant connaître la position du débiteur, grâce à la publicité des hypothèques, a accepté un rang inférieur.

311. Après la confection du règlement provisoire, le poursuivant, dans les dix jours qui suivent son achèvement, doit le faire connaître par une dénonciation adressée par simple acte aux avoués des créanciers produisants et de la partie saisie, si elle en a constitué un. Cette dénonciation de la confection de l'état de collocation contient sommation d'en prendre communication, et de contredire, s'il y échet, sur le procès-verbal, dans le délai de trente jours. La sommation dont il s'agit est adressée, non pas aux créanciers produisants en personne, mais, par économie de temps et de frais, à leurs avoués, qui sont obligés de les mettre au courant de l'état de la procédure.

312. Il arrive souvent que l'avoué poursuivant représente aussi des créanciers produisants. Suffit-il de faire sommation seulement aux autres avoués de prendre communication de l'état de collocation, afin de faire courir le délai pour contredire même contre tous ceux pour lesquels l'avoué poursuivant a produit? Pour soutenir que la sommation est indispensable même à l'égard de ces derniers créanciers, on dit que, pour faire encourir une forclusion aussi grave, une mise en demeure

---

(1) Arrêts de la Cour de Bourges, 30 avr. 1853 (*Journ! du Pal.*, t. II, p. 228) et 18 janv. 1854 (Sir., 54, 2, 97).

(2) Cass., 17 août 1830 ; Limoges, 5 janv. 1839 (Sir., 39, 2, 543); Riom, 11 fév. 1841 (*J. P.*, 1841, t. II, p. 468); Agen, 3 janv. 1844 (Sir., 45, 2, 405); Lyon, 24 mai 1850 (Sir., 50, 2, 531). — *Voy.* néanmoins M. Paul Pont, *loc. cit.*, n° 345.

régulière est nécessaire (1). L'art. 755 ne fait pas de distinction, et cependant tout le monde sait que, dans la pratique, l'avoué poursuivant occupe souvent pour des créanciers produisants ; ce fait n'a pu échapper au législateur. D'ailleurs ces créanciers, en recevant une sommation par l'entremise de leurs avoués, peuvent examiner par eux-mêmes s'ils veulent admettre ou contester l'état de collocation dressé par le juge. Donc, à défaut de sommation, ces créanciers ne seront pas atteints par la forclusion qu'édicte l'art. 756, et devront être reçus à contester le règlement provisoire jusqu'à la clôture de l'ordre.

Mais on répond (2) que si la sommation dont il s'agit n'a pas été signifiée aux créanciers représentés par l'avoué poursuivant, c'est le fait de cet avoué, c'est-à-dire de leur mandataire. L'ordre ne doit pas rester en suspens, au préjudice des autres créanciers, pour un fait qui leur est étranger. L'avoué poursuivant peut avoir averti ses clients par lettres de l'état de la procédure, et avoir été autorisé à ne pas faire une sommation de lui-même à lui-même. Dans tous les cas, en supposant la négligence de la part de l'avoué poursuivant, les créanciers pour lesquels il occupe auraient tout au plus contre lui une action en dommages-intérêts ; mais la masse ne saurait être condamnée à souffrir de cette négligence. La réponse nous semble décisive, et nous concluons que la sommation faite par l'avoué du poursuivant aux avoués des autres créanciers fait courir le délai pour contredire le règlement provisoire, et entraîne la forclusion même à l'égard des créanciers qu'il représente.

La dénonciation du règlement provisoire se fait par acte d'avoué à avoué ; elle n'est pas soumise aux formalités prescrites pour les exploits (3). Dans la procédure d'ordre où il s'agit d'abréger les formes et de diminuer autant que possible les frais, c'est un principe constant aujourd'hui qu'il ne faut pas appliquer les dispositions générales en matière d'exploits d'ajournements.

313. Ici, comme quand on n'en est encore qu'à l'ouverture de l'ordre, c'est toujours à l'avoué à s'enquérir de l'état de la procédure, et à s'informer si le juge a fait le règlement provisoire, pour le dénoncer dans les dix jours de sa date. S'il ne fait pas la dénonciation dans le délai, il s'expose à perdre la poursuite, aux termes de l'art. 776.

Pour ne pas obliger l'avoué à se présenter tous les jours au greffe, il est d'usage, dans la pratique, que le greffier l'avertisse dès que l'état de collocation lui est remis par le juge-commissaire.

314. Nous venons de dire que la sommation de prendre communication du règlement provisoire se fait par acte d'avoué à avoué ; mais lorsque le saisi n'a pas constitué avoué, la confection de l'état de collocation doit-elle lui être dénoncée par exploit à personne ou à domicile, ou peut-on se dispenser de lui faire la dénonciation ? Dans le sens de la dispense, on peut invoquer le texte de l'art. 755, qui veut que

---

(1) Arrêt de Rennes du 17 mars 1817 (*Journ. des Av.*, t. XVII, p. 345). *Voy.* M. Chauveau, quest. 2557 *sexies*.

(2) Arrêt de Grenoble du 16 août 1822 (*Journ. des Av.*, t. XXIV, p. 205).

(3) Rej., 31 août 1825 (Sir., 26, 1, 188 ; Dall., p. 25, 1).

la dénonciation se fasse par acte d'avoué à avoué. Il faut ajouter encore l'art. 134 du tarif, qui, en fixant la taxe de la dénonciation, ne prévoit qu'un acte d'avoué à avoué; de sorte que ces deux dispositions combinées paraissent indiquer la pensée du législateur de ne faire de sommation à la partie saisie que lorsqu'elle a constitué avoué. D'ailleurs la dénonciation à domicile entraînerait des longueurs et des retards tout à fait contraires à la marche rapide que doit suivre la procédure d'ordre. Si le saisi a intérêt à connaître le règlement provisoire pour contester l'existence ou la quotité d'une créance, il n'a qu'à constituer avoué, et alors il est appelé à exercer ce contrôle. Mais quand la partie saisie, qui doit connaître mieux que personne l'expropriation dirigée contre elle, ne se montre pas et ne s'occupe nullement de l'ordre, en s'abstenant même de prendre un avoué pour surveiller la procédure, ne serait-ce pas ajouter aux délais et augmenter les frais par superfétation et en pure perte que de lui faire une signification à personne ou à domicile? L'indifférence que le saisi a montrée jusque-là prouve assez qu'il ne veut pas intervenir dans l'ordre (1).

Toutefois, malgré ces considérations, nous pensons qu'une signification à personne ou à domicile est nécessaire lorsque le saisi n'a pas d'avoué en cause. Ainsi a décidé la Cour de Rennes (2), par le motif qu'il est de principe général, applicable dans toutes les circonstances où la loi n'a pas fait d'exception, que l'on doit notifier à la personne ou au domicile de la partie qui n'a pas d'avoué en cause les actes dont elle a ordonné la signification d'avoué à avoué, dans l'hypothèse d'une constitution, qui est le cas le plus ordinaire. D'ailleurs il paraît dur de distribuer les deniers d'un débiteur sans l'avertir, et sa présence est souvent aussi utile aux autres créanciers qu'à lui-même pour éclairer les difficultés; de sorte qu'il y a intérêt pour tout le monde à l'appeler à l'ordre même lorsqu'il n'a pas constitué avoué. Enfin, ce qui est d'un grand poids à nos yeux, c'est le nouvel art. 756, où on lit que, « faute par les créanciers produisants *et la partie saisie* (laquelle n'était pas nommée dans l'ancien article du Code de procédure) de prendre communication... ils demeurent forclos, sans nouvelle sommation. » Il résulte évidemment de ces mots : *sans nouvelle sommation,* que, pour faire encourir la peine de la forclusion, une première sommation devait être adressée aussi bien à la partie saisie qu'aux créanciers produisants. Or, si une seule mise en demeure est nécessaire pour que la forclusion ait lieu sans nouvelle sommation, il faut bien, lorsque le saisi n'a pas constitué avoué, lui faire cette mise en demeure à personne ou à domicile (3).

315. Le débiteur saisi, auquel la dénonciation du règlement provisoire doit être faite, n'est pas toujours la personne sur laquelle les im-

---

(1) Arrêt de Grenoble, 18 août 1824 (Sir., 28, 1, 275; Dall., 28, 1, 221).
(2) 11 janv. 1813 (*Journ. des Av.*, t. XVII, p. 35).
(3) *Voy.* MM. Thomine Demazures, n° 805; Pigeau, *Comment.*, t. II, p. 315; Chauveau, quest. 2561; Berriat, p. 618; Sudraud-Desisles, *Man. du Juge tax.*, n° 746; Bouché d'Argis, *Dict. de la Taxe*, p. 244.

meubles ont été saisis et vendus. Il peut arriver que l'expropriation ait eu lieu sur un tiers détenteur étranger à la dette pour laquelle la saisie a été pratiquée. Dans ce cas, c'est le débiteur originaire (1) qui est la partie saisie dans le sens des art. 755 et 756 de la loi, et qui doit être, en cette qualité, sommé de prendre communication de l'état de collocation provisoire.

316. La dénonciation du règlement provisoire doit aussi être faite par exploit signifié à partie ou à domicile, si l'avoué d'un créancier produisant décède ou cesse ses fonctions après la confection de l'état de collocation et avant la sommation par acte d'avoué à avoué. Suffit-il de faire mention du décès ou de la cessation des fonctions de l'avoué dans cet exploit, sans qu'il y ait nécessité d'assigner la partie en constitution de nouvel avoué?

On est tenté d'admettre l'affirmative, si l'on consulte l'esprit de la loi du 21 mai et le but dans lequel elle a été faite : on voit que le législateur veut à toute force imprimer la célérité à la marche de cette procédure, qu'il lie et enchaîne rigoureusement les délais, qu'il prononce la déchéance même contre les créanciers retardataires. Toutefois ces motifs doivent fléchir devant les principes si bien déduits dans un arrêt (2) de la Cour de Paris, du 25 mars 1835, lequel établit que, dans ce cas, il y a nécessité d'assigner la partie en constitution de nouvel avoué. — « Considérant, dit l'arrêt, qu'à toutes les époques de l'instance d'ordre, le ministère des avoués est exigé par la loi, et que leur présence est nécessaire pour la régularité de la procédure...; — Que la conséquence de la nécessité de la présence de l'avoué dans la procédure d'ordre, c'est que, pour agir régulièrement, le poursuivant doit provoquer, de la part du créancier produisant, la constitution d'un nouvel avoué, en remplacement de celui qui se trouve désigné par le procès-verbal, et qui aurait cessé ses fonctions; — Considérant qu'on ne peut objecter que, l'affaire étant en état, il n'y avait pas lieu à assigner en constitution de nouvel avoué; qu'en effet, la cause n'est pas en état tant que le ministère de l'avoué n'est pas rempli, que la défense n'est pas complète; qu'elle ne saurait l'être, en matière d'ordre, lorsque les délais pour contredire les collocations du règlement provisoire ne sont pas expirés. »

En effet, si l'on admettait le système contraire, il faudrait que le créancier produisant qui reçoit la dénonciation du règlement provisoire à son domicile, éloigné du tribunal où se règle l'ordre, constituât un nouvel avoué dans le délai de trente jours pour prendre communication et contredire le règlement provisoire. Ce nouvel avoué, qui est complétement étranger à la procédure, ne pourrait souvent prendre connaissance de l'état de collocation qu'au bout de vingt jours et même plus tard. Il n'aurait donc pas le temps d'examiner les droits de son client,

_____

(1) Arrêt de Rouen, 8 déc. 1824 (Sir., 25, 2, 39; Dall., 25, 2, 139).
(2) Sir., 44, 2, 180; Dall., 44, 4, 165. MM. Grosse et Rameau, n° 364, se prononcent contre la décision de cet arrêt au moins sous l'empire de la loi nouvelle. *Voy.* aussi MM. Ollivier et Mourlon, n° 360.

et la défense des intérêts qui lui sont confiés serait évidemment tronquée. L'ordre judiciaire, intervenant quand le règlement amiable n'a pu se faire, peut présenter des difficultés sérieuses; et il n'est pas admissible que, dans la pensée aveugle et exagérée d'accélérer la procédure, on puisse violer le principe tutélaire de la défense des droits d'un créancier produisant qui, ayant constitué avoué pour les surveiller, n'a aucune faute à se reprocher.

317. S'agit-il, au contraire, du décès d'un créancier produisant, il faut évidemment distinguer deux cas :

1° Si l'avoué du décédé n'a pas notifié cet événement au poursuivant, la procédure continue sans interruption, comme s'il n'y avait pas eu décès du créancier produisant;

2° Si, au contraire, aux termes de l'art. 344 du Code de procédure, la notification de la mort du créancier produisant avait été faite, on devrait admettre, dans ce cas, comme nous l'avons pensé dans l'hypothèse du décès de l'avoué, qu'il serait nécessaire d'assigner les héritiers en reprise d'instance. — Toutefois nous croyons que, dans cette circonstance, il n'y a pas lieu de suspendre la procédure d'ordre. Nous nous trouvons ici en face d'un avoué constitué par le créancier produisant qui peut parfaitement défendre les intérêts qui lui sont confiés. Si les héritiers ne veulent pas prendre qualité immédiatement, ils n'ont qu'à faire nommer à la succession un administrateur provisoire, au nom duquel l'avoué déjà constitué pourra contester le règlement provisoire, s'il y a lieu. Dans ce cas, l'intérêt de la masse des créanciers et l'intérêt particulier des héritiers peuvent être sauvegardés sans retarder la procédure d'ordre. Chaque fois que la rapidité de l'ordre peut s'allier avec la protection due aux droits des créanciers produisants, l'esprit de la loi du 21 mai nous semble permettre de déroger aux règles de la procédure ordinaire (1).

318. Lorsque des créanciers chirographaires sont intervenus dans l'ordre même par un dire au procès-verbal, il n'est pas nécessaire que le règlement provisoire leur soit dénoncé : l'art. 755 ne parle que des créanciers produisants. Or les créanciers hypothécaires seuls peuvent produire à l'ordre pour faire fixer leur rang. Donc l'expression de *créanciers produisants* exclut les créanciers purement chirographaires, par rapport à la sommation prescrite par l'art. 755.

319. Il en serait autrement si un créancier chirographaire, exerçant les droits de son débiteur inscrit, produisait, en vertu de l'art. 775, aux lieu et place de son débiteur; il devient alors créancier produisant, et, en cette qualité, la dénonciation du règlement provisoire doit lui être faite.

320. Nous avons dit que la sommation de prendre communication du règlement provisoire doit être notifiée par le poursuivant, dans les

_____

(1) Déjà, sous l'empire du Code de procédure, on admettait que la procédure, en matière d'ordre, était soumise à des règles particulières et spéciales; qu'ainsi, un appel de jugement d'ordre pouvait être interjeté dans la huitaine à dater du jour du jugement. (*Voy.* arrêt de la Cour de Bordeaux du 15 déc. 1826.)

dix jours de sa confection, aux créanciers produisants et à la partie saisie. Mais ce délai doit être augmenté à raison des distances, lorsque la signification est adressée à la personne ou au domicile de la partie saisie qui n'a pas d'avoué en cause, conformément aux dispositions générales de l'art. 1033.

321. Dans le délai de trente jours depuis cette dénonciation, les créanciers produisants et la partie saisie sont obligés de prendre communication du règlement provisoire et de faire les contredits, s'il y a lieu, sur le procès-verbal, sous peine de la forclusion prononcée par l'art. 756.

Nous avons déjà dit que, l'ordre étant une matière qui requiert célérité, le délai pour contredire court pendant le temps des vacations. Ce délai, dit le nouvel art. 755, est de trente jours, au lieu d'un mois d'après le Code de procédure. Il s'ensuit que, quand un mois a moins de trente jours, comme celui de février, il faut ajouter les jours qui manquent en les prenant sur le mois suivant ; si le mois a trente et un jours, on ne peut dépasser le nombre de trente jours. En un mot, avec le nouveau texte, on ne compte que par jour, et le délai est le même, quelle que soit la durée des mois.

322. Il est constant que le jour *à quo* (1) n'est pas compris dans ce délai ; mais on y compte le jour de l'échéance *dies ad quem*, car le délai n'est pas franc. Ainsi, une dénonciation est faite le 1er juillet ; on peut contredire jusqu'au 31 juillet ; le contredit qui viendrait le 1er août serait tardif.

323. Il nous reste à examiner une question très-controversée : celle de savoir si le délai de trente jours ne court, pour tous les créanciers, que du jour de la dernière dénonciation aux créanciers poursuivants et à la partie saisie, lorsqu'elle ne leur a pas été faite le même jour ; ou si, dans ce cas, ce délai de trente jours se compte contre chaque partie en particulier, à partir du jour où la notification lui a été signifiée.

La même question, comme on l'a vu au n° 287, et en note du n° 281, s'élève à l'occasion du délai de quarante jours accordé pour produire.

En faveur de l'opinion d'après laquelle le délai devrait courir contre chacun du jour où la dénonciation lui a été remise, on dit que chaque partie ne doit s'attacher qu'à la notification qui lui est personnelle, et qu'elle ne doit pas compter sur une prorogation résultant de circonstances qui lui sont étrangères. On peut ajouter que le créancier qui ne contredit pas le règlement provisoire dans les trente jours qui suivent la sommation par laquelle il est mis en demeure de le faire, trouve ses droits bien appréciés par le juge-commissaire. D'ailleurs la forclusion en vertu de l'art. 756 a rarement la gravité de la déchéance prononcée contre le créancier non produisant dans le délai de quarante jours. Dans

---

(1) Cass., 27 fév. 1815 (Sir., 15, 1, 188) ; Bruxelles, 27 fév. 1830 (*Journ. des Av.*, t. XL, p. 183). *Voy.*, en ce sens, MM. Duranton, t. XXI, n° 58 ; Thomine Demazures, n° 866 ; Berriat, 613, et Chauveau, quest. 2558 *bis*.

le premier cas, le juge a examiné ses droits, et les fixe; dans l'autre, le droit du créancier disparaît, sans que le magistrat s'en occupe.

Néanmoins nous adoptons de préférence l'opinion suivant laquelle le délai de trente jours pour contredire ne court qu'à compter de la dernière dénonciation faite aux créanciers poursuivants et à la partie saisie lorsqu'ils ont des avoués en cause. En effet, il s'agit, pour les créanciers, d'une forclusion grave qui peut leur faire perdre, par une erreur du juge-commissaire, les droits les mieux acquis. D'un autre côté, il importe à la régularité de cette procédure que l'expiration du délai pour contredire ait lieu en même temps pour tous les créanciers, afin qu'aucun ne puisse se plaindre de l'insuffisance de ce délai à son égard, pendant que l'avoué poursuivant aurait pu favoriser un autre créancier qui aurait reçu la dénonciation quelques jours plus tard, pour obtenir ainsi une prorogation au préjudice de certains créanciers. D'ailleurs l'art. 756 ne parle que d'un délai unique pendant lequel les créanciers produisants et la partie saisie peuvent contredire, et non pas de délais successifs. Rien, du reste, n'est plus facile que de faire cette dénonciation le même jour à tout le monde, par acte d'avoué à avoué; et si le contraire a lieu, on peut supposer que c'est une faveur qui ne doit profiter à personne, en fixant, dans ce cas, un délai uniforme pour tous les créanciers, à partir du jour de la dénonciation la plus récente.

324. Toutefois, quand la partie saisie n'a pas constitué avoué, et qu'il faut lui faire la dénonciation par exploit, à personne ou à domicile, nous croyons que les créanciers produisants ne doivent pas profiter de cette circonstance de façon que le délai de trente jours ne puisse courir, même à leur égard, qu'à partir de la date de la signification faite à la partie saisie; car ce cas ne nous paraît pas prévu par les art. 755 et 756 de la loi du 21 mai, lesquels statuent dans l'hypothèse d'une constitution d'avoué par la partie saisie. Ce n'est donc que par interprétation que nous admettons la nécessité de la signification au domicile du saisi, en dehors des termes de la loi. Or les créanciers ne peuvent pas compter sur une circonstance aussi exceptionnelle, et attendre, pour contredire, ce que fera le saisi, qui n'interviendra probablement pas dans l'ordre, pour lequel il n'a pas même d'avoué en cause. Nous avons mis tous les créanciers produisants sur la même ligne, parce qu'une contestation soulevée par un créancier oblige souvent un autre créancier à élever lui-même des contestations, afin de se maintenir en ordre utile. Pour que la position soit égale entre eux, il faut les admettre tous à contredire jusqu'au même moment. Mais il ne faut pas laisser incertain le rang des créanciers et leur permettre de contester parce que la partie saisie seule se trouve encore dans le délai pour contredire; car celle-ci n'a aucun intérêt (1) à ce qu'un créancier légitime occupe tel ou tel rang, pourvu que sa créance existe. Cette prorogation du délai pour contredire le rang

---

(1) Dans ce sens, la Cour de Grenoble a jugé que le débiteur sur lequel il est procédé à l'ordre n'a pas qualité pour se plaindre de ce qu'un créancier a été colloqué avant d'autres qui, selon lui, devaient le primer, parce qu'il n'a pas intérêt à le faire. Arrêt du 10 janv. 1815 (*Journ. des Av.*, t. XVII, p. 279).

fixé par le règlement provisoire profiterait, en réalité, aux créanciers seuls, ce qui n'est évidemment pas conforme au texte des art. 755 et 756, et serait contraire au but que la loi du 21 mai veut atteindre, d'accélérer la marche de l'ordre en empêchant que des contestations ne puissent être soulevées par les créanciers produisants pendant un délai trop prolongé depuis la confection du règlement provisoire.

ART. 756.

Texte ancien.

Faute par les créanciers produisants de prendre communication des productions ès mains du commissaire dans ledit délai, ils demeureront forclos, sans nouvelle sommation ni jugement; il ne sera fait aucun dire, s'il n'y a contestation.

Loi actuelle (1).

Contredits.

Faute par les créanciers produisants et la partie saisie de prendre communication de l'état de collocation et de contredire dans ledit délai, ils demeureront forclos, sans nouvelle sommation ni jugement; il n'est fait aucun dire, s'il n'y a contestation.

SOMMAIRE.

325. La forclusion s'applique aussi bien à la partie saisie qu'aux créanciers produisants. — Ce point était controversé avant la loi actuelle.
326. Il n'est pas nécessaire d'attendre l'expiration des trente jours pour faire le règlement définitif, en cas de consentement des créanciers produisants et de la partie saisie.
327. Les contredits soulevés par plusieurs créanciers n'empêchent pas la forclusion de ceux qui n'ont pas contesté.
328. *Secùs* si un créancier n'avait pas été sommé de prendre connaissance du règlement provisoire.
329. Qu'est-ce que la forclusion prononcée par notre article, et quels en sont les effets?
330. La collocation n'est qu'une indication pour obtenir payement. Conséquences.
331. Le créancier forclos peut-il opposer la prescription à un créancier colloqué?
332. La forclusion n'empêche pas d'écarter de l'ordre une personne qui avoue n'être pas créancière.
333. Le créancier forclos peut se défendre pour faire maintenir le règlement provisoire à son égard.
334. Le contestant doit-il venir aux lieu et place du créancier contesté qu'il a fait écarter de l'ordre en vertu d'un jugement?
335. *Quid* lorsque le créancier contestant a été déclaré par jugement devoir être colloqué avant le créancier contesté?

325. Après la dénonciation dont parle l'article précédent, les créanciers peuvent prendre communication du règlement provisoire, qui, pour leur facilité, se trouve déposé au greffe, au lieu de rester entre les mains du juge qui l'a dressé.

_____

(1) Le texte correspondant dans le projet du gouvernement était absolument conforme.

Si les créanciers produisants et la partie saisie ne l'examinent pas dans le délai de trente jours depuis la sommation, ils demeurent forclos, sans nouvelle sommation ni jugement. Le nouvel art. 756 met sur la même ligne les créanciers produisants et la partie saisie, et tranche ainsi une question controversée, à savoir, si le saisi, qui n'était pas nommé dans l'art. 756 du Code de procédure, était atteint de la forclusion prononcée seulement contre les créanciers produisants (1).

De même, lorsque les créanciers produisants et la partie saisie prennent connaissance de l'état de collocation et qu'ils n'y font aucun contredit dans le délai, parce qu'ils le trouvent bien établi, ils demeurent aussi forclos. Les créanciers, ne soulevant aucune contestation dans l'un ni dans l'autre cas, ils ne doivent faire aucun dire à la suite de ce règlement provisoire. Et alors, l'ordre peut se terminer immédiatement en appliquant l'art. 759, ainsi que nous le verrons plus tard.

326. Il ne serait même pas nécessaire d'attendre l'expiration des trente jours si tous les créanciers produisants et la partie saisie consentaient à ce que le juge-commissaire procédât plus tôt au règlement définitif. Sous l'empire du Code de procédure, cela ne pouvait se faire, parce que ce délai de trente jours était accordé aussi bien dans l'intérêt des créanciers produisants et de la partie saisie que pour les créanciers retardataires, afin qu'ils pussent encore produire. La Cour de Paris l'a ainsi jugé par arrêt du 21 mai 1835. Aujourd'hui que les productions tardives ne sont plus admises, en présence de la déchéance édictée par l'art. 755, le délai de trente jours pour contredire ne peut plus être invoqué en faveur de ces derniers.

327. Mais il arrive fréquemment qu'un ou plusieurs des créanciers produisants, ou la partie saisie, élèvent des difficultés sur le règlement provisoire dans le délai fixé par l'art. 755, tandis que les autres restent tranquilles et ne font aucun contredit. Dans ce cas, les créanciers qui n'ont pas contesté dans le délai demeurent forclos, aux termes de notre art. 756.

328. Il est évident que le créancier qui n'a pas été sommé de prendre communication du règlement provisoire et de le contredire n'est pas forclos par l'écoulement des trente jours depuis la dénonciation faite

_____

(1) *Voy.* MM. Chauveau, quest. 2563; Persil, *Régime hypoth.*, t. II, p. 431; arrêts de Metz, 1817; de Rouen, 1824, et de Riom, 1841. — *Contrà* : Arrêts de Rennes, 1813, et de Paris, 1836. — Par une exagération évidente de la règle, le Tribunal de Castres avait, par jugement du 2 mars 1857, appliqué la forclusion à un tiers acquéreur qui demandait le retranchement, sur le prix à distribuer, d'une somme comprise par erreur dans ce prix, spécialement d'intérêts valablement payés au vendeur. Mais la décision a été cassée, la Cour de cassation ayant très-exactement considéré que la forclusion prononcée par notre article s'applique aux réclamations des créanciers relativement au rang et à la quotité de leurs créances, que le juge-commissaire a mission de régler, mais non à la réclamation du tiers acquéreur contre l'énonciation erronée du prix à distribuer, laquelle est susceptible d'être rectifiée d'après les actes qui ont fixé ce prix en principal et accessoires, sans qu'on puisse opposer au tiers acquéreur l'exception de chose jugée comme résultant de l'ordonnance de clôture de l'ordre. (Arrêt du 9 août 1859, Dall., 59, 1, 346.)   P. P.

aux autres créanciers. Il peut donc contester le règlement provisoire
même après ce délai. Mais il a été jugé (1) que s'il soulève une difficulté
sur un point, il est censé avoir pris communication du règlement provisoire, et ne peut plus se prévaloir ultérieurement du défaut de dénonciation. — Cette omission de la sommation de prendre communication
du règlement provisoire serait encore couverte si la dénonciation de
l'ordonnance de clôture de l'ordre à ce créancier n'avait donné lieu à
aucune opposition de sa part; il est censé, par son silence, avoir approuvé le règlement définitif de l'ordre.

329. Il s'agit maintenant d'examiner ce que c'est que la forclusion
prononcée par l'art. 756, et quels en sont les effets à l'égard de ceux
qui l'ont encourue. C'est une matière délicate qui a donné lieu à beaucoup de difficultés provenant souvent de ce qu'on s'est écarté d'un
principe fixe auquel il fallait ramener les diverses questions.

Il ne faut pas perdre de vue que la forclusion est la conséquence du
consentement présumé, par les créanciers produisants et par la partie
saisie qui n'ont pas contredit dans le délai, à ce que le règlement provisoire subsiste à leur égard tel qu'il a été dressé par le juge. L'approbation qui résulte de ce consentement tacite ne leur permet pas, tant
qu'ils restent dans la position qui leur est faite par l'état de collocation,
de se plaindre, ni d'élever des contestations contre le rang et la légitimité des autres créances hypothécaires comprises dans ce règlement
provisoire.

330. Toutefois il ne faut pas oublier que la collocation des créanciers
n'est qu'une indication *pour obtenir payement* du montant de la créance
admise en ordre utile d'après le rang fixé : aussi le créancier produisant
qui n'a pas contredit dans le délai ne pourrait contester le titre sur lequel une autre créance est fondée, ni le rang qui est assigné à cette
créance dans le règlement provisoire; mais, lorsqu'il y a eu payement
partiel ou total, un créancier forclos peut toujours s'opposer à ce qu'un
autre créancier colloqué touche ce qui a déjà été payé. En effet, ce n'est
pas attaquer le règlement provisoire que de soutenir que le payement
d'une créance a déjà été fait en totalité ou en partie, puisque la collocation dans l'ordre n'avait pour but que de faire obtenir ce payement.
Dès qu'il a eu lieu, le règlement provisoire est exécuté en ce qui concerne la collocation de cette créance; et si le payement a été partiel, le
règlement provisoire n'a plus à recevoir exécution que pour ce qui reste
encore dû.

331. La forclusion dont il s'agit empêche-t-elle la personne qui l'a
encourue d'opposer la prescription à un créancier colloqué? Pour que
cette difficulté puisse naître, il faut que la prescription soit acquise antérieurement à la production faite à l'ordre, puisque cet acte inter-
rompt une prescription non acquise. Ne pourrait-on pas dire, en faveur
de celui qui veut l'invoquer, qu'elle peut l'être en tout état de cause, et
qu'opérant l'extinction radicale de la dette, elle équivaut à payement?

_____

(1) Cass., 30 mai 1837.

Nous écarterons pourtant cette idée : le créancier qui n'a pas contredit à temps est censé, par son silence, admettre que la créance colloquée est légitime, et que c'est avec raison que le juge l'indique dans le règlement provisoire comme devant être payée d'après le rang qu'elle y occupe. N'est-ce pas là une reconnaissance de la créance colloquée, et, par suite, une renonciation à la prescription acquise? Il est donc évident que le créancier forclos ne doit plus être reçu à opposer plus tard la prescription à un autre créancier colloqué.

332. Mais lorsqu'il résulte de l'aveu même (1) de celui qui a été colloqué qu'il n'est pas créancier, la forclusion ne peut être invoquée contre un créancier qui demande qu'on écarte de l'ordre une personne qui n'a aucun droit de s'y présenter, puisque, de son propre aveu, la créance qu'elle réclame n'existe pas à son profit. En effet, pour être colloqué dans un ordre, il faut avoir qualité et intérêt, c'est-à-dire avoir une créance à faire valoir. La prescription dont nous venons de parler est bien un mode d'extinction de la créance, mais il faut qu'elle soit invoquée ; et si l'on y renonce, même tacitement, la créance continue à exister. Mais quand il n'y a pas de créance, d'après l'aveu même du prétendu créancier, alors c'est le néant, qui ne peut figurer comme créance dans un ordre. Et ce serait le comble de l'absurde de vouloir payer une dette qui n'existe pas en présence de créanciers légitimes qui ont des droits certains et pourraient n'être pas payés : *Quod nullum est, nullum producit effectum.*

333. En nous tenant toujours à cette idée fondamentale que la forclusion est basée sur ce que le créancier accepte la position à lui faite par l'état de collocation provisoire, et qu'ainsi il est censé y adhérer, nous sommes amené forcément à cette conclusion, qu'une contestation ayant pour effet de changer à son égard le travail du juge donne le droit au créancier forclos de se défendre (2) pour faire maintenir le règlement provisoire en ce qui le concerne. En effet, il est défendu à ce créancier de le contester, mais non pas de se défendre contre ceux qui l'attaquent.

334. Une autre difficulté (3) s'est présentée devant les tribunaux dont la solution résulte, selon nous, du principe général que nous avons posé. Un créancier a contesté seul, dans un ordre, un autre créancier qui lui était antérieur. Il obtient gain de cause, et fait écarter par jugement le créancier contesté de l'ordre. Dans ce cas, peut-il prétendre qu'il doit venir aux lieu et place du créancier contesté, de préférence à tous autres créanciers, même à ceux qui, dans l'état de collocation, avaient obtenu un rang meilleur que lui, créancier contestant? Nous ne le pensons pas ; car la chose jugée n'a rien changé aux rangs attribués, dans le règlement provisoire, aux autres créanciers non contestés,

---

(1) Rej., 17 janv. 1827 (Sir., 31, 2, 189; Dall., 27, 1, 117); Nîmes, *id.*, 16 déc. 1830 (Sir., 31, 2, 18°). *Voy.* M. Chauveau, n° 2564 *ter.*
(2) Cass., 29 mai 1843 (Sir., 43, 1, 586; Dall. 43, 2, 171).
(3) Rej., 27 déc. 1827 (Sir., 27, 1, 218; Dall. 26, 180). M. Chauveau, n° 2566 *quater.*

puisque la décision se bornait simplement à rejeter de l'ordre un créancier qui y figurait à tort. Mais, dira-t-on, les créanciers qui n'ont pas contredit ont encouru la forclusion prononcée par l'art. 756, et, par conséquent, ils ne doivent pas profiter des fonds qu'aurait touchés le créancier écarté, qui ne l'a été que dans l'intérêt du contestant. Ils n'ont pu compter sur ces deniers, puisqu'ils consentaient, en ne contredisant pas, à ce que le créancier rejeté de l'ordre vînt avant eux. Toutefois ce raisonnement ne nous touche pas. La forclusion, il est vrai, s'oppose à ce que les créanciers qui n'ont pas contredit contestent une collocation antérieure, par la raison qu'ils sont censés avoir approuvé le règlement provisoire dont ils veulent le maintien. Mais si cette collocation antérieure est écartée de l'ordre en vertu d'un jugement, les créanciers forclos ont évidemment entendu que, pour le surplus, il fallait laisser intact le règlement provisoire tel qu'il existait avant la contestation, et que rien ne devait être changé aux rangs qu'occupaient ces créanciers. Or, si l'on admettait que le créancier contestant pût prendre la place du créancier écarté, ce serait intervertir l'ordre des créances indiqué dans l'état de collocation, tandis qu'il doit être maintenu, à l'égard de ces créanciers, tant qu'une décision judiciaire ne l'a pas changé vis-à-vis d'eux.

335. La solution que nous venons de donner ne serait pas tout à fait la même dans le cas où le créancier contestant, par exemple C, aurait été déclaré, par jugement, devoir être colloqué avant A, qui est antérieur en rang à B, créancier forclos, faute d'avoir contredit dans le délai fixé par la loi. Dans ce cas, A sera évidemment primé par C, puisqu'il y a chose jugée à cet égard entre eux. Mais la position de B ne doit pas être changée; c'est à cette condition qu'il est censé avoir accepté le règlement provisoire, qu'il ne peut plus contester : aussi C ne pourrait primer B que jusqu'à concurrence de la collocation de A, et, pour le surplus, il doit venir à son rang primitif. Quant à A, il est placé en dernier lieu, en vertu du jugement qui lui préfère C. En vain A dirait que son rang doit rester antérieur à celui de B, qui est forclos et ne peut plus contester son antériorité dans l'ordre. B lui répondra qu'il est avant C, qu'il ne doit pas souffrir que C passe avant lui, et que si, par jugement, A est condamné à venir après C, son rang et sa position, à lui, B, ne peuvent être changés.

Toutefois nous ferons observer ici que la prétention de B serait exagérée s'il demandait même à primer C jusqu'à concurrence de la collocation de A. Le jugement intervenu entre A et C est *res inter alios acta* pour B, et, entre les parties, il doit recevoir son exécution, si cette exécution ne nuit pas à B. Or, si C touche seulement le montant de la collocation de A, et que B vienne immédiatement après, B ne souffre aucun préjudice, puisque sa collocation reste intacte, et il ne peut s'opposer à ce que le jugement entre A et C produise son effet. Évidemment A et C auraient pu convenir amiablement que C prendrait la place de A jusqu'à concurrence de la collocation de ce dernier, et B n'avait rien à dire contre l'exécution de cette convention. La décision rendue entre A et C forme un contrat judiciaire qui a, dans ce cas, le même résultat qu'un contrat volontaire entre les parties.

ART. 757 (1).

Diverses circonstances des Ordres.

Lorsqu'il y a lieu à ventilation du prix de plusieurs immeubles vendus collectivement, le juge, sur la réquisition des parties ou d'office, par ordonnance inscrite sur le procès-verbal, nomme un ou trois experts, fixe le jour où il recevra leur serment et le délai dans lequel ils devront déposer leur rapport.

Cette ordonnance est dénoncée aux experts par le poursuivant; la prestation de serment est mentionnée sur le procès-verbal d'ordre auquel est annexé le rapport des experts, qui ne peut être levé ni signifié.

En établissant l'état de collocation provisoire, le juge prononce la ventilation.

SOMMAIRE.

---

(1) Cette disposition ne se trouvait ni dans l'ancien texte du Code de procédure, ni dans le projet du gouvernement; l'introduction dans la loi nouvelle en est due à l'initiative de la commission du Corps législatif. *Voy.* le Rapport de M. Riché, *supra*, p. 58, n° 150 et suiv.

336. La commission du Corps législatif avait pensé « qu'il serait utile de poser des règles pour trois circonstances qui se présentent fréquemment dans les ordres : la simultanéité des ordres, les créances conditionnelles ou indéterminées, la ventilation du prix. » (Rapp. de M. Riché, *suprà*, p. 58, n° 150.)

Ces trois points ont été de sa part l'objet de dispositions additionnelles au projet du gouvernement; mais le conseil d'État les a repoussées, excepté l'amendement relatif à la ventilation du prix, qui, après modification, a pris la place de l'art. 757 dans la loi du 21 mai 1858.

Nous n'avons donc qu'à nous occuper, dans notre commentaire, de la ventilation. Cependant c'est ici le lieu de faire quelques courtes observations sur la jonction des ordres (1).

En ce qui concerne la jonction d'ordres différents ouverts sur les prix de biens situés dans divers arrondissements, nous en avons déjà parlé en traitant de la compétence en matière d'ordre (*voy.* n°s 145 et suiv.); il suffit d'y renvoyer.

Si les différents ordres sont ouverts sur les prix de biens situés dans le même arrondissement et appartenant au même débiteur, la jonction peut avoir lieu, surtout si les créanciers inscrits sont les mêmes. Il en résulterait évidemment une grande économie de frais si cette jonction était prononcée avant les sommations pour l'ordre judiciaire, puisque les mêmes formalités de sommations, productions, dénonciations, etc., serviraient pour la distribution des différents prix. Cette jonction, dans les cas où elle pourrait avoir lieu, devrait être prononcée par le juge spécial ou au moyen de la désignation du même juge par le président pour les différents prix qu'il s'agit de joindre dans un seul et même ordre.

337. Arrivons à nos explications sur le cas même que règle notre article. Elles doivent porter sur trois points :

1° Quand y a-t-il lieu à ventilation du prix, et qu'est-ce que la ventilation ?

2° Quelles personnes peuvent la requérir ?

3° Enfin, comment faut-il procéder pour la faire ?

338. 1° *Quand y a-t-il lieu à ventilation du prix, et qu'est-ce que la ventilation ?* — L'art. 757 dit : « Lorsqu'il y a lieu à ventilation de plusieurs immeubles vendus collectivement », etc.; de là il résulte évi-

---

(1) « La purge des hypothèques inscrites, dit M. Riché, étant le préalable nécessaire à l'ouverture de l'ordre après vente autre que sur expropriation forcée, il peut arriver que plusieurs acquéreurs de lots soumis aux mêmes hypothèques ne purgent pas en même temps, et qu'ainsi l'ordre ne puisse être ouvert en même temps; le premier acquéreur purge, et l'ordre s'ouvre. Si le deuxième acquéreur ne purge pas assez tôt pour que le deuxième ordre s'entame avant la conclusion du premier, il y aura deux ordres successifs : ce sera l'inconvénient d'une célérité si avantageuse en général; mais si le deuxième ordre s'ouvre avant que le premier soit terminé ou très-avancé, la jonction sera chose utile et économique. Qui la prononcera? Votre commission n'avait pas cru oiseux de régler cette matière de la façon la plus simple; mais son article additionnel n'a pas franchi la barrière du conseil d'État. » (*Suprà*, p. 58, n° 151.)

demment que la ventilation dont s'occupe cet article s'applique au cas où plusieurs immeubles grevés d'hypothèques ont été vendus collectivement, et en bloc, pour un seul et même prix. Pour distribuer ce prix entre les différents créanciers hypothécaires, il faut évidemment le diviser, en estimant la valeur de chacun des immeubles vendus, afin que chaque créancier hypothécaire se fasse payer sur le prix de l'immeuble qui lui était spécialement engagé. Il serait injuste qu'un créancier, même quand son inscription est antérieure en date à celle d'un autre créancier, fût colloqué avant celui-ci, inscrit postérieurement, il est vrai, mais sur un immeuble non soumis à l'hypothèque du premier. Du reste, la nécessité de la ventilation dans le cas dont il s'agit est formulée par le rapporteur de la commission du Corps législatif en ces termes : « On a adjugé collectivement, pour un seul prix, divers petits immeubles grevés d'hypothèques diverses, ou bien un domaine vendu en bloc est formé de parcelles qui ont des origines et des hypothèques distinctes. Il faut que le prix afférent à chaque parcelle soit déterminé. Il a dû l'être s'il y a eu purge, aux termes de l'art. 2192 (1). »

339. Les dernières expressions employées par le rapporteur nous amènent à conclure que la ventilation dont s'occupe l'art. 757 de la loi du 21 mai ne doit pas avoir lieu, en principe, quand il s'agit de ventes amiables. En effet, pour procéder à la distribution d'un prix de vente, on ne peut procéder à l'ordre, aux termes de l'art. 772, qu'*après l'accomplissement des formalités prescrites pour la purge des hypothèques.* Or l'acquéreur par contrat amiable *qui veut purger* est obligé, aux termes de l'art. 2192, de déterminer par ventilation la valeur de chaque immeuble hypothéqué qu'il veut affranchir, eu égard au prix total exprimé dans le titre. C'est le prix assigné à chaque immeuble au moyen de la ventilation que le nouveau propriétaire doit faire connaître dans ses actes de notification (2). La ventilation ainsi faite est la base des surenchères que les créanciers ont le droit de former; elle établit le prix de l'acquisition amiable relativement à chaque immeuble, le prix sur lequel le créancier hypothécaire portera la surenchère du dixième, s'il lui paraît que le chiffre en est inférieur à la valeur de l'immeuble frappé de son hypothèque. Ainsi la ventilation est là une condition même de la purge ou des notifications, une condition qui, d'après les auteurs et la jurisprudence, est aussi nécessaire pour la notification que la déclaration du prix, laquelle, selon l'art. 2183, doit être faite à peine de nullité (3). Et puisque, dans ce cas, la ventilation précède l'ordre, on

---

(1) Voy. *suprà*, p. 59, n° 153.

(2) « Les créanciers, dit M. Paul Pont (*Des Priv. et Hyp.*, n° 1308), n'ont pas besoin de connaître le prix total de l'acquisition ; ils apprendraient même bien inutilement celui des choses qui ne sont pas grevées de leurs créances ou qu'ils ne peuvent pas atteindre quant à présent, à raison de leur situation, puisqu'ils n'ont ni à l'accepter ni à le refuser : le nouveau propriétaire s'en tiendra donc à déterminer par ventilation le prix particulier pour lequel il a entendu acquérir l'immeuble ou chacun des immeubles affectés de l'hypothèque qu'il s'agit de purger. »

(3) *Voy.* MM. Paul Pont (*loc. cit.*, n° 1810); Troplong, n° 974; Dalloz, p. 377; Delvincourt, t. III, p. 371, note 5; Grenier, t. II, p. 343, n° 456. Dans le même sens,

doit conclure, en principe, que ce n'est pas à ce cas que s'applique notre art. 757.

340. Cependant il arrive quelquefois, dans la pratique, que, même en matière de vente volontaire, les créanciers inscrits sur l'immeuble renoncent aux notifications et à la surenchère pour éviter des frais, quand il s'agit d'immeubles de peu de valeur. Dans ce cas, il y aura lieu à l'application de l'art. 757. On pourrait même voir, en général, une renonciation tacite au droit de surenchérir dans le fait du créancier qui produit à l'ordre sans faire des réserves; et alors l'art. 757 reprend naturellement son empire.

341. Mais l'art. 757 n'est appliqué que très-exceptionnellement dans les ventes amiables; il est fait spécialement pour les adjudications sur expropriation forcée. Et ceci se confirme par l'art. 2211, au titre de l'Expropriation forcée, lequel est ainsi conçu : « Si les biens hypothéqués au créancier, et les biens non hypothéqués, ou les biens situés dans divers arrondissements, font partie d'une seule et même exploitation, la vente des uns et des autres est poursuivie ensemble si le débiteur le requiert, et *ventilation* se fait du prix de l'adjudication, s'il y a lieu. »

342. Une difficulté s'était présentée sur la question de savoir à quelle époque la demande en ventilation du prix de vente doit être formée. La Cour de Nîmes, par un arrêt du 26 juillet 1825 (1), avait décidé que c'est avant l'ouverture de l'ordre, et immédiatement après l'adjudication définitive, que la ventilation devait se faire, s'il y avait lieu. Mais cet arrêt a été cassé par la Cour de cassation (2), qui avait pensé que la ventilation peut être requise, s'il y a lieu, après l'ouverture de l'ordre pour la distribution du prix, qui est le moment vraiment important pour les créanciers hypothécaires ayant droit sur ce prix : c'est cette dernière doctrine que le législateur a consacrée dans l'art. 757.

Seulement, au lieu d'une demande en ventilation formée devant le tribunal, ce qui, en entraînant nécessairement un sursis à l'ordre, en entravait ainsi la marche et donnait lieu à une procédure coûteuse, il a simplifié les formes à suivre pour faire la ventilation. Il est bon, dit le rapporteur de la commission au Corps législatif, que la loi détermine la manière de procéder à cette opération préliminaire à l'état provisoire, et la détermine dans les conditions les plus simples et les plus économiques, en la confiant au juge-commissaire, et n'exigeant qu'un seul expert si les productions des pièces ne suffisent pas. (*Suprà*, p. 59, n° 153.)

Cass., 19 juin 1815 ; Douai, 18 mai 1836 (Sir., 37, 2, 328 ; Dall., 37, 2, 172) ; Lyon, 15 janv. 1836 ; Paris, 30 avr. 1853 (*Journ. du Pal.*, 1853, t. II, p. 174). — *Voy.* cependant Bordeaux, 8 juill. 1814 (Sir., 15, 2, 65) et les motifs d'un arrêt de Bourges du 1er avr. 1837 (*Journ. du Pal.*, 1837, t. I, p. 584).

(1) Sir., 26, 2, 176 ; Collect. nouv., 8 ; Dall., 26, 2, 165.

(2) 25 août 1828 (Sir., 28, 1, 322 ; Collect. nouv., 9 ; Dall., 28, 1, 400) ; *id.*, Toulouse, 19 févr. 1827 (Sir., 27, 2, 90 ; Collect. nouv., 8 ; Dall., 27, 2, 174). *Voy.* encore un arrêt de la Cour de cassation du 24 nov. 1858 (*Journ. du Pal.*, 1859, p. 852), et M. Chauveau, nouv. édit., quest. 2567.

343. Si l'on s'en tenait au texte de l'art. 757, la ventilation ne pourrait être requise que quand il s'agit du prix de *plusieurs immeubles distincts* vendus collectivement ou en masse, pour un seul et même prix; mais il est évident que la ventilation peut être demandée lorsqu'il s'agit du prix d'un seul immeuble. Ainsi, il est jugé (1) que le créancier ayant hypothèque sur l'usufruit d'un immeuble a droit d'exiger, lorsque l'usufruit et la nue propriété de cet immeuble sont vendus ensemble et pour un seul et même prix, que ventilation soit faite de la valeur de l'usufruit et de la valeur de la nue propriété, et que la valeur de l'usufruit soit affectée spécialement au payement de sa créance, selon son rang hypothécaire.

344. Il faut en dire autant, par exemple, lorsqu'un seul immeuble est vendu en bloc, pour un prix unique, mais que cet immeuble est formé de la réunion de différentes parties qui ont des origines et des hypothèques distinctes affectées à différents créanciers. Il arrive souvent qu'une maison appartient à plusieurs propriétaires qui chacun en possède un étage. Chacun de ses propriétaires a pu constituer des hypothèques sur sa portion. Plus tard, cet immeuble, se trouvant entre les mains d'un seul, est vendu par expropriation forcée, en bloc, pour un seul et même prix. Il est évident que les créanciers hypothécaires sur chaque portion de maison peuvent requérir la ventilation pour déterminer le prix afférent à la portion soumise à leur hypothèque.

Il résulte de tout cela qu'il peut y avoir lieu à ventilation, dans le sens de l'art. 757, lorsqu'un créancier hypothécaire a un droit distinct et séparé, soit sur un immeuble, quand il s'agit de plusieurs immeubles vendus en masse, soit sur une partie ou portion, ou même sur l'usufruit d'un immeuble, lorsque cet immeuble a été vendu en bloc, pour un même prix.

345. Il peut encore se faire qu'il y ait lieu à ventilation, bien que l'immeuble ou la portion d'immeuble adjugé en bloc ne soit grevé d'aucune hypothèque. Il s'agit alors d'un prix à distribuer, non par voie d'ordre, mais par voie de contribution mobilière; et, dans ce cas, les créanciers qui ne seraient pas colloqués utilement, et même les créanciers chirographaires, comme nous le verrons plus tard, auraient intérêt à demander ventilation.

Ceci s'applique aussi aux meubles compris dans une vente amiable, laquelle ayant eu pour objet non-seulement ces meubles, mais encore un immeuble, a eu lieu pour un prix unique; il est évident que les créanciers chirographaires et ceux qui ne seraient pas colloqués dans l'ordre peuvent requérir la ventilation.

Tels sont, en général, les cas où la ventilation doit avoir lieu. La pratique en peut révéler beaucoup d'autres que nous ne saurions avoir la prétention de prévoir ici. Donc, sans insister davantage, nous passons au second objet de nos observations.

---

(1) Arrêt de la Cour de Paris des 20 mai 1831 et 2 févr. 1832 (Sir., 32, 2, 301; 36, 1, 366).

346. 2° *Qui peut requérir la ventilation?* — La ventilation a pour but de déterminer le prix afférent à chaque immeuble ou portion d'immeuble, afin que les divers créanciers dans l'ordre ne soient colloqués que sur le prix qui représente l'immeuble spécialement affecté à leurs hypothèques : aussi cette opération doit-elle, par sa nature, précéder l'état de collocation dressé par le juge. A cet effet, d'après l'art. 757, le juge, soit d'office, soit sur la réquisition des parties, peut procéder à l'opération de la ventilation. Ainsi, la ventilation peut avoir lieu, comme préliminaire du règlement provisoire :

1° D'office, par le juge, lorsqu'il croit qu'une ventilation est nécessaire pour colloquer chaque créancier seulement sur le prix de l'immeuble affecté à son hypothèque ;

2° Sur la réquisition des créanciers hypothécaires qui, par le moyen de la ventilation, prétendent être seuls colloqués sur le prix qui représente l'immeuble soumis à leurs hypothèques, à l'exclusion des autres créanciers auxquels cet immeuble n'est pas affecté.

347. Il n'y a pas de doute que le créancier ayant une hypothèque spéciale sur un ou plusieurs immeubles, lorsque ces immeubles se trouvent compris parmi plusieurs autres immeubles vendus en bloc, ne puisse demander la ventilation pour être colloqué sur le prix de l'immeuble spécialement soumis à son hypothèque. Faut-il en dire autant du créancier ayant hypothèque générale sur l'ensemble des biens vendus (1)? On pourrait dire qu'en vertu de son hypothèque générale, il sera colloqué sur la totalité du prix, et qu'il n'a aucun intérêt à restreindre son hypothèque générale sur le prix d'un seul immeuble fixé au moyen de la ventilation. Toutefois nous pensons qu'en principe on ne peut rien objecter à la demande de ce créancier ; il a le droit de spécialiser son hypothèque sur l'immeuble qu'il lui plaît de choisir, et, à cet effet, il peut requérir la ventilation pour faire déterminer la valeur de l'immeuble sur le prix duquel il demande à être colloqué, lorsque cet immeuble est compris dans une adjudication en bloc de plusieurs autres, pour un seul et même prix. Cependant le juge pourrait rejeter cette demande, qui donne lieu à des frais et cache souvent un concert frauduleux entre le créancier à hypothèque générale et d'autres créanciers qu'il veut favoriser.

348. De même, lorsqu'un créancier ayant une hypothèque générale sur les immeubles vendus en bloc possède aussi une hypothèque spéciale sur quelques-uns d'entre eux pour garantie d'une autre créance, il a évidemment le droit de demander la ventilation. Il a intérêt à produire, pour le montant de son hypothèque générale, sur le prix des immeubles qui ne sont pas affectés à son hypothèque spéciale ; et ce prix, quand la vente a été faite en bloc, ne peut être déterminé que par une ventilation. Toutefois le juge-commissaire, au moment de faire son

---

(1) La même question se présente dans le cas de l'art. 2192 du Code Napoléon. Elle a été examinée par M. Paul Pont (*Comment. des Priv. et Hyp.*, n° 1361, et *Rev. de législ.*, t. XIX, p. 590 et suiv.), et résolue en faveur du créancier à hypothèque générale.

règlement provisoire, examinera si l'hypothèque générale n'a pas été cédée au créancier à une époque très-rapprochée de l'ouverture de l'ordre pour favoriser les hypothèques spéciales qu'il a au préjudice d'autres créanciers hypothécaires ; et, dans ce cas, il déjouera la fraude en faisant porter l'hypothèque générale sur le prix total, au lieu d'en colloquer le montant sur le prix des immeubles qui ne sont pas soumis à son hypothèque spéciale.

349. Nous avons dit qu'il peut y avoir lieu à ventilation lorsqu'il se trouve compris dans le prix unique d'une adjudication sur saisie un immeuble non grevé d'hypothèque, ou même, dans le cas d'une vente amiable, des objets mobiliers. Le prix afférent, soit à l'immeuble non soumis à hypothèque, soit aux meubles, doit être distribué par voie de contribution et ne peut faire partie de l'ordre. S'ensuit-il que cette demande en ventilation doive être portée devant le tribunal, afin de distraire de l'ordre une partie du prix de la vente en bloc, pour qu'il soit distribué mobilièrement ? On pourrait être tenté d'adopter l'affirmative par cette considération que le juge semblerait ne pas pouvoir prononcer sur des sommes qu'il n'a pas mission de distribuer ; et, par suite, on serait porté à admettre les créanciers intéressés à intervenir dans l'ordre par un dire sur le procès-verbal, pour demander la distraction de cette portion de prix au moyen de la ventilation, afin que, plus tard, elle soit distribuée comme chose mobilière.

Toutefois nous pensons que c'est le juge-commissaire à l'ordre qui, même dans ce cas, doit prononcer la ventilation avant l'établissement de l'état de collocation provisoire. En effet, dès que l'ordre est ouvert sur une somme, le législateur a voulu, pour simplifier la procédure et accélérer la marche de l'ordre, que le juge pût faire procéder seul à l'opération de la ventilation sans surseoir à l'ordre, jusqu'à ce que le tribunal eût statué sur ce point : aussi l'art. 757 lui donne-t-il ce droit d'office, ou *sur la réquisition des parties;* par conséquent, si le juge ne le fait pas d'office, toute partie peut requérir la ventilation ; et, par cette expression *parties,* nous entendons non-seulement les créanciers produisants, mais tous ceux qui y ont intérêt.

350. Dans tout ce qui précède, nous avons eu en vue la ventilation faite avant la confection de l'état de collocation, soit d'office par le juge, soit sur la réquisition d'une partie intéressée. Mais supposons le règlement provisoire fait sans qu'il ait été question de ventilation ; le créancier pourra-t-il encore la demander par un dire de contestation mis sur le procès-verbal, et motivé sur ce que la somme à distribuer n'a pas été ventilée, pour déterminer le prix de l'immeuble sur lequel doit porter sa collocation ? L'affirmative est certaine, pourvu que la réquisition soit faite dans les trente jours qui suivent la dénonciation de l'état de collocation, puisqu'elle se produit alors dans le délai fixé par la loi. Le fait qu'il y a confection de l'état de collocation ne saurait faire rejeter la demande comme tardive ; car c'est le juge qui fixe la somme à distribuer, et son œuvre n'est que provisoire tant que les créanciers se trouvent dans le délai pour contredire. La demande en ventilation sera donc

suivie comme toutes les contestations soulevées contre le règlement provisoire.

Le juge lui-même ne pourrait pas faire procéder à la ventilation; ce serait changer le règlement provisoire, qui appartient à tous les créanciers colloqués, et qui ne peut être modifié que de leur consentement ou par une décision du tribunal. La procédure prévue par l'art. 757 doit avoir lieu avant la confection des règlements provisoires; car c'est « en établissant l'état de collocation provisoire, selon l'expression de notre art. 757, que le juge prononce la ventilation. » Donc, une fois le règlement provisoire dénoncé, il y a chose jugée, et la décision ne peut être réformée que par le tribunal chargé de statuer sur les contestations soulevées, à moins que tous les créanciers ne donnent un consentement valable à la modification demandée. Par conséquent, pour vider le dire relatif à la ventilation, il faut suivre la procédure tracée par l'art. 758 pour les contestations en matière d'ordre (1).

351. 3° *Comment faut-il procéder pour faire la ventilation ordonnée*

---

(1) Il suit de ces observations, combinées avec celles du n° 346, qu'il y a trois hypothèses dans lesquelles la ventilation peut être ordonnée : 1° d'office, par le juge avant la confection du règlement provisoire; 2° sur la réquisition d'un créancier, soit dans l'acte de produit, soit dans un dire avant le règlement provisoire; 3° sur un dire de contestation fait par un créancier après le règlement provisoire. MM. Ollivier et Mourlon (n° 357) n'admettent que les deux premières. « Nous ne croyons pas, disent-ils, que les parties qui n'ont pas sollicité le juge d'opérer la ventilation puissent la demander au tribunal par voie de contredit au règlement provisoire. Les termes de l'art. 757 sont formels; la ventilation doit être demandée au juge-commissaire et prononcée par lui. La loi tient tellement à ce qu'elle soit soulevée à ce moment de la procédure que les parties, gardant le silence, elle autorise le juge à l'ordonner d'office. Quand elle n'a eu lieu ni sur la demande des parties ni d'office, il est probable qu'elle n'était pas nécessaire, et que le contredit motivé de ce chef n'est qu'un moyen dilatoire, que le tribunal n'a pas même à examiner. » Il y a là quelque chose de trop absolu. Il est vrai que l'art. 757 est spécial pour le cas où la ventilation est requise avant le règlement provisoire; mais en conclure que la ventilation ne peut pas être demandée après, et que même sur un contredit, formé d'ailleurs dans le délai, le tribunal ne pourrait pas la prescrire, c'est donner à cet article une portée qu'il n'a certainement pas et contester aux créanciers un droit que les auteurs sont unanimes à leur reconnaître (voy. MM. Grosse et Rameau, n° 378; Chauveau, nouv. édit., quest. 2567 *bis*), et que la Circulaire ministérielle du 2 mai 1859 consacre nettement en ces termes : « L'art. 757 ne s'applique pas au cas où la ventilation est requise après la dénonciation provisoire et par voie de contredit consigné au procès-verbal. *Le juge-commissaire qui ne peut plus modifier l'état de collocation renvoie les parties à l'audience, et la ventilation est ordonnée par le tribunal, s'il y a lieu.* » (Voy. *suprà*, p. 133, n° 61.)

Quelques auteurs vont même si loin dans cette voie que, d'après eux, le tribunal, se trouvant saisi par l'ordonnance du juge qui a renvoyé les contestants à l'audience, ce sera le tribunal qui non-seulement ordonnera la ventilation, s'il y a lieu, et désignera les experts, mais encore qui recevra les serments des experts, ordonnera le dépôt du rapport et statuera sur l'entérinement. (*Voy.* MM. Grosse et Rameau, *loc. cit.*) Nous n'allons pas jusque-là, quant à nous; et, d'accord avec M. Chauveau (*loc. cit.*), nous croyons que le tribunal qui accueillera la demande, s'il y a lieu, et nommera les experts, « pourra renvoyer devant le juge pour la réception du serment à mentionner sur le procès-verbal d'ordre, auquel sera annexé le rapport des experts; et qu'après ce dépôt, et sur le rapport du juge-commissaire à l'audience, le tribunal statuera définitivement. »   P. P.

par le juge? — Si le juge a les éléments nécessaires dans les productions et les titres des parties, ou dans les autres renseignements, il peut faire la ventilation d'office ou sur la réquisition des parties, sans recourir à une expertise qui coûte cher et entraîne des longueurs. En effet, la nomination d'experts n'est pas impérativement imposée au magistrat, comme on pourrait le croire d'après les termes de l'art. 757; elle ne doit avoir lieu que quand le juge croit avoir besoin, pour faire la ventilation, de l'avis de l'homme de l'art. Ainsi, supposons qu'on ait adjugé trois lots, à la condition très-usuelle, si ces trois lots forment un petit domaine, de réunir ensemble le montant de l'adjudication des trois lots, et de mettre aux enchères le tout, avec une mise à prix égale à la somme pour laquelle ont été adjugés lesdits trois lots. Le tout est vendu pour 50 fr. en sus de cette mise à prix. Dans ce cas, recourir à l'expertise pour faire la ventilation de ces 50 fr., pour les répartir sur chaque lot, ce serait évidemment causer des retards et des frais inutiles; ce serait aller contre l'esprit de la loi, suffisamment révélé par le rapport de la commission, où il est dit « que l'opération de la ventilation doit se faire dans les conditions les plus simples et les plus économiques; que la loi la confie au juge-commissaire, et n'exige qu'un seul expert, *si les productions et les pièces ne suffisent pas*, etc. » (Voy. *suprà*, p. 59, n° 153.)

352. Dans les cas les plus fréquents, le juge aura besoin de l'avis d'un expert pour faire la ventilation; l'art. 757 trace, à cet effet, une marche aussi rapide qu'économique. Le juge, soit d'office, soit sur la demande des parties, rendra une ordonnance qui établira la nécessité d'une ventilation et de la nomination d'experts pour y procéder. Cette ordonnance sera inscrite sur le procès-verbal d'ordre, et contiendra le nom de l'un ou des trois experts qu'il aura désignés; elle fixera un jour pour la réception du serment, et indiquera le délai dans lequel les experts devront avoir fait leur travail et déposé leur rapport au greffe.

Une fois l'ordonnance rendue par le juge, l'avoué poursuivant est chargé de la dénoncer aux experts, avec sommation de se trouver devant le magistrat au jour fixé pour la prestation du serment. L'original de cette sommation est remis au juge, qui acquiert ainsi la certitude que les experts ont été prévenus.

353. Si l'expert ou l'un d'eux n'accepte pas la mission qui lui est confiée, le juge pourvoit de suite, par une autre ordonnance, à la nomination d'un remplaçant. Aucun délai n'est fixé par l'art. 757 pour la sommation aux experts; mais il va de soi que, dans une procédure aussi rapide, l'avoué poursuivant doit la faire très-promptement.

354. Si l'expert se présente devant le magistrat, il prête serment, au jour et à l'heure indiqués, avec la formule ordinaire de bien et fidèlement remplir la mission qui lui est confiée par l'ordonnance. La prestation de serment faite par l'expert est mentionnée sur le procès-verbal d'ordre. Pour faire son rapport, l'expert doit visiter les lieux, examiner les titres des parties, et s'entourer de tous les renseignements que lui

fournissent la matrice cadastrale ou d'autres pièces. A cet effet, le juge pourra lui confier les titres des créanciers, qui lui serviront pour établir la ventilation ; seulement, si ces titres sont déposés au greffe, l'expert en devra donner une décharge au greffier, afin de mettre la responsabilité de ce dernier à couvert. Le rapport de l'expert ne doit constater d'autres titres que ceux qui lui paraissent utiles à l'opération de la ventilation ; le rapport est ensuite déposé au greffe et annexé au procès-verbal d'ordre, avec défense formelle de le lever, ni de le signifier. Les conclusions de l'expert, qui se trouvent dans son rapport, ne sont pas obligatoires pour le juge ; ce n'est pour lui qu'un avis de l'homme de l'art qu'il est libre d'apprécier dans sa conscience.

355. Les résultats de l'expertise doivent servir au juge pour faire la ventilation nécessaire pour établir l'état de collocation provisoire ; c'est donc un préliminaire à la confection du règlement provisoire. Si les parties intéressées ne veulent pas de la ventilation telle que le juge l'a prononcée après l'avis de l'expert, elles contestent le règlement provisoire et, en même temps, les conclusions du rapport (1).

356. Lorsque, au contraire, la ventilation a été omise par le juge en dressant son état de collocation, la contestation soulevée à cet égard par le créancier doit suivre le cours de toutes celles qui ont été faites contre ce règlement provisoire, conformément aux formalités tracées par les art. 758 et suivants.

ART. 758.

Texte ancien.

En cas de contestation, le commissaire renverra les contestants à l'audience, et néanmoins arrêtera l'ordre pour les créances antérieures à celles contestées, et ordonnera la délivrance des bordereaux de collocation de ces créanciers, qui ne seront tenus à aucun rapport à l'égard de ceux qui produiraient postérieurement.

---

(1) « Il est incontestable, dit M. Duvergier dans ses notes sur la loi de 1858 (p. 154, note 7), que la décision portant sur la ventilation pourra être attaquée par la voie de contredit, portée devant le tribunal comme toutes les autres parties de l'état de collocation. Une erreur sur la ventilation peut être aussi préjudiciable qu'une erreur sur le rang à donner à chaque créancier, et l'on ne concevrait pas que le juge eût, pour statuer sur la ventilation, des pouvoirs plus étendus que pour fixer les rangs dans la collocation. » C'est l'avis de tous les auteurs, d'après lesquels la ventilation, soit qu'elle ait été ordonnée d'office par le juge, soit qu'elle ait été prescrite sur la réquisition des parties, peut être critiquée et contestée, comme l'ordre provisoire, suivant la forme indiquée pour les contredits. (*Voy.* MM. Bressolles, n° 38; Chauveau, quest. 2570; Grosse et Rameau, n° 384.) Ajoutons, avec ces derniers auteurs, que, dans le cas prévu *suprà*, au n° 350, c'est à l'audience, entre les seules parties en cause et par voie de conclusions, que la ventilation pourra être critiquée ou soutenue devant le tribunal saisi de la demande, sur le contredit élevé après le règlement provisoire.

P. P.

Loi actuelle (1).

Contredits et Ordre partiel.

Tout contestant doit motiver son dire et produire toutes pièces à l'appui ; le juge renvoie les contestants à l'audience qu'il désigne et commet en même temps l'avoué chargé de suivre l'audience.

Néanmoins il arrête l'ordre et ordonne la délivrance des bordereaux de collocation pour les créances antérieures à celles contestées ; il peut même arrêter l'ordre pour les créances postérieures, en réservant somme suffisante pour désintéresser les créanciers contestés.

SOMMAIRE.

357. Division.
358. 1° *De la forme des contredits.* — Les contestations se font par des dires.
359. Obligation introduite par la loi nouvelle de motiver les dires.
360. Sous le Code de procédure, il fallait au moins indiquer tous les chefs de contestation bien précisés.
361. Suite.
362. Les dires doivent-ils aujourd'hui être motivés à peine de nullité ?
363. La production des pièces à l'appui des dires n'est pas prescrite à peine de nullité.
364. La mention qui doit être faite de la production des pièces tient lieu d'acte de dépôt.
365. Les contredits doivent être signés par un avoué à peine de nullité.
366. Espèce particulière dans laquelle la Cour de cassation semble avoir consacré la solution contraire.
367. *Quid* si l'avoué vient à décéder après le contredit ? Faut-il assigner la partie en constitution de nouvel avoué ?
368. Le contredit est-il nul pour défaut de date ?
369. 2° *Des préliminaires de l'audience.* — Dès qu'un contredit est fait, le juge doit renvoyer à l'audience.
370. *Quid* en cas de désistement par l'avoué ? Le juge doit-il renvoyer à l'audience pour faire statuer au moins sur la validité du désistement, lorsque l'avoué n'a pas de pouvoir spécial à l'effet de se désister ?
371. La femme a besoin d'être autorisée de son mari ou de justice pour se désister d'un dire.
372. De l'audience poursuivie avant l'expiration du délai accordé pour contredire.
373. L'intervention des créanciers chirographaires doit être admise.
374. Le juge, en renvoyant les parties à l'audience, doit fixer le jour.
375. Il doit aussi commettre un avoué pour suivre l'audience.
376. 3° *De l'ordre partiel.* — L'ordre définitif partiel peut avoir lieu aussi bien pour les créanciers antérieurs que pour les créanciers postérieurs aux collocations contestées.
377. Observation sur la rédaction de l'art. 758.
378. Effets du règlement définitif partiel.

357. L'art. 758 contient deux paragraphes bien distincts.

Le premier s'occupe de la forme des contredits et de la manière de les porter à l'audience.

---

(1) La loi actuelle, quant à cette disposition, est en tout conforme au projet du gouvernement, sauf que, dans le projet du gouvernement, l'article portait le numéro 757.

Le second paragraphe s'occupe des créances colloquées, et qui ne font pas l'objet d'un contredit. En ce qui concerne les créances non contestées, le juge peut faire un ordre partiel soit pour les créances antérieures à celles contestées, soit même pour les créances postérieures, sous les conditions prévues par l'art. 758.

Nous allons, en conséquence, traiter dans nos explications sur l'art. 758 :

1° De la forme des contredits ;

2° Des préliminaires de l'audience ;

3° De l'ordre partiel.

358. *De la forme des contredits.* — La dénonciation de la confection du règlement provisoire met les créanciers et le saisi en demeure de prendre communication au greffe de ce règlement et de le contredire. S'ils élèvent des contestations, ils doivent les inscrire sur le procès-verbal même, à la suite de l'état de collocation provisoire, ce que dans la pratique on appelle *un dire :* il peut, d'ailleurs, être fait même en l'absence du greffier ou du juge-commissaire. (Cass., 27 févr. 1815.)

359. Tout contestant, dit l'art. 758, doit motiver son dire et produire toutes pièces à l'appui. Cette obligation de motiver les dires est une innovation introduite par la loi du 21 mai 1858 ; elle a pour but de remédier à l'inconvénient des contredits faits légèrement, et sert aussi à éclairer les adversaires et le juge rapporteur sur la portée et la valeur des difficultés soulevées. A défaut de la conférence devant le juge, qu'organise le code piémontais pour préciser les difficultés et en éliminer quelques-unes, l'obligation de motiver peut, selon l'expression du rapporteur de la commission du Corps législatif, être un frein pour des contestations trop irréfléchies : les motifs sont la pudeur des contestations, comme ils sont l'honneur des jugements. (Voy. *suprà*, p. 59, n° 155.)

360. Déjà, sous l'empire du Code de procédure, les contredits sur le procès-verbal d'ordre devaient, à peine de nullité, indiquer tous les chefs de contestation, et le dire était, par conséquent, insuffisant et nul (1) s'il contenait seulement la déclaration que l'on conteste l'état de collocation, et que l'on en demande la réformation dans les chefs et par les motifs qui seront ultérieurement indiqués. De même on ne regardait pas comme un contredit valable de simples protestations ou réserves insérées sur le procès-verbal d'ordre (2), car ces critiques vagues ne pouvaient équivaloir à des chefs de contestation bien précisés.

361. Si, d'après la jurisprudence, les chefs de contestation devaient, avant la loi actuelle, être consignés dans les dires, l'obligation de donner les motifs à l'appui n'existait pas ; dans l'usage, les parties renvoyées à l'audience se signifiaient des conclusions motivées dans lesquelles les contestants développaient les moyens à l'appui de leurs de-

---

(1) Arrêt de Bordeaux du 16 août 1844 (Sir., 45, 2, 34 ; *Journ. du Pal.*, 45, 1, 136).
(2) Rej., 27 août 1849 (Sir., 50, 1, 170 ; *Journ. du Pal.*, 49, 2, 163).

mandes : aussi avait-il été décidé par plusieurs arrêts (1) qu'un créancier contestant n'était pas obligé de donner, dans son contredit, tous les motifs, et d'indiquer tous les moyens par lesquels il entendait soutenir ce contredit.

362. Cette jurisprudence, en ce qui concerne l'obligation de motiver les dires, peut-elle être maintenue en présence des termes formels du nouvel art. 758 ? La négative semble résulter de ces expressions : « *tout contestant doit motiver son dire,* » qui constituent un changement de rédaction impliquant qu'un dire non motivé est frappé de nullité. On pourrait encore invoquer, pour soutenir la nullité du contredit, qu'aux termes de l'art. 761, l'affaire est jugée sans autre procédure que des conclusions motivées de la part des contestés, et que le contestant n'a pas le droit d'en signifier, de sorte que son dire lui tient lieu de conclusions motivées; mais que si ce contredit ne contient pas de motifs, le contestant n'aura fait que conclure, sans appuyer ses conclusions par des motifs, ce qui constitue une procédure évidemment irrégulière. Cependant, aux termes du rapport de la commission nommée par le Corps législatif, « l'obligation de motiver n'est pas imposée à peine de nullité, comme au cas de l'art. 762 pour les griefs d'appel; le juge taxateur pourrait seulement ne pas accorder l'émolument d'un contredit qui ne serait pas formulé suivant les prescriptions de la loi. » (Voy. *loc. cit.*) Et ajoutons qu'il y aurait, dans un dire sans motifs, un manquement grave, de la part de l'avoué, aux devoirs qui lui incombent, de défendre convenablement les intérêts qui lui sont confiés : les paroles fugitives d'une plaidoirie ne laissent pas toujours une impression assez durable sur l'esprit des magistrats si elles ne sont pas, pour ainsi dire, résumées d'avance dans les motifs écrits à l'appui des conclusions de l'avoué.

363. Une autre obligation imposée par le nouvel art. 758 est celle de produire toutes pièces à l'appui du dire motivé. Cette obligation n'est pas non plus prescrite à peine de nullité. Cela résulte des art. 761 et 766 combinés, puisque le premier suppose que de nouvelles pièces pourront être produites, sauf à les remettre au greffe trois jours au moins avant l'audience dans laquelle le contredit est jugé, et sans préjudice du droit qu'a le tribunal d'accorder, pour causes graves et dûment justifiées, un délai pour en produire d'autres, et qu'aux termes de l'art. 766, le contestant qui a mis de la négligence dans la production des pièces peut être condamné aux dépens, même en obtenant gain de cause.

364. Les pièces a l'appui du contredit doivent être remises au greffe par le contestant; il en est fait mention sur le procès-verbal. Nous pensons que cette mention peut être faite par le greffier, puisque la loi n'impose pas cette obligation au juge, comme elle le fait dans l'art. 754 pour la remise des productions. Dans ce cas, il nous paraît inutile de dresser un acte de dépôt spécial des pièces produites; la mention

---

(1) Montpellier, 22 déc. 1837 (Dall., 38, 2, 237; *Journ. du Pal.*, 38, 2, 435); Cass., 4 juin 1850 (Sir., 50, 1, 737).

prescrite par l'art. 761 en tiendra lieu. C'est une économie de frais qui, grâce à cette précaution indiquée par la loi, peut se faire sans danger (1).

365. La présence de l'avoué est nécessaire pour tous les actes de procédure faits dans l'ordre judiciaire : aussi a-t-il été décidé avec raison que les contredits doivent, à peine de nullité, être signés par un avoué (2). C'est un acte véritable de postulation qui ne peut être fait et signé que par les officiers ministériels institués près des tribunaux. La signature de la partie serait insuffisante, puisqu'elle ne donnerait pas à l'acte un caractère judiciaire (3).

366. Toutefois la Cour de cassation a admis qu'un contredit non signé de l'avoué, mais attesté de la main du greffier, est valable (4); mais l'espèce présentait cette circonstance particulière que, postérieurement, le débiteur saisi avait déclaré s'approprier ce contredit.

367. Comme nous l'avons dit plus haut (voy. n° 316), lorsque l'avoué d'un créancier produisant vient à cesser ses fonctions avant l'expiration des délais pour contredire, il y a nécessité d'assigner la partie en constitution de nouvel avoué; à plus forte raison faut-il recourir à cette mesure si l'avoué vient à décéder après le contredit et avant que l'affaire soit en état, c'est-à-dire avant les conclusions prises contradictoirement à l'audience.

368. Le contredit doit être fait dans le délai de trente jours depuis la

---

(1) MM. Grosse et Rameau (n° 393) émettent sur ce point un avis différent. «Dans cela, disent-ils, il doit être, indépendamment du dire consigné sur le procès-verbal d'ordre, dressé un acte de dépôt des pièces produites, et cela pour deux raisons : la première, parce que, s'agissant d'un dépôt de pièces à communiquer aux adversaires par la voie du greffe, pour l'instruction d'un procès (C. pr., art. 189), le greffier doit en être chargé par un acte de dépôt et déchargé par un acte de retrait ; la seconde, c'est que si l'on agissait autrement, il faudrait, les énonçant dans le dire comme déposées, les annexer au cahier de l'ordre, auquel cependant elles n'appartiennent pas définitivement. » C'est là, selon nous, créer une nécessité que la loi nouvelle, qui a visé à l'économie en même temps qu'à la rapidité, ne suppose certainement pas. Le contestant peut bien, dirons-nous avec M. Chauveau (quest. 2572 ter), énoncer, à la suite de son dire, les pièces qu'il produit pour le justifier. Le fait seul de cette déclaration, signée de l'avoué sur le procès-verbal d'ordre, implique le dépôt des pièces au greffe comme annexe provisoire de l'ordre; et, plus tard, quand les pièces sont retirées, une mention de retrait sera consignée en marge de la mention de production, et vaudra décharge au greffier. Voy. aussi M. Bressolles, n° 43.   P. P.

(2) Arrêt de Dijon, 10 mars 1828 (Sir., 28, 2, 205).

(3) C'est l'avis de tous les auteurs. Voy., notamment, MM. Grosse et Rameau, n° 344; Émile Ollivier et Mourlon, n° 378; Chauveau, quest. 2572. L'arrêt contraire de la Cour de cassation, cité par M. Seligman au numéro suivant (n° 366), ne doit pas tirer à conséquence, non pas seulement parce que, dans l'espèce, le débiteur saisi s'était approprié le contredit, mais encore parce que l'arrêt n'est pas motivé, la Cour de cassation s'étant bornée à dire que les juges du fond, en validant le contredit, n'avaient pas fait une fausse application de la loi. Or c'est là précisément ce qui est en question. Et la réponse exacte se trouve, à notre avis, dans l'arrêt de Dijon du 10 mars 1828, cité par M. Seligman, arrêt qui annule le contredit, dans le cas particulier, parce que le contredit est incontestablement un acte de procédure judiciaire, et que tous actes de procédure par-devant les autorités judiciaires doivent être faits et signés par les officiers ministériels institués près des tribunaux. P. P.

(4) Rej., 2 août 1827 (Sir., 27, 1, 121).

sommation de prendre communication de l'état de collocation : aussi, quand il n'est pas daté, il peut être déclaré nul (1), comme consigné après l'expiration de ce délai sur le procès-verbal. Cependant l'absence de la date ne fait pas présumer de plein droit que le dire a été rédigé postérieurement aux trente jours dont s'agit, et que la forclusion est nécessairement encourue. Cela est si vrai que la nullité résultant du défaut de date est couverte si elle n'est proposée qu'après la discussion du contredit au fond, parce qu'il ne s'agit là que d'une nullité de forme (C. proc., art. 173), tandis qu'en réalité le contredit est censé avoir été fait dans le délai.

369. 2° *Des préliminaires de l'audience.* — Une fois le contredit inscrit sur le procès-verbal, le juge est obligé de renvoyer les contestants à l'audience. Reconnaîtrait-il le bien fondé de la contestation, il ne pourrait changer seul le règlement provisoire, qui ne peut être modifié que par un jugement ou du consentement de tous les créanciers. Dès qu'il y a contestation, le juge-commissaire doit renvoyer les parties à l'audience, et il ne pourrait passer outre à la clôture de l'ordre sous prétexte que le dire est nul pour défaut de forme ou pour absence de motif, de date ou de précision dans les chefs de contestation. C'est au tribunal seul qu'il appartient de vider toutes les difficultés : le juge qui retiendrait la connaissance d'une contestation soulevée dans un dire commettrait un excès de pouvoir, et l'ordonnance par laquelle il statuerait pourrait être attaquée par la voie de l'opposition (2).

370. Toutefois il a été jugé (3) que le juge-commissaire a tout pouvoir pour déclarer qu'en présence d'un désistement de contredit donné par un avoué, même sans pouvoir spécial de sa partie, il n'existe plus de contredit, et pour maintenir, en conséquence, la collocation qui avait été contestée, sans qu'il soit nécessaire, dans ce cas, de renvoyer à cet égard les contestants à l'audience. Cette décision de la Cour de Toulouse est critiquée, dans la note qui accompagne l'arrêt au Recueil de MM. Devilleneuve et Carette, en ce que le juge-commissaire aurait prononcé seul sur la question de savoir si le désistement est valable, quoique l'avoué n'eût pas le pouvoir spécial pour le donner, et avait ainsi

---

(1) Limoges, 3 juill. 1824 (Sir., 26, 2, 174).

(2) Arrêt de Riom du 7 juin 1817 (Sir., 18, 2, 60); Cass., 9 déc. 1824; Cour de Paris, 20 juin 1835. — Tous ces arrêts, rendus avant la loi du 21 mai, indiquent la voie de l'appel. — Du reste, la loi ne précise point au juge le délai qu'il doit garder entre son renvoi à l'audience et le jour qu'il fixe pour les débats; mais, comme le fait remarquer M. Bressolles (n° 46), « la sagesse de ce magistrat appréciera le temps nécessaire pour préparer la défense. » M. Bressolles ajoute que, dans tous les cas, on peut induire de l'art. 761 que ce délai ne doit jamais être moindre de *trois jours francs*. Toutefois, si l'ordonnance n'est rendue qu'après la huitaine accordée aux créanciers pour s'entendre sur le choix d'un avoué, il faut dire, avec MM. Grosse et Rameau (n° 406) et Chauveau (quest. 2573 *quater*), que les productions supplémentaires ne pourront avoir lieu trois jours avant celui de l'audience qu'à la condition que le juge n'indiquera pas un jour éloigné de moins de huit jours de la date de son ordonnance.
P. P.

(3) Toulouse, 8 août 1850 (Sir., 50, 2, 376); Nîmes, 11 mars 1855 (*Journ. des Av.*, t. LXXVI, p. 398).

vidé une difficulté dont la solution appartenait véritablement au tribunal, et devait, par suite, être l'objet d'un renvoi à l'audience. L'observation est conforme, sans doute, aux principes de droit; mais l'arrêt décide, en fait, que le juge avait bien apprécié le droit de l'avoué; que ce dernier, en renonçant au contredit qu'il avait fait, au lieu d'abandonner un droit exercé par sa partie, défaisait seulement ce qu'il avait fait lui-même, se conformant ainsi à une pratique constante dont l'expérience et la réflexion démontrent l'utilité. En effet, comme le dit encore l'arrêt, il importe aux créanciers que leurs avoués puissent faire des contredits pour veiller à leurs droits, même avant d'avoir pu s'assurer s'ils sont ou non bien fondés; mais la partie serait exposée à des frais qui pourraient devenir considérables si, après un examen plus attentif, l'avoué ne pouvait pas renoncer au contredit, dont il a reconnu l'injustice. Cette solution d'une utilité pratique incontestable devra, à plus forte raison, être suivie sous la loi du 21 mai, dont le but est d'arriver par la voie la plus prompte à la distribution du prix (1).

371. Le désistement d'un contredit est un acte judiciaire que la femme mariée ne peut faire, pour cette raison, sans autorisation (2) de son mari ou de justice.

372. Il n'est pas douteux que si l'audience a été fixée pour statuer sur des contredits, un autre créancier peut être admis (3) pour contester à cette audience, sans qu'on puisse lui opposer la forclusion, si l'audience a été poursuivie avant l'expiration du délai que l'art. 756 accorde pour contredire. Mais il faut, pour cela, que le créancier qui intervient se réunisse aux autres contestants : il ne peut pas former à l'audience des demandes qui ne seraient pas déjà consignées dans les contredits faits sur le procès-verbal du juge-commissaire. C'est donc avec raison que, d'après Pigeau (4), il faudrait rejeter sans hésitation tous les contredits formés par des conclusions nouvelles et séparées, lors même qu'elles seraient signifiées dans les trente jours accordés pour contredire.

373. Nous avons déjà dit que les créanciers chirographaires ont le droit d'intervenir dans l'ordre ouvert entre les créanciers hypothécaires pour la distribution du prix des biens appartenant à leur débiteur commun, parce qu'ils ont intérêt à ce que le prix ne soit pas absorbé par des créanciers hypothécaires qui n'y ont pas droit. (Voy. *suprà*, nos 132, 167, 264.) De même il faut les admettre (5) à contester les causes de

---

(1) *Conf.* MM. Grosse et Rameau (393). — *Voy.* cependant M. Chauveau (quest. 2573 *bis*). *Voy.* aussi, comme analogues en sens contraire, un arrêt de la Cour de cassation du 14 juill. 1851, et un autre de la Cour d'Orléans du 8 janv. 1853 (*Journ. des Av.*, art. 1114 et 1494).

(2) Arrêt de Grenoble, 10 mars 1848 (Sir., 48, 2, 749).

(3) Rej., 15 juin 1820 (Sir., 21, 1, 28).

(4) *Comm.*, t. II, p. 427; arrêts de Nîmes, 24 août 1819 (*Journ. des Av.*, t. XVII, p. 349); de Bordeaux, 25 mars 1830, et d'Aix, 30 nov. 1833. *Voy.* aussi M. Chauveau, quest. 2571.

(5) Cass., 10 avr. 1838 (Sir., 38, 1, 298). *Voy.* MM. Pigeau, *Comm.*, t. II, p. 274; Favard, vo Ordre, part. 3, no 1; Berriat, p. 626.

préférence invoquées par ces créanciers pour les faire descendre au rang de simples créanciers chirographaires, entre lesquels ce qui reste après l'ordre est distribué au marc le franc. Mais leur contredit doit être fait dans les délais de l'art. 756, quoique, d'après le vœu de la loi, le règlement provisoire ne leur soit pas dénoncé. Les créanciers chirographaires ne peuvent arrêter la marche de l'ordre, pas plus que leur débiteur, la partie saisie, de qui ils tiennent leurs droits. En règle générale, quand ils interviennent dans un ordre, ils doivent se soumettre aux formes particulières de cette procédure. — Il faut en dire autant des créanciers hypothécaires déchus faute de production, d'après l'art. 754; ils peuvent contredire, mais sous les mêmes conditions que les créanciers chirographaires.

374. D'après la loi du 21 mai, le juge ne doit pas seulement renvoyer les contestants à l'audience, il faut encore qu'il désigne le jour fixé pour les débats sur le contredit. Tous les délais doivent s'enchaîner sans interruption, et on ne laisse plus le soin à la partie la plus diligente de poursuivre l'audience quand bon lui semble, sauf à prévenir le juge pour qu'il fixe le jour auquel il fera son rapport.

375. En même temps que le juge renvoie à l'audience pour un jour fixé, il doit commettre un avoué chargé de suivre l'audience. Comme l'avoué poursuivant ne peut, en cette qualité, être appelé dans la contestation, puisque les contestants (c'est-à-dire les contestants demandeurs et les contestés défendeurs) doivent seuls figurer dans le débat pour simplifier la procédure et éviter les frais inutiles (art. 760), il fallait nécessairement désigner un autre avoué parmi ceux dont la présence est nécessaire pour avertir les intéressés par un avenir de comparaître à l'audience indiquée. Si l'avoué commis ne remplit pas la mission que lui confie le juge-commissaire, il perd de plein droit son rôle d'avoué commis pour la poursuite des contestations, aux termes de l'art. 776.

376. 3° *De l'ordre partiel.* — Les contestations soulevées dans un ordre, à l'égard de certaines créances, ne doivent pas rendre indisponible la partie du prix afférente aux créances non contestées. Déjà le Code de procédure de 1806 avait donné au juge-commissaire la faculté de faire un règlement définitif partiel pour les créanciers dont le rang est antérieur aux collocations contestées. Dans ce cas, ces créanciers n'étaient tenus à aucun rapport à l'égard de ceux qui produisaient postérieurement. Il est évident que la loi du 21 mai n'avait pas besoin de s'occuper des créanciers qui produiraient postérieurement à un ordre partiel, puisque, en vertu de l'art. 755, les productions tardives sont frappées d'une déchéance absolue même avant qu'on ne procède au règlement provisoire : aussi l'art. 758 porte seulement que, « néanmoins, il (le juge) arrête l'ordre et ordonne la délivrance des bordereaux de collocation pour les créances antérieures à celles contestées, » sans parler des créanciers qui produiraient postérieurement. Mais la loi nouvelle va plus loin que le Code de procédure, en ce qu'elle permet même au juge de régler définitivement l'ordre pour les créances posté-

rieures à celles contestées, si cela peut se faire sans danger, en réservant somme suffisante pour désintéresser les créanciers contestés.

377. Si l'on prenait à la lettre le second paragraphe, relatif au règlement définitif partiel, on pourrait croire que, pour les créances antérieures à celles contestées, la loi fait une obligation absolue au juge-commissaire de la délivrance des bordereaux, puisqu'elle se sert de ces expressions : « *il arrête l'ordre et ordonne la délivrance,* » tandis que la locution *il pourra arrêter,* mise deux lignes plus bas, semble créer, pour les créances postérieures seulement, une faculté dont le juge-commissaire usera ou n'usera pas. Mais il est clair que, dans les deux cas, il ne peut s'agir que d'une faculté pour le juge de faire un règlement définitif partiel dont lui seul peut apprécier la convenance. Pour justifier cette opinion, il suffit de reproduire l'espèce suivante, que nous trouvons dans les observations faites à l'occasion de cette loi sur les Ordres par les délégués des notaires des départements.

Deux immeubles sont saisis, vendus, et un ordre est ouvert. Sur la distribution du prix du premier immeuble, adjugé 10,000 fr., il existe une contestation qui atteint tout ce prix. — Sur la distribution du deuxième immeuble, adjugé 200 fr., il n'existe pas de contestation. Sera-ce une raison pour que le juge soit obligé de faire un règlement définitif, et d'ordonner la délivrance des bordereaux de collocation pour cette petite somme? S'il le fait, le règlement et la délivrance des bordereaux absorberont la somme. Il ne doit donc pas *être tenu* d'arrêter l'ordre.

C'est cette pensée qui est aussi exprimée dans le rapport de la commission du Corps législatif, en ces termes : « Dans le premier cas, comme dans le second, il n'y aura d'ordre partiel que si un intérêt raisonnable l'exige. Néanmoins dans la crainte qu'on ne tirât une fausse conclusion du contraste des mots *il peut arrêter l'ordre,* employés dans le second cas, et des mots *il arrête l'ordre,* empruntés à l'ancienne loi pour le premier cas, votre commission, avec l'honorable M. Duclos, a proposé de se servir, dans les deux cas, des mêmes expressions facultatives. Le conseil d'État s'en est tenu à l'ancien texte du Code. » (Voy. *suprà,* p. 59 et 60, n° 157.) (1)

_____

(1) C'est l'opinion à peu près unanime des auteurs. *Voy.* MM. Bressolles, n° 45; Grosse et Rameau, n° 397; Émile Ollivier et Mourlon, n° 387. Pourtant M. Duvergier, dans ses notes sur la loi de 1858, est venu rompre cette unanimité. « Il me semble, au contraire, très-sage, écrit-il (p. 155, note 2), d'avoir dit que le juge-commissaire *arrête* l'ordre des créances antérieures et *peut arrêter* l'ordre des créances postérieures. Il ne saurait y avoir aucun inconvénient à arrêter l'ordre des créances antérieures, puisque, quelle que soit la décision à intervenir sur les créances contestées, cette décision sera sans effet sur le sort des créances qui les priment : dans ce cas, le juge *doit arrêter.* Lorsqu'il s'agit, au contraire, des créances postérieures, il pourrait être dangereux ou au moins inutile de régler l'ordre. C'est donc une simple faculté qu'il convenait de donner au juge, et l'article dit avec raison qu'en ce cas *il peut arrêter* l'ordre. » C'est aussi la pensée qui s'induit de la Circulaire ministérielle du 2 mai 1859. Lorsqu'il parle des créances antérieures à celles contestées, M. le garde des sceaux exprime « qu'avant de renvoyer les contestants à l'audience, le juge (pourvoyant à l'intérêt des titulaires de ces créances) *arrête l'ordre* et ordonne la délivrance

378. Dans le cas où le juge-commissaire fait un règlement définitif partiel, ce règlement doit produire, à l'égard des créanciers qui y sont utilement colloqués, les effets produits par la clôture de l'ordre en totalité, conformément à l'art. 759. Ainsi, les intérêts et arrérages des créanciers utilement colloqués cessent à l'égard de la partie saisie (art. 765); de plus, ce règlement définitif partiel doit être dénoncé dans les trois jours de l'ordonnance de clôture, et peut être attaqué par la voie de l'opposition à cette ordonnance dans la huitaine de la dénonciation. La délivrance des bordereaux de collocation ne peut avoir lieu qu'à partir de l'expiration du délai accordé pour l'opposition (art. 770); ces bordereaux ont, vis-à-vis de l'adjudicataire, la même force exécutoire que les bordereaux délivrés après un règlement définitif total (1).

ART. 759.

Texte ancien.

S'il ne s'élève aucune contestation, le juge-commissaire fera la clôture de l'ordre; il liquidera les frais de radiation et de poursuite d'ordre, qui seront colloqués par préférence à toutes autres créances; il prononcera la déchéance des créanciers non produisants, ordonnera la délivrance des bordereaux de collocation aux créanciers utilement colloqués, et la radiation des inscriptions de ceux non utilement colloqués. Il sera fait distraction en faveur de l'adjudicataire, sur le montant de chaque bordereau, des frais de radiation de l'inscription.

Loi actuelle (2).

Clôture de l'Ordre.

S'il ne s'élève aucune contestation, le juge est tenu, dans les quinze jours qui suivent l'expiration du délai pour prendre communication et contredire, de faire la clôture de l'ordre; il liquide les frais de radia-

---

des bordereaux de collocation. » Puis, lorsqu'il s'occupe des créances postérieures, M. le ministre s'exprime en ces termes : « Le nouvel art. 758 autorise, en outre (le juge), à faire un règlement définitif, en réservant une somme suffisante pour désintéresser les créanciers contestés; mais c'est là une faculté dont le juge-commissaire usera avec prudence et lorsque la mesure lui paraîtra sans inconvénient. » (Voy. *suprà*, p. 133, n° 63.) Cette différence dans l'expression semble indiquer que, dans la pensée du ministre, si la loi donne au juge une simple faculté en ce dernier cas, c'est une obligation qu'elle lui impose quant au premier. C'est aussi notre avis, sinon d'une manière absolue, au moins en ce sens qu'*en principe*, en ce qui concerne les collocations antérieures à celles contestées, le juge-commissaire *doit* faire un règlement définitif partiel, et que seulement dans les cas exceptionnels où, comme dans l'espèce indiquée par les délégués des notaires des départements, et rappelée ci-dessus par M. Seligman, la mesure pourrait présenter des dangers, des inconvénients ou des difficultés, le juge sera autorisé à s'abstenir, et agira prudemment en s'abstenant. *Voy.* M. Chauveau, quest. 2574.   P. P.

(1) Un arrêt de la Cour de Caen l'a décidé ainsi, malgré la stipulation de l'adjudicataire, dans l'espèce, qu'aucune portion du prix ne pourrait être payée par la Caisse des consignations s'il n'était justifié de la mainlevée de toutes les inscriptions grevant l'immeuble vendu. Caen, 30 mars 1857 (*Journ. des Av.*, t. LXXXIII, p. 224, art. 2966).

(2) Disposition absolument conforme dans le projet du gouvernement (art. 758).

tion et de poursuite d'ordre qui sont colloqués par préférence à toutes autres créances, il liquide en outre les frais de chaque créancier colloqué en ordre utile, et ordonne la délivrance des bordereaux de collocation aux créanciers utilement colloqués, et la radiation des inscriptions de ceux non utilement colloqués; il est fait distraction, en faveur de l'adjudicataire, sur le montant de chaque bordereau, des frais de radiation de l'inscription.

SOMMAIRE.

379. Nous avons vu, sous l'article précédent, que le juge-commissaire a la faculté de faire un règlement définitif partiel et de clore l'ordre pour les créances dont la collocation n'est pas contestée.

Dans ce cas, le juge doit faire un autre règlement définitif pour les créances contestées et les créances non comprises dans l'ordre partiel, conformément à notre art. 759, ainsi que nous le verrons sous l'art. 765.

380. Mais, « s'il ne s'élève aucune contestation, le juge est tenu, dans les quinze jours qui suivent l'expiration du délai pour prendre communication et contredire, de faire la clôture de l'ordre. »

Sous le Code de procédure, aucun délai n'était fixé pour faire cette clôture ; la loi nouvelle, fidèle à son principe de toujours enchaîner les délais de la procédure, détermine le temps qu'elle accorde au juge pour que la clôture soit opérée. Toutefois il n'y a pas nullité si la clôture n'a pas lieu dans la quinzaine ; l'obligation de rendre compte est la sanction morale de cette prescription. (*Voy.* le rapport de M. Riché, *suprà*, p. 60, n° 158.)

381. L'art. 759 dit que la clôture doit être faite par le juge *s'il ne s'élève aucune contestation*, sans ajouter : *pendant le délai pour contredire*. Il faut conclure des termes de la loi que, dès qu'une contestation est soulevée avant la clôture de l'ordre, même postérieurement à l'expiration des trente jours accordés par les art. 755 et 756, le juge ne peut pas passer outre ; en présence d'une difficulté soulevée, et que le tribunal a seul le droit de résoudre, le juge doit s'arrêter : aussi ne doit-il pas constater sur le procès-verbal d'ordre la forclusion des créanciers faute de contredire, comme l'art. 755 le prescrit pour la déchéance résultant du défaut de production dans le délai de quarante jours. La loi n'a pas voulu que le juge pût connaître lui-même de la validité des attaques dirigées contre son œuvre, c'est-à-dire contre le règlement provisoire.

382. Nous avons déjà dit que le juge n'est plus obligé d'attendre l'expiration du délai de trente jours accordé pour contredire l'état de collocation provisoire, si tous les créanciers produisants et la partie saisie consentent, avant cette époque, à la clôture de l'ordre. On ne peut plus dire que ce délai de trente jours est aussi établi dans l'intérêt des créanciers en retard de produire, en présence de la déchéance prononcée contre eux par l'art. 755.

383. L'ordonnance de clôture est faite par le juge, dans les formes voulues par l'art. 1040 du Code de procédure ; il faut, par conséquent, qu'elle soit signée tout à la fois par le juge et par le greffier. Dès lors, si un créancier élève une contestation avant que le greffier y ait apposé sa signature (1), le juge doit ordonner le renvoi des contestants à l'audience avant de clore définitivement l'ordre : s'il passait outre, il commettrait un excès de pouvoir.

384. Par suite de la clôture de l'ordre, aucun dire ne peut plus être fait sur le procès-verbal ; les collocations qui se trouvent dans cet ordre sont définitives ; il ne reste plus que le recours contre cette ordonnance de clôture, au moyen d'une opposition dont la procédure est réglée par l'art. 767.

Toutefois « il est évident que les créanciers qui n'ont pas contredit l'état de collocation provisoire ne pourront, sous prétexte d'attaquer l'ordonnance de clôture, remettre en question, directement ou indirec-

---

(1) Arrêt de Bourges, 24 janv. 1838 (Sir., 38, 2, 427) ; rej., 10 janv. 1848 (Sir., 48, 1, 105). Dans les deux arrêts, il s'agissait de créanciers produisants à un ordre arrêté par le juge, mais non signé par le greffier.

tement, les bases de cet état, ses décisions sur la somme à distribuer, l'existence, la quotité et le rang des créances. Autrement, l'art. 756 ne serait qu'un vain mot. » (Rapport de M. Riché, *suprà*, p. 63, n° 177.)

385. L'ordonnance de clôture a pour effet de fixer définitivement le montant des créances colloquées. Mais cette collocation n'équivaut pas à un payement; elle n'est qu'une simple indication de payement. De là résultent plusieurs conséquences qui s'expliquent toutes par ce point de départ. Ainsi, la collocation seule d'une créance n'opère pas l'extinction de l'obligation principale, et laisse par conséquent subsister la garantie accessoire de l'hypothèque jusqu'à ce que le payement réel ait été effectué. Cela est si vrai que le créancier colloqué peut même renoncer au bénéfice de la collocation qu'il a obtenue, et poursuivre son débiteur sur les autres biens affectés à sa créance (1).

386. Cependant si cette renonciation à une collocation sur les biens d'un débiteur pour se faire colloquer dans un ordre ouvert sur d'autres biens était faite pour favoriser un autre créancier, elle ne devrait pas être admise (2). Mais chaque fois qu'il y a un intérêt sérieux (3) pour un créancier à se faire colloquer plutôt sur tel bien que sur tel autre, rien ne s'oppose à ce qu'il renonce à une collocation qu'il a déjà obtenue.

387. D'après le même principe, il a été décidé que la collocation, n'étant qu'une simple indication de payement, n'opère pas, même lorsqu'elle est définitive, la libération de la caution, qui reste toujours obligée. En effet, plusieurs causes peuvent détruire l'effet de la collocation : une opposition à l'ordonnance de clôture, une revente sur folle enchère, etc. On ne peut donc enlever à un créancier son recours contre la caution (4).

388. Après avoir fait la clôture de l'ordre, le juge est chargé de liquider les frais de radiation et de poursuite d'ordre, qui sont colloqués par préférence à toute autre créance; il doit, en outre, liquider les frais de chaque créancier colloqué en rang utile.

389. Pour que le juge qui veut liquider les frais ne soit pas retardé par la lenteur des avoués à remettre leur état, « la commission du Corps législatif avait demandé la division du délai pour faire la clôture en deux : le premier imposé aux avoués pour remettre leur état de frais; le second, au juge pour faire son travail : le conseil d'État a rejeté cet amendement. » (*Voy.* le Rapport, *suprà*, p. 60, n° 158.) Dans la pratique, il suffira que l'avoué poursuivant s'informe au greffe si le délai pour contredire est expiré sans qu'il y ait un contredit consigné sur le procès-verbal; il avertira alors les avoués des créanciers produisants et de l'adjudicataire qu'ils aient à présenter, le plus tôt possible, leur état de frais à la taxe du juge-commissaire.

390. Les frais de poursuite et de radiation sont colloqués par préfé-

(1) Arrêt de cass., 25 fév. 1839 (Sir., 39, 1, 297).
(2) Arrêt de Paris, 25 avr. 1838 (Sir., 39, 2, 82).
(3) Arrêt de Paris, 31 août 1815 (Sir., 16, 2, 12).
(4) Arrêts de Bourges, 7 juin 1810 (*Journ. des Av.*, t. XVII, p. 179), et de Colmar, 22 avr. 1815 (Sir., 17, 2, 41).

rence à toutes autres créances. Nous devons ici faire une observation en ce qui concerne le coût de l'extrait des inscriptions et des dénonciations aux créanciers inscrits. L'acquéreur est, aux termes de l'art. 774, employé par préférence pour le montant de ces dépens. C'est par erreur que des praticiens ont pensé que les frais de poursuite d'ordre doivent passer avant ceux dus à l'acquéreur, par le motif que la poursuite d'ordre est faite aussi dans l'intérêt de ce dernier, qui y obtient une collocation. En effet, il ne faut pas oublier que l'ordre ne peut être ouvert sans que l'acquéreur fasse d'abord les notifications pour purger ; donc ces frais profitent à la masse des créanciers et servent à rendre la procédure d'ordre possible. D'ailleurs l'acquéreur n'a pas besoin d'une collocation pour se faire payer ses avances pour le coût de l'extrait des inscriptions et des notifications ; il peut les retenir sur le prix, en déduction, quoique ces frais n'aient pas été colloqués dans l'ordre. Par conséquent il doit être colloqué avant les frais de poursuite s'il se présente à l'ordre pour les dépens en question.

Le nouvel art. 759 a transformé en prescription légale l'usage établi de faire taxer et liquider les frais dus à chaque créancier colloqué en rang utile.

391. Nous venons de voir de quelle manière le juge termine le règlement définitif, qui n'est que la reproduction du règlement provisoire, puisqu'il ne s'est élevé aucune contestation sur l'état de collocation. Il faut seulement remplir les articles laissés pour mémoire : ce sont les chefs relatifs aux frais et aux intérêts. Quant aux frais, le juge-commissaire les liquide conformément à l'art. 759.

Toutefois il peut arriver que certains frais, comme les rôles du greffe pour l'extrait de l'ordre que délivre le greffier, ainsi que le coût des bordereaux, ne puissent être fixés que quand ces actes sont faits. Le juge pourra alors, sur les indications du greffier, faire une taxe approximative, sauf à diminuer ou à parfaire, d'après le coût véritable de ces actes, ou il laissera pour mémoire les articles de dépens qu'il ne pourrait liquider définitivement, et les taxera après la confection des actes. Les deux manières de procéder sont en usage, sans aucun inconvénient sérieux dans un mode ni dans l'autre (1).

392. Quant aux intérêts, le juge doit les calculer seulement jusqu'au jour de la clôture de l'ordre ; c'est à partir de ce moment qu'ils cessent à l'égard de la partie saisie, aux termes de l'art. 765, quoique la délivrance des bordereaux ait lieu quelques jours plus tard. Mais les intérêts courent toujours contre l'adjudicataire ou contre la Caisse des consignations, s'ils sont dus d'après son contrat. Car le créancier colloqué est subrogé aux droits du saisi ou du vendeur pour la partie du prix comprise dans son bordereau.

Tout ce qui est relatif au règlement définitif est terminé ; le juge « ordonne ensuite la délivrance des bordereaux de collocation aux créan-

_____

(1) *Voy.* cependant MM. Grosse et Rameau (n° 389) ; Émile Ollivier et Mourlon (n° 364) ; Chauveau (quest. 2576).

ciers utilement colloqués, et la radiation des inscriptions de ceux non utilement colloqués. »

393. Le nouvel art. 759 ne porte pas, comme le Code de procédure, que le juge prononcera la déchéance des créanciers non produisants. Cela s'explique, en ce que cette déchéance est déjà constatée par le juge, en vertu de l'art. 755, à l'expiration du délai de quarante jours depuis la sommation de produire.

394. Nous avons déjà dit que le créancier colloqué définitivement est subrogé dans tous les droits du saisi ou du vendeur, par suite de la délivrance du bordereau de collocation : aussi, si l'adjudicataire ou l'acquéreur revendent l'immeuble sur le prix duquel porte la collocation, le créancier non payé du montant de son bordereau peut exercer sur le prix de revente le privilége (1) de vendeur de son débiteur originaire, et, en conséquence, se faire payer préférablement aux créanciers personnels du second vendeur.

395. L'acquéreur est obligé de payer le montant des bordereaux de collocation, qui constituent des titres exécutoires contre lui s'il ne s'est pas libéré par la consignation du prix. L'adjudicataire, ayant payé l'intégralité du prix, doit posséder l'immeuble qu'il a acquis libre de toute hypothèque : aussi le juge ordonne-t-il la radiation des inscriptions des créanciers non utilement colloqués. Mais il est évident que cette radiation n'est faite qu'en faveur de l'acquéreur, et que le créancier qui avait pris inscription conservera toujours son droit contre le débiteur.

396. Cette radiation n'éteint pas le droit hypothécaire des créanciers non utilement colloqués. En effet, l'hypothèque existe sans inscription, puisque l'art. 2117 déclare qu'elle résulte, ou de la loi, ou des jugements et actes judiciaires, ou des conventions. Et dès que l'on a hypothèque, on a cause légitime de préférence (art. 2094), et l'on ne doit pas être colloqué contributoirement avec les créanciers qui n'en ont pas. L'inscription ne donne pas la vie à l'hypothèque, qui existe auparavant. Si la loi exige l'inscription, ce n'est pas comme complément nécessaire de l'hypothèque, « mais pour déterminer (2) le rang entre les hypothèques, comme on le voit par l'intitulé de la section IV du chapitre III du titre des Hypothèques, lequel est ainsi conçu : *Du rang que les hypothèques ont entre elles.* En vain objecterait-on l'art. 2134, qui dit qu'entre les créanciers l'hypothèque n'a de rang que du jour de l'inscription, pour en conclure que pas d'inscription, pas de rang. La réponse est que cet article n'est fait que pour les hypothèques entre elles, comme porte l'intitulé dont on vient de parler, placé immédiatement au-dessus de cet article, c'est-à-dire pour décider que s'il y a plusieurs hypothécaires, le premier inscrit passera avant le second ; mais cet article n'est pas pour le cas où il y a des hypothécaires non inscrits et des créanciers chirographaires. »

397. Il résulte évidemment de ce qui précède que, malgré la radia-

---

(1) Arrêt de Bourges, 12 févr. 1841 (Sir., 41, 2, 666).
(2) *Junge* : M. Pigeau, *Comment.*, t. II, p. 272 ; Paul Pont (n° 731).

tion, l'hypothèque subsiste; et si, par un événement quelconque, une portion du prix n'est pas absorbée par les créanciers colloqués en ordre utile, les autres créanciers hypothécaires doivent être préférés à ceux qui n'en ont pas. Les créanciers hypothécaires qui ont droit de préférence sur cette portion du prix devenue libre sont :

1° Ceux qui, ayant produit, n'ont pas été colloqués utilement;

2° Ceux qui n'ont pas produit à l'ordre.

398. Il n'est pas douteux que les créanciers dont les inscriptions n'avaient été rayées qu'à cause de l'insuffisance des fonds existant d'abord ne doivent passer avant les non-produisants et être colloqués sur cette portion du prix suivant le rang qu'ils occupaient dans le règlement provisoire (1). En effet, la déchéance faute de production s'oppose à ce qu'un créancier forclos élève des prétentions sur les fonds en distribution au préjudice de créanciers produisants, mais ne venant pas d'abord en ordre utile. Le créancier forclos ne peut plus, dit M. Chauveau (2), troubler les collocations admises, et doit subir l'ordre tel qu'il a été fait en son absence.

399. Par suite de leurs productions, les créanciers ont un droit acquis sur le prix en distribution : aussi leur débiteur en est entièrement dessaisi, et aucune portion de ce prix ne peut venir entre ses mains qu'après le payement intégral de tous les créanciers colloqués. Il suit de là que le débiteur ne peut valablement transporter, au préjudice des créanciers non utilement colloqués (3), la portion du prix devenue libre par suite d'événements ultérieurs qui ont rendu ces collocations efficaces.

Quant aux créanciers forclos faute de production, et dont la radiation des inscriptions a été ordonnée, ils restent toujours créanciers hypothécaires (4). Dès lors ils ont droit, mais seulement si les créanciers produisants et non utilement colloqués n'ont pas épuisé les sommes à

---

(1) Il a été décidé avec raison que l'obligation de contredire dans les trente jours de la dénonciation du règlement provisoire les créances qui y sont portées s'applique aussi bien à celles qui ne viennent pas en ordre utile de payement qu'à celles qui se trouvent utilement colloquées. Cass., 27 août 1849 (Sir., 50, 1, 170).

(2) Quest. 2576 quater.

(3) Arrêts de rej. des 8 août 1836 (Sir., 36, 1, 531) et 20 juin 1838 (Sir., 38, 1, 797); Paris, 23 avr. 1836 (Sir., 36, 2, 309); Bordeaux, 31 mars 1852 (Journ. des Av., t. LIV, p. 233).

(4) La Cour de cassation a fait une application remarquable de cette règle par un arrêt récent, duquel il résulte que, dans le cas où, avant la clôture de l'ordre, l'acquéreur revend une partie des immeubles dont le prix fait l'objet de cet ordre, les bordereaux délivrés aux créanciers qui y ont été colloqués ne sont pas exécutoires contre le sous-acquéreur; qu'il y a lieu de procéder, pour la distribution du prix dû par ce dernier, à un nouvel ordre auquel doivent être appelés tant les créanciers hypothécaires du vendeur primitif que ceux des deux acquéreurs successifs, et dans lequel les forclusions et déchéances prononcées dans le premier ordre demeurent sans effet; et, par suite, que les créanciers déclarés déchus dans le premier peuvent encore produire dans le second, et doivent y être colloqués à leur rang d'inscription par préférence aux créanciers postérieurs qui auraient produit dans l'ordre. Voy. rej., 17 mai 1859 (Dev. et Car., 59, 1, 577). La règle serait absolument différente dans le cas de revente sur folle enchère, où, d'après le texte formel du nouvel art. 779, le second adjudica-

distribuer, sur le restant de ces sommes, et doivent être payés par préférence aux créanciers chirographaires (1).

400. Si le juge, après avoir ordonné la délivrance des bordereaux de collocation, prescrit la radiation des inscriptions de ceux non utilement colloqués, cela ne peut s'entendre que des créanciers produisants qui n'ont pu être colloqués utilement par insuffisance de fonds. En effet, l'art. 759 ne dit pas que les inscriptions des créanciers non produisants seront annulées et rayées par suite de la déchéance qu'ils ont encourue. Par conséquent, la radiation ordonnée par le juge, en l'absence des créanciers non produisants, ne peut enlever à leurs inscriptions leur effet tant qu'il reste entre les mains de l'acquéreur ou de la Caisse des consignations une portion des deniers à distribuer, après l'entier acquittement des bordereaux de collocation.

401. Si, parmi les créanciers non produisants, il se trouvait des créanciers hypothécaires non inscrits, ces derniers devraient bien primer les créanciers chirographaires; mais ils ne seraient pas colloqués sur cette portion du prix à distribuer suivant leur rang, ils se la partageraient contributoirement, aucun n'ayant rang sur l'autre, et l'art. 2134 du Code Napoléon ne donnant rang que quand il y a inscription.

402. Après payement des créanciers utilement colloqués, l'adjudicataire a le droit de faire rayer leurs inscriptions : aussi alloue-t-on, dans le bordereau de chaque créancier, les frais de cette radiation, que le créancier ne touche pas lui-même, mais que l'adjudicataire retient sur le montant du bordereau, et dont la distraction est faite en sa faveur, aux termes de l'art. 759.

ART. 760.

Texte ancien.

Les créanciers postérieurs en ordre d'hypothèque aux collocations contestées seront tenus, dans la huitaine du mois accordé pour contredire, de s'accorder entre eux sur le choix d'un avoué; sinon ils seront représentés par l'avoué du dernier créancier colloqué. Le créancier qui contestera individuellement supportera les frais auxquels sa contestation particulière aura donné lieu, sans pouvoir les répéter ni employer en aucun cas. L'avoué poursuivant ne pourra, en cette qualité, être appelé dans la contestation.

---

taire prend la place du premier, en sorte que l'ordre reçoit son exécution sur lui, sauf les modifications qui peuvent résulter de la différence des prix. (Voy. infrà, le commentaire de cet article.) Mais précisément l'arrêt de la Cour de cassation s'attache à faire la distinction entre ce cas de folle enchère et celui de l'espèce où, après une vente volontaire de divers immeubles pour un seul prix, l'acquéreur, qui a fait notifier son contrat aux créanciers inscrits, revend une partie de ces immeubles à un tiers avant la clôture de l'ordre. L'arrêt montre que, dans cette hypothèse, ce sous-acquéreur qui veut se libérer valablement doit, à son tour, faire les notifications; et que si un ordre s'ouvre, c'est un ordre où tout, acquéreur, prix, poursuivant et créanciers, est différent de l'ordre ouvert pour la distribution du prix de la vente originaire, et où, par conséquent, peut être colloqué un créancier inscrit qui a été écarté du premier ordre par une forclusion ou une déchéance dont la déclaration n'a pas enlevé à sa créance, qui subsiste, le caractère d'un droit hypothécaire.   P. P.

(1) Rej., 10 juin 1828 (Sir., 28, 1, 242).

Loi actuelle (1).

Jugement sur les Contredits.

Les créanciers postérieurs en ordre d'hypothèque aux collocations contestées sont tenus, dans la huitaine après les trente jours accordés pour contredire, de s'entendre entre eux sur le choix d'un avoué; sinon ils sont représentés par l'avoué du dernier créancier colloqué. L'avoué poursuivant ne peut, en cette qualité, être appelé dans la contestation.

SOMMAIRE.

403. Motif sur lequel l'art. 760 est fondé.
404. Malgré l'avoué commun, les créanciers postérieurs aux collocations contestées peuvent intervenir, mais à leurs frais.
405. Les créanciers chirographaires qui interviennent dans les contestations ne peuvent concourir au choix de l'avoué commun.
406. L'avoué poursuivant n'est pas appelé, en cette qualité, à la contestation.
407. Toutefois l'avoué poursuivant peut être choisi pour avoué commun.
408. L'art. 760 est applicable en appel.

403. Cette disposition est fondée sur l'idée que, quoique le contredit ne soit fait que par un seul créancier, la contestation intéresse tous les créanciers colloqués postérieurement à la créance contestée : aussi l'art. 760 leur enjoint de choisir pour les représenter, dans la huitaine des trente jours accordés pour contredire, un défenseur commun dans la personne d'un seul avoué, pour diminuer les frais et simplifier la procédure. S'ils ne peuvent pas s'entendre sur le choix de l'avoué, c'est celui du dernier créancier colloqué que la loi charge de soutenir et de surveiller les intérêts de tous. Dans la pensée de la loi, c'est surtout ce créancier qui a paru avoir le plus grand intérêt au succès de la lutte engagée contre les créances qui le précèdent dans l'ordre.

404. Cependant il peut se faire que le dernier créancier colloqué n'ait aucune chance de profiter du gain du procès, parce que son rang est tellement inférieur qu'il ne pourra jamais arriver en ordre utile pour toucher une partie du prix à distribuer. Nul doute donc que les créanciers postérieurs aux collocations contestées, quoiqu'ils aient, soit dans l'avoué choisi, soit, en cas de désaccord, dans celui du dernier colloqué, un défenseur commun, ne puissent contester individuellement; mais il faut qu'ils interviennent d'eux-mêmes, à leurs frais : ils doivent supporter les dépens auxquels leur intervention donne lieu, sans pouvoir les répéter ni employer dans aucun cas (2), ni dans l'ordre, ni contre le saisi, parce qu'ils pouvaient se contenter du défenseur commun que leur offrait le choix des créanciers ou la désignation de la loi.

405. On a vu plus haut que les créanciers chirographaires peuvent

---

(1) Disposition absolument conforme dans le projet du gouvernement (art. 759).
(2) *Voy.* M. Berriat Saint-Prix (p. 616, note 18, n° 3). *Conf.* MM. Rodière (t. III, p. 221); Colmet-d'Aâge (t. II, p. 419, n° 1034); Bressolles (n° 46); Grosse et Rameau (n° 402); Émile Ollivier et Mourlon (n° 388); Chauveau (quest. 2578).

prendre part aux contestations soulevées sur le règlement provisoire, comme ayant intérêt à empêcher qu'on admette, parmi les créances colloquées dans un ordre, celles qui ne devraient être qu'au nombre des chirographaires. Mais ils ne doivent pas concourir au choix de l'avoué commun, puisqu'il n'a lieu que par les créanciers postérieurs en ordre d'hypothèque et colloqués dans l'état provisoire contesté. S'ils contestent, ils doivent prendre un avoué, et supporter seuls les frais de leur intervention.

406. La fin de l'art. 760 porte que l'avoué poursuivant ne peut, en cette qualité, être appelé à la contestation. En effet, l'avoué choisi par les créanciers ou celui du dernier créancier colloqué défend les intérêts de tous, même ceux du poursuivant lui-même; par conséquent son avoué n'a pas besoin d'être appelé en cette qualité à la contestation : ce serait augmenter inutilement les frais.

407. Mais, selon la juste remarque de M. Berriat Saint-Prix, si l'on confère cet article avec l'art. 667, qui donne la même règle pour la distribution, et qui dit simplement que *le* POURSUIVANT *ne pourra, en cette qualité...*, on voit que la loi ne s'est occupée que d'exclure la partie qui poursuit, parce qu'en cette seule qualité de *poursuivante,* elle n'a aucun intérêt à la contestation, et qu'il faut éviter des frais autant qu'il est possible; quant à son avoué, il nous semble qu'il n'y a aucun inconvénient à le choisir pour avoué commun : aussi la loi ne le défend pas.

408. Disons, en terminant sur notre article, qu'il est applicable aussi bien en appel qu'en première instance. Ainsi, les créanciers postérieurs à ceux dont les collocations sont contestées sont tenus de ne constituer qu'un seul et même avoué, sur l'appel d'un jugement d'ordre (1), à peine de supporter personnellement les frais auxquels leur contestation particulière aura donné lieu.

ART. 761.

Texte ancien.

L'audience sera poursuivie par la partie la plus diligente, sur un simple acte d'avoué à avoué, sans autre procédure.

Projet du gouvernement.

L'audience est poursuivie, à la diligence de l'avoué commis, sur un simple acte d'avoué à avoué, sans autre procédure que des conclusions motivées. L'acte contient avenir pour l'audience fixée conformément à l'art. 757; s'il est produit de nouvelles pièces, toute partie contestante ou contestée est tenue de les remettre au greffe trois jours au moins avant cette audience; il en est fait mention sur le procès-verbal. Le tribunal statue sur les pièces produites; néanmoins il peut, mais seulement pour causes graves et dûment justifiées, accorder un délai pour en produire d'autres; le jugement qui prononce la remise fixe le jour de l'audience; il n'est ni levé ni signifié. La disposition du jugement qui accorde ou refuse un délai n'est susceptible d'aucun recours. (Art. 760 du projet.)

---

(1) Grenoble, 11 juill. 1823 (Sir., 25, 2, 405); *id.*, 24 mars 1835 (Dall., 36, 2, 9); Caen, 16 avr. 1845 (Sir., 45, 2, 643; Dall., 45, 2, 84).

Loi actuelle.

Jugement sur les Contredits.

L'audience est poursuivie, à la diligence de l'avoué commis, sur un simple acte *contenant avenir* pour l'audience fixée conformément à l'art. 758. L'*affaire est jugée comme sommaire* sans autre procédure que des conclusions motivées *de la part des contestés, et le jugement contiendra liquidation des frais.* S'il est produit de nouvelles pièces, toute partie contestante ou contestée est tenue de les remettre au greffe trois jours au moins avant cette audience; il en est fait mention sur le procès-verbal. Le tribunal statue sur les pièces produites; néanmoins il peut, mais seulement pour causes graves et dûment justifiées, accorder un délai pour en produire d'autres; le jugement qui prononce la remise fixe le jour de l'audience; il n'est ni levé ni signifié. La disposition du jugement qui accorde ou refuse un délai n'est susceptible d'aucun recours.

SOMMAIRE.

409. L'avoué commis est chargé de la poursuite de l'audience.
410. Il doit donner avenir aux avoués des créanciers contestants et des créanciers contestés, ainsi qu'à l'avoué commun, pour le jour de l'audience fixé par le juge.
411. Faut-il donner copie du dire dans l'avenir pour l'audience?
412. La partie saisie doit-elle être appelée à l'audience?
413. Les frais, dans les contestations, sont taxés comme en matière sommaire.
414. Les contestés seuls peuvent signifier des conclusions motivées.
415. De la production de pièces nouvelles, et de leur mention sur le procès-verbal.
416. Le tribunal ne peut remettre qu'à jour fixe pour produire de nouvelles pièces; mais il ne doit accorder qu'une remise unique.
417. Le jugement de remise ne peut être ni levé ni signifié.

409. Nous avons vu qu'aux termes de l'art. 758, c'est le juge-commissaire lui-même qui fixe le jour de l'audience pour statuer sur les difficultés soulevées contre le règlement provisoire. On ne laisse plus à la discrétion des parties la poursuite de l'audience : aussi n'est-ce pas la partie la plus diligente, comme sous l'empire du Code de procédure, mais l'avoué spécialement commis par le juge qui est chargé de ce soin.

410. L'avoué commis, averti par le greffier, connaît seul le jour indiqué par le juge-commissaire pour faire son rapport : il doit le faire connaître aux parties intéressées par un simple acte d'avoué à avoué. Il a été décidé (1) qu'un jugement rendu sur simple renvoi du juge-commissaire à l'audience, et sans acte d'avenir signifié préalablement d'avoué à avoué, doit être annulé. L'avoué commis doit donner avenir aux parties contestantes, c'est-à-dire aux avoués des créanciers contestants et des créanciers contestés. Quant aux autres créanciers, il n'est pas obligé de les appeler individuellement; il suffit de leur donner avenir dans la

---

(1) Paris, 20 nov. 1835 (Sir., 36, 2, 140).

personne de l'avoué choisi conformément à l'art. 760, ou de l'avoué du dernier créancier colloqué, à son défaut.

411. Dans cet avenir, qui indique le jour de l'audience, doit-on aussi faire connaître le dire de contestation qui a nécessité le renvoi? Plusieurs auteurs (1) l'exigent. Leur opinion se fonde sur ce que les parties intéressées n'ont pas été présentes lorsqu'a été consigné au procès-verbal ce dire qui, d'ailleurs, forme les conclusions de la sommation d'audience. Quant à nous, la copie de ce dire nous paraît utile, mais nullement nécessaire, puisque les parties intéressées, appelées à l'audience, peuvent, par l'intermédiaire de leurs avoués, en prendre connaissance au greffe, et que la loi, d'ailleurs, ne le prescrit pas.

412. La partie saisie doit-elle être appelée à l'audience fixée pour vider les contestations soulevées dans les contredits? Cette question était très-controversée (2) sous l'empire du Code de procédure; mais aujourd'hui elle paraît tranchée par le rapprochement des art. 755 et 756 avec notre art. 761. On ne doit appeler le saisi que lorsque, dans le délai fixé par l'art. 755, il conteste lui-même, soit directement, soit en se joignant aux contestants par une intervention notifiée. Car, aux termes de l'art. 756, le saisi est forclos s'il n'a pas contredit dans le délai de trente jours depuis la dénonciation qui lui a été faite du règlement provisoire. Il est censé avoir adhéré aux collocations, et l'affaire ne concerne que les créanciers, qui seuls doivent être appelés dans l'instance. Nous trouvons, du reste, un autre argument en faveur de notre opinion dans le silence gardé par les art. 758 et 761 en ce qui concerne la partie saisie. Lorsque la loi du 21 mai 1858 croit qu'il est nécessaire d'avertir le débiteur saisi, elle le dit formellement, même là où le Code de procédure était resté muet. C'est ainsi que la partie saisie, qui ne figurait pas dans l'ancien art. 756, a été ajoutée dans le nouveau; de même, en cas d'opposition à l'ordonnance de clôture, l'art. 767 dit que la partie saisie qui n'a pas d'avoué en cause doit être avertie par exploit d'ajournement.

413. Le nouvel art. 761 fait cesser l'incertitude qui existait, dans la pratique, relativement à la taxe des frais, en déclarant que l'affaire est

---

(1) Carré et Chauveau, quest. 2580; Pigeau, t. II, p. 274, n° 7.

(2) MM. Tarrible, *Rép.*, v° Saisie immobilière, p. 681; Berriat, t. II, p. 615; Carré et Chauveau, quest. 2577, se prononçaient pour l'affirmative.— *Contrà* : Arrêt de Paris du 4 août 1810 (*Journ. des Av.*, t. XVII, p. 182). — Sous l'empire de la loi nouvelle, la négative enseignée ici par M. Seligman ne fait, à nos yeux, aucune difficulté; et c'est ce que reconnaît M. Chauveau, qui, après avoir émis l'avis contraire sous l'empire de l'ancien code, déclare, dans son édition nouvelle, que la solution n'est plus applicable aujourd'hui (quest. 2573 *quinquies*). *Conf.* MM. Grosse et Rameau, n° 404; Émile Ollivier et Mourlon, n° 389. Du reste, nous n'admettons même pas, par les motifs ci-dessus déduits par M. Seligman, le tempérament proposé par M. Bressolles, n° 46, qui, s'autorisant d'une distinction enseignée par M. Rodière sous l'empire du Code de procédure, t. III, p. 220, estime que le saisi doit être appelé au jugement des contredits lorsque l'existence même de la créance est attaquée, tandis que cela n'est pas nécessaire quand le rang seul en est débattu. En toute hypothèse, le saisi qui a été mis en mesure de contredire doit être laissé à l'écart dès qu'il s'est abstenu de contester.   P. P.

sommaire, sans autre procédure que des conclusions motivées de la part des contestés, et que le jugement contiendra liquidation des frais. Il faut cependant reconnaître, avec le rapport de la commission, « que la taxe sommaire, nécessaire dans la plupart des ordres, ne sera pas rémunératoire dans les cas où de grands intérêts sont en jeu et exigent un grand travail. » (Voy. *suprà*, p. 61, n° 162.)

414. Toute la procédure se borne à un avenir donné par l'avoué commis aux parties intéressées, et les contestés seuls peuvent y répondre par des conclusions motivées, pour combattre les raisons sur lesquelles s'appuie le dire des contestants, lequel tient lieu de conclusions de la part de ces derniers.

L'affaire étant sommaire, il faut que le jugement contienne liquidation des frais.

415. Nous avons déjà vu, sous l'art. 758, que la partie contestante aussi bien que les contestés peuvent produire de nouvelles pièces à l'appui de leurs prétentions respectives; cependant il fallait mettre un terme « à l'abus des remisés sollicitées sous prétexte de recherches ou de productions de nouvelles pièces, pour accélérer la marche des ordres. » Aussi toutes nouvelles pièces doivent être remises au greffe trois jours au moins avant l'audience à laquelle l'affaire est renvoyée, et, pour constater cette remise, il en est fait mention sur le procès-verbal.

416. Le débat ne doit rouler que sur les pièces produites, et aucune autre ne peut être invoquée devant le tribunal, qui statue, dit l'art. 761, sur les pièces produites. Telle est la règle : le législateur admet néanmoins des exceptions. Il laisse aux tribunaux le soin d'apprécier et de décider si un délai doit être accordé pour produire d'autres pièces ; mais, dans sa pensée, les magistrats doivent agir avec une grande réserve, et ne prononcer des remises que pour *causes graves et dûment justifiées*. Dans ce cas, la remise obtenue ne peut être indéterminée, mais à jour fixe, afin qu'il n'y ait pas de solution de continuité dans l'enchaînement de cette procédure. Il nous paraît aussi résulter des termes de l'art. 761, qui ne parle que d'*un délai,* ainsi que de l'esprit de la loi, qui tend à la rapidité dans la marche de l'ordre, qu'une remise unique peut seulement être accordée par le tribunal.

417. Du reste, dans une vue d'économie, le jugement qui la prononce ne peut être ni levé ni signifié ; et, de plus, dans une vue de célérité, la disposition du jugement qui accorde ou refuse un délai ne peut être l'objet d'aucun recours.

ART. 762.

Texte ancien.

Le jugement sera rendu sur le rapport du juge-commissaire et les conclusions du ministère public; il contiendra liquidation des frais. (C. proc., 762.)

L'appel de ce jugement ne sera reçu, s'il n'est interjeté dans les dix jours de sa signification à avoué, outre un jour par trois myriamètres de distance du domicile réel de chaque partie; il contiendra assignation, et l'énonciation des griefs. (C. proc., 763.)

Loi actuelle (1).

Jugement sur les Contredits.

Les jugements sur les incidents et sur le fond sont rendus sur le rapport du juge et sur les conclusions du ministère public.

Le jugement sur le fond est signifié dans les trente jours de sa date à avoué seulement, et n'est pas susceptible d'opposition.

La signification à avoué fait courir le délai d'appel contre toutes les parties à l'égard les unes des autres.

L'appel est interjeté dans les dix jours de la signification du jugement à avoué, outre un jour par cinq myriamètres de distance entre le siége du tribunal et le domicile réel de l'appelant; l'acte d'appel est signifié au domicile de l'avoué, et au domicile réel du saisi, s'il n'y a pas d'avoué. Il contient assignation et l'énonciation des griefs, à peine de nullité.

L'appel n'est recevable que si la somme contestée excède celle de 1,500 fr., quel que soit d'ailleurs le montant des créances des contestants et des sommes à distribuer.

SOMMAIRE.

---

(1) Disposition identique dans le projet du gouvernement (art. 761).

436. Une seule copie suffit à l'égard de la masse des créanciers ayant un avoué commun.

437. *Quid* en ce qui concerne la femme produisant dans un ordre ouvert sur les biens de son mari ?

438. La signification au subrogé tuteur n'est pas nécessaire s'il n'est pas en cause.

439. En cas de décès de l'avoué avant la signification, elle doit être faite à partie; mais le délai pour appeler n'est que de dix jours.

440. 3° *Du délai de l'appel.* — Le délai n'est que de dix jours; il n'est pas franc.

441. Des délais de distance.

442. Comment faut-il calculer ce délai ?

443. Le décès de la partie condamnée ne suspend pas le délai.

444. L'appel peut être interjeté dans la huitaine de la prononciation du jugement.

445. Le délai pour appeler d'un jugement rendu dans une instance d'ordre doit-il être restreint à dix jours dans tous les cas, et sans distinction ?

446. Notre article ne s'applique pas à l'ordre consensuel.

447. Le délai de dix jours s'applique aux appels incidents dans les ordres judiciaires.

448. 4° *De la signification de l'acte d'appel.* — Elle doit être faite au domicile de l'avoué de première instance et au domicile réel du saisi, s'il n'a pas d'avoué.

449. Si l'avoué est décédé, il faut signifier l'appel au domicile réel du créancier.

450. Les créanciers colloqués en sous-ordre peuvent-ils interjeter appel ?

451. Les créanciers non produisants et ceux qui n'ont pas contredit le règlement provisoire n'ont pas le droit d'appel.

452. Contre quelles personnes l'appel doit-il être dirigé ? La procédure d'ordre est-elle divisible ou indivisible ?

453. 5° *De l'assignation et de l'énumération des griefs dans l'acte d'appel.* — L'énumération des griefs doit être faite dans l'acte d'appel, à peine de nullité.

454. Il n'en était pas ainsi sous le Code de procédure.

455. L'appelant ne doit pas signifier d'autres conclusions.

456. L'assignation est soumise aux formalités de l'art. 61 du Code de procédure; par conséquent, elle doit contenir constitution d'avoué, à peine de nullité.

457. Nullité de l'appel interjeté après les dix jours.

458. 6° *Du taux du premier et du dernier ressort.* — L'art. 762 contient, à cet égard, une disposition spéciale pour les jugements en matière d'ordre.

459. La somme à distribuer n'est d'aucune influence sur le taux du premier ou du dernier ressort.

460. Que doit-on entendre par ces mots : *la somme contestée?*

461. Application de la disposition de notre article.

462. Suite. Du cas où un créancier est colloqué pour différentes créances contestées et formant ensemble un total supérieur à 1,500 fr.

463. *Quid* s'il s'agit d'une créance appartenant à plusieurs cohéritiers, la part de chacun étant inférieure à 1,500 fr.?

464. L'appel est suspensif, quelle que soit la nature de la difficulté soulevée.

418. La loi du 21 mai 1858 a réuni dans le seul art. 762 les dispositions contenues dans les art. 762 et 763 du Code de procédure; de plus, elle a tranché, dans cet article, plusieurs questions controversées qui, jusqu'à présent, avaient donné lieu à de nombreux procès, sans que les décisions intervenues eussent pu fixer la jurisprudence. Il en est ainsi des difficultés relatives à la recevabilité de l'opposition contre les jugements par défaut; à la signification du jugement pour faire courir le délai d'appel; à la manière de compter les délais de distance et à la signification de l'acte d'appel, qui doit contenir assignation et l'énonciation des griefs, *à peine de nullité;* enfin au taux du premier et du dernier ressort, qui est fixé d'une manière plus précise.

419. Pour mettre plus de clarté dans nos explications sur tous ces points, nous traiterons successivement :

1° De la manière de rendre le jugement sur le renvoi à l'audience;

2° De la signification de ce jugement nécessaire pour faire courir le délai de l'appel;

3° Du délai de l'appel;

4° De la signification de l'acte d'appel;

5° De l'assignation et de l'énonciation des griefs que doit contenir l'acte d'appel;

6° Du taux du premier et du dernier ressort.

420. 1° *De la manière de rendre le jugement sur le renvoi à l'audience.* — Aux termes de l'art. 762, les jugements sur les incidents et sur le fond sont rendus sur le rapport du juge et sur les conclusions du ministère public. En matière d'ordre, le rapport du juge-commissaire est nécessaire pour éclairer le tribunal sur les difficultés auxquelles donne lieu le règlement provisoire; ce magistrat est à même de fournir les meilleurs renseignements au tribunal sur une affaire qu'il a constamment suivie.

421. Quoique l'art. 762 ne prescrive pas le concours du rapporteur au jugement à peine de nullité, ce concours doit être considéré comme substantiel; un jugement rendu sans la participation du juge-commissaire, dans cette matière, devrait être déclaré nul : aussi ce juge, dit le rapport de la commission, aura nécessairement voix délibérative, encore qu'il ne fût que juge suppléant, et que le tribunal fût au complet sans son concours. (Voy. *suprà*, p. 61, n° 163.) Si le rapporteur était décédé ou était empêché de faire son rapport, il faudrait en faire nommer un autre, sans quoi on s'exposerait à la nullité du jugement rendu en l'absence du rapporteur.

422. Toutefois la nécessité d'un rapport et le concours du rapporteur ne doivent pas faire assimiler cette procédure à l'instruction par écrit, et il n'en faut pas conclure que les plaidoiries ne sont pas autorisées après le rapport du juge-commissaire. En vain dirait-on que le jugement doit être rendu sur le rapport du juge et sur les conclusions du ministère public, sans qu'il soit question, dans l'art. 762, de plaidoiries, et que ce serait ajouter au texte de la loi que de recevoir les parties à plaider (1). Ce serait oublier que la défense orale des parties est de droit, à moins qu'elle ne soit expressément prohibée par la loi : aussi ne peut-on tirer aucun argument de l'art. 111, portant qu'après un rapport sur délibéré ou instruction par écrit, les défenseurs n'auront sous aucun prétexte la parole, et pourront seulement remettre sur-le-champ, au président, de simples notes énonciatives des faits sur lesquels ils prétendraient que le rapport a été incomplet ou inexact. En effet, dans ce cas, il y a déjà des plaidoiries écrites dans le cours de l'instruction, et c'est pour cette raison que l'art. 111 défend les plaidoiries orales. Mais rien de pareil n'a lieu dans les difficultés en matière d'ordre : aussi la loi ne proscrit pas la défense orale; seulement, comme

---

(1) Montpellier, 26 févr. 1810 (Sir., 15, 2, 206); Nancy, 23 juill. 1812 (Coll. nouv., 4); Orléans, *id.*, 25 févr. 1819 (*Journ. des Av.*, t. XVII, p. 344). — *Sic*, Sudraud-Desisles, *Man. du juge taxateur*, p. 237.

il s'agit généralement de questions graves et difficiles, elle ajoute à l'exposé des avocats le rapport du juge-commissaire et les conclusions du ministère public. Il est évident que ce surcroît de précaution pour éclairer le tribunal ne doit pas priver les parties du droit naturel de défendre leur cause en justice par la plaidoirie orale (1).

423. Nous venons de dire que le ministère public doit donner ses conclusions; c'est là une mesure prescrite dans l'intérêt public pour sauvegarder les droits de la masse des créanciers : aussi le nouvel art. 764 requiert formellement les conclusions du ministère public en appel, et toute difficulté sur ce point a ainsi disparu.

424. 2° *De la signification de ce jugement nécessaire pour faire courir le délai de l'appel.* — D'après l'ancien art. 763, l'appel devait bien être interjeté dans les dix jours après la signification du jugement obtenu en première instance, mais il n'y avait pas de délai fixé dans lequel la signification dût être faite.

La loi du 21 mai 1858, toujours préoccupée de ne pas laisser une solution de continuité dans les délais enchaînés de cette procédure, veut que le jugement sur le fond soit signifié, dans les trente jours de sa date, à avoué seulement; ce jugement n'est pas susceptible d'opposition. Grâce au texte formel de l'art. 762, la difficulté sur la question qui divisait la jurisprudence, à savoir si les jugements par défaut, en matière d'ordre, sont susceptibles d'opposition, a disparu, et l'art. 764 déclare qu'en appel l'opposition n'est pas recevable davantage contre les arrêts rendus par défaut. Il s'ensuit qu'il n'y a pas lieu de prendre jugement de défaut profit joint contre les défaillants (2).

425. L'art. 762 dit que *le jugement sur le fond* est signifié, dans les trente jours de sa date, à avoué seulement. On pourrait croire, en rapprochant ces expressions : « *le jugement sur le fond,* » de l'alinéa précédent, qui parle des jugements *sur les incidents et sur le fond*, qu'il n'y aurait pas lieu de signifier soit les jugements sur les incidents, soit, en général, tous jugements autres que ceux qui statuent sur le fond; qu'ainsi, pour les interlocutoires, et, par exemple, pour un jugement ordonnant une enquête, il serait permis d'attendre le jugement sur le fond pour signifier ce dernier, qui serait seul susceptible d'appel, dans le délai fixé par l'art. 762. Ce serait là une dérogation à l'art. 451 du Code de procédure; mais on pourrait dire qu'elle est indiquée par l'esprit même de la loi nouvelle, qui, dans son désir d'accélérer la procédure d'ordre, ne doit pas avoir voulu autoriser l'appel distinct d'un interlocutoire.

426. Toutefois il nous paraît impossible d'admettre une semblable interprétation. En effet, rien n'indique, dans les travaux préparatoires et les différents rapports qui ont précédé la loi du 21 mai 1858, qu'on

---

(1) Bordeaux, 25 juill. 1833 (Sir., 34, 2, 139). — *Sic*, MM. Pigeau, *Proc.*, t. II, p. 260; Carré, quest. 2581; Thomine, n° 878; Delaporte, t. II, p. 243; Chauveau, *Comm. du Tarif*, t. II, p. 253; Rivoire, *Dict. du Tarif*, v° Ordre, n° 27; Rodière, p. 222.

(2) Rej., 26 févr. 1825 (Sir., 35, 1, 361); Riom, 30 mai 1842 (Sir., 42, 2, 496).

ait voulu introduire une exception aussi exorbitante au droit commun. Dans l'exposé des motifs, on dit « que le Code laissait la faculté de s'arrêter entre le jugement et la signification, dont il ne fixait pas l'époque ; » et, dans le rapport de la commission, on ajoute que, « comme l'ancienne loi, l'art. 762 n'accorde, pour appeler, que dix jours après la signification ; mais, plus prévoyant, il fixe un délai pour signifier à partir du jugement, qui sera signifié à avoué seulement (1). » Il faut donc conclure de ce silence qu'on n'a pas voulu enlever aux parties intéressées le seul moyen légal, la voie de l'appel, pour faire réformer une décision qu'elles ne croient pas devoir accepter. Sur ce point, l'art. 762 n'a pas innové ; il faut suivre la jurisprudence existante sous le Code de procédure.

Ainsi, on avait décidé (2) que l'ancien art. 763 était applicable au jugement qui, par mesure d'instruction, a ordonné la mise en cause d'un tiers étranger à la distribution, à l'effet de savoir si des créanciers produisants n'ont pas été désintéressés par lui. Dès lors il faut admettre que la voie de l'appel est ouverte, en matière d'ordre, contre d'autres jugements que ceux qui statuent sur le fond, et suivre les règles du droit commun, puisque l'appel n'est pas prohibé par une disposition expresse.

427. Pour faire courir le délai de l'appel, le jugement doit être préalablement signifié. L'art. 762 fixe à trente jours le délai pour faire cette signification, à partir de la date à laquelle il a été rendu. On ne permet plus aux contestants de s'arrêter, après le jugement, avant de le signifier ; car ce repos serait nuisible à la masse des créanciers et empêcherait la clôture de l'ordre.

428. Le législateur a accordé le délai de trente jours parce qu'il fallait laisser à l'avoué chargé de faire la signification du jugement le délai nécessaire pour en obtenir l'expédition et préparer les copies à signifier. Mais ce délai de trente jours n'est pas prescrit à peine de nullité ; il n'est que comminatoire. C'est ici le cas d'appliquer l'art. 1030, qui dit qu'aucun acte de procédure ne pourra être déclaré nul si la nullité n'en est pas formellement prononcée par la loi. Toutefois le juge-commissaire devra exercer une surveillance active sur les officiers ministériels, pour qu'ils remplissent le devoir que leur impose à cet égard la disposition formelle du nouvel art. 762.

429. Par exception au droit commun, la signification pour faire courir le délai d'appel se fait à avoué seulement. Le nouvel art. 762 ajoute le mot *seulement* pour indiquer que cette signification doit se faire uniquement à l'avoué, et non pas à la partie ; déjà l'ancien art. 763 disait que la signification du jugement à avoué faisait courir le délai de l'appel : le mot *seulement* n'indique donc qu'une manifestation plus précise de la volonté du législateur sur ce point.

430. Il résulte de ce que la signification est faite à avoué seulement

---

(1) Voy. *suprà*, p. 22, n° 58, et p. 62, n° 166.
(2) Bourges, 2 août 1843 (Sir., 44, 2, 474).

que cet acte n'est pas assujetti aux formalités prescrites par l'art. 61
du Code de procédure pour la validité des ajournements; en effet, le
Code de procédure n'indique pas de formalités spéciales pour les significations par acte d'avoué à avoué. Mais on se demande quelles sont
les formalités substantielles nécessaires pour faire la signification prescrite par l'art. 762. A notre avis, il faut que l'acte signifié contienne
toutes les énonciations nécessaires pour remplir le but que la loi lui a
assigné. Ce n'est donc plus une question de droit, puisque la loi est
muette sur ces formalités, mais une question de fait qui varie selon les
espèces. Ainsi, ce qui manque dans la signification proprement dite
peut se trouver dans la copie du jugement signifié, de sorte que l'une
complète l'autre (1). Nous admettons donc volontiers avec M. Chauveau (2) que les seules formalités de l'art. 761 qui paraissent indispensables dans ce cas sont :

1° La date de la signification, qui établit le point de départ du délai
dans lequel doit être interjeté l'appel;

2° La mention de la personne à qui a été laissée la copie de la signification, puisque tel est le seul moyen de constater cette remise.

431. Toutefois nous devons faire observer, ainsi que nous l'avons
déjà dit, que, selon les espèces, ces deux formalités pourraient être
insuffisantes, comme dans le cas où un seul avoué représente plusieurs
parties ayant un intérêt distinct. Si l'on omettait dans la signification
le nom de la partie à laquelle elle est destinée, cet acte ne remplirait pas
le but que la loi lui assigne, c'est-à-dire d'avertir les intéressés qu'ils
doivent former appel dans un bref délai.

432. Une autre conséquence de la disposition qui fait courir le délai
de l'appel, à partir de la signification à avoué, consiste en ce que cette
signification du jugement à avoué, sans protestation ni réserve, équivaut à un acquiescement à ce jugement, et rend la partie non recevable
à en interjeter appel. En effet, en matière d'ordre, la signification à
avoué produit le même effet que celle faite à la partie même. Or il est
constant que la signification du jugement faite par exploit à domicile ou
à personne, sans aucune réserve, emporte acquiescement, parce que le
signifiant est censé avoir accepté le jugement qu'il désire rendre définitif par la signification qui fait courir le délai d'appel. Il a donc été
justement décidé (3) que la signification du jugement à avoué, sans
aucunes réserves, fait perdre au signifiant le droit de se pourvoir contre
ce jugement par la voie de l'appel.

433. Mais lorsque des réserves ont été faites, le délai de l'appel doit-
il courir, en matière d'ordre, exceptionnellement au droit commun,
contre celui qui a signifié le jugement? Cette question, qui a donné lieu
à un grand nombre d'arrêts (4), est tranchée par le texte même de notre

---

(1) Rej., 10 mai 1836 (Sir., 36, 1, 763); Amiens (Sir., 25, 2, 414; Collect. nouv., 8;
Dall., 25, 2, 239); Bordeaux, 23 mars 1833 (Dall., 33, 2, 136).
(2) Quest. 2582 novies. Voy. cependant MM. Grosse et Rameau, n° 412.
(3) Montpellier, 31 janv. 1844 et 18 févr. 1854 (Sir., 45, 2, 413).
(4) Cass., 28 déc. 1808 (Sir., 9, 1, 131); Paris, 16 juill. 1810 (Dall., 10, 837);

article, qui déclare que la signification à avoué fait courir le délai d'appel contre toutes les parties *à l'égard les unes des autres* : aussi, malgré les réserves, le signifiant n'a que dix jours, depuis la signification à avoué, pour appeler des chefs réservés.

Toutefois cette disposition a besoin d'être expliquée pour qu'on en saisisse bien la portée. Ainsi, il arrive souvent que le jugement n'accorde à l'un des contestants qu'une partie de ce qu'il demande, et qu'il rejette un ou plusieurs chefs. Cependant, comme les autres chefs du jugement lui sont favorables, il peut le faire exécuter quant à ces chefs, et, pour cela, il faut qu'il lève et fasse signifier le jugement. Seulement, pour conserver son droit d'appel sur la partie dans laquelle il a succombé, il doit faire des réserves dans la signification. Grâce à ces réserves, il conserve le droit de faire appel du jugement signifié.

Supposons que Paul, l'un des contestants, ait agi de cette façon à l'égard de Pierre. Ce dernier serait obligé, pour faire courir le délai d'appel contre Paul, qui a fait des réserves sur les chefs qui lui sont défavorables, de signifier à Paul le même jugement, ce que, dans la pratique, on appelle *contre-signifier*. Pour éviter les retards et les frais qui résulteraient d'une pareille procédure, l'art. 762 dispose que la signification du jugement fait courir le délai d'appel contre toutes les parties à l'égard les unes des autres, c'est-à-dire aussi bien contre l'auteur de la signification que contre celui à qui elle est remise. Il résulte évidemment de ce qui précède que les contre-significations sont, dans cette matière, des actes frustratoires sans aucune valeur, et doivent rester à la charge de celui qui les fait.

434. Il s'agit maintenant d'examiner à qui doit être signifié le jugement pour faire courir le délai d'appel. Nul doute que le jugement ne doive être signifié aux avoués de toutes les parties y dénommées, puisqu'elles ont droit d'en interjeter appel. Ce sont les créanciers contestants et les contestés, et ensuite les créanciers postérieurs à la collocation contestée, qui y sont représentés par un seul avoué de leur choix, ou par celui du dernier créancier colloqué.

435. Nous venons de voir que la signification du jugement doit seulement être faite aux avoués des parties qui ont figuré dans le jugement; mais lorsque plusieurs parties sont représentées par un seul avoué, est-il nécessaire que la signification du jugement soit faite en autant de copies qu'il y a de parties auxquelles elle est destinée, ou suffit-il, dans ce cas, d'une seule copie remise à l'avoué pour faire courir le délai d'appel à l'égard de toutes les parties dont il est le mandataire? Pour soutenir qu'il suffit d'une seule copie remise à l'avoué, on dit que la loi considère l'avoué comme le mandataire commun de toutes les parties qui l'ont constitué. La loi, dit un arrêt de la Cour de Besançon (1),

---

Rennes, 29 août 1814 (Collect. nouv., 4; Dall., 10, 837); Colmar, 12 déc. 1816 (Sir., 17, 2, 136); Rej., 13 nov. 1821 (Sir., 22, 19); Riom, 8 janv. 1824 (Collect. nouv., 7); Montpellier, 4 juin 1830 (Sir., 31, 2, 65); Grenoble, 4 févr. 1832 (Sir., 33, 2, 89). — *Contrà* : Arrêt de la Cour d'Amiens du 25 juin 1822.

(1) 17 janv. 1833 (Sir., 36, 1, 764). *Junge* : Amiens, 31 janv. 1825 (Sir., 25,

n'envisage point cette signification comme faite à la partie au domicile de son avoué, mais bien à l'avoué pour les parties qui l'ont constitué. Lorsqu'elle a eu en vue de signifier à la personne au domicile de son avoué, elle l'a dit, et notamment dans l'art. 261 du Code de procédure civile, relatif à l'enquête. En matière d'ordre, l'avoué est maître de la procédure, et la partie disparaît pour le laisser agir seul dans ses intérêts; c'est pour cette raison que tous les actes sont notifiés exclusivement à lui, nonobstant la déchéance qui peut menacer la partie intéressée. La signification se fait donc à l'avoué, et nullement à la partie; partant, une seule copie doit suffire, puisque c'est à l'avoué que la signification s'adresse.

Mais ce système, après avoir prévalu pendant un certain temps, a été repoussé par la Cour de cassation dans son arrêt du 12 juillet 1843, ainsi conçu :

« Attendu qu'aucune règle dérogatoire au droit commun n'autorise à signifier, en cette matière spéciale, une copie unique; — Que si l'art. 760 du Code de procédure civile, placé au titre de l'Ordre, veut que les créanciers postérieurs aux collocations contestées soient représentés par un seul avoué, c'est parce qu'ils forment alors une masse ayant un intérêt commun; mais que tel n'est point le cas de l'espèce, où la créance de la dame Goret était contestée;

» Attendu qu'il résulte clairement de l'art. 763 que la copie signifiée à l'avoué doit être par lui transmise à chacune des parties ayant un intérêt distinct à interjeter appel; que c'est à cet effet que le délai de dix jours a été augmenté d'un jour par trois myriamètres de distance au domicile réel de chaque partie; — D'où il suit que l'arrêt attaqué, en rejetant la fin de non-recevoir élevée contre l'appel, loin d'avoir violé l'art. 763, en a fait, au contraire, une saine interprétation (1). »

A ces motifs si clairement déduits, nous ajouterons que, d'après le nouvel art. 762, la signification à avoué fait courir le délai d'appel contre toutes les parties à l'égard les unes des autres; il faut, par conséquent, qu'il y ait une signification du jugement, c'est-à-dire une copie distincte pour chaque partie, qui seule produit cet effet de faire courir le délai d'appel à l'égard des autres.

436. Quant à la masse des créanciers représentés par l'avoué commun de leur choix ou désigné par la loi, l'art. 762 les réunit ensemble, parce qu'ils n'ont qu'un seul et même intérêt; ils ne forment, pour ainsi dire, qu'une partie : aussi, pour prévenir les frais énormes de signification et de procédure à leur égard, il ne faut leur signifier qu'une seule copie à la personne de l'avoué commun.

437. De tout ce qui précède il résulte qu'il faut signifier autant de copies du jugement qu'il y a de parties ayant un intérêt distinct, alors même qu'elles ont le même avoué. Ainsi, un ordre est ouvert sur les

---

2, 414); Bordeaux, 23 mars 1833 (Dall., 33, 2, 136); Rej., 10 mai 1836 (Sir., 36, 1, 766).

(1) Sirey, 43, 1, 792. *Conf.* Montpellier, 26 avr. 1849; Bourges, 8 mai 1855 (*Journ. des Av.*, 74, 469; 81, 357).

biens du mari : dans ce cas, la signification du jugement qui rejette un contredit élevé par la femme produisante à l'ordre doit être faite en deux copies, l'une pour la femme, l'autre pour le mari, quand même ils n'ont qu'un seul avoué.

438. Par dérogation au droit commun, on signifie le jugement à avoué seulement, pour faire courir le délai d'appel : aussi ce délai commence à courir, en matière d'ordre, à partir de la signification à l'avoué du tuteur, sans nécessité de signification au subrogé tuteur (1), qui n'est pas en cause.

439. Il nous reste à examiner une dernière question : c'est celle de savoir comment, si l'avoué décède ou cesse ses fonctions après le prononcé du jugement, mais avant sa signification, il faut procéder, cette signification ne pouvant plus être faite à cet avoué pour faire courir le délai de l'appel.

Faut-il, dans ce cas, assigner en constitution d'un nouvel avoué en remplacement de celui qui aurait cessé ses fonctions, en se fondant sur ce qu'à toutes les époques de l'instance d'ordre, le ministère des avoués est exigé par la loi, et que leur présence est nécessaire pour la régularité de la procédure?

L'art. 762 déclare que la signification du jugement se fait à avoué seulement : ne pourrait-on pas en induire que si l'avoué en cause n'existe plus, il faudrait provoquer de la part du créancier la constitution d'un autre avoué pour lui faire cette signification? Nous ne pensons pas qu'on doive procéder de cette façon. En effet, on ne peut appliquer, dans ce cas, les règles sur les reprises d'instance, puisque l'instance est terminée par le jugement qui doit être signifié. Il faut donc admettre qu'en cas de décès de l'avoué, la signification du jugement doit être faite à personne ou à domicile pour faire courir le délai de l'appel.

Mais alors ce délai est-il seulement de dix jours ou de trois mois? M. Chauveau (2) soutient qu'il ne faut pas appliquer le délai fixé par l'art. 763 (762 de la nouvelle loi), car il n'y a pas d'avoué, et la signification dont parle cet article est devenue impossible. « Le délai d'appel courra à dater de la signification à partie; mais ce ne sera plus le délai exceptionnel, ce sera le délai général, le délai de trois mois. » Il se fonde sur les dangers et surprises qui résulteraient de l'opinion contraire, et qu'il est impossible d'admettre une opinion qui supposerait dans le législateur une légèreté, une imprévoyance vraiment impardonnable.

On peut répondre (3) que ce danger est bien plus grand pour le créancier si le décès de l'avoué a lieu le jour même de la signification du jugement; et cependant le délai de dix jours devra courir, aux

---

(1) Bioche, *Journ. de Proc.*, t. IX, p. 289. *Contrà* : Paris, 5 févr. 1852 (*Le Droit*, 5 mars 1852).

(2) Quest. 2586 *quinquies*. Toutefois cette opinion n'a pas été reproduite par l'auteur dans la nouvelle édition de son Commentaire. *Voy.* quest. 2585 *ter*.

(3) Arrêt de la Cour d'Orléans, 10 avr. 1837 (Sir., 37, 2, 244).

termes formels de l'art. 762, à partir de la signification du jugement à avoué. Dans cette matière, l'abréviation du délai ordinaire de l'appel à dix jours a été introduite dans la loi au profit de la masse des créanciers, pour imprimer une marche rapide à la procédure et rendre les fonds à distribuer plus tôt disponibles. L'intérêt général domine ici l'intérêt particulier, qui quelquefois peut souffrir de la célérité avec laquelle se traitent les affaires d'ordre; mais il serait contraire à l'esprit surtout de la nouvelle loi sur cette matière d'admettre que, dans le cas de l'art. 762, la signification à la partie, au lieu de celle à l'avoué, change la nature de l'affaire, rende ordinaire une matière urgente et sommaire, et, contrairement à l'intérêt de la masse des créanciers, substitue à une procédure expéditive la forme lente et compliquée. Par ces raisons, nous sommes d'avis que le créancier ne peut, dans ce cas, prétendre qu'il a droit au délai ordinaire de trois mois, au lieu de celui de dix jours, conformément à l'art. 762.

440. 3° *Du délai de l'appel.* — L'appel est interjeté, aux termes de l'art. 762, dans les dix jours de la signification du jugement à avoué, outre un jour par cinq myriamètres de distance entre le siège du tribunal et le domicile réel de l'appelant.

L'appel, en matière d'ordre, est réduit à dix jours, afin d'accélérer la marche de cette procédure. Il est donc conforme à l'esprit de la loi du 21 mai 1858 d'interpréter les questions relatives aux délais dans le sens de la rapidité de l'ordre. Ainsi, ce délai de dix jours fixé par l'art. 762 n'est pas franc (1); l'art. 1033 du Code de procédure civile, d'après lequel le jour de la signification et celui de l'échéance ne sont pas comptés, ne trouve pas ici d'application. Mais on a décidé (2) avec raison que le jour de la signification n'est pas compté dans le délai, mais bien celui de l'échéance des dix jours. L'appel peut donc être valablement interjeté dans les dix jours qui suivent la signification. Il résulte aussi du principe que nous avons posé qu'il n'y a pas d'exception même dans le cas où le dixième jour est un jour férié (3).

441. Le nouvel art. 762 admet, comme le Code de procédure, que ce délai de dix jours doit être augmenté à raison des distances si le domicile réel de l'appelant est éloigné du tribunal; mais il a fixé l'augmentation à un jour par cinq myriamètres au lieu de trois, ce qui s'explique par la facilité actuelle des communications. Mais, conformément à la règle d'interprétation que nous avons posée pour le calcul des délais, il n'y a pas lieu à augmentation à raison des fractions de myriamètre (4), dès qu'elles n'atteignent pas le chiffre de cinq.

442. Sous l'empire du Code de procédure, il existait une diver-

---

(1) Arrêts de Limoges, 15 nov. 1811 (Sir., 14, 2, 83); de Riom, 8 janv. 1824 (Collect. nouv., 7); d'Aix (Collect. nouv., 8).
(2) Riom, 31 août 1816 (Collect. nouv., 5); M. Chauveau, 2586 *ter*.
(3) Riom, 8 janv. 1824 (Collect. nouv., 7); Bordeaux, 4 juin 1835 (Sir, 35, 2, 522).
(4) Arrêts de Riom, 20 janv. 1824 (Collect. nouv., 7); de Poitiers, 19 avr. 1831 (Sir., 31, 2, 247).

gence (1), dans la jurisprudence, sur le point de savoir si la distance devait être calculée entre le domicile de l'appelant et celui de l'intimé, ou entre le lieu où siége le tribunal et le domicile de l'appelant. Le texte du nouvel art. 762 tranche la difficulté en déclarant que le délai d'appel doit être augmenté d'un jour par cinq myriamètres de distance entre le siége du tribunal et le domicile réel de l'appelant. Il n'y a pas lieu à l'augmentation du double, autant pour l'envoi que pour le retour, comme on aurait pu le supposer en s'appuyant sur l'obligation de l'avoué d'envoyer à son client la copie du jugement et d'attendre sa réponse avant de pouvoir interjeter appel.

443. Par suite de cette idée que les retards doivent être évités en matière d'ordre, on a décidé avec raison que les délais de l'appel ne sont pas suspendus (2) par le décès de la partie condamnée, surtout si ce décès n'a pas été notifié et que son avoué ait continué à faire dans l'instance, pour elle, des actes de son ministère.

444. Par dérogation à l'art. 449 du Code de procédure, l'appel d'un jugement d'ordre peut être interjeté dans la huitaine de sa prononciation, parce que, dit un arrêt de la Cour de Bordeaux (3), le délai de dix jours pour appeler serait à peu de chose près illusoire s'il fallait appliquer à l'appel, en matière d'ordre, la règle générale établie par l'art. 449 dudit code.

445. Le délai pour appeler d'un jugement rendu dans une instance d'ordre doit-il être restreint à dix jours dans tous les cas, et sans distinction? C'est une question dont la solution est l'objet d'une très-grande divergence dans les décisions des tribunaux et dans la doctrine.

Dans plusieurs arrêts (4), ainsi que dans les ouvrages de MM. Berriat Saint-Prix (5) et Favard de Langlade (6), on a soutenu qu'il suffisait qu'un jugement fût rendu dans une instance d'ordre pour que l'appel en dût être interjeté dans le délai de dix jours, conformément à l'art. 762 (ancien art. 763). Cette opinion donne à la dérogation de l'art. 762 une extension tellement générale qu'il s'applique à tous les débats qu'un ordre peut soulever, et qu'il ne comporte aucune distinction, quel que soit l'objet sur lequel a statué le jugement, pourvu que le jugement ait été rendu dans un ordre.

M. Chauveau (7) combat ce système absolu, qui a soulevé aussi des contradictions dans plusieurs décisions prises en sens contraire. « Il

---

(1) Poitiers, 19 avr. 1831. — *Contrà* : Bourges, 13 juill. 1841 (Sir., 42, 2, 489).
(2) Limoges, 7 juin 1844 (Sir., 45, 2, 636).
(3) 15 déc. 1826 (Sir., 45, 2, 638); Paris, 10 août 1837 (*J. du Pal*, 37, 2, 446).
(4) Cass., 1er arrêt de 1816 (Sir., 16, 1, 413); Metz, 7 janv. 1814 (Sir., 19, 2, 271).
(5) P. 612, note 5, n° 4.
(6) T. IV, p. 64.
(7) Quest. 2586 *bis*. — Toutefois l'auteur a modifié son opinion, et, dans la nouvelle édition de son Commentaire (quest. 2585 *bis*), il limite sa théorie dans des termes tels que la solution est à peu près la même que celle donnée ici par M. Seligman. « La loi nouvelle, dit en effet M. Chauveau, a assimilé, quant à l'appel, aux contestations sur le règlement provisoire l'opposition à l'ordonnance de clôture définitive réglementée par l'art. 767 et la procédure à suivre par l'adjudicataire pour la consignation

suffit effectivement, dit cet auteur, de rapprocher l'art. 763 (nouvel art. 762) de tous ceux qui le précèdent, pour s'apercevoir qu'il statue seulement pour *les jugements rendus sur contredits,* dans un ordre ouvert en justice; mais que la rapidité et la simplicité des formes qu'il introduit dans cette matière ne seraient plus que rigueur et arbitraire dans les cas différents.

» C'est donc aux seules contestations sur le règlement provisoire qu'il faut, selon nous, restreindre l'application de cette disposition; mais comme il n'est pas plus permis de rien retrancher d'une dérogation que d'y ajouter, l'art. 763 (762 nouv.), statuant pour toute contestation en général, qu'elle porte sur l'ordre ou sur la quotité des créances, ou sur la qualité des créanciers, nous ne saurions admettre la doctrine des arrêts de Rouen (1), de Paris (2) et de Rennes (3), ci-dessus mentionnés, en ce qui concerne les demandes qui auraient pu faire la matière d'une action principale; car les parties, s'étant soumises à la procédure et au mode de contredit qu'elle établit, doivent en subir toutes les conséquences, dont l'une des plus importantes est la disposition de l'art. 763 (762 nouv.). »

Ainsi, d'après M. Chauveau, il suffit que la contestation jugée ait été indiquée *dans un contredit,* quels que soient la nature ou l'objet de la contestation, pour que l'appel doive se faire dans les dix jours de la signification du jugement. Ce système est aussi absolu que le premier, à la différence qu'ici c'est la forme sous laquelle la contestation est engagée qui l'emporte sur le fond. Dès qu'une contestation est faite sur le règlement provisoire, l'art. 762 doit s'appliquer; l'unique question, selon M. Chauveau, est celle de savoir si le jugement est intervenu dans une contestation sur le règlement provisoire.

Un troisième système se trouve indiqué dans plusieurs arrêts (4), mais n'a pas encore été formulé par la doctrine. Il se rapproche de l'opinion de M. Chauveau, mais il est moins absolu; ainsi, chaque fois que le jugement statue sur un point qui se trouve déjà établi par le règlement provisoire, l'art. 762 est applicable. En effet, la contestation porte sur un point qui a déjà été examiné par le juge-commissaire, que les créanciers et même la partie saisie sont censés connaître parfaitement par la communication du règlement provisoire qu'ils ont eue pendant trente jours; le délai de dix jours doit suffire pour interjeter appel. Mais lorsque le jugement est rendu sur une difficulté complète-

---

du prix (art. 778). Mais elle a laissé soumis au droit commun le délai de l'appel du jugement qui statue sur la distribution du prix quand il ne peut pas y avoir lieu à ordre (art. 773). A plus forte raison faut-il décider dans le même sens quand il s'agit de la distribution du prix par voie de règlement consensuel, s'il s'élève une difficulté et s'il y a lieu de recourir à l'appel. — En principe, c'est aux contestations sur le règlement provisoire et à celles qui viennent d'être énumérées qu'il faut restreindre l'application de cette disposition; etc. »   P. P.

(1) 10 mars 1824 (*Journ. des Av.,* t. XXVI, p. 14).
(2) 5 janv. 1824 (*id.,* t. XXVI, p. 14 et 167).
(3) 29 janv. 1817 (*id.,* t. XIII, p. 243).
(4) Bruxelles, 28 nov. 1811 (Collect. nouv., 3); *id.,* Rennes, 29 janv. 1817.

ment étrangère au règlement provisoire, que le juge-commissaire n'a pas statué déjà sur ce point dans son état de collocation provisoire, on admet, dans ce troisième système, que la dérogation de l'art. 762 n'est pas applicable. Par exemple, s'il s'agit, dans le jugement, de l'interprétation d'une clause du cahier des charges, l'art. 762 n'est pas applicable : aussi a-t-on décidé qu'on aurait trois mois pour appeler d'un jugement ordonnant à l'acquéreur, dans le cours d'une procédure d'ordre, de payer immédiatement son prix d'acquisition, sans égard à sa prétention de faire considérer les créances comme non exigibles.

Nous avions d'abord penché vers le premier système, qui est aussi simple qu'absolu, et qui applique l'art. 762 à tous les jugements intervenus dans un ordre. Il a l'avantage d'éviter les retards et les complications essentiellement incompatibles avec la procédure d'ordre, et surtout il est en harmonie avec l'esprit de la loi du 21 mai 1858, qui désire la simplicité et la rapidité dans la marche de l'ordre. Dans cette pensée, nous avons cru d'abord que l'art. 762 s'appliquait aussi au cas prévu par l'art. 773, celui où il y a moins de quatre créanciers inscrits (1), le tribunal faisant alors *de plano,* sans observer les formalités de l'ordre, la distribution du prix entre les différents créanciers par jugement d'attribution. Mais en examinant attentivement l'art. 773, on voit que l'art. 762 n'est pas applicable au jugement d'attribution en vertu de l'art. 773. En effet, il déclare qu'en cas d'appel, il est procédé comme aux art. 763 et 764, sans renvoyer à l'art. 762. Le législateur l'aurait fait évidemment s'il avait voulu soumettre ces jugements au court délai de l'appel, conformément à l'art. 762, puisqu'il s'est occupé, dans cet art. 773, d'indiquer les formalités à suivre pour l'appel. Et l'on ne peut pas dire que c'est par inattention que le législateur n'a pas renvoyé à l'art. 762 dans le dernier alinéa de l'art. 773, puisque, dans la loi votée par le Corps législatif, on a changé la phrase du projet de loi portant : « Il est procédé comme aux art. 762 et 763, » en celle : « Il est procédé comme aux art. 763 et 764. » Donc ce point a été spécialement examiné par le législateur, qui, en ne renvoyant pas à l'art. 762, s'est opposé à l'application de cet article aux jugements d'attribution lorsqu'il y a moins de quatre créanciers inscrits.

Cet examen anticipé du cas prévu par l'art. 773 nous donne la preuve que l'art. 762 ne contient pas un principe général applicable à tous les jugements rendus en matière d'ordre, et qu'il faut le restreindre aux difficultés élevées sur le règlement provisoire, et seulement quand il s'agit d'une contestation sur une difficulté résolue par ce règlement provisoire. L'art. 762 repose sur cette idée que, lorsque l'affaire qui fait l'objet du jugement a déjà été examinée par le juge-commissaire, ensuite par les créanciers et la partie saisie pendant le délai de trente jours accordé pour contredire, elle est parfaitement connue des parties,

---

(1) Dans ce sens, sous le Code de procédure, arrêt de Nimes, 21 mai 1829 (Sir., 30, 2, 359). — *Contrà* : Arrêts de Caen, 25 nov. 1824 (Sir., 26, 2, 70); de Bordeaux, 25 fév. 1831 (Sir., 31, 2, 138); de Nancy, 8 juin 1838 (Sir., 39, 2, 447); de Bourges, 20 juill. 1832 (Sir., 33, 2, 626); de Bordeaux, 16 juin 1843 (Sir., 43, 2, 577).

ou plutôt de leurs avoués. Après toute cette instruction préalable, le délai de l'appel a pu être, sans danger, restreint à dix jours. Mais quand cette affaire qui fait l'objet du jugement n'a pas été comprise dans le travail du juge; qu'en un mot, elle ne rentre pas dans le règlement provisoire et qu'elle peut faire l'objet d'une demande indépendante, il ne faudrait pas, par suite de la connexité de cette affaire avec l'ordre, ou même parce que, pour avertir le juge-commissaire de ne pas clore l'ordre, on l'aurait portée sur le procès-verbal sous la forme d'un contredit, la faire entrer sous l'application de l'art. 762.

Ainsi, Paul revendique la propriété d'une pièce de terre adjugée avec d'autres immeubles à Pierre; Pierre, l'adjudicataire, fait un dire sur le procès-verbal d'ordre pour distraire de la somme à distribuer la valeur de cette pièce de terre, en cas que Paul obtienne gain de cause. Voilà un contredit fait sur le règlement provisoire dont le résultat peut avoir de l'influence sur la somme à distribuer, et cependant l'art. 762 sur le délai d'appel ne nous paraît pas applicable. En effet, le juge-commissaire n'a pas statué sur la propriété de cette pièce de terre dans son règlement provisoire. Dans ce cas, on ne peut pas admettre que le délai de l'appel ne serait que de dix jours. Une procédure aussi rapide pourrait être désastreuse pour tout le monde, et favoriser les fraudes entre l'adjudicataire Pierre et Paul le revendiquant pour soustraire le prix de la pièce de terre à la masse des créanciers. Il s'agit, dans ce cas, d'une difficulté qui n'a pas encore été examinée, ni par le juge-commissaire, ni par les créanciers, et il faut suivre alors les formes de procédure ordinaire.

Toutefois nous n'irons pas aussi loin que certains arrêts, et nous pensons que la Cour de Rouen a décidé à tort (1) que l'art. 762 ne s'appliquait pas au jugement qui statue sur la quotité d'une créance dont le rang de collocation n'était nullement contesté. En effet, le juge-commissaire a dû examiner la quotité de la créance pour le montant de laquelle elle figure dans le règlement provisoire; la contestation jugée était dirigée contre le travail du juge-commissaire, examiné par les créanciers pendant le délai pour contredire.

446. Quant à l'ordre qui n'a pas suivi les phases de l'ordre fait en justice, il ne tombe pas sous l'application de l'art. 762, et le jugement qui a statué sur les difficultés relatives à un ordre consensuel (2) est soumis aux règles générales de l'art. 443 du Code de procédure, relativement au délai de l'appel.

447. L'appel incident doit-il être interjeté dans les dix jours, conformément à l'art. 762? L'appel incident peut avoir lieu soit de la part d'un intimé vis-à-vis de l'appelant principal, soit de la part d'un intimé à l'égard d'un autre intimé, parce que l'appel principal peut avoir pour effet de mettre en question toutes les collocations, même celles qui ne forment pas directement l'objet de l'appel. Nous pensons que la signification du jugement fait courir le délai d'appel même d'intimé à in-

(1) Arrêt déjà cité du 10 mars 1824.
(2) Grenoble, 30 août 1832 (Sir., 33, 2, 15).

timé, puisque, aux termes de l'art. 762, cette signification le fait courir contre toutes les parties à l'égard les unes des autres.

448. 4° *De la signification de l'acte d'appel.* — Aux termes du nouvel art. 762, l'acte d'appel est signifié au domicile de l'avoué, et au domicile réel du saisi s'il n'a pas d'avoué. Avant le Code de procédure, sous l'empire de la loi du 11 brumaire an 7, l'acte d'appel d'un jugement dans une instance d'ordre devait être signifié au domicile élu par le poursuivant dans l'affiche d'expropriation (1).

Sous l'empire du Code de procédure, il existait une grande divergence sur cette question dans la jurisprudence et parmi les auteurs. Les uns prétendaient (2) que l'appel du jugement d'ordre devait être signifié au domicile élu par le créancier dans son inscription ; les autres soutenaient (3) que cet acte devait être signifié à personne ou à domicile, parce qu'il n'y avait pas, dans ce cas, d'exception à l'art. 456 du Code de procédure. D'après une troisième opinion, l'acte d'appel devait être signifié au domicile de l'avoué (4) de la partie contre laquelle on interjetait appel.

La loi du 21 mai 1858 a consacré cette dernière opinion par un texte formel, et a mis ainsi fin à la controverse sur ce point. Ainsi, en vertu du nouvel art. 762, l'acte d'appel est signifié au domicile de l'avoué. Cela va tout seul à l'égard des créanciers produisants qui ont tous constitué avoué ; mais lorsque la partie saisie a figuré dans le jugement en première instance sans qu'elle ait constitué avoué, l'acte d'appel doit lui être signifié à son domicile réel.

449. Il faut en dire autant si l'avoué du créancier contre lequel l'appel est dirigé est décédé ou a cessé ses fonctions. Dans ce cas, l'appelant doit suivre le droit commun et signifier l'appel au domicile réel du créancier, conformément à l'art. 456 du Code de procédure.

450. L'appel peut être interjeté par les créanciers qui ont figuré dans le jugement rendu en première instance (5).

Les créanciers colloqués en sous-ordre ont droit d'appeler (6) du jugement qui a rejeté la collocation de leur débiteur, à distribuer entre eux, en vertu de l'art. 775, puisque, d'après l'art. 1166 du Code Napoléon, ils peuvent exercer tous ses droits et actions, à l'exception de ceux qui sont exclusivement attachés à sa personne. Toutefois il n'est pas nécessaire (7) de signifier l'acte d'appel aux créanciers colloqués en

---

(1) Rej., 22 janv. 1806 (Sir., 6, 1, 202), et 13 déc. 1808 (Sir., 9, 1, 69).

(2) Grenoble, 18 janv. 1833 (*Journ. des Av.*, 15, 429) ; Rouen, 29 mai 1843 (Sir., 44, 2, 286).

(3) Rennes, 5 juin 1812 (Collect. nouv., 4) ; Rej., 13 janv. 1814 (Sir., 1, 194) ; Grenoble, 4 mars 1825 (Collect. nouv., 8). — MM. Berriat Saint-Prix, p. 684 ; Carré et Chauveau, quest. 2584.

(4) Amiens, 22 mai 1829 (Sir., 14, 2, 75) ; Grenoble, 29 juin 1811 (Collect. nouv., 3).

(5) *Voy.* M. Pigeau, *Proc. civ.*, t. II, part. 5 ; t. IV, chap. 1, n° 7 ; Arrêts de Grenoble, 4 févr. 1832 (*Journ. des Av.*, t. XLV, p. 480) ; Montpellier, 24 nov. 1831 *des Av.*, t. XLII, p. 284).

(6) Riom, 18 mars 1815 (Sir., 17, 2, 353).

(7) Cass., 2 mai 1810 (Sir., 10, 1, 244) ; Grenoble, 14 déc. 1832 (Sir., 33, 2, 443). — *Contrà :* Montpellier, 15 mars 1831 (Sir., 31, 2, 154).

sous-ordre qui ont figuré dans le jugement; il suffit d'interjeter appel contre les créanciers directement colloqués dans l'ordre, parce que, le contestant faisant infirmer la collocation directe, la distribution en sous-ordre tombe d'elle-même. Il ne reste aux créanciers colloqués en sous-ordre que le droit d'intervenir en exerçant les droits de leur débiteur : aussi la signification du jugement peut être faite par un créancier colloqué en sous-ordre, et produit pour effet de faire courir le délai d'appel, comme si elle avait été faite par un créancier colloqué directement.

451. Mais les créanciers qui n'ont pas figuré dans le jugement rendu en première instance sont exclus du droit d'y faire appel : aussi a-t-on décidé avec raison que les créanciers non produisants à l'ordre ne peuvent appeler d'un jugement rendu sur cet ordre (1). Ils ne peuvent pas davantage intervenir sur un appel interjeté par d'autres créanciers. Avant la loi du 21 mai 1858, qui, dans son art. 755, soumet de plein droit à la déchéance les créanciers non produisants à l'expiration des quarante jours pour produire, on les admettait comme intervenants en appel, parce que, jusqu'au terme fixé par l'ancien art. 767, les retardataires, étant admis à produire, le faisaient d'une manière utile à leurs intérêts, devant la juridiction saisie de l'instance. Cette raison n'existe plus aujourd'hui d'après le nouvel art. 755, et le droit d'intervention en appel doit leur être refusé. Il faut en dire autant des créanciers qui n'ont pas contredit dans le délai le règlement provisoire qui les rejetait de l'ordre (2).

452. L'appel doit être interjeté contre ceux qui ont figuré dans le jugement rendu en première instance. Il n'est pas nécessaire qu'il soit dirigé contre tous, mais seulement contre les personnes à l'égard desquelles l'appelant a intérêt à faire infirmer ce jugement dans les points qui lui font grief.

C'était une question controversée de savoir si la procédure d'ordre est divisible, ou si, au contraire, elle est indivisible. L'opinion qui soutenait l'indivisibilité dans cette matière a été condamnée par plusieurs arrêts de la Cour de cassation (3). Cette Cour s'est fondée sur ce que la divisibilité est un principe général applicable à toutes les instances, auquel il n'est pas dérogé dans la procédure d'ordre; que, loin d'admettre l'indivisibilité en cette matière, l'art. 758 semble, au contraire, la repousser en scindant la marche à suivre, selon que les créances sont ou non contestées. De plus, l'art. 764 (nouv. 763) rend l'intimation de l'avoué du dernier créancier colloqué facultative, selon qu'il y a intérêt de le faire ou non.

Il faut conclure de ce principe de la divisibilité que l'appel peut être dirigé contre quelques-uns seulement des créanciers qui ont figuré en

---

(1) Rej., 6 mars 1809 (Sir., 9, 1, 153).
(2) Paris, 9 fév. 1809 (Sir., 15, 2, 187).
(3) 27 mai 1834 (Dev., 1834, 1, 580), 19 déc. 1837 (Sir., 38, 1, 235), 25 juill. 1842 (Sir., 42, 1, 604); rej., 24 janv. 1844 (Sir., 44, 1, 182), 7 août 1849 (Sir., 50, 1, 417).

première instance. L'appelant n'est pas tenu de mettre en cause toutes les parties directement ou indirectement intéressées : aussi le défaut d'appel ou la tardiveté de l'appel à l'égard d'un ou de plusieurs des créanciers colloqués n'emportent pas déchéance de l'appel interjeté en temps utile contre les autres; seulement, l'arrêt qui intervient n'a aucun effet à l'égard de ceux qui n'ont pas été intimés (1). Il résulte aussi de ce principe qu'on ne doit intimer sur l'appel que les parties intéressées dans la contestation : aussi l'appelant qui intimerait des créanciers postérieurs, à qui le jugement de la contestation ne peut porter aucun préjudice, ferait un acte sans effet à leur égard, et devrait en supporter les frais (2).

453. 5° *De l'assignation et de l'énonciation des griefs dans l'acte d'appel.* — Déjà l'art. 763 du Code de procédure portait que l'acte d'appel devait contenir assignation et l'énonciation des griefs; mais il n'avait pas prescrit ces formalités à peine de nullité (3).

454. Aussi la jurisprudence, avant que notre art. 762 eût prononcé formellement cette nullité, était flottante sur la question de savoir si l'énonciation des griefs dans l'acte d'appel d'un jugement d'ordre était une formalité substantielle dont l'omission emportait nullité. Plusieurs arrêts (4) l'ont décidé ainsi; d'autres (5) n'ont attaché à cette désobéissance à la prescription de l'art. 763 (ancien) que la pénalité légère de faire rejeter de la taxe l'acte séparé dans lequel ces griefs étaient énoncés.

455. On entend par griefs les moyens que l'appelant fait valoir dans l'acte d'appel contre le jugement rendu préjudiciant à ses intérêts. Le nouvel art. 762 a tranché la difficulté relative à l'énonciation des griefs en frappant l'acte d'appel de nullité, lorsqu'il n'énumère pas les griefs qu'il articule contre le jugement de première instance. La rédaction de ces griefs est très-importante pour l'appelant, puisque, aux termes de l'art. 763, il ne peut signifier d'autres conclusions pour faire connaître les moyens à l'appui de son appel.

456. L'acte d'appel doit aussi contenir assignation, à peine de nullité, et par conséquent observer toutes les formalités prescrites pour l'exploit de l'ajournement, conformément à l'art. 61 du Code de procédure, à moins que l'art. 762 n'y ait dérogé, comme, par exemple,

---

(1) *Voy.* les arrêts de cass. cités dans la note précédente. *Conf.* Lyon, 28 mars 1828 (Sir., 38, 2, 430); 26 mai 1832 (Sir., 32, 2, 515); Grenoble, 17 fév. 1847 (Sir., 48, 2, 55). — En sens contraire, pour l'indivisibilité de la procédure d'ordre : Riom, 29 juin 1826 (Sir., 28, 2, 95), et 3 août 1826 (Sir., 26, 2, 278); Montpellier, 4 juin 1830 (Sir., 31, 2, 65); Grenoble, 4 févr. 1832 (Sir., 33, 2, 89); Toulouse, 22 nov. 1841 (Sir., 42, 2, 308).

(2) Grenoble, 20 fév. 1849 (Sir., 49, 2, 521).

(3) Aujourd'hui la nullité est formellement prononcée. Toutefois c'est une omission entière, quant à l'énonciation des griefs, qui entraînerait la non-recevabilité absolue de l'appel; l'énonciation incomplète ne rendrait l'appel non recevable que quant aux griefs omis. Pau, 3 août 1859 (Dev., 59, 2, 583).　　P. P.

(4) Riom, 17 janv. 1824 (Dall., 9, 175); Agen, 1er mai 1830 (Sir., 30, 2, 346); Bordeaux, 15 mars 1833 (Sir., 34, 2, 22); Bourges, 6 déc. 1839 (Sir., 40, 2, 311).

(5) Nancy, 28 mars 1825 (Sir., 26, 2, 295); Pau, 19 mars 1828 (Sir., 29, 2, 273).

pour la signification de l'acte d'appel, qui se fait au domicile de l'avoué, et non pas à personne ou au domicile réel. Mais l'acte d'appel (1) doit contenir, à peine de nullité, constitution d'avoué près de la Cour devant laquelle l'assignation est donnée, puisque la constitution d'avoué qui occupera pour le demandeur est exigée, à peine de nullité, par l'art. 61 du Code de procédure.

La peine de nullité est prononcée seulement contre le défaut de l'assignation et de l'énonciation des griefs dans l'acte d'appel.

457. Faudrait-il en tirer la conséquence qu'il n'y a pas nullité de l'acte d'appel qui serait fait après le délai de dix jours pour interjeter appel? Non, évidemment, car cet acte est nul et sans effet, puisque, après le délai fixé par l'art. 762, la partie qui aura succombé est déchue du droit d'appeler; et cette déchéance ou fin de non-recevoir résultant de ce que l'appel est tardif est d'ordre public, et doit, comme telle, être prononcée d'office.

458. 6° *Du taux du premier et du dernier ressort.* — Le dernier alinéa de l'art. 762 a pour objet de mettre fin à la divergence qui existait, dans la jurisprudence, sur le taux du premier et du dernier ressort, pour les jugements en matière d'ordre. Il est ainsi conçu : « L'appel n'est recevable que si la somme contestée excède celle de 1,500 fr., quel que soit d'ailleurs le montant des créances des contestants et des sommes à distribuer. »

Nous voyons dans le rapport de la commission quelle a été la pensée du législateur sur ce point. « La jurisprudence, dit M. Riché, flotte sur la question de savoir si la somme de 1,500 fr., qui ouvre la faculté d'appel, est la somme à distribuer (2), ou la créance de l'appelant, ou celle de l'intimé, ou la somme contestée. Le projet de loi prend pour base la somme en contestation. On prétend qu'une créance de 1,500 fr. doit être réduite à 1,000 fr. : la somme contestée est de 500 fr. On dispute à une créance de 500 fr. son rang hypothécaire : la somme contestée sera 500 fr., parce que l'un ne perdra et l'autre ne gagnera le rang que pour 500 fr. Néanmoins ce système peut donner, dans certaines hypothèses, des résultats bizarres; mais la base de la somme en distribution aurait autorisé un appel pour un intérêt de 100 fr. » (Voy. *suprà*, p. 61, n° 165.)

459. Il résulte des exemples cités dans le rapport de la commission, ainsi que du texte de la loi, que la somme à distribuer n'a aucune influence sur la fixation du chiffre d'où dépendrait qu'un jugement est rendu en premier ou en dernier ressort. Ainsi peu importe que la distribution ait pour objet une somme de 100,000 fr. ou plus; pourvu que la somme contestée n'excède pas celle de 1,500 fr., le jugement est

---

(1) Rej., 5 janv. 1815 (Sir., 15, 1, 122).
(2) Le plus grand nombre d'arrêts a décidé dans ce sens; par exemple : Grenoble, 1er mai 1830 (Sir., 30, 2, 311); Agen, 23 janv. 1833 (Sir., 34, 2, 344); Bordeaux, 13 août 1834 (Sir., 35, 2, 37); Montpellier, 4 déc. 1838 (Dall., 38, 2, 143); Toulouse, 17 déc. 1838 (Dall., 39, 2, 140); Limoges, 9 juin 1842 (Sir., 43, 2, 10); Colmar, 4 mars 1844 (Dall., 44, 2, 475); etc., etc.

rendu en dernier ressort, et n'est pas, par conséquent, soumis à l'appel.

460. Examinons maintenant ce qu'il faut entendre par ces mots : *la somme contestée*. L'art. 762 dit *que pour fixer la somme contestée* il ne faut pas se préoccuper du montant des créances des contestants, c'est-à-dire des deux parties en contestation. Ainsi, le demandeur serait colloqué pour 5,000 fr., le défendeur pour 4,000 fr., quoique le montant des créances des deux contestants soit, pour chacun, supérieur à la somme de 1,500 fr., le jugement sera en dernier ressort si la somme contestée n'excède pas celle de 1,500 fr. Par exemple, Pierre, colloqué pour 5,000 fr., conteste la collocation de Paul, qui est de 4,000 fr., en prétendant qu'elle doit être réduite de 1,000 fr. La somme contestée n'est donc que de 1,000 fr., et le jugement obtenu est en dernier ressort.

461. La somme contestée est le montant du chiffre en contestation entre les parties ; elle se compose de ce que l'une peut gagner et l'autre perdre par le résultat du procès, mais seulement par rapport aux deux parties contestantes. Ainsi, Paul est colloqué pour 5,000 fr. ; Pierre, créancier postérieur en rang pour 500 fr., conteste le rang de Paul. Si Pierre obtient gain de cause, il passera avant Paul ; mais comme la somme en contestation que Pierre peut gagner et Paul perdre n'est que de 500 fr., le jugement est en dernier ressort.

Supposons que la créance contestée par Pierre l'est aussi par Jacques, colloqué pour une somme de 1,100 fr. La somme contestée sur la créance de Paul, qui est de 5,000 fr., est bien de 1,600 fr., 500 fr. pour Pierre et 1,100 fr. pour Jacques ; mais comme il faut calculer la somme contestée seulement entre les deux parties, dans l'espèce entre Paul et Pierre ou Paul et Jacques, le jugement sera en dernier ressort, quoique la réunion des sommes contestées de Pierre et de Jacques soit supérieure à 1,500 fr. Lorsque, au contraire, l'addition des sommes contestées entre les mêmes individus est supérieure à 1,500 fr., le jugement n'est qu'en premier ressort, quoique chacune des créances des contestants soit inférieure à 1,500 fr.

Prenons un exemple : Pierre dispute à Paul son rang hypothécaire pour une créance de 500 fr. ; la somme contestée n'est que de 500 fr., quel que soit le montant de la créance de Paul. Mais supposons que Paul fasse un dire par lequel il demande le rejet de l'ordre de la créance de Pierre, s'élevant à 1,100 fr. Quelle est, dans ce cas, *la somme contestée?* La somme contestée est de 1,600 fr., parce que, par le résultat du procès, si Pierre obtient gain de cause, il reste créancier dans l'ordre pour 1,100 fr. et gagnera rang pour 500 fr., tandis que si Paul avait réussi dans sa demande reconventionnelle, Pierre aurait perdu sa créance de 1,100 fr. La somme en contestation, par suite de la demande reconventionnelle de Paul, roulait donc sur 1,600 fr. Partant, le jugement n'est qu'en premier ressort, quoique les créances des contestants soient chacune inférieure à 1,500 fr.

L'application de la règle que nous avons posée ressortira plus clairement encore de l'espèce suivante.

Pierre est colloqué pour deux créances : l'une, en ordre utile, est de 800 fr.; l'autre, ne venant pas en ordre utile, est de 900 fr.

Paul est colloqué pour deux créances, l'une et l'autre en ordre utile, et s'élevant, l'une à 700 fr., et l'autre à 1,100 fr.

Pierre conteste la créance de Paul s'élevant à 1,100 fr., et Paul conteste la créance de Pierre de 800 fr.

Le résultat du procès, pour Pierre, s'il obtient gain de cause, est de 800 fr. que Paul avait contestés, et ensuite de 1,100 fr. qu'il fait perdre à Paul par le rejet de sa créance de l'ordre. Ce rejet de la créance de Paul a pour effet de faire venir en ordre utile la créance de Pierre de 900 fr. C'est donc avec raison que nous avons dit que la somme contestée dans les demandes reconventionnelles est fixée par l'addition de la somme contestée par le demandeur et de celle contestée par le défendeur, jusqu'à concurrence de la demande formée contre le premier demandeur.

462. De là il faut induire que si un créancier était colloqué pour diverses créances inférieures chacune à 1,500 fr., mais contestées par le même individu, le jugement ne pourrait être rendu en premier ressort dès que la réunion de plusieurs créances contestées forme une somme supérieure à 1,500 fr. En effet, l'un pourra perdre et l'autre gagner, par le résultat du jugement, une somme qui excède celle de 1,500 fr.

463. Nous avons dit que la somme contestée doit être au-dessus de 1,500 fr. entre les deux parties contestantes : aussi, si une créance excède le taux du dernier ressort, dès que cette créance appartient à plusieurs cohéritiers, elle ne peut plus faire l'objet d'un appel (1) si la part de chacun d'eux est inférieure à 1,500 fr. par la division qui s'opère entre eux de plein droit.

464. Nous devons faire observer que l'appel du jugement relatif aux contestations sur ordre est suspensif de la clôture définitive du procès-verbal d'ordre, en vertu du principe général sur les effets de l'appel. Cela a été décidé (2) même pour les jugements qui prononcent sur des difficultés élevées sur la validité des actes de procédure; le juge-commissaire aurait donc tort de clore l'ordre sans tenir compte des difficultés de cette nature.

ART. 763.

Texte ancien.

L'avoué du créancier dernier colloqué pourra être intimé s'il y a lieu (C. proc., art. 764).

Il ne sera signifié sur l'appel que des conclusions motivées de la part des intimés, et l'audience sera poursuivie, ainsi qu'il est dit en l'art. 761 (C. proc., art. 765).

Projet du gouvernement.

L'avoué du créancier dernier colloqué peut être intimé s'il y a lieu.

L'audience est poursuivie et l'affaire instruite conformément à l'art. 760 (proj., art. 762).

---

(1) Grenoble, 24 août 1847 (Sir., 48, 2, 556).
(2) Bruxelles, 6 mars 1811 (Sir., 15, 2, 186).

Loi actuelle.

Voies de recours contre le jugement.

L'avoué du créancier dernier colloqué peut être intimé s'il y a lieu. L'audience est poursuivie et l'affaire instruite conformément à l'art. 761, sans autre procédure que des conclusions motivées de la part des intimés.

SOMMAIRE.

465. L'avoué du dernier créancier peut être intimé.
466. Il faut en dire autant de l'avoué choisi par les créanciers réunis.
467. L'avoué du dernier créancier colloqué sera intimé s'il a intérêt dans la contestation.
468. Il doit être intimé dans le délai de dix jours fixé par l'art. 762.
469. De la poursuite de l'audience sur appel.
470. L'avenir est donné par la partie la plus diligente, et non par l'avoué commis.
471. L'affaire est instruite sommairement; les intimés seuls peuvent signifier des conclusions motivées.
472. En cas d'appel incident, l'appelant principal peut signifier des conclusions contre les griefs de l'appel incident.

465. Nous avons vu qu'en première instance les créanciers postérieurs en ordre d'hypothèque aux collocations contestées, s'ils ne sont pas d'accord sur le choix d'un avoué commun, reçoivent de la loi, pour défenseur, l'avoué du dernier créancier colloqué. Par le même motif de simplifier la procédure et de diminuer les frais en appel, le législateur veut que la défense de ces créanciers soit confiée à un seul avoué : aussi l'avoué du créancier dernier colloqué, lequel est le représentant légal des créanciers réunis, peut-il, d'après notre article, être intimé s'il y a lieu.

Faut-il conclure de là que l'avoué du dernier créancier colloqué a aussi qualité pour interjeter appel ? M. Carré (nouv. édit., quest. 2587 *bis*) exprime que, puisque cet avoué peut être intimé *en cette qualité,* il ne voit pas pourquoi il ne pourrait pas se porter appelant dans les mêmes conditions. M. Duvergier (p. 156, note 4), tout en reconnaissant qu'il eût convenu de donner cette faculté à l'avoué du dernier créancier colloqué, estime, au contraire, qu'il s'élève contre le système admis par M. Chauveau un grave préjugé de ce que ce système n'a trouvé place ni dans le projet du gouvernement, ni dans les amendements du Corps législatif. Nous partageons ce dernier avis par la raison qu'autoriser l'avoué du dernier créancier colloqué à interjeter appel en cette qualité seule, ce serait ajouter à la mission que cet avoué tient de la loi dans l'intérêt des créanciers postérieurs en rang aux collocations contestées.

466. Ce que nous disons de l'avoué du créancier dernier colloqué s'applique également à l'avoué commun du choix des créanciers, dans le cas où ils ont été d'accord. Car cet avoué est alors le mandataire de la masse des créanciers, et joue le même rôle qu'occuperait l'avoué du créancier dernier colloqué si l'on ne s'était pas entendu sur le choix d'un défenseur commun.

467. L'art. 763 ne rend pas cette intimation de l'avoué commun

obligatoire dans tous les cas, puisqu'il déclare qu'il peut être intimé *s'il y a lieu.* Ces mots : *s'il y a lieu,* ont donné naissance à différentes interprétations; mais nous pensons, avec le rapport de la commission, qu'ils équivalent à ceux-ci : *s'il a intérêt dans la contestation.* « L'avoué du dernier créancier colloqué, est-il dit dans ce rapport, sera intimé, s'il a intérêt dans la contestation; par exemple, si les contredits ne portent pas seulement sur le rang des premiers créanciers eux-mêmes, mais sur l'existence et sur la quotité de leurs créances. » (*Suprà*, p. 62, n° 167.) C'est dans ce sens que la jurisprudence (1) s'était prononcée sous l'empire du Code de procédure.

468. Dans le cas où il y a intérêt à intimer l'avoué du dernier créancier colloqué, faut-il que l'appel soit interjeté dans le délai de dix jours fixé par l'art. 762? M. Chauveau (2), adoptant l'opinion de M. Coffinière sur ce point, soutient qu'il suffit que l'intimation ait lieu avant que la cause soit en état, parce que l'ancien art. 764 ne fixe aucun délai dans lequel l'appelant serait obligé d'intimer l'avoué du créancier dernier colloqué. Mais cette interprétation nous paraît arbitraire; le délai de l'appel fixé par l'art. 762 s'applique également (3) à l'art. 763; rien, dans la loi, n'autorise à faire de distinction entre les différentes parties, en présence des termes de l'art. 762, d'après lesquels l'appel est interjeté dans les dix jours de la signification du jugement à avoué.

469. Dans la loi du 21 mai 1858, l'ancien art. 765 forme le second paragraphe de notre art. 763, sauf quelques changements de rédaction. « L'audience est poursuivie et l'affaire instruite, dit cet art. 763, conformément à l'art. 761, sans autre procédure que des conclusions motivées de la part des intimés. »

470. Il ne faut pas prendre ce renvoi à l'art. 761 tout à fait à la lettre; car ce n'est pas à la diligence de l'avoué commis par le juge-commissaire que l'audience peut être poursuivie en appel, où cet avoué ne peut pas figurer en cette qualité. Ce sera donc, comme d'après l'ancien art. 761, la partie la plus diligente qui donnera avenir pour l'audience indiquée dans l'assignation.

471. L'affaire est instruite sommairement, comme en première instance. Ce point, contesté autrefois (4), ne peut plus l'être, aux termes de l'art. 763, qui dit que l'affaire est instruite conformément à l'art. 761. Le seul acte de procédure que la loi admet, ce sont les conclusions motivées de la part des intimés (5). L'acte d'appel, qui doit contenir les griefs de l'appelant, tient lieu de conclusion de sa part.

---

(1) Paris, 18 mars 1837 (Sir., 37, 2, 243); Toulouse, 19 juill. 1839 (Dall., 40, 2, 106). *Voy.* aussi MM. Colmet d'Aâge, t. II, n° 1037; Chauveau, nouv. édit., quest. 2591.
(2) Quest. 2595 *bis;* Paris, 27 nov. 1812 (*Journ. des Av.,* t. XVII, p. 231) et 2592 de l'édit. nouv.; Riom du 4 janv. 1855 (*Journ. des Av.,* t. LXXX, p. 561).
(3) Toulouse, 8 juill. 1829 (Sir., 30, 2, 236).
(4) *Voy.* MM. Chauveau, quest. 2597; Pigeau, t. II, p. 261; Cass., 10 janv. 1815 (Sir., 15, 1, 67). — Mais, dans sa nouvelle édition, M. Chauveau (quest. 2594) reconnaît qu'en présence de la loi nouvelle, il n'y a plus lieu à controverse. *Voy.* aussi la Circulaire ministérielle du 2 mai 1859. (*Suprà*, p. 134, n° 66.)
(5) D'après un arrêt récent de la Cour de Paris, ces conclusions peuvent être gros-

472. Il est bien entendu que si les intimés forment eux-mêmes un appel incident, comme ils sont appelants sur certains chefs du jugement, et l'appelant primitif intimé, ce dernier pourra signifier des conclusions motivées pour repousser les griefs formulés dans l'acte d'appel incident.

Art. 764.

Texte ancien.

L'arrêt contiendra liquidation des frais; les parties qui succomberont sur l'appel, seront condamnées aux dépens, sans pouvoir les répéter (C. proc., art. 766).

Loi actuelle (1).

Voies de recours contre le jugement.

La Cour statue sur les conclusions du ministère public. L'arrêt contient liquidation des frais, il est signifié dans les quinze jours de sa date à avoué seulement, et n'est pas susceptible d'opposition. La signification à avoué fait courir les délais du pourvoi en cassation.

SOMMAIRE.

473. L'art. 764 n'exige pas un rapporteur en appel sur les contestations d'ordre.
474. L'arrêt doit contenir liquidation des frais; sinon, il donne lieu à cassation.
475. Il n'est pas susceptible d'opposition; donc il n'y a pas lieu à défaut profit joint.
476. La signification de l'arrêt n'est faite qu'à avoué; mais en cas de décès de l'avoué, elle est faite à la partie, à personne ou domicile.
477. Le délai pour signifier est de quinze jours depuis la date de l'arrêt.

473. L'art. 764 veut que la Cour statue sur les conclusions du ministère public; mais il n'exige pas, comme l'art. 762, qu'en appel il soit fait un rapport par un conseiller sur les difficultés auxquelles donne lieu l'ordre. En effet, en première instance, toutes ces difficultés ont été éclaircies et en grande partie élaguées, de sorte qu'il ne reste plus à statuer que sur des questions importantes et bien précises.

474. Déjà le Code de procédure avait ordonné que la liquidation des frais fût faite dans l'arrêt même. L'art. 764 a reproduit cette disposition, qui était la conséquence de ce que l'art. 763 déclare que les appels des jugements d'ordre sont jugés comme matière sommaire. Il résulterait de là que l'inobservation de cette formalité pourrait donner lieu à cassation de l'arrêt (2), quoique le contraire ait été jugé par la Cour de cassation sous l'empire du Code de procédure, par la raison

___

soyées, et il est dû à l'avoué un émolument dont le chiffre doit être proportionné à l'importance des intérêts en litige. Paris, 1er juill. 1859 (Dev., 59, 2, 558). D'autres décisions admettent également le droit de l'avoué à un émolument; seulement, à défaut de disposition spéciale, elles tiennent que cet émolument doit être fixé d'après la taxe pour les requêtes et conclusions. Limoges, 12 mai 1846; Orléans, 27 mars 1858 (Dev., 47, 2, 21; 58, 2, 590).   P. P.
(1) Disposition semblable dans l'art. 763 du projet.
(2) Art. 543 du Code de procédure.

qu'aucune disposition de la loi ne réputait les appels des jugements d'ordre affaires sommaires (1).

475. L'arrêt n'est pas susceptible d'opposition par les défaillants, pas plus que le jugement en première instance. Le texte de l'art. 764, en le déclarant formellement, met ainsi fin à la controverse qui existait sur ce point (2). Partant, il n'y a pas lieu à défaut profit joint en matière d'ordre.

476. La seule voie qui reste pour attaquer les arrêts, en matière d'ordre, c'est le pourvoi en cassation; mais, par exception au droit commun, il suffira de signifier l'arrêt à avoué seulement pour faire courir le délai du pourvoi en cassation. Cependant si l'avoué constitué en appel était décédé ou avait cessé ses fonctions, cette signification devrait être faite à personne ou à domicile, pour mettre la partie en demeure d'exercer le recours en cassation.

477. Le délai pour signifier l'arrêt est bien moins étendu que celui qui est donné pour la signification du jugement; il est de quinze jours, au lieu de trente, et il a son point de départ au jour du prononcé de l'arrêt. Le motif de cette différence est expliqué en ces termes dans le rapport de la commission : « Le greffier de la Cour ne pourra différer l'expédition de l'arrêt sous prétexte qu'il a vingt jours pour le faire enregistrer. L'appel d'un seul, peut-être, a assez tenu en échec tous les créanciers. Que les objections et les lenteurs traditionnelles disparaissent emportées par le torrent de l'urgence! » (*Suprà,* p. 62, n° 169.)

ART. 765.

Texte ancien.

Quinzaine après le jour des contestations, et, en cas d'appel, quinzaine après la signification de l'arrêt qui y aura statué, le commissaire arrêtera définitivement l'ordre

---

(1) Rej., 6 juin 1820 (Sir., 20, 1, 372). *Voy.* M. Chauveau, n° 2598 *bis.* — Nous ne saurions aller jusque-là, et nous aimons mieux dire avec M. Chauveau, qui, d'ailleurs, maintient sous la loi nouvelle (*voy.* quest. 2595 *bis*) l'opinion par lui émise dans ses précédentes éditions que l'omission, quand il s'agit d'un jugement rendu en dernier ressort, ne constitue pas un moyen de cassation, mais que la partie peut seulement former opposition à l'exécutoire des dépens que l'avoué est tenu alors d'obtenir à ses frais, si la liquidation contenue dans cet exécutoire paraît exagérée. (*Sic,* M. Rodière, t. III, p. 227.) C'est, du reste, ce qui paraît admis, dans notre cas particulier, par la jurisprudence, de laquelle il résulte que, bien que la liquidation des dépens d'appel, en matière d'ordre, doive être faite dans l'arrêt, l'avoué auquel ils sont dus peut néanmoins prendre exécutoire au cas où des difficultés sont élevées sur la taxe par la partie condamnée; — Paris, 1er juill. 1859 (Dev., 59, 2, 559); — et qu'il n'est pas nécessaire, pour cela, que la distraction des dépens ait été prononcée au profit de l'avoué si celui-ci est l'avoué du dernier créancier colloqué, que l'art. 760 charge de représenter les créanciers postérieurs en rang aux collocations non contestées, à défaut par eux de s'être entendus pour choisir eux-mêmes un avoué. Rej., 6 déc. 1858 (Dev., 59, 1, 331).
P. P.

(2) Metz, 25 juill. 1835 (Sir., 36, 2, 318); Caen, 9 mai 1837 (Sir., 37, 2, 335); Pau, 14 mars 1847 (Sir., 43, 2, 475). MM. Bioche et Goujet, v° Ordre, n° 366; Chauveau, n° 2582. — *Contrà :* Colmar, 5 déc. 1812 (Dall., 10, 845) et 10 déc. 1849 (Sir., 50, 2, 377).

des créances contestées et de celles postérieures, et ce conformément à ce qui est prescrit par l'art. 759 : les intérêts et arrérages des créanciers utilement colloqués cesseront.

Projet du gouvernement.

Dans les huit jours qui suivent l'expiration du délai d'appel, et en cas d'appel dans les huit jours de la signification de l'arrêt, le juge arrête définitivement l'ordre des créances contestées et des créances postérieures, conformément à l'art. 758.

Les intérêts et arrérages des créanciers utilement colloqués cessent (proj., art. 764).

Loi actuelle.

Clôture de l'Ordre après contestation.

Dans les huit jours qui suivent l'expiration du délai d'appel, et en cas d'appel dans les huit jours de la signification de l'arrêt, le juge arrête définitivement l'ordre des créances contestées et des créances postérieures, conformément à l'art. 759.

Les intérêts et arrérages des créanciers utilement colloqués cessent *à l'égard de la partie saisie.*

SOMMAIRE.

478. En cas de contestation, comment le juge doit-il faire la clôture soit après appel, soit en cas de non-appel dans le délai?

479. C'est à l'avoué qui signifie le jugement à faire connaître au juge la date de la signification.

480. Rejet par le conseil d'État d'une proposition faite en vue de porter à la connaissance du juge-commissaire l'arrêt et la date de la signification. Comment on procède à cet égard dans la pratique.

481. L'exécution de l'arrêt, soit confirmatif, soit infirmatif, n'appartient pas à la Cour.

482. La clôture de l'ordre fait cesser les intérêts vis-à-vis de la partie saisie.

483. Mais les intérêts courent contre l'adjudicataire, ou la Caisse des dépôts en cas de consignation.

484. A l'égard du saisi, les intérêts cessent du jour de la clôture de l'ordre, quoique les bordereaux ne soient délivrés que plus tard.

485. L'art. 2151 du Code Napoléon ne s'applique pas aux intérêts courus depuis la clôture du procès-verbal d'ordre.

486. *Quid* des intérêts courus depuis la collocation éventuelle sur le prix affecté au service d'une rente viagère?

487. *Quid* en cas de folle enchère pour défaut de payement par l'acquéreur des bordereaux de collocation délivrés contre lui?

478. Après avoir examiné, dans les articles qui précèdent, les formalités à suivre pour vider les contestations en matière d'ordre, soit par jugement en première instance, soit par arrêt en cas d'appel, il faut nous occuper des règles tracées par l'art. 765 pour faire la clôture définitive de l'ordre, dont toutes les difficultés sont résolues par des décisions judiciaires.

Lorsque le jugement rendu en première instance n'est pas frappé d'appel, c'est dans les huit jours qui suivent l'expiration du délai pour former appel que le juge doit arrêter définitivement l'ordre des créances contestées et des créances postérieures, conformément à l'art. 759.

479. Nous avons vu précédemment que le délai d'appel expire après

l'écoulement de dix jours depuis la signification du jugement à avoué; il faut donc que le juge soit averti du jour de la signification par l'avoué qui la fait. La loi suppose bien que cet avertissement est donné au magistrat, mais elle ne prescrit pas la forme à suivre à cet égard. Pour éviter tout reproche de négligence, l'avoué devra mentionner au greffe, sur le procès-verbal d'ordre, le jour de la signification du jugement.

Le juge, dès qu'il connaît le jour de la signification, peut arrêter définitivement l'ordre si, dans les dix jours, aucun appel n'est interjeté. Pour faire connaître cet appel au juge-commissaire, l'appelant devrait l'en avertir, afin de l'empêcher de passer outre à la clôture définitive de l'ordre; et nous pensons que la meilleure marche à suivre serait de constater par une mention sur le procès-verbal d'ordre la date de l'acte d'appel. Grâce à ces renseignements, le juge pourra faire la clôture de l'ordre dans le délai de huitaine fixé par l'art. 765, s'il n'y a pas d'appel contre le jugement aux dispositions duquel il doit se conformer dans son règlement définitif.

480. Lorsque, au contraire, il y a appel, le juge doit suspendre la clôture définitive de l'ordre jusqu'à ce que la Cour ait statué sur les difficultés qui lui sont soumises. Dans ce cas, c'est dans les huit jours de la signification de l'arrêt que le juge arrête définitivement l'ordre des créances contestées et des créances postérieures, en suivant les formalités tracées pour la clôture de l'ordre dans l'art. 759.

Dans son règlement définitif, le juge doit suivre les dispositions de l'arrêt. Mais comment connaîtra-t-il cet arrêt, auquel il ne participe pas, et comment saura-t-il qu'il a été signifié, pour se conformer à la disposition qui prescrit d'arrêter l'ordre dans les huit jours de la signification? Déjà la commission du Corps législatif s'était préoccupée de ces difficultés d'exécution. Elle voulait « charger le greffier de la Cour de transmettre sur-le-champ, au juge, copie sans frais du dispositif. » Mais le conseil d'État a rejeté l'amendement, « réservant sans doute cette prescription au pouvoir réglementaire, ainsi que l'obligation pour l'avoué près la Cour d'avertir le juge de la signification. » (Voy. le rapport, suprà, p. 62, n° 170.) Dans la pratique, tous ces renseignements nécessaires au juge-commissaire pour la clôture de l'ordre lui sont donnés par l'avoué de première instance, qui est en correspondance avec l'avoué qui a occupé en appel pour la partie à laquelle profite l'arrêt.

481. Il résulte de notre art. 765 que ce n'est pas à la Cour qui a rendu l'arrêt qu'appartient l'exécution de ses dispositions, puisque le juge-commissaire en fait l'application, en vertu de la disposition spéciale de l'art. 765, dans le règlement définitif de l'ordre : aussi, si des difficultés s'élèvent sur l'exécution de cet arrêt par le juge-commissaire, ce n'est pas la Cour qui en doit connaître; le recours contre l'ordonnance de clôture se trouve inscrit dans l'art. 767, d'après lequel l'opposition est portée devant le tribunal de première instance (1). Du reste, nous ver-

---

(1) Arrêt de la Cour de Bourges du 22 nov. 1815 (Journ. des Av., t. XVII, p. 312). Voy. M. Chauveau, nouv. édit., quest. 2595 ter.

24

rons, dans le commentaire de l'art. 767, que la seule voie ouverte contre la clôture définitive de l'ordre prononcée par le juge, c'est l'opposition devant le tribunal. (*Voy.* n°s 499 et suiv.)

482. L'acte de production doit être assimilé à une demande en justice : aussi les intérêts sont-ils dus à partir de la date de la production s'ils sont demandés même dans le cas où la créance, dans l'origine, ne portait pas d'intérêt (1). Toutefois, par suite de la clôture de l'ordre, les intérêts et arrérages des créanciers utilement colloqués cessent, aux termes de l'art. 765, à l'égard de la partie saisie. Cet article ne parle que de la partie saisie, c'est-à-dire du débiteur originaire; mais il ne peut être invoqué par l'acquéreur ou l'adjudicataire, qui doivent aux créanciers colloqués les intérêts du capital jusqu'au payement effectif, à moins qu'ils n'aient consigné auparavant le prix de leur acquisition.

483. Dans ce dernier cas, le capital ne continue pas à produire intérêt au taux légal, parce que la Caisse des consignations paye un intérêt moindre que celui de la loi, et que la perte qui en résulterait retomberait sur le dernier créancier utilement colloqué, sans qu'il pût recourir contre le débiteur saisi, puisque les intérêts ont cessé à son égard. A ce moment de la clôture définitive de l'ordre, dit le rapport, les intérêts dus par le saisi cessent, et font place aux intérêts dus par l'adjudicataire *ou par la Caisse des consignations.* (Voy. *suprà*, p. 62, n° 171.)

484. Les intérêts cessent, à l'égard de la partie saisie, du jour de la clôture de l'ordre, bien que les bordereaux n'aient pas encore été délivrés par le greffier, auquel l'art. 769 accorde dix jours à cet effet (2). La raison en est que le greffier ne peut changer le travail du juge-commissaire et doit délivrer les bordereaux de ce qui a été définitivement arrêté par lui; les intérêts ont donc dû nécessairement avoir été arrêtés au même moment. Dans cet intervalle, les intérêts courent contre l'adjudicataire, à moins qu'il ne soit stipulé, dans le cahier des charges, que l'adjudicataire ne payera point les intérêts du prix.

485. Il a été décidé avec raison par la jurisprudence que l'art. 2151 du Code Napoléon, d'après lequel le créancier inscrit pour un capital n'a droit d'être colloqué que pour deux années d'intérêt seulement et pour l'année courante, ne s'applique point aux intérêts courus depuis la clôture du procès-verbal d'ordre. Voici comment la Cour suprême (3) s'explique à cet égard dans un arrêt dont les motifs sont décisifs :

« Attendu que la disposition restrictive de l'art. 2151, qui se réfère à la quotité des intérêts conservés par l'inscription hypothécaire (4), n'est point applicable aux intérêts et arrérages qui courent depuis la clôture

---

(1) Rej., 14 avr. 1836 (Sir., 36, 1, 376).

(2) MM. Pigeau, *Comment.*, t. II, p. 448; Berriat Saint-Prix, p. 621 et 622, note 37, n° 3; arrêt de la Cour de Bourges du 23 mai 1829 (Dall., 30, 2, 32).

(3) 14 nov. 1827 (Sir., 28, 1, 182).

(4) Du reste, les intérêts échus au profit de la femme, du mineur, de l'interdit, doivent être colloqués dans leur intégralité au même rang que le capital, même s'ils sont dus pour plus de trois années avant la demande en collocation; en effet, leurs hypothèques subsistent indépendamment de toute inscription. Le vendeur privilégié a le même droit, car les intérêts sont une partie du prix garanti par son privilège.

du procès-verbal d'ordre; qu'il faut, en effet, distinguer les intérêts dus en vertu d'une inscription de ceux qui sont dus en conformité d'un procès-verbal d'ordre clos et de la collocation arrêtée au profit d'un créancier auquel un capital est adjugé; que, dans le premier cas, l'art. 2151 confère au créancier seulement le droit d'être colloqué pour deux années et la courante, au même rang d'hypothèque que pour son capital; que, dans le second cas, ce n'est point en vertu de l'art. 2151, et par la force de l'inscription, qui, d'ailleurs, a produit tout son effet, que les intérêts du capital pour lequel le créancier a été utilement colloqué sont dus jusqu'au payement effectif de ce capital, mais bien par l'effet de la collocation arrêtée au procès-verbal d'ordre, qui a réglé définitivement le sort des créanciers entre eux; attendu, enfin, que cette distinction, qui résulte de la combinaison des art. 2151 du Code Napoléon, et 757, 769 et 770 du Code de procédure civile, concilie l'intérêt de tous les créanciers; qu'elle est conforme à la raison et à l'équité; qu'il ne serait pas juste, en effet, qu'un créancier premier en ordre, qui ne peut toucher la totalité de sa créance à l'instant même de la collocation arrêtée définitivement à son profit, par l'effet d'une circonstance indépendante de sa volonté, et qui lui est étrangère, fût privé de recevoir, lorsque les deniers deviennent libres, les intérêts qui sont l'accessoire du capital pour lequel il a été colloqué...» Etc.

486. Il a été jugé, par suite des principes posés dans cet arrêt, que les créanciers hypothécaires colloqués éventuellement sur le prix resté entre les mains de l'acquéreur pour le service d'une rente viagère ou d'un douaire ont droit, lors de l'extinction de la rente ou du douaire, de prendre sur le capital, outre le montant de leur collocation, les intérêts échus depuis le jour de la clôture de l'ordre jusqu'au moment où la somme sur laquelle ils ont été colloqués est devenue disponible (1).

487. Toutefois, lorsque, les collocations étant définitives sur des fonds disponibles, l'acquéreur devrait payer de suite après la délivrance du bordereau, il peut arriver qu'à défaut par l'acquéreur de payer ces bordereaux de collocation, une revente sur folle enchère devienne nécessaire. Dans ce cas, les créanciers colloqués en premier rang ne peuvent réclamer sur le prix de la seconde adjudication le payement des intérêts de leurs créances courus depuis la clôture de l'ordre (2), parce que l'adjudication sur folle enchère ne donne pas lieu à un nouvel ordre, et que l'on ne saurait enlever aux derniers colloqués le bénéfice de leur collocation si elle peut s'exécuter sur le prix obtenu par la folle enchère, sauf, bien entendu, aux créanciers à exercer contre le premier acquéreur leur recours pour les intérêts non payés.

---

(1) Cass., 22 janv. 1840 (Sir., 40, 1, 275).
(2) Douai, 10 juin 1843, et Agen, 9 août 1843 (Sir., 44, 2, 18 et 21); Toulouse, 3 juin 1828 et 2 juin 1849 (*Journ. des Av.*, t. LXXIV, p. 604, art. 781, § 21). — *Contrà* : M. Chauveau, édit. nouv., p. 257, n° 5.

ART. 766.

Texte ancien.

Les frais de l'avoué qui aura représenté les créanciers contestants, seront colloqués, par préférence à toutes autres créances, sur ce qui restera de deniers à distribuer, déduction faite de ceux qui auront été employés à acquitter les créances antérieures à celles contestées (C. proc., art. 768).

L'arrêt qui autorisera l'emploi des frais, prononcera la subrogation au profit du créancier sur lequel les fonds manqueront, ou de la partie saisie. L'exécutoire énoncera cette disposition et indiquera la partie qui devra en profiter (C. proc., art. 769).

Loi actuelle (1).

Peines des contestations rejetées.

Les dépens des contestations ne peuvent être pris sur les deniers provenant de l'adjudication.

Toutefois, le créancier dont la collocation rejetée d'office, malgré une production suffisante, a été admise par le tribunal sans être contestée par aucun créancier, peut employer ses dépens sur le prix au rang de sa créance.

Les frais de l'avoué qui a représenté les créanciers postérieurs en ordre d'hypothèque aux collocations contestées, peuvent être prélevés sur ce qui reste de deniers à distribuer, déduction faite de ceux qui ont été employés à payer les créanciers antérieurs. Le jugement qui autorise l'emploi des frais prononce la subrogation au profit du créancier sur lequel les fonds manquent ou de la partie saisie. L'exécutoire énoncera cette disposition et indiquera la partie qui doit en profiter.

Le contestant ou le contesté, qui a mis de la négligence dans la production des pièces, peut être condamné aux dépens, même en obtenant gain de cause.

Lorsqu'un créancier condamné aux dépens des contestations a été colloqué en rang utile, les frais mis à sa charge sont, par une disposition spéciale du règlement d'ordre, prélevés sur le montant de sa collocation au profit de la partie qui a obtenu sa condamnation.

SOMMAIRE.

488. Amélioration introduite dans le nouvel art. 766, relativement aux dépens.
489. Les frais ne doivent pas être prélevés sur le prix, à moins d'une exception formelle inscrite dans la loi.
490. Il y a exception en faveur du créancier dont la collocation, rejetée d'office par le juge, a été admise par le tribunal.
491. Il en serait autrement si un autre créancier soutenait que le juge a eu raison de rejeter la collocation.
492. Une autre exception est faite en faveur de l'avoué commun qui représente les créanciers postérieurs aux collocations contestées.

_____

(1) Le projet du gouvernement était absolument conforme, sauf que la disposition y figurait à l'art. 765.

488. Le Code de procédure pose, dans l'art. 130, la règle relative aux dépens en ces termes : « Toute partie qui succombe sera condamnée aux frais. » En matière d'ordre, on avait induit de ce que l'ancien art. 766 déclarait que les parties qui succomberont sur l'appel seront condamnées aux dépens, que le droit commun ne devait pas s'appliquer pour les frais faits en première instance pour les contestations sur le règlement provisoire. Ainsi, les contredits les plus téméraires, sous le prétexte qu'on soulevait les difficultés dans l'intérêt de la masse, osaient se produire devant la justice. Le législateur, pour remédier à ces abus, a dû rétablir en termes formels le principe du droit commun pour les frais d'ordre, aussi bien en première instance que pour l'appel, parce que, d'après l'exposé des motifs, sous la couleur d'une contestation de bonne foi et dans l'intérêt de tous, on se livrait à des contestations plus que téméraires qui, à l'inconvénient d'entraver la marche de l'ordre, ajoutaient la diminution de la somme à distribuer. (Voy. *suprà*, p. 23, n° 62.)

Le principe posé dans le nouvel art. 766 est celui-ci, que chacun plaide dans son intérêt particulier, et que les frais ne doivent pas être prélevés par privilége sur le prix. Le prix de l'immeuble est destiné à payer les créanciers, et ne doit pas être détourné pour être appliqué à d'autres usages.

489. De là la règle inscrite en tête de l'art. 766, que les dépens des contestations ne peuvent être pris sur les deniers provenant de l'adjudication. Cette règle doit être suivie dans toutes les questions relatives aux frais dans les contestations d'ordre; elle domine toujours, à moins qu'une exception formelle n'en vienne restreindre la portée.

Ces exceptions sont écrites à la suite de la règle, dans le même art. 766. Nous allons les examiner successivement.

490. La première est dictée, pour ainsi dire, par la force des choses. Elle a lieu dans le cas suivant : Un créancier fait une production régulière; malgré son bon droit, le juge-commissaire a rejeté sa demande en collocation en se fondant sur un motif erroné. Le créancier fait alors un contredit dans le délai, et le tribunal lui donne gain de cause, sans qu'aucun autre créancier ait osé soutenir devant les juges le rejet prononcé par le juge-commissaire. Ce créancier n'avait donc pas d'adver-

saire à l'audience, si ce n'est l'avoué commun du dernier créancier colloqué, dans l'intérêt de la masse. Mais cet avoué n'a pas un rôle librement choisi ; il n'intervient que sur l'exprès commandement de la loi, non pas dans un intérêt égoïste, mais pour défendre les intérêts de tous. Il ne doit donc pas subir la peine de la condamnation à tous les dépens ; il ne supportera que les frais faits dans l'intérêt de la masse. Il est évident que le juge-commissaire ne peut être condamné aux frais de cette contestation, car il est de principe que le magistrat n'est pas responsable de ses actes, à moins qu'il n'ait agi par fraude, ce qui pourrait donner lieu à la prise à partie. Ces frais ne peuvent pas davantage rester à la charge du créancier qui a contesté avec succès, et dont la collocation, rejetée d'office, a été admise par le tribunal ; il ne reste donc que la masse pour supporter les frais faits par ce créancier : aussi l'art. 767 dit que, dans ce cas, il peut employer ses dépens sur le prix au rang de sa créance ; de sorte que, par le prélèvement de ces frais sur la masse, ils retombent en totalité à la charge du créancier sur lequel les fonds viennent à manquer.

491. Mais dès qu'un adversaire se montre qui conteste dans son intérêt personnel, en s'appropriant en son nom, et non comme défenseur commun, les motifs qui ont fait rejeter ce créancier, la règle reprend son empire, et les frais ne peuvent être mis à la charge de la masse. Cet adversaire sera condamné à tous les dépens si le créancier rejeté obtient gain de cause, même à ceux faits par l'avoué commun. Si les plaideurs succombent respectivement sur quelques chefs, le tribunal peut compenser les dépens en tout ou en partie, mais en aucun cas ils ne peuvent être employés sur le prix.

492. Une autre exception à la règle d'après laquelle les dépens des contestations ne peuvent être pris sur les deniers provenant de l'adjudication a été faite par le législateur en faveur de l'avoué commun. Nous avons vu qu'en vertu de l'art. 760, son intervention dans les contestations sur le règlement provisoire est forcée ; il reçoit sa mission de la loi dans l'intérêt de tous : aussi était-il juste que les frais faits par cet avoué commun pour l'utilité de la masse des créanciers fussent prélevés sur le prix qui restait à distribuer (1). Ils sont faits pour simplifier la procédure, et amener ainsi plus vite la clôture de l'ordre par le jugement des contestations. Mais comme ils ne profitent nullement aux créances antérieures à celles contestées, c'est avec raison que ce prélèvement ne peut

_____

(1) Il est évident que ces frais comprennent les avances que l'avoué commun aurait faites ou qu'il aurait à faire à l'huissier. La nature privilégiée de ces frais utiles à la masse des créanciers ne dépend pas de la personne qui en demande collocation. Cependant la jurisprudence, pour éviter les complications résultant de l'intervention dans les ordres des huissiers qui viendraient pour se faire colloquer en leur nom, décide qu'on doit les renvoyer vers la partie qui a requis leur ministère. (Voy. aussi MM. Bioche, v° Ordre, n° 383 ; Troplong, Hyp., n° 128 ; Paul Pont, Priv. et Hyp., n° 67 ; Chauveau, édit. nouv., quest. 2598 bis. — Contrà : MM. Ollivier et Mourlon, n° 418.) D'après notre art. 766, c'est l'avoué de la cause commune, nommément désigné par la loi, qui est la partie à laquelle l'huissier devrait s'adresser.

avoir lieu que déduction faite de la portion du prix employée à payer les créanciers antérieurs.

493. Comme ce prélèvement sur le prix au profit de l'avoué commun, soit par le choix des créanciers, soit par la désignation de la loi, diminue d'autant la somme à distribuer, et est supporté, en définitive, par le créancier sur lequel les fonds manquent ou par la partie saisie, si tous les créanciers sont payés, le jugement qui autorise l'emploi de ces frais prononce en même temps la subrogation au profit du créancier sur lequel les fonds manquent ou de la partie saisie. Par ce moyen, celui qui doit profiter de la subrogation peut poursuivre la partie condamnée (1) aux frais de la contestation. L'art. 766 ajoute que « l'exécutoire énoncera cette disposition et indiquera la partie qui devra en profiter. » Ces termes sont la reproduction fidèle du dernier alinéa de l'ancien art. 769.

494. Le mot *exécutoire* se rapportait, dans l'article du Code de procédure, à l'*arrêt* qui autorisait l'emploi des frais; et comme la procédure en appel était réputée alors ordinaire, l'expression était exacte et juridique. Mais le mot *exécutoire,* employé dans le nouvel art. 766 pour les frais dont il s'agit, paraît impropre : la matière étant sommaire, le dispositif du jugement doit contenir la liquidation des dépens. C'est donc en vertu d'un extrait du dispositif concernant les frais que le subrogé devrait poursuivre le recouvrement des dépens dont s'agit, et non pas au moyen d'un exécutoire qui ne figure dans le nouvel art. 766 que parce qu'on y a copié l'ancienne disposition du Code de procédure (2). Si le créancier sur lequel les fonds manquent ou la partie saisie ne recouvrent pas ces dépens contre la partie condamnée, mais insolvable, l'insolvabilité reste à leur charge.

495. L'art. 766 fait, dans son avant-dernier alinéa, une autre exception au principe suivant lequel la partie qui succombe doit être condamnée aux frais. En effet, il déclare « que le contestant ou le contesté qui a mis de la négligence dans la production des pièces peut être condamné aux dépens, même en obtenant gain de cause. » Le législateur punit ici la lenteur dans une procédure qui, avant tout, doit marcher avec rapidité. Cependant la sanction établie par la loi est facultative pour le tribunal, qui doit apprécier s'il y a faute suffisante de la part du gagnant pour qu'on mette les frais à sa charge.

Cette disposition peut s'appliquer au cas de production insuffisante, dit le rapport de la commission; déjà, en expliquant l'art. 754, nous avons dit que c'est la punition qu'on doit infliger au créancier qui n'a pas produit tous ses titres à l'appui de sa demande en collocation, et a

---

(1) Nous croyons, avec M. Tarrible, que si l'avoué commun de la masse des créanciers a succombé, il n'y a pas lieu à la subrogation, parce que l'arrêt ou le jugement n'a pu condamner personne au remboursement de ces frais.

(2) C'est l'opinion exprimée par tous les auteurs. *Voy.* MM. Grosse et Rameau, n° 433; Bressolles, p. 63; Duvergier, *Comment. de la loi de 1858,* p. 157, note 7; Chauveau, nouv. édit., quest. 2598 *quater.* Néanmoins, ajoute ce dernier auteur, il pourrait arriver que le créancier appelé à profiter de la subrogation ne fût pas connu au moment du jugement; il y aurait lieu alors de délivrer exécutoire, et de le désigner dans cet état.   P. P.

donné ainsi lieu, sur le règlement provisoire, à une contestation que la production des pièces en temps utile aurait pu éviter. (*Voy.* n° 284.)

496. Il est bien entendu que même le contestant ou le contesté qui obtiennent condamnation aux frais contre leur adversaire, dès qu'ils agissent dans leur intérêt personnel et en leur propre nom, ne peuvent employer ces dépens comme accessoire de leur créance à la date de leur collocation, à moins qu'ils ne se trouvent dans l'un des cas d'exception prévus par l'art. 766. Car les dépens des contestations ne peuvent être pris sur les deniers provenant de l'adjudication; ils ne peuvent être recouvrés que contre la partie condamnée, dont l'insolvabilité reste ainsi à la charge de celui qui a obtenu gain de cause.

497. Toutefois, lorsqu'un créancier condamné aux dépens a été colloqué en rang utile, les frais mis à sa charge sont, par une disposition spéciale du règlement, d'ordre, prélevés (1) sur le montant de sa collocation, au profit de la partie qui a obtenu sa condamnation. Cette dernière disposition s'applique aussi bien en faveur du gagnant qu'au profit du créancier sur lequel les fonds manquent ou de la partie saisie, dans le cas où ils ont été subrogés à l'avoué commun pour le montant des frais auxquels un créancier aurait été condamné.

498. Mais si ce créancier n'est pas colloqué et s'il est insolvable, où sera la garantie? « Votre commission, dit M. Riché, l'avait cherchée dans la contrainte par corps, que le tribunal aurait eu la faculté de prononcer contre un chicanier sans vergogne ou contre un prête-nom sans consistance : le conseil d'État n'a pas cru qu'il fût possible d'autoriser la contrainte par corps pour des dépens, même à titre de dommages-intérêts. » (Voy. *suprà*, p. 63, n° 175.)

Art. 767.

Projet du gouvernement (2).

En cas d'opposition par un créancier, par l'adjudicataire ou la partie saisie, à l'ordonnance de clôture, cette opposition est formée, à peine de nullité, dans la huitaine de cette ordonnance, et portée dans la huitaine suivante à l'audience du tribunal, même en vacation, par un simple acte d'avoué contenant moyens et conclusions; et, à l'égard de la partie saisie, n'ayant pas d'avoué en cause, par exploit d'ajournement à huit jours. La cause est instruite et jugée conformément aux art. 760, 762 et 763, même en ce qui concerne l'appel du jugement.

Loi actuelle.

Recours contre l'Ordonnance de clôture.

Dans les trois jours de l'ordonnance de clôture, l'avoué poursuivant la dénonce par un simple acte d'avoué à avoué.

---

(1) Il résulte de cette disposition que la partie qui a obtenu sa condamnation est privilégiée sur le montant de la collocation de ce créancier, et ne doit pas venir par distribution au marc le franc avec les créanciers colloqués en sous-ordre sur la même collocation.

(2) Il n'y avait pas de disposition sur ce point dans l'ancien texte du Code.

En cas d'opposition *à cette ordonnance* par un créancier, par l'adjudicataire ou la partie saisie, cette opposition est formée, à peine de nullité, dans la huitaine de la dénonciation, et portée dans la huitaine suivante à l'audience du tribunal, même en vacation, par un simple acte d'avoué contenant moyens et conclusions; et, à l'égard de la partie saisie, n'ayant pas d'avoué en cause, par exploit d'ajournement à huit jours. La cause est instruite et jugée conformément aux art. 761, 762 et 764, même en ce qui concerne l'appel du jugement.

SOMMAIRE.

499. Le recours contre l'ordonnance de clôture définitive de l'ordre existait déjà sous l'empire du Code de procédure. Cependant on n'avait ni fixé les formes à suivre pour l'exercer, ni indiqué les motifs et les limites de ce droit de recours.

Dans la pratique, on avait admis le droit d'attaquer cette ordonnance lorsque le juge-commissaire était sorti des limites de ses attributions, s'il avait tranché lui-même des difficultés élevées sur le règlement provisoire, sans les faire juger par le tribunal, ou s'il avait mal appliqué les décisions du tribunal ou de la Cour sur les contredits, ou enfin si le règlement définitif, par erreur ou par excès de pouvoir, ne se trouvait pas entièrement conforme au règlement provisoire non contesté. Lors de la confection de la loi de 1858, un député, M. Millet, avait proposé de déterminer par un texte de loi les cas qui devaient donner lieu à ce recours contre l'ordonnance de clôture; mais la commission du Corps

législatif a rejeté la proposition comme inutile, « les motifs et les limites
de ce droit ayant paru trop évidents. » (Voy. *suprà*, p. 63, n° 177.) Tout
le monde est d'accord que, dans certains cas, il y a nécessité d'accorder
le droit d'attaquer l'ordonnance de clôture faite par le juge-commissaire ; mais il régnait une telle divergence dans la jurisprudence sur la
voie à prendre pour faire réformer le règlement définitif que c'était une
lacune à remplir par la loi que de tracer les formes à suivre pour ce recours, dans le but de mettre fin aux nombreux procès qu'avait soulevés
cette question de forme.

500. En effet, « les uns, dit l'exposé des motifs, ont soutenu que l'ordonnance de clôture n'était qu'une simple décision rendue par un seul
juge, et qui pouvait être attaquée par opposition devant le tribunal ; les
autres ont dit qu'une décision qui était exécutoire et revêtue du mandement souverain, qu'une décision qui prononçait la déchéance de créanciers, ordonnait la radiation d'inscriptions, était un jugement en premier ressort qui ne pouvait être attaqué que par la voie d'appel ; d'autres,
enfin, ne rencontrant dans cette ordonnance aucune nature bien définie,
ne lui ont reconnu que le caractère d'un acte dont il fallait demander la
réforme par action principale. » (*Suprà*, p. 24, n° 66.) Plus de cinquante arrêts de Cours impériales ont été rendus sur cette question de
forme, et la Cour de cassation, après avoir jugé par un premier arrêt,
du 9 avril 1839, que l'appel était le seul mode d'attaquer cette ordonnance, a déclaré, le 14 janvier 1850, que l'opposition était seule recevable, et elle a persisté plus tard dans son opinion.

501. C'est l'avis du dernier arrêt de la Cour suprême qui est passé
dans la loi de 1858, qui prescrit le mode d'opposition devant le tribunal
même comme la voie de recours la plus prompte et la plus économique.

502. L'art. 767, dans lequel est renfermée toute la procédure de
l'opposition contre l'ordonnance de clôture, établit, dans son premier
alinéa, comment cette ordonnance est portée à la connaissance des parties intéressées.

Le projet de loi était muet sur ce point, et déclarait simplement que
l'opposition devait être formée dans la huitaine de l'ordonnance. Mais
cet acte étant fait au greffe, dit M. Riché, ou dans le cabinet du juge,
il faudra donc que le créancier, qui peut ne pas soupçonner une irrégularité, se trouve sans cesse au greffe pour guetter l'apparition de l'ordonnance ? « Votre commission a pensé que cette attitude d'observation
quotidienne ne pouvait guère être imposée qu'au poursuivant, mais
qu'il faudra que celui-ci dénonce aux autres l'existence de l'ordonnance,
le délai d'opposition courant de cette dénonciation. » (Voy. *suprà*,
p. 64, n° 180.) L'amendement a été adopté par le conseil d'État.

Par suite des observations de la commission, l'art. 767 commence
par ces termes : « Dans les trois jours de l'ordonnance de clôture, l'avoué
poursuivant la dénonce par un simple acte d'avoué à avoué. »

503. On ne dit pas, dans ce premier alinéa, à qui cette dénonciation
doit être faite ; mais la suite de l'article pourvoit à cela. En effet, *en cas
d'opposition*, y est-il dit, *à cette ordonnance par un créancier, par l'ad-*

judicataire ou la partie saisie, etc. Cela indique que cette ordonnance doit être dénoncée d'abord aux créanciers qui figurent dans le règlement définitif, ensuite à l'adjudicataire, qu'il est utile d'avertir de la clôture de l'ordre pour qu'il se tienne prêt à payer les créanciers colloqués, et enfin à la partie saisie, qui a intérêt à savoir comment ses fonds sont distribués.

504. Cette dénonciation a lieu par acte d'avoué à avoué. Cela ne peut faire une difficulté à l'égard des créanciers qui ont avoué en cause, ni même à l'égard de l'adjudicataire dont l'avoué est connu ; c'est celui qui a obtenu l'adjudication en sa faveur ; et s'il s'agit d'un acquéreur par vente amiable, ce sera l'avoué qui a fait les notifications pour la purge, préliminaire nécessaire de l'ordre. Mais la partie saisie ne constitue pas toujours un avoué pour suivre la procédure d'ordre. Faudra-t-il, dans ce cas, lui dénoncer la clôture par exploit à personne ou au domicile réel, au lieu de le faire par simple acte d'avoué à avoué, comme le prescrit l'art. 767 ?

Pour soutenir l'affirmative, on peut dire qu'une mise en demeure est nécessaire pour que le saisi puisse exercer le droit qu'il a de former opposition à l'ordonnance de clôture s'il y a lieu. L'art. 767, il est vrai, ne parle que de la dénonciation par acte d'avoué à avoué, parce que le législateur suppose que toutes les parties ont constitué avoué ; mais quand la loi est faite dans la supposition que ceux à qui il faut signifier un acte ont un avoué, dès que cet avoué n'existe pas en cause, il est de principe que la notification doit avoir lieu par exploit signifié à la partie même. Nous l'avons décidé ainsi pour la dénonciation du règlement provisoire à la partie saisie qui n'avait pas d'avoué en cause.

Malgré ces raisons, nous croyons que la dénonciation de l'ordonnance de clôture ne doit pas être faite si le saisi n'a pas constitué avoué. En effet, l'opposition contre cette ordonnance est une voie extraordinaire et très-rarement appliquée. Le législateur n'a pas voulu qu'on subît les retards résultant d'une assignation au domicile du saisi, qui peut demeurer très-loin du siége du tribunal, et donner lieu ainsi à une augmentation de délai préjudiciable à la masse des créanciers. Le saisi qui ne s'est pas montré dans tout le cours de la procédure, qui n'a pas pris connaissance du règlement provisoire, prouve suffisamment qu'il n'a aucun intérêt à prendre cette voie peu usitée de l'opposition contre l'ordonnance de clôture. Cela est si vrai que quand, dans la pensée du législateur, l'intérêt apparaît pour la partie saisie, elle est appelée par exploit d'ajournement lorsqu'elle n'a pas d'avoué en cause. En effet, quand l'opposition est formée, l'opposant, aux termes de l'art. 767, doit assigner la partie saisie n'ayant pas d'avoué constitué par exploit d'ajournement. Cela vient encore à l'appui de notre opinion, et prouve que c'est avec intention que le législateur n'a pas parlé d'un exploit d'ajournement pour dénoncer à la partie saisie qui n'a pas d'avoué la clôture de l'ordre, tandis que, dans le même article, il veut qu'une assignation lui soit donnée à personne ou à domicile lorsque l'opposition est véritablement formée contre l'ordonnance de clôture. Ce rapprochement des deux paragraphes du même art. 767 démontre clairement que la dénonciation de l'ordonnance de clôture ne doit pas être faite à la partie saisie qui n'a pas d'avoué en cause.

505. Grâce à cet avertissement, les parties intéressées peuvent prendre connaissance du règlement définitif et former opposition à l'ordonnance de clôture si elles croient devoir l'attaquer.

Il s'agit maintenant d'examiner par quel acte cette opposition doit se manifester, d'après la procédure tracée dans l'art. 767. « Cette opposition est formée, dit cet article, à peine de nullité, dans la huitaine de la dénonciation, et portée, dans la huitaine suivante, à l'audience du tribunal par un simple acte d'avoué contenant moyens et conclusions. »

Il résulte de ce texte que l'acte qui révèle l'opposition, c'est l'acte d'avoué contenant moyens et conclusions. En effet, ces mots : *par un simple acte d'avoué,* se rapportent aussi bien au mot *formée* qu'au mot *portée,* qui se trouve dans cet article ; car, sans cela, on ne comprendrait pas que le législateur, en organisant cette procédure, eût oublié la chose principale, et par laquelle il fallait commencer, c'est-à-dire d'indiquer dans quelle forme l'opposition devait être faite. Mais cet oubli, qu'on ne comprendrait d'ailleurs pas, n'existe nullement, puisque, d'après l'exposé des motifs, on en a réglé *les délais et les formes* dans l'art. 766 du projet de loi devenu, par un remaniement, notre art. 767. Ainsi *cette opposition est formée, à peine de nullité, dans la huitaine de la dénonciation :* voilà les délais fixés conformément à ce qu'annonçaient les paroles de l'exposé des motifs ; de plus, elle est portée, dans la huitaine suivante, à l'audience du tribunal par un simple acte d'avoué contenant moyens et conclusions : voilà la forme de l'opposition dont parle cet exposé. Ainsi, toute la procédure par laquelle l'opposition est portée à l'audience se borne à un simple acte d'avoué contenant les moyens et les conclusions de l'opposant. Cet acte doit être signifié dans la huitaine de la dénonciation de l'ordonnance de clôture, avec avenir pour l'audience du tribunal dans la huitaine suivante. On n'a pas voulu que les contestations élevées après le règlement définitif d'ordre fussent constatées par des dires à la suite du procès-verbal d'ordre clos et arrêté par le juge-commissaire : aussi l'acte d'opposition, aux termes de l'art. 767, doit contenir les moyens et les conclusions, tandis que les contredits *sur le règlement provisoire* doivent être motivés, avec les pièces à l'appui.

506. Toutefois, à l'égard de la partie saisie n'ayant pas d'avoué en cause, l'art. 767 veut que l'opposition soit formée par exploit d'ajournement à huit jours (1). Il est évident que cet exploit d'ajournement

_____

(1) Mais si c'est la partie saisie elle-même qui forme opposition, nous pensons que c'est la forme de l'acte d'avoué à avoué qui doit être suivie. M. Bressolles est, sur ce point, d'un avis différent. « Il est clair, dit-il n° 59, que si l'art. 767 dit qu'à l'égard du saisi qui n'a pas d'avoué l'opposition est formée par exploit d'ajournement à huit jours, cela doit s'entendre aussi bien de celle qui est faite par une partie, et dont elle donne ainsi connaissance au saisi, *que de l'opposition formée par celui-ci, qui emploiera la forme de l'ajournement,* sauf à ne la signifier qu'au domicile des avoués des autres

doit être remis au saisi dans la huitaine de la dénonciation, à peine de nullité, sauf l'augmentation des délais de distance s'il y a lieu ; et comme l'art. 767 renvoie à l'art. 762, nous pensons qu'on ne doit augmenter la huitaine que d'un jour par cinq myriamètres de distance, au lieu de trois, entre le siége du tribunal et le domicile réel du saisi. Ce dernier est ajourné à huit jours, sauf l'augmentation, à raison des distances, dans la proportion que nous venons d'indiquer.

507. Ces huit jours pour comparaître à l'audience, ainsi que la huitaine pour former l'opposition après la dénonciation, ne sont pas francs. C'est une matière qui requiert célérité, et les délais fixés dans la loi sur les Ordres doivent être interprétés d'une manière favorable à la rapidité de la marche de cette procédure. Si nous avons ajouté les délais de distance lorsque l'exploit doit être adressé au domicile réel du saisi, cette augmentation nous a paru nécessaire pour rendre la loi exécutable, par exemple, si le saisi demeure à Marseille et que l'opposition soit portée devant le Tribunal du Havre.

508. Dans le cas où un exploit d'ajournement doit être signifié au saisi, cet acte doit contenir toutes les formalités prescrites par l'art. 61 du Code de procédure, entre autres l'objet de la demande, c'est-à-dire les conclusions de l'opposant et l'exposé sommaire des moyens ; c'est pour cette raison que, dans l'art. 767, on n'ajoute pas, après ces mots : *par exploit d'ajournement*, ceux-ci : *contenant moyens et conclusions*, comme pour le simple acte d'avoué.

509. Nous venons d'expliquer ce qui est relatif aux délais et aux formes de l'acte d'opposition ; il s'agit maintenant d'examiner à qui elle doit être signifiée. Nous trouvons, à cet égard, dans le formulaire de M. Chauveau, quelques observations que nous transcrivons : « On notifiera l'opposition par un simple acte à l'avoué du saisi et à l'avoué du créancier dernier colloqué, considéré comme le seul représentant légal de tous les créanciers auxquels l'admission ou le rejet de l'opposition peut profiter ou nuire ; le créancier dont la collocation est plus spécialement l'objet de l'opposition est directement averti dans la personne de son avoué. — Si l'opposition avait pour but un remaniement des collocations tel que tous ou partie des créanciers colloqués eussent chacun un intérêt direct et personnel dans la contestation, tous leurs avoués devraient être sommés ; si, au contraire, l'opposition n'avait pour objet que le rang des deux derniers créanciers colloqués, le débat devrait être circonscrit entre ces deux parties, sans occasionner aucun retard ni aucun empêchement pour les créanciers antérieurs. — On agira aussi avec prudence en notifiant cette opposition par exploit à chacune des parties intéressées, et au greffier avec assignation, — ce dernier ne

---

parties. » Nous ne croyons pas que ce soit là la pensée de la loi, dont l'expression même indique que lorsqu'elle parle de l'*exploit d'ajournement,* elle a en vue l'opposition dirigée contre la partie saisie. Que si c'est le saisi lui-même qui veut former opposition, il n'aura, suivant l'expression de M. Chauveau (édit. nouv., quest. 2599 *quater*), qu'à choisir un avoué, lequel se constituera tant dans l'opposition que dans le simple acte contenant moyens et conclusions, et portant avénir.   P. P.

pouvant connaître l'obstacle qui s'oppose à la délivrance que par cette notification. Si je parle d'une notification à personne ou domicile, c'est qu'à mes yeux l'opposition dont il s'agit ne saurait être assimilée à une opposition ordinaire. »

Ces distinctions que M. Chauveau a établies peuvent-elles être admises encore dans la pratique en présence du nouvel art. 767 ? Cet auteur les avait conseillées au moment où la loi était muette sur cette procédure de l'opposition contre l'ordonnance de clôture ; mais aujourd'hui il faut nous pénétrer de la loi même, et non pas y suppléer par le raisonnement.

L'opposition est formée, aux termes de l'art. 767, par simple acte d'avoué, sans que la loi indique les avoués à qui ce simple acte doit être adressé. Le second paragraphe de l'art. 767 est, à cet égard, aussi bref pour l'opposition à l'ordonnance de clôture que le premier paragraphe du même article l'est pour la dénonciation de cette ordonnance, qui doit avoir lieu par simple acte d'avoué à avoué, sans désignation de ceux à qui il faut dénoncer la clôture de l'ordre. Il n'est pas douteux que la dénonciation ne doive être faite à tous les avoués des créanciers qui figurent dans l'ordre, et même aux avoués de l'adjudicataire et du saisi, qui ont intérêt à connaître le règlement définitif. Ne faut-il pas conclure de là que, dans la pensée du législateur, les mêmes personnes doivent être averties de l'opposition dirigée contre la clôture de cet ordre qu'elles croyaient terminé par le règlement définitif ? Cette conséquence ne résulte-t-elle pas des termes mêmes de l'art. 767, qui sont identiques pour la dénonciation et pour l'opposition ? Toutes les deux sont faites par simple acte d'avoué, sans que l'on ajoute à qui cet acte doit être signifié. Cette interprétation nous paraît d'autant plus exacte qu'en ce qui concerne l'opposition, la loi veut qu'elle soit formée par exploit d'ajournement à l'égard de la partie saisie n'ayant pas d'avoué en cause. Il est évident que cette opposition contre la clôture du règlement définitif n'est pas directement dirigée contre le saisi qui n'avait pas même constitué d'avoué ; et cependant la loi exige qu'il soit averti de cette attaque contre l'ordonnance de clôture. Le législateur part de ce point de vue, d'ailleurs fort juste, qu'il est très-difficile de calculer de prime-abord toutes les conséquences d'une opposition formée contre un règlement définitif : aussi doit-on avertir de cet acte tous ceux qui peuvent y avoir intérêt. Ce sont les créanciers qui figurent dans le règlement définitif, l'adjudicataire et la partie saisie. Dira-t-on qu'une pareille manière de procéder est excessivement coûteuse, puisqu'elle exige la présence de tous les avoués au jugement qui statue sur l'opposition ? L'objection ne nous toucherait pas. En effet, il arrivera de deux choses l'une :

Ou l'opposition ne sera pas contestée par les autres parties, parce qu'elle a été formée à bon droit ; et alors il y a lieu, selon nous, d'appliquer l'alinéa deux de l'art. 766, relatif aux dépens. Le créancier, en conséquence, dont l'opposition a été admise par le tribunal sans être contestée par aucun créancier, doit pouvoir employer ces dépens sur le prix au rang de sa créance. Tous les dépens consistent, dans ce cas, dans le coût de l'acte d'avoué à avoué et de l'exploit d'ajournement à la partie saisie, et les frais du jugement rectificatif de l'ordre arrêté par le juge-commissaire. Il est bien entendu que c'est le tribunal, et non pas le juge-commissaire, qui fait la rectification du règlement définitif, la mission du juge de fixer les droits des parties étant terminée par la clôture de l'ordre.

Ou l'opposition donne lieu à contestation de la part de l'un ou de plusieurs de ceux contre qui elle a été formée. Dans ce cas, les frais sont supportés par la partie qui succombe. La présence de toutes les parties intéressées a dès lors l'avantage de rendre le jugement commun à toutes, et ses conséquences ne peuvent plus être attaquées par la tierce opposition de la part de ceux qui n'y auraient pas figuré.

510. Du reste, l'art. 767 n'admet pas que la masse des créanciers puisse se faire représenter par l'avoué du créancier dernier colloqué; cela résulte de la fin de notre article, ainsi conçu : « La cause est instruite et jugée conformément aux art. 761, 762 et 764, même en ce qui concerne l'appel du jugement. » En effet, l'art. 767 renvoie aux art. 761, 762 et 764, en omettant les art. 760 et 763, disposition relative à l'avoué commun. Cela indique clairement l'intention du législateur de ne pas faire intervenir dans les contestations sur le règlement définitif l'avoué de la masse commune. La raison de cette différence avec les difficultés sur le règlement provisoire nous paraît être qu'il s'agit ici d'un débat grave sur un ordre clos dont les résultats appartiennent à toutes les parties; on n'a donc pas voulu qu'un seul avoué puisse défendre les intérêts de tous dans des procès aussi exceptionnels, dont le jugement fixe le sort définitif de tous les créanciers.

511. Il résulte du renvoi aux articles précités que l'affaire est jugée comme sommaire, sans autre procédure que des conclusions motivées de la part des contestés, en réponse à l'acte d'opposition contenant les moyens et conclusions de l'opposant (art. 761). Le jugement sur l'opposition à l'ordonnance de clôture doit être rendu sur le rapport du juge et les conclusions du ministère public. Il faut donc que l'opposant leur communique, trois jours avant l'audience, ses moyens et conclusions, ainsi que les pièces à l'appui. Il faut aussi qu'il avertisse le greffier, afin que ce dernier ne délivre pas les bordereaux de collocation au mépris d'une opposition qu'il ne connaît pas. Le jugement obtenu sur l'opposition doit être signifié seulement aux avoués des créanciers contestants, et n'est pas susceptible d'opposition; car ceux qui ne contestent pas acquiescent au jugement et ne peuvent interjeter appel. Le délai pour appeler n'est que de dix jours depuis la signification, et l'appel n'est recevable que si la somme contestée excède 1,500 fr. (art. 762). L'application de l'art. 764 à l'appel du jugement sur opposition à l'ordonnance de clôture ne peut donner lieu à aucune difficulté spéciale. Cependant quelques membres de la commission du Corps législatif auraient voulu, selon M. Riché, refuser la faculté d'appel contre le jugement qui statue sur l'opposition. (*Suprà*, p. 64, n° 179.)

512. Il résulte de l'art. 769 de la nouvelle loi que l'opposition formée contre l'ordonnance de clôture a pour effet de suspendre la force exécutoire du règlement définitif, car le greffier ne peut délivrer l'extrait de l'ordonnance du juge pour faire rayer les inscriptions des créanciers non colloqués, ainsi que les bordereaux de collocation, qu'à partir du jour où l'ordonnance de clôture ne peut plus être attaquée. De plus, cette opposition, comme elle suspend l'exécution du règlement définitif, a pour effet de faire courir les intérêts et arrérages des créanciers utilement colloqués jusqu'à ce que les contestations sur le règlement définitif soient vidées, sauf le recours du créancier sur lequel les fonds manquent et de la partie saisie contre ceux qui ont succombé sur l'opposition, ainsi que nous le verrons sous l'art. 768.

513. Nous avons dit précédemment que le créancier qui figure dans le règlement définitif, l'adjudicataire et même la partie saisie, peuvent former opposition contre l'ordonnance de clôture qui leur a été dénoncée. « Quant aux cas où un créancier inscrit, dit M. Riché, n'aurait pas été appelé à l'ordre, ou un contestant n'aurait pas été appelé au jugement des contestations, il nous semble qu'outre le recours contre l'ordonnance, il a le droit radical d'attaquer l'ordre ou le jugement par voie de nullité ou de tierce opposition. » (Voy. *suprà*, p. 64, n° 178.)

A l'égard des personnes qui doivent recevoir la dénonciation de l'ordonnance de clôture, le délai pour former opposition ne commence à courir qu'à partir du jour où l'ordonnance de clôture a été dénoncée. Mais que faut-il décider vis-à-vis de ceux qui ne sont pas dénommés dans le règlement définitif, et à qui, par conséquent, il n'est pas dénoncé, par exemple quand il s'agit d'un créancier inscrit qui n'aura pas été appelé à l'ordre, ou d'un contestant qui n'aura pas été appelé au jugement des contestations ?

Selon nous, il faut faire une distinction. Tant que les créanciers qui figurent dans le règlement définitif peuvent former opposition à l'ordonnance de clôture, on admettra les créanciers omis, quoiqu'ils ne soient pas parties dans ce règlement, à suivre la même marche, qui est plus rapide et plus économique pour faire valoir leurs droits par une opposition contre l'ordonnance de clôture. Mais du moment où l'ordonnance de clôture ne peut plus être attaquée par ceux qui ont pris part au règlement définitif, les créanciers omis dans cet ordre, dont la procédure est complètement terminée, doivent agir par la tierce opposition (1), puisqu'il s'agit là d'une décision judiciaire qui préjudicie aux droits d'un créancier qui n'a été ni appelé ni représenté dans le règlement définitif. Cette action doit être formée par une assignation devant le tribunal où l'ordre a été poursuivi.

514. Lorsque l'ordre est exécuté et que les créanciers colloqués ont touché le montant de leurs bordereaux, le créancier omis dans un ordre a un droit de répétition contre le créancier colloqué à son préjudice. Il ne peut recourir contre l'adjudicataire ou l'acquéreur qui a payé son

---

(1) Paris, 21 mai 1835 (Sir., 35, 2, 353).

prix en vertu d'un ordre : peu importe que ce règlement ait été fait amiablement ou judiciairement, pourvu que l'adjudicataire ou l'acquéreur ait rempli les formalités de la purge ; ils sont libérés de tous priviléges et hypothèques en payant ledit prix aux créanciers qui sont en ordre de recevoir ou en le consignant (art. 2186 C. Nap.). En effet, il serait contraire aux droits et à l'équité de faire retomber sur l'acquéreur ou l'adjudicataire la responsabilité des erreurs commises dans un ordre. Il ne paye que sur la foi promise de son exactitude et dans l'unique vue de se libérer légalement. Donc il ne peut en répondre ni payer au delà du prix de son acquisition. Mais quant au créancier qui a touché au préjudice d'un autre créancier omis, qui lui était préférable, il n'a pu recevoir ce payement qu'autant que son hypothèque venait dans un rang utile (1). Si cette condition nécessaire pour prendre une portion du prix à distribuer disparaît, le droit dont il s'agit n'existe pas davantage pour lui. Par conséquent, l'adjudicataire qui a payé cette créance qu'il ne devait pas l'a payée par erreur, et il est fondé, aux termes de l'art. 1377 du Code Napoléon, à lui en demander la répétition. Cependant on pourrait opposer le second paragraphe dudit art. 1377, et dire que le créancier qui reçoit le montant du bordereau se dessaisit de ses titres, et que le droit de répétition doit cesser dans le cas où le créancier a supprimé son titre par suite du payement. Mais si ce principe est vrai en général, il trouve rarement son application à l'égard des titres d'une créance hypothécaire ; car il faut que ces titres soient authentiques et qu'il en reste nécessairement minute dans un dépôt public. Pour éviter un circuit d'actions aussi long qu'inutile, nous admettons, avec un arrêt de la Cour de Colmar (2), que le créancier omis devrait diriger la demande en répétition des deniers indûment perçus contre les derniers créanciers utilement colloqués.

Toutefois, si l'adjudicataire était en même temps le poursuivant et que l'omission du créancier provînt de sa faute, il pourrait être tenu de réparer le préjudice causé en payant ce qui est dû aux créanciers omis, sauf son recours contre qui de droit.

ART. 768.

Texte ancien.

La partie saisie et le créancier sur lequel les fonds manqueront, auront leur recours contre ceux qui auront succombé dans la contestation, pour les intérêts et arrérages qui auront couru pendant le cours desdites contestations (C. proc., art. 770).

---

(1) Arrêts de cass., 9 nov. 1812 (Sir., 16, 1, 187), et du 31 janv. 1815 (Sir., 16, 1, 190). *Voy.* aussi Liége, 13 mars 1833 (Sir., 34, 2, 350) ; Caen, 16 août 1842 (Sir., 42, 2, 525).

(2) 9 août 1814 (*Journ. du Pal.*, t. XII, p. 355).

Loi actuelle (1).

Peines des contestations rejetées.

Le créancier sur lequel les fonds manquent et la partie saisie ont leur recours contre ceux qui ont succombé, pour les intérêts et arrérages qui ont couru pendant les contestations.

SOMMAIRE.

515. L'art. 768 s'applique aussi bien aux contestations sur le règlement provisoire qu'à celles élevées contre le règlement définitif.
516. Dans quel cas y a-t-il une perte d'intérêts pour le créancier sur lequel les fonds manquent?
517. Dans quel cas la partie saisie a-t-elle le recours prévu par notre article?
518. Les chirographaires peuvent exercer les droits de la partie saisie en ce qui concerne ce recours.
519. La disposition finale de l'art. 766 n'est pas applicable en ce qui concerne le recouvrement de la différence d'intérêts dont s'agit.

515. Cet article reproduit le principe établi déjà dans l'art. 770 du Code de procédure (2). Il faut que le plaideur téméraire répare le préjudice qu'il cause, afin qu'aucun créancier ne soulève légèrement des contestations en matière d'ordre.

Il résulte de là que la peine infligée aux parties qui ont succombé s'applique aussi bien aux contestations sur le règlement provisoire qu'à celles élevées contre le règlement définitif. La raison est la même dans les deux cas, et la place même que notre art. 768 occupe dans la loi du 21 mai 1858 vient encore à l'appui de notre opinion.

516. Pour bien saisir la portée de l'art. 768, il faut faire une distinction entre le créancier sur lequel les fonds manquent et la partie saisie. Le créancier sur lequel les fonds manquent a droit aux intérêts et arrérages courus pendant les contestations, à moins que les intérêts dus par l'adjudicataire n'aient couvert cette différence. Si l'adjudicataire conserve le prix et qu'il ne le consigne pas, ce créancier ne souffre en général aucun préjudice, parce que les intérêts des créances colloquées sur ce prix, qui, comme accessoire de la créance, doivent être pris dans la masse hypothécaire, ne diminuent en rien la somme à distribuer, par suite de l'augmentation équivalente à ces intérêts qui résultent des intérêts de ce prix que doit l'adjudicataire. Mais si ce dernier

_____

(1) Disposition semblable dans le projet du gouvernement (art. 767).
(2) Reproduisons ici une observation très-juste de M. Duvergier. Cette disposition, dit-il à la page 158 (note 2) de ses Annotations, sera appliquée moins fréquemment à l'avenir qu'elle ne l'était précédemment. Autrefois, les contestations pouvaient se produire indéfiniment; la déchéance, si justement prononcée par les art. 753 et 754, n'existait pas, et, par conséquent, très-souvent des créanciers et le saisi pouvaient avoir à se plaindre des résultats fâcheux des contestations. Désormais, les contestants ayant moins de latitude, il y aura moins de contestations, et moins souvent, par suite, il y aura à tenir compte des arrérages ou des intérêts courus pendant les contestations; cependant il fallait maintenir la disposition dont l'application pourra encore avoir lieu.

avait déposé le prix à la Caisse des consignations dans le cours de l'ordre, il en résulterait un préjudice pour le créancier sur lequel les fonds manquent, parce que la Caisse ne paye aucun intérêt pendant une certaine époque, et qu'après ce temps, elle paye un intérêt moindre que le taux légal.

La différence entre les intérêts courus pendant les contestations et ceux dus par l'acquéreur peut encore résulter de ce qu'il y a parmi les collocations utiles des créances commerciales dont l'intérêt légal est de 6 pour 100, tandis que les prix de vente ne rapportent jamais plus de 5 pour 100. L'art. 768 trouve encore son application dans les ventes amiables, s'il est stipulé dans le cahier des charges que l'acquéreur ne devra point les intérêts du prix ou que cet intérêt soit fixé à moins de 5 pour 100. Dans tous ces cas, il n'est pas douteux que le créancier sur lequel les fonds manquent ne souffre, par suite des intérêts courus pendant les contestations, un préjudice que doivent réparer ceux qui ont succombé.

517. S'il n'y a point de créancier hypothécaire sur lequel les fonds manquent, la partie saisie aura le recours prévu par l'art. 768 ; car, s'il n'y avait pas eu de contestations, les deniers qui ont servi à acquitter les intérêts et arrérages courus pendant lesdites contestations seraient revenus à la partie saisie au lieu d'être absorbés par les créanciers hypothécaires.

518. Aussi faut-il dire que les créanciers chirographaires auront, dans ce cas, le droit d'exercer ce recours accordé par l'art. 768, en vertu du principe que tout créancier, même chirographaire, est autorisé à exercer les droits de son débiteur (art. 1166 C. Nap.).

519. Nous devons faire observer qu'il n'y a pas lieu, pour le recouvrement de la différence d'intérêts, d'appliquer la disposition finale de l'art. 766. Ces intérêts ne doivent pas être prélevés sur le montant de la collocation qu'aurait obtenue le créancier qui a succombé, lorsque ce dernier se trouve en concurrence avec d'autres créanciers du contestant colloqué en sous-ordre. En effet, accorder ce prélèvement, ce serait créer un privilége qui ne peut être suppléé en présence du silence gardé par la loi dans l'art. 768.

ART. 769.

Loi actuelle (1).

Radiation et Payement.

Dans les dix jours, à partir de celui où l'ordonnance de clôture ne peut plus être attaquée, le greffier délivre un extrait de l'ordonnance du juge pour être déposé par l'avoué poursuivant au bureau des hypothèques. Le conservateur, sur la présentation de cet extrait, fait la radiation des inscriptions des créanciers non colloqués.

---

(1) Disposition identique dans le projet du gouvernement (art. 768). Mais l'ancien texte du Code de procédure ne contenait pas de disposition sur ce point.

520. Lorsque tous les droits des parties intéressées dans l'ordre sont définitivement réglés et que le juge a rendu l'ordonnance de clôture, la loi s'occupe, dans les art. 769, 770 et 771, de l'exécution du règlement définitif. Cette exécution a pour objet la radiation des inscriptions et le payement des créanciers colloqués en ordre utile.

521. Il suit de là qu'il faut distinguer entre les créanciers colloqués et ceux qui ne viennent pas en rang utile. L'art. 769 s'occupe de la radiation des inscriptions de ceux qui ne sont pas colloqués, à la différence de l'ancien art. 771, qui réglait seulement la délivrance des bordereaux de collocation aux créanciers utilement colloqués, tandis qu'il était muet sur la radiation des inscriptions des créanciers non colloqués après jugement des contestations sur le règlement provisoire.

522. Pour faire la radiation des inscriptions des créanciers non colloqués, « dans les dix jours, à partir de celui où l'ordonnance de clôture ne peut plus être attaquée, le greffier délivre un extrait de l'ordonnance du juge pour être déposé par l'avoué poursuivant au bureau des hypothèques. » Le point de départ pour la délivrance de l'extrait de l'ordonnance du juge n'est plus, comme dans l'art. 771 du Code de procédure, le jour de l'ordonnance même, mais celui où cette ordonnance ne peut plus être attaquée. Cette différence s'explique par l'économie de la loi nouvelle, dont l'art. 767 a admis et réglé la procédure d'opposition contre l'ordonnance de clôture. Tant que le délai pour attaquer l'ordonnance de clôture n'est pas passé, on ne doit pas procéder à la radiation des inscriptions.

523. Arrêtons-nous un instant à ces mots de l'art. 769 : *dans les dix jours, à partir du jour où l'ordonnance de clôture ne peut plus être attaquée,* afin d'en bien pénétrer la portée. Selon nous, cet article s'applique seulement au cas où aucune opposition n'a été formée contre l'ordonnance de clôture. En effet, les dix jours accordés au greffier pour délivrer l'extrait de l'ordonnance du juge commencent, aux termes de

cet article, à partir du jour où l'ordonnance de clôture ne peut plus être attaquée. Il est évident que dans la pensée du législateur aucune attaque n'a dû être dirigée contre cette ordonnance, puisqu'il suppose que le délai pendant lequel l'ordonnance peut être attaquée est passé, et qu'elle ne peut plus l'être à partir du jour où le greffier doit faire la délivrance de l'extrait dont il s'agit. Qu'on ne dise pas que ces mots : *où l'ordonnance de clôture ne peut plus être attaquée,* comprennent plusieurs hypothèses, non-seulement celle où il n'y a pas eu d'opposition dans le délai, mais aussi l'hypothèse où, l'opposition étant formée, la difficulté a été vidée par jugement ou par arrêt, de sorte que l'ordonnance de clôture, par suite des décisions du tribunal ou de la Cour statuant sur toutes les contestations, ne pourra plus être attaquée; car, dans ce cas, l'ordonnance de clôture a été réellement attaquée, et ce n'est pas elle qui termine définitivement l'ordre, mais le jugement ou l'arrêt qui prononce sur l'opposition formée contre cette ordonnance. D'ailleurs, si le législateur avait voulu que l'art. 769 s'appliquât aussi au cas où une opposition a été formée contre l'ordonnance de clôture, il l'aurait dit expressément, comme il l'a fait pour l'appel dans l'art. 765, aux termes duquel, « dans les huit jours qui suivent l'expiration du délai d'appel, *et, en cas d'appel dans les huit jours de la signification de l'arrêt, le juge arrête définitivement l'ordre,* etc. » Or notre art. 769 parle seulement de l'expiration du délai pour attaquer l'ordonnance de clôture et à partir duquel elle ne peut plus l'être; mais il n'ajoute pas : *et, en cas d'opposition, à partir de tel ou tel moment,* ce qu'il devrait faire si, dans la pensée du législateur, l'article était applicable à ce cas. De plus, il n'est plus question, dans l'art. 769, du juge-commissaire comme chargé de l'exécution des jugements ou arrêts intervenus sur l'opposition contre son ordonnance de clôture, tandis que, dans l'art. 765, la loi dit que le juge arrête l'ordre définitif, en adaptant au règlement provisoire les jugements ou arrêts qui ont vidé les difficultés soulevées par les contredits. Ce silence complet sur tous ces points, dans l'art. 769, prouve évidemment que cet article ne s'applique pas au cas où l'ordonnance de clôture a donné lieu à de nouvelles décisions judiciaires sur le règlement définitif.

524. En examinant, du reste, la mission confiée au juge-commissaire, on verra que notre interprétation de l'art. 769 est tout à fait conforme aux principes. Le juge-commissaire qui a prononcé la clôture de l'ordre a accompli sa mission *desinit esse judex;* la délégation du tribunal ne subsiste plus pour lui depuis l'ordonnance de clôture : aussi, en cas d'opposition contre cette ordonnance, c'est le tribunal qui est saisi de l'ordre et en règle l'exécution par son jugement.

Nous avons, sur ce point, quelques observations à faire qui peuvent guider la pratique.

525. Si le jugement ou l'arrêt déclare l'opposition non recevable ou mal fondée, alors le tribunal ou la Cour ordonnent l'exécution du règlement définitif tel qu'il a été fait par le juge-commissaire, et le greffier du tribunal délivre l'extrait pour la radiation et les bordereaux de

collocation pour le payement, conformément aux art. 769 et 770. Si, au contraire, le règlement définitif est modifié par le tribunal ou par la Cour, c'est le tribunal ou la Cour elle-même qui ordonnera dans son jugement comment le règlement définitif doit être exécuté. Il est rationnel de ne pas confier au juge cette mission, qu'il a déjà mal remplie la première fois, puisque son travail a été réformé malgré son ordonnance de clôture, et que, d'ailleurs, il est dessaisi et a cessé d'être juge de l'ordre. Toutefois nous croyons qu'il est conforme aux principes sur l'exécution des arrêts en matière d'ordre que la Cour délègue la mission au tribunal devant lequel l'ordre est poursuivi et où se trouve le bureau des hypothèques pour faire la radiation : aussi, en cas de difficulté sur l'exécution de l'arrêt, c'est le tribunal de première instance qui en devra connaître. Partant, c'est le greffier attaché à ce tribunal qui délivre l'extrait prescrit par l'art. 769 et les bordereaux de collocation, en vertu et conformément à l'arrêt de la Cour (1).

526. L'art. 769 accorde dix jours au greffier pour faire l'extrait de l'ordonnance du juge, qui doit être déposé au bureau des hypothèques ; mais il est évident qu'il n'est pas obligé d'attendre l'expiration du délai de dix jours ; il peut le délivrer immédiatement après le jour où l'ordon-

---

(1) Sur tout ceci, MM. Grosse et Rameau (nᵒˢ 454 et suiv.) présentent une théorie qui se résume dans les hypothèses suivantes : — Ou il n'y a pas eu d'opposition dans la huitaine de la dénonciation de l'ordonnance de clôture ; le juge le constate et ordonne la délivrance des bordereaux, laquelle doit être effectuée par le greffier dans les dix jours, qui courent à partir de l'expiration du huitième jour de la dénonciation. — Ou il y a eu opposition, et l'incident est vidé par un jugement qui est signifié ; si, dans les dix jours de la signification, il n'y a pas eu d'appel, il faut distinguer : l'opposition a-t-elle été rejetée par le jugement, le juge-commissaire, sur le vu du dire (par l'avoué du dernier créancier colloqué) qui lui fait connaître le jugement, ordonne la délivrance par le greffier des extraits de l'ordre et des bordereaux dans le délai de dix jours à partir de l'expiration du dixième jour qui a suivi la signification du jugement, c'est-à-dire *vingt jours* de cette signification ; l'opposition a-t-elle été accueillie, le juge-commissaire procède, au moyen d'une nouvelle ordonnance de clôture (ou règlement définitif), à la réformation dans le sens et par application du jugement rendu sur sa précédente ordonnance ; après quoi il ordonne la délivrance par le greffier des extraits et des bordereaux, dans le délai de vingt jours à partir de la signification du jugement. — Ou enfin, le jugement qui a statué sur l'opposition a été frappé d'appel, et alors, après que par la signification de l'arrêt à avoué le juge-commissaire connaît la décision de la Cour, il procède comme il est dit dans la précédente hypothèse, suivant que son ordonnance de clôture a été maintenue ou réformée par l'arrêt définitif. Telle est la doctrine proposée par MM. Grosse et Rameau. Bien que cette doctrine paraisse admise dans tous ses détails par M. Chauveau dans son commentaire de la loi nouvelle (*Voy.* quest. 2607), nous nous rattachons de préférence au mode de procéder proposé par M. Seligman. Ce mode de procéder nous semble, en effet, plus conforme au texte et plus rationnel : plus conforme au texte, car lorsque la loi fixe un délai *à partir du jour où l'ordonnance de clôture ne peut plus être attaquée,* elle indique par l'expression même qu'elle se réfère au seul cas où l'ordonnance n'a été l'objet d'aucune attaque, et ne peut plus être l'objet d'une attaque qui désormais serait intempestive ; plus rationnelle, car lorsque l'ordonnance, ayant été attaquée, a été suivie de décisions judiciaires, il est vrai de dire que la clôture de l'ordre est dans ces décisions, et il est logique de laisser aux tribunaux de qui ces décisions émanent les suites et l'exécution de l'ordre plutôt que de revenir au juge-commissaire, qui, au moment où il a rendu son ordonnance de clôture, a rempli définitivement sa mission, au moins en ce qui concerne la liquidation et l'attribution du prix à distribuer.   P. P.

nance de clôture ne peut plus être attaquée. Il faut dire la même chose de la délivrance des bordereaux dont il est question dans l'art. 770.

527. L'art. 769 oblige l'avoué poursuivant à déposer l'extrait délivré par le greffier au bureau des hypothèques pour faire opérer la radiation des inscriptions prises au nom des créanciers non colloqués. L'accomplissement de cette mesure importe tellement à l'adjudicataire que la loi veut que l'avoué poursuivant n'obtienne qu'après cette radiation le bordereau des frais qui lui sont dus. Grâce à ces détails précis, la loi nouvelle a rempli un vide laissé dans le Code de procédure, qui, dans son art. 759, avait bien fait ordonner par le juge-commissaire la radiation des inscriptions des créanciers non utilement colloqués, mais qui n'avait rien précisé touchant la manière dont la radiation devait être faite. En vertu du nouvel art. 769, au contraire, après la remise de cet extrait au bureau des hypothèques, le conservateur doit faire la radiation des inscriptions des créanciers non colloqués.

528. Cet extrait n'a pas besoin d'être signé par le président du tribunal, il suffit que le greffier qui le délivre y appose seul sa signature (1); mais comme il est exécutoire vis-à-vis du conservateur des hypothèques, il doit être revêtu de la formule usitée pour tous les mandements de justice.

529. L'art. 769 veut que la radiation se fasse sur un extrait de l'ordonnance du juge; il serait, par conséquent, inutile et même contraire à la loi de donner, dans cet extrait, la copie entière du règlement définitif, surtout des collocations des créanciers colloqués. Il suffit d'indiquer tout ce qui est nécessaire pour opérer la radiation des inscriptions des créanciers non colloqués, comme le nom des créanciers dont les inscriptions doivent être rayées, la désignation exacte, par la date, le volume et le numéro de ces inscriptions, la personne sur laquelle l'ordre est ouvert, la date de l'ordonnance de clôture, le nom du juge-commissaire, et la mention de sa signature avec celle du greffier.

530. Le conservateur peut-il aussi exiger qu'on lui présente un certificat de non-opposition contre l'ordonnance de clôture? Le contraire avait été enseigné par plusieurs auteurs, qui se fondaient sur ce que l'ordonnance du juge-commissaire ne pouvait être attaquée ni par voie d'opposition, ni par voie d'appel. Ainsi, dit M. Troplong (2), sur le vu de ces ordonnances, l'adjudicataire peut requérir du conservateur la radiation, sans que cet agent soit fondé à exiger l'accomplissement des formalités dont parle l'art. 548 du Code de procédure civile, car cet article ne s'applique évidemment qu'aux jugements.

Toutefois nous pensons, en présence de la loi de 1858, qui organise la procédure d'opposition contre la clôture de l'ordonnance rendue par le juge-commissaire, que le conservateur peut se refuser à la radiation des inscriptions des créanciers non colloqués, tant qu'on ne lui prouve

(1) Bruxelles, 14 juill. 1810 (Sir., 11, 2, 41).
(2) *Hyp.*, n° 740; *id.*, Tarrible, *Saisie immobil.*, § 8, n° 4. *Conf.* MM. Carré, art. 759, et Grenier, t. II, n° 528.

pas que cette ordonnance a été dénoncée, et qu'il n'y a pas été formé opposition dans le délai fixé par l'art. 767 (1). A cet effet, l'avoué poursuivant doit lui remettre un certificat contenant la date de la dénonciation de l'ordonnance de clôture par acte d'avoué, et le certificat du greffier qu'il n'existe contre elle aucune opposition.

531. Aux termes de l'art. 769, le conservateur doit rayer les inscriptions *des créanciers non colloqués*. Le législateur se sert à dessein de cette expression plus large, *créanciers non colloqués,* pour indiquer que la radiation doit porter non-seulement sur les inscriptions des créanciers non utilement colloqués, comme dit l'art. 759, mais aussi sur les inscriptions des créanciers non produisants et frappés de déchéance en vertu de l'art. 755. En ce point, l'art. 769 n'a fait que consacrer l'usage qui existait sous l'empire du Code de procédure, d'ordonner la radiation des inscriptions prises au profit des créanciers non produisants et de ceux non utilement colloqués, quoique l'art. 759 dise que le juge ordonnera la radiation des inscriptions des créanciers non utilement colloqués. La déchéance que les créanciers non produisants ont encourue doit produire le même effet, quant à la radiation, qu'une collocation qui ne vient pas en rang utile.

ART. 770.

Texte ancien.

Dans les dix jours après l'ordonnance du juge-commissaire, le greffier délivrera à chaque créancier utilement colloqué le bordereau de collocation, qui sera exécutoire contre l'acquéreur (C. proc., art. 771).

---

(1) C'est aussi l'avis de M. Lancelin, qui, dans ses observations au Corps législatif, s'exprimait en ces termes : « Les ordonnances s'exécutent contre les tiers, savoir : en ce qui concerne le payement, contre l'adjudicataire ou la Caisse des consignations ; en ce qui concerne les radiations d'inscription, contre le conservateur des hypothèques. L'art. 548 du Code de procédure est donc nécessairement applicable à ces ordonnances ; elles ne peuvent recevoir exécution que sur le rapport d'un certificat du greffier constatant qu'il n'existe contre lesdites ordonnances ni opposition ni appel. » M. Chauveau avait soutenu la même opinion dans les précédentes éditions des *Lois de la procédure civile.* Mais à l'inverse de M. Seligman, d'après lequel la loi de 1858 rendrait la solution plus nécessaire encore, M. Chauveau dit, dans sa dernière édition (quest. 2607 *ter*), que, contrairement à ce qu'il avait pensé auparavant, l'ordonnance de clôture, sous l'empire de la loi nouvelle, est exécutoire par elle-même, sans autre justification. Nous ne nous expliquons pas cette rétractation : nous sommes d'avis, en thèse générale, que le conservateur auquel on demande d'effectuer une radiation ordonnée par justice est en droit d'exiger, outre l'expédition du jugement ou de l'extrait du jugement ordonnant la radiation, les actes mentionnés à l'art. 548 du Code de procédure, c'est-à-dire le certificat de l'avoué contenant la date de la signification au domicile du créancier et l'attestation du greffier qu'il n'existe contre le jugement ni opposition ni appel ; c'est l'opinion que nous avons exprimée dans notre *Commentaire des Privilèges et Hypothèques*, n° 1101. Mais dans le cas particulier réglé par l'art. 769 de la loi nouvelle, il nous paraît qu'en présence des dispositions de cette loi qui organisent la procédure d'opposition, la prétention du conservateur exigeant, avant de faire la radiation, les actes mentionnés à l'art. 548 du Code de procédure, serait plus que jamais justifiée.   P. P.

Projet du gouvernement.

Dans le même délai, le greffier délivre à chaque créancier colloqué un bordereau de collocation exécutoire contre l'adjudicataire.

Le bordereau des frais de l'avoué poursuivant ne peut être délivré que sur la remise des certificats de radiation des inscriptions des créanciers non colloqués. Ces certificats demeurent annexés au procès-verbal (Proj., art. 769).

Loi actuelle.

Radiation et Payement.

Dans le même délai, le greffier délivre à chaque créancier colloqué un bordereau de collocation exécutoire contre l'adjudicataire *ou contre la Caisse des consignations.*

Le bordereau des frais de l'avoué poursuivant ne peut être délivré que sur la remise des certificats de radiation des inscriptions des créanciers non colloqués. Ces certificats demeurent annexés au procès-verbal.

SOMMAIRE.

532. De la délivrance des bordereaux de collocation aux créanciers colloqués.
533. Des formes et de la rédaction des bordereaux de collocation.
534. De la délivrance des bordereaux quand un créancier est colloqué pour plusieurs créances distinctes.
535. *Quid* si une collocation unique est faite au profit de plusieurs créanciers?
536. Le créancier ayant un bordereau dans un ordre n'a pas besoin d'affirmer la sincérité de sa créance.
537. La signification du bordereau n'est pas nécessaire, ni la délivrance d'un extrait de l'ordonnance de clôture.
538. L'adjudicataire qui a un juste sujet de craindre l'éviction peut s'opposer à la délivrance des bordereaux.
539. Lorsque l'adjudicataire a consigné, les bordereaux sont exécutoires contre la Caisse des dépôts, et non contre lui.
540. Le bordereau est exécutoire sur tous les biens de l'adjudicataire qui ne paye pas.
541. L'adjudicataire ne peut, sous aucun prétexte, se refuser au payement du bordereau délivré contre lui.
542. Il n'est pas responsable des payements par lui faits en vertu d'un bordereau présenté par un créancier colloqué.
543. Il n'est pas tenu de suivre, pour ses payements, le rang des créanciers colloqués.
544. Si l'ordre est annulé, l'acquéreur qui a payé sur bordereaux est valablement libéré.
545. La délivrance des bordereaux n'opère pas novation de la créance pour le créancier, et n'équivaut pas à payement.
546. Effet du bordereau de collocation, lorsque l'acquéreur a revendu, vis-à-vis du second acquéreur.
547. Il n'est pas fixé de délai au conservateur pour opérer la radiation après dépôt de l'extrait. — Rejet d'une proposition à cet égard.
548. La défense de délivrer le bordereau des frais de l'avoué est générale, et s'applique même au cas où la partie poursuivante en fait l'avance.

532. Après la délivrance de l'extrait, pour faire radier les inscriptions des créanciers non colloqués, le greffier délivre dans le même délai de dix jours, à chaque créancier colloqué, un bordereau de collocation

dans la forme exécutoire contre l'adjudicataire ou la Caisse des consignations.

Tout ce que nous avons dit sous l'art. 769, relativement au moment à partir duquel le greffier peut délivrer l'extrait de l'ordonnance de clôture, s'applique également au bordereau de collocation.

533. Ce bordereau, qui est exécutoire contre l'adjudicataire ou la Caisse, doit être revêtu de la formule exécutoire ; mais il suffit qu'il soit signé seulement par le greffier (1), ainsi que nous l'avons dit sous l'article précédent pour l'extrait : la raison en est que les bordereaux de collocation ne sont que des extraits du procès-verbal d'ordre.

Ce bordereau doit être rédigé de façon à ce que l'adjudicataire ou la Caisse des consignations (2) y voient la somme qu'ils doivent verser au créancier colloqué en principal, intérêts et frais, et qu'aucun doute ne puisse avoir lieu sur le point de savoir à quel prix il s'applique.

534. L'art. 770 veut qu'il soit délivré à chaque créancier colloqué un bordereau de collocation. Dans le cas où un créancier est colloqué pour plusieurs créances distinctes, M. Tarrible (3) prétend que ce créancier doit recevoir autant de bordereaux qu'il y aura pour lui de collocations distinctes. Par ce moyen, l'adjudicataire peut se rendre plus facilement compte de l'ordre dans lequel il paye son prix. Cependant, dans la pratique, on ne délivre alors qu'un seul bordereau, à moins que ces diverses collocations ne frappent sur des lots différents adjugés à plusieurs adjudicataires. Dans ce cas, on délivre au créancier autant de bordereaux qu'il y a d'adjudicataires différents.

535. Lorsque, dans le règlement définitif, une collocation unique est faite au profit de plusieurs créanciers, il ne doit être délivré qu'un seul bordereau collectif pour tous, sauf entre eux à se partager la portion du prix afférente à leur bordereau, selon les droits de chacun. Car si l'on délivrait à chaque créancier, par exemple à chaque cohéritier ayant une part dans cette collocation, un bordereau distinct, l'augmentation de frais qui en résulterait retomberait tout entière sur le dernier créancier colloqué.

536. Le créancier qui reçoit son bordereau n'a pas besoin d'affirmer la sincérité de sa créance : l'art. 671, relatif à la distribution mobilière, n'est pas applicable, et cela s'explique par cette raison que les créances colloquées dans un ordre s'appuient presque toujours sur des titres authentiques.

537. M. Millet, en se fondant sur les principes généraux pour l'exécution des jugements, avait proposé un amendement ayant pour but la

---

(1) Bruxelles, 14 juill. 1810 (Sir., 11, 2, 41).

(2) Aux termes de l'art. 17 de l'ordonnance du 3 juillet 1816, « la Caisse des consignations ne pourra être tenue de payer aucun mandement ou bordereau de collocation avant la remise de cet extrait (de l'ordonnance de clôture), si ce n'est dans le cas de l'art. 758 du Code de procédure civile (Règlement définitif partiel). » Si la Caisse exige cet extrait, le même art. 17 dispose que « le coût en sera compris dans les frais de poursuite, nonobstant toutes dispositions contraires de l'art. 137 du décret du 16 février 1807. »

(3) P. 682. *Sic*, M. Chauveau, n° 2609.

signification des bordereaux à l'adjudicataire; mais cet amendement n'a pas été accueilli par le motif que l'adjudicataire, averti de l'ouverture de l'ordre, peut aisément en connaître l'issue, et doit être prêt à payer s'il ne fait pas d'arrangements avec les porteurs de bordereaux (*suprà*, p. 64, n° 182). En conséquence, si l'adjudicataire ne voulait payer qu'après signification, il supporterait les frais de cet acte. — De même, s'il désirait avoir un extrait de l'ordonnance de clôture, il devrait se le faire délivrer à ses frais.

538. Lorsque l'adjudicataire a juste sujet de craindre une éviction dont il est menacé, peut-il s'opposer à la délivrance des bordereaux de collocation? Il n'est pas douteux que, s'il y a danger sérieux, il ne doive être fait droit à son opposition. Ceci résulte des termes de l'art. 1653 du Code Napoléon, qui permet à l'acheteur, quand il a juste sujet de craindre une éviction, de suspendre le payement du prix jusqu'à ce que la cause du trouble ait cessé. Toutefois, lorsque les causes de l'éviction ne pourraient absorber qu'une portion du prix dû par l'adjudicataire, la délivrance des bordereaux de collocation pourrait être ordonnée pour le surplus (1), s'il est constant, en fait, qu'après l'acquit des bordereaux, il restera entre les mains de l'adjudicataire une somme suffisante pour lui assurer son indemnité.

539. Les bordereaux de collocation sont exécutoires contre la Caisse si l'adjudicataire a consigné le prix. Dans la nouvelle loi, une procédure spéciale est organisée pour opérer cette consignation, qui libère complétement l'adjudicataire. Déjà, sous le Code de procédure, on avait décidé (2) qu'après la consignation du prix, les bordereaux n'étaient plus exécutoires contre l'adjudicataire personnellement, mais contre la caisse qui en est le dépositaire.

540. La force exécutoire que l'art. 770 attribue au bordereau de collocation entraîne plusieurs conséquences. La plus saillante est celle qui permet de contraindre l'adjudicataire au payement du montant du bordereau, soit par saisie de ses biens personnels, soit par voie de folle enchère, soit enfin par saisie de l'immeuble vendu (3).

541. Les faits constatés dans le bordereau ont tous l'autorité de la chose jugée, et l'adjudicataire ne peut les critiquer, pour en arrêter l'effet, par un contrôle tardif qu'il ne lui est plus permis d'exercer. Ainsi, dit M. Chauveau, l'acquéreur alléguerait en vain qu'antérieurement à l'ouverture de l'ordre, il a désintéressé le créancier, ou bien que le payement qu'il ferait au porteur du bordereau serait infecté de nullité. En effet, si l'on admettait que l'acquéreur peut examiner la validité du bordereau, on enlèverait, ou du moins on paralyserait la force exécutoire que leur accorde la loi.

542. De là il résulte que l'adjudicataire, ne pouvant se refuser au payement des bordereaux de collocation exécutoires contre lui par

---

(1) Dijon, 8 févr. 1817 (Sir., 18, 2, 107).
(2) Riom, 19 janv. 1820 (Sir., 20, 2, 158). *Conf.* M. Chauveau, n° 2612.
(3) *Voy.* Bruxelles, 4 juill. 1810; Colmar, 22 août 1853; Cour de cass., 16 mai 1854 (*Journ. des Av.*, t. XX, p. 275, et t. LXXIX, p. 253; Dev., 55, 1, 54).

toutes les voies de droit, ne peut être l'objet d'aucun recours lorsqu'il a soldé au créancier colloqué le montant de son bordereau. En vain le débiteur saisi voudrait-il prétendre qu'il ne doit pas cette somme à ce créancier, l'adjudicataire lui répondra qu'en présence d'un bordereau exécutoire contre lui, il a dû payer. Par le même motif, il n'est pas obligé de faire le payement des différents bordereaux en suivant le rang des collocations fixé dans le règlement définitif. Il peut se libérer en payant les bordereaux au fur et à mesure qu'ils lui sont présentés, car tous sont exécutoires contre lui, en vertu de l'art. 770, sans distinction de rang. Tant qu'il conserve une portion du prix, il doit payer jusqu'à son épuisement les porteurs de bordereaux.

543. Si des créanciers premiers en rang viennent trop tard (1) pour se faire payer de l'acquéreur qui a déjà versé tout son prix à d'autres créanciers munis de bordereaux, ils n'ont de recours que contre ceux qui ont été payés à leur préjudice ; mais l'acquéreur est complétement libéré.

544. Il résulte du même principe que l'adjudicataire qui a payé son prix aux porteurs de bordereaux de collocation est valablement libéré, quand même l'ordre en exécution duquel ces bordereaux ont été délivrés viendrait plus tard à être annulé (2).

545. La délivrance du bordereau de collocation ne constitue pas, vis-à-vis de celui qui l'a obtenue, novation de la créance originaire, et n'équivaut pas à payement. Cela est évident, car la force exécutoire qu'a ce bordereau n'est qu'un moyen énergique pour obtenir le payement. Il serait donc injuste de priver un créancier, à qui un bordereau aurait été délivré, de toutes les autres garanties qui doivent lui assurer le payement de sa créance. Et c'est avec raison qu'il a été décidé par la Cour de Poitiers (3) qu'en cas d'insolvabilité de l'acquéreur, le créancier porteur d'un bordereau peut recourir contre ceux des créanciers postérieurs qui ont reçu leur payement d'autres acquéreurs, et par la Cour de Grenoble (4) qu'en cas d'insuffisance de la portion du prix dû par l'adjudicataire, il peut attaquer les autres acquéreurs pour obtenir le payement de ce qui lui reste dû.

546. Le bordereau qu'obtient un créancier colloqué n'est exécutoire que contre l'acquéreur ; et comme l'hypothèque en vertu de laquelle il a été colloqué a produit son effet à l'égard de cet acquéreur, il n'est pas obligé, pour conserver son action contre l'acquéreur de l'immeuble, de renouveler son inscription pour en empêcher la péremption. Mais lorsque, après la délivrance des bordereaux, l'acquéreur a revendu l'immeuble par lui acquis, les créanciers colloqués ne peuvent demander contre le second acquéreur l'exécution pure et simple de leur bordereau

---

(1) Aix, 19 mai 1825 (Sir., 26, 2, 268); *id.*, rej., 28 févr. 1827 (Sir., 27, 1, 166).

(2) Arrêt de Poitiers du 26 avr. 1825 (*Journ. des Av.*, t. XXIX, p. 148); M. Chauveau, n° 2611 *ter* (nouv. édit., quest. 2608 *sexies*).

(3) 11 mars 1824 (*Journ. du Pal,*, t. XVIII, p. 520). *Junge* : Cass., 25 févr. 1839 (Bioche, *Journ.,* art. 3610).

(4) 29 janv. 1825 (*Journ. des Av.*, t. XXX, p. 38).

de collocation. En effet, le bordereau n'a sa force exécutoire que contre l'acquéreur ou l'adjudicataire; il y a le principe d'une action personnelle qui peut bien être dirigée contre l'acquéreur pour obtenir le payement, mais qui ne peut être étendue au sous-acquéreur. Le créancier porteur d'un bordereau de collocation non payé par le premier acquéreur ne peut donc pas poursuivre le second acquéreur immédiatement en vertu de ce bordereau (1); par conséquent, il est obligé de produire de nouveau ses titres, et d'accomplir, dans le nouvel ordre ouvert par suite de la revente, toutes les formalités ordinaires exigées pour établir sa créance. Ainsi, si ce créancier n'avait pas renouvelé son inscription en temps utile, il perdrait son droit de suite, et ne pourrait plus faire valoir son hypothèque dans l'ordre ouvert sur le second acquéreur. Par la même raison, quoiqu'il ait obtenu un bordereau de collocation dans un ordre ouvert sur le premier acquéreur, le créancier hypothécaire qui a laissé périmer son inscription n'a pas d'action directe contre l'acquéreur postérieur, soit en payement du montant de son bordereau, soit en délaissement de l'immeuble (2), puisqu'il a perdu le droit de suite sur cet immeuble. Il ne lui reste, vis-à-vis de l'acquéreur subséquent, que le droit d'exercer le privilége du premier vendeur (3), son débiteur, conservé par l'inscription d'office, puisque le bordereau de collocation a eu pour effet de lui déléguer une portion du prix jusqu'à concurrence du montant de sa collocation.

547. Nous avons vu, sous l'art. 769, que l'avoué poursuivant doit déposer l'extrait de l'ordonnance de clôture au bureau des hypothèques pour faire opérer la radiation des inscriptions des créanciers non colloqués. La loi veut même que le bordereau des frais de l'avoué poursuivant, aux termes de l'art. 770, ne puisse être délivré que sur la remise des certificats de radiation des inscriptions des créanciers non colloqués.

Cependant, comme cette radiation ne dépend pas seulement de l'avoué poursuivant qui dépose l'extrait, mais surtout du conservateur, il ne faut pas que ce dernier la fasse attendre, dit M. Riché, sous le seul prétexte de la multiplicité de ses travaux, auxquels il peut toujours attacher un plus grand nombre d'auxiliaires. « Votre commission, ajoute-t-il (*suprà,* p. 64, n° 181), avait proposé d'imposer au conservateur un délai, à partir du dépôt de l'extrait, pour opérer cette radiation; l'amendement n'a pas été accepté : » aussi l'avoué poursuivant devrait-il agir par la voie judiciaire pour contraindre le conservateur à la radiation, s'il tardait trop à l'opérer.

548. La défense que cet article contient à l'égard de la délivrance du bordereau des frais de l'avoué poursuivant s'applique aussi bien au cas où cet avoué a demandé distraction de ses frais en son nom que quand

---

(1) Paris, 16 avr. 1832 (Sir., 32, 2, 493). — *Voy.*, en sens contraire, arrêt de Toulouse, 19 avr. 1839 (Sir., 39, 2, 429); Bordeaux, 4 juin 1835 (*Journ. des Av.*, t. L, p. 116).

(2) Paris, 12 nov. 1836 (Sir., 37, 2, 148), et Bourges, 21 fév. 1837 (Sir., 38, 2, 62).

(3) Orléans, 18 nov. 1836 (Sir., 37, 2, 144).

ce bordereau est délivré à la partie poursuivante qui en a fait l'avance. Dans l'une et l'autre hypothèse, le bordereau relatif à ces frais ne peut être délivré que sur la remise des certificats de radiation.

Ces certificats, aux termes de l'art. 770, demeurent annexés au procès-verbal d'ordre.

Art. 771.

Texte ancien.

Le créancier colloqué, en donnant quittance du montant de sa collocation, consentira la radiation de son inscription (C. proc., art. 772).

Au fur et à mesure du payement des collocations, le conservateur des hypothèques, sur la représentation du bordereau et de la quittance du créancier, déchargera d'office l'inscription jusqu'à concurrence de la somme acquittée (C. proc., art. 773).

L'inscription d'office sera rayée définitivement, en justifiant, par l'adjudicataire, du payement de la totalité de son prix, soit aux créanciers utilement colloqués, soit à la partie saisie, et de l'ordonnance du juge-commissaire qui prononce la radiation des inscriptions des créanciers non colloqués (C. proc., art. 774).

Loi actuelle (1).

Radiation et Payement.

Le créancier colloqué, en donnant quittance du montant de sa collocation, consent la radiation de son inscription. Au fur et à mesure du payement des collocations, le conservateur des hypothèques, sur la représentation du bordereau et de la quittance du créancier, décharge d'office l'inscription jusqu'à concurrence de la somme acquittée.

L'inscription d'office est rayée définitivement sur la justification faite par l'adjudicataire du payement de la totalité de son prix, soit aux créanciers colloqués, soit à la partie saisie.

SOMMAIRE.

549. L'art. 771 réunit dans son texte l'ensemble des dispositions comprises sous les art. 772, 773 et 774 du Code de procédure.

550. Dans le cas où le montant du bordereau doit se partager entre plusieurs personnes, l'adjudicataire n'est obligé de payer que quand tous les ayants droit lui ont donné une mainlevée complète de l'inscription existant à leur profit.

551. Le consentement à la radiation doit être donné par acte authentique.

552. Le tuteur, après avoir touché, peut donner seul, sans autre formalité, mainlevée de l'inscription du mineur. — Les frais, en cas de refus, sont à la charge du récalcitrant.

553. De la radiation par le conservateur. — Observations sur les mots : *le conservateur décharge d'office*.

549. L'art. 771 complète le système de radiation en traçant les formalités relatives à la radiation des inscriptions des créanciers colloqués, et son dernier alinéa s'occupe spécialement de l'inscription d'office. La loi nouvelle a réuni ainsi, dans le seul art. 771, tout ce que renfermait

_____

(1) Disposition semblable dans l'art. 770 du projet du gouvernement.

l'ensemble des dispositions comprises sous les art. 772, 773 et 774 du Code de procédure.

550. En ce qui concerne les inscriptions des créanciers colloqués, l'art. 771 déclare que le créancier colloqué, en donnant quittance, consent la radiation de son inscription. Il peut arriver que le montant de la collocation doive être partagé entre plusieurs ayants droit. L'obligation pour les différentes parties prenantes de consentir à la radiation de l'inscription peut-elle se diviser de sorte que l'adjudicataire soit forcé de recevoir des mainlevées partielles de l'inscription? On a dit avec raison que si la créance est divisible, il n'en est pas de même de l'hypothèque; elle grève l'immeuble tout entier : *est tota in toto, tota in quâlibet parte*. Par conséquent, l'adjudicataire peut se refuser à payer le montant du bordereau jusqu'à ce que les différents ayants droit lui aient rapporté une mainlevée complète de l'inscription qui existe à leur profit (1).

551. Il faut que le consentement à la radiation de l'inscription soit donné par acte authentique, parce qu'aux termes de l'art. 2158 du Code Napoléon, le conservateur ne doit rayer que sur la représentation et le dépôt de l'expédition de l'acte authentique portant consentement (2).

552. Le consentement à la radiation de l'inscription est la conséquence naturelle du payement de la créance : aussi peut-il être donné par celui qui a le droit de toucher. Ainsi le tuteur peut donner mainlevée de l'inscription après avoir reçu le montant de la créance qu'elle garantit, sans suivre les formalités de justice et sans autorisation du conseil de famille.

Le créancier qui refuserait de donner mainlevée de son inscription après avoir touché le montant de son bordereau de collocation devrait être assigné par l'adjudicataire en mainlevée de son inscription, et les frais qui en résulteraient seraient évidemment à la charge du créancier récalcitrant.

553. Après le payement du créancier colloqué contre la remise du bordereau quittancé, avec consentement authentique à la radiation par ce créancier, l'adjudicataire n'a qu'à présenter le bordereau et la quittance au conservateur, qui sera obligé de décharger d'office l'inscription jusqu'à concurrence de la somme acquittée.

Déjà ces expressions : *le conservateur décharge d'office l'inscription,* ont donné lieu à des interprétations diverses.

Les uns, MM. Pigeau et Lepage, les expliquent en ce sens, qu'elles ne s'appliquent qu'à l'inscription d'office prise par le conservateur; il déchargera, disent-ils, cette inscription d'office jusqu'à concurrence de la

---

(1) *Voy.* MM. Pigeau, t. II, p. 450; Bioche, v° Ordre, n° 568; Grosse et Rameau, n° 474; Émile Ollivier et Mourlon, n° 456; Chauveau, nouv. édit., quest. 2609 *bis.*

(2) *Conf.* MM. Merlin, *Rép.*, t. XII, p. 314; Berriat Saint-Prix, p. 624, note 44; Rodière, t. III, p. 230; Paul Pont, *Priv. et Hyp.*, n° 1074; Colmet d'Aâge, t. II, n° 1042; Bressolles, n° 60; Émile Ollivier et Mourlon, n° 456; Grosse et Rameau, n° 475; Chauveau, édit. nouv., quest. 2609 *ter.*

somme acquittée, au fur et à mesure des payements des bordereaux (anc. art. 773); et cette inscription est rayée définitivement en justifiant par l'adjudicataire du payement de la totalité de son prix (1), soit aux créanciers utilement colloqués, soit à la partie saisie (anc. art. 774).

M. Tarrible interprète ces expressions différemment. Selon lui, par ces mots : *il décharge d'office l'inscription,* il faut entendre que toutes les inscriptions des créanciers utilement colloqués seront successivement rayées (anc. art. 773); et il ajoute que l'ancien art. 774 est relatif aux inscriptions des créanciers non utilement colloqués, qui sont aussi rayées d'office sur la justification du payement de tous les créanciers colloqués et de l'ordonnance du juge.

Il est évident que l'interprétation de M. Tarrible en ce qui concerne l'ancien art. 774, devenu le dernier paragraphe de l'art. 771 de la loi du 21 mai 1858, ne peut plus être admise, puisque, aux termes de l'art. 770, la radiation des inscriptions des créanciers non colloqués doit être opérée avant que l'adjudicataire paye les bordereaux des créanciers colloqués. Ce dernier paragraphe de l'art. 771 (anc. art. 774) ne s'occupe donc que de l'inscription d'office que le conservateur doit prendre conformément à l'art. 2108 du Code Napoléon, et nous admettons l'opinion de M. Pigeau, qui, sur ce point, est en harmonie parfaite avec ces termes de la loi : « L'inscription d'office est rayée définitivement sur la justification faite par l'adjudicataire du payement de la totalité de son prix, soit aux créanciers colloqués, soit à la partie saisie. »

Mais nous nous séparons de MM. Pigeau et Lepage sur l'interprétation de ces mots du premier paragraphe de l'art. 771 (ancien art. 773) : *le conservateur décharge d'office l'inscription.* L'inversion, dans le texte, du mot *d'office,* ne permet pas de dire avec ces auteurs que là encore il ne s'agisse que de l'inscription d'office : aussi croyons-nous qu'il y est question de la radiation successive de l'inscription de chaque créancier colloqué, radiation que le conservateur, sur la représentation de chaque bordereau et de la quittance authentique du créancier, opère *d'office,* c'est-à-dire sans qu'il soit besoin d'un acte contenant réquisition à cet effet. Du reste, dans la pratique, c'est en ce sens que la loi est généralement appliquée par les conservateurs (2).

---

(1) Les expressions « payement du prix, » employées par l'art. 771, ne sont pas exclusives de tout autre mode de libération pour faire rayer l'inscription d'office. *Voy.,* en ce sens, Angers, 2 févr. 1848 (Sir., 48, 2, 257).

(2) *Voy.,* en ce sens, MM. Émile Ollivier et Mourlon, n°s 456 et 457. Nous devons dire cependant que l'interprétation le plus généralement admise par les auteurs diffère de celle proposée ici par M. Seligman. C'est ce que M. Chauveau, qui cependant avait adopté d'abord la solution de M. Seligman dans ses premières éditions, explique dans son édition nouvelle (quest. 2612) en ces termes : « En examinant de plus près la difficulté, je suis conduit à décider qu'il faut entendre l'art. 771 comme s'il disait : Sur la justification du payement de chaque bordereau, le conservateur rayera l'inscription afférente à ce bordereau, et, en outre, *déchargera d'autant l'inscription d'office, laquelle sera rayée définitivement sur la justification du payement de la totalité du prix,* etc., etc. » — *Voy.* encore MM. Rodière, t. III, p. 230; Bioche, v° Ordre, n° 563; Colmet d'Aâge, t. II, n° 1042; Bressolles, n° 60; Grosse et Rameau, n° 475.

P. P.

ART. 772.

Texte ancien.

En cas d'aliénation autre que celle par expropriation, l'ordre ne pourra être provoqué s'il n'y a plus de trois créanciers inscrits ; et il le sera par le créancier le plus diligent ou l'acquéreur après l'expiration des trente jours qui suivront les délais prescrits par les art. 2185 et 2194 du Code civil (C. proc., art. 775).

L'ordre sera introduit et réglé dans les formes prescrites par le présent titre (C. pr., art. 776).

Projet du gouvernement.

Lorsque l'aliénation n'a pas lieu sur expropriation forcée, l'ordre est provoqué par le créancier le plus diligent ou par l'acquéreur.

Il peut être aussi provoqué par le vendeur, mais seulement lorsque le prix est exigible aux termes du contrat.

Dans tous les cas, l'ordre n'est ouvert qu'après l'accomplissement des formalités prescrites pour la purge des hypothèques.

Il est introduit et réglé dans les formes établies par le présent titre (Proj., art. 771).

Loi actuelle.

Ordre après aliénation autre que sur expropriation forcée.

Lorsque l'aliénation n'a pas lieu sur expropriation forcée, l'ordre est provoqué par le créancier le plus diligent ou par l'acquéreur.

Il peut être aussi provoqué par le vendeur, mais seulement lorsque le prix est exigible (1).

Dans tous les cas, l'ordre n'est ouvert qu'après l'accomplissement des formalités prescrites pour la purge des hypothèques.

Il est introduit et réglé dans les formes établies par le présent titre.

Les créanciers à hypothèques légales qui n'ont pas fait inscrire leurs hypothèques dans le délai fixé par l'art. 2195 du Code Napoléon ne peuvent exercer le droit de préférence sur le prix qu'autant qu'un ordre est ouvert dans les trois mois qui suivent l'expiration de ce délai et sous les conditions déterminées par la dernière disposition de l'art. 717.

SOMMAIRE.

554. L'ordre est moins fréquent après aliénation volontaire que sur saisie immobilière ; mais les formes à suivre sont à peu près identiques, sauf quelques mesures préparatoires.

555. Le saisissant n'est pas préféré pour les poursuites de l'ordre. Le droit appartient au créancier le plus diligent ou à l'acquéreur.

556. Le vendeur peut aussi provoquer l'ordre lorsque le prix est exigible.

---

(1) MM. Émile Ollivier et Mourlon, dans le texte qu'ils reproduisent à la page 664 de leur Commentaire, écrivent, après ces mots : « le prix est exigible, » les mots : « *aux termes du contrat.* » Voy. aussi M. Bressolles, p. 40, n° 28. C'était bien là le texte du projet du gouvernement, mais ce n'est pas celui de la loi ; les mots « aux termes du contrat » en ont été retranchés par les motifs ci-après déduits (*voy.* n° 556). P. P.

554. Nous avons examiné tous les articles qui traitent de l'ordre après adjudication sur saisie immobilière, en suivant les différentes phases que cette procédure peut présenter jusqu'à la clôture du règlement définitif. L'expropriation forcée entraîne presque toujours après elle la procédure d'ordre, car elle annonce l'insolvabilité du débiteur, et les droits des différents créanciers sur l'immeuble vendu ne peuvent être réglés que par un ordre, lorsque le prix obtenu est insuffisant pour éteindre le montant des créances hypothécaires dont il est grevé.

Lorsque l'aliénation est volontaire, l'ordre, il est vrai, est moins fréquent qu'après saisie immobilière ; mais si l'on excepte quelques mesures préparatoires dont il est question dans notre art. 772, il doit suivre les formalités qui régissent les ordres sur expropriation forcée. En effet, quelle que soit la nature de l'aliénation, dit l'exposé des motifs, dès qu'elle donne lieu à un ordre, elle met en jeu les mêmes droits, les mêmes intérêts ; le vendeur, l'acquéreur et les créanciers, ont entre eux les mêmes situations. (*Suprà*, p. 25, n° 70.)

555. Le premier paragraphe de l'art. 772 s'occupe de l'ouverture de l'ordre amiable. Il est ainsi conçu : « Lorsque l'aliénation n'a pas lieu sur expropriation forcée, l'ordre est provoqué par le créancier le plus diligent ou par l'acquéreur. »

Dans le cas d'une expropriation forcée, le créancier qui a dirigé la poursuite de saisie immobilière doit, aux termes de l'art. 750, être préféré aux autres créanciers pour la poursuite de l'ordre. Il n'en est pas de même pour les ventes volontaires, où les droits à la poursuite de l'ordre sont égaux pour tous les créanciers. Il appartient donc au créancier le plus diligent de provoquer l'ouverture de l'ordre. En cas d'inaction de la part des créanciers, l'ordre peut être poursuivi par l'acquéreur qui veut se libérer en payant d'après un ordre régulier.

556. Le Code de procédure, dans son art. 775, avait bien parlé du créancier le plus diligent ou de l'acquéreur comme ayant le droit de poursuivre l'ordre, mais il avait gardé le silence par rapport au vendeur. Le nouvel art. 772 accorde le droit de provoquer l'ordre aussi au vendeur, en ces termes : « Il (l'ordre) peut être aussi provoqué par le vendeur, mais seulement lorsque le prix est exigible. » Les mots *aux termes du contrat*, qui étaient dans le projet du gouvernement, ne se trouvent pas dans la loi ; on les a retranchés par le motif que le prix peut devenir exigible même avant le terme fixé par le contrat, dans les cas prévus par les art. 1198 et 2131 du Code Napoléon, lorsque, par exemple,

l'acquéreur est tombé en faillite, ou que l'immeuble a éprouvé des dé-
gradations, de manière qu'il est devenu insuffisant pour la sûreté des
créanciers hypothécaires.

557. En cas de concurrence entre un créancier inscrit, l'acquéreur
ou le vendeur, pour obtenir la poursuite de l'ordre, c'est au président
du tribunal à les régler, sans opposition ni appel de sa décision. Cependant le président devrait suivre l'ordre tracé par la loi, et préférer le
créancier à l'acquéreur, et ce dernier au vendeur.

558. Quant à la concurrence entre les différentes catégories de créanciers, nous renvoyons sur ce point à ce que nous avons dit à cet égard
au n° 133 de nos explications sur l'ordre après saisie immobilière.

559. Le troisième paragraphe de notre art. 772 fixe l'époque à laquelle l'ordre sur aliénation volontaire peut être ouvert.

Ce paragraphe a donné lieu à des discussions importantes entre la
commission du Corps législatif et le conseil d'État, et ensuite au sein
même du Corps législatif. Il est ainsi conçu : « Dans tous les cas,
l'ordre n'est ouvert qu'après l'accomplissement des formalités prescrites pour la purge des hypothèques. »

La commission du Corps législatif avait demandé qu'on ajoutât le
mot *inscrites* à la fin du paragraphe que nous venons de citer, et la
phrase suivante : « Si l'acquéreur purge les hypothèques légales, les
opérations de l'ordre ne devront être suspendues que dans le cas où la
purge aura été commencée dans le délai d'un mois. »

Dans la pensée de la commission, la purge ne devait être obligatoire
que pour les hypothèques inscrites. En effet, selon elle, la purge a deux
objets. Le premier est de fixer définitivement le prix de l'immeuble par
les notifications qui mettent les créanciers en demeure de surenchérir.
A cet effet, il aurait suffi de faire les notifications seulement vis-à-vis
des créanciers inscrits.

Le second effet de la purge est celui d'affranchir l'immeuble entre les
mains de l'acquéreur. Or, si l'acquéreur consent à ouvrir un ordre sans
attendre la purge des hypothèques légales, c'est lui seul qui s'expose si,
plus tard, des hypothèques légales se révèlent ; mais elles ne remettront
pas en question un ordre consommé. Du reste, par suite de l'amendement en question, la loi nouvelle n'aurait fait que consacrer l'usage
existant, et, dans la pratique, malgré les termes de l'ancien art. 775,
on se dispensait fréquemment de la purge des hypothèques légales avant
d'ouvrir un ordre, surtout lorsqu'il s'agissait d'un immeuble de peu de
valeur.

D'après l'art. 775 du Code de procédure, l'ordre ne pouvait commencer qu'après l'expiration des délais fixés pour la purge des hypothèques inscrites et des hypothèques légales, c'est-à-dire après l'expiration des trente jours qui suivent les délais prescrits par les art. 2185
et 2194 du Code Napoléon. Il n'est plus question, dans l'art. 772, § 3,
du délai de trente jours accordé aux créanciers pour se régler entre eux ;
ce délai est remplacé par le mois pendant lequel se poursuit l'ordre
amiable devant le juge, mais après l'ouverture de l'ordre.

Le nouvel art. 772 reproduit la défense d'ouvrir l'ordre avant l'accomplissement des formalités prescrites pour la purge des hypothèques ; mais il ne renvoie ni à l'art. 2185 pour la purge ordinaire, ni à l'art. 2194 du Code Napoléon, relatif à la purge des hypothèques légales. Pour éviter toute incertitude sur l'interprétation de ce paragraphe 3 de notre art. 772, il suffisait d'ajouter, après le mot *hypothèques*, le participe *inscrites*, ainsi que l'avait proposé la commission du Corps législatif dans l'amendement précité, et l'acquéreur n'aurait pu suspendre les opérations de l'ordre, pour faire la purge des hypothèques légales, que dans le cas où la purge aurait été commencée dans le délai d'un mois après la vente ; ne permettre d'entamer l'ordre, dit le rapport de la commission du Corps législatif, qu'après la purge des hypothèques légales, c'est, ou mettre l'ouverture de l'ordre à la merci d'un acquéreur peu empressé de payer, ou entrer dans une voie inconnue. Cet acquéreur qui ne purge pas, il faut ou l'évincer par la folle enchère si le mode de vente comporte cette voie, et si l'on se risque à frapper ainsi un acquéreur uniquement parce qu'il n'use pas d'une faculté de purger instituée dans son intérêt ; ou autoriser le poursuivant l'ordre à faire cette purge légale pour l'acquéreur, après l'avoir mis en demeure. Si les frais ce cette purge sont employés dans l'ordre, voilà un petit ordre surchargé d'une dépense de plus ; voilà l'acquéreur encouragé à ne pas purger, à attendre que l'on purge pour lui. Si ces frais retombent sur l'acquéreur, voilà l'acheteur de quelques ares peut-être grevé d'une charge qui peut excéder le prix de son acquisition (*Suprà*, p. 65, n° 184.)

Malgré ces raisons, le conseil d'État a repoussé cet amendement, et l'on pouvait induire de ce rejet la conséquence que, dans la pensée du projet de loi présenté par le gouvernement, il faudrait, pour ouvrir l'ordre, attendre dans tous les cas la purge des hypothèques légales.

C'est sous cette préoccupation que la discussion s'est ouverte au Corps législatif sur le paragraphe 3 de l'art. 772. M. Josseau, député et membre de la commission du Corps législatif, a posé nettement, aux conseillers d'État commissaires du gouvernement, la question si, par le rejet de l'amendement dont nous venons de parler, le gouvernement entendait maintenir l'obligation de purger même les hypothèques légales pour pouvoir ouvrir l'ordre. Admettre ce système, ce serait imposer à la petite propriété des charges trop lourdes pour le cas où l'acquéreur serait forcé de purger à ses frais, et faire subir aux prêteurs hypothécaires un injuste prélèvement si l'on employait les frais de purge comme privilégiés dans l'ordre. (*Suprà*, p. 99, n° 273.)

Il résulte de la réponse faite au nom du gouvernement par MM. de Parieu, vice-président du conseil d'État, et Suin, conseiller d'État (voy. *loc. cit.*, n°ˢ 274 et 276), à l'interpellation de M. Josseau, qu'en droit on ne devrait pas distribuer le prix de la vente d'un immeuble avant que ce prix ne fût définitivement fixé, et avant que ceux qui y ont droit ne fussent tous connus ; mais qu'en fait il faut laisser au juge le droit d'ordonner, lorsqu'il le croira nécessaire, qu'il soit procédé à la purge des hypothèques légales.

De plus, si les créanciers et l'acquéreur sont d'accord pour la dispense des formalités, la disposition n'est pas impérative, elle ne prononce aucune peine de nullité. La question reste donc soumise à l'appréciation du juge, qui, suivant les circonstances, imposera à l'acquéreur la nécessité de la purge ou l'en dispensera.

De toute cette discussion, nous concluons :

1° Que l'ordre consommé sans le préliminaire de la purge des hypothèques légales est valable, parce que la loi n'impose pas l'accomplissement de cette formalité à peine de nullité (1);

2° Que si l'acquéreur voulait procéder à la purge des hypothèques légales, ou si un créancier se refusait à produire avant l'accomplissement de cette formalité, l'ordre devrait être suspendu (2) jusqu'après la purge légale. En effet, l'acquéreur ne peut être forcé à distribuer son prix sans qu'il connaisse par la purge tous ceux qui y ont droit, même les créanciers à hypothèque légale. Quant au créancier, on ne peut prononcer contre lui aucune déchéance, lorsqu'il ne veut pas obéir à la sommation de produire, tant que la prescription du paragraphe 3 de l'art. 772 n'est pas exécutée par la purge même des hypothèques légales, qui, par la surenchère, donne la certitude que le prix à distribuer est sincère et loyal.

560. D'après le cinquième paragraphe de notre article, l'ordre sur vente volontaire est introduit et réglé selon les formes établies par le présent titre. Il faut ranger dans la catégorie des ordres sur vente volontaire l'ordre qui s'ouvre après conversion sur saisie immobilière, quoique la vente se fasse après affiches et surenchère (3).

561. Une fois l'ouverture de l'ordre sur vente volontaire faite par le créancier le plus diligent, on suit toutes les formalités prescrites par les art. 750 et suivants jusqu'à la clôture du règlement définitif. Nous n'avons aucune observation spéciale à faire en ce qui concerne l'application à l'ordre sur vente volontaire des dispositions relatives à l'ordre sur expropriation forcée.

561 bis. Le dernier paragraphe de l'art. 772 a pour objet la conservation du droit de préférence des créanciers à hypothèque légale et la survie de ce droit au droit de suite; mais nous nous sommes expliqué déjà sur ce point en commentant l'art. 717 (suprà, nos 91 et suiv.) : nous renvoyons le lecteur à nos précédentes observations.

---

(1) Bordeaux, 2 févr. 1848 (Journ. des Av., t. LXXIII, p. 482).
(2) MM. Persil, Quest., t. II, p. 422; Chauveau, Journ. des Av., t. LXXV, p. 370.
(3) Grenoble, 31 juill. 1816 (Collect. nouv., 5). Voy. MM. Chauveau, quest. 2616; Bioche et Goujet, v° Ordre, n° 15; Rodière, p. 233. — Ajoutons toutefois que M. Chauveau (édit. nouv., quest. 2613) réserve le cas où la conversion n'est demandée et obtenue qu'après que les formalités prescrites par les nouveaux art. 692 et 696 ont été remplies. Dans ce cas tout spécial, dit l'auteur, et qui se produira fort rarement sans doute, il y aurait lieu, ce semble, de s'en tenir aux dispositions de l'art. 750, et non à celles de l'art. 772. Voy. aussi MM. Émile Ollivier et Mourlon, n° 460. Pas plus que M. Seligman, MM. Grosse et Rameau, n° 478, ne font aucune distinction; ils enseignent d'une manière générale que l'ordre sur conversion est assujetti aux formalités de l'ordre sur aliénation volontaire.   P. P.

Art. 773.

Texte ancien.

En cas d'aliénation autre que celle par expropriation, l'ordre ne pourra être provoqué s'il n'y a plus de trois créanciers inscrits... (C. proc., art. 775).

Projet du gouvernement.

En cas d'aliénation autre que celle sur expropriation forcée, l'ordre ne peut être provoqué s'il y a moins de quatre créanciers inscrits. Dans ce cas, la distribution du prix est réglée par le tribunal, jugeant comme en matière sommaire, sur assignation signifiée à personne ou domicile, à la requête de la partie la plus diligente, sans autre procédure que des conclusions motivées. Le jugement est signifié à avoué seulement, s'il y a avoué constitué.

En cas d'appel, il est procédé comme aux art. 762 et 763 (Proj., art. 772).

Loi actuelle.

Procédure exceptionnelle.

Quel que soit le mode d'aliénation, l'ordre ne peut être provoqué s'il y a moins de quatre créanciers inscrits.

Après l'expiration des délais établis par les art. 750 et 772, la partie qui veut poursuivre l'ordre présente requête au juge spécial, et, s'il n'y en a pas, au président du tribunal, à l'effet de faire procéder au préliminaire de règlement amiable dans les formes et délais établis en l'art. 751.

A défaut de règlement amiable, la distribution du prix est réglée par le tribunal, jugeant comme en matière sommaire, sur assignation signifiée à personne ou domicile, à la requête de la partie la plus diligente, sans autre procédure que des conclusions motivées. Le jugement est signifié à avoué seulement, s'il y a avoué constitué.

En cas d'appel, il est procédé comme aux art. 763 et 764.

SOMMAIRE.

562. Pour donner plus de précision à nos observations sur l'art. 773, nous prendrons une division correspondante à celle des dispositions contenues dans ledit article. Ainsi, nous nous occuperons successivement : 1° des cas dans lesquels il y a lieu à la distribution du prix par voie d'instance devant le tribunal; 2° du préliminaire nécessaire avant l'instance devant le tribunal, c'est-à-dire de la tentative d'ordre amiable; 3° des règles à suivre en ce qui concerne la demande en attribution de prix, l'instruction et le jugement; et 4° des voies de recours contre le jugement.

563. 1° *Dans quel cas il y a lieu à la distribution du prix par voie d'instance devant le tribunal.* — Le Code de procédure avait déjà défendu, dans son art. 775, de provoquer un ordre s'il n'y avait pas plus de trois créanciers inscrits, à moins qu'il ne s'agît d'une expropriation forcée à la suite de laquelle on devait ouvrir un ordre.

Lors de la rédaction de la loi de 1858, la commission du Corps législatif s'était demandé pourquoi cette différence qui consistait à exiger l'ordre dans tous les cas après une saisie immobilière, tandis qu'on le défendait en cas d'aliénation volontaire s'il y avait moins de quatre créanciers inscrits; et elle n'a trouvé aucune raison sérieuse de cette différence, que l'ancien texte de l'art. 775 avait consacrée. Dès lors, s'il y a avantage à ne pas suivre les formalités de la procédure d'ordre quand le nombre des créanciers inscrits est peu important, il faut les prohiber, sans distinguer entre le cas d'aliénation forcée et celui de vente volontaire : aussi cette distinction a-t-elle été effacée dans le nouvel art. 773, qui, en conséquence, déclare que, « quel que soit le mode d'aliénation, l'ordre ne peut être provoqué s'il y a moins de quatre créanciers inscrits. » La loi ne veut pas que, dans ce cas, on suive toute la série des formalités d'ordre, telles que les sommations, productions, état provisoire, contredits, jugement; il suffit d'assigner les créanciers immédiatement en attribution du prix devant le tribunal, qui, par un jugement, fixe leurs droits sur le prix qui leur est attribué.

Du reste, la défense prononcée par notre article de provoquer l'ordre dans le cas qu'il prévoit doit s'entendre en ce sens qu'au lieu de recourir à la procédure de l'ordre tracée dans les art. 751 à 771, il faut, si la tentative d'arrangement amiable n'a pas réussi devant le juge conciliateur, régler la distribution du prix d'après le rang et l'ordre des créanciers, *de plano* devant le tribunal, en suivant la procédure organisée par notre article.

564. Aux termes de notre art. 773, l'ordre ne peut être provoqué s'il y a moins de quatre créanciers inscrits. Par conséquent, il ne faut pas s'attacher au nombre des *créances inscrites*, lequel pourrait être supérieur à quatre, mais uniquement à celui *des créanciers;* et s'il est inférieur à quatre, quoique chaque créancier puisse être propriétaire de plusieurs créances (1), on ne doit pas suivre les formalités de la procédure d'ordre.

565. D'un autre côté, il peut arriver qu'une seule créance ait été divisée entre plusieurs héritiers, de sorte que ces derniers ont pu prendre chacun une inscription séparée en vertu du partage. Dans ce cas, quoique les inscriptions aient été prises pour des créances ayant une origine commune, chaque héritier doit être compté pour un créancier inscrit; mais tant qu'il n'y a qu'une seule inscription au nom de leur auteur commun, ils ne doivent compter que pour un, car il n'y a qu'un créancier inscrit, bien que l'inscription profite à la masse des héritiers représentant le défunt.

566. Il résulte encore du texte même de l'art. 773 que les créanciers à hypothèque légale non inscrits ne doivent pas être comptés (2), à moins qu'ils ne se fassent connaître avant que la demande en attribution de prix ne soit introduite. — Que si cela arrive, il y a plusieurs hypothèses à distinguer.

1° Le créancier à hypothèque légale se présente pour faire valoir ses droits, pendant la tentative d'ordre amiable, avant que l'instance devant le tribunal ne soit commencée. La participation de ce créancier à l'ordre amiable lui donne les mêmes droits qu'à tout créancier ayant pris inscription : on ne peut procéder à l'ordre qu'avec son concours. Nul doute alors qu'il ne doive être compté; et si le nombre des créanciers, lui compris, est de quatre, il faut, à défaut de règlement amiable, suivre la procédure de l'ordre judiciaire, bien que l'état des inscriptions délivré par le conservateur et déposé au greffe ne mentionne que trois créanciers inscrits.

---

(1) MM. Bioche, *Journ. de Proc.*, t. V, p. 381; Rodière, t. III, p. 233.
(2) Cass., 26 nov. 1828 (Sir., 29, 1, 117).

2° Le créancier à hypothèque légale se fait connaître après que le règlement amiable a échoué, mais avant que la demande en attribution soit formée devant le tribunal. Dans ce cas, doit-on encore tenir compte de ce créancier, ou bien, comme le procès-verbal du juge-commissaire constatant le refus d'arrangement amiable mentionne la présence de trois créanciers seulement, faut-il procéder en vertu de notre art. 773? Le nombre des créanciers connus avant l'introduction de la demande en règlement devant le tribunal étant de quatre, nous pensons qu'il y a lieu de provoquer un ordre, c'est-à-dire de suivre la procédure d'ordre ordinaire. A cet effet, le créancier à hypothèque légale avertira le juge chargé de la tentative de règlement amiable de la prétention de prendre part à la distribution du prix; ce juge déclarera alors l'ordre judiciaire ouvert, et commettra un ou plusieurs huissiers à l'effet de sommer les créanciers de produire (art. 752); et il devra être donné connaissance de ce fait à celui qui a déposé l'état des inscriptions et requis l'ouverture du procès-verbal d'ordre comme poursuivant.

3° Au contraire, le créancier intervient seulement dans une instance en attribution de prix; sa présence alors n'est pas un obstacle à la continuation de cette instance, et ne donne pas lieu à provoquer l'ouverture d'un ordre. En effet, il n'y avait pas quatre créanciers inscrits au moment de l'assignation devant le tribunal, qui dès lors a été valablement saisi de la demande en attribution de prix.

567. Même dans le cas où il y aurait eu d'abord, c'est-à-dire après la demande en attribution de prix, un plus grand nombre de créanciers inscrits, s'ils sont moins de quatre au moment où le tribunal est appelé à statuer, la demande en ouverture d'ordre ne devrait pas être accueillie (1). En effet, la loi défend de *provoquer un ordre* lorsqu'il n'existe que trois créanciers inscrits; mais elle n'interdit pas de continuer un ordre régulièrement ouvert. Du reste, cela arrivera plus fréquemment sous la loi du 21 mai 1858, par suite des consentements à la radiation de leurs inscriptions que les créanciers peuvent donner devant le juge chargé de l'ordre amiable. Dans ce cas, ce juge devra bien constater que le consentement à la radiation a été donné purement et simplement, sans être subordonné à la réussite du règlement amiable; et s'il reste après moins de quatre créanciers inscrits, on devra procéder par une demande en attribution du prix devant le tribunal, sans suivre les formalités plus longues et plus coûteuses de l'ordre judiciaire.

568. On s'est demandé si l'acquéreur, ayant un droit de préférence pour le coût de l'extrait des inscriptions et des dénonciations aux créanciers inscrits, doit être compté dans le nombre des créanciers, de manière à rendre l'ordre nécessaire, s'il y a, en outre, trois créanciers inscrits. M. Chauveau pense (n° 2614, nouv. édit.) que la négative est certaine, parce que l'acquéreur n'est, pour ces frais, qu'un créancier chirographaire privilégié, et qu'il n'est pas créancier inscrit. Nous admettons aussi la solution, mais par d'autres motifs. En effet, le défaut

---

(1) Même arrêt que le précédent. *Sic* M. Rodière, *id.*, p. 234.

d'inscription de l'acquéreur n'est qu'un argument de texte écarté par M. Chauveau lui-même; par exemple, lorsqu'il s'agit d'un créancier à hypothèque légale qui se présente avant la demande en attribution : d'ailleurs cet acquéreur pourrait, à la rigueur, prendre inscription pour les frais dont il s'agit. Selon nous, la vraie raison pour laquelle l'acquéreur ne doit pas, dans ce cas, être considéré comme augmentant le nombre des créanciers inscrits est que l'acquéreur n'a pas besoin, pour ces frais, de se faire colloquer dans un ordre, puisqu'il a le droit, s'il ne les réclame pas dans l'ordre, de les retenir sur son prix (1). Ces frais viennent en déduction du prix à distribuer, partant ils ne font pas, à vrai dire, partie de la distribution ; donc l'acquéreur n'est pas un créancier dont les intérêts sont réglés par la procédure que nécessite la distribution de ce prix.

569. L'ouverture d'un ordre, contrairement à la disposition qui défend de l'ouvrir lorsqu'il y a moins de quatre créanciers inscrits, n'entraîne pas nullité ; les créanciers seuls peuvent invoquer la nullité, tant que l'ordre n'est pas terminé. Mais le juge-commissaire, qui a fait l'ouverture de l'ordre, ne doit pas de lui-même, parce qu'il n'y aurait que trois créanciers inscrits, interrompre cette procédure s'il n'en est pas requis (2). Dans tous les cas, la nullité de l'ordre ne peut pas être opposée par l'acquéreur (3), ni même, après sa clôture, par un créancier.

570. Lorsque l'ordre a été valablement commencé, parce qu'il y avait au moins quatre créanciers inscrits au moment de l'ouverture, il doit être continué, quoique dans le cours de cette procédure le nombre des créanciers descende au-dessous de quatre (4).

571. 2° *Du préliminaire de l'ordre amiable.* — Sous le Code de procédure, on a décidé (5) que l'ordre doit être réputé commencé par la présentation de la requête pour la nomination d'un juge-commissaire.

Mais, d'après la loi nouvelle, qui prescrit le préliminaire de l'ordre amiable comme nécessaire même lorsqu'il y a moins de quatre créanciers, c'est seulement à partir du moment où le juge déclare l'ordre judiciaire ouvert et commet les huissiers à l'effet de sommer les créanciers de produire que l'ordre judiciaire commence. Sur ce point, la loi nouvelle a changé la jurisprudence ancienne. Le législateur a pensé avec raison que la tentative de règlement amiable qui précède l'ordre judiciaire doit aussi être appliquée au cas qui nous occupe; l'essai de conciliation est ici d'autant mieux à sa place que le petit nombre de créanciers semble rendre l'arrangement plus probable.

572. L'ordre amiable est poursuivi par la partie la plus diligente, et, dans ce cas spécial, aucune préférence n'est accordée au saisissant pendant les huit jours qui suivent la transcription de l'adjudication sur

---

(1) Cass., 22 avr. 1856 (*Journ. des Av.*, art. 2478).
(2) Toulouse, 7 déc. 1826 (Sir., 27, 2, 92).
(3) *Id.*, 19 avr. 1839 (Sir., 39, 2, 429).
(4) Rej., 4 juill. 1838 (Sir., 38, 1, 724); *id.*, rej., 5 janv. 1842 (Sir., 42, 1, 625); M. Chauveau, quest. 2615 *ter.*
(5) *Voy.* arrêt précité de 1838.

saisie immobilière. Après l'expiration des délais établis par les art. 750 et 772, la partie qui veut poursuivre l'ordre (amiable) fait les démarches à cet effet. La procédure est tout à fait la même, lorsqu'il y a moins de quatre créanciers inscrits, pour la distribution du prix après expropriation forcée qu'à la suite d'une vente volontaire ; et il faut observer, en ce qui concerne l'ordre amiable, les formes et les délais établis par l'art. 751, auquel nous renvoyons. Il suffit de rappeler ici que le consentement du saisi ou vendeur, et celui de l'adjudicataire ou acquéreur, n'est pas nécessaire à l'arrangement amiable devant le juge.

573. Si, malgré le petit nombre de créanciers, l'accord ne peut se faire amiablement entre eux, la distribution du prix doit être réglée par voie d'instance devant le tribunal. La loi n'astreint pas les parties à faire venir cette demande en attribution du prix à l'audience dans un délai déterminé ; il peut en résulter une solution de continuité dans la poursuite de cette distribution. La commission du Corps législatif avait proposé, pour éviter cet inconvénient, de faire porter d'emblée, à l'issue d'une tentative avortée d'ordre amiable, l'affaire au tribunal, au jour fixé par le magistrat ; mais le conseil d'État a repoussé cet amendement, s'en remettant, sur ce point, à l'intérêt et au zèle de la partie la plus diligente pour arriver, par une assignation devant le tribunal, à une prompte distribution du prix. (*Suprà*, p. 66, nº 186.)

574. Nous devons faire observer que s'il n'existe qu'un seul créancier, il ne peut y avoir lieu à la tentative de l'ordre amiable ; car, pour faire un ordre, il faut au moins deux créanciers entre lesquels un rang puisse être établi et réglé : aussi a-t-il été décidé (1) que, dans ce cas, le créancier inscrit peut agir directement contre l'adjudicataire par voie de commandement, et poursuivre, faute de payement, la revente à sa folle enchère, sans avoir demandé préalablement un mandement de justice. En effet, l'adjudicataire ne doit payer son prix qu'aux créanciers inscrits ; et s'il n'y a qu'un seul créancier inscrit dont l'inscription ne soit pas contestée, il peut, en vertu de son titre et de son hypothèque, exercer des poursuites pour obtenir le payement de sa créance.

Toutefois, si la purge légale n'était pas faite, l'acquéreur pourrait obtenir un sursis aux poursuites commencées jusqu'à l'expiration du délai des deux mois accordés pour l'inscription des hypothèques légales ; car le défaut de purge de ces hypothèques pourrait l'exposer à payer deux fois son prix.

575. 3º *Des règles à suivre en ce qui concerne la demande en attribution, l'instance et le jugement.* — Le Code de procédure n'avait pas tracé de formes spéciales pour la demande en attribution du prix dans les cas où elle devait avoir lieu, et l'on observait, en conséquence, la procédure telle qu'elle est réglée par le droit commun pour les matières ordinaires. Cette lacune a disparu dans la loi nouvelle, qui organise cette instance d'une manière économique.

---

(1) Cass., 13 janv. 1840 (Sir., 40, 1, 449) ; *id.*, Poitiers, 17 août 1847) Sir., 48, 2, 255). *Voy.* M. Bioche, vº Ordre, nº 18.

Il suffit, d'après le troisième paragraphe de notre article, d'une assignation à la requête de la partie la plus diligente devant le tribunal compétent, jugeant comme en matière sommaire; elle est signifiée à personne ou à domicile. Il n'est pas nécessaire de faire commettre un huissier spécial par le juge chargé de remettre cette assignation, la loi gardant le silence sur ce point.

576. Le troisième alinéa de l'art. 773, par lequel la loi nouvelle organise la procédure en attribution de prix, demande une explication détaillée des points qu'il règle.

577. *De l'assignation.* — Elle doit nécessairement être précédée, ainsi que nous l'avons déjà dit, du préliminaire de la tentative du règlement amiable, et, d'après les règles du droit commun, elle demande l'observation de toutes les formalités prescrites par l'art. 61 C. pr. Le demandeur devra-t-il aussi donner dans cet exploit copie du procès-verbal de non-conciliation devant le juge-commissaire pour l'ordre amiable, et cette formalité est-elle prescrite à peine de nullité, conformément à l'art. 65 du même Code? Pour soutenir qu'une assignation qui ne contient pas copie du procès-verbal relatif à la tentative du règlement amiable est frappée de nullité, on dit que les termes de l'art. 65 du Code de procédure sont généraux et s'appliquent au préliminaire de conciliation sans distinction, que ce soit un juge de paix ou un juge d'un tribunal supérieur qui en soit chargé. La loi veut que l'exploit porte avec lui la preuve (1) que le préliminaire de la conciliation a été observé, pour que la demande soit recevable.

Toutefois nous pensons que la prescription de l'art. 65, en ce qui concerne la copie du procès-verbal de non-conciliation, et dont l'inobservation entraîne la nullité de l'exploit, ne peut être étendue à la tentative d'ordre amiable. D'abord le premier alinéa de l'art. 65 se rapporte à la conciliation devant le juge de paix, organisée dans les art. 48 à 58 qui le précèdent, tandis que l'ordre amiable se fait devant un juge qui fait partie du tribunal devant lequel l'instance est portée; et ce juge connaît en général lui-même de l'affaire à l'occasion de laquelle il a rédigé le procès-verbal de non-conciliation. Il est donc facile pour le tribunal de faire chercher au greffe ce procès-verbal; le juge de paix, au contraire, devant lequel se passe la conciliation réglée par les art. 48 et suivants du Code de procédure, est souvent éloigné du tribunal et peut même habiter un autre arrondissement. D'ailleurs, à quoi bon cette expédition coûteuse, par le greffier, d'un procès-verbal, pour le signifier souvent à cinq parties; car on ne peut admettre que l'avoué demandeur s'installera au greffe pour en prendre copie? Si l'on considère que ce procès-verbal est généralement assez long, qu'il mentionne les noms des parties, énonce les pouvoirs des mandataires, contient quelquefois des dires, il est clair que son expédition et les significations coûteront au moins entre 30 et 40 fr. Cela n'est-il pas contraire à l'esprit de la loi de 1838, qui désire diminuer les frais? Du reste, les de-

---

(1) *Voy.*, en ce sens, MM. Émile Ollivier et Mourlon, n° 529.

mandes en attribution requièrent célérité, et sont formées contre plus
de deux parties, puisqu'elles sont intentées contre au moins un créancier inscrit, le vendeur et l'acquéreur, ou le saisi et l'adjudicataire, et
sont, par conséquent, dispensées de la conciliation à laquelle se rapporte l'art. 65 du Code de procédure. Il s'agit ici de la matière spéciale,
de la tentative d'ordre amiable, à laquelle ne peuvent s'appliquer les
règles concernant la conciliation devant le juge de paix, surtout si ces
règles de procédure sont prescrites à peine de nullité (art. 1030). Le
but de la conciliation devant le juge de paix est d'éviter une contestation, tandis que l'ordre amiable a plutôt été institué pour diminuer les
frais d'ordre judiciaire. Et l'on voudrait en faire un moyen de les augmenter considérablement! Par toutes ces raisons, nous croyons que
l'assignation énonce seulement le nom du juge rédacteur du procès-
verbal, pour que le tribunal puisse y recourir, s'il le croit nécessaire, et
l'on ne peut faire résulter une nullité de ce qu'elle ne donne pas la copie
entière de ce procès-verbal.

578. *Du demandeur.* — Nous avons vu précédemment qu'aucune
partie n'a la préférence pour prendre le rôle de demandeur, et que c'est
la partie la plus diligente qui l'obtient. Il peut arriver ainsi que celui
qui a fait poursuivre l'ordre amiable, dont la tentative a échoué, perde
la qualité de poursuivant dans l'instance en attribution de prix, si un
autre intéressé, c'est-à-dire l'un des créanciers, l'acquéreur ou le vendeur, l'adjudicataire ou le saisi, introduisent, avant celui qui a provoqué la tentative d'ordre amiable, la demande en règlement devant le
tribunal.

579. *Des défendeurs.* — Tous ceux qui ont été convoqués pour
l'ordre amiable doivent être assignés dans l'instance en attribution de
prix : ce sont les créanciers inscrits, l'adjudicataire ou l'acquéreur, le
saisi ou le vendeur. Il est vrai que, dans la procédure d'ordre, l'acquéreur ou l'adjudicataire est seulement averti de son ouverture (art. 753) :
aussi pourrait-on croire qu'il suffit de leur dénoncer la demande en règlement, afin qu'ils interviennent dans l'instance, s'ils le jugent convenable. Selon nous, cela serait mal procéder; car, pour rendre le jugement exécutoire contre l'adjudicataire ou l'acquéreur, il faudrait le leur
signifier. Il vaut donc mieux, en suivant la pratique reçue, les assigner
en déclaration de jugement commun.

Quant aux vendeurs ou saisis, ils doivent évidemment être mis en
cause, pour connaître la distribution de leurs deniers, comme dans
l'ordre on leur dénonce le règlement provisoire (art. 755). D'ailleurs leur
présence est très-utile pour avoir les renseignements sur les créances,
payements, etc. Dans les instances après aliénation volontaire, le vendeur fera rarement défaut; mais il n'en est pas de même du saisi lorsqu'il s'agit d'une demande en attribution à la suite d'une expropriation
forcée, car le mauvais état de ses affaires lui fera quitter souvent son
domicile. Alors il y a nécessité de donner contre lui défaut profit joint,
ce qui nécessite deux jugements, des significations, et entraîne des
retards pour tous les intéressés : c'est probablement pour cette raison

que les rédacteurs du Code de procédure ne voulaient pas de l'instance en attribution du prix à la suite d'une expropriation forcée. Ce motif a échappé aux législateurs de 1858. Nous devons ajouter que si un créancier à hypothèque légale s'est présenté pour faire valoir ses droits devant le juge conciliateur, ce créancier doit aussi être assigné devant le tribunal.

580. *Du tribunal compétent.* — Lorsque l'adjudicataire est domicilié dans un autre arrondissement que celui de la situation des biens, M. Chauveau sur Carré (quest. 2618) prétend « que l'action hypothécaire contre le tiers détenteur à l'effet de représenter le prix de l'immeuble étant purement mobilière, c'est devant le juge du domicile de l'adjudicataire qu'il faut se pourvoir, puisque toute action mobilière admet, quant à la compétence, les mêmes principes que l'action personnelle. »

Cette opinion ne nous paraît pas admissible, du moins sous l'empire de la loi du 21 mai 1858. En effet, d'après l'art. 773 actuel, la demande en règlement devant le tribunal est précédée nécessairement de la tentative d'ordre amiable devant un juge. Or il n'est pas douteux que l'ordre amiable ne doive se faire au siége du tribunal de la situation des immeubles dont le prix est en distribution. La commission du Corps législatif voulait même qu'à l'issue de cette tentative avortée de règlement amiable, le juge qui en avait été chargé fît porter d'emblée l'affaire au tribunal (*supra*, n° 523) : c'était évidemment devant le tribunal de la situation des immeubles. Conformément à la rédaction du conseil d'État, au lieu de ce juge, c'est la partie la plus diligente qui assigne devant ce tribunal; mais c'est toujours le même tribunal, au siége duquel d'ailleurs toutes les parties ont déjà été convoquées pour le règlement amiable, qui est compétent. Ces deux phases de la procédure sont donc liées ensemble et réglées par le même art. 773. C'est le cas d'appliquer la maxime : *Ubi acceptum est semel judicium, ibi et finem accipere debet* (l. 30 ff, *De Jud.*) : aussi croyons-nous que lorsqu'un tribunal est composé de plusieurs chambres, la demande en attribution doit régulièrement être portée devant la chambre à laquelle est attaché le juge chargé de l'ordre amiable, sans supposer toutefois que cela doive avoir lieu à peine de nullité.

581. *De la remise de l'assignation.* — Aux termes de notre article, l'assignation doit être *signifiée à personne ou à domicile.* Dans cette matière, la loi se sert des expressions de l'art. 68 C. pr., qui établit le droit commun pour la remise des exploits. Le domicile dont elle parle ici, c'est le domicile réel, mais non le domicile élu par les créanciers dans leurs inscriptions, tandis que dans la procédure d'ordre ordinaire la sommation de produire est faite, d'après l'art. 753, aux domiciles élus par eux dans leurs inscriptions. Dans le langage de la pratique que les législateurs emploient habituellement, les mots « signification à personne ou à domicile » ne laissent pas de doute que cette assignation ne doive être donnée à personne ou au domicile réel des parties. Nous pouvons, du reste, invoquer à l'appui de notre opinion l'exposé des motifs,

aux termes duquel « la distribution sera réglée par le tribunal sur assignation à personne ou au *domicile réel.* » (*Suprà,* p. 26, nº 72.) De plus, ce qui confirme encore davantage notre interprétation, c'est le rejet de l'amendement par le conseil d'État proposé par la commission, amendement d'après lequel « cette assignation ne devait avoir lieu au domicile réel qu'autant qu'il serait situé en France. » (*Suprà,* p. 67, nº 186.) La pensée du conseil d'État était donc de s'en tenir strictement au droit commun.

Toutefois pourrait-on encore, comme cela se pratiquait avant la loi de 1858, assigner les créanciers inscrits aux domiciles élus dans leurs inscriptions, en se basant sur les art. 111, 2148 et 2156 du Code Napoléon? Pour le soutenir (1), on dit que les créanciers qui prennent inscription sont obligés d'élire domicile dans l'arrondissement de la situation de l'immeuble hypothéqué, et, d'après l'art. 2156, les actions auxquelles les inscriptions peuvent donner lieu contre ces créanciers seront intentées par exploits faits à leur personne ou au dernier des *domiciles élus sur le registre.* Selon nous, ces raisons, qui ont paru suffisantes sous l'ancienne loi, ne le sont plus aujourd'hui, car le nouvel art. 773 contient, à cet égard, une disposition formelle et spéciale à la demande en attribution de prix; cette disposition est postérieure en date aux articles cités du Code Napoléon, et c'est le cas de dire *specialia derogant generalibus.* Du reste, cette différence entre l'art. 773 et l'art. 753 pour les sommations s'explique facilement, parce que dans l'ordre on a quarante jours pour produire, tandis que le délai de l'assignation devant le tribunal est seulement de huitaine, et ne suffirait pas pour avertir les créanciers et les mettre en état d'y défendre, si l'exploit était signifié à leur domicile élu; de sorte qu'il y aurait souvent des défauts ou des remises nécessaires pour préparer la défense et la demande en règlement. Pour éviter ces retards dans une procédure sommaire, le nouvel art. 773 dit que l'assignation sera donnée dans les termes de droit commun à personne ou à domicile.

582. *Des délais d'ajournement.* — En ce qui concerne ces délais, il faut s'en tenir aussi aux principes généraux, et, en conséquence, faire l'application des art. 72 et 73 du Code de procédure, puisque notre article n'y a pas dérogé.

583. Toute la procédure se réduit à la signification de conclusions motivées; mais nous pensons que le demandeur aussi bien que le défendeur peuvent réciproquement appuyer leurs prétentions par des conclusions, afin d'éclairer le tribunal sur les droits de chacun. Il serait trop rigoureux d'appliquer ici l'art. 761, qui n'admet des conclusions motivées que de la part des contestés, dans les difficultés et contredits sur règlement provisoire : aussi l'art. 773 dit simplement que le tribunal juge *sans autre procédure que des conclusions,* sans ajouter ces mots : *de la part des assignés;* et cette différence s'explique, parce qu'en matière de contredits l'affaire ne vient à l'audience qu'après avoir parcouru

---

(1) *Voy.*, en ce sens, MM. Émile Ollivier et Mourlon, nº 530.

toute l'instruction préparatoire de l'ordre : production, règlement provisoire, contredits, rapport du juge-commissaire ; tandis que dans l'instance en attribution on se présente *de plano* devant le tribunal, sans le secours de cette procédure préparatoire qui précède le jugement sur les contestations élevées contre le règlement provisoire.

584. Notre art. 773 met fin à la controverse qui existait sous l'ancienne loi sur la question de savoir si l'instance en attribution de prix était ordinaire ou sommaire, en déclarant que le tribunal *juge en ce cas comme en matière sommaire.* C'était, du reste, en ce sens que s'était déjà prononcée la Cour de cassation (1).

Cependant, par exception à l'art. 405 du Code de procédure, les parties peuvent se signifier des conclusions motivées ; mais nous n'irons pas jusqu'à admettre que ces conclusions motivées puissent être grossoyées, et que pour leur signification il faille leur appliquer les délais indiqués dans l'art. 77 pour la procédure ordinaire. Nous sommes ici dans une matière sommaire qui est jugée après les délais de citation échus, sauf aux parties à se signifier réciproquement, si elles le jugent convenable, des conclusions motivées. Toutefois, comme la loi permet cet acte dans cette procédure spéciale, les avoués doivent en être rétribués. Par analogie, jusqu'à ce qu'un tarif soit fait sur cette matière, la rétribution doit être fixée à 7 fr. 50 cent. pour Paris, et à 5 fr. 50 cent. dans le ressort, comme pour les conclusions d'avoué à avoué pour demander l'intérinement du rapport, d'après le tarif de 1841, pour les partages et licitations, qui sont aussi des matières sommaires.

585. Le jugement en première instance qui prononce sur la distribution du prix ne doit pas être rendu sur le rapport ou sur les conclusions du ministère public ; car dans l'alinéa 3 de notre article relatif aux formalités qui doivent être observées devant les premiers juges, il n'est pas question de l'art. 762, qui prescrit le rapport et l'intervention du ministère public lorsqu'il s'agit d'un contredit dans un ordre. Du reste, cette intervention du ministère public dans une demande en attribution de prix ne paraît pas nécessaire, puisqu'elle n'a lieu principalement qu'en vue et dans l'intérêt de la masse des créanciers, qui n'existe pas dans cette matière, où chaque créancier est représenté par son avoué, et non pas par un défenseur commun.

586. Il faut appliquer en principe, dans la matière qui nous occupe, les règles de la procédure commune dans tous les points auxquels l'art. 773 n'a pas dérogé.

Par suite d'une dérogation écrite dans cet article, il suffit de signifier le jugement à avoué seulement, s'il y a avoué constitué ; mais lorsqu'une partie n'a pas d'avoué en cause, c'est à sa personne ou à domicile que la signification doit être faite ; car l'exception prévue par l'art. 773 doit être restreinte au cas où les créanciers ont constitué des avoués, et en dehors duquel le droit commun reprend son empire.

587. 4° *Des voies de recours contre le jugement.* — Le jugement par

_____

(1) Rej., 8 févr. 1843. S., 43, 1, 111; D., 43, 1, 105; *Journ. du Pal.*, 43, 1, 260.

défaut, dans cette matière, est-il susceptible d'opposition? On pourrait dire pour l'affirmative que le recours par voie d'opposition est de droit commun, et peut dès lors être exercé toutes les fois qu'il n'est pas prohibé par une disposition expresse de la loi. Or l'art. 773 ne déclare pas, comme le fait l'art. 762 à l'égard des décisions sur contredit, que le jugement par défaut, dans l'instance en attribution de prix, n'est pas susceptible d'opposition. Si le législateur avait voulu que cela fût ainsi, il l'aurait dit, ou du moins il aurait renvoyé à cet art. 762; mais, au contraire, il l'a omis à dessein, tandis que dans l'alinéa suivant il parle des art. 763 et 764 pour régler la procédure en cas d'appel. De là on peut conclure qu'il n'est pas permis, par analogie avec la procédure sur contredits au règlement provisoire, d'appliquer une exception exorbitante du droit commun, et qui a pour résultat d'enlever à la partie intéressée le seul moyen légal de faire rétracter une décision qu'elle a pu se trouver dans l'impossibilité de prévoir et d'empêcher.

Pour soutenir, au contraire, que le jugement par défaut, dans cette matière, n'est pas susceptible d'opposition, on peut invoquer ce même dernier alinéa de l'art. 773, qui dit qu'en cas d'appel il est procédé comme aux art. 763 et 764. Or, d'après l'art. 764, les arrêts par défaut, dans les contestations sur l'état de collocation, ne sont pas susceptibles d'opposition; et, par suite du renvoi formel à cet art. 763, il est hors de doute que les arrêts, dans les instances en attribution de prix, lorsqu'il y a moins de quatre créanciers inscrits, ne peuvent être non plus frappés d'opposition. C'est donc par un raisonnement *à fortiori*, et non-seulement par analogie, que les jugements par défaut ne doivent pas être susceptibles d'opposition, puisque, dans cette matière, les arrêts qui statuent sur les procès les plus importants, et en dernier ressort, ne donnent pas lieu à cette voie de recours.

Quant à nous, après avoir exposé les motifs pour et contre l'admission de l'opposition contre les jugements par défaut dans les instances en attribution de prix, nous adoptons l'affirmative, par cette raison déterminante, selon nous, qu'il serait trop rigoureux de priver un créancier, lorsque l'affaire n'est pas sujette à appel, de l'unique voie de recours dans une procédure aussi sommaire et aussi rapide que l'instance en attribution de prix. Une absence de quelques jours seulement pourrait causer la ruine d'un créancier qui manquerait de comparaître à la première audience, si on lui refusait ce moyen d'attaquer le jugement rendu à son préjudice. — On comprend que le législateur soit plus exigeant en cas d'appel; car alors le créancier, ayant déjà constitué avoué en première instance, doit être prêt sur l'appel d'une affaire qui déjà a fait l'objet d'un premier jugement, avec d'autant plus de raison qu'il y a intérêt à mettre plus vite fin à un procès qui a parcouru les deux degrés de juridiction.

588. En cas d'appel, dit l'art. 773, il est procédé comme aux art. 763 et 764; toutefois le droit commun doit être suivi là où l'art. 773 n'y a pas dérogé. Ainsi le délai pour interjeter appel est de trois mois; mais le jugement n'est pas signifié à la partie pour faire courir ce délai lors-

qu'il y a avoué constitué, puisque, dans ce cas, d'après l'art. 773, la signification se fait à avoué seulement. Nous devons aussi faire observer que les dispositions spéciales relatives aux contestations sur le règlement provisoire résultant de l'art. 762 ne peuvent être étendues à la matière qui nous occupe. Partant, il n'y a pas lieu à rapport du juge à l'audience avant de rendre le jugement, ni à l'observation des délais pour sa signification, ni à la restriction du délai d'appel à celui de dix jours, écrite dans l'art. 762. En effet, le législateur, dans l'art. 773, a renvoyé seulement aux art. 763 et 764, et non pas à l'art. 762. On ne doit donc pas procéder de la même manière dans l'instance en attribution de prix que pour les contredits sur un règlement provisoire : dans l'une, l'affaire vient d'emblée devant le tribunal ; et dans l'autre, elle passe par toute la filière de la procédure d'ordre (1).

589. Toutefois, en ce qui concerne le taux du premier et du dernier ressort, il nous semble que, malgré l'absence du renvoi à l'art. 762, il faut appliquer la règle indiquée dans le dernier alinéa de cet article, d'après lequel l'appel n'est recevable que si, selon les conclusions respectives des parties contestantes, la somme contestée excède celle de 1,500 fr., quel que soit d'ailleurs le montant des créances des contestants et des sommes à distribuer. Nous sommes amené à cette solution par l'identité de raison qu'il y a dans les deux cas. Il s'agit, en effet, ici, non d'une question de forme, mais d'une question de compétence qui se résout d'après l'intérêt en jeu. Or il n'y a aucune différence, sous ce rapport, entre le cas où le rang et le montant des créances hypothécaires sont réglés par une procédure d'ordre, et le cas où tout cela se fait par une instance devant le tribunal en attribution de prix.

---

(1) Ces solutions et celles du numéro précédent nous paraissent exactes ; elles sont pleinement justifiées par cette circonstance que l'art. 762 n'est pas visé dans notre art. 773 : aussi ne saurions-nous admettre l'avis de MM. Grosse et Rameau (n° 490), qui font ici l'application de cet art. 762, en exprimant même que le doute ne leur semble pas possible. Cela serait bon si l'omission de l'art. 762, parmi ceux qui sont visés dans l'art. 773, avait été une omission proprement dite, c'est-à-dire un fait involontaire ; mais l'article avait été mentionné dans les premiers projets, et il a été retranché ensuite par le conseil d'État, volontairement et en connaissance de cause : le retranchement est décisif contre l'opinion de MM. Grosse et Rameau. (*Voy.* M. Chauveau sur Carré, édit. nouv., quest. 2615 *octies*.)

Toutefois nous devons dire qu'il résulte de là des disparates dans les diverses procédures établies par la loi. C'est la très-juste remarque de M. Bressolles (p. 76, n° 64), dont nous ne saurions mieux faire que de reproduire l'expression : « Qu'il ne soit pas question, dit-il, de rapport de juge-commissaire (dans la procédure en attribution de prix), c'est bien, puisqu'il n'y en a pas ; mais pourquoi les conclusions du ministère public, *exigées en appel*, ne le sont-elles pas en *première instance* ? L'admission de l'opposition contre les jugements par défaut s'explique par l'absence des avertissements et mises en demeure, sous peine de forclusion, qui ne sont pas applicables ici, et par l'absence d'un travail préparatoire du juge, soumis à la contestation des intéressés ; mais le délai de *trois mois* pour appeler, à dater de la signification à avoué ou à partie (773), est vraiment bien long comparé aux dix jours de l'art. 762, et les motifs d'appliquer le droit commun pouvaient paraître moins urgents ici que pour l'admission de l'opposition aux jugements par défaut, qui n'est pas d'ailleurs reçue contre les arrêts par défaut (773 et 764)... »   P. P.

ART. 774.

Loi actuelle.

L'acquéreur est employé par préférence pour le coût de l'extrait des inscriptions et dénonciations aux créanciers inscrits (1).

SOMMAIRE.

590. L'art. 774, pour l'emploi des frais faits par l'acquéreur, s'applique et à l'ordre judiciaire et à l'instance en attribution.
591. Motif et étendue de cet emploi par préférence.
592. Il n'en est pas de même pour les frais de purge légale.
593. Notre article n'est pas relatif aux frais de poursuite d'ordre.
594. L'acquéreur a le droit d'en retenir le montant sur le prix sans avoir produit à l'ordre.
595. Certains dépens faits par l'adjudicataire doivent être considérés comme frais extraordinaires et privilégiés.
596. *Quid* si l'acquéreur fait des avances de frais à la charge du vendeur, aux termes du contrat?
597. L'emploi par préférence pour les frais de notification n'a pas lieu pour le surenchérisseur qui les a remboursés à l'adjudicataire.
598. Le privilége existe-t-il en faveur de l'avoué de l'acquéreur qui a avancé les frais de notification?
599. Suite.

590. L'art. 774, relatif à l'emploi des dépens faits par l'acquéreur, est la reproduction textuelle de l'art. 777 du Code de procédure. Il s'applique aussi bien à l'ordre judiciaire qu'à l'instance en attribution.

591. Les frais dont il s'agit sont faits dans l'intérêt des créanciers inscrits pour procéder à la purge, préliminaire nécessaire de toute distribution de prix; il était donc bien juste que l'acquéreur fût employé par préférence sur ce prix avant tout autre privilégié (2), et même avant les frais d'ordre.

592. Toutefois l'acquéreur n'a aucun droit de préférence pour les frais de purge légale, qui sont faits principalement dans son intérêt. En effet, l'ordre peut se faire entre les créanciers inscrits, sans qu'il soit précédé de la purge légale; l'acquéreur seul s'expose à payer deux fois, s'il subsiste des créanciers à hypothèque légale. C'est donc pour éviter ce danger que ce dernier fait la purge de leurs hypothèques (3).

593. Il n'est pas douteux qu'il ne puisse être question, dans l'art. 774, que du coût de l'état sur transcription et des notifications de l'art. 2183 du Code Napoléon, puisque le droit de préférence pour ces frais est accordé seulement à l'acquéreur, qui n'a pas toujours le rôle de poursuivant dans l'ordre : aussi est-ce mal interpréter cet article que d'en induire qu'il s'agit ici des frais de poursuite d'ordre relatifs à l'état des

---

(1) Disposition identique dans l'ancien texte du Code de procédure (art. 777) et dans le projet du gouvernement (art. 774).
(2) Paris, 13 janv. 1814 (Sir., 15, 2, 228).
(3) Grenoble, 7 janv. 1857 (Dev., 58, 2, 560).

inscriptions déposé au greffe, et aux sommations de produire en vertu des art. 750 et 753, et cela pour deux raisons : d'abord l'acquéreur ne fait pas toujours la poursuite de l'ordre ; ensuite l'art. 776 indique, par sa place même à la suite de l'art. 773, qu'il s'applique non-seulement quand il y a ordre judiciaire, mais aussi en cas d'instance en attribution de prix, dans laquelle il n'est pas fait de notifications ou de sommations pour produire.

594. Il a été aussi décidé (1) avec raison que l'acquéreur a le droit de retenir le montant des frais dont il s'agit ici, quoique ces frais n'aient pas été colloqués dans l'ordre en déduction de son prix ; par conséquent, il n'a pas besoin d'une production pour se payer des avances qu'il a faites pour le coût de l'extrait des inscriptions et des dénonciations aux créanciers inscrits.

595. De même il faut considérer comme frais extraordinaires et privilégiés le montant des dépens faits (2) par l'adjudicataire pour obtenir la réduction, ainsi que l'excédant des droits d'enregistrement par lui payés, dans le cas où cet adjudicataire, après avoir rempli toutes les charges de l'adjudication, obtient une réduction sur son prix, à cause d'une fausse indication sur l'état et la contenance des immeubles dans l'affiche annonçant leur vente.

596. Il en est autrement lorsque l'acquéreur a fait des avances pour les frais d'actes, d'enregistrement et de transcription, bien que le vendeur fût tenu de les payer, aux termes du contrat. Dans ce cas, l'acquéreur ne peut réclamer un droit de préférence, car rien ne le forçait à faire ces avances au vendeur, qui était obligé de payer ces frais : en conséquence, il n'a qu'une action personnelle contre ce dernier (3).

597. Cet emploi par préférence pour les frais de notifications doit être restreint à l'acquéreur, et n'a pas lieu pour le surenchérisseur qui les a remboursés à l'adjudicataire primitif. En effet, le surenchérisseur doit les payer au delà du prix de son adjudication, et doit restituer ces frais à l'acquéreur, en vertu de l'art. 2188 du Code Napoléon ; ce payement n'est qu'une charge de la surenchère (4) que l'adjudicataire doit supporter personnellement.

598. On a décidé que l'avoué de l'acquéreur d'un immeuble grevé d'hypothèques qui a avancé les frais de notifications pour arriver à la purge n'a pas de privilége, mais seulement une créance personnelle contre l'acquéreur (5). L'avoué, d'après l'arrêt, ne peut demander à être colloqué par privilége, pour le remboursement de ses frais, dans l'ordre qui s'est ouvert ultérieurement sur le prix de la vente, pas plus que dans le cas où il y a eu une surenchère, et lorsqu'il a obtenu la dis-

---

(1) Paris, 14 mess. an 12 (Sir., 4, 2, 700); Cass., 22 avr. 1856 (*Journ. des Av.*, t. LXXXI, p. 511).

(2) Paris, 6 fév. 1810 (Sir., 15, 2, 189).

(3) Paris, 24 août 1816.

(4) Arrêt de Rouen du 10 févr. 1827 (Sir., 27, 2, 170). — *Voy.* aussi M. Paul Pont, *Des Priv. et Hyp.*, n° 1396.

(5) Toulouse, 16 mars 1850 (Sir., 50, 2, 400).

traction des dépens dont il s'agit par le jugement qui a statué sur cette surenchère.

599. Mais il nous semble que l'avoué qui a obtenu la distraction pour ces frais est subrogé, pour leur montant, aux droits résultant pour l'acquéreur de l'art. 774 (1), et, par conséquent, si les notifications aboutissent à un ordre au lieu d'une surenchère, l'avoué peut invoquer en sa faveur le droit de préférence que l'art. 774 donne à l'acquéreur.

ART. 775.

Loi actuelle.

Tout créancier peut prendre inscription pour conserver les droits de son débiteur; mais le montant de la collocation du débiteur est distribué comme chose mobilière entre tous les créanciers inscrits ou opposants avant la clôture de l'ordre (2).

SOMMAIRE.

---

(1) *Voy.* Cass., 30 nov. 1852 (Sir., 53, 1, 97), arrêt qui casse celui de la Cour de Toulouse cité au numéro précédent.
(2) Disposition identique dans l'ancien texte du Code de procédure (art. 778) et dans le projet du gouvernement (art. 774).

600. L'art. 775 renferme dans une seule disposition toute la matière du sous-ordre. Il est difficile de la bien comprendre sans rechercher dans le passé les différentes phases de l'institution du sous-ordre et les transformations qu'elle a subies jusqu'à notre époque. Les recherches historiques, qu'en général il ne faut pas tenir pour une vaine érudition, nous semblent nécessaires ici surtout pour éclairer la pratique, qui marche à tâtons dans l'application de l'art. 775.

601. Dans le droit ancien, les créanciers avaient besoin, pour conserver leurs hypothèques, de former une opposition au décret qui suivait le jugement d'adjudication sur saisie réelle, ce qu'on appelait alors l'*opposition afin de conserver*. Après que le décret est levé et scellé, dit Pothier (1), les oppositions afin de conserver les hypothèques ne peuvent plus être formées, le décret ayant purgé les hypothèques des créanciers qui n'ont pas formé leurs oppositions à temps. Ces créanciers, qui y ont manqué, ne sont plus que des créanciers chirographaires qui pourront agir, par voie de saisie-arrêt sur le prix, sur ce qui reste après que les créances de ceux qui ont formé opposition auront été acquittées entièrement en principal et frais.

Outre les créanciers directs de la partie saisie, qui conservaient de cette façon leurs hypothèques, on avait admis les oppositions en sous-ordre : c'étaient celles qui étaient formées par les créanciers de quelque créancier direct de la partie saisie, afin d'être colloqués sur une partie du prix qui pouvait revenir à leur débiteur dans l'ordre d'hypothèque qu'ils avaient sur les biens de ce débiteur, et être admis à le recevoir à sa place. On suivait alors la règle *Pignus pignori dari potest*, mais seulement dans le cas où les oppositions en sous-ordre étaient formées avant que le décret de l'héritage fût levé et scellé; en d'autres termes, avant que la purge fût opérée. Déjà, dans l'édit royal du mois de mars 1673, dont l'exécution n'eut pas lieu par suite de la résistance des grands seigneurs, on avait établi l'opposition en sous-ordre. Les art. 34, 35 et 36 portent :

---

(1) *De la Saisie réelle*, chap. II, sect. v, n° 586.

« 34. Ceux qui s'opposeront en sous-ordre, dans le temps et en la manière ci-dessus prescrits sur les biens hypothéqués à leurs débiteurs, seront préférés aux autres créanciers de leurs débiteurs qui ne se seront point opposés.

» 35. L'ordre des enregistrements sera gardé entre les opposants en sous-ordre, comme il le serait entre les principaux opposants.

» 36. Si le créancier originaire est négligent de s'opposer et de faire enregistrer son opposition sur les biens de son débiteur, son créancier pourra le faire, sans qu'il soit besoin de le faire ordonner, et l'enregistrement ne vaudra que pour lui et jusqu'à la concurrence de la dette pour laquelle il aura formé son opposition. »

Ainsi, d'après cet édit de 1673, on conservait, au moyen de l'opposition en sous-ordre, les hypothèques constituées sur l'hypothèque frappant l'immeuble que le décret allait purger. De cette manière, on liait le sous-ordre à l'ordre, car le prix à distribuer devait servir à payer aussi bien les hypothèques conservées sur l'immeuble par les oppositions que les hypothèques sur les hypothèques conservées, pourvu que le créancier du créancier originaire les eût lui-même conservées par une opposition en sous-ordre. L'opposition en sous-ordre avait pour effet de créer une charge réelle sur la propriété transmise : de là une telle confusion entre l'ordre et le sous-ordre que, selon les paroles de de Héricourt, « on observait autrefois au Parlement de Paris de prendre sur les oppositions en sous-ordre un appointement portant jonction à l'ordre, et les frais pour l'instruction et le jugement des oppositions en sous-ordre étaient pris sur les revenus des biens vendus par décret ou sur le prix de l'immeuble qu'il s'agissait de distribuer entre les créanciers (1). » Ainsi l'on jugeait, aux dépens des créanciers de la partie saisie, des contestations dans lesquelles ils n'avaient aucun intérêt. Pour remédier à cet inconvénient, il avait été ordonné, par arrêté du Parlement de Paris du 22 août 1691, que ces oppositions en sous-ordre ne seraient jugées et réglées qu'après que l'on aurait prononcé sur l'ordre et par un jugement séparé, et que les frais pour parvenir au sous-ordre seraient pris en entier seulement sur la somme pour laquelle aurait été colloqué le créancier pour le fait duquel il y avait eu opposition en sous-ordre (2).

Mais on admettait toujours qu'entre les créanciers opposants en sous-ordre la distribution de la collocation du créancier direct devait se faire par ordre d'hypothèque. Déjà, cependant, de Héricourt, tout en déclarant que cet usage établi est contraire au principe du droit (car un créancier n'a pas d'hypothèque sur les immeubles du débiteur de son débiteur), cherche à expliquer cet usage. Il y a beaucoup d'apparence, dit-il, que ce n'est qu'en conséquence d'une fiction que s'est introduit l'usage de colloquer les créanciers opposants en sous-ordre suivant l'ordre d'hypothèque. « On a regardé le créancier opposant au décret

---

(1) *Vente des immeubles par décret*, chap. XI, sect. IV, p. 280.
(2) Pothier, *De la Saisie réelle*, n° 756.

des biens de son débiteur comme étant lui-même saisi d'une partie du fonds de son débiteur jusqu'à la concurrence de ce qui lui est dû, de manière que les créanciers de ce créancier acquièrent un droit réel sur ce fonds, qui était le gage que l'*opposant en sous-ordre saisissait par son opposition, et qu'il faisait vendre* pour être payé de ce qui lui était dû. On s'est porté d'autant plus aisément à introduire cette fiction, quoiqu'elle ne fût autorisée par aucune loi expresse, qu'en contractant avec une personne on peut faire presque autant de fonds pour la sûreté de la dette sur des créances hypothécaires que sur les immeubles dont le débiteur aurait la propriété. »

Pothier (1) examine la même question, et décide que les oppositions en sous-ordre donnent aux créanciers du créancier direct le droit de se faire colloquer dans le sous-ordre du jour de leurs hypothèques. On pourrait objecter, ajoute-t-il, que « cette somme pour laquelle le créancier direct est colloqué n'est qu'une chose mobilière, et, par conséquent, non susceptible d'hypothèque : cette somme devroit se distribuer entre les créanciers de ce créancier au marc la livre de leur créance, et non point par ordre d'hypothèque. » Mais il répond à cette objection que les créanciers de ce créancier s'étant *opposés au décret de l'héritage,* pour venir en sous-ordre de la somme pour laquelle leur débiteur commun serait colloqué, *c'est le droit d'hypothèque* qu'avait leur débiteur commun à l'héritage saisi, qu'*ils ont saisi;* un droit dans l'héritage, un droit, par conséquent, immobilier : c'est par cette raison qu'ils doivent venir par ordre d'hypothèque. Ainsi, de Héricourt et Pothier voient dans l'opposition en sous-ordre une saisie et une vente de l'hypothèque qu'opèrent les créanciers sur le créancier direct pour être payés de ce qui leur était dû. Mais, pour cela, il faut que le droit immobilier de l'hypothèque de leur débiteur existe encore; partant, ils doivent former l'opposition en sous-ordre avant que le décret de l'héritage qui purge les hypothèques non conservées par une opposition ait été levé et scellé; car si l'on ne formait cette opposition qu'après la délivrance du décret entre les mains du receveur des consignations (2), elle ne serait regardée que comme une saisie-arrêt d'une somme mobilière, attendu que le créancier lui-même n'a plus de droit sur le fonds; que l'hypothèque qu'il avait se trouve purgée par le décret, et qu'il ne lui reste que le droit de se faire payer une somme purement mobilière qui provient de sa collocation utile (3).

Pigeau (4) a combattu la doctrine de Pothier et l'usage du Palais de distribuer dans le sous-ordre la collocation du créancier direct par ordre d'hypothèque. A quelque époque que les oppositions en sous-ordre aient été formées, soit avant, soit après le décret, il soutient que la demande que renferme l'opposition en sous-ordre ne tend qu'au paye-

---

(1) *De la Saisie réelle,* n° 657.
(2) L'adjudicataire devait alors consigner le prix dans la huitaine qui suivait l'adjudication.
(3) De Héricourt, p. 281, *in fine.*
(4) *Procédure du Châtelet,* p. 737.

ment d'une somme; donc elle est purement mobilière, et ce qui en provient doit être distribué comme mobilier. C'est l'avis de Pigeau qui a été adopté dans l'art. 778 du Code de procédure, dont le nouvel art. 775 n'est que la reproduction. Toutefois cet auteur admettait que ceux qui avaient formé opposition en sous-ordre avant le décret devaient passer avant ceux qui la pratiquaient postérieurement. Il en donne pour raison qu'ils ont empêché leur débiteur de toucher son dû, et l'ont conservé à tous les créanciers. C'est une espèce de privilége pour la conservation de la créance. Aucune loi, dit-il, ne l'exige; mais telle est la jurisprudence.

Les rédacteurs du Code de procédure ont suivi sur ce point la jurisprudence ancienne et la doctrine enseignée par Pigeau, et se sont demandé à quelle époque, d'après la procédure actuelle, le débiteur commun aurait pu toucher sa collocation, s'il n'en avait pas été empêché par les inscriptions ou les oppositions en sous-ordre. C'est évidemment à la clôture de l'ordre, parce qu'alors le créancier direct se serait fait délivrer un bordereau.

Aussi, pour ce motif, l'art. 775 donne-t-il un privilége aux créanciers inscrits ou opposants avant la clôture de l'ordre, comme ayant conservé par leur diligence la somme entière qui, sans eux, aurait été payée au débiteur commun. Cependant on pourrait objecter à ce système que, dans la saisie-arrêt, le saisissant conserve la créance et empêche le débiteur commun d'en toucher le montant. Mais, en y réfléchissant, on trouve qu'il n'y a pas similitude complète entre l'opposition en sous-ordre et la saisie-arrêt; car si une saisie-arrêt n'était pas formée, il ne serait pas pour cela certain que le débiteur commun toucherait la créance, en ce qu'il n'aurait peut-être pas fait de diligence à cet effet; de sorte que les opposants postérieurs seraient encore venus à temps pour arrêter la somme entre les mains du tiers saisi. Au contraire, l'ordre ouvert a pour but la distribution et le payement du prix de l'immeuble; le créancier qui produit fait les diligences nécessaires pour toucher le montant de sa créance hypothécaire, et l'acquéreur ou l'adjudicataire désire se libérer pour avoir la franchise de son immeuble. Donc, sans l'inscription et l'opposition en sous-ordre, le débiteur commun aurait évidemment touché le montant du bordereau délivré en son nom.

Dans leurs Observations sur le projet de loi de 1858, MM. les avoués de Paris demandèrent la suppression de notre art. 775, comme établissant, contrairement au droit commun, un privilége en faveur des créanciers opposants. La somme grevée d'opposition, disaient-ils, doit devenir l'objet d'une contribution dans laquelle sont appelés tous ceux qui ont des droits à exercer. Jusqu'au règlement provisoire de cette distribution nouvelle, les créanciers peuvent produire : il ne serait pas juste d'exclure ceux qui ne se sont pas fait connaître encore, et de leur appliquer une déchéance contraire au droit commun. Le conseil d'État et le Corps législatif n'ont pas été touchés par ces observations; ils ont conservé l'ancien art. 778, qui forme l'art. 775 de la loi de 1858.

Telles sont les différentes phases et modifications par lesquelles l'institution du sous-ordre a passé jusqu'au moment où il est venu prendre place dans l'art. 775, que nous allons commenter.

602. Cet article s'occupe, dans sa première partie, de la conservation des droits du créancier direct par l'inscription que peuvent requérir ses créanciers agissant en son nom; ensuite il parle du sous-ordre, afin de répartir entre eux le montant de la collocation utile du créancier direct : aussi traiterons-nous successivement : 1° du droit des créanciers hypothécaires de prendre inscription pour lui conserver l'hypothèque; 2° du sous-ordre.

§ 1ᵉʳ. — *Du droit des créanciers hypothécaires de prendre l'inscription.*

603. L'art. 775 de la loi du 21 mai 1858 n'est, comme l'ancien art. 778, que l'application du principe posé dans l'art. 1166 du Code Napoléon, que les créanciers peuvent exercer les droits et actions de leurs débiteurs. En conséquence, tout créancier peut prendre inscription, aux termes de notre art. 775, pour conserver les droits de son débiteur. Ainsi, un créancier privilégié ou hypothécaire du saisi n'a pas pris inscription ; chaque créancier de ce créancier privilégié ou hypothécaire a la faculté de prendre inscription en son lieu et place pour la conservation des droits de son débiteur.

604. Ce droit appartient à tout créancier de ce créancier privilégié ou hypothécaire, même à celui qui n'a point d'hypothèque sur lui, parce que, comme dit M. Pigeau (1), c'est au nom de ce privilégié ou hypothécaire, et pour lui, que se prend l'inscription; qu'elle se prend sur l'immeuble, et non sur la somme qui lui est due; et que l'exercice de ses droits n'est point attribué exclusivement à ses créanciers privilégiés ou hypothécaires; mais appartient à la généralité de ses créanciers, quels qu'ils soient.

605. Cette inscription prise par le créancier du créancier doit contenir toutes les énonciations exigées à cet effet par la loi, comme si le créancier dont on exerce les droits l'avait requise lui-même ; de plus, elle doit indiquer le nom du créancier du créancier à la requête duquel elle est prise, le montant de sa créance et les titres en vertu desquels il agit. Ce titre n'a pas besoin d'être authentique, pourvu qu'il établisse sa qualité de créancier. Car tout créancier quelconque peut exercer les droits de son débiteur.

606. Cette inscription, en vertu de l'art. 775, doit être prise avant la transcription de l'adjudication de l'immeuble saisi, et, en cas de vente amiable, avant la transcription de l'aliénation. S'il s'agit d'une hypothèque dispensée d'inscription, elle peut être prise tant que les délais de la purge légale ne sont pas écoulés.

607. Une fois l'inscription prise, elle a pour effet de conserver le privilége ou l'hypothèque de leur débiteur au profit des créanciers inscrits ou opposants avant la clôture de l'ordre, jusqu'à concurrence de

---

(1) *Procéd. civ.*, t. II, p. 277, 278 (3ᵉ édit.).

leurs dus. Mais doit-elle aussi profiter à ce débiteur? M. Pigeau prétend que non; de sorte que s'il restait une somme, après le payement de ses créanciers, sur le montant de l'inscription, ce dernier serait rejeté parmi les non-inscrits, parce que, ses créanciers ne le représentant et n'agissant pour lui que jusqu'à cette concurrence, l'inscription n'est prise que pour cette somme, et non pour l'excédant.

Quant à nous, nous pensons que cette inscription doit produire le même effet que si elle avait été prise par le débiteur même. C'est pour conserver ses droits qu'elle a été requise, c'est en son nom que la collocation directe est faite, et le montant en est distribué par sous-ordre seulement à ses créanciers, qui n'ont un droit acquis sur ces fonds que jusqu'à concurrence de leur créance seulement. De sorte que si le débiteur au nom duquel on a demandé collocation remboursait ses créanciers, l'inscription lui profiterait seul. Si l'on admettait, au contraire, l'opinion de M. Pigeau, ce débiteur, créancier hypothécaire du prix en distribution, pourrait et devrait prendre lui-même inscription pour conserver ses droits : il en résulterait deux inscriptions pour la même créance, ce qui serait une superfétation. D'ailleurs c'est à tort que M. Pigeau invoque comme argument en faveur de son opinion l'art. 788 du Code Napoléon, d'après lequel la renonciation à une succession par un héritier, au préjudice des droits de ses créanciers, n'est annulée qu'en faveur des créanciers, et seulement jusqu'à concurrence de leur créance, et non pas au profit de l'héritier. En effet, cet article prouverait plutôt le contraire; car il s'agit là d'une renonciation consommée qui avait fait sortir la part, dans la succession, du patrimoine de l'héritier, et c'est par exception que la loi permet aux créanciers de révoquer une espèce d'aliénation de leur débiteur, laquelle leur porte préjudice. Mais, dans le cas qui nous occupe, l'hypothèque existe encore au profit du débiteur, créancier direct du saisi; l'inscription ne fait que la conserver, et, dès qu'elle est prise, elle produit cet effet au profit de tous ceux qui y ont des droits (1).

608. Aussi croyons-nous que les créanciers sous condition et à terme peuvent prendre cette inscription : ce n'est qu'un acte conservatoire qui leur est permis, aux termes de l'art. 1180 du Code Napoléon.

609. L'inscription dont il s'agit ici peut être prise par tout créancier du créancier direct, sans autorisation pour la requérir, et sans prévenir ce dernier, tandis que l'opposition en sous-ordre ne pouvait être formée qu'après sommation au créancier direct de la pratiquer lui-même. « Et s'il ne le faisait point, ainsi que nous l'apprend de Héricourt (2), on se faisait autoriser à la former en son nom, en se chargeant de l'indemniser de tous les événements; car il n'est point permis de négliger de se servir de ses droits en fraude de ses créanciers. » — Aujourd'hui, comme les hypothèques prennent rang du jour de l'inscription, et non de leur constitution, il fallait, dans l'intérêt de tout le monde, la requé-

---

(1) C'est aussi l'opinion de M. Bioche; voy. Ordre, n° 589.
(2) Vente des immeubles par décrets, p. 281.

rir au plus tôt : c'est pour cette raison que la sommation au créancier direct a été jugée inutile; d'ailleurs il s'agit là seulement d'un acte conservatoire.

L'opposition en sous-ordre, au contraire, était une vraie saisie du droit d'hypothèque qu'on allait transformer en argent, tandis que l'inscription prise en vertu de l'art. 775 n'a pour but que de conserver les droits du débiteur commun, et ne peut être considérée comme une saisie de la créance hypothécaire. Cette inscription des créanciers agissant en vertu du droit que leur confère l'art. 1166 du Code Napoléon, dont émane notre art. 775, ne procure à l'inscrivant aucun droit réel ni privatif sur l'hypothèque du créancier direct. En effet, comment supposer que la prise d'une inscription par ses créanciers, pour le débiteur créancier direct, puisse équivaloir à une saisie sur ce débiteur, lorsque la loi est entièrement muette sur ce point? Un pareil système est tout à fait contraire à tous les principes. On peut prendre cette inscription à l'insu du débiteur commun; et cela aurait l'effet d'une mainmise judiciaire contre lui; et elle produirait cet effet pendant dix années, jusqu'au renouvellement, et, au moyen du renouvellement, tant que l'hypothèque subsiste. La saisie immobilière, comme la saisie-arrêt, doivent marcher avec rapidité, d'après des délais fixés par la loi; il faut que les actes d'exécution soient sérieux, et que l'indisponibilité résultant de la mainmise judiciaire ne soit pas prolongée outre mesure. Un commandement *à la personne* du débiteur, qui précède l'expropriation, est nul et comme non avenu au bout de trois mois de sa signification; et voici qu'une prise d'inscription, opérée à l'insu du débiteur, serait un acte d'exécution contre lui d'une durée indéfinie!

610. Les auteurs (1) qui ont soutenu le système que nous combattons ont confondu la disposition de l'art. 775, qui permet à tout créancier de prendre inscription pour conserver les droits de son débiteur, avec les oppositions en sous-ordre dans le droit ancien. Celles-ci ne pouvaient être formées qu'après sommation au créancier direct, et n'étaient faites que lorsque la procédure de saisie réelle, dont elles constituaient un incident, se trouvait engagée. Par ce moyen, on greffait alors une saisie du droit d'hypothèque, qu'on regardait, selon l'expression de de Héricourt, comme une partie du fonds même, sur la saisie réelle de l'immeuble; l'opposant en sous-ordre faisait vendre le gage immobilier pour être payé de ce qui lui était dû : aussi la formule employée à cet effet était ainsi conçue : « Le sieur Jean, etc. (comme dans l'opposition directe afin de conserver), s'oppose en sous-ordre, sur le sieur Louis, *aux criées*, etc., pour, sur ce qui reviendra audit sieur Louis, être payé comme il appartiendra, en principal et intérêts (2). » Cette formule prouve évidemment qu'il s'agissait là d'un incident de la saisie réelle à laquelle on rattachait la saisie de l'hypothèque, pratiquée par une opposition en sous-ordre.

_____

(1) MM. Émile Ollivier et Mourlon, nᵒˢ 556 et suiv.
(2) Pigeau, *Procédure civile du Châtelet*, p. 737.

Ceux qui, de nos jours, donnent à l'inscription prise en vertu de l'art. 775 l'effet d'une saisie du droit d'hypothèque inventent aussi, pour suppléer au silence de la loi, pour les autres créanciers du débiteur commun, un moyen pour former des saisies ou oppositions en sous-ordre. Ils leur accordent le droit de mettre leurs oppositions en marge de l'inscription principale, afin de conserver les saisies de tous les opposants. Ce système est aussi arbitraire que dangereux : il est arbitraire, puisque la loi n'en parle pas, et que c'est une pure imagination; il est dangereux, parce que ces oppositions en sous-ordre peuvent être formées bien longtemps avant la saisie réelle de l'immeuble, et frapper ainsi d'indisponibilité la créance hypothécaire, lorsque la créance qui donne lieu à l'opposition en sous-ordre n'existe même plus. Il en résulterait, sur les registres des hypothèques, des annotations marginales très-nombreuses pour constater toutes les oppositions en sous-ordre; et il faudrait alors, dans ce système, le consentement de tous les opposants en sous-ordre pour donner mainlevée de l'inscription et en faire la radiation. La pratique n'a admis la mention qui accompagne l'inscription que pour les subrogations, les cessions d'hypothèques sous la dénomination de mention de subrogation. Mais alors cette mention est faite pour certifier en marge de l'inscription préexistante que le bénéfice en avait passé, en tout ou en partie, de l'ancien titulaire au nouveau. Elle équivaut à une inscription prise au nom du subrogé, qui est devenu propriétaire de l'hypothèque jusqu'à concurrence de la subrogation (1). On ne peut employer les mêmes formes, pour des droits aussi différents, sans exposer notre système hypothécaire à une confusion inextricable. En résumé, l'inscription prise en vertu de l'art. 775 ne fait que conserver les droits du créancier direct au nom duquel elle est prise; mais elle lui laisse la plénitude de ses droits et leur libre disposition.

611. Le moyen qu'offre la loi pour empêcher le débiteur créancier direct de céder la créance hypothécaire ou d'en recevoir le payement, c'est de former une saisie-arrêt entre les mains du débiteur de l'hypothèque, de la dénoncer au créancier direct de l'hypothèque comme saisi, et de former une demande en validité. De tout ce qui précède il résulte que tant que l'ordre n'est pas ouvert, l'inscription prise au nom du débiteur ne fait que conserver les droits d'hypothèque de ce dernier, qui en garde l'entière propriété, dont il ne peut être dépossédé que par la voie de la saisie-arrêt.

612. Si l'ordre est ouvert, est-il encore nécessaire de suivre toute la procédure de la saisie-arrêt pour obtenir l'attribution de la créance hypothécaire du débiteur commun? Dans ce cas, il faut d'abord que l'hypothèque ait été conservée par une inscription prise soit par le débiteur créancier direct, soit par un de ses créanciers avant la purge de l'immeuble, ainsi que nous l'avons dit plus haut; ensuite, pour empêcher le créancier direct de céder l'hypothèque ou d'en recevoir de son débi-

---

(1) *Voy.* là-dessus les observations détaillées de M. Paul Pont, dans son *Comment. des Priv. et Hyp.*, n°' 780 et suiv.

teur le payement en tout ou en partie, on doit former une saisie-arrêt entre les mains de ce débiteur et de l'acquéreur ou adjudicataire, comme détenteurs des fonds, ou, en cas de dépôt, entre les mains de la Caisse des consignations (1). Mais il nous paraît inutile de la dénoncer au débiteur comme créancier direct. En effet, la demande de collocation en sous-ordre lui fait connaître les prétentions de ses créanciers ; il peut en contester la validité dans l'ordre, auquel il est appelé comme créancier inscrit. La loi, en permettant que les productions en sous-ordre soient faites pendant l'ordre, a lié de cette façon à l'ordre même la distribution mobilière de la collocation du créancier direct. C'est le cas d'appliquer l'art. 656 du Code de procédure, qui défend aux créanciers opposants de faire statuer isolément sur leur demande en validité, car la priorité de saisie n'est pas une cause de préférence. Il faut suivre la procédure tracée pour la distribution mobilière, dans laquelle tous les droits sont discutés devant le juge qui en est chargé. Tous les opposants qui n'ont pas encore produit en sous-ordre sont appelés à cette distribution ouverte sur la collocation utile du créancier direct, pourvu que leurs oppositions aient été formées avant la clôture de l'ordre. Nous n'irons pas jusqu'à dire, avec M. Chauveau (2), « que l'intention manifeste de se présenter à un sous-ordre, pour produire quelque effet, doit être réalisée par un dire au procès-verbal avant la clôture de l'ordre. » Sans doute c'est utile, mais cela n'est pas nécessaire ; il suffit, d'après l'art. 778, d'une opposition avant la clôture de l'ordre.

613. Lorsque le créancier direct a pris inscription lui-même, ses créanciers n'ont pas besoin de la requérir ; ils forment seulement opposition entre les mains du saisi, comme débiteur, et la dénoncent à l'adjudicataire, afin qu'il ne paye pas à ce créancier direct la somme pour laquelle il sera colloqué sur ce prix dû par cet adjudicataire ; et si l'ordre n'est pas encore ouvert, il faut la dénoncer au créancier direct, avec assignation en validité. De plus, ils devraient former opposition, entre les mains du conservateur, à la radiation de l'inscription pour se garantir contre la mainlevée qui pourrait être donnée, au préjudice de leurs droits, par leur débiteur, créancier direct du saisi.

§ 2. — Du sous-ordre.

614. Nous venons d'examiner comment les créanciers du créancier direct conservent les droits de leur débiteur et l'empêchent d'en disposer à leur préjudice ; il faut voir maintenant de quelle manière ils doivent procéder dans l'ordre même pour obtenir une collocation en sous-ordre.

Si le créancier direct a produit lui-même à l'ordre, ses créanciers n'ont qu'à intervenir en demandant le sous-ordre. Dans le cas où il ne produirait pas lui-même, celui qui a pris inscription pour le créancier

---

(1) Après le décret qui purgeait l'immeuble, on formait, dans l'ancien droit, opposition entre les mains des receveurs des consignations. (*Voy.* de Héricourt, p. 781.)

(2) Quest. 2617, nouv. édit., p. 350.

direct ou les opposants sur ce créancier peuvent produire pour lui à l'ordre jusqu'à l'expiration du délai fixé par le nouvel art. 754, et avant la déchéance résultant de l'art. 755 ; ils forment, en même temps, une demande pour être colloqués en sous-ordre sur le montant de la collocation du créancier direct, leur débiteur.

615. Par suite de cette demande, les créanciers inscrits ou opposants obtiennent privilége sur le montant de la collocation du créancier direct à l'exclusion de tous ceux de ses créanciers qui ne seraient intervenus dans la procédure en distribution qu'après la clôture de l'ordre (1). Ceci résulte de l'art. 775, qui dit que le montant de la collocation du débiteur est distribué comme chose mobilière entre tous les créanciers inscrits ou opposants avant la clôture de l'ordre. En effet, c'est à ce moment que les bordereaux de collocation sont délivrés contre l'adjudicataire ; les créanciers du créancier direct doivent donc faire opposition avant la clôture de l'ordre pour obtenir un bordereau exécutoire contre cet adjudicataire, sans quoi leur débiteur se ferait délivrer ce bordereau et toucherait le montant de la collocation faite en son nom.

616. Il faut entendre par ces mots : *créancier inscrit,* celui qui a produit à l'ordre au nom du débiteur direct, dont l'inscription prise par ce créancier a conservé l'hypothèque. En effet, c'est au domicile élu par le créancier du créancier direct que ce dernier est sommé de produire. Par conséquent, instruit au domicile élu par son mandataire, qui n'est pas obligé d'avertir le créancier direct de l'ouverture de l'ordre, c'est lui qui

---

(1) M. Bressolles paraît supposer le contraire. « Les oppositions faites ou les inscriptions prises, dit cet auteur (n° 66, p. 79), ne confèrent pas un droit acquis aux opposants, et il peut survenir d'autres créanciers tant que l'on n'a pas rempli les préliminaires ordinaires d'une distribution par contribution ; le juge se bornera donc, en colloquant le créancier débiteur, à ordonner à l'adjudicataire ou acquéreur d'opérer la consignation exigée par l'art. 4 de l'ordonnance du 3 juill. 1816, et puis la distribution aura lieu selon les formes ordinaires. » Nous pensons, au contraire, avec M. Seligman, qu'après la clôture de l'ordre, les créanciers inscrits ou opposants ont la préférence à l'exclusion de ceux qui se présenteraient pendant les préliminaires de la distribution en sous-ordre, laquelle, ainsi qu'on le verra plus bas (n° 623), ne doit être faite qu'après la clôture de l'ordre. L'opinion contraire de M. Bressolles, qui, d'ailleurs, paraît avoir été admise par M. Bioche (v° Ordre, n° 579), repose sans doute sur l'idée que l'inscription ou l'opposition faite par les créanciers du créancier hypothécaire équivaut à une saisie-arrêt dont l'effet est de mettre les deniers saisis à la disposition de tous ceux qui peuvent se présenter, et cela jusqu'au jugement attributif, et que dans notre cas particulier il n'y a d'attribution définitive et exclusive qu'après l'accomplissement des formalités établies par la loi pour la distribution par contribution. Mais la réponse est dans le texte même de l'art. 775, où il est dit que « le montant de la collocation du débiteur est distribué comme chose mobilière *entre tous les créanciers inscrits ou opposants avant la clôture de l'ordre.* » Il était difficile d'exprimer plus nettement la pensée d'un privilége en faveur des créanciers qui ont eu le soin de faire leurs diligences avant la clôture de l'ordre ; et il est vrai de dire, avec M. Chauveau (quest. 2617 *ter*), « que, par rapport à ceux qui n'ont pas formé opposition avant la clôture de l'ordre, l'attribution est formelle au profit de ceux qui ont été plus diligents, puisque ce n'est qu'entre ces derniers que la loi permet de distribuer, comme chose mobilière, le montant de la collocation du débiteur. » *Voy.* encore, en ce sens, MM. Pigeau, t. II, p. 278 et 279 ; Colmet d'Aâge, t. II, p. 427, n° 1043 ; Grosse et Rameau, n° 271 ; Émile Ollivier et Mourlon, n° 574.   P. P.

y produit ordinairement au nom du créancier. — Dans l'ancien droit, l'opposition en sous-ordre donnait à ceux qui l'avaient formée avant le décret qui purgeait l'immeuble un privilége sur ceux qui n'avaient pratiqué cette opposition qu'après le décret et pendant l'ordre. L'art. 775, comme l'art. 778 du Code de procédure l'avait déjà fait, a effacé cette distinction : les créanciers qui ont conservé l'inscription, ainsi que les opposants, avant la clôture de l'ordre, viennent tous au marc le franc sur la collocation utile de leur débiteur commun. Si ce dernier avait produit lui-même à l'ordre (ce qui n'est pas impossible), le créancier inscrit ne pourrait demander qu'à être colloqué en sous-ordre.

617. L'art. 775, conforme à l'ancien art. 778, veut que le montant de cette collocation soit distribué entre tous les créanciers inscrits et opposants, comme chose mobilière. Avant le Code de procédure, ce point était controversé. Pothier (1) soutenait que la distribution devait se faire par ordre d'hypothèque. « L'opposition en sous-ordre, dit-il, n'arrête pas la somme qui est due, mais le droit d'hypothèque que le débiteur avoit dans les biens saisis réellement, lequel droit d'hypothèque, étant un droit dans les héritages, est un droit immobilier dont le prix doit, par conséquent, se distribuer par ordre d'hypothèque. »

Mais le Code Napoléon, dans son art. 2118, a établi le principe que l'on ne peut avoir hypothèque sur hypothèque, puisque cet article déclare seuls susceptibles d'hypothèques : 1° les biens immobiliers et leurs accessoires réputés immeubles, et 2° l'usufruit de ces mêmes biens ; par conséquent, la créance hypothécaire ne peut être distribuée en sous-ordre, d'après l'ordre des hypothèques (2).

Dans le sous-ordre, on colloque sur le montant de la collocation du créancier direct d'abord ses créanciers privilégiés sur les meubles, comme dans la contribution ; après les privilégiés, le surplus se distribue par contribution, et au marc le franc, si les fonds sont insuffisants.

618. Le sous-ordre se rattache à la procédure d'ordre, parce qu'il a pour but la distribution d'un prix d'immeuble, et qu'il est la conséquence de la collocation hypothécaire du créancier direct, dont le montant se répartit mobilièrement entre tous les créanciers de ce créancier inscrits ou opposants avant la clôture de l'ordre : aussi a-t-on décidé (3) avec raison que le créancier colloqué en sous-ordre peut signifier lui-même le jugement rendu sur une contestation d'ordre, et ainsi faire courir le délai de l'appel. Il peut même, comme exerçant les droits du créancier direct, intervenir dans l'ordre et contester lui-même dans le règlement provisoire, interjeter appel du jugement sur son contredit, ou intervenir sur l'appel (4).

619. Faut-il intimer sur appel les créanciers qui se présentent en sous-ordre, lorsque la contestation qui a fait l'objet du jugement est relative

(1) Voy. Coutumes d'Orléans, titre des Criées, n° 141.
(2) Voy. M. Paul Pont, Comment. des Priv. et Hyp., n° 394.
(3) Riom, 18 mars 1815 (Sir., 17, 2, 353).
(4) Montpellier, 23 nov. 1831 (Sir., 32, 2, 359).

à la collocation sur laquelle le sous-ordre est ouvert? Pour résoudre cette question, il faut distinguer deux cas : 1° si les créanciers en sous-ordre se sont abstenus d'intervenir dans le jugement, laissant la défense de leurs intérêts à leur débiteur créancier colloqué, l'appelant n'a pas à s'occuper des créanciers en sous-ordre, et, partant, il n'a pas besoin de les intimer, puisqu'ils n'ont pas figuré dans le jugement en première instance; 2° si, au contraire, ils sont intervenus devant les premiers juges, ils sont parties dans le jugement qui statue sur la collocation de leur débiteur; alors il faut évidemment les intimer sur l'appel d'un jugement dans lequel ils ont figuré et joué un rôle actif.

620. Par suite de cette connexité, le tribunal devant lequel s'est ouvert l'ordre est aussi compétent pour le sous-ordre, et le juge-commissaire (1) de l'ordre a, par cela même, mission de procéder au sous-ordre, qui en est une conséquence. D'ailleurs le juge de l'ordre en est déjà saisi par la demande des créanciers tendante à collocation en sous-ordre, demande par eux consignée sur le procès-verbal d'ordre par un dire d'intervention dans l'ordre. Si le juge-commissaire refusait d'accueillir cette intervention, le créancier intéressé pourrait appeler les parties à l'audience, pour voir déclarer mal fondé le refus de ce magistrat et décider que son intervention serait admise.

621. Cependant, pour les formalités à suivre dans le sous-ordre, il faut distinguer plusieurs cas.

1° Les demandes de collocation en sous-ordre sont formées avant le règlement provisoire de l'ordre, et c'est ce qui arrive dans la pratique le plus ordinairement. Alors le juge chargé de l'ordre fait à la fois le règlement provisoire et l'état des sous-collocations sur les productions qui font l'objet d'un sous-ordre; le tout est dénoncé en même temps et le sous-ordre est entièrement lié à l'ordre, de sorte que dans l'usage la plupart des sous-ordres sont réglés par l'ordonnance de clôture de l'ordre. En effet, il importe à l'adjudicataire d'obtenir la mainlevée des inscriptions dans le plus bref délai. Les créanciers du sous-ordre ne peuvent se plaindre, puisqu'ils jouissent des délais de l'ordre. Il est vrai que M. le garde des sceaux avait proposé un article additionnel à l'art. 775 ainsi conçu : « Le montant de la collocation du débiteur fait l'objet d'un procès-verbal qui est dressé séparément par le juge, sans nul retard des opérations de l'ordre. » Mais le conseil d'État a écarté cet article comme contraire à la pratique existante.

Si, lors du règlement définitif de l'ordre, il n'existe aucune difficulté sur les collocations en sous-ordre, les bordereaux sont délivrés aux colloqués en sous-ordre jusqu'à due concurrence.

622. 2° Dans le cas où des difficultés naissent sur la distribution par contribution, applicable au sous-ordre, au moment de la clôture de l'ordre, sa marche pour le surplus n'est en rien arrêtée; on délivre les bordereaux à tous les autres créanciers colloqués. Quant au montant de

---

(1) Orléans, 14 déc. 1848 (Sir., 49, 2, 470). — En sens contraire, Lyon, 17 août 1841 (*Ibid.*)

la collocation qui fait l'objet du sous-ordre, il reste entre les mains de l'adjudicataire ou acquéreur, si mieux n'aime celui-ci consigner, pour se libérer complétement, jusqu'à ce que la distribution par contribution soit elle-même définitive. Alors l'adjudicataire paye les colloqués en sous-ordre sur la présentation de leurs bordereaux, et il obtient la radiation de l'inscription du créancier direct sur la production au conservateur de ces bordereaux et de la quittance des créanciers ayant été payés comme exerçant les droits du créancier direct du saisi, et s'élevant à la totalité du montant de la collocation de ce créancier dans l'ordre. Si tout n'est pas absorbé par les créanciers colloqués en sous-ordre, la radiation de l'inscription du créancier direct ne devra être faite qu'après payement du restant à ce créancier.

623. 3° S'il y a des opposants survenus depuis le règlement provisoire, mais avant la clôture de l'ordre, il faut procéder à une nouvelle distribution entre tous, y compris les nouveaux opposants. On suit, à cet effet, la procédure de la distribution par contribution. La marche de l'ordre ne peut plus être observée dans le sous-ordre, puisqu'il n'est plus possible de produire dans l'ordre depuis la confection du règlement provisoire, tandis que les oppositions sont admises pour le sous-ordre jusqu'à la clôture de l'ordre : aussi faut-il alors, surtout sous la loi de 1858, détacher le sous-ordre de l'ordre ; et pour n'avoir pas à recommencer la distribution dans le sous-ordre à mesure qu'il se présenterait de nouveaux opposants, on devra ne procéder au sous-ordre, dans la forme prescrite pour la distribution par contribution, qu'après la clôture de l'ordre.

624. Nous devons ici rappeler l'observation que nous avons déjà faite à l'occasion de l'ordre amiable : il ne faut pas confondre le créancier colloqué en sous-ordre avec celui qui est subrogé aux droits du créancier hypothécaire. Ce dernier doit être colloqué lui-même en son propre nom, à la place du créancier subrogeant. Ainsi, les créanciers de la femme mariée subrogés par elle à ses droits et à son hypothèque légale, pourvu qu'ils aient rempli les formalités prescrites par l'art. 9 de la loi du 23 mars 1855 sur la Transcription, doivent être colloqués sur elle suivant le rang de leur hypothèque, et par préférence aux créanciers non subrogés (1). En effet, le subrogé agit en son propre nom, et non

---

(1) C'est une dérogation au principe de l'art. 775, d'après lequel le montant de la collocation du débiteur *est distribué entre tous les créanciers* inscrits ou opposants avant la clôture de l'ordre. Seulement, cette dérogation, que la jurisprudence consacrait déjà sous l'empire de l'ancien texte du Code de procédure dont l'art. 778 contenait une disposition identique à celle de notre art. 775, ne se règle plus de la même manière par l'effet de la loi du 23 mars 1855 sur la Transcription. Avant cette loi, comme la jurisprudence faisait participer les créanciers subrogés de la femme au bénéfice de la dispense d'inscription dont jouissait la femme elle-même pour son hypothèque légale, on tenait que la préférence entre eux était réglée par leur titre, et, en conséquence, qu'ils devaient être successivement colloqués à la date de leurs subrogations respectives. *Voy.* Paris, 15 mai 1818 et 12 déc. 1827; Angers, 19 juin 1823; Cour de cass., 13 nov. 1854; Metz, 22 janv. 1856 (Dev., 55, 1, 193; Dall., 56, 2, 152). Mais la loi sur la Transcription a posé en principe que la faveur dont jouit l'hypothèque légale de la femme d'être dispensée d'inscription serait désormais toute

pas comme exerçant les droits de son débiteur, en vertu de l'art. 1166 du Code Napoléon, dont l'art. 775 n'est qu'une application.

625. En cas d'inobservation par le créancier subrogé des prescriptions de l'art. 9 de la loi sur la Transcription, ce créancier pourra toujours demander la collocation en sous-ordre en vertu de l'art. 775, puisqu'il reste toujours créancier de la femme. Seulement, si l'hypothèque de la femme n'est pas inscrite avant la transcription du jugement d'adjudication, il ne peut exercer le droit de préférence sur le prix qu'à la condition de produire pour la femme avant l'expiration des délais fixés par l'art. 754, dans le cas où l'ordre se règle judiciairement. Ce sont les droits hypothécaires de la femme elle-même que le créancier exerce alors, ce qui fait qu'il n'est pas tenu de prendre inscription pour la conservation d'un droit de préférence qui existe indépendamment de l'inscription.

ART. 776.

Texte ancien.

En cas de retard ou de négligence dans la poursuite d'ordre, la subrogation pourra être demandée. La demande en sera formée par requête insérée au procès-verbal d'ordre, communiquée au poursuivant par acte d'avoué, jugée sommairement en la chambre du conseil, sur le rapport du juge-commissaire (C. proc., art. 779).

Loi actuelle (1).

Déchéance de la Poursuite.

En cas d'inobservation des formalités et délais prescrits par les art. 753, 755, § 2, et 769, l'avoué poursuivant est déchu de la poursuite sans sommation ni jugement. Le juge pourvoit à son remplacement d'office ou sur la réquisition d'une partie, par ordonnance inscrite sur le procès-verbal; cette ordonnance n'est susceptible d'aucun recours.

Il en est de même à l'égard de l'avoué commis qui n'a pas rempli les obligations à lui imposées par les art. 758 et 761.

L'avoué déchu de la poursuite est tenu de remettre immédiatement les pièces sur le récépissé de l'avoué qui le remplace, et n'est payé de ses frais qu'après la clôture de l'ordre.

---

personnelle à la femme, et que ses créanciers subrogés ne seraient saisis, à l'égard des tiers, du droit résultant de la cession qu'à la condition de le rendre public par l'inscription prise à leur profit de l'hypothèque légale, ou par la mention de la subrogation en marge de l'inscription préexistante (art. 9). Et par suite de ce nouvel état de choses, dans le concours de subrogations successives, la préférence, entre les créanciers subrogés, est réglée, non plus par la date de leurs subrogations, mais par la date de la mention ou de l'inscription qu'ils doivent faire pour que le droit résultant à leur profit de la subrogation soit opposable aux tiers. *Voy.*, à cet égard, les observations que nous avons présentées dans notre *Comment. des Priv. et Hyp.*, n°ˢ 779, 797 et suiv.

P. P.

(1) Disposition en tout conforme à celle du projet du gouvernement (art. 775).

626. La rapidité dans la marche de l'ordre était la préoccupation constante du législateur dans les dispositions de la loi du 21 mai 1858. Enchaînement rigoureux des délais, déchéance de leurs droits contre les créanciers retardataires, enfin déchéance de la poursuite contre les avoués négligents proclamée par l'art. 776, voilà les moyens énergiques par lesquels il espère avoir assuré la célérité si désirable dans cette procédure.

627. Déjà, sous l'empire du Code de procédure, l'ancien art. 779 donnait des armes contre la négligence de l'avoué poursuivant par la demande en subrogation; mais il fallait un jugement pour lui enlever son rôle. On formait d'abord un dire sur le procès-verbal tendant à la subrogation; cette demande était communiquée aux poursuivants par acte d'avoué, après quoi venait le jugement rendu en la chambre du conseil, sur le rapport du magistrat commissaire. En un mot, on devait intenter un nouveau procès, suivi d'une décision judiciaire, pour empêcher la discontinuation de la poursuite d'un ordre. On tenait tellement à l'observation de ces formes que, d'après un arrêt de cassation (1), la subrogation aux poursuites d'ordre n'était valable qu'autant qu'on avait suivi la procédure tracée par cet ancien art. 779, à défaut de quoi tous les actes de poursuite faits par un créancier irrégulièrement subrogé devaient être annulés. Dans l'espèce jugée, l'avoué du poursuivant avait déclaré par un dire que son client était désintéressé, et qu'il se constituait pour un autre créancier, afin de continuer les poursuites. Toutefois M. Chauveau (2) combattait cette doctrine comme contraire au but de l'ordre, et à cause des conséquences graves qu'elle pouvait entraîner.

628. L'art. 776 de la nouvelle loi ne s'occupe plus des créanciers poursuivants; il est dirigé seulement contre l'avoué, et le prive, en cas de négligence, de la poursuite sans autre forme de procès. « Sous le Code, lit-on dans l'exposé des motifs pour justifier la sévérité de la nou-

---

(1) Cass., 22 déc. 1834 (Sir., 35, 1, 213).
(2) Quest. 2621 *bis*.

velle loi, la négligence et le manquement à des devoirs étaient difficiles à constater, aucun délai pour l'accomplissement des formalités n'était absolument posé. Il n'en sera plus ainsi. Tous les actes de cette procédure sont jalonnés et placés à des intervalles bien déterminés ; le mécanisme de cette poursuite est, pour ainsi dire, monté avec un engrenage qui doit fonctionner régulièrement. Le ralentissement ne peut provenir que d'une faute, d'une négligence que le calcul des dates met le juge-commissaire à même de constater et d'apprécier seul. (Voy. *suprà*, p. 26, nº 75.) (1)

629. La déchéance de la poursuite encourue par l'avoué n'a lieu que dans les cas formellement prévus par la loi, c'est-à-dire quand il y a inobservation des formalités et délais prescrits par les art. 753, 755, § 2, et 769. L'art. 753 contient les formalités et délais relatifs à la sommation de produire adressée aux créanciers, à la dénonciation à faire à l'avoué de l'adjudicataire, et à la remise de l'original de cette sommation au juge. Dans le paragraphe 2 de l'art. 755, on trouve tout ce qui concerne la dénonciation du règlement provisoire, et l'art. 769 a trait au dépôt à faire au bureau des hypothèques, par l'avoué poursuivant, de l'extrait de l'ordonnance du juge pour la radiation des inscriptions des créanciers non colloqués. Certes, l'observation rigoureuse des formalités et délais prescrits par les articles dont il s'agit est nécessaire à la marche régulière de l'ordre ; mais on pourrait en dire autant du premier alinéa de l'art. 767, relatif à la dénonciation de l'ordonnance de

---

(1) Cette innovation de la loi a soulevé néanmoins quelques objections. M. Lancelin, notamment, la critiquait dans ses *Observations au Corps législatif.* « Dans beaucoup de cas, disait-il, nous pensons que l'exécution des dispositions de l'art. 776 présentera plus d'inconvénients que d'avantages. L'avoué poursuivant, en province, donne un sérieux concours au juge. Ainsi, c'est lui qui recherche l'origine de la propriété, reconnaît si les biens appartiennent au débiteur, à sa femme ou à la communauté ; c'est lui qui fait faire l'application des titres sur les lieux et prépare la ventilation. Il faudra donc que l'avoué qui le remplacera fasse une étude nouvelle ! Mais qui le remplacera ? Trouvera-t-on toujours et dans tous les cas un créancier qui veuille continuer la poursuite ? Le juge pourra-t-il imposer à un avoué qui n'aura point pouvoir de son client l'obligation de suivre la procédure ? De facultative qu'elle a toujours été, la poursuite pourrait-elle devenir obligatoire ?... Oserons-nous ajouter que c'est chose grave que de donner au juge le pouvoir d'appliquer la déchéance seul et sans jugement ? Il serait peut-être mieux de conserver la subrogation telle qu'elle est dans le Code de procédure, et de substituer à la déchéance édictée une amende qui s'appliquerait non-seulement aux cas prévus par l'art. 776, mais encore à tout retard dans l'accomplissement des formalités et délais de l'ordre, et serait prononcée par la chambre du conseil... » Cependant le système qui a prévalu nous semble préférable au point de vue de l'intérêt auquel la loi s'est proposé avant tout de satisfaire. Quant au droit de demander la subrogation dans les poursuites, l'expérience en avait démontré l'inefficacité (*voy.* la Circ. min. du 2 mai 1859, *supra*, p. 135, nº 74) ; et cette inefficacité tenait à des causes qui ne pourraient manquer de subsister tant que ce moyen serait maintenu, notamment aux sentiments de bonne confraternité dont sont naturellement animés les avoués entre eux, et au besoin mutuel d'indulgence (*infra*, nº 631). Et quant à l'amende, elle n'aurait pu jamais atteindre le chiffre que l'avoué est exposé à perdre en perdant la poursuite, et, par conséquent, l'avoué n'eût pas eu à éviter les négligences tout l'intérêt qu'il a en présence de la sanction de déchéance.

P. P.

clôture de l'ordre. Cependant, comme l'art. 776 ne le mentionne pas, la déchéance de la poursuite n'est pas attachée à l'inobservation des délais et formalités que contient cet art. 767.

630. Du reste, la privation de la poursuite dont il s'agit n'a pas lieu de plein droit. Tant que l'avoué poursuivant n'est pas remplacé, les actes qu'il fait sont valables. Le but de la loi était d'armer le juge-commissaire d'un pouvoir discrétionnaire à leur égard. On a voulu éviter les frais et les longueurs d'une demande en subrogation; mais le juge de l'ordre doit être un agent intelligent de la loi, et apprécier les circonstances avant de punir l'avoué, en cas d'inobservation des formalités et délais. Ainsi que le dit le rapport de M. Riché (*suprà*, p. 67, n° 187), l'avoué poursuivant ne pourra encourir la déchéance prononcée par l'art. 776 pour inobservation de l'art. 769, si la négligence résulte de la lenteur du greffier. Il faut en dire autant pour l'art. 753, si c'est par la faute de l'huissier commis que les délais relatifs à la sommation de produire n'ont pas été observés. Le juge-commissaire est l'appréciateur souverain de la question de savoir s'il y a inobservation des formalités et délais prescrits par les articles cités dans l'art. 776 par le fait de l'avoué (1); mais lorsqu'il a la conviction que le fait matériel du retard est celui de l'avoué, dans la pensée du législateur, le juge doit d'office destituer l'avoué retardataire. Admettre des exceptions, ce serait bientôt amener des tolérances et favoriser l'arbitraire, si contraire à la loi.

631. A la différence de ce qui se passait sous l'empire du Code de procédure, le juge peut maintenant agir d'office : c'est une garantie de plus, au point de vue de la rapidité; car le sentiment d'une bonne confraternité, et quelquefois un besoin mutuel d'indulgence, faisaient reculer les avoués devant les demandes en subrogation. D'ailleurs l'action d'office par le juge n'exclut pas le droit qu'ont les parties de demander la déchéance par une réquisition qu'elles lui adressent (2). — La déchéance

---

(1) Ce droit d'appréciation est accordé au juge par tous les auteurs (*voy.* MM. Grosse et Rameau, n° 497; Duvergier, p. 460, note 6; Chauveau, édit. nouv., p. 360), à l'exception de MM. Émile Ollivier et Mourlon (n° 583), d'après lesquels la déchéance aurait lieu de plein droit, sans examen ni discussion, et si fatalement que rien n'en pourrait relever le poursuivant. Nous ne saurions admettre cette interprétation radicale qui prêterait à la loi un sens inique, puisqu'elle obligerait le magistrat, suivant l'expression de M. Duvergier, à prononcer contre sa conscience la peine due à la négligence, même lorsque aucune négligence ne pourrait être reprochée à l'officier ministériel.   P. P.

(2) Ce droit appartient-il au créancier en sous-ordre? La question s'est élevée au point de vue de la subrogation, soit avant, soit depuis la loi du 11 brumaire an 7. Avant cette loi, il était admis, suivant Duparc-Poullain (t. X, p. 615), que «l'opposant en sous-ordre ne devait pas être exclu du droit de se faire subroger, comme exerçant les droits de son débiteur, auquel cette faculté ne pouvait être contestée; car c'est une maxime certaine que le créancier peut exercer tous les droits de son débiteur.» *Voy.* aussi de Héricourt, chap. XI, sect. IV, n° 2. Mais sous l'empire de la loi du 11 brumaire an 7, il était jugé, au contraire, que ce droit n'était accordé qu'au créancier direct de l'exproprié et ayant une hypothèque ou un privilége sur les immeubles (Rej., 10 pluv. an 12; *Journ. des Av.*, t, XVII, p. 273). Toutefois cette solution a été généralement contestée sous le Code de procédure, par les motifs mêmes qui avaient prévalu sous l'ancienne jurisprudence, et qui se trouvent formellement

de l'avoué poursuivant et son remplacement d'office sont constatés par ordonnance du juge inscrite sur le procès-verbal d'ordre, et cette ordonnance n'est susceptible d'aucun recours. C'est le greffier qui doit faire connaître officieusement au premier la déchéance, et à l'autre la désignation d'office dont il a été l'objet, pour continuer la poursuite de l'ordre sans retard.

632. L'ordre peut encore être retardé par la faute de l'avoué commis. Il faut entendre par avoué commis celui qui est chargé de poursuivre l'audience lorsqu'il y a des contestations sur le règlement provisoire ; car, aux termes de l'art. 760, le poursuivant ne peut, en cette qualité, être appelé dans la contestation : aussi l'art. 776 frappe l'avoué commis de déchéance lorsqu'il ne remplit pas les obligations que lui imposent les art. 758 et 761 de la loi du 21 mai 1858.

633. Si le juge a désigné le poursuivant comme avoué commis, et il le peut lorsqu'il ne veut pas commettre l'un des avoués des parties en contestation, la peine de la déchéance aura encore plus d'efficacité, parce que l'avoué poursuivant, s'il est commis, a plus d'intérêt que tout autre avoué, dont le rôle n'est que passager, à ne pas perdre la poursuite (1).

L'avoué dont le juge a ordonné la déchéance et le remplacement par un de ses confrères doit remettre immédiatement les pièces à l'avoué qui le remplace, sur le récépissé de ce dernier.

634. La mission de poursuivant pourra-t-elle être refusée par l'avoué de l'une des parties en cause, désigné par le juge pour remplacer son confrère déchu? Nous ne le pensons pas, car le ministère de l'avoué est forcé dans ce cas, puisque la loi donne au juge le pouvoir de désigner l'avoué qu'il lui plaît de nommer par son ordonnance. Si l'on admettait le refus possible des avoués, tous pourraient s'entendre et rendre l'art. 776 inapplicable. La désignation d'office a été introduite dans la loi nouvelle afin d'obliger l'avoué à accepter une mission qu'il n'aurait pas voulu demander au préjudice de son confrère.

635. Les frais qui sont dus à l'avoué déchu ne lui doivent être payés qu'après la clôture de l'ordre. On a voulu punir l'avoué en faute en retardant le remboursement de ses frais (Exposé des motifs, suprà, p. 26 et 27, n° 75). Toutefois cette peine n'atteint l'avoué que quand c'est

consacrés tant par l'art. 775 de ce code que par l'art. 1166 du Code Napoléon. (Voy. MM. Pigeau, Comment., t. II, p. 358 ; Carré, Proc., n° 2437 ; Praticien, t. IV, p. 476.) C'est la solution qu'il faut admettre, et pour les mêmes motifs, sous l'empire de la loi du 21 mai 1858. (Voy. MM. Grosse et Rameau, n° 493 ; Chauveau, édit. nouv., quest. 2618 quater.)			P. P.

(1) Il semblerait résulter de là que la déchéance encourue, dans l'espèce, par l'avoué en tant qu'avoué commis, entraînerait la déchéance de cet avoué même quant à son rôle de poursuivant. Nous ne saurions, quant à nous, aller jusque-là. Il s'agit ici, dirons-nous avec M. Chauveau (édit. nouv., quest. 2618), de deux positions distinctes ; le magistrat ne saurait les confondre ; et quand l'avoué a failli dans la mission spéciale et très-limitée qu'il a comme avoué commis, c'est-à-dire pour inobservation des obligations à lui imposées par les art. 758 et 761 de la loi actuelle, il ne doit pas être destitué de la poursuite comme s'il avait failli dans la mission plus importante qu'il doit remplir en cette qualité, c'est-à-dire pour inobservation des formalités et des délais établis par les art. 753, 755, § 2, et 769.			P. P.

lui, et non pas le client, qui a fait les avances; mais il faut dire qu'en pratique les avoués ne demanderont jamais d'avances pour les frais de poursuite d'ordre, le payement de ces frais leur étant assuré par privilége sur le prix à distribuer.

ART. 777.

Projet du gouvernement (1).

Quel que soit le mode d'aliénation, l'acquéreur ou adjudicataire est tenu de déposer son prix en principal et intérêts à la Caisse des consignations, dans les soixante jours de l'ouverture de l'ordre, sauf les conventions qui interviennent entre les intéressés après la vente ou adjudication.

Il peut être dispensé de consigner, 1° la somme qui lui revient comme créancier en ordre utile; 2° celle que tout autre créancier également en ordre utile consent à laisser entre ses mains; dans ces cas, le juge détermine la somme que l'acquéreur ou adjudicataire est autorisé à retenir provisoirement; s'il y a contestation, il est statué par le tribunal, sans retard des opérations de l'ordre.

Lorsqu'il est établi par le règlement de l'ordre que l'acquéreur ou l'adjudicataire a été autorisé à retenir une somme trop forte, l'état définitif est déclaré exécutoire contre lui, jusqu'à concurrence du capital et des intérêts à rapporter.

Si, à l'expiration du délai de soixante jours ci-dessus fixé, l'acquéreur ou adjudicataire n'a pas consigné le prix ou la partie du prix à laquelle est réduite la consignation, la revente sur folle enchère peut être poursuivie par tout créancier, le vendeur ou le saisi, sur le vu d'un certificat constatant le défaut de consignation (Proj., art. 776).

Nota. Cette disposition était suivie, dans le projet, d'une autre disposition portant le n° 777, et qui a été textuellement reproduite par l'art. 777 de la loi actuelle.

Loi actuelle.

Consignation facultative.

L'adjudicataire sur expropriation forcée qui veut faire prononcer la radiation des inscriptions avant la clôture de l'ordre doit consigner son prix et les intérêts échus, sans offres réelles préalables.

Si l'ordre n'est pas ouvert, il doit en requérir l'ouverture après l'expiration du délai fixé par l'art. 750. Il dépose à l'appui de sa réquisition le récépissé de la Caisse des consignations, et déclare qu'il entend faire prononcer la validité de la consignation et la radiation des inscriptions.

Dans les huit jours qui suivent l'expiration du délai pour produire, fixé par l'art. 754, il fait sommation par acte d'avoué à avoué, et par exploit à la partie saisie, si elle n'a pas avoué constitué, de prendre communication de sa déclaration, et de la contester dans les quinze jours, s'il y a lieu. A défaut de contestation dans ce délai, le juge, par ordonnance, sur le procès-verbal, déclare la consignation valable et prononce la radiation de toutes les inscriptions existantes, avec

---

(1) Il n'y avait pas de disposition sur ce point dans l'ancien texte du Code de procédure.

maintien de leur effet sur le prix. En cas de contestation, il est statué par le tribunal, sans retard des opérations de l'ordre.

Si l'ordre est ouvert, l'adjudicataire, après la consignation, fait sa déclaration sur le procès-verbal par un dire signé de son avoué, en y joignant le récépissé de la Caisse des consignations. Il est procédé comme il est dit ci-dessus, après l'échéance du délai des productions.

En cas d'aliénation autre que celle sur expropriation forcée, l'acquéreur qui, après avoir rempli les formalités de la purge, veut obtenir la libération définitive de tous priviléges et hypothèques par la voie de la consignation, opère cette consignation sans offres réelles préalables. A cet effet, il somme le vendeur de lui rapporter dans la quinzaine mainlevée des inscriptions existantes, et lui fait connaître le montant des sommes en capital et intérêts qu'il se propose de consigner. Ce délai expiré, la consignation est réalisée, et, dans les trois jours suivants, l'acquéreur ou adjudicataire requiert l'ouverture de l'ordre, en déposant le récépissé de la Caisse des consignations. Il est procédé sur sa réquisition conformément aux dispositions ci-dessus.

SOMMAIRE.

636. Le projet du gouvernement proposait la consignation forcée du prix. — Appréciation de cette proposition.
637. Objections que le projet a soulevées, et suppression de l'article proposé.
638. La consignation n'est que facultative pour l'acquéreur.
639. S'il y a lieu de craindre l'insolvabilité de l'adjudicataire ou de l'acquéreur, les tribunaux peuvent lui imposer la consignation.
640. Incertitude, dans la doctrine et la jurisprudence, sur la procédure à suivre pour les consignations.
641. Nécessité de purger l'immeuble avant d'en consigner le prix. — On ne fait pas d'offres réelles.
642. Division.
643. § 1. BUT DE LA CONSIGNATION, ET COMMENT ELLE S'OPÈRE PAR L'ADJUDICATAIRE SUR EXPROPRIATION FORCÉE. — Elle libère entièrement l'adjudicataire, en capital et intérêts.
644. Mais il faut que le prix soit irrévocablement fixé avant de le consigner.
645. L'adjudicataire n'a pas besoin de sommer le saisi de lui rapporter mainlevée des inscriptions.
646. L'adjudicataire ne doit mettre à la consignation ni restrictions ni conditions.
647. Où et comment doit être faite la consignation? Est-il besoin pour cela d'un officier ministériel?
648. La procédure sur la validité de la consignation est rattachée à la poursuite de l'ordre.
649. § 2. PROCÉDURE EN VALIDITÉ APRÈS CONSIGNATION. — 1° *Si l'ordre n'est pas ouvert.* — Ouverture de l'ordre requis par l'adjudicataire, et déclaration tendant à faire valider la consignation inscrite sur le cahier d'ordre.
650. Les créanciers inscrits ne doivent plus être appelés au jugement sur la demande en validité s'il y a des contestations.
651. Formes pour valider la consignation s'il n'y a pas de contestations.
652. La sommation par acte d'avoué à avoué dont parle notre article doit-elle être faite aux créanciers produisants?
653. Faute de contestation dans la quinzaine, le juge de l'ordre déclare la consignation valable.

636. Le projet du gouvernement prescrivait, dans son art. 776, le dépôt obligatoire du capital et des intérêts du prix à la Caisse des consignations, dans les soixante jours de l'ouverture de l'ordre, sous peine de la revente sur folle enchère ; et même il ne pouvait être dérogé à cette obligation dans les clauses de la vente, mais seulement par convention postérieure. Cette mesure aurait eu l'avantage de simplifier l'ordre, en mettant hors du débat l'adjudicataire, qui se trouve libéré par la consignation et n'a plus aucun intérêt à le compliquer. La nécessité de consigner aurait écarté des ventes judiciaires les spéculateurs, qui achètent les biens dans l'espoir de les revendre avec profit, sans débourser le prix, et prolongent les ordres par toutes les entraves possibles. De plus, la consignation obligatoire aurait donné de grandes facilités pour le payement des créanciers colloqués par la remise des mandats sur la Caisse des consignations, qui les aurait soldés moyennant l'acquit de la partie prenante.

637. Mais on a objecté, au sein de la commission du Corps législatif, non sans raison, que la consignation obligatoire, qui devait avoir lieu dans les soixante jours de l'ouverture de l'ordre, ferait naître un autre danger, en donnant à l'acquéreur un intérêt à retarder cette ouverture. D'ailleurs les hommes pratiques qui s'occupent spécialement des ventes signalaient alors un grave inconvénient qu'entraînerait la consignation obligatoire; c'est la diminution de la valeur vénale des immeubles. On trouve rarement des acheteurs qui puissent payer le prix total de l'immeuble quelques mois après la vente; en resserrant le cercle des amateurs, on empêcherait les biens d'être portés à leur véritable prix. Bien des créanciers ne seraient pas payés, et, par suite, les prêts sur hypothèque deviendraient à l'avenir plus difficiles.

Par tous ces motifs, le conseil d'État a consenti la suppression de cet art. 776 du projet qui exigeait la consignation.

638. La loi du 21 mars 1858 n'a rien changé au principe écrit dans l'art. 2186 du Code Napoléon, qui fait de la consignation une faculté pour l'acquéreur, et non une obligation; cette même faculté appartient à l'adjudicataire après aliénation forcée.

639. Quoique la consignation soit purement facultative pour l'adjudicataire ou l'acquéreur, M. Troplong (1), et, avant lui, Grenier (2), soutiennent que les parties intéressées peuvent les contraindre à la consignation lorsqu'elles redoutent leur insolvabilité. Quand il s'agit d'adjudicataires sur saisie, bénéfice d'inventaire, cession de biens et faillite, ce droit des créanciers ne peut être contesté, puisqu'il est formellement consacré par l'art. 2 (n° 10) de l'ordonnance du 16 juillet 1816. Mais, en dehors des cas prévus par cette ordonnance, les tribunaux peuvent-ils prescrire la consignation pour soupçon d'insolvabilité de l'adjudicataire ou acquéreur sur la demande des créanciers inscrits? Pour leur refuser ce droit, on invoque l'art. 2186 du Code Napoléon, d'après lequel tant que les créanciers ne sont pas en ordre de recevoir, l'acquéreur ne peut être contraint de se dessaisir du prix qui leur est dû. D'ailleurs, ajoute-t-on, l'acquéreur ne s'est engagé à payer ce prix que sous la condition implicite que le vendeur lui procurerait une propriété affranchie de toute charge hypothécaire. « Il ne peut donc être contraint de remplir son engagement tant que son créancier, ou plutôt son vendeur, n'est pas de son côté prêt à remplir le sien » (art. 1184 du C. Nap.) (3). Malgré ces raisons, nous pensons qu'en cas de crainte d'in-

(1) *Hypoth.*, n° 958 *quater*.
(2) T. II, p. 368.
(3) MM. Ollivier et Mourlon, n° 590.

solvabilité, les tribunaux peuvent imposer à l'adjudicataire ou acquéreur la consignation du prix si les créanciers ou le vendeur l'exigent.
En effet, l'acquéreur obtient, au moyen de la consignation validée, la
mainlevée de toutes les hypothèques qui grèvent son immeuble, et
l'obligation du vendeur se trouve ainsi remplie, puisque les créanciers,
au lieu d'un payement direct, ne demandent que la consignation du
prix exigible. Il s'agit alors d'une mesure purement conservatoire que
la justice peut ordonner, et dont l'utilité doit être appréciée par les tribunaux selon les circonstances : aussi a-t-on justement déclaré non
recevables à provoquer la consignation du prix les créanciers qui ne
seraient pas colloqués en rang utile dans le règlement provisoire de
l'ordre.

640. L'art. 777 n'a fait que tracer la procédure à suivre pour opérer
cette consignation. Jusque-là, une jurisprudence incertaine et une doctrine flottante sur les formes à observer pour la validité de la consignation embarrassaient la pratique et empêchaient bien des consignations
de prix de vente. En effet, les uns prétendaient qu'il fallait suivre la
procédure dispendieuse du Code Napoléon (1) ; d'autres admettaient
des modifications, sur lesquelles on variait beaucoup (2). Le nouvel
art. 777 indique des formalités précises, et, en tranchant plusieurs difficultés, il substitue une règle fixe à des interprétations controversées.

641. Il ne faut pas perdre de vue que la consignation, comme le
payement, sont la condition suspensive du purgement. Il faut donc
remplir d'abord toutes les formalités de la purge pour fixer irrévocablement le prix de l'immeuble; c'est alors seulement que la consignation aura pour effet de libérer l'adjudicataire ou l'acquéreur qui peuvent faire radier les inscriptions grevant leur immeuble. C'est un point
constant aussi bien pour la consignation de l'adjudicataire sur expropriation forcée que pour celle de l'acquéreur après aliénation volontaire. Il est hors de doute aussi que, quel que soit le mode d'aliénation,
suivie de la consignation, celle-ci ne doit pas être précédée de la formalité d'offres réelles. La raison en est que l'adjudicataire ou l'acqué-

---

(1) Dijon, 8 juill. 1847 (*Journ. des Av.*, t. 72, p. 658, art. 304, § 14).

(2) On comptait cinq opinions différentes sur les formalités à observer pour que la
consignation fût valable :

Premier système. — Des offres réelles devaient être faites au vendeur, à la charge
de rapporter mainlevée de toutes les inscriptions existantes. Jugement du Tribunal de
Bordeaux, rapporté avec l'arrêt de la Cour de Bordeaux du 22 juin 1836 (Sir., 37, 14);
Pigeau, t. II. p. 434.

Deuxième système. — Les offres au vendeur seraient insuffisantes; elles doivent être
faites aux créanciers inscrits, qui peuvent les accepter ou les refuser, et s'opposer au
dépôt. Arrêt de la Cour de Bordeaux ci-dessus cité.

Troisième système. — Les offres réelles sont inutiles. C'est dans ce sens que s'est
fixée la jurisprudence. Il n'est pas même nécessaire de sommer le vendeur et les créanciers d'assister à la consignation, ni de faire rédiger un procès-verbal de consignation
par un officier ministériel, ni de faire déclarer la consignation valable : il suffit de
retirer une quittance du receveur des consignations, et de la notifier aux créanciers
et au vendeur. *Voy.* MM. Grenier, t. II, p. 368; Troplong, *Hyp.*, n° 958 *quater;* Dalloz, *Hyp.*, p. 374, n° 37; Riom, 19 janv. 1820 (Sir., 20, 526); Toulouse, 22 nov. 1820

reur ne peuvent offrir, ni au saisi ou au vendeur, qui ne peuvent recevoir, ni aux créanciers inscrits, puisque aucun d'eux n'a droit à prendre
préférence sur l'autre avant règlement (1). Mais pour que les créanciers
puissent être payés dans un bref délai après la consignation, la loi a
rattaché cette procédure à celle de l'ordre; et si l'ordre n'est pas ouvert,
l'adjudicataire ou l'acquéreur doivent en requérir l'ouverture. La consignation équivaut à payement pour celui qui l'opère; mais les créanciers ne peuvent recevoir qu'en vertu d'un ordre, et la modicité de
l'intérêt payé par la Caisse des consignations rend désirable, pour ces
créanciers, la prompte ouverture de l'ordre.

642. Après avoir signalé les points saillants de cette procédure,
examinons les différents paragraphes de l'art. 777.

Nous nous occuperons d'abord du but de la consignation et du mode
suivant lequel elle s'opère.

Une fois la consignation faite, la procédure en validité est réunie à
celle de l'ordre. Aussi faut-il distinguer avec la loi différents cas, et
traiter distinctement :

D'abord de la procédure en validité après consignation par l'adjudicataire sur aliénation forcée : 1° dans le cas où l'ordre n'est pas encore
ouvert (*voy*. 2ᵉ et 3ᵉ §§ de l'art. 777); 2° dans le cas où l'ordre est déjà
ouvert (*voy*. le § 4 de l'art. 777);

Et ensuite de la consignation faite par l'acquéreur sur aliénation
volontaire dans ces deux mêmes hypothèses, à savoir : 1° dans celle
où l'ordre n'est pas ouvert (*voy*. § 5 de l'art. 777); et 2° dans celle où
l'ordre est ouvert.

643. — I. BUT DE LA CONSIGNATION ET MODE DE L'OPÉRER DANS LE
CAS D'ADJUDICATION SUR EXPROPRIATION FORCÉE. — La consignation a
pour effet de libérer complètement l'adjudicataire, non-seulement pour
le capital, mais aussi pour les intérêts du prix de son immeuble; et,
en conséquence, si elle est valable, elle lui donne le droit de faire prononcer la radiation des inscriptions qui le grèvent avant la clôture de
l'ordre. Aussi, dit l'art. 777, « l'adjudicataire sur expropriation forcée
qui veut faire prononcer la radiation des inscriptions avant la clôture

---

(Sir., 21, 255); Paris, 5 janv. 1824 (Sir., 25, 10); Bordeaux, 28 mars 1833, 22 juin
1836; Rej., 9 déc. 1846 et 24 juin 1857; Besançon, 23 déc. 1856.

Quatrième système. — Il est inutile même de faire des offres soit au vendeur, soit
aux créanciers, ou de les sommer d'assister à la consignation. Il n'est pas même nécessaire de notifier l'acte de consignation au vendeur ou au créancier; il suffit que les
deniers soient en sûreté et consignés. Toullier, t. VII, n° 217.

Cinquième système. — L'acquéreur doit seulement notifier l'acte de consignation
tant au vendeur qu'aux créanciers inscrits, sans offres réelles; mais, de plus, il doit
le faire déclarer valable. « Ceci est nécessaire, dit M. Paul Pont (*Priv. et Hyp.*, n° 1336),
en vue de la radiation ultérieure des inscriptions que le nouveau propriétaire demandera pour faire disparaître de l'immeuble les signes qui en marquaient l'affectation.
Le conservateur, qui n'est pas juge de la validité de la consignation, se refuserait évidemment à rayer si, en supposant que les créanciers ne consentissent pas à donner
mainlevée, on ne produisait pas, à défaut de mainlevée, un jugement validant la consignation. »

(1) *Répert.* Tarrible, Transcript., p. 131. *Voy.* aussi M. Paul Pont, *loc. cit.*

de l'ordre, doit consigner son prix et les intérêts échus, sans offres réelles préalables. »

644. L'adjudicataire sur expropriation forcée qui veut consigner le prix ne peut le faire que quand il est définitivement adjudicataire, soit qu'il n'y ait pas eu de surenchère du sixième dans le délai, soit, en cas de surenchère, que l'adjudication soit tranchée à son profit ; car il faut que le prix de l'immeuble soit irrévocablement fixé à l'égard de tous les créanciers hypothécaires : aussi la consignation peut, dans ce cas, avoir lieu même avant la transcription du jugement d'adjudication, quoique des inscriptions puissent être prises jusqu'à ce moment ; mais l'adjudicataire ne peut ouvrir l'ordre qu'après l'accomplissement de cette formalité.

645. Il n'est pas obligé de sommer le saisi de lui rapporter mainlevée des inscriptions existantes ; le débiteur exproprié, dans la pensée du législateur, n'a pas les moyens de payer les créanciers hypothécaires pour obtenir cette mainlevée.

646. L'adjudicataire doit consigner son prix et les intérêts échus jusqu'au jour de la consignation ; il ne peut y mettre aucune restriction ou condition, ni exiger de ceux qui ont obtenu un mandat sur la Caisse, et s'y présentent pour toucher, d'autres justifications que celle qui résulte de ce mandat. En effet, la consignation a pour but de faire opérer la radiation de toutes les inscriptions qui grèvent l'immeuble acquis par l'adjudicataire. Si donc le créancier qui a un bordereau de collocation était encore obligé de présenter des justifications autres que l'exhibition de son bordereau à la Caisse, il aurait perdu son inscription sans être payé par l'adjudicataire, et ne pourrait plus exercer contre lui les poursuites en vertu de son hypothèque.

647. La consignation doit être faite à la Caisse des consignations établie dans la ville où siége le tribunal près duquel l'ordre est ou sera ouvert ; car, d'après la loi de 1858, la procédure de validité est réunie à celle de l'ordre. Mais il n'est pas nécessaire que la consignation soit faite par un officier ministériel (1), un notaire ou un avoué. Il est constant que les formalités de l'art. 1259 ne sont pas applicables dans la procédure réglée par l'art. 777 ; l'acquéreur peut faire directement la consignation, sans qu'il y soit question de procès-verbal. L'art. 777 dit que l'adjudicataire fait la consignation sans offres réelles, et ne prescrit que le dépôt au greffe du récépissé de la Caisse des consignations. Il suffit que l'adjudicataire indique dans l'acte de consignation : 1° la somme en principal, intérêts et accessoires ; 2° la désignation de l'immeuble adjugé ; 3° que le dépôt est fait en vue d'obtenir la radiation des inscriptions existantes.

648. Une fois que la consignation est opérée, il devient nécessaire d'en faire prononcer la validité pour que l'adjudicataire obtienne mainlevée de toutes les inscriptions existantes : aucun conservateur des hypothèques ne consentirait, en effet, sur le vu de la seule quittance du

_____

(1) Voy., en ce sens, MM. Grosse et Rameau, n° 518.

receveur des consignations, à rayer des inscriptions hypothécaires qui, d'après l'art. 2157, ne peuvent être rayées que du consentement des parties intéressées, ou en vertu d'un jugement inattaquable. Mais la loi a voulu qu'en même temps la procédure en validité fût rattachée à l'ordre, pour que les fonds consignés fussent distribués le plus tôt possible entre les créanciers inscrits.

Pour atteindre ce but, l'art. 777 prescrit à l'adjudicataire qui a consigné, si l'ordre n'est pas ouvert, d'en requérir l'ouverture.

649.—II. PROCÉDURE EN VALIDITÉ APRÈS CONSIGNATION.—1° *Du cas où l'ordre n'est pas ouvert.* — L'adjudicataire sur saisie immobilière ne peut requérir l'ouverture de l'ordre qu'après l'expiration du délai fixé par l'art. 750 de la présente loi. Il faut, par conséquent, qu'il fasse d'abord transcrire le jugement d'adjudication dans les quarante-cinq jours de sa date, et qu'il laisse passer la huitaine accordée de préférence au saisissant pour la poursuite de l'ordre. Après ce délai, si l'ordre n'est pas ouvert, l'adjudicataire en fait la réquisition sur un registre tenu spécialement à cet effet au greffe, et dépose, à l'appui de sa réquisition, le récépissé de la Caisse des consignations, en faisant sur le procès-verbal la déclaration qu'il entend faire prononcer la validité de la consignation et la radiation des inscriptions qui grèvent son immeuble. Cette déclaration inscrite sur le procès-verbal a pour effet de lier la procédure de la consignation à celle de l'ordre, dont elle fait partie intégrante à partir de ce moment. Toutes les personnes intéressées peuvent en prendre connaissance, puisqu'elle est consignée sur le cahier d'ordre : aussi est-il inutile de signifier à tous les créanciers inscrits l'acte de consignation pour suivre la demande en validité contre eux.

650. Avant la loi du 21 mai 1858, on avait admis dans la pratique que tous les créanciers devaient être appelés pour le jugement sur la demande en validité, parce qu'il fallait les avertir avant de rayer leurs inscriptions, afin de les mettre à même de faire valoir leurs droits. Aujourd'hui, grâce à cette déclaration sur le procès-verbal d'ordre, ces créanciers peuvent intervenir dans la procédure en validité, s'ils le croient utile.

651. Aux termes de notre art. 777, tant que la consignation n'est pas contestée, il n'est prononcé aucun jugement par le tribunal sur la validité. Voici la marche tracée par la loi : après la déclaration faite sur le procès-verbal d'ouverture, l'adjudicataire attend l'expiration du délai pour produire, afin que les créanciers produisants, au payement desquels le montant du dépôt est avant tout destiné, soient en cause. Dans la huitaine suivante, l'adjudicataire fait sommation, par acte d'avoué, aux créanciers produisants et à la partie saisie, de prendre communication de sa déclaration, et de la contester dans les quinze jours, s'il y a lieu. Cette déclaration est un acte qui fait partie de la procédure d'ordre, et, pour la rendre inattaquable, la loi veut que les intéressés soient mis en demeure de la contester. Et même, si le saisi n'a pas d'avoué, la sommation lui est faite par exploit à personne ou à domicile. Dans ce dernier cas, le délai de quinzaine pendant lequel

les contestations sur la consignation peuvent être soulevées doit être augmenté de celui des distances du domicile du saisi au tribunal devant lequel l'ordre se poursuit, conformément à l'art. 1033 du Code de procédure.

652. Nous devons ici faire observer qu'en s'appuyant sur la rédaction, peu claire d'ailleurs, de l'art. 777, qui ne désigne pas nommément les créanciers produisants comme devant être sommés, on pourrait croire que la sommation par acte d'avoué à avoué n'est obligatoire qu'à l'égard du saisi, mais non pas pour les créanciers produisants. Ce silence de la loi s'expliquerait par ce fait que la déclaration sur le procès-verbal était suffisante pour avertir les créanciers produisants, tandis que le saisi, ne faisant pas de production, peut ne pas aller au greffe pour prendre connaissance du procès-verbal d'ordre qui constate la consignation. — Mais il faut repousser cette interprétation, car la production par l'intermédiaire de l'avoué se fait généralement sans prendre connaissance du procès-verbal d'ordre. Quand l'art. 777 dit qu'il faut faire sommation *par acte d'avoué à avoué*, sans rien ajouter de plus, cela s'applique à toutes les parties intéressées ayant avoué en cause. Ainsi, l'art. 767 déclare que l'avoué poursuivant dénonce l'ordonnance de clôture par *un simple acte d'avoué à avoué*, sans désigner à quels avoués il faut adresser cette dénonciation, et cependant il n'y a pas de doute qu'elle ne doive être faite aux avoués de tous ceux qui figurent dans l'ordre. Dans le langage de la pratique, dont se sert ici le législateur, sommer *par acte d'avoué à avoué* veut dire que la sommation doit être adressée à tous les intéressés ayant constitué avoué dans la cause. Or, les créanciers produisants ont souvent un intérêt plus réel que le saisi à connaître la consignation. Quant aux frais qui en résultent, ils sont peu importants, puisqu'il s'agit d'un simple acte d'avoué à avoué. La procédure devient ainsi régulière et se rapproche de la dénonciation usitée en matière d'ordre, que le législateur avait sous les yeux lorsqu'il a tracé les formes à suivre pour faire valider la consignation.

653. A défaut de contestations dans le délai de quinzaine depuis la sommation dont il s'agit, le juge déclare la consignation valable par ordonnance sur le procès-verbal, et prononce la radiation de toutes les inscriptions existantes, avec maintien de leur effet sur le prix.

654. Toutefois, si le juge, quoiqu'il n'y ait pas de contredit sur la consignation dans la quinzaine, ne l'avait pas encore déclarée valable, les intéressés pourraient toujours la critiquer, puisque aucune forclusion n'est prononcée après l'expiration de la quinzaine pour prendre communication de la déclaration; mais dès qu'une ordonnance de validité est intervenue, la consignation est définitive et inattaquable, et entraîne la radiation des inscriptions existantes. Ainsi les contredits sur la consignation peuvent être faits tant que l'ordonnance de validité n'est pas rendue par le juge.

655. Lorsque l'ordonnance qui valide la consignation a été rendue par le juge, elle est exécutoire immédiatement; elle ne fait que con-

stater judiciairement que la consignation n'a pas été critiquée dans le délai légal, et est devenue ainsi inattaquable. Aucun recours n'est possible contre elle, si ce n'est le pourvoi en cassation, pour excès de pouvoir, quand le juge a prononcé la validité de la consignation avant l'expiration du délai accordé aux parties pour contredire.

656. L'art. 777 indique bien les formalités de la procédure pour faire valider la consignation en cas d'ordre judiciaire, mais il ne parle pas de l'ordre amiable. Ce silence est-il un oubli du législateur? On pourrait le penser quand on songe que notre article a été pris dans le projet du gouvernement, où il n'était nullement question de l'ordre amiable, lequel n'a été introduit que plus tard, sur la proposition de la commission du Corps législatif. D'un autre côté, il se peut que le législateur ait voulu laisser le soin à la jurisprudence de régler ce point, qui, selon nous, aurait dû faire l'objet d'une disposition législative.

Quoi qu'il en soit, nous avons à nous demander comment il faut procéder pour valider la consignation, lorsque la tentative de règlement amiable réussit devant le magistrat.

La déclaration est faite sur le procès-verbal d'ouverture de l'ordre; il est évident que les créanciers convoqués peuvent, lors de la réunion devant le juge, en prendre connaissance, ainsi que la partie saisie, qui est aussi appelée. Du reste, l'adjudicataire, convoqué lui-même en cette qualité, et qui, comme poursuivant l'ordre, ne manquera pas d'assister à cette conférence, donnera alors aux créanciers inscrits tous les éclaircissements sur sa consignation.

Si personne ne conteste la déclaration dont il s'agit avant la clôture de l'ordre amiable, le juge prononcera la validité de la consignation et la radiation de toutes les inscriptions existantes dans le procès-verbal qu'il dresse de la distribution du prix par règlement amiable, et les bordereaux sont délivrés aux créanciers sur la Caisse des consignations; car l'adjudicataire ne peut être obligé de payer deux fois, et la consignation non contestée avant la clôture de l'ordre équivaut à payement.

657. Toutefois, lorsque le saisi ne comparaît pas à l'ordre amiable, comme sa présence n'est pas nécessaire pour le faire, l'adjudicataire doit le sommer par exploit de prendre communication de sa déclaration, et de la contredire, s'il y a lieu. Dans tous les cas, il ne doit en résulter aucun retard pour les opérations de l'ordre. Nous pensons que cette sommation est nécessaire vis-à-vis de la partie saisie seulement, parce que, n'ayant pas comparu, elle a cependant intérêt à connaître la consignation, et c'est par la sommation prescrite par l'art. 777, il est vrai, pour le cas d'un ordre judiciaire, qu'elle est avertie de ce fait, tandis que les créanciers inscrits en sont informés dans les conférences pour le règlement amiable.

658. L'ordre amiable, s'il n'a pas lieu, est suivi, en général, de l'ordre judiciaire, à moins cependant que le nombre des créanciers inscrits soit inférieur à quatre; dans ce cas, ils doivent procéder par voie d'instance en attribution de prix. Comment faire alors pour la procé-

dure en validité de la consignation? — L'adjudicataire, à défaut de règlement amiable, doit poursuivre l'instance en attribution par assignation signifiée à personne ou à domicile, et il demande en même temps la validité de la consignation opérée et la radiation des inscriptions existantes. Il faut faire connaître cette demande par exploit à la partie saisie, et, s'il n'y a pas de contestations, le tribunal prononce la validité de la consignation avec le jugement sur l'attribution du prix, et ordonne la radiation de toutes les inscriptions. Il en résulte que les bordereaux de collocation sont délivrés contre la Caisse, et non pas contre l'adjudicataire.

Le tribunal pourrait même, par décision séparée, statuer sur la validité de la consignation, si des difficultés devaient retarder trop longtemps le jugement sur l'attribution du prix.

659. L'avoué poursuivant doit faire rayer toutes les inscriptions en déposant l'extrait de l'ordonnance du juge ou du jugement de validité par le tribunal au bureau des hypothèques. Le conservateur, sur la présentation de cet extrait, fait la radiation de toutes les inscriptions existantes sur l'immeuble acquis par l'adjudicataire. Dans tous les cas, la Caisse ne doit payer le montant des bordereaux délivrés contre elle qu'après la remise du certificat de radiation de toutes les inscriptions existantes.

660. La consignation du prix n'a pas pour effet une attribution immédiate de propriété aux créanciers inscrits; ce n'est que lorsque la validité de la consignation a été prononcée que l'attribution du prix a lieu en faveur de la masse des créanciers. Cependant, une fois la déclaration consignée sur le procès-verbal d'ordre, et le récépissé déposé à l'appui, ces actes font partie de cette procédure, qui est commune à tous les créanciers à partir de la sommation de produire qui les appelle pour y participer : aussi croyons-nous que dès ce moment le prix ne peut plus être retiré sans le consentement de tous les créanciers inscrits, dont la présence dans l'ordre met obstacle à ce que l'état dans lequel se trouve la procédure soit changé sans leur concours. Mais il n'en résulte pas pour cela, ainsi que nous l'avons déjà dit, qu'il y ait attribution de propriété du prix en leur faveur; cet effet n'est produit que par l'ordonnance qui valide la consignation. Jusque-là, l'adjudicataire qui, après avoir consigné, aurait de justes craintes d'éviction, pourrait s'opposer à ce que la Caisse remît les fonds aux créanciers tant que le trouble n'aurait pas cessé. A cet effet, il devrait faire, sur le procès-verbal d'ordre, un dire qui donnerait lieu à un incident sur la question de savoir si l'adjudicataire, dans la croyance que son acquisition est menacée d'éviction totale ou partielle, est fondé à former opposition contre la remise des deniers qu'il a consignés.

661. L'attribution aux créanciers colloqués des fonds déposés est définitive dès que le juge a déclaré la consignation valable; l'ordonnance de validité produit l'effet d'un véritable payement, à la suite duquel a lieu la radiation de toutes les inscriptions existantes.

662. S'il survient des contestations, c'est le tribunal qui les vide

(voy. *infrà* le commentaire de l'art. 778), sans qu'il puisse en résulter un retard pour les opérations de l'ordre.

663. 2° *Du cas où la consignation par l'adjudicataire sur saisie immobilière est faite quand l'ordre est déjà ouvert.* — Dans ce cas, l'adjudicataire doit lier la procédure en validité à celle de l'ordre, en déclarant sur le procès-verbal, par un dire signé de son avoué, qu'il entend faire prononcer la validité de la consignation et la radiation des inscriptions. De plus, il joint à l'appui de sa déclaration le récépissé de la Caisse des consignations.

664. Une fois cette déclaration consignée sur le procès-verbal, on procède exactement comme dans le cas précédent; c'est-à-dire qu'on fait sommation, à l'expiration du délai pour produire, par acte d'avoué à avoué, aux créanciers produisants ainsi qu'à la partie saisie, et même par exploit à cette dernière si elle n'a pas constitué avoué, de prendre communication de la demande du déposant en validité de sa consignation, et de la contester dans les quinze jours s'il y a lieu. A défaut de contestation dans ce délai, le juge prononce la validité de la consignation et la radiation des inscriptions existantes.

665. Nous avons déjà dit que notre article est passé sans changement du projet du gouvernement dans la loi du 21 mai 1858 : aussi ne s'y occupe-t-on que de la consignation qui a lieu avant l'échéance du délai fixé par l'art. 754 pour faire des productions. En effet, d'après ce projet, la consignation était obligatoire dans les soixante jours qui suivaient l'ouverture de l'ordre, sous peine de folle enchère contre l'adjudicataire qui n'avait pas obéi à cette exigence de la loi. On n'avait donc pas besoin de parler de la consignation qui serait faite après l'expiration du délai pour produire, puisque l'adjudicataire qui n'avait pas rempli cette obligation imposée par le projet du gouvernement dans les soixante jours depuis l'ouverture de l'ordre subissait la peine de la folle enchère. De sorte que celui qui voulait éviter les rigueurs de la loi devait avoir consigné au moment de l'échéance du délai pour produire. Mais aujourd'hui la consignation est purement facultative pour l'adjudicataire, et nous ne voyons dans la loi aucune disposition qui la défende après que le délai pour produire est passé. Il ne peut donc y avoir de difficulté sérieuse sur l'admissibilité de la consignation après cette époque. Ce point a été jugé, sous l'empire du Code de procédure, dans une espèce (1) où l'adjudicataire avait poursuivi lui-même l'ouverture de l'ordre, et n'avait fait la consignation qu'après le règlement provisoire et le jugement des contestations sur ce règlement. On peut seulement se demander si la procédure tracée en vue d'une consignation faite avant l'expiration du délai pour produire doit s'appliquer également au cas où la consignation a lieu après cette époque.

666. Nous pensons que la procédure doit être la même. Ainsi la sommation de prendre communication de la déclaration de l'adjudicataire,

_____

(1) Arrêt de Paris du 12 déc. 1835 (Sir., 36, 2, 16).

consignée sur le procès-verbal de l'ordre, devrait être faite non-seulement à la partie saisie, mais aussi, par acte d'avoué à avoué, aux créanciers produisants, afin qu'ils en soient avertis. Cela paraît nécessaire; car si la déclaration sur le procès-verbal a eu lieu avant les productions, les avoués chargés de les faire peuvent, à la rigueur, être censés en prendre connaissance au moment où ils produisent; mais si elle est faite depuis et surtout après la dénonciation du règlement provisoire, les avoués n'ont souvent aucun intérêt à s'occuper du procès-verbal d'ordre.

667. Du reste, si cette consignation tardive donne lieu à des contestations, il doit y être statué sans retard des opérations de l'ordre.

668. III. — Du cas d'aliénation autre que celle sur expropriation forcée. — 1° *L'acquéreur fait la consignation avant l'ouverture de l'ordre.* —Nous avons dit précédemment que pour consigner il faut que le prix de l'immeuble soit irrévocablement fixé à l'égard des créanciers hypothécaires. En matière d'expropriation forcée, il l'est par les formalités qui précèdent l'adjudication, la purge étant liée à la saisie immobilière; mais dans les ventes volontaires, l'acquéreur doit remplir toutes les formalités de purge, quand il veut obtenir la libération définitive de son immeuble de tous priviléges et hypothèques qui grèvent son acquisition par la voie de la consignation : aussi, après avoir, au moyen de la purge, fait fixer le prix de l'immeuble vis-à-vis des créanciers, il le consigne sans offres réelles préalables; car faire des offres à des créanciers qui ne peuvent recevoir qu'en vertu d'un règlement d'ordre est évidemment un acte inutile et frustratoire.

669. A la différence de l'expropriation forcée, la loi, dans le cas d'une vente volontaire, exige que l'acquéreur, avant de réaliser la consignation, somme le vendeur de lui rapporter, dans la quinzaine, mainlevée des inscriptions existantes, et lui fasse connaître le montant des sommes, en capital et intérêts, qu'il se propose de consigner. Cette différence provient de ce que le débiteur saisi est présumé insolvable, et dans l'impossibilité d'acquitter les créances hypothécaires qui grèvent l'immeuble, tandis que le vendeur amiable peut obtenir l'affranchissement du bien qu'il a aliéné de toute hypothèque, ce qui rendrait inutile la procédure relative à la consignation du prix.

670. On s'est demandé si le vendeur peut empêcher la consignation en signifiant seulement dans la quinzaine, à l'acquéreur, *les consentements* que les créanciers auraient donnés à la radiation des inscriptions existantes, ou s'il doit rapporter un certificat du conservateur constatant la radiation effective des inscriptions existantes. Nous pensons qu'en principe le vendeur est obligé de procurer à l'acquéreur l'immeuble vendu affranchi de toutes les inscriptions qui, tant qu'elles existent au bureau des hypothèques, lui impriment la marque de son affectation aux créanciers inscrits. D'ailleurs, ces mainlevées extrajudiciaires peuvent donner lieu à des difficultés, et il ne peut incomber à la charge d'un acquéreur de suivre la mainlevée au bureau des hypothè-

ques et d'en requérir l'exécution, et, si le conservateur refuse d'opérer la radiation, l'obligation de l'y contraindre (1).

On objecte, il est vrai, que, si un ordre est fait pendant cette quinzaine, l'adjudicataire est chargé, aux termes de l'art. 771, de faire rayer les inscriptions des créanciers colloqués, et que « la signification des actes portant consentement à la radiation des inscriptions existantes constitue, quant à l'acquéreur, l'équivalent d'un ordre et en tient lieu. » Mais la réponse à cette objection est que, par suite de l'ordre, la radiation des inscriptions des créanciers colloqués incombe à l'acquéreur par la force des choses, car ces créanciers ne consentent à la radiation qu'après le payement des bordereaux qui ont force exécutoire contre l'acquéreur. Mais une fois les bordereaux acquittés, les créanciers colloqués n'ont plus ni intérêt ni obligation de poursuivre la radiation de leurs inscriptions ; il ne reste donc que l'acquéreur pour opérer cette radiation, qu'il lui importe d'obtenir, puisque la consignation ne lui servirait de rien qu'à faire des frais contre un vendeur qui a dû subir un ordre et est présumé insolvable.

Cependant nous croyons que si le vendeur signifiait dans la quinzaine les consentements à la radiation de toutes les inscriptions existantes, l'acquéreur devrait lui accorder, pour rapporter la justification de la radiation effective de ces inscriptions, un délai passé lequel il serait admis à consigner : les frais d'une consignation rigoureusement opérée dans ces circonstances, à l'expiration de la quinzaine, pourraient être considérés comme frustratoires.

671. La mise en demeure dont nous venons de parler ne doit être faite qu'après la fixation définitive de la somme à consigner au moyen de la purge, qui seule détermine vis-à-vis des créanciers inscrits le prix que l'acquéreur doit payer, et, en conséquence, consigner pour obtenir sa libération définitive de tous priviléges et hypothèques. Or, dans cette sommation, l'acquéreur est obligé, d'après l'art. 777, de faire connaître au vendeur le montant des sommes, en capital et intérêts, qu'il se propose de consigner ; il en résulte nécessairement que la purge doit précéder la mise en demeure du vendeur de rapporter à l'acquéreur mainlevée des inscriptions dans la quinzaine. De plus, l'art. 777 ajoute : *Ce délai expiré, la consignation est réalisée.* Ceci vient encore à l'appui de ce que nous venons de dire, qu'il faut une purge préalable à la sommation adressée au vendeur, car le délai de quinzaine, à l'échéance duquel s'opère la consignation, est évidemment insuffisant pour en remplir les formalités.

672. La sommation prescrite par l'art. 777 doit indiquer que l'intention de l'acquéreur est de consigner si le vendeur ne lui fournit pas la mainlevée des inscriptions existantes dans le délai fixé par la loi : aussi nous paraît-il nécessaire de faire connaître au vendeur les inscriptions dont l'acquéreur veut obtenir mainlevée dans la quinzaine, en les

---

(1) MM. Grosse et Rameau, n° 529. — *Contrà :* MM. Émile Ollivier et Mourlon, n° 592.

indiquant en tête de la sommation, à moins que l'état des inscriptions n'ait été auparavant dénoncé au vendeur. De plus, elle doit contenir par chef séparé le capital et les intérêts dont l'acquéreur veut opérer la consignation. Les intérêts sont calculés jusqu'au jour de la sommation, sauf à l'acquéreur à ajouter, au moment de la consignation, ceux qui ont couru à partir de la mise en demeure du vendeur jusqu'à la réalisation de la consignation.

673. C'est à l'expiration de la quinzaine que l'acquéreur consigne. La somme déposée à la Caisse doit comprendre tout ce dont l'acquéreur est débiteur, en principal, intérêts, frais et accessoires; car, pour que la consignation vaille payement, il faut qu'elle libère entièrement l'acquéreur, et ne forme pas seulement un payement partiel.

674. Il n'est pas nécessaire de faire connaître le jour de la consignation au vendeur. Ce dernier doit s'y attendre, dès qu'il ne rapporte pas la mainlevée des inscriptions dans la quinzaine. Il est d'ailleurs, dans le cours de l'ordre, averti de ce fait par la sommation de prendre communication de la déclaration relative à la consignation inscrite par l'acquéreur sur le procès-verbal d'ordre.

675. Le délai de quinze jours pour rapporter la mainlevée des inscriptions à l'acquéreur doit être augmenté du délai des distances entre son domicile et celui du vendeur, conformément à l'art. 1033 du Code de procédure.

676. La consignation opérée, l'acquéreur ou l'adjudicataire, dans les trois jours suivants, requiert l'ouverture de l'ordre en déposant le récépissé de la Caisse des consignations à l'appui de sa réquisition; ensuite il fait sur le procès-verbal d'ordre la déclaration qu'il entend faire prononcer la validité de la consignation et la radiation des inscriptions existantes. On procède pour la validité de la consignation à l'égard du vendeur amiable comme, dans le cas d'expropriation forcée, vis-à-vis de la partie saisie, et nous renvoyons sur ce point aux explications qui précèdent.

677. 2° *L'acquéreur fait la consignation après l'ouverture de l'ordre.*
— Si l'ordre est déjà ouvert, l'acquéreur ou l'adjudicataire ne doit pas sommer le vendeur de lui rapporter mainlevée des inscriptions existantes; l'ouverture de l'ordre indique que ce dernier n'a pu obtenir de ses créanciers inscrits la mainlevée de leurs hypothèques. L'acquéreur, après la consignation, dépose son récépissé, et forme sur le procès-verbal d'ordre sa demande en validité et en radiation des inscriptions existantes sur son immeuble. Il est procédé, au surplus, de la même manière que dans le cas où l'adjudicataire sur saisie immobilière veut faire prononcer la validité de sa consignation; en conséquence, la sommation qui est faite à la partie saisie est adressée, dans notre espèce, au vendeur.

678. Si l'acte de vente contenait une clause prohibitive (1) de la

_____

(1) Arrêts de Bordeaux, 28 mars 1833; d'Orléans, 22 août 1834; de Paris, 12 déc. 1835; de Lyon, 5 janv. 1855, et M. Paul Pont, *Priv. et Hyp.*, n° 1335.

consignation, cette clause serait valable, bien qu'elle ne précisât rien en ce qui concerne la durée pendant laquelle la défense de consigner devrait subsister. En effet, l'acquéreur pourra toujours se libérer en provoquant l'ordre et en payant les bordereaux de collocation jusqu'à concurrence de son prix. Ce n'est donc pas créer une dette perpétuelle que d'exclure le mode de libération par la consignation, voie préjudiciable au créancier à cause de la diminution des intérêts pendant que les fonds restent à la Caisse des dépôts.

Art. 778.

Loi actuelle (1).

Toute contestation relative à la consignation du prix est formée sur le procès-verbal par un dire motivé, à peine de nullité; le juge renvoie les contestants devant le tribunal.

L'audience est poursuivie sur un simple acte d'avoué à avoué, sans autre procédure que des conclusions motivées; il est procédé ainsi qu'il est dit aux art. 761, 763 et 764.

Le prélèvement des frais sur le prix peut être prononcé en faveur de l'adjudicataire ou acquéreur.

SOMMAIRE.

679. Les formes à suivre en cas de contestation, la poursuite de l'audience et les dépens, font l'objet de l'art. 778.
680. Les difficultés sur la consignation sont vidées à peu près comme les contredits sur le règlement provisoire.
681. La contestation est formée par un dire motivé sur le procès-verbal. A quel moment peut-elle être soulevée?
682. Différence entre la forme des contredits sur ordre et les contestations sur la consignation.
683. Le débat n'a lieu qu'entre le consignant et ceux qui contestent la consignation.
684. C'est la partie la plus diligente qui poursuit l'audience; il n'y a pas d'avoué commis par le juge.
685. L'application de l'art. 762 aux contestations sur consignation n'a pas lieu.
686. La contestation constitue quelquefois un vrai contredit; — des formes à suivre dans ce cas.
687. Notre article ne s'occupe que des dépens en cas de contestation sur la consignation.
688. S'il n'y a pas de contestation, les frais de consignation sont à la charge du vendeur, et non de l'acquéreur.
689. Objections contre notre opinion. Réfutation.
690. L'acquéreur ne doit pas supporter le coût de l'extrait de l'ordonnance du juge.
691. L'adjudicataire ou l'acquéreur peuvent prélever ces frais sur le prix sans produire à l'ordre pour leur montant.
692. Des frais faits par suite d'une contestation relative à la consignation.
693. Est-ce en vertu d'un extrait du jugement ordonnant le prélèvement des frais, ou au moyen d'un bordereau, que l'acquéreur doit toucher le montant des frais à la Caisse?

---

(1) Les dispositions de cet article sont la reproduction littérale du texte correspondant dans le projet du gouvernement (art. 778). Quant à l'ancien texte du Code de procédure, il ne contenait pas de dispositions à cet égard.

679. L'art. 778 s'occupe des formes à suivre en cas de contestations relatives à la consignation du prix. Il indique d'abord comment elles doivent être formées ; ensuite le second paragraphe fait connaître comment l'audience est poursuivie et le jugement rendu ; et enfin le dernier concerne le règlement des dépens à la suite de cette instance.

680. La loi du 21 mai 1858 a rattaché la procédure de la consignation à celle de l'ordre : aussi les difficultés en cette matière sont vidées à peu près de la même manière que les contredits qui s'élèvent sur le règlement provisoire.

681. Toute contestation, dit l'art. 778, relative à la consignation du prix, doit être formée sur le procès-verbal par un dire motivé, à peine de nullité. L'attaque dirigée contre la consignation doit être inscrite sur le procès-verbal ; c'est le mode consacré pour les contestations élevées dans le cours de la procédure d'ordre. Nous avons vu par l'article précédent que le délai pour contredire est de quinze jours depuis la sommation. Toutefois si le juge, à défaut de contestation dans la quinzaine, n'avait pas déclaré la consignation valable, on pourrait encore la critiquer, puisque aucune forclusion n'est prononcée à cet égard après l'expiration du délai pour prendre communication de la déclaration. Mais dès qu'une ordonnance de validité est intervenue, la consignation est définitive et entraîne la radiation des inscriptions existantes. Ainsi, les contredits à la consignation peuvent être faits tant que l'ordonnance du juge n'est pas rendue ; d'un autre côté, rien ne s'oppose à ce qu'un contredit soit formé même avant la sommation de prendre communication, du moment que la déclaration de la consignation avec demande en validité est inscrite sur le procès-verbal.

682. Ce dire de contestation doit être motivé, à peine de nullité. L'art. 778 a été, en ce point, plus rigoureux que l'art. 758, concernant les contredits sur ordre. En effet, cet art. 758 prescrit bien à tout contestant de motiver son dire, mais l'obligation n'en est pas imposée à peine de nullité, comme dans l'art. 778. L'absence de motifs rendrait la contestation relative à la consignation nulle, tandis que, dans un contredit sur ordre, on peut à l'audience exposer les moyens, quoiqu'ils ne résultent point du dire consigné sur le procès-verbal. Les motifs sont la pudeur des contestations, comme ils sont l'honneur des jugements ; il faut que la consignation ne puisse pas faire l'objet de difficultés sans fondement : c'est ce que l'obligation de motiver a pour but d'éviter.

683. A l'expiration du délai pour contester, s'il y a des contredits motivés inscrits sur le procès-verbal d'ordre, le juge renvoie les contestants devant le tribunal. Les contestants seuls sont appelés à ce débat, qui ne met en présence que le consignant et ceux qui s'opposent à la validité de la consignation. Un amendement de M. Millet voulait l'étendre à tous les créanciers ou à celui qui représentait les autres ; mais la majorité de la commission s'en est tenue au système plus économique du projet, qui n'empêche pas les créanciers d'intervenir s'ils le croient utile. (*Voy.* le Rapport de la commission, *suprà*, p. 70, n° 192.)

684. Le second paragraphe de l'art. 778 renvoie pour la poursuite de l'audience aux art. 761, 763 et 764, afin d'appliquer aux contestations relatives à la consignation la procédure tracée par ces articles, soit en première instance, soit en appel. Nous devons cependant remarquer que l'audience n'est pas poursuivie par un avoué spécialement commis par le juge. En effet, l'art. 778 n'en fait pas mention ; il dit simplement que le juge renvoie les contestants devant le tribunal et que l'audience est poursuivie sur un simple acte d'avoué à avoué, tandis que pour les contredits sur le règlement provisoire, l'art. 758, après avoir parlé du renvoi par le juge à l'audience qu'il désigne, ajoute que le juge commet en même temps l'avoué chargé de suivre l'audience. Cette différence s'explique tout simplement : les contredits sur règlement provisoire arrêtent la marche de l'ordre ; c'est pour atténuer ce résultat autant que possible qu'un avoué devait être chargé de la mission de confiance de faire porter l'affaire à l'audience indiquée par le magistrat. Les contestations sur la consignation, au contraire, doivent être jugées, aux termes de l'art. 777, par le tribunal, sans retard des opérations de l'ordre : aussi le juge se borne à renvoyer les contestants devant le tribunal, et non pas à l'audience qu'il désigne, et ne commet pas d'avoué pour la suivre. L'affaire ne se passe qu'entre les contestants, et, pour éviter les frais et la présence obligatoire d'un autre avoué, c'est la partie la plus diligente qui la porte devant le tribunal.

685. La contestation est alors jugée ainsi qu'il est dit aux art. 761, 763 et 764, que nous avons expliqués précédemment.

C'est à dessein que la loi, dans l'art. 778, qui règle la procédure en cas de contestation relative à la consignation, ne renvoie pas à l'art. 762. L'art. 778 est conforme en ce point au projet du gouvernement, qui mentionne seulement, dans son art. 778, les art. 760, 762 et 763, devenus les art. 761, 763 et 764 de la loi du 21 mai. C'est évidemment avec intention, et non par inadvertance, que l'art. 762 n'est pas mentionné ; la preuve en est dans le changement qui a été fait dans l'indication des articles, changement en rapport avec les modifications qu'a subies le projet du gouvernement, ce qui atteste que l'attention spéciale du législateur s'est portée sur ce point. Du reste, l'application de l'art. 762 n'a pas paru nécessaire pour les contestations sur la consignation, parce qu'elles doivent être jugées par le tribunal sans retard des opérations de l'ordre, tandis que l'abréviation des délais que l'art. 762 introduit dans la procédure d'ordre est très-utile quand il s'agit de contredits sur règlement provisoire qui tiennent en suspens la distribution du prix (1).

686. Il peut cependant arriver que la contestation relative à la consignation constitue un vrai contredit sur ordre. Ainsi, le vendeur la critique en prétendant que l'inscription du créancier qui a donné lieu à la consignation doit être annulée. L'acquéreur est fondé à dire que la

_____

(1) C'est l'avis exprimé par M. Bressolles, p. 82, n° 67 ; mais il est généralement contredit par les auteurs. *Voy.* MM. Grosse et Rameau, n° 544 ; Ollivier et Mourlon, n° 614 ; Chauveau, quest. 2619 *quinquies decics.*

consignation est valable, parce qu'il existe une inscription dont le vendeur n'a pu donner mainlevée et qui grève son immeuble. Le débat, par conséquent, s'agite entre le vendeur et le créancier qui, par son inscription, est cause de la consignation. Dès que ce créancier produit à l'ordre, c'est un contredit sur ordre que soulève le vendeur, dans le but de faire rejeter de l'ordre un créancier dont l'inscription serait nulle : aussi, dans ce cas, toutes les règles relatives aux contestations sur ordre sont applicables.

687. L'art 777 ne dit pas par qui doivent être supportés les frais de consignation; mais le dernier alinéa de l'art. 778 règle le sort des dépens en cas de contestation sur la consignation.

688. Dans le cas où il n'y a pas eu de difficulté, il faut appliquer les dispositions de l'art. 1260 du Code Napoléon, qui met à la charge des créanciers les frais des offres réelles et de la consignation si elles sont valables. En effet, si l'acquéreur a dû recourir à cette procédure réglée par l'art. 777, c'est par le fait du vendeur et des créanciers inscrits, ses ayants cause, puisqu'ils auraient pu éviter ces frais en donnant leur mainlevée. L'existence des inscriptions est un obstacle à la libération de l'acquéreur, qui, en payant son prix, a droit de demander la délivrance de son immeuble franc de toutes charges hypothécaires. Cette procédure est par conséquent nécessaire pour arriver à la radiation des inscriptions qui grèvent son acquisition, et les frais qui en résultent doivent être assimilés à ceux de radiation prévus par l'art. 759, la procédure en consignation ayant la même cause et le même but : ainsi, dit avec raison un arrêt de la Cour d'Orléans (1), soit comme frais de justice, soit comme conséquence des obligations du vendeur et de la libération due à l'acquéreur, soit comme accessoire indispensable de la radiation des inscriptions hypothécaires, les dépens de la demande en validité de la consignation doivent être privilégiés et prélevés comme tels.

689. Cependant on objecte que la procédure nécessaire pour valider la consignation est faite tout entière dans l'intérêt exclusif de l'acquéreur ou de l'adjudicataire, puisqu'elle n'a d'autre objet que de l'exonérer des lenteurs de l'ordre et qu'elle est sans aucun profit pour les créanciers, auxquels la consignation est même préjudiciable par la perte qu'elle leur fait éprouver sur les intérêts de la somme consignée. A cela nous répondons, avec l'arrêt de la Cour d'Orléans précité, que la faculté de consigner a été accordée dans l'intérêt tout à la fois de l'acquéreur et des créanciers. En effet, si la consignation fournit au premier le moyen de se libérer, elle assure aux autres la conservation de leur gage en le plaçant dans un dépôt public, à l'abri des chances auxquelles pourrait l'exposer l'insolvabilité éventuelle de l'acquéreur; enfin elle tend à lever les obstacles qui rendent pour le créancier le prix indisponible. Dans tous les cas, cette procédure est nécessitée par le fait du vendeur, tenu à délivrer l'immeuble vendu affranchi de toute inscrip-

(1) 13 août 1840 (Sir., 40, 2, 410).

tion, afin de fournir à l'acquéreur le moyen de se libérer sans danger, et, partant, ces frais sont occasionnés pour obtenir cette délivrance de la chose vendue. L'acquéreur, aux termes de l'art. 1244 du Code Napoléon, ne doit supporter que les frais de la quittance qui contient la preuve de sa libération : aussi mettons-nous à sa charge : 1° le coût du dépôt à la Caisse et les droits d'enregistrement perçus sur la somme déposée, n'importe à quel moment, que ce soit lors de l'enregistrement du récépissé de la Caisse ou lors de l'enregistrement de l'ordonnance qui prononce la validité de la consignation ; 2° le coût du certificat de radiation de l'inscription d'office qui a été prise contre l'acquéreur lors de la transcription.

690. Quant à l'extrait de l'ordonnance que l'acquéreur doit présenter au conservateur pour obtenir la radiation des inscriptions, il établit bien la libération, mais il est surtout nécessaire pour obtenir l'affranchissement de son immeuble des inscriptions qui le grèvent. En effet, le récépissé de consignation constate le payement, et tous les actes postérieurs sont la conséquence de l'existence des inscriptions : aussi pensons-nous que cet extrait est à la charge du prix, comme tous les autres frais occasionnés par la procédure de validité. Par conséquent, les frais privilégiés sur le prix se composent :

1° Du dire par lequel l'adjudicataire ou l'acquéreur déclare sur le procès-verbal d'ordre que la consignation est faite ;

2° Du coût des sommations de le contredire aux créanciers produisants, au saisi ou au vendeur ;

3° Quand il s'agit d'une aliénation volontaire, du coût de la sommation faite au vendeur de rapporter à l'acquéreur, dans la quinzaine, mainlevée des inscriptions existantes ;

4° De l'extrait de l'ordonnance pour obtenir la radiation des inscriptions qui grèvent l'immeuble ;

5° Du coût de leur radiation par le conservateur.

691. Ce que nous avons dit précédemment pour les frais extraordinaires de notification s'applique également à ceux de la procédure de consignation faite par l'adjudicataire ou l'acquéreur. Il pourrait les retenir (1) sur le prix sans produire à l'ordre ; le juge, en déclarant la validité de la consignation et en ordonnant la radiation des inscriptions, pourra en prononcer en leur faveur le prélèvement sur le prix, ce qui évitera les frais de production, surtout pour l'adjudicataire après saisie immobilière, qui, dans ce cas, n'a pas à réclamer les frais de notification aux créanciers inscrits, puisque la purge est liée à la procédure de l'expropriation forcée.

692. Arrivons maintenant aux frais faits par suite d'une contestation relative à la consignation. Si la personne qui a consigné succombe, elle est condamnée aux dépens ; c'est de droit. Mais lorsque le consignant obtient gain de cause, par qui les frais doivent-ils être supportés?

En principe, aux termes de l'art. 766 de la loi du 21 mai, les dépens

---

(1) *Voy.* les motifs de l'arrêt précité.

ne peuvent être prélevés sur le prix ; ils sont à la charge de la partie condamnée. En conséquence, la personne dont la consignation contestée est validée par jugement ne devrait avoir action que contre le contestant pour le recouvrement de ses frais, et l'insolvabilité de la partie condamnée resterait à sa charge ; tandis que le prix à distribuer, appartenant à la masse des créanciers, ne devrait pas être diminué par une contestation qui leur est étrangère, et à laquelle ils n'ont pris aucune part. Toutefois, par exception à cette règle générale, le tribunal, d'après le dernier alinéa de l'art. 778, a la faculté de prononcer le prélèvement des frais qu'il a faits sur le prix en faveur de l'adjudicataire ou acquéreur pour soutenir la validité de sa consignation. Pour user de ce pouvoir discrétionnaire que la loi confère aux juges, ils devront examiner si la contestation a été faite en vue d'être utile à la masse des créanciers ; dans ce cas, on pourrait les assimiler aux frais généraux faits dans l'intérêt de tous, et en autoriser le prélèvement sur le prix.

693. Nous ne pensons pas qu'il soit nécessaire que l'acquéreur produise à l'ordre pour obtenir un bordereau de collocation à l'aide duquel il touchera le montant de ces frais à la Caisse des consignations. Le jugement, comme sommaire, doit les liquider, et c'est en vertu d'un extrait délivré par le greffier que l'acquéreur se fera payer par la Caisse : il a un titre exécutoire dans le jugement, et il lui est inutile d'en obtenir un second dans le bordereau de collocation, en vertu de l'ordonnance du juge-commissaire.

ART. 779.

Loi actuelle (1).

Folle enchère.

L'adjudication sur folle enchère intervenant dans le cours de l'ordre, et même après le règlement définitif et la délivrance des bordereaux, ne donne pas lieu à une nouvelle procédure. Le juge modifie l'état de la collocation suivant les résultats de l'adjudication, et rend les bordereaux exécutoires contre le nouvel adjudicataire.

SOMMAIRE.

694. Ce qu'il faut entendre par adjudication sur folle enchère.
695. La revente sur folle enchère laisse subsister l'ordre déjà établi.
696. La folle enchère peut intervenir aussi bien dans le cours de l'ordre qu'après la clôture du règlement définitif et même après la délivrance des bordereaux.
697. Dans quelles circonstances la revente sur folle enchère peut-elle intervenir dans le cours de l'ordre ?
698. L'adjudicataire qui ne paye pas les bordereaux de collocation est poursuivi par la folle enchère.
699. La folle enchère est poursuivie soit en vertu du jugement d'adjudication, soit en vertu des bordereaux non payés.
700. L'adjudication sur folle enchère ne donne pas lieu à une nouvelle procédure.

---

(1) Pas de disposition correspondante dans l'ancien texte du Code de procédure. Disposition absolument semblable dans l'art. 779 du projet du gouvernement.

701. Les poursuites en folle enchère ne peuvent arrêter en rien la marche de l'ordre.
702. Si, en principe, l'adjudication sur folle enchère ne donne pas lieu à une nouvelle procédure, il y a une exception relative à la modification de l'état de collocation suivant les résultats de l'adjudication, et aux bordereaux, qui seront rendus exécutoires contre le nouvel acquéreur.
703. C'est le juge qui a fait l'ordre qui modifie l'état de collocation, par suite de la nouvelle adjudication.
704. Il le modifie sans attendre que l'adjudication sur folle enchère soit transcrite.
705. Inconvénients du système qui exige la transcription préalable de l'adjudication sur folle enchère.
706. L'adjudication sur folle enchère n'engendre aucun droit nouveau, sauf les modifications déjà indiquées.
707. L'avoué de la partie la plus diligente fait connaître au juge, par un dire sur le procès-verbal d'ordre, l'adjudication sur folle enchère.
708. Différentes hypothèses où l'adjudication sur folle enchère peut intervenir.
709. 1° Elle survient pendant le règlement amiable.
710. 2° Elle a lieu avant la dénonciation du règlement provisoire.
711. 3° Après la dénonciation du règlement provisoire.
712. 4° Après le règlement définitif et la délivrance des bordereaux.
713. Comment le juge procède-t-il aux modifications du règlement définitif?
714. *Quid* de la collocation des intérêts courus depuis la clôture de l'ordre jusqu'au moment où, par suite de l'adjudication sur folle enchère, le juge modifie l'état de collocation?
715. Il n'est pas nécessaire de dénoncer de nouveau le règlement définitif s'il a déjà été dénoncé.
716. Comment les anciens bordereaux sont-ils rendus exécutoires contre le nouvel acquéreur?
717. L'adjudicataire sur folle enchère est libéré en payant la totalité de son prix aux porteurs de bordereaux exécutoires contre lui.
718. Qui profite de l'augmentation du prix obtenue par l'adjudication sur folle enchère?
719. Amendements proposés par la commission du Corps législatif. — Rejet au conseil d'État.
720. Nécessité de procéder à un nouvel ordre, à la suite d'une revente sur saisie immobilière par les créanciers, dont les bordereaux n'ont pas été acquittés par l'acheteur.
721. Les créanciers forclos faute de produire, ou non utilement colloqués dans le premier ordre, peuvent-ils produire dans le nouvel ordre?
722. La folle enchère peut-elle être exercée contre le nouvel adjudicataire sur saisie immobilière en vertu des bordereaux délivrés contre le premier adjudicataire?
723. Du cas où l'acheteur après un ordre a revendu l'immeuble, et où le nouvel ordre s'ouvre sur le sous-acquéreur.

694. Il est important, pour bien saisir la portée de cet article, de nous pénétrer de ce qu'il faut entendre par adjudication sur folle enchère. On verra ensuite que l'art. 779 n'est qu'une conséquence de l'idée que nous attachons à la folle enchère.

L'adjudication sur folle enchère est une mesure coercitive contre le fol enchérisseur pour obtenir le payement du prix de son adjudication téméraire. Rien n'est donc changé dans l'état des choses créé par la première adjudication; seulement le payement, au lieu d'être fait par le fol enchérisseur, est effectué par un adjudicataire qui a pris sa place, aux mêmes conditions que lui, pour faire ce qu'il aurait dû faire, pour exécuter toutes les promesses qu'il n'a pas tenues. Ainsi, le fol enchérisseur était tenu de payer les bordereaux de collocation; le nouvel adjudicataire prend sa place jusqu'à concurrence du prix résultant de la revente sur folle enchère. C'est pour arriver à ce payement du bordereau que l'art. 24 de la loi du 11 brumaire an 7 disait :

« Faute par l'adjudicataire de satisfaire aux conditions de l'adjudication, et de payer les créanciers aux termes et de la manière qu'ils y ont droit, il sera procédé contre lui à la revente et adjudication sur folle enchère, en vertu de l'extrait du jugement d'ordre contenant la collocation utile du créancier. »

695. La conséquence en est que la revente sur folle enchère laisse subsister l'ordre qui a été effectué dans la perspective que le prix serait payé par le premier adjudicataire. La validité de la procédure d'ordre n'est pas subordonnée à l'exécution de l'adjudication par l'adjudicataire. Ceci résulte formellement d'un arrêt portant cassation d'un arrêt de la Cour de Rouen (1), qui avait décidé que l'ordre fait sur la première adjudication s'évanouissait, puisque ce prix n'était pas payé. Voici les motifs de cet arrêt (2) :

« Attendu qu'un ordre régulièrement fait sur le prix de la première adjudication, et qui, par l'acquiescement des créanciers colloqués, a acquis contre eux l'autorité de la chose jugée ou consentie, n'est pas subordonné à l'exécution de l'adjudication par l'adjudicataire; D'où il résulte que si cette adjudication est suivie de folle enchère, faute par l'adjudicataire d'avoir satisfait au payement de son prix, l'ordre jugé et consenti pour la distribution de ce prix doit recevoir son effet sur le prix de la nouvelle adjudication, et que telle est la conséquence des dispositions contenues dans les art. 755, 756 et 770 du Code de procédure civile. »

696. C'est cette doctrine que la loi du 21 mai 1858 a consacrée dans notre art. 779, en déclarant que l'adjudication sur folle enchère, intervenant dans le cours de l'ordre, et même après le règlement définitif et la délivrance des bordereaux, ne donne pas lieu à une nouvelle procédure.

La loi admet avec raison que la revente sur folle enchère peut avoir lieu aussi bien dans le cours de l'ordre qu'après la clôture du règlement définitif et même après la délivrance des bordereaux.

697. La poursuite en folle enchère peut intervenir dans le cours de l'ordre, faute par l'adjudicataire d'exécuter les clauses et conditions de l'adjudication (art. 733 de la loi de 1841); — si, par exemple (3), il a été stipulé dans le cahier des charges que l'acquéreur ne pourra pas démolir les bâtiments vendus, ou opérer dans les autres biens compris dans la vente soit des changements de culture, soit la destruction de ce qui existe actuellement, soit d'autres faits notables, avant d'avoir payé son prix, et qu'il viole cette prohibition. On peut ajouter le défaut de l'assurance des bâtiments vendus, le défaut de consignation du prix

---

(1) 4 fév. 1815 et 13 déc. 1817; arrêt de Bourges du 12 janv. 1828.
(2) Cass., 12 nov. 1821 (Sir., 22, 1, 75). — Dans le même sens, arrêt de Bordeaux du 4 juin 1835 (Dall., 35, 2, 134). Voy. cependant M. Paul Pont, n° 1058.
(3) Paignon, t. Ier, p. 227, n° 176.

dans le délai fixé par le cahier des charges ; enfin, toute inexécution d'une clause de l'adjudication peut entraîner la revente à la folle enchère contre l'adjudicataire.

698. La poursuite contre le fol enchérisseur a lieu après la délivrance des bordereaux, si l'adjudicataire n'en effectue pas le payement dans les trois jours après la signification des bordereaux avec commandement (art. 735).

699. Dans le premier cas, la folle enchère est poursuivie en vertu du jugement d'adjudication ; après la délivrance des bordereaux, la poursuite a lieu en vertu d'un bordereau que l'adjudicataire n'a pas payé.

700. Après avoir montré comment la poursuite en folle enchère peut survenir, soit dans le cours de l'ordre, soit après sa clôture, revenons au principe établi dans le premier alinéa de notre art. 779, d'après lequel l'adjudication sur folle enchère ne donne pas lieu à une nouvelle procédure.

701. L'art. 779 ne parle que de *l'adjudication sur folle enchère* intervenant dans le cours de l'ordre. De là on peut tirer la conséquence que les poursuites en folle enchère ne peuvent en rien arrêter la marche de l'ordre, la loi ne s'occupant que de l'adjudication accomplie ; jusquelà, le juge commis à l'ordre doit continuer la procédure et en observer les délais rigoureux, sans retard des opérations de l'ordre.

702. Mais lorsqu'il y a adjudication sur folle enchère, soit dans le cours de l'ordre, soit même après le règlement définitif et la délivrance des bordereaux, il n'y a pas lieu, il est vrai, à une nouvelle procédure d'ordre ; seulement, dit le second alinéa de l'art. 779, le juge modifie l'état de collocation suivant les résultats de l'adjudication, et rend les bordereaux exécutoires contre le nouvel adjudicataire. Il ne faut pas perdre de vue qu'en principe il ne peut être fait, par suite de l'adjudication sur folle enchère, aucune nouvelle procédure, sauf en ce qui concerne l'exception contenue dans le second alinéa de notre article, relatif à la modification de l'état de collocation et aux bordereaux, qui seront rendus exécutoires contre le nouvel adjudicataire.

703. Nul autre acte de cette procédure fait dans le cours de l'ordre ne peut être changé. Ainsi, si l'ordre était terminé avant l'adjudication sur folle enchère, c'est le même juge qui devrait faire les modifications résultant de la nouvelle adjudication, soit qu'il s'agisse d'un juge spécial aux ordres, soit d'un juge commis par le président. Il n'y aura lieu à requérir la nomination d'un nouveau juge que dans le cas où celui qui a fait l'ordre avant l'adjudication sur folle enchère serait dans l'impossibilité de procéder aux modifications qui résultent de cette adjudication.

704. Faut-il attendre, pour faire ces changements dans le règlement définitif, que l'adjudication sur folle enchère soit transcrite ? On pourrait dire, dans le sens de l'affirmative, qu'avant d'ouvrir l'ordre sur un prix d'adjudication, il faut d'abord faire transcrire le jugement, afin que le nouvel adjudicataire devienne propriétaire incommutable à l'égard des tiers. Mais nous répondons qu'en matière d'adjudication sur folle

enchère après l'ouverture d'un ordre, l'immeuble passe tout purgé aux mains du nouvel acquéreur, par suite des formalités accomplies avant que l'immeuble ne soit sorti de la possession du fol enchérisseur, sauf l'effet des inscriptions sur le prix. C'est pour obtenir précisément le payement de ce prix qu'a lieu la revente sur folle enchère. Quant aux hypothèques qui auraient pu être créées du chef du fol enchérisseur, la revente à sa folle enchère efface tous les droits que la première adjudication lui avait conférés ; le nouvel adjudicataire est censé avoir pris sa place du jour de l'adjudication primitive. Par conséquent, la nouvelle adjudication ne doit pas arrêter le cours régulier de l'ordre, puisqu'il n'y a qu'une seule adjudication, l'adjudication primitive, et un seul adjudicataire, l'adjudicataire sur folle enchère, lequel, fictivement, est réputé avoir été seul adjudicataire (1).

705. En effet, si, pour l'application de l'art. 779, la transcription de l'adjudication sur folle enchère était nécessaire, rien n'indiquerait dans quel délai elle devrait être faite. Faudrait-il alors suivre l'art. 750, qui accorde quarante-cinq jours pour faire la transcription, sous peine de folle enchère ? Cela serait arbitraire, puisque l'art. 779 est complétement muet sur ce point. D'un autre côté, à quoi servirait cette transcription par rapport à l'ordre ouvert ? Elle est faite pour arrêter le cours des inscriptions ; mais si aucun créancier nouveau ne peut se présenter à cet ordre, la formalité de la transcription, dans ce but, est donc inutile ; et si l'on admettait le contraire, ce serait la destruction de l'art. 779, puisqu'il faudrait recommencer une nouvelle procédure d'ordre, si d'autres créanciers que ceux qui figuraient déjà dans l'ordre avant l'adjudication sur folle enchère devaient y être appelés dès qu'ils auraient pris inscription avant la transcription de la folle enchère.

706. L'adjudication sur folle enchère n'engendre aucun droit nouveau ; le rang des créanciers, ainsi que le montant de leur créance, doivent rester intacts. Les seules modifications que produise la revente sur folle enchère proviennent de ce que le prix de la nouvelle adjudication peut être inférieur ou supérieur à celui de la première ; et le payement de ce prix est fait par l'adjudicataire qui a pris la place du fol enchérisseur. De là nécessité pour le juge de modifier l'état de collocation suivant les résultats de l'adjudication, c'est-à-dire selon qu'il y a augmentation ou diminution du prix, et de rendre les bordereaux des créanciers exécutoires contre le nouvel adjudicataire, pour que ces créanciers puissent obtenir le payement de leur collocation.

707. Pour que le juge puisse modifier l'état de collocation conformément au prix provenant de la nouvelle adjudication, l'avoué de la partie la plus diligente devra faire connaître, par un dire inséré sur le procès-verbal d'ordre, l'adjudication sur folle enchère, pour que le juge puisse procéder aux modifications de l'état de collocation d'après les

_____

(1) *Voy.*, en ce sens, MM. Grosse et Rameau, n° 550 ; Émile Ollivier et Mourlon, n° 618 ; mais *voy.*, en sens contraire, MM. Bressolles, n° 68, p. 84 ; Chauveau, quest. 2620.

résultats de la nouvelle adjudication, et rendre les bordereaux exécutoires contre le dernier acquéreur.

708. Nous allons maintenant examiner comment le juge doit s'y prendre dans les divers cas où l'adjudication sur folle enchère peut intervenir.

709. 1° L'adjudication sur folle enchère survient pendant l'ordre amiable. Dans ce cas, le juge doit convoquer le nouvel adjudicataire à la réunion des créanciers pour le préliminaire de conciliation. Cependant cette convocation n'est pas nécessaire quand le mois accordé pour le règlement amiable est presque expiré. D'ailleurs le défaut de convocation de l'adjudicataire n'est pas une cause de nullité de l'ordre amiable.

Si le règlement amiable réussit, les bordereaux sont délivrés contre le nouvel adjudicataire. Mais si les bordereaux étaient déjà délivrés avant l'adjudication sur folle enchère, le juge les rend exécutoires contre le nouvel adjudicataire, en modifiant le règlement amiable suivant les résultats de l'adjudication.

710. 2° L'adjudication sur folle enchère a lieu avant la dénonciation du règlement provisoire. Dans ce cas, très-rare, il est vrai, dans la pratique, l'opération ne donne lieu à aucune difficulté sérieuse. Il ne doit être fait aucun nouvel acte de procédure, ni nouvelle sommation de produire aux créanciers inscrits; le juge continue la procédure dans l'état où elle se trouve; seulement, il indique comme somme à distribuer le prix de l'adjudication sur folle enchère, et tous les actes à signifier à l'adjudicataire sont adressés au nouvel adjudicataire, qui est substitué, à cet effet, à l'ancien.

711. 3° L'adjudication sur folle enchère a lieu après la dénonciation du règlement provisoire. Il faut, pour l'application de l'art. 779, ne pas perdre de vue que l'adjudication sur folle enchère ne donne lieu à aucune nouvelle procédure. Par conséquent, le règlement provisoire doit rester tel qu'il est, puisqu'il est dénoncé dans cet état aux créanciers produisants, et une nouvelle notification, indiquant une somme à distribuer différente, par suite de la revente sur folle enchère, serait contraire au texte de l'art. 779, qui déclare que l'adjudication sur folle enchère ne donne pas lieu à une nouvelle procédure. D'ailleurs cette nouvelle dénonciation est sans intérêt pour les créanciers produisants, puisque, quel que soit le montant du prix à distribuer, après revente sur folle enchère, ni leur rang, ni l'importance de leur collocation, ne sont changés par l'adjudication sur folle enchère. Ce n'est donc que dans l'état de collocation définitif que le juge doit tenir compte du nouveau prix à distribuer; et s'il y a augmentation, elle profite au créancier colloqué dans le règlement provisoire, qui, sans elle, ne serait pas venu en ordre utile dans le règlement définitif; si, au contraire, il y a diminution dans le prix, elle a pour effet de retrancher autant des dernières créances colloquées, qui, sans cela, seraient venues en ordre utile dans le règlement définitif.

Quant aux formalités, la dénonciation de l'ordonnance de clôture est

30

faite au nouvel adjudicataire au lieu d'être adressée au fol enchérisseur ; de plus, les bordereaux sont délivrés contre le nouvel adjudicataire. Pour le surplus, rien n'est changé dans la procédure d'ordre.

712. 4° L'adjudicataire sur folle enchère intervient après le règlement définitif et la délivrance des bordereaux.

Dans ce cas, dit l'art. 779, le juge modifie l'état de collocation, c'est-à-dire le règlement définitif, suivant les résultats de l'adjudication, et rend les bordereaux exécutoires contre le nouvel adjudicataire.

Pour faire connaître au juge la nouvelle adjudication, l'avoué poursuivant la folle enchère, ou celui de la partie la plus diligente, fait un dire à cet effet sur le procès-verbal d'ordre. Du reste, le juge trouve dans le jugement d'adjudication tous les renseignements nécessaires pour faire, dans l'état de collocation, les modifications que peut exiger le nouveau prix à distribuer. Il pourrait se faire remettre la minute de ce jugement par le greffier, si le nouvel adjudicataire n'en avait pas encore fait lever expédition.

713. Comment le juge fera-t-il ensuite les modifications du règlement définitif ? Il n'est pas obligé de faire un nouvel état de collocation ; il suffit d'y changer la somme à distribuer, laquelle se compose du prix provenant de la nouvelle adjudication.

En ce qui concerne les collocations mêmes qui se trouvent dans le règlement définitif, le juge doit les laisser telles qu'elles étaient auparavant, jusqu'à concurrence de la nouvelle masse à distribuer ; et si le prix est inférieur à celui de la première adjudication, il diminue d'autant la dernière collocation, qui ne vient plus alors en ordre utile sur ce prix, quand il est complétement absorbé par les collocations antérieures ; le juge prononce la mainlevée et la radiation de cette inscription en tant qu'elle frappe sur cet immeuble, comme il l'a déjà fait pour les autres créances non utilement colloquées.

714. Il s'agit maintenant d'examiner si le juge doit colloquer, en outre, pour les intérêts courus depuis la clôture jusqu'au moment où, par suite de l'adjudication sur folle enchère, il modifie l'état de collocation (1). Nous ne le pensons pas, car le règlement définitif a eu pour effet de déterminer irrévocablement, dans l'ordre, le montant des créances de ceux qui y sont colloqués, en principal et intérêts. C'est à ce moment qu'aux termes de l'art. 765, les intérêts dus par le saisi cessent ; on ne peut donc les prendre sur le montant de l'adjudication même pour colloquer les premiers inscrits par préférence aux autres créanciers postérieurs. Le porteur de bordereau n'a qu'une action contre l'acquéreur qui doit les intérêts de son prix, à moins de stipulation contraire dans le cahier des charges ; mais ces intérêts ne font pas l'objet d'un nouveau règlement supplémentaire d'après le rang des créanciers. Car, en ajoutant les intérêts au capital des créances d'après l'ordre fixé,

on pourrait enlever en partie le bénéfice de leur collocation aux derniers créanciers colloqués. Il ne reste aux créanciers que le recours contre le fol enchérisseur, qui est tenu, même par corps, des intérêts courus depuis la clôture de l'ordre jusqu'au payement effectif.

715. Comme le règlement définitif a toute l'autorité de la chose jugée entre tous ceux qui y ont figuré, et ne peut recevoir qu'une modification matérielle commandée par la différence du prix de l'adjudication sur folle enchère, il n'est pas nécessaire de le dénoncer de nouveau s'il a déjà été dénoncé. En effet, admettre une nouvelle dénonciation, ce serait donner ouverture au droit de former une nouvelle opposition. On recommencerait ainsi une nouvelle procédure après la délivrance des bordereaux, contrairement au texte de l'art. 779, qui garde à cet égard un silence absolu, et contrairement à l'esprit de la nouvelle loi, qui veut éviter les longueurs inutiles. A quoi servirait, d'ailleurs, cette nouvelle dénonciation? Le rang des créances et leur montant ne peuvent être changés; et quant au prix de la nouvelle adjudication, il est fixé par jugement. Ce qu'on peut craindre tout au plus, c'est qu'il échappe au juge une erreur matérielle; mais le juge pourra toujours la réparer.

716. Après qu'il a modifié l'état de collocation de la manière que nous venons d'indiquer, le juge n'a plus qu'à rendre les bordereaux exécutoires contre le nouvel adjudicataire jusqu'à concurrence de son prix. La loi ne veut pas que de nouveaux bordereaux soient délivrés par le greffier pour éviter les frais considérables qui en résulteraient; du reste, dans la pratique, on procédait ainsi en cas d'adjudication sur folle enchère pour défaut de payement des bordereaux par l'adjudicataire : les bordereaux délivrés étaient rendus exécutoires contre le nouvel adjudicataire. Il suffisait de constater au bas de l'ancien bordereau qu'il était exécutoire contre le nouvel adjudicataire, et cela au moyen d'une mention qui était signée par le juge et le greffier.

Quant au créancier dont le bordereau est diminué de la différence en moins du prix d'adjudication, il suffit de rendre le bordereau seulement exécutoire contre le nouvel acquéreur, jusqu'à concurrence de sa collocation modifiée d'après le résultat de l'adjudication sur folle enchère. Si un créancier ne vient plus en ordre utile, son bordereau n'est pas rendu exécutoire contre le nouvel adjudicataire.

717. L'adjudicataire sur folle enchère est entièrement libéré lorsqu'il a payé la totalité de son prix aux porteurs de bordereaux exécutoires contre lui; il doit, en outre, les intérêts de ce prix à partir du jour de l'adjudication sur folle enchère.

718. Dans le cas où l'adjudication sur folle enchère a produit un prix plus élevé que celui de la première adjudication (1), le juge doit colloquer utilement, dans le règlement définitif, les créanciers non utilement colloqués, jusqu'à concurrence de cet excédant, d'après leur rang

---

(1) *Voy.*, sur ce point, l'espèce soumise à la Cour de Pau dans son arrêt du 20 janv. 1833 précité.

dans le règlement provisoire : ce règlement est devenu irrévocable, puisqu'il n'a pas été attaqué dans le délai de trente jours depuis la dénonciation qui en a été faite.

En effet, ces créanciers n'ont pas été colloqués d'abord dans le règlement définitif parce que la somme à distribuer était complétement absorbée; mais dès que, par un événement quelconque, une somme devient libre, elle appartient exclusivement, et suivant leur rang, aux créanciers produisants qui n'avaient été écartés du règlement définitif qu'à cause de l'insuffisance des fonds. Les bordereaux leur sont délivrés contre le nouvel acquéreur; et quant aux créanciers déjà colloqués dans le règlement définitif, leurs anciens bordereaux sont rendus exécutoires contre lui.

Si la somme à distribuer excédait le montant des créances colloquées dans le règlement provisoire, ce qui resterait dans les mains de l'adjudicataire devrait être remis à la partie saisie, qui pourrait demander la délivrance d'un bordereau pour cet excédant, à moins qu'une opposition n'y fût formée par ses créanciers.

719. Il nous reste à faire une observation sur deux amendements proposés par la commission du Corps législatif et rejetés par le conseil d'État.

Le premier avait pour but d'accorder aux créanciers la faculté de surenchérir, après adjudication prononcée sur folle enchère. C'est là un point très-controversé en doctrine et en jurisprudence (1). Toutefois l'avis des tribunaux paraissait s'être fixé, en dernier lieu, dans le sens contraire à la faculté de surenchérir. On peut dire que le rejet de l'amendement par le conseil d'État vient encore confirmer cette jurisprudence et lui donner plus de force. On conçoit, en effet, très-bien que l'immeuble ayant déjà subi deux fois l'épreuve des enchères publiques, le

---

(1) Pour la non-admissibilité de la surenchère en cas d'adjudication sur folle enchère, voy. Rouen, 17 mai 1824 (Sir., 24, 2, 202; Collect. nouv., 7; Dall., 11, 789); id., 5 mars 1827 (Sir., 27, 2, 204; Collect. nouv., 8; Dall., 33, 2, 142; Aix, 13 nov. 1835 (Sir., 36, 2, 157; Dall., 36, 2, 40); Lyon, 19 juin 1840 (Sir., 40, 2, 500; Dall., 41, 2, 1; Journ. du Pal., 40, 2, 630); Cass., 10 janv. 1844 (Sir., 44, 1, 97, Dall., 44, 1, 52; Journ. du Pal., 44, 1, 289); id., 24 déc. 1845 (Sir., 46, 1, 182; Dall., 46, 1, 38; Orléans, 5 déc. 1846 (Sir., 47, 2, 26); Rej., 30 juin 1847 (Sir., 47, 1, 679; Dall., 47, 1, 203); Paris, 27 août 1847 (Sir., 47, 2, 603); Cass., 1er mars 1848 (Sir., 48, 1, 344); Bordeaux, 20 juin 1848 (Sir., 48, 2, 551); Paris, 20 déc. 1848 (Sir., 49, 2, 67). Sic MM. Thomine, n° 850; Petit, Surench., p. 176; Persil fils, n° 390; Paul Pont, Rev. de législ., t. XIX, p. 605 et suiv., et Comment. des Priv. et Hyp., n° 1350. — Pour l'admissibilité, au contraire, voy. Montpellier, 7 déc. 1825 (Sir., 26, 2, 224; Collect. nouv., 8; Dall., 26, 2, 106); Riom, 11 juill. 1829 (Sir., 29, 2, 330; Collect. nouv., 9; Dall., 33, 2, 93); Caen, 9 juill. 1833 (Sir., 39, 2, 20; Dall., 39, 2, 50); Paris, 10 mai 1834 (Sir., 34, 2, 275; Dall., 34, 2, 155); Bordeaux, 17 déc. 1840 (Sir., 41, 2, 130; Dall., 41, 2, 125); Toulouse, 4 juill. 1842 (Sir., 43, 2, 225; Dall., 43, 2, 145; Journ. du Pal., 43, 2, 306; Trib. de la Seine, 18 mai 1843 (aff. Malenfant); Grenoble, 30 avr. 1846 (Sir., 46, 2, 520; Journ. du Pal., 46, 2, 653); Besançon, 28 déc. 1848 (Sir., 49, 2, 67). Sic MM. Pigeau, Comment., t. II, p. 393; Chauveau, quest. 2431 quinquies; Rodière, p. 200. M. Bioche, Journ. de Procéd., t. VIII, p. 187, partage le sentiment de ces auteurs, mais seulement pour le cas où il n'y a pas eu de première surenchère, restriction que repousse M. Chauveau, loc. cit.

législateur n'ait pas permis de rouvrir une troisième fois la lice, et qu'il
ait voulu clore définitivement la procédure.

Cependant, dit avec juste raison M. Riché dans son rapport, si le
rejet de l'amendement a été déterminé par la crainte que si l'acquéreur
sur cette surenchère tombait lui-même en folle enchère, de nouveaux
anneaux ne puissent être indéfiniment ajoutés à la chaîne, il n'était
peut-être pas impossible d'obvier à cet inconvénient en améliorant la
rédaction proposée. (*Supra*, p. 70, n° 194.)

L'autre amendement tendait à assimiler l'acquéreur sur vente ordinaire, lorsqu'il ne satisfaisait pas au payement du bordereau délivré
contre lui dans un ordre, au fol enchérisseur. « Sans doute, dit le rapporteur de la loi, il n'a pas commis cette espèce de manquement à la
foi publique dont est coupable celui qui rend illusoire une vente dont
le juge était le témoin, et il n'a pas par son enchère empêché un autre
d'acquérir ; mais il a trompé la foi d'un ordre qui s'était ouvert à grands
frais en présence de sa promesse de payer les bordereaux ; il doit aux
créanciers la réparation qui entre dans le régime de la folle enchère ;
ces créanciers, après une attente et des frais inutiles, ont quelques titres
à être armés d'une procédure expéditive et peu dispendieuse, qui les
dispense d'une saisie immobilière ou d'une action en résolution. Ces
motifs d'utilité pratique avaient prévalu, au sein de votre commission,
sur des considérations d'un autre ordre ; mais l'amendement qu'elle
avait rédigé en ce sens n'a point été accueilli par le conseil d'État. »
(*Supra*, p. 71, n° 195.)

720. Par suite de ce rejet, les porteurs de bordereaux non acquittés
ne peuvent recourir, en cas de vente amiable, à la mesure prompte et
peu dispendieuse de la revente sur folle enchère, qui ne peut s'exercer
que contre l'adjudicataire sur vente judiciaire (1) ne remplissant pas
ses obligations. Ils doivent exercer contre l'acquéreur, pour obtenir
payement, les poursuites de saisie immobilière. Mais l'adjudication sur
expropriation forcée dirigée contre l'acheteur n'efface pas la vente qui
l'avait rendu propriétaire. Ce dernier a pu créer d'autres hypothèques,
et par conséquent un nouvel ordre doit être ouvert sur le prix de l'adjudication sur saisie immobilière.

721. Dans ce nouvel ordre, s'est-on demandé, sont-ce uniquement
les créanciers du vendeur ayant obtenu des bordereaux qui auront seuls
le droit de se faire colloquer, et ceux qui ne sont pas porteurs de bordereaux seront-ils exclus nécessairement de cet ordre ouvert à la suite de
la saisie immobilière opérée contre l'acquéreur pour arriver au payement des bordereaux ?

Pour soutenir que les porteurs de bordereaux seuls, parmi les créanciers du vendeur, peuvent prendre part à ce nouvel ordre, on prétend

---

(1) La conversion d'une saisie immobilière en vente sur publications volontaires
entraîne contre le fol enchérisseur la revente sur folle enchère, de même que si la
procédure de saisie immobilière avait suivi son cours (Sir., 35, 2, 243 ; Dall., 35, 2
100).

que c'est à eux seuls qu'appartenait le droit de saisir sur l'acquéreur, devenu, en vertu de la délivrance des bordereaux de collocation, leur débiteur personnel. On ajoute encore (1) que, pour que les créanciers fussent relevés de leur déchéance, il faudrait que la vente dont le prix a été l'objet de l'ordre où ils ont été forclos pût être résolue. Cette résolution, en effet, remettrait les choses au même état que si la vente n'avait pas existé. Nous ne pouvons admettre ce système. En effet, c'est à tort qu'on voudrait considérer la délivrance des bordereaux comme un payement qui rend complète la purge des hypothèques, de sorte qu'elles ne frappent plus sur l'immeuble, et qu'il ne reste aux créanciers porteurs de bordereaux que l'action dérivant de ces bordereaux de collocation. Nous nous sommes déjà expliqué précédemment sur ce point, à savoir que la délivrance d'un bordereau ne constitue qu'une indication de payement, et n'opère pas une novation de la créance. Le bordereau forme seulement pour celui qui l'a obtenu un titre exécutoire contre l'acquéreur, qu'on peut contraindre au payement par toutes les voies de droit. Or si la délivrance d'un bordereau n'équivaut pas à un payement, l'immeuble n'est pas purgé. Car, aux termes de l'art. 2186 du Code Napoléon, il n'est affranchi de toutes hypothèques entre les mains de l'acquéreur que sous la condition que le nouveau propriétaire payera effectivement le prix aux créanciers qui seront en ordre utile, ou le consignera. A défaut de payement, la purge n'a pas lieu, et l'immeuble reste soumis à toutes les charges hypothécaires. Peu importe que la mainlevée des inscriptions des créanciers qui ne sont pas utilement colloqués ou qui sont forclos faute de production ait été prononcée par le juge-commissaire, cette radiation ne fait pas perdre l'effet attaché à l'hypothèque. — En vain dira-t-on que la forclusion est irrévocablement acquise et doit profiter aux créanciers qui agissent en vertu de leurs bordereaux, et que l'ordonnance du juge-commissaire forme chose jugée entre les parties, notamment en ce qui concerne la déchéance des créanciers qui ne se présentent pas, et de ceux qui, ayant produit, n'arrivent pas en ordre utile. Certes, s'il s'agissait d'un seul et même ordre, la chose jugée pourrait, dans ce cas, être invoquée, car les effets de cette déchéance sont sans contredit acquis vis-à-vis des créanciers postérieurs dans l'ordre où elle a été prononcée; mais on ne peut dire qu'ils puissent s'étendre jusqu'à un ordre ultérieur où les choses et les personnes ne sont plus les mêmes, où tout est changé : acquéreur, prix, poursuivant et créanciers. En effet, l'adjudicataire ne pourrait se libérer valablement qu'en procédant à un nouvel ordre, dans lequel doivent être appelés non-seulement les créanciers hypothécaires du vendeur primitif participant au premier ordre, mais encore ceux de l'acquéreur exproprié faute d'avoir payé les bordereaux; et ces bordereaux ne sont pas immédiatement exécutoires contre l'adjudicataire · il faut que les créanciers qui en sont porteurs produisent à ce second ordre et en attendent la clôture; de sorte que s'ils avaient laissé péri-

---

(1) *Voy.* la note p. 209 (Dall., 5, cah. 1859).

mer leurs inscriptions faute de renouvellement, ils perdraient leurs droits d'hypothèque sur l'immeuble (1).

C'est donc l'inscription et non le bordereau qui conserve la créance hypothécaire. De plus, le prix à distribuer n'est plus le même, puisque c'est la somme due par l'adjudication, et non le prix de la vente primitive, qui fait l'objet de la distribution. Les créanciers sont aussi différents; car il faut sommer de produire à l'ordre les créanciers de l'acheteur exproprié en même temps que ceux du vendeur primitif. Il est par conséquent évident qu'on ne peut prétendre que la déchéance prononcée dans un premier ordre constitue encore la chose jugée dans le second.

Toutefois, objectera-t-on, si l'on admettait que les créanciers déchus pussent être relevés de leur déchéance, qui ne voit combien il serait facile à l'acquéreur de remettre en question le règlement d'ordre, et de faire disparaître les déchéances qui auraient été prononcées? Il lui suffirait de ne pas payer les bordereaux, de faire revendre par les créanciers l'immeuble, et de créer ainsi un nouveau prix, à la distribution duquel pourraient venir prendre part les créanciers qui, n'ayant pas produit en temps utile à l'ordre primitif, n'avaient pas obtenu de bordereaux de collocation. Mais on oublie que les créanciers porteurs de bordereaux peuvent contraindre l'acheteur de les payer sur tous ses biens; ce dernier n'a donc pas d'intérêt à faciliter et rendre nécessaire un nouvel ordre par une revente de l'immeuble, puisqu'il reste toujours débiteur des sommes que les porteurs de bordereaux n'auraient pas touchées dans ce nouvel ordre : aussi, si cela arrive, c'est par des circonstances étrangères à la volonté de l'acheteur qui doit subir l'expropriation par suite de son insolvabilité. Nous croyons ainsi avoir réfuté les différentes objections élevées contre notre opinion. Il faut s'en tenir au principe que nous avons posé au commencement de notre discussion, que la purge n'est pas faite si la condition du payement du prix par l'acquéreur n'est pas remplie. Donc, toutes les hypothèques subsistent sur l'immeuble, et la radiation prononcée contre les créanciers non utilement colloqués ou forclos dans un premier ordre, en vue du payement des bordereaux, ne peut leur être opposée dans un autre ordre dès que l'inscription n'est pas périmée faute de renouvellement décennal. Aussi ces créanciers peuvent-ils se faire colloquer, malgré cette déchéance, dans le second ordre, au rang que leur assigne leur inscription.

722. Ceci nous conduit à examiner une question dont la solution présente une certaine difficulté. Il n'est pas douteux que les porteurs de bordereaux obtenus dans une distribution de prix d'adjudication en justice ne puissent exercer la folle enchère, faute, par l'adjudicataire, de payer son prix aux créanciers colloqués. Mais supposons que ces créanciers ayant tardé de recourir à la mesure de la revente sur folle enchère, une

---

(1) Voy., en ce sens, la note placée par M. Paul Pont sous le n° 390 (supra, p. 337), et l'arrêt du 17 mai 1859, cité dans cette note.

saisie immobilière de l'immeuble adjugé ait été pratiquée par un créancier personnel de l'adjudicataire, et que la propriété ait été transmise à un tiers à la suite de cette expropriation : l'action à fin de revente sur folle enchère peut-elle encore être exercée contre ce nouvel adjudicataire? Selon M. Chauveau (1), le nouvel adjudicataire pourrait invoquer l'art. 717 du Code de procédure pour repousser l'exercice de l'action résolutoire au moyen de la folle enchère. Le créancier porteur d'un bordereau qui laisse adjuger l'immeuble sur la tête de l'adjudicataire par voie de saisie, sans exercer la folle enchère, encourt la déchéance prononcée par l'art. 717. Quand, au contraire, la revente n'a pas lieu sur expropriation forcée, l'art. 717 n'étant pas applicable, l'action résolutoire résultant de folle enchère peut être exercée. Telle est l'opinion de M. Chauveau; mais nous pensons que le cas qui nous occupe n'est pas régi par les dispositions de l'art. 717 du Code de procédure, car cet article se rapporte uniquement à la règle posée dans l'art. 1654 du Code Napoléon, à laquelle il fait exception. Le vendeur non payé ne peut intenter l'action résolutoire pour rentrer dans la propriété de l'immeuble adjugé après saisie immobilière, tandis que l'art. 738 du Code de procédure a pour but de donner aux créanciers porteurs de bordereaux un moyen d'exécution rigoureux contre l'adjudicataire qui ne les paye pas. C'est une expropriation rapide, sûre et peu coûteuse, que leur procure la poursuite de la folle enchère pour obtenir payement; mais ce n'est pas l'action résolutoire dont parle l'art. 1654 du Code Napoléon, et qui se perd dans le cas prévu par l'art. 717 du Code de procédure. Si, grâce à cet art. 717, l'adjudicataire qui achète, sous la foi de la justice, est protégé contre le vendeur non payé qui, après avoir été averti, laisse adjuger son immeuble, les créanciers dont les droits ont été examinés et reconnus en justice, sur un immeuble vendu judiciairement, trouvent dans l'art. 733, pour se faire payer, un moyen énergique qui ne peut leur être enlevé. Aussi, faute de payement, ils peuvent exercer contre l'adjudicataire ou tout détenteur de l'immeuble la poursuite de la folle enchère, nonobstant toute vente volontaire ou forcée qui en aurait transmis la propriété à des tiers (2).

Toutefois, si les créanciers porteurs de bordereaux avaient concouru eux-mêmes à l'adjudication sur saisie immobilière, ou avaient été mis en demeure, sans exercer la folle enchère, on pourrait alors y voir une renonciation à cette poursuite. Dans ce cas, il faudrait procéder à un nouvel ordre sur le prix de l'adjudication après saisie immobilière, et tout ce que nous avons dit dans le cas où le premier ordre était ouvert à la suite d'une vente volontaire est applicable.

723. Si l'acheteur a revendu l'immeuble, sans être exproprié, avant d'avoir payé les bordereaux de collocation délivrés contre lui, il y a lieu de procéder à un nouvel ordre sur le prix, si les créanciers l'acceptent

---

(1) Édit. nouv., quest. 2608 *quater*.
(2) Toulouse, 18 juin 1830 (Sir., 30, 2, 364; Dall., 31, 2, 28); Colmar, 22 août 1853.

après notifications faites par le sous-acquéreur. En effet, il y a même raison de le décider ainsi que pour le cas de revente par expropriation forcée. Dans les deux hypothèses, à la différence de celle d'une revente sur folle enchère, les bordereaux délivrés contre l'acheteur primitif ne peuvent être déclarés exécutoires contre le sous-acquéreur. Ce dernier doit faire la purge non-seulement vis-à-vis des créanciers inscrits du chef du premier acquéreur, mais aussi à l'égard des créanciers du vendeur primitif, et il faut procéder à un nouvel ordre, dans lequel tous ces différents créanciers sont sommés de produire. Aussi pensons-nous, par les motifs que nous avons déjà développés, que les créanciers forclos dans l'ordre qui a été ouvert après la première aliénation pourront se faire colloquer dans le dernier ordre (1).

ART. 838.

Texte ancien.

Le surenchérisseur, même au cas de subrogation à la poursuite, sera déclaré adjudicataire si, au jour fixé pour l'adjudication, il ne se présente pas d'autre enchérisseur (C. proc., art. 706). — Sont applicables au cas de surenchère les art. 701, 702, 705, 706, 707, 711, 712, 713, 717, 731, 732, 733, du présent Code, ainsi que les art. 734 et suivants, relatifs à la folle enchère. — Les formalités prescrites par les art. 705 et 706, 832, 836 et 837, seront observées, à peine de nullité. — Les nullités devront être proposées, à peine de déchéance, savoir : celles qui concerneront la déclaration de surenchère et l'assignation, avant le jugement qui doit statuer sur la réception de la caution; celles qui seront relatives aux formalités de la mise en vente, trois jours au moins avant l'adjudication; il sera statué sur les premières par le jugement de réception de la caution, et sur les autres avant l'adjudication, et, autant que possible, par le jugement même de cette adjudication (C. proc., art. 728, 729). — Aucun jugement ou arrêt par défaut en matière de surenchère sur aliénation volontaire ne sera susceptible d'opposition (C. proc., art. 149, 731, 737, 973). — Les jugements qui statueront sur les nullités antérieures à la réception de la caution, ou sur la réception même de cette caution, et ceux qui prononceront sur la demande en subrogation intentée pour collusion ou fraude, seront seuls susceptibles d'être attaqués par la voie de l'appel (C. proc., art. 456, 463, 519, 521, 722, 833). — L'adjudication par suite de surenchère sur aliénation volontaire ne pourra être frappée d'aucune autre surenchère (C. proc., art. 710, 965). — Les effets de l'adjudication à la suite de surenchère sur aliénation volontaire seront réglés, à l'égard du vendeur et de l'adjudicataire, par les dispositions de l'art. 717 ci-dessus (Loi du 2 juin 1841).

Loi actuelle (2).

Le surenchérisseur, même au cas de subrogation à la poursuite, sera déclaré adjudicataire si, au jour fixé pour l'adjudication, il ne se présente pas d'autre enchérisseur.

Sont applicables au cas de surenchère les art. 701, 702, 205, 706, 707, 711, 712, 713, 717, 731, 732 et 733 du présent Code, ainsi que les art. 734 et suivants, relatifs à la folle enchère.

---

(1) *Voy.*, dans ce sens, un arrêt de rejet du 17 mai 1859 (Sir., 59, 1, 209), et la note déjà citée de M. Paul Pont.

(2) Il n'y avait pas de disposition correspondante dans le projet du gouvernement.

Les formalités prescrites par les art. 705 et 706, 832, 836 et 837, seront observées, à peine de nullité.

Les nullités devront être proposées, à peine de déchéance, savoir : celles qui concerneront la déclaration de surenchère et l'assignation, avant le jugement qui doit statuer sur la réception de la caution, celles qui seront relatives aux formalités de la mise en vente, trois jours au moins avant l'adjudication; il sera statué sur les premières par le jugement de réception de la caution, et sur les autres avant l'adjudication, et, autant que possible, par le jugement même de cette adjudication.

Aucun jugement ou arrêt par défaut en matière de surenchère sur aliénation volontaire ne sera susceptible d'opposition.

Les jugements qui statueront sur les nullités antérieures à la réception de la caution, ou sur la réception même de cette caution, et ceux qui prononceront sur la demande en subrogation intentée pour collusion ou fraude, seront seuls susceptibles d'être attaqués par la voie de l'appel.

L'adjudication par suite de surenchère sur aliénation volontaire ne pourra être frappée d'aucune autre surenchère.

Les effets de l'adjudication à la suite de surenchère sur aliénation volontaire seront réglés, à l'égard du vendeur et de l'adjudicataire, par les dispositions de l'art. 717 ci-dessus; *néanmoins, après le jugement d'adjudication par suite de surenchère, la purge des hypothèques légales, si elle n'a pas eu lieu, se fait comme au cas d'aliénation volontaire, et les droits des créanciers à hypothèques légales sont régis par le dernier alinéa de l'art. 772.*

SOMMAIRE.

724. Cet article de la loi du 21 mai 1858 est la reproduction textuelle de l'art. 838 du Code de procédure. La seule modification que

ce dernier ait reçue se trouve à la fin, en ce que la nouvelle loi ajoute, après le renvoi à l'art. 717, pour régler les effets de l'adjudication à la suite de surenchère sur aliénation volontaire, ces mots : « Néanmoins, après le jugement d'adjudication par suite de surenchère, la purge des hypothèques légales, si elle n'a pas eu lieu, se fait comme au cas d'aliénation volontaire, et les droits des créanciers à hypothèques légales sont régis par le dernier alinéa de l'art. 772. »

C'est à cause de cette disposition que cet article a été introduit dans la loi du 21 mai. Nous l'avons déjà expliquée, en même temps que les art. 717 et 772, auxquels elle se rattache intimement, adoptant sur ce point la marche suivie dans le rapport de la commission du Corps législatif. Il suffit de renvoyer aux numéros qui contiennent les explications de notre art. 838, en tant qu'il est lié à la loi du 21 mai 1858. (*Suprà*, nᵒˢ 83 et suiv., et 554 et suiv.)

725. Il résulte de notre art. 838 que les adjudications sur surenchère du dixième sur aliénations volontaires sont assimilées aux adjudications sur expropriation forcée en ce qui concerne l'action en résolution pour défaut de payement du prix dû aux précédents vendeurs de l'immeuble adjugé. Les effets de ces adjudications, dit cet article, sont réglés, à l'égard du vendeur et de l'adjudicataire, par les dispositions de l'art. 717. Quant à la purge des hypothèques légales non inscrites, elle est faite, dans cette matière, d'après les règles relatives aux ventes volontaires.

726. C'est ici le lieu de dire quelques mots sur la purge de l'action résolutoire des anciens vendeurs, et des hypothèques à la suite des autres adjudications :

727. 1° *Adjudications sur délaissement.* — Quoique le délaissement soit fait par le tiers détenteur, en faveur des créanciers inscrits, pour éviter l'expropriation sur lui-même, il est certain, aux termes de l'art. 2174 du Code Napoléon, que la vente de l'immeuble délaissé est poursuivie dans les formes prescrites pour les expropriations. Seulement, la procédure est dirigée contre le curateur que le tribunal nomme à l'immeuble délaissé, et non contre le tiers détenteur. Il faut donc suivre les mêmes formalités que dans la saisie immobilière, et les créanciers inscrits et les créanciers à hypothèques légales devraient être prévenus au moyen des sommations prescrites dans l'art. 692, et ces derniers en outre spécialement avertis, d'après l'art. 696, par des insertions dans un journal, qu'ils auraient à prendre inscription avant la transcription du jugement d'adjudication. Après l'accomplissement de ces formalités, l'adjudication sur délaissement produit tous les effets que l'art. 717 attribue aux adjudications sur expropriation.

728. 2° *Adjudications de biens appartenant soit à une succession indivise, bénéficiaire ou vacante, soit à des mineurs ou des interdits, soit à une femme dotale.* — Toutes ces adjudications, bien qu'elles se passent en justice, restent toujours des aliénations volontaires : aussi ne sont-elles pas régies par l'art. 717, et n'entraînent-elles pas la purge des actions en résolution des anciens vendeurs non payés sur les biens

adjugés, ni celle des hypothèques inscrites ou des hypothèques légales dispensées de la formalité de l'inscription.

729. 3° *Adjudications sur conversion de saisie.* — Pour examiner leurs effets sur la purge des actions résolutoires des vendeurs et des hypothèques, il faut faire une distinction, suivant que la conversion a eu lieu avant les sommations prescrites par l'art. 692 et les insertions exigées en vertu de l'art. 696, ou après l'accomplissement de ces formalités.

730. Dans le premier cas, si la conversion de la saisie immobilière en vente sur publications volontaires est demandée avant les sommations dont parle l'art. 692, il n'est pas nécessaire d'obtenir, à cet effet, le consentement des créanciers inscrits qui ne sont pas encore parties dans la poursuite en expropriation forcée. Aussi l'acquisition qui se fait à la suite de cette conversion ne produit que les effets d'une vente volontaire, par rapport à l'action résolutoire des anciens vendeurs et à la purge des hypothèques inscrites ou légales dispensées d'inscription.

731. Dans le second cas, si la conversion a lieu après l'accomplissement des formalités indiquées dans les art. 692 et 696, elle ne peut avoir lieu qu'avec le consentement des créanciers hypothécaires sommés. Après leur mise en demeure, tous ces créanciers sont liés à la poursuite de saisie immobilière; ils peuvent surveiller la vente de leur gage, et faire porter le prix de l'immeuble, par des enchères, à sa véritable valeur.

Il faut en tirer cette conséquence, que l'adjudication qui se réalise dans ces circonstances purge cet immeuble du droit de suite, sauf le droit de préférence des créanciers sur le prix. En effet, toutes les formalités des art. 692 et 696 pour opérer cette purge, à l'égard des créanciers, ayant été remplies exactement, comme dans la saisie immobilière non convertie, il y a même raison de décider que l'adjudication sur conversion purge toutes les hypothèques, et que les créanciers n'ont plus d'action que sur le prix, comme l'art. 717 le proclame pour l'adjudication sur expropriation forcée.

Faut-il en dire autant des actions résolutoires des précédents vendeurs non payés? Nous ne le pensons pas. En effet, si l'action en résolution des anciens vendeurs se perd par l'adjudication sur saisie immobilière, c'est qu'en ce cas les adjudicataires ne possèdent pas un moyen certain de remonter à l'origine de la propriété du saisi, et de s'assurer ainsi si les anciens vendeurs ont été payés. Mais cette impossibilité n'existe plus dès qu'après la conversion l'adjudicataire, avant d'acheter, peut obtenir tous les renseignements pour s'éclairer sur le point de savoir si les précédents vendeurs sont encore créanciers d'une partie du prix.

Mais, dira-t-on, si le vendeur s'est inscrit antérieurement (1) aux sommations, dans ce cas, son consentement est nécessaire pour obtenir la conversion. Or, en s'associant à la conversion, il a implicitement donné, en tant que de besoin, son consentement à la vente.

_____

(1) *Voy.*, en ce sens, MM. Émile Ollivier et Mourlon, n° 252.

Nous ne nions pas que le créancier qui consent à la conversion ne s'oppose pas à la vente de l'immeuble et y consente tacitement. Mais peut-on en conclure qu'il ait renoncé pour cela à son droit de résolution, s'il n'est pas payé? Évidemment non; il a consenti à la vente, mais à la condition d'être payé. Et si cette condition n'est pas remplie par l'acheteur, il use du droit que lui confère l'art. 1654 du Code Napoléon; car le motif qui a fait créer l'exception inscrite dans l'art 717 pour le cas d'adjudication après expropriation forcée n'existant plus, on ne peut étendre cette exception à une autre hypothèse qui n'est pas prévue par la loi, et dans laquelle l'exception ne serait pas justifiée par les mêmes raisons. Aussi, quand il s'agit d'une adjudication sur conversion, la règle posée dans l'art. 1654 doit reprendre son empire, et l'action résolutoire du vendeur non payé subsiste.

ART. 4 (1).

Loi actuelle.

Dispositions transitoires.

Les ordres ouverts avant la promulgation de la présente loi seront régis par les dispositions des lois antérieures.

L'art. 692, tel qu'il est modifié par la présente loi, sera appliqué aux poursuites de saisie immobilière commencées lors de sa promulgation, dans lesquelles l'art. 692 de la loi précédente n'aura pas encore été mis à exécution.

SOMMAIRE.

(1) Cet article contient des dispositions transitoires qui sont dues à l'initiative de la commission du Corps législatif. Par conséquent, on ne le trouve ni dans l'ancien texte du Code de procédure, cela va sans dire, ni dans le projet du gouvernement.

732. Le dernier article de la loi du 21 mai 1858 contient des dispositions transitoires. Dans le premier paragraphe, il détermine comment la nouvelle loi doit s'appliquer aux procédures d'ordres déjà ouverts, et, dans le second, il règle l'application de l'art. 692 nouveau aux saisies immobilières commencées.

En principe, les lois qui ne s'occupent que de la forme à suivre régissent toutes les procédures pendantes au moment où la loi est rendue exécutoire ; mais comme la loi sur les ordres, suivant l'expression du rapporteur de la loi au Corps législatif, prononce des déchéances auxquelles pouvaient ne pas s'attendre ceux qui ont commencé l'ordre sur la foi des tolérances de la loi ancienne, on a admis que les formes de la nouvelle loi ne devaient pas être appliquées aux ordres ouverts sous la loi précédente (*suprà*, p. 71, n° 196). Notre article dit donc que « Les ordres ouverts avant la promulgation de la présente loi seront régis par les dispositions des lois antérieures. »

Nous allons suivre dans nos explications la division adoptée par la loi, et les faire porter d'abord sur ce qui concerne les ordres, et ensuite sur ce qui est relatif aux saisies immobilières.

§ 1er. — *Des ordres ouverts avant la promulgation de la loi du 21 mai 1858.*

733. Un ordre est ouvert, d'après le Code de procédure, dès que le poursuivant a requis la nomination d'un juge-commissaire. C'est ce que la Cour de cassation a jugé le 4 juillet 1838 (1), par la raison que c'est le premier acte de la procédure d'ordre, celui qui en constitue ainsi l'ouverture. Mais il faut de plus, pour qu'un ordre soit régi par les lois antérieures, qu'il ait été ouvert avant la promulgation de la présente loi.

734. Cette loi date du 21 mai 1858, jour où elle a été approuvée par le chef de l'État ; mais elle n'a été promulguée que le 29 mai 1858. C'est à cette date que la promulgation est réputée accomplie, par suite de la réception du Bulletin, au ministère de la justice.

Toutefois la promulgation, qui rend la loi exécutoire *in abstracto*, n'est obligatoire que quand elle est censée connue par la publication

_____

(1) Sirey, 38, 1, 724.

de la loi. Or celle-ci n'a lieu, aux termes de l'art. 1ᵉʳ du Code Napoléon, pour le département de la résidence impériale, qu'un jour après celui de la promulgation, c'est-à-dire, dans l'espèce, le 30 mai, et, pour chacun des autres départements, après l'expiration du même délai, plus un jour pour chaque distance de dix myriamètres entre le lieu où la promulgation s'est faite et le chef-lieu de chaque département. Quoique notre article ne parle que de la promulgation, c'est seulement par la publication que la loi devient obligatoire et susceptible d'être exécutée, parce qu'on ne peut imposer à une personne l'obligation d'obéir à une loi qu'elle ne connaît pas ou n'est pas légalement réputée connaître. Dès qu'un ordre est ouvert avant que la promulgation de la nouvelle loi soit connue dans le chef-lieu du département auquel appartient le tribunal saisi de l'ordre, cet ordre est régi par les lois antérieures, parce que la loi nouvelle n'était pas encore obligatoire quand l'ordre a été ouvert.

735. Dans la partie du rapport de la commission du Corps législatif relative à notre article, nous trouvons une question fort délicate, ayant trait aux dispositions que le rapporteur qualifie d'*interprétatives* de l'ancienne loi, « telles que celle sur la voie de recours contre l'ordonnance de clôture, sur la faculté d'appel contre le jugement après contredits; telles que l'art. 779. » (*Suprà*, p. 71, n° 197.) La commission avait demandé que ces dispositions s'appliquassent aux ordres antérieurement ouverts, et que cela fût exprimé dans le texte; mais le conseil d'État n'a pas agréé cette proposition. Le rapporteur de la commission pense que le *conseil d'État a regardé sans doute cette explication comme superflue*. — Quant à nous, nous approuvons la sage réserve du conseil d'État, qui n'a pas voulu trancher cette difficulté si épineuse de déclarer telle ou telle disposition de la nouvelle loi purement interprétative (1).

---

(1) Bien des auteurs n'admettent plus qu'il existe en France l'interprétation législative. Lors de la discussion sur la loi du 1ᵉʳ avril 1837, d'après laquelle la Cour ou le tribunal auxquels l'affaire est renvoyée après une seconde cassation doit se conformer à la décision de la Cour suprême sur le point de droit jugé dans son arrêt, sans qu'il y ait lieu de référer au pouvoir législatif sur l'interprétation de la loi, le garde des sceaux d'alors déclara que la puissance législative conserverait le droit de faire des lois, qu'il appelle à tort *interprétatives, pour l'avenir seulement,* et les raisons qu'il en donnait étaient tirées de la forme même de la puissance législative. « L'homme de la révolution de juillet, disait-il, serait obligé de se faire, par la pensée du moins, l'homme de la restauration, de l'empire, du directoire, de la convention, suivant la date de la loi à interpréter. Cela se comprend dans un juge, de qui l'on exige des études spéciales et dont la mission est de méditer la loi, de la déclarer; cela serait impossible pour de grandes assemblées, pour un pouvoir législatif multiple. Pour faire une loi nouvelle, il suffit de connaître les besoins et les exigences de son temps; pour prendre part à une loi d'interprétation, il faudrait des connaissances historiques et judiciaires, des habitudes de jurisprudence que la majorité des corps délibérants ne peuvent posséder. »

Tel est aussi le sentiment de MM. Duranton, t. Iᵉʳ, p. 37; Marcadé, t. Iᵉʳ, p. 103, et celui de M. Foucart, qui, après avoir démontré la difficulté, pour notre pouvoir législatif tel qu'il est organisé, de faire des lois purement interprétatives, pense que le gouvernement serait libre de faire une proposition aux Chambres, afin de statuer sur la difficulté; mais que la loi qui interviendrait alors serait introductive d'un droit nou-

736. Il ne faudrait pas regarder une loi comme interprétative par cela seul qu'elle ferait cesser une controverse ou l'obscurité qui existait sous l'ancienne loi ; la loi interprétative ne doit faire qu'une seule et même loi avec la loi interprétée, qu'elle reproduit en termes plus clairs, plus intelligibles. En un mot, l'ancienne loi subsiste, mais mieux expliquée ; par conséquent, la disposition interprétative, s'incorporant avec la disposition interprétée, doit s'appliquer aux faits passés, sans qu'il y ait en cela aucune rétroactivité.

737. Après avoir expliqué ce qu'il faut entendre par disposition interprétative, examinons les exemples cités comme tels dans le rapport de la commission du Corps législatif. (Voy. *loc. cit.*) *La voie de recours contre l'ordonnance de clôture* y est signalée comme une disposition interprétative. Nous ne pouvons pas admettre cette qualification. En effet, pour qu'il y ait interprétation législative, il faut d'abord qu'il y ait une loi dont les termes soient obscurs ; la loi interprétative fixe le sens de l'ancienne loi, et rend l'interprétation qu'elle contient obligatoire. Or, la loi ancienne est muette sur le recours par voie d'opposition contre le règlement définitif. Il est vrai que la jurisprudence, après avoir admis l'appel, s'est décidée en faveur de l'opposition. La loi nouvelle a consacré le dernier état de la jurisprudence. Mais rien n'était réglé auparavant, ni la procédure à suivre, ni les délais à observer pour former ce recours. L'art. 767 a donc introduit de nouvelles dispositions que l'on ne connaissait pas sous l'empire du Code de procédure. Il est évident que ce n'est pas là une interprétation de la loi ancienne, mais une loi nouvelle qu'on ne peut appliquer à des ordres ouverts antérieurement à la publication de la loi de 1858.

Quant à la fixation du taux pour la recevabilité de l'appel, contenue dans le nouvel art. 762, comme le chiffre n'en est nullement changé dans la nouvelle loi, celle-ci n'a fait que mettre fin à la controverse qui divisait la jurisprudence sur le point de savoir si c'était d'après la somme en distribution ou le montant des créances des contestants, ou seulement la somme contestée, que devait se déterminer le taux du premier ou du dernier ressort. On peut en dire autant de l'art. 779, qui ne contient pas une disposition nouvelle, mais fait seulement cesser le doute existant sur le point de savoir si la revente sur folle enchère doit remettre en question un ordre établi. Par conséquent, sur ces deux difficultés, on peut regarder les dispositions nouvelles comme interprétatives de la loi ancienne.

738. Les art. 777 et 778, relatifs à la consignation, doivent-ils être suivis dans les ordres ouverts avant la promulgation de la loi nouvelle ? Nous nous prononçons, dans ce cas, contre l'application desdits articles, parce que cette procédure fait partie, dans la nouvelle loi, de la

---

veau, et n'aurait d'effet que pour l'avenir (t. Ier, p. 91). M. Demolombe admet qu'il y a encore en France une interprétation législative, et cite avec raison la loi interprétative du 21 juin 1843, qui déclare que les actes *passés* depuis la promulgation de la loi du 25 ventôse an 11 ne peuvent être annulés pour défaut de présence du notaire en second ou des deux témoins.

poursuite d'ordre, et que les ordres ouverts avant sa promulgation sont régis par les lois antérieures. En effet, la nouvelle procédure tracée pour la consignation suppose la déchéance des créanciers non produisants dans les délais fixés par l'art. 754 de la nouvelle loi (*voy.* art. 777, § 3), tandis que, sous le Code de procédure, on pouvait produire jusqu'à la clôture de l'ordre. De là venait, sous le Code de procédure, la nécessité d'avertir tous les créanciers inscrits de la consignation effectuée, parce que tous avaient intérêt à la connaître; au contraire, depuis la loi nouvelle, grâce à la déchéance prononcée contre les créanciers non produisants dans les quarante jours à dater de la sommation à eux faite, la procédure en validité intéresse seulement les créanciers qui ont produit dans le délai déterminé par l'art. 754. Les art. 777 et 778 ne sont donc applicables aux consignations qu'autant qu'il s'agit d'ordres ouverts depuis la promulgation de la nouvelle loi et que la demande en validité n'a été intentée que depuis cette époque. Quant au fait de la consignation à la Caisse, elle a pu avoir lieu antérieurement, car la procédure n'est liée vis-à-vis des créanciers que par la demande en validité.

§ 2. — *Disposition transitoire relative aux articles modificatifs de la saisie immobilière.*

739. La loi du 21 mai 1858 renferme aussi plusieurs articles modificatifs de la loi de 1841 sur la Saisie immobilière. Le second paragraphe de l'art. 4 détermine comment les nouveaux articles concernant la saisie immobilière doivent être appliqués aux poursuites sur expropriation forcée commencées avant la promulgation de la loi du 21 mai 1858. D'après l'art. 9 de la loi de 1841, les saisies immobilières commencées avant sa promulgation étaient régies par les anciennes dispositions du Code de procédure, et elles étaient réputées commencées si le procès-verbal de saisie était transcrit. Mais les modifications introduites par la loi de 1858 dans celle de 1841 sont applicables même aux saisies immobilières dont le procès-verbal est transcrit, dès que celles-ci ne sont pas encore parvenues au moment des sommations prescrites par l'ancien art. 692. Il ne résulte, du reste, aucune difficulté de cette application du nouvel art. 692 pour la procédure antérieure, puisqu'elle reste tout à fait la même.

740. Le texte de l'art. 4 garde le silence en ce qui concerne l'art. 696, relatif à l'insertion à faire dans les journaux. Faudrait-il appliquer ce nouvel art. 696 si, étant parvenu, sous l'ancienne loi, à la formalité prescrite par l'art. 692, on ne l'était pas encore à celle de l'art. 696 au moment de la promulgation de la loi de 1858? Malgré l'opinion contraire exprimée dans le rapport de M. Riché (*suprà,* p. 71, n° 198), nous ne pensons pas qu'il faille appliquer le nouvel art. 696, car cet article est lié étroitement à l'art. 692; et si l'un n'a pu être observé, l'autre ne doit pas l'être davantage : tous les deux ont pour but d'associer la purge légale à la saisie immobilière; mais sans les sommations prescrites par le nouvel art. 692, ce but ne peut être atteint. C'est donc

avec raison que, conformément au texte, l'application du nouvel art. 696 est subordonnée à celle de l'art. 692, qu'il ne fait que compléter pour opérer la purge des hypothèques légales.

741. Il nous reste à examiner une question transitoire sur laquelle l'art. 4 est muet; elle est relative au droit de préférence inscrit dans le nouvel art. 717. A cet effet, nous distinguerons différents cas.

742. 1° Les formalités de la purge ont été remplies, quel que soit le mode d'aliénation, avant la promulgation de la loi nouvelle. Dans cette hypothèse, pour ceux qui adoptent la jurisprudence de la Cour de cassation, que la purge éteint complétement l'hypothèque sans distinguer entre le droit de suite et le droit de préférence, la solution est bien simple. Les formalités de la purge étant remplies avant que la loi nouvelle soit devenue exécutoire, il en résulte qu'il ne peut plus être question de la survivance du droit de préférence. L'hypothèque, dans cette opinion, est entièrement éteinte; à quelque époque que l'ordre s'ouvre pour la distribution du prix, fût-ce même après la promulgation de la loi nouvelle, on ne pourrait faire valoir un droit de préférence qui a cessé d'exister en même temps que l'hypothèque : *quod nullum est, nullum potest producere effectum.*

Lorsqu'on admet, au contraire, l'opinion que la purge n'est faite que dans l'intérêt de l'acquéreur, et que le droit de préférence survit, il faut faire une distinction : si l'ordre est ouvert à la suite de la purge, avant la promulgation de la loi du 21 mai, il est régi par les lois antérieures, et, par conséquent, il faut admettre que le droit de préférence peut se manifester tant que les choses sont entières. Tout est resté sous l'empire de la législation antérieure, et le droit de préférence n'est pas soumis aux restrictions introduites dans la nouvelle loi pour se produire dans l'ordre. Ce droit subsistait au moment de l'ouverture d'un ordre régi par les lois antérieures; il faut donc appliquer à la manière de le faire valoir dans cet ordre les règles anciennes. D'ailleurs cela est de toute évidence, puisque, aux termes de l'art. 717, le droit de préférence est soumis aux formalités et aux délais qui exigent nécessairement l'application des art. 754, 753 et 752 de la loi de 1858, ce qui ne peut se faire pour les ordres déjà ouverts avant la promulgation de cette loi.

Mais si l'ordre est régi par la procédure tracée dans la loi de 1858, nous pensons que, dans ce cas, le créancier à hypothèque légale devrait faire valoir le droit de préférence, d'après la disposition contenue dans l'art. 717, dernier alinéa, quand il s'agit d'adjudication sur saisie immobilière, et dans l'art. 772 pour le cas d'une vente volontaire. En vain dira-t-on que le droit de préférence constitue un droit acquis pour le créancier à hypothèque légale, qu'une loi nouvelle ne peut modifier les conditions de validité des hypothèques et ne peut être appliquée à une hypothèque antérieurement établie; car il ne s'agit pas du droit lui-même, mais du mode de le faire valoir. Le législateur peut soumettre l'exercice et la conservation des droits antérieurement acquis à des diligences et à des formalités introduites par la loi nouvelle, telles que la production à l'ordre dans un certain délai. C'est ainsi que la loi du 11 brumaire an 7 (1) a prescrit aux créanciers de prendre inscription dans un laps de temps qu'elle a fixé. Ce n'est pas là porter atteinte à un droit acquis, mais régler seulement le mode d'exécution de ce droit, la manière de procéder pour le faire valoir.

743. Avant d'aller plus loin, il faut nous fixer aussi sur le point de savoir si l'adjudication sur saisie immobilière, sous l'empire du Code de procédure, purgeait aussi les hypothèques légales. La jurisprudence de la Cour de cassation, après avoir hésité pendant quelque temps, a décidé, par un arrêt solennel du 22 juin 1833, que les créanciers à hypothèques légales n'étant pas appelés à l'adjudication, la purge légale de leurs hypothèques était nécessaire. Cette jurisprudence est maintenant constante, malgré les attaques dont elle a été l'objet, et la loi nouvelle en a tenu compte, puisqu'elle a imposé l'obligation d'avertir aussi bien les créanciers à hypothèques légales que les créanciers inscrits, pour opérer la purge de ces hypothèques.

Si l'on adopte sur ce point l'avis de la Cour de cassation, il faut, pour appliquer au droit de préférence après adjudication sur saisie immobilière les règles qui précèdent, supposer que la purge légale a été faite à part, avant que la loi du 21 mai 1858 soit devenue exécutoire; sans cela, la purge légale se faisant depuis la publication de cette loi, le droit de préférence serait régi par elle.

Dans l'opinion que les seules formalités de la saisie immobilière sont suffisantes pour purger les hypothèques légales, il n'est pas nécessaire évidemment de procéder à la purge de nouveau, puisqu'elle a déjà eu lieu.

744. 2° Les formalités de la purge des hypothèques légales ont été remplies depuis la promulgation de la loi nouvelle.

Dans ce cas, le droit de préférence est conservé, conformément au dernier alinéa de l'art. 717, s'il s'agit d'une adjudication sur expropriation forcée; et si la vente a été volontaire, ce droit est soumis à l'art. 772.

745. Notre proposition ne peut faire de doute si l'aliénation volontaire ou forcée a eu lieu elle-même sous l'empire de la loi nouvelle. En effet, la purge étant une suite de la transmission de la propriété, pour l'affranchir des hypothèques qui la grèvent, ni l'acquéreur, ni les créanciers hypothécaires, ne peuvent se plaindre des effets de la purge résultant de la loi sous l'empire de laquelle l'aliénation de l'immeuble a eu lieu.

746. Mais si l'aliénation avait précédé la promulgation de la loi nouvelle, et que la purge fût postérieure, l'acquéreur ou les créanciers hypothécaires pourraient-ils soutenir que la purge ayant pour but d'affranchir l'immeuble que la vente a fait passer entre les mains de l'acquéreur, les effets en doivent être réglés par la loi sous laquelle l'immeuble a été acquis par ce dernier? Nous ne le pensons pas. En ce qui concerne l'acquéreur, il n'a aucun intérêt à se préoccuper du droit de

---

(1) Il faut en dire autant de la loi du 23 mars 1855 sur la Transcription.

préférence ; car l'immeuble est toujours affranchi après la purge, par rapport à lui, en payant le prix ou en le consignant, et l'existence du droit de préférence n'importe qu'aux créanciers hypothécaires. Ces derniers ne peuvent prétendre qu'ils avaient en leur faveur un droit acquis, parce que la purge aurait eu pour effet, au moment où la vente de l'immeuble a été faite, d'éteindre complétement l'hypothèque, aussi bien le droit de suite que le droit de préférence ; car l'hypothèque légale subsistait au moment de la vente aussi bien que les autres hypothèques, et c'est à la loi existant au moment où les formalités de la purge sont remplies d'en déterminer les effets. Il ne peut donc y avoir, sous ce rapport, de droit acquis avant que la purge soit opérée.

747. De là il faut aussi conclure que, lors même que les formalités de la purge auraient été commencées avant que la loi nouvelle fût devenue exécutoire, si la purge n'a été terminée que sous l'empire de cette loi, le droit de préférence est régi par elle, car les effets de la purge sont déterminés par la loi existant au moment où elle est accomplie. Il nous paraît impossible de soutenir que les créanciers hypothécaires ont traité avec leur débiteur, en considération de tel ou tel effet que produirait la purge, et, partant, il n'y a pas à cet égard de droit acquis en leur faveur.

748. Une question transitoire peut se présenter relativement à la nomination des juges spéciaux aux ordres. Le juge spécial aux ordres, nommé par le gouvernement à cet effet, en vertu de la loi nouvelle, est-il saisi de plein droit de tous les ordres ouverts ?

On pourrait dire pour la négative que du moins, pour les ordres ouverts avant la promulgation de la loi, ils doivent être régis, aux termes de l'art. 4, par les lois antérieures, d'après lesquelles les juges étaient commis pour chaque ordre, et que ce serait contraire à la loi antérieure de les leur enlever pour les attribuer au juge spécial. Mais il faut dire que la nomination d'un juge spécial par le gouvernement est une mesure administrative qui n'est pas régie par le droit privé ; elle est faite dans l'intérêt général, par le besoin de concentrer le service des ordres entre les mains d'un magistrat choisi spécialement, à cet effet, par l'empereur, à l'instar des fonctions du juge d'instruction pour la partie criminelle. Il ne s'agit pas là d'une formalité de procédure, mais d'un acte de la puissance publique qui a confié le service des ordres à un magistrat de son choix, sous la responsabilité de ce dernier. Cependant, si le nombre des ordres ouverts était trop grand, le président du tribunal pourrait désigner, pour cause d'empêchement du juge spécial, certains juges parmi ceux qu'il avait déjà commis pour la continuation des ordres qui leur étaient confiés (1).

_____

(1) *Voy.*, à cet égard et sur quelques points analogues, la note de M. Paul Pont sous le n° 114 (*suprà*, p. 221).

FIN.

TABLE

DES TITRES, CHAPITRES ET SECTIONS

CONTENUS DANS L'OUVRAGE.

PREMIÈRE PARTIE.

RAPPORTS, EXPOSÉ DES MOTIFS, DISCUSSION ET TEXTE DE LA LOI.

DEUXIÈME PARTIE.

COMMENTAIRE DE LA LOI.

TABLE

DES QUESTIONS TRAITÉES SOUS CHACUN DES ARTICLES
DU COMMENTAIRE.

o——————o

(Les chiffres renvoient au numéro du commentaire.)

ART. 692.

23 mars 1855, de la déchéance du droit à intenter l'action en résolution de la vente consommée par adjudication, 21. — L'impossibilité de découvrir les créanciers vendeurs dispense le saisissant de lui faire la sommation, et, dans ce cas, ils sont déchus de l'action résolutoire par le seul fait de l'adjudication, 22. — La loi du 23 mars 1855 remédiera à cet inconvénient, 23. — Le vendeur doit être sommé au domicile réel, lorsqu'il n'y a pas de domicile élu. Inconvénients qui en peuvent résulter à raison de la brièveté du délai, 24. — La règle est posée en vue du cas où le vendeur n'a pas d'autre inscription que l'inscription d'office. Conséquences, 24, à la note. — Précaution à prendre par l'avoué pour sommer le vendeur au domicile réel, 25. — *Quid* en cas de décès du vendeur? 26. — *Quid* en cas de changement dans sa capacité juridique? 27.

De la sommation à faire *aux créanciers à hypothèques légales*. L'une des innovations capitales de la loi nouvelle consiste à appeler ces créanciers ou leurs représentants à la poursuite de la saisie, pour arriver à la purge des hypothèques légales, 28.

La remise de la sommation à la personne de la femme n'est pas obligatoire, 29. — Il n'est pas nécessaire de faire nommer un subrogé tuteur au mineur pour lui faire la sommation, lorsqu'il n'en existe pas, ni de rechercher les héritiers au delà du dernier domicile de l'incapable, 30. — Développements et conséquences, 30, à la note. — Observation pratique sur la rédaction des sommations, et leur signification par l'huissier, 31. — Le poursuivant ne doit faire les sommations prescrites que si les mariage et tutelle lui sont connus d'après son titre, c'est-à-dire l'acte ou l'écrit constatant sa créance, 32.

Différence dans le mode de procéder, en cas de saisie, pour la purge légale, et en cas de vente amiable, 33. — Le titre comprend non-seulement la déclaration d'hypothèque, mais encore l'établissement de propriété, 34. — Il faut faire la sommation non-seulement aux mineurs devenus majeurs, mais encore à la femme devenue veuve, à l'interdit relevé de l'interdiction, dans l'année qui suit la dissolution du mariage de la femme ou la cessation de la tutelle de l'interdit, 35.

Avertissement spécial ajouté à la sommation que les hypothèques légales doivent être inscrites avant la transcription du jugement d'adjudication. L'omission est une cause de nullité de la saisie jusqu'à l'adjudication, 36. — Copie de la sommation doit être notifiée au procureur impérial de l'arrondissement où les biens sont situés. *Obligation* pour ce magistrat de requérir l'inscription du chef du saisi seulement, sur les biens compris dans la saisie : il faut un exploit distinct, 37.

Le conservateur avance les frais d'inscription, sauf son recours contre le débiteur, 38. — On ne peut donner mainlevée de la saisie sans le concours du créancier à hypothèque légale, dès que les sommations qui lui sont adressées sont mentionnées au bureau des hypothèques, 39. — Ces créanciers ont le droit de faire des dires, avant la publication, sur le cahier des charges, 40. — Ils sont parties intéressées à la conversion en vente volontaire, 41.

Art. 696.

Les moyens de publicité sont les mêmes que dans l'ancien article. En 1848, le choix du journal était libre, au lieu d'être déterminé par les Cours d'appel. Depuis le décret du 17 février 1852, c'est au préfet qu'il appartient de choisir les journaux pour l'insertion des annonces légales, 42. — Si un journal cesse subitement de paraître, l'avoué du poursuivant peut se faire autoriser par le président du tribunal à faire l'insertion dans un autre journal jusqu'à une nouvelle désignation par le préfet, 43. — L'insertion doit contenir l'avertissement aux créanciers à hypothèque légale de requérir inscription avant la transcription du jugement d'adjudication, 44. — L'indication des noms des anciens propriétaires n'est pas obligatoire, 45. — Les placards et affiches doivent contenir l'avertissement de requérir inscription, 46 et 42 (note). — En cas d'erreur dans la première insertion, on peut la rectifier dans un numéro subséquent, à la condition d'observer le délai légal, 47. — L'insertion doit être conforme aux clauses du cahier des charges, à peine de nullité, 48. — Résumé des nouvelles formalités de purge légale en cas de saisie, 49.

ART. 717.

Objet de l'article et division, 50.

1° *Effets de l'adjudication vis-à-vis du saisi et quant à la propriété des biens adjugés.* — L'adjudicataire n'a pas plus de droits sur l'immeuble que le saisi; il peut invoquer d'autres titres que l'adjudication pour fixer l'étendue de la propriété acquise, 51. — Il devient propriétaire des accessoires et dépendances de l'immeuble adjugé, 52. — La saisie d'un corps de domaine comprend de plein droit les objets réputés immeubles par destination, lesquels se trouvent compris dans l'adjudication, bien qu'il n'en soit pas fait une mention spéciale dans le procès-verbal de saisie, 53. — En cas de surenchère, si l'adjudication a lieu au profit du premier adjudicataire, il est censé avoir été propriétaire pur et simple à partir de cette adjudication; si elle a lieu au profit d'un nouvel adjudicataire, la première adjudication est censée n'avoir jamais eu lieu, 54.

Transition aux effets de l'adjudication quant à la propriété, et spécialement aux effets de la loi du 23 mars 1855 sur les Aliénations consenties par le débiteur saisi, 55. — 1° Des aliénations consenties postérieurement à la transcription de la saisie, mais avant l'adjudication, 56. — 2° Des aliénations consenties postérieurement à l'adjudication, 57. — 3° Des aliénations consenties et transcrites avant la transcription de la saisie, 58. — 4° Des aliénations consenties, mais non transcrites, avant la transcription de la saisie. — Controverse, 59.

2° *Effet de l'adjudication sur le droit de résolution des créanciers vendeurs.* — La demande en résolution de la vente doit être notifiée, avant l'adjudication, au greffe du tribunal où se poursuit cette adjudication, 60. — L'adjudication ne peut éteindre d'autres droits réels que l'action résolutoire dont l'immeuble adjugé est grevé, 61. — L'action résolutoire s'éteint à l'égard des incapables comme à l'égard des autres personnes, 62. — La non-exigibilité du prix, en cas de saisie, n'est pas un obstacle à la demande en résolution, laquelle doit être intentée avant l'adjudication, 63.

La demande en résolution est dirigée contre le saisi, mais le poursuivant peut intervenir, 64.

C'est au tribunal où se poursuit la vente qu'il appartient de fixer les délais dans lesquels le vendeur doit faire juger sa demande en résolution. Le vendeur doit être appelé à l'audience dans laquelle il est statué sommairement sur cet incident, 65. — Toutefois, le tribunal peut accorder un nouveau sursis pour causes graves et dûment justifiées, telles qu'expertises, interrogatoires, ou toutes autres mesures que le tribunal saisi de la demande en résolution aurait ordonnées, 66. — Une surenchère ne détruit pas l'effet de la première adjudication sur l'action résolutoire, ni la cassation de l'arrêt qui aurait rejeté la demande en résolution, 67. — Le poursuivant qui ne ferait pas connaître la notification au greffe de la demande en résolution, et ferait passer outre à l'adjudication, serait responsable des conséquences qui en pourraient résulter au préjudice de l'adjudicataire, 68.

Malgré l'adjudication, le tiers propriétaire peut revendiquer son immeuble, quoiqu'il n'ait pas formé une demande en distraction pendant les poursuites de la saisie; il ne doit pas agir par tierce opposition contre le jugement d'adjudication, 69.

En cas d'éviction, l'acquéreur a-t-il le choix entre les trois actions en garantie : 1° contre le poursuivant; 2° contre les créanciers qui auraient reçu le prix; 3° contre le saisi? Dissentiment avec M. Persil, 70. — La garantie pour cause d'éviction a lieu dans la vente par expropriation forcée comme dans les ventes volontaires; mais elle ne peut être exercée que contre le débiteur saisi, elle n'est pas possible contre le créancier saisissant; quant aux créanciers payés, il ne peut être question contre eux que d'une action en répétition, 70 (note). — En cas d'éviction partielle, l'adjudicataire a le droit de demander une diminution du prix, ou même, quand la partie dont il est évincé est importante, la résolution de la vente faite en justice, 71.

3° *Effets de l'adjudication vis-à-vis des créanciers hypothécaires après transcription du jugement d'adjudication.* — La transcription du jugement d'adjudication purge toutes les hypothèques; il faut faire cette transcription en entier et non par extrait, 72. — Purge-t-elle le privilége du vendeur? 73. — *Quid* du privilége du copartageant? 74. —Et de la séparation des patrimoines? 75.—Et des priviléges énumérés dans l'art. 2101 du Code Napoléon? 76. — Controverse existant avant la loi nouvelle relativement à la purge des hypothèques légales, 77. — La transcription du jugement d'adjudication ne purge pas l'immeuble si l'acquéreur ne paye le prix ou ne le consigne, 78. — Elle arrête le cours des inscriptions des hypothèques judiciaires et conventionnelles; mais les hypothèques légales survivent, 79. — En matière d'adjudication sur saisie, la transcription du jugement purge même les hypothèques légales, si l'adjudicataire paye ou consigne le prix, 80. — Suffit-elle pour purger les hypothèques constituées par les précédents propriétaires sur lesquels on n'a pas transcrit? 81. — L'adjudication ne dispense plus les créanciers inscrits du renouvellement des inscriptions ; la nécessité de renouveler ne cesse qu'à partir de la transcription du jugement, 82.

4° *Effets de l'adjudication vis-à-vis des créanciers à hypothèque légale. — Droit de préférence.* — Notre article consacre le droit de préférence en faveur des créanciers à hypothèque légale, quoique non inscrits avant la transcription, mais sous certaines conditions et dans certaines limites, 83. — Avant la loi nouvelle, la Cour de cassation n'admettait pas, dans ce cas, le droit de préférence en faveur des incapables. — Opposition qu'elle rencontre dans la doctrine des auteurs et dans la jurisprudence des Cours impériales, 84. — Le droit de préférence n'existe qu'au profit des mineurs, des interdits et des femmes, 85. — Il existe également pour la femme devenue veuve, le mineur devenu majeur, et l'interdit relevé de l'incapacité, pendant l'année qui suit la cessation de l'incapacité, ainsi que pour leurs héritiers et ayants cause, 86. — Le cessionnaire de l'hypothèque légale de la femme ne peut exercer le droit de préférence, 87. — *Secùs* des créanciers de la femme agissant dans les termes de l'art. 1166 du Code Napoléon, 88. — Quel que soit le mode d'aliénation, *après la purge du droit de suite,* le droit de préférence se perd de la même manière pour les créanciers à hypothèques légales. — Application et division, 89.

§ 1er. *Comment se conserve le droit de préférence de ces créanciers lorsque l'aliénation, quel qu'en soit le mode, est suivie d'ordre amiable.*

Le droit de préférence n'est examiné ici que pour le cas où les créanciers à hypothèques légales n'ont pas pris inscription, 90. — Ce droit se conserve de la même manière en cas de vente volontaire ou forcée, ainsi qu'en cas de surenchère, sauf la différence existant entre les formalités de purge, 91. — Que faut-il entendre par les expressions *ordre ouvert?* 92. — Comment le droit de préférence se conserve-t-il, si l'acquéreur ne purge pas les hypothèques inscrites dans les trois mois qui suivent la purge légale? 93. — Différence des formalités de purge dans le cas de vente volontaire et dans celui d'adjudication sur saisie, 94. — L'ouverture de l'ordre dans les trois mois après la purge est nécessaire aussi bien dans la vente sur saisie que pour la vente amiable, 95. — Quand y a-t-il clôture de l'ordre amiable? 96. — De la condition relative à la production des titres par les créanciers à hypothèques légales, 97. — Une opposition entre les mains de l'acquéreur ou au greffe ne suffit pas pour conserver le droit de préférence, quand l'ordre amiable se fait devant le juge, 98. — La clôture de l'ordre consensuel éteint le droit de préférence, si le créancier à hypothèque légale ne s'y présente pas, 99. — Une simple opposition entre les mains de l'acquéreur empêche l'ordre consensuel, 100.

§ 2. *Comment se conserve le droit de préférence lorsque l'aliénation, quel qu'en soit le mode, est suivie d'un ordre judiciaire.*

Le droit de préférence s'exerce dans l'ordre judiciaire tant que le délai pour produire n'est pas expiré à l'égard des créanciers inscrits, 101. — Le jugement d'attribution du prix remplace l'ordre judiciaire, s'il y a moins de quatre créanciers inscrits, 102. — Jusqu'à quel moment le droit de préférence est-il conservé en cas d'attribution ? 103.

§ 3. *Comment se conserve le droit de préférence, lorsque l'aliénation, quel qu'en soit le mode, n'est suivie d'aucun ordre ni amiable ni judiciaire.*

Le laps de trois mois depuis la purge suffit pour éteindre le droit de suite, 104. — Le droit de préférence n'existe qu'autant que le prix de vente appartient au vendeur ; il s'éteint par le payement ou le transport de ce prix, 105. — Le droit de préférence dont jouissent les privilèges généraux de l'art. 2101 s'éteint-il par cela seul qu'aucun ordre n'a été ouvert dans les trois mois depuis la purge du droit de suite, 105 *bis*.

Art. 749.

Nomination d'un juge spécial aux ordres, 109. — Avantage de cette innovation, 114 (n° 1 de la note). — Néanmoins la loi n'a rien d'obligatoire en cette partie, 114 (n° 2 de la note). — Le juge spécial doit être révocable en cette qualité, 110 et 114 (n° 3 de la note). — La fonction peut être conférée à un juge suppléant, 111. — Conséquences, 114 (n° 4 de la note). — Le titre de juge spécial est confié par décret : conséquences, 114 (n° 5 de la note). — En cas d'absence ou d'empêchement du juge spécial, l'avoué poursuivant doit demander son remplacement au président qui n'agit pas d'office, 112. — S'il y a plusieurs juges spéciaux, le président doit commettre l'un d'eux sur la demande du poursuivant, 113. — Après son congé, le juge spécial prend les procédures d'ordre dans l'état où il les trouve, et les continue, 114. — L'action du juge spécial est placée sous le contrôle du tribunal, du premier président et du procureur général. Comment et dans quel sens le tribunal peut exercer son droit de contrôle, 114 (n° 6 de la note).

Art. 750.

La transcription du jugement d'adjudication forme le point de départ pour l'ordre, 115. — Le délai pour transcrire est de quarante-cinq jours depuis l'adjudication. Motifs de ce délai, 116. — Développement et controverses, 116 (note). — En cas d'appel contre le jugement d'adjudication, les quarante-cinq jours ne commencent à courir qu'à partir de l'arrêt confirmatif. Défense de la loi contre les critiques de MM. Ollivier et Mourlon, 117 (note).

L'adjudication doit opérer une transmission définitive pour obliger l'adjudicataire à la transcription, 117. — La folle enchère prévue par notre article laisse toute sa force à la folle enchère établie par l'art. 713 du Code de procédure, 118. — Formalités à suivre pour exercer la folle enchère, 119. — L'art. 738 du Code de procédure est-il applicable dans ce cas ? 120. — L'adjudicataire sur folle enchère doit faire transcrire le jugement avant qu'il puisse procéder à l'ordre. L'art. 779 n'est pas applicable, 121.

L'avoué de l'adjudicataire est-il censé avoir un mandat tacite pour faire transcrire, et est-il responsable, à défaut de transcription ? 122. — Le saisissant doit requérir l'ouverture de l'ordre dans la huitaine après la transcription, 123. — Précaution à prendre par le saisissant pour conserver la poursuite de l'ordre, 124. — Il la perd si un autre exerce la folle enchère, 125.

Le président du tribunal ne peut refuser de nommer un juge-commissaire sous prétexte que les frais antérieurs à l'ordre ne sont pas taxés, 126. — Quelle voie faut-il prendre contre le refus du président? 127. — L'état des inscriptions pour ordre doit être levé dans la huitaine après la transcription du jugement d'adjudication, 128. — Il est déposé au greffe, et mention en est faite dans la réquisition. Un acte de dépôt doit-il, en outre, être dressé par le greffier? 129. — Le poursuivant en devrait garder une copie, 130. — A défaut du saisissant, qui peut provoquer l'ordre? 131. — Le créancier chirographaire a-t-il ce droit? 132. — *Quid* en cas de concurrence? 133.

Art. 751.

L'ordre amiable devant le juge remplace la tentative d'arrangement laissée à la discrétion des créanciers sans un centre commun, 134. — D'après la loi de Genève et le code sarde, il a pour but de prévenir ou d'aplanir des contestations, 135. — Avantage et inconvénient de ce système, 136. — But de l'ordre amiable d'après la loi du 21 mai 1858, 137. — Cette loi a adopté le principe de la loi belge, 138. — Elle a préféré, avec raison, le juge-commissaire au président du tribunal pour la mission de conciliation, 139. — Elle a justement préféré aussi le juge aux notaires pour diriger l'essai de conciliation, 140. — Observations en sens contraire, 140 (note). — Division du commentaire, 141.

I. *De la compétence.*

Quel est le tribunal compétent pour la procédure d'ordre? 142. — Les parties ne peuvent déroger à l'attribution de juridiction en matière d'ordre d'après un avis du conseil d'État du 16 février 1807, 143. — *Quid* si le prix à distribuer dépend d'une succession ouverte dans un autre arrondissement que celui de la situation des biens? 144. — *Quid* si plusieurs immeubles hypothéqués aux mêmes créanciers par le même débiteur ont été saisis et vendus à la même époque, dans des arrondissements différents? 145. — Dans certains cas, on n'a pas appliqué le principe rigoureux sur la compétence en matière d'ordre, 146. — *Quid* de l'ordre amiable fait devant un juge incompétent? 147. — Le conservateur des hypothèques est-il tenu de rayer les inscriptions en vertu de l'ordonnance d'un juge incompétent? 148. — L'amende doit-elle être maintenue quand un juge incompétent à raison de la situation des biens l'a prononcée contre des créanciers défaillants? 149.

II. *Du mode de convocation.*

Le délai pour la convocation diffère suivant qu'elle est faite par un juge spécial ou par un juge nommé par le président, 150. — Les lettres de convocation sont faites par le greffier au nom du juge, 151. — Elles sont exemptes du timbre et de l'enregistrement, 151 (note). — Le transport de ces lettres par la poste doit faire l'objet d'un règlement convenu entre l'administration des postes et l'administration de la justice, 152. — Les lettres devraient être scellées du sceau du tribunal, 153. — Elles doivent se faire sur des modèles imprimés, 154. — Bordereau du récépissé délivré au bureau de poste qui envoie les lettres, 155. — Si le facteur ne trouve pas la personne désignée sur l'adresse, la lettre devrait être retournée au bureau d'envoi pour être remise au juge-commissaire, 156. — Le futur tarif doit allouer une rémunération au greffier pour la confection des lettres, 157.

Observations sur les domiciles réel et élu, 158. — *Quid* lorsqu'il s'agit d'une inscription prise à la requête du directeur des domaines? 158 (note). — *Quid* si l'élection de domicile est changée? 159. — *Quid* si l'officier ministériel chez lequel l'élection de domicile est faite a cédé son étude? 160. — Observation pour le cas où l'hypothèque a été cédée sans que le cessionnaire ait pris inscription en son nom, 161. — Il faut aussi convoquer les créanciers inscrits sur les précédents propriétaires, 162. — Difficultés en cas d'adjudication après saisie provenant de ce que l'adjudicataire ne connaît pas toujours l'origine de propriété, 163.

Sur qui doivent retomber les conséquences du défaut de convocation d'un créancier inscrit sur un précédent vendeur en cas d'adjudication après saisie ? 164. — Le créancier omis a-t-il un recours contre les créanciers postérieurs en rang qui ont touché leur créance ? 165. — Quand l'ordre est-il censé homologué ? 166. — *Quid* en cas d'opposition formée par des créanciers chirographaires ? 167. — La partie saisie et l'adjudicataire sont convoqués, mais leur présence n'est pas nécessaire pour le règlement amiable, 168. — L'acquéreur qui ne comparaît pas à l'ordre amiable a le droit de retenir sur son prix les frais de notification de son contrat et d'extrait des inscriptions, 169. — Le délai de dix jours pour comparaître doit être franc, 170. — Le minimum est de dix jours. Quel est le maximum de délai que le juge peut accorder pour comparaître ? 171.

III. *De la confection du règlement amiable.*

L'assistance des avoués à l'ordre amiable n'est pas indispensable, 172. — Réponse aux critiques dont cette solution est l'objet, 173 (note). — Mais la présence des avoués au règlement est très-désirable, 173. — Le juge ne peut pas forcer un créancier à se présenter en personne, 174. — Les avoués ou autres mandataires des parties doivent être munis d'une procuration, 175. — Division des explications sur la confection du règlement en égard aux divers cas qui peuvent se présenter, 176.

1° *Du cas où tous les créanciers inscrits, ayant des hypothèques déterminées et non conditionnelles, sont présents à la réunion et consentent au règlement amiable.* — Devoirs du juge vis-à-vis des créanciers réunis pour l'ordre amiable, 177. — Forme du procès-verbal de règlement amiable, 178. — Les créanciers qui consentent au règlement amiable doivent le signer, 179. — Les conventions constatées et signées, le juge a le pouvoir de les rendre exécutoires, 180. — La résistance purement capricieuse des créanciers tombe sous l'application de l'art. 1382 du Code Napoléon, 180 (note). — La délivrance des bordereaux de collocation peut se faire de suite après la clôture de l'ordre amiable, 181. — Différence, en ce point, avec l'ordre judiciaire, 182. — Les inscriptions des créanciers non admis en ordre utile qui ont consenti au règlement peuvent être rayées, 183. — Dans ce cas, le conservateur ne doit pas exiger un certificat de non-appel ou opposition contre l'ordonnance du juge, 184. — Il n'est pas nécessaire non plus, dans le cas où le créancier non admis est représenté par un mandataire, que la procuration soit authentique pour que le conservateur puisse effectuer la radiation, 185. — Rédaction du procès-verbal constatant le règlement amiable, 186. — C'est le greffier qui l'écrit sous la dictée du juge, 187. — Si l'importance du procès-verbal n'en permet pas la rédaction séance tenante, on constate le consentement des créanciers non admis à la radiation de leurs inscriptions, avec signature par les créanciers présents. Le surplus du procès-verbal est rédigé plus tard ; dans cette partie, la signature des créanciers non admis n'est pas nécessaire, 188. — Il en est autrement de celle des créanciers colloqués, 189. — Observations sur les frais de ce règlement, 190.

2° *Du cas où il y a lieu à prorogation de la réunion.* — Le juge peut ordonner plusieurs réunions, 191. — Quelle est la limite posée au juge pour la confection du règlement amiable ? 192. — Quelle est la sanction, si le juge dépasse le délai accordé ? 193. — Si une nouvelle réunion est ordonnée par le juge, il est prudent de constater sur le procès-verbal le consentement donné par les créanciers présents à un règlement amiable, 194. — Les créanciers absents ou non consentants d'abord peuvent adhérer, pendant le mois, au règlement provisoire, 195. — *Quid* si l'adhésion à l'arrangement proposé n'est pas donnée ? Distinction, 196.

3° *Du cas où il se présente des créanciers non inscrits au règlement provisoire.* — — Quels sont ces créanciers ? 197. — Ils doivent intervenir sans lettre de convocation, 198. — Les créanciers à hypothèque légale peuvent faire valoir leurs droits

IV. *De la peine encourue par les non-comparants.*

pas être condamné à l'amende, 237. — Ces lettres ne deviennent pas, par leur annexe au procès-verbal, sujettes au timbre et à l'enregistrement, 237 (note). — Lorsque le créancier remboursé ne répond pas, il est passible de l'amende, 238.

Le conservateur doit-il rayer l'inscription du créancier remboursé sur la lettre écrite par lui au juge-commissaire? 239. — Lorsqu'une cession n'est pas inscrite, est-ce contre le cédant ou contre le cessionnaire que l'amende doit être prononcée? 240. — Lequel, du mari ou de la femme, doit être condamné, quand il s'agit d'une créance de celle-ci? 241. — La partie qui s'est fait représenter par un avoué doit être condamnée si l'avoué n'a pas un mandat spécial, 241 (note). — Le juge ne doit pas prononcer d'amende en cas d'empêchement légitime, 242. — Critique de l'opinion contraire émise par quelques auteurs, 243 (note). — Du recours contre la condamnation à l'amende, 243. — La voie de l'appel n'est pas ouverte. Exception, 243 (note). — La prescription contre l'amende est de trente ans, 244.

Art. 752.

Comment se fait l'ouverture de l'ordre judiciaire d'après la nouvelle loi? 247. — Défense d'expédier ni de signifier le procès-verbal d'ouverture, 248. — Formalités à remplir sous le Code de procédure, et conséquences qui en résultaient, 249. — Du permis de sommer sous le Code de procédure, 250. — Inconvénients de l'ancienne procédure, 251. — L'avoué poursuivant doit s'informer au greffe du jour de l'ouverture de l'ordre, 252. — Proposition de la commission du Corps législatif rejetée par le conseil d'État, 253. — C'est l'avoué qui prépare les sommations et les remet aux huissiers commis par le juge, 254. — Le futur tarif devrait allouer une rétribution pour la préparation des sommations, 255.

Art. 753.

La sommation de produire doit-elle être faite aux créanciers qui ont consenti à la radiation de leurs inscriptions devant le juge chargé de l'ordre amiable? Distinction, 256. — Il est prudent de sommer tous les créanciers inscrits, 257. — L'observation du délai de huitaine pour les sommations de produire n'est pas prescrite à peine de nullité. Où la sommation doit-elle être signifiée? 258. — Il faut comprendre dans le délai, sinon le jour de l'ouverture de l'ordre, au moins le jour de l'échéance, 258 (note). — Le délai est susceptible d'augmentation à raison des distances, 259. — Réponse aux objections, 259 (note). — *Quid* si le domicile réel du vendeur n'est pas celui indiqué dans l'inscription? 260. — Si le domicile élu dans une inscription a été changé, c'est au dernier domicile élu qu'il faut adresser la sommation de produire, 261. — *Quid* si des changements sont survenus dans les positions et les droits des créanciers? 262.

Devoirs des officiers ministériels, en cas d'élection de domicile dans leur étude, lorsqu'ils reçoivent la sommation de produire, 262 *bis*. — A qui la sommation doit-elle être adressée? *Quid* en ce qui concerne le cessionnaire d'une hypothèque? 263. — *Quid* des créanciers chirographaires? 264. — Renvoi à l'ordre amiable pour les créanciers inscrits sur les précédents propriétaires, 265.

Le créancier omis sur l'état des inscriptions, et qui en raison de cela n'a pas été sommé de produire, peut-il attaquer l'ordre commencé par tierce opposition ou par demande en nullité? 266. — Avertissement spécial que doit contenir la sommation, 267. — Il n'est pas prescrit à peine de nullité, 268. — Utilité d'indiquer les biens saisis dans les sommations de produire, 269.

Dénonciation de l'ouverture de l'ordre à l'adjudicataire. Une seule suffit pour plusieurs adjudicataires ayant le même avoué, 270. — *Quid* si l'avoué ou l'adjudicataire a cessé ses fonctions? 271. — Point de dénonciation de l'ouverture de l'ordre à la partie saisie, 272. — Si l'adjudicataire est créancier inscrit, il doit recevoir, indépen-

Art. 754.

Art. 755.

afin de le dénoncer dans les dix jours de sa date, 313. — Le règlement doit-il être dénoncé par exploit au saisi qui n'a pas d'avoué en cause? 314. — Il faut entendre par débiteur saisi le débiteur originaire, et non pas le tiers détenteur de l'immeuble exproprié, 315. — *Quid* de la dénonciation du règlement provisoire en cas de décès de l'avoué d'un créancier produisant? 316. — *Quid* en cas de décès du créancier lui-même? Distinction, 317. — La dénonciation du règlement ne doit pas être faite aux chirographaires intervenus dans l'ordre, 318. — Exception résultant de l'art. 775, 319. — Il faut, en ce qui concerne la signification à la partie saisie, ajouter aux dix jours le délai à raison des distances, 320. — Le délai de trente jours pour contredire court pendant les vacations, 321. — On ne compte pas le jour *à quo;* mais on compte le jour *ad quem,* 322. — A partir de quel moment faut-il faire courir le délai de trente jours à l'égard de chacun des créanciers produisants? 323. — *Quid* dans le cas où le saisi n'ayant pas constitué avoué, la dénonciation lui est faite par exploit? 324.

ART. 756.

La forclusion s'applique aussi bien à la partie saisie qu'aux créanciers produisants; ce point était controversé avant la loi actuelle, 325. — Elle ne s'applique pas à la réclamation du tiers acquéreur contre l'énonciation erronée du prix à distribuer, 325 (note). — Il n'est pas nécessaire d'attendre l'expiration des trente jours pour faire le règlement définitif en cas de consentement des créanciers produisants et de la partie saisie, 326.

Les contredits soulevés par plusieurs créanciers n'empêchent pas la forclusion de ceux qui n'ont pas contesté, 327. — *Secùs* si un créancier n'avait pas été sommé de prendre connaissance du règlement provisoire, 328. — Qu'est-ce que la forclusion prononcée par notre article, et quels en sont les effets? 329.

La collocation n'est qu'une indication pour obtenir payement. Conséquences, 330. — Le créancier forclos peut-il opposer la prescription à un créancier colloqué? 331. — La forclusion n'empêche pas d'écarter de l'ordre une personne qui avoue n'être pas créancière, 332. — Le créancier forclos peut se défendre pour faire maintenir le règlement provisoire à son égard, 333. — Le contestant doit-il venir aux lieu et place du créancier contesté qu'il a fait écarter de l'ordre en vertu d'un jugement? 334. — *Quid* lorsque le créancier contestant a été déclaré par jugement devoir être colloqué avant le contesté? 335.

ART. 757.

Courtes observations sur la jonction des ordres, 336. — Transition et division, 337.

1° *Quand y a-t-il lieu à ventilation du prix?* 338. — En principe, ce n'est que quand il s'agit de vente amiable, 339. — Exceptions à ce principe, 340. — De la ventilation en cas d'adjudication sur expropriation forcée, 341. — A quelle époque la demande doit-elle être formée? Jurisprudence, 342. — Il y a lieu à ventilation lorsqu'un créancier ayant hypothèque sur l'usufruit, cet usufruit et la nue propriété sont vendus ensemble et pour un seul prix, 343. — Autre cas où il y a lieu à ventilation, 344. — Ventilation demandée par les créanciers chirographaires : dans quels cas ont-ils le droit de la demander? 345.

2° *Qui peut requérir la ventilation?* — Elle peut avoir lieu : 1° d'office par le juge; 2° sur la réquisition d'un créancier hypothécaire, 346. — Le créancier ayant hypothèque générale peut, en principe, requérir la ventilation. *Quid* s'il le fait pour favoriser un autre créancier? 347. — *Quid* si le créancier à hypothèque générale possède aussi une hypothèque spéciale? 348. — Le juge peut ordonner la ventilation, même dans le cas où il s'agit d'un immeuble non grevé d'hypothèque ou d'objets mobiliers compris dans le prix unique d'une adjudication de plusieurs immeubles, 349. — Du cas où la demande en ventilation est postérieure au règlement provisoire, 350. — Suite, 350 (note).

3° *Comment faut-il procéder pour faire la ventilation ordonnée par le juge?* — Doit-on

Art. 760.

Art. 761.

Art. 762.

est faite, 430. — Elle doit contenir le nom des parties, si un seul avoué en représente plusieurs, 431. — La signification faite sans réserves rend celui de qui elle émane non recevable à interjeter appel, 432. — *Quid* s'il y a des réserves? 433. — La signification du jugement doit être faite aux avoués de toutes les parties y dénommées pour faire courir le délai d'appel, 434. — Lorsqu'un seul avoué représente plusieurs parties, elle doit être faite en autant de copies qu'il y a de parties ayant un intérêt distinct, 435. — Une seule copie suffit à l'égard de la masse des créanciers ayant un avoué commun, 436. — *Quid* en ce qui concerne la femme produisant dans un ordre ouvert sur les biens de son mari? 437. — La signification au subrogé tuteur n'est pas nécessaire s'il n'est pas en cause, 438. — En cas de décès de l'avoué avant la signification, elle doit être faite à partie; mais le délai pour appeler n'est que de dix jours, 439.

3° *Du délai de l'appel.* — Le délai n'est que de dix jours; il n'est pas franc, 440. — Des délais de distance, 441. — Comment faut-il calculer ce délai? 442. — Le décès de la partie condamnée ne suspend pas le délai, 443. — L'appel peut être interjeté dans la huitaine de la prononciation du jugement, 444. — Le délai pour appeler d'un jugement rendu dans une instance d'ordre doit-il être restreint à dix jours dans tous les cas, et sans distinction? 445. — Notre article ne s'applique pas à l'ordre consensuel, 446. — Le délai de dix jours s'applique aux appels incidents dans les ordres judiciaires, 447.

4° *De la signification de l'acte d'appel.* — Elle doit être faite au domicile de l'avoué de première instance et au domicile réel du saisi, s'il n'a pas d'avoué, 448. — Si l'avoué est décédé, il faut signifier l'appel au domicile réel du créancier, 449. — Les créanciers colloqués en sous-ordre peuvent-ils interjeter appel? 450. — Les créanciers non produisants et ceux qui n'ont pas contredit le règlement provisoire n'ont pas le droit d'appel, 451. — Contre quelles personnes l'appel doit-il être dirigé? La procédure d'ordre est-elle divisible ou indivisible? 452.

5° *De l'assignation et de l'énumération des griefs dans l'acte d'appel.* — L'énumération des griefs doit être faite dans l'acte d'appel, à peine de nullité, 453. — *Quid* lorsque l'énonciation est incomplète? 453 (note). — Il n'en était pas ainsi sous le Code de procédure, 454. — L'appelant ne doit pas signifier d'autres conclusions, 455. — L'assignation est soumise aux formalités de l'art. 61 du Code de procédure; par conséquent, elle doit contenir constitution d'avoué, à peine de nullité, 456. — Nullité de l'appel interjeté après les dix jours, 457.

6° *Du taux du premier et du dernier ressort.* — L'art. 762 contient, à cet égard, une disposition spéciale pour les jugements en matière d'ordre, 458. — La somme à distribuer n'est d'aucune influence sur le taux du premier ou du dernier ressort, 459. — Que doit-on entendre par ces mots : *la somme contestée?* 460. — Application de la disposition de notre article, 461. — Suite. Du cas où un créancier est colloqué pour différentes créances contestées et formant ensemble un total supérieur à 1,500 fr., 462. — *Quid* s'il s'agit d'une créance appartenant à plusieurs cohéritiers, la part de chacun étant inférieure à 1,500 fr.? 463. — L'appel est suspensif, quelle que soit la nature de la difficulté soulevée, 464.

ART. 763.

L'avoué du dernier créancier peut être intimé, 465. — Il faut en dire autant de l'avoué choisi par les créanciers réunis, 466. — L'avoué du dernier créancier colloqué sera intimé s'il a intérêt dans la contestation, 467. — Il doit être intimé dans le délai de dix jours fixé par l'art. 762, 468. — De la poursuite de l'audience sur appel, 469. — L'avenir est donné par la partie la plus diligente, et non par l'avoué commis, 470. — L'affaire est instruite sommairement; les intimés seuls peuvent signifier des conclusions motivées, 471. — Ces conclusions peuvent être grossoyées. Quels émoluments sont dus à l'avoué? 471 (note). — En cas d'appel incident, l'appelant principal peut signifier des conclusions contre les griefs de l'appel incident, 472.

Art. 764.

L'art. 764 n'exige pas un rapporteur en appel sur les contestations d'ordre, 473. — L'arrêt doit contenir liquidation des frais; en cas d'omission, il donne lieu à cassation, 474. — Observations en sens contraire, 474 (note). — L'arrêt n'est pas susceptible d'opposition; donc il n'y a pas lieu à défaut profit joint, 475. — La signification de l'arrêt n'est faite qu'à avoué; mais en cas de décès de l'avoué, elle est faite à la partie, à personne ou domicile, 476. — Le délai pour signifier est de quinze jours depuis la date de l'arrêt, 477.

Art. 765.

En cas de contestation, comment le juge doit-il faire la clôture soit après appel, soit en cas de non-appel dans le délai? 478. — C'est à l'avoué qui signifie le jugement à faire connaître au juge la date de la signification, 479. — Rejet par le conseil d'État d'une proposition faite en vue de porter à la connaissance du juge-commissaire l'arrêt et la date de la signification. Comment on procède à cet égard dans la pratique, 480. — L'exécution de l'arrêt, soit confirmatif, soit infirmatif, n'appartient pas à la Cour, 481.

La clôture de l'ordre fait cesser les intérêts vis-à-vis de la partie saisie, 482. — Mais les intérêts courent contre l'adjudicataire, ou la Caisse des dépôts en cas de consignation, 483. — A l'égard du saisi, les intérêts cessent du jour de la clôture de l'ordre, quoique les bordereaux ne soient délivrés que plus tard, 484. — L'art. 2151 du Code Napoléon ne s'applique pas aux intérêts courus depuis la clôture du procès-verbal d'ordre, 485. — *Quid* des intérêts courus depuis la collocation éventuelle sur le prix affecté au service d'une rente viagère? 486. — *Quid* en cas de folle enchère pour défaut de payement par l'acquéreur des bordereaux de collocation délivrés contre lui? 487.

Art. 766.

Amélioration introduite dans le nouvel art. 766, relativement aux dépens, 488. — Les frais ne doivent pas être prélevés sur le prix, à moins d'une exception formelle inscrite dans la loi, 489. — Il y a exception en faveur du créancier dont la collocation, rejetée d'office par le juge, a été admise par le tribunal, 490. — Il en serait autrement si un autre créancier soutenait que le juge a eu raison de rejeter la collocation, 491.

Une autre exception est faite en faveur de l'avoué commun qui représente les créanciers postérieurs aux collocations contestées, 492. — Subrogation légale au profit du créancier sur lequel les fonds manquent, ou de la partie saisie, 493. — Le mot *exécutoire* est impropre; c'est en vertu du dispositif concernant les frais que le subrogé en poursuit le recouvrement à ses risques, 494. — En cas de négligence dans la production des pièces, un créancier peut, même en obtenant gain de cause, être condamné aux dépens, 495. — Le contestant ou le contesté qui obtient la condamnation aux frais contre ses adversaires ne peut employer ces frais comme accessoire de sa créance à la date de la collocation, 496. — Du prélèvement des frais sur le montant de la collocation de la partie condamnée aux dépens, 497. — En cas d'insolvabilité de la partie condamnée aux frais, la commission du Corps législatif avait proposé le moyen de la contrainte par corps. Rejet de la proposition par le conseil d'État, 498.

Art. 767.

On n'a pas déterminé dans quel cas le recours contre l'ordonnance de clôture doit être admis; mais l'art. 767 en règle la forme, 499. — Divergence, sous le Code de pro-

ART. 768.

ART. 769.

ART. 770.

ART. 771.

ART. 772.

ART. 773.

Art. 774.

Art. 775.

§ 1ᵉʳ. — *Du droit qu'ont les créanciers de prendre inscription pour conserver l'hypothèque de leur débiteur.*

son débiteur, créancier direct? 607. — Les créanciers sous condition et à terme peuvent prendre cette inscription, 608. — L'inscription prise en vertu de l'art. 775 ne forme pas une saisie de l'hypothèque. Différence, en ce point, avec l'opposition en sous-ordre dans le droit ancien, 609. — Conséquences inadmissibles résultant du système d'après lequel cette inscription équivaudrait à une saisie, 610. — Pour saisir une créance hypothécaire, il faut procéder par la voie de la saisie-arrêt, 611. — Si l'ordre est ouvert, le sous-ordre remplace la procédure pour demander la validité de la saisie-arrêt, 612. — Que doivent faire les créanciers pour conserver leurs droits lorsque le débiteur lui-même a pris inscription? 613.

§ 2. — Du sous-ordre.

Comment les créanciers du créancier direct doivent procéder pour obtenir une colocation en sous-ordre, 614. — Les créanciers inscrits ou opposants avant la clôture de l'ordre, sur le débiteur, ont un privilége sur le montant de la collocation, à l'exclusion des créanciers qui interviendraient après la clôture de l'ordre, 615. — Réfutation de l'opinion contraire, 615 (note). — Les créanciers inscrits avant la purge ne sont pas préférés aux opposants en sous-ordre après la purge; il en était autrement dans l'ancien droit, 616. — Le montant de la collocation du débiteur est distribué comme chose mobilière, 617. — Le sous-ordre se rattache à la procédure d'ordre. Conséquences, 618. — Faut-il intimer sur appel les créanciers en sous-ordre? Distinction, 619. — Devant quel tribunal et quel juge-commissaire se poursuit le sous-ordre, 620. — Comment y procède-t-on, 1° s'il n'y a pas d'opposants en sous-ordre après le règlement provisoire de l'ordre? 621. — 2° S'il y a des difficultés sur la distribution, relatives seulement au sous-ordre? 622. — 3° S'il y a de nouveaux opposants en sous-ordre après le règlement provisoire de l'ordre? 623.

Distinction entre le créancier colloqué en sous-ordre et le créancier subrogé, 624. — Observation sur ce point et notamment sur le mode de régler le rang du créancier subrogé à l'hypothèque légale de la femme, 624 (note). — Le créancier subrogé peut toujours demander la collocation en sous-ordre, 625.

ART. 776.

But de cet article, 626. — Inconvénients de la demande en subrogation sous le Code de procédure, 627. — Réponse aux critiques dirigées contre le système de la loi nouvelle, 628 (note). — Le nouvel art. 776 est dirigé contre l'avoué négligent; il ne s'occupe pas des créanciers poursuivants, 628. — Dans quel cas la déchéance a-t-elle lieu contre l'avoué poursuivant? 629. — La privation de la poursuite n'a pas lieu de plein droit. Appréciation à faire par le juge des causes de l'inobservation des formalités, 630. Réfutation de l'opinion qui refuse tout droit d'appréciation au juge, 630 (note).

Le juge agit d'office ou sur la réquisition des parties. Son ordonnance n'est pas susceptible de recours, 631. — Le droit de demander la déchéance appartient-il au créancier colloqué en sous-ordre? 631 (note). — L'avoué commis, s'il ne remplit pas les obligations imposées par l'art. 758, peut être frappé de déchéance, 632. — Le rôle d'avoué commis peut être confié à l'avoué poursuivant; il est soumis alors à la déchéance prononcée par l'art. 776, 633. — Mais la déchéance qui atteint l'avoué en tant qu'avoué commis ne lui fait pas par elle-même perdre la poursuite, 633 (note). — L'avoué désigné pour remplacer l'avoué déchu peut-il refuser la mission à lui confiée par le juge? 634. — Du payement des frais dus à l'avoué déchu, 635.

ART. 777.

Le projet du gouvernement proposait la consignation forcée du prix. Appréciation de cette proposition, 636. — Objections que le projet a soulevées, et suppression de

— La quinzaine accordée au vendeur pour la mainlevée des inscriptions est augmentée du délai des distances, 675. — Renvoi pour les formalités relatives à la validité de la consignation, 676.

2° *L'acquéreur fait la consignation après l'ouverture de l'ordre.* — La sommation de rapporter mainlevée des inscriptions n'a pas lieu dans ce cas, 677. — La clause prohibitive de la consignation est valable même sans indication du temps pendant lequel la prohibition doit subsister, 678.

ART. 778.

Les formes à suivre en cas de contestation, la poursuite de l'audience et les dépens, font l'objet de l'art. 778, 679. — Les difficultés sur la consignation sont vidées à peu près comme les contredits sur le règlement provisoire, 680. — La contestation est formée par un dire motivé sur le procès-verbal. A quel moment peut-elle être soulevée, 681. — Différence entre la forme des contredits sur ordre et les contestations sur la consignation, 682. — Le débat n'a lieu qu'entre le consignant et ceux qui contestent la consignation, 683. — C'est la partie la plus diligente qui poursuit l'audience ; il n'y a pas d'avoué commis par le juge, 684. — L'application de l'art. 762 aux contestations sur consignation n'a pas lieu, 685. — La contestation constitue quelquefois un vrai contredit ; des formes à suivre dans ce cas, 686.

Notre article ne s'occupe que des dépens en cas de contestation sur la consignation, 687. — S'il n'y a pas de contestation, les frais de consignation sont à la charge du vendeur, et non de l'acquéreur, 688. — Objections contre notre opinion. Réfutation, 689. — L'acquéreur ne doit pas supporter le coût de l'extrait de l'ordonnance du juge, 690. — L'adjudicataire ou l'acquéreur peuvent prélever ces frais sur le prix sans produire à l'ordre pour leur montant, 691. — Des frais faits par suite d'une contestation relative à la consignation, 692. — Est-ce en vertu d'un extrait du jugement ordonnant le prélèvement des frais, ou au moyen d'un bordereau, que l'acquéreur doit toucher le montant des frais à la Caisse ? 693.

ART. 779.

Ce qu'il faut entendre par adjudication sur folle enchère, 694. — La revente sur folle enchère laisse subsister l'ordre déjà établi, 695. — La folle enchère peut intervenir aussi bien dans le cours de l'ordre qu'après la clôture du règlement définitif et même après la délivrance des bordereaux, 696. — Dans quelles circonstances la revente sur folle enchère peut-elle intervenir dans le cours de l'ordre ? 697. — L'adjudicataire qui ne paye pas les bordereaux de collocation est poursuivi par la folle enchère, 698. — La folle enchère est poursuivie soit en vertu du jugement d'adjudication, soit en vertu des bordereaux non payés, 699. — L'adjudication sur folle enchère ne donne pas lieu à une nouvelle procédure, 700. — Les poursuites en folle enchère ne peuvent arrêter en rien la marche de l'ordre, 701.

Si, en principe, l'adjudication sur folle enchère ne donne pas lieu à une nouvelle procédure, il y a une exception relative à la modification de l'état de collocation suivant les résultats de l'adjudication, et aux bordereaux, qui seront rendus exécutoires contre le nouvel acquéreur, 702. — C'est le juge qui a fait l'ordre qui modifie l'état de collocation, par suite de la nouvelle adjudication, 703. — Il le modifie sans attendre que l'adjudication sur folle enchère soit transcrite, 704. — Inconvénients du système qui exige la transcription préalable de l'adjudication sur folle enchère, 705. — L'adjudication sur folle enchère n'engendre aucun droit nouveau, sauf les modifications déjà indiquées, 706. — L'avoué de la partie la plus diligente fait connaître au juge, par un dire sur le procès-verbal d'ordre, l'adjudication sur folle enchère, 707.

Différentes hypothèses où l'adjudication sur folle enchère peut intervenir, 708. — 1° Elle survient pendant le règlement amiable, 709. — 2° Elle a lieu avant la dénon-

Art. 838.

DISPOSITIONS TRANSITOIRES.

Art. 4.

§ 1er. — *Des ordres ouverts avant la promulgation de la loi nouvelle.*

§ 2. — *Disposition transitoire relative aux articles modificatifs de la saisie immobilière.*

TABLE ALPHABÉTIQUE

DES MATIÈRES CONTENUES DANS LE COMMENTAIRE.

⚬━━━━━⚬

(Les chiffres placés à droite renvoient aux numéros du Commentaire.)

résolutoire des anciens vendeurs même non sommés lorsqu'il a été impossible au saisissant de les découvrir, 22.

4. Effets de l'adjudication quant à la propriété, et spécialement effets de la loi du 23 mars 1855 sur les aliénations consenties par le débiteur saisi, 55.

5. Aliénations consenties postérieurement à la transcription de la saisie, mais avant l'adjudication, 56.

6. Aliénations consenties postérieurement à l'adjudication, 57.

7. Aliénations consenties et transcrites avant la transcription de la saisie, 58.

8. Aliénations consenties, mais non transcrites, avant la transcription de la saisie : controverse, 59.

9. Effets de l'adjudication sur le droit de résolution des créanciers vendeurs. *V.* RÉSOLUTION.

10. Malgré l'adjudication, le tiers propriétaire peut revendiquer son immeuble, quoiqu'il n'ait pas formé une demande en distraction pendant la poursuite de la saisie ; il ne doit pas agir par tierce opposition contre le jugement d'adjudication, 69.

11. En matière d'adjudication sur saisie, la transcription du jugement purge même les hypothèques légales, si l'adjudicataire paye ou consigne le prix, 80.

12. Suffit-elle pour purger les hypothèques constituées par les précédents propriétaires sur lesquels on n'a pas transcrit ? 81.

13. Différence des formalités de la purge dans le cas de vente volontaire et dans celui d'adjudication sur saisie, 94.

ADJUDICATION SUR FOLLE ENCHÈRE.

1. De ce qu'il faut entendre par adjudication sur folle enchère ; des circonstances dans lesquelles elle peut intervenir ; des modifications qu'elle peut introduire dans l'état de collocation, etc. *V.* FOLLE ENCHÈRE.

ADJUDICATAIRE.

1. Il n'a pas plus de droits sur l'immeuble que le saisi ; il peut invoquer d'autres titres que l'adjudication pour fixer l'étendue de la propriété acquise, 51.

2. Il devient propriétaire des accessoires et dépendances de l'immeuble adjugé, 52.

3. En cas de surenchère, si l'adjudication a lieu au profit du premier adjudicataire, il est censé avoir été propriétaire pur et simple à partir de cette adjudication ; si elle a lieu au profit d'un nouvel adjudicataire, la première adjudication est censée n'avoir jamais eu lieu, 54.

4. Dénonciation de l'ouverture de l'ordre à l'adjudicataire ; une seule suffit pour plusieurs adjudicataires ayant le même avoué, 270.

5. *Quid* si l'avoué de l'adjudicataire a cessé ses fonctions, 271.

6. Si l'adjudicataire est créancier inscrit, il doit recevoir, indépendamment de la dénonciation, une sommation spéciale de produire, 273.

7. L'adjudicataire ne peut, sous aucun prétexte, se refuser au payement du bordereau délivré contre lui, 541.

8. Il n'est pas responsable des payements par lui faits en vertu d'un bordereau présenté par un créancier colloqué, 542.

9. Il n'est pas tenu de suivre, pour ses payements, le rang des créanciers colloqués, 543.

10. Dans le cas où le montant du bordereau doit se partager entre plusieurs personnes, l'adjudicataire n'est obligé de payer que quand tous les ayants droit lui ont donné une mainlevée complète de l'inscription existant à leur profit, 550.

11. L'adjudicataire sur folle enchère est libéré en payant la totalité de son prix aux porteurs de bordereaux exécutoires contre lui, 717.

AFFICHES.

1. Les affiches et placards sont l'un des moyens de publicité pour faire connaître la vente et l'adjudication : ils doivent contenir l'avertissement aux créanciers à hypothèque légale de requérir inscription, 42 (note) et 46.

AJOURNEMENT.

1. A l'égard de la partie saisie qui n'a pas d'avoué en cause, l'opposition à l'ordonnance de clôture doit être formée par exploit d'ajournement, 506.

2. L'exploit d'ajournement doit contenir toutes les formalités prescrites par l'art. 61 du Code de procédure, 508.

ALIÉNATION VOLONTAIRE.

1. De l'ordre après aliénation volontaire. *V.* ORDRE APRÈS ALIÉNATION VOLONTAIRE.

AMENDE.

1. L'amende contre les créanciers non comparants au règlement amiable est de 25 fr., 233.

2. L'amende doit-elle être maintenue quand un juge incompétent à raison de la situation des biens l'a prononcée contre des créanciers défaillants ? 149.

3. Y a-t-il lieu de prononcer l'amende contre les créanciers qui manqueraient à la seconde réunion après avoir comparu à la première ? 235.

4. Il n'y a pas lieu de prononcer l'amende, si l'ordre amiable se fait au moyen de l'adhésion ou de la comparution ultérieure du créancier d'abord défaillant, 236.

FIN DES TABLES.

Paris. — Typographie de J. BEST, rue Saint-Maur-Saint-Germain, 15.